五代墓誌詞彙研究

周阿根◎著

國家社科基金項目『五代墓誌詞彙研究』（編號：12BYY077）

教育部人文社會科學研究青年基金項目『五代墓誌校理及詞彙研究』（編號：10YJC740141）

中國社會科學出版社

圖書在版編目(CIP)數據

五代墓誌詞彙研究 / 周阿根著 . —北京：中國社會科學出版社，2015.7
ISBN 978 - 7 - 5161 - 6095 - 4

Ⅰ.①五… Ⅱ.①周… Ⅲ.①五代墓 – 墓誌 – 詞彙 – 研究 – 中國
Ⅳ.①H131②K877.454

中國版本圖書館 CIP 數據核字(2015)第 094972 號

出 版 人	趙劍英
責任編輯	任 明
特約編輯	李曉麗
責任校對	李 楠
責任印製	何 艷

出 版　中國社會科學出版社
社 址　北京鼓樓西大街甲 158 號
郵 編　100720
網 址　http：//www.csspw.cn
發 行 部　010 - 84083685
門 市 部　010 - 84029450
經 銷　新華書店及其他書店

印刷裝訂　北京市興懷印刷廠
版 次　2015 年 7 月第 1 版
印 次　2015 年 7 月第 1 次印刷

開 本　710×1000　1/16
印 張　26
插 頁　2
字 數　413 千字
定 價　85.00 圓

序　一

　　1925 年國學大師王國維先生提出了著名的"二重證據法"："吾輩生於今日，幸於紙上之材料外更得地下之材料。由此種材料，我輩固得據以補正紙上之材料，亦得證明古書之某部分全為實錄，即百家不雅馴之言，亦不無表示一面之事實。此二重證據法，惟在今日始得為之。"

　　另一位國學大師陳寅恪先生也曾說過："一時代之學術，必有其新材料與新問題，取用此材料，以研求問題，則為此時代學術之新潮流。治學之士，得預於此潮流者，謂之預流，其未得預者，謂之未入流。此古今學術史之通義。非彼閉門造車之徒，所能同喻者也。"

　　兩位大師，都極其重視學術研究中出土材料（亦或新材料）的運用。

　　百餘年來，地不愛寶，深藏地下的各種載體的文獻材料得以重見天日。從甲骨、鍾鼎、簡牘、縑帛、石刻到敦煌遺書，林林總總，層出不窮。這些出土的"地下新材料"與傳世的"紙上之材料"相互印證，對 20 世紀以來中國學術研究產生了巨大的影響與推動。

　　在眾多的出土材料中，"墓誌"便是石刻材料之一種。

　　根據學術界的考證，墓誌始于秦漢，秦代的勞役墓瓦誌和東漢刑徒墓磚誌便是其濫觴。兩千多年來，埋入地下的"墓誌"尚無從計數，僅出土後見於著錄者便不下一萬數千方，銘文字數亦不下四、五百萬。

　　墓誌作為一種重要的出土文獻，首先引起史學界、文獻學界研究者的關注，近些年來，逐漸進入語言文字學界研究者的視野。

　　周阿根的新著《五代墓誌詞彙研究》是在他的博士論文《五代墓誌整理與詞彙研究》的基礎上修改增訂而成。2005 年金秋，阿根來南京師範大學隨我攻讀漢語史博士學位，在商量博士論文選題時，考慮到以往對墓誌進行的研究，主要集中在魏晉南北朝和唐代，對五代時期墓誌的研究相對比較薄弱。晚唐五代時期，正是漢語史上近代漢語的發軔時期，此時

“文言由盛而衰，白話由微而顯”，且五代墓誌在語言、文字上有其鮮明的時代特色。因此我建議阿根選擇學界較少關注的五代墓誌作為研究對象，對五代墓誌文獻進行收集、整理並對五代墓誌詞彙進行系統研究。

題目初步定了下來，但困難亦接踵而至。

眾所周知：從理論上講，所有的歷史文獻都可以成為語言史研究的材料，但並非所有的歷史文獻均具有同等的語料價值。語料的價值取向在於它能夠較全面真實地反映當時（各個特定時期）的語言的真實面貌。因此對漢語史研究語料至少應符合以下幾項要求：1. 具有廣闊的社會性及生活覆蓋面。2. 語體不過於典雅、含有較多口語成分。3. 年代大致可考並有一定的篇幅與數量。而選擇五代墓誌作為漢語史研究語料，存在的最大問題就在這“一定的篇幅與數量”。

五代（亦稱五代十國）時期（公元907--960）前後不過53年，時代短暫，加之學界對此關注不多，故當時著錄及輯集的五代墓誌不過百方，要以百方墓誌作為一篇博士論文的研究語料，顯然是不夠的。唯一的辦法，就是自己去搜求尋找。阿根二話沒說，隨即投身於材料的訪尋，他首先遍查《文物》、《考古》等學術刊物，將散見於報刊的五代墓誌照片、拓片、有關信息一一收羅，同時或寫信、或親往各大圖書館、博物館，尋求幫助。真所謂“上窮碧落下黃泉，動手動腳找材料”，每當發現一點新的線索，他都欣喜萬分。功夫不負有心人，經過一番努力，終於將五代墓誌增加到了194方（數量上翻了一番），緊接著校勘、整理、研究，在此基礎上，他完成了博士論文《五代墓誌整理及詞彙研究》。2008年6月，博士論文答辯順利通過，且得到答辯委員會的一致好評。

然阿根沒有停下他前進的腳步，在繁忙的教學工作之餘，他以博士論文的內容作為基礎，將後期的研究析為兩大工程：

其一：在繼續搜尋擴充材料的同時，將博士論文中有關“五代墓誌整理”的部分進行拓展深入。對其中尚未釋錄的墓誌拓片進行抄錄、釋讀、標點，同時全面校理現行散見於各種專著、期刊中部分墓誌錄文的訛誤，於2012年撰就《五代墓誌彙考》一書（此時所收集五代墓誌已達242方，全書50萬字，由黃山書社出版），成為迄今第一部五代墓誌彙編，為歷史學、考古學、語言學研究者提供了可資利用的原始資料，該書獲得“2012年度全國優秀古籍圖書獎二等獎”。

其二：在《五代墓誌彙考》的基礎上繼續搜尋擴充材料的同時，將博士論文中有關"五代墓誌詞彙研究"部分進行拓展深入，從原來單純的五代墓誌詞彙研究拓展為五代墓誌與歷代墓誌詞彙比較研究，亦即從原來的共時研究，提升為共時與歷時比較研究，這一工作獲得了國家社科基金項目立項資助。至今，搜集到的五代墓誌已達 285 方，經過三年的努力拼搏，項目終於結項，這結項成果就是今天呈現在各位面前的專著《五代墓誌詞彙研究》。

在《五代墓誌詞彙研究》結項前，阿根將書稿及結項總結寄給了我，要我為他的新著寫幾句話。他的結項總結是：

一、從篇幅上來看，最終結項成果字數有很大增加。博士論文《五代墓誌整理及詞彙研究》全文不過 19 萬字；國家社科基金項目最終結項成果《五代墓誌詞彙研究》全書凡 32 萬餘字，較博士論文增加了 13 萬多字。

二、據以研究的五代墓誌語料有絕對的增加。博士論文《五代墓誌整理及詞彙研究》據以研究的五代墓誌只有 194 方，2012 年出版《五代墓誌彙考》（黃山書社）收錄五代墓誌就已達 242 方；國家社科基金項目立項以來，又搜集五代墓誌 43 方，因此，最終結項成果《五代墓誌詞彙研究》據以研究的五代墓誌就達 285 方。

三、國家社科基金項目最終結項成果加強了詞語的共時、歷時考察。博士論文限於學識、積累和時間等因素，相關研究主要建立在對五代墓誌語料分析研究基礎之上，缺乏共時和歷時的比較研究。國家社科基金項目立項以來，我們建立了規模較大的語料庫，加強了對《漢魏六朝碑刻校注》、《新出南北朝墓誌疏證》、《隋代墓誌銘彙考》、《全隋文補遺》、《唐代墓誌彙編》、《唐代墓誌彙編續集》、《新出唐墓誌百種》、《邙洛碑誌三百種》、《全遼文》、《遼代石刻文編》、《遼代石刻文續編》、《遼代墓誌疏證》以及叢書《新中國出土墓誌》等墓誌文獻語料的考察和利用，得出的結論更加科學可信。如埋葬義詞語"歸窆"博士論文只有區區 79 字的論證，國家社科最終結項成果加強了歷時共時考察，總論證字數達到 300 多字。

四、刪除或調整了部分有問題詞語條目。博士論文《五代墓誌整理與詞彙研究》收有"寬謹"一詞，該詞出自唐《符公妻張氏墓誌》，經考察發現該墓誌非五代墓誌，因此，國家社科最終結項成果刪除了此條目；博士論文《五代墓誌整理與詞彙研究》收有"暮歲"一詞，原來放在"補充可靠例證"部分論述，"暮歲"顯然是年齡義詞語，因此最終結項成果對其調整。

五、對全書部分章節進行了必要的調整。博士論文第二章《五代墓誌語料校理》分為"標點誤施、俗字誤辨、可識未識、訛文宜改、脱文宜補、衍文宜刪、倒文當乙、主觀妄改"等，國家社科最終結項成果增加了"妄下注語、不明典故"兩個部分；博士論文第三章《五代墓誌特色詞彙研究》部分增加了一節"後嗣義詞彙研究"。

六、從研究内容上看，增加了大量新的研究内容。國家社科最終結項成果各個章節的内容在原書基礎上均有補充和增加：博士論文整理五代墓誌194方，國家社科最終結項成果校理五代墓誌285方；博士論文考察五代墓誌特色詞彙217條，國家社科最終結項成果考察五代墓誌特色詞彙292條；博士論文考察五代墓誌一般詞彙337條，國家社科最終結項成果考察五代墓誌一般詞彙470條。

對照書稿，我覺得阿根的結項總結實事求是，恰如其分，說明他的書稿不是原博士論文的簡單修訂充實，而是經過精心設計後從内容上、方法上脱胎換骨的拓展提升。因此無須我再贅言。在此我僅想談一點我的強烈的感受：

清鄭燮《竹石》詩云："咬定青山不放鬆，立根原在破岩中。千磨萬擊還堅勁，任爾東西南北風。"我覺得，凡學術上要有所建樹，一旦選准自己的方向，就要義無反顧，腳踏實地，步步為營。環顧當今學界，浮躁之氣蔓延，有些人坐不定冷板凳，熱衷於"追風撲影"、"打一槍換一個地方"，結果看似熱熱鬧鬧，終竟卻一無所成。有的人博士論文甫一答辯，尚顧不上修改就急忙付梓出版，一味追求早出"成果"，快出"成果"，結果貌似轟轟烈烈，瞬即成過眼風雲。而難能可貴的，正是阿根這種"咬定青山不放鬆"、"雖九死其猶未悔"的精神。從2005年攻讀博士學位，迄今已有十載，阿根一直致力於五代墓誌的研究，在博士論文的基礎上反復修改，不斷拓展，撰就了兩部著作，填補了一個空白。十年一劍、霜刃初試，已引起學界的矚目。阿根的成功，難道不是源於這種精神？而今他又未及一洗征塵，迅即瞄準了下一目標，全身心投入了遼金墓誌的研究，在此，我衷心祝願他在同一研究領域實現進一步的拓展，取得更為堅實的成果。

董志翹

乙未年季春於

金陵秦淮河畔、石頭城下

序　二

　　古往今來，凡卓有成效的學術研究無不是建立在扎實的語料基礎之上，而研究語言更注重語料的可靠。語料如果不可靠，研究所得也就難以令人信服。可靠的語料應是未經後人改動過的早期語料，而五代墓誌則為當時由手書寫於碑石後刻成，保存了其時語言文字使用的原貌，可以說是最為可靠的同時語料。五代時期正是漢語史上文白此消彼長的發展時期，五代墓誌也體現了漢語詞彙在由古至今的發展中言語意義←→語言意義、口語←→書面語、本土文化←→外來文化和社會各階層間趨雅←→趨俗的互動共存與整合融和，尤其是"雅"和"俗"之間的雙向交流體現了語言的演變趨勢和人們的價值取向，反映了文言由盛而衰，白話由微而顯的鮮明時代特色，在漢語史研究上具有不可忽視的重要價值。

　　三年前我在《五代墓誌彙考序》中曾說，"中國傳統學問的精髓是樸學，迄今為止一切有價值的人文學術，無論是理論的闡發還是文本的解析，幾乎在所有的層面上都必須也必定是以實學實證研究作為基礎的"。天道酬勤，新年伊始，阿根君的新著《五代墓誌詞彙研究》即將付梓問世。這是阿根君繼《五代墓誌彙考》後所撰又一力作，兩書相輔相成，皆以實學實證研究作為基礎，體現了樸學的精髓，填補了五代墓誌研究的空白。承阿根君再三索序，辭之不恭，謹不揣譾陋，就管見舉其犖犖大者如下：

　　一、採用語言學與文獻學相結合的方法，將語言學的研究建立在扎扎實實的文獻學研究基礎之上，收集整理了五代墓誌 285 方，不僅網盡《北京圖書館藏中國歷代石刻拓本匯編》《隋唐五代墓誌彙編》《千唐誌齋藏誌》《洛陽出土歷代墓誌輯繩》《西安碑林全集》、叢書《新中國出土墓誌》等拓片資料，而且還目驗原石，探源抉微，張皇幽眇，精心校勘，指正已有成果釋讀錯誤、文字衍脫、標點誤施等疏失數百條，分成標點誤施之例、俗字誤辨之例、可識未識之例、訛文宜改之例、脫文宜補之例、衍文宜刪之例、倒文當乙之例、主觀妄改之例、妄下注語之例、不明典故之例等十種逐一辨析考覈。

二、運用語義場理論，在所撰《五代墓誌彙考》基礎上理論和實證並舉，時間上貫通古今，地域上貫通方言和通語，選擇五代墓誌中年齡詞語49條、婚姻詞語42條、喪葬詞語77條、墓石詞語54條、任職詞語45條、後嗣義詞語25條等特色詞彙，從文字學、音韻學、詞彙學、文化史等多角度進行了較為全面系統的動態分析描寫，由點到面，點面結合，致力於整體觀照其所反映的文化現象與文化心理，考察其發展演變的規律，進而指出五代墓誌詞彙的主要特點是運用委婉、借代、用典等手法來構詞，其中蘊含了豐富的文化信息。

三、從辭書編纂和大型語文辭書修訂的角度，以《漢語大詞典》為參照，考察辨析了五代墓誌中近500條詞語，為《漢語大詞典》補充詞目44條，補充義項46項，提前例證時間128條，補充例證214例，補正釋義37例。

值得一提的是，五代在我國歷史上是介於唐宋變革之間的亂世時期，戰亂頻仍，民不聊生。五代墓誌所載雖語焉不詳，然字裏行間或多或少亦透露出其時暴君驕奢淫逸，草菅民命，黃鐘毀棄，瓦釜雷鳴，是非曲直混淆不分，甚或以非為是，以是為非，君子噤口，小人跋扈，尤其是政權更迭 "其興也勃焉，其亡也忽焉" 之周期律，昭示著後人引以為鑒，勿蹈覆轍，而研究五代史首先得理解其時詞語的確切詞義。五代墓誌中就有許多看似容易其實難解的詞語，影響了對內容的理解，甚至導致誤解，《五代墓誌詞彙研究》對這些詞語的考釋顯然在歷史研究上也具有重要學術價值。

阿根君治學踏實嚴謹，多年來在漢語言文字學方面鑽研有得，尤其在隋唐五代墓誌文獻語言以及近代漢語俗字和詞彙研究方面創獲良多，成果頗豐，所著《五代墓誌彙考》獲2012年度全國優秀古籍圖書獎二等獎，《墓誌文獻校理疏誤例說》獲安徽省語言學會第八屆優秀論文一等獎，誠為高校教授中辛勤耕耘、勤奮有為的佼佼者，在此我們期待著阿根君將此力作的出版作為一個新的起點，再接再厲，續有更多的成果問世。

徐時儀

二〇一五年元月於上海師範大學

目　錄

第一章

緒　論

第一節　墓誌源流

一　墓誌的起源和分期

墓誌，又稱為墓誌銘，是我國漢魏以來喪葬習俗的獨特產物，它是中國古代歷史文化進程中值得重視的一種文化現象。東漢時立碑極濫，曹操下令不得厚葬，又禁立碑。晉武帝下詔厲禁①，禁碑直接帶動了墓誌的發展，自後墓誌銘代碑文而興起。"埋在墓壙內的墓誌和立在墓前地面上的墓碑（神道碑），從內容上來說是十分相似的，統稱為碑誌"②。此即所謂"誌以誌諸陰，表以表諸陽"③。初期的墓誌一般都帶有很深的墓碑烙印，具體表現在形制不一、刻寫不規範、定名不統一、行文不規範等幾個方面。目前，一般認為，廣義的墓誌包括墓誌銘和墓表文④兩個部分，狹義的墓誌僅僅指埋於地下的墓誌銘。本書墓誌是指狹義墓誌。

墓誌的起源研究一直是宋代以來金石考古學家們特別感興趣的話題。專門研究墓誌起源問題的文章雖然不是很多。但是，在不少金石論著中，經常可以看到專家、學者們對這一問題所持的態度，他們或依據文獻記載，或證之以出土實物，對墓誌的起源問題進行了有力論

---

① 《宋書·禮志二》："漢以後，天下送死奢靡，多作石獅石獸碑銘等物。建安十年，魏武帝以天下凋弊，下令不得厚葬，又禁立碑。""晉武帝咸寧四年，又詔曰：'此石獸碑表，既私褒美，興長虛偽，傷財害人，莫大於此。一禁斷之。其犯者雖會赦令，皆當毀壞。'"

② 陳柏泉：《江西出土墓誌選編·序》，江西教育出版社1991年版，第1頁。

③ 陳柏泉：《江西出土墓誌選編》，江西教育出版社1991年版，第400頁。

④ 一般認為西漢中晚期，人們開始在墓前立一塊石板，刻上了文字，記述墓主的姓名、職官、卒葬時間等，叫作墓表。

證。趙超①在《墓誌溯源》② 一文中對歷代專家、學者的意見進行了梳理，認為代表性的觀點有以下幾種：

（一）始於西漢。清代葉昌熾《語石》卷四："王氏萃編曰：《西京雜記》稱前漢杜子春，臨終作文刻石，埋於墓前。《博物志》載西京時，南宮寢殿有醇儒王史威長之葬銘，此實誌銘之始也。"

（二）始於東漢。羅振玉《遼居稿》 "延平元年賈武仲妻馬姜墓記跋"云："漢人墓記前人所未見，此為墓誌之濫觴。"馬衡《中國金石學概要》第四章謂墓誌之制 "始於東漢，《隸釋》載張賓公妻穿中文，即壙中之刻"。趙萬里《漢魏南北朝墓誌集釋》卷一馮恭石槨題字（大康三年）按："近年陝北出土郭仲理石槨亦皆有銘，或以專，專之有字者尤多……稍後以誌銘代槨銘，與前世風尚殊矣。"

（三）始於魏晉。（日）日比野丈夫《關於墓誌的起源》稱："由於魏晉時代嚴禁在墓前立碑，迫不得已，在墓中埋下小型的石碑來代替墓碑，這被看作是墓誌的起源。"

（四）始於南朝。清代顧炎武《金石文字記》卷二 "大業三年滎澤令常醜奴墓誌跋"云："墓之有誌，始自南朝。"《南齊書·禮志下》云："近宋元嘉中，顏延之作王球石誌。素族無碑策，故以紀德。自爾以來，王公以下，咸共遵用。"清代端方《陶齋藏石記》卷五云："劉懷民誌作於大明七年，適承元嘉之後，此誌銘文字導源之時代也。"

為了對墓誌起源作出符合實際的結論，應該將墓誌這一器物與誌墓這一風氣區分開來。趙超認為正式的墓誌，應該符合以下幾個條件："一、有固定的形制。二、有慣用的文體或行文格式。三、埋設在墓中，起到標誌墓主身份及家世的作用。"③

墓誌之濫觴，可以溯源於東漢時期。河南洛陽南郊刑徒墓出土之刑徒墓磚可以看作其代表性實物。這些墓磚，雖然形制單一，內容簡略，但是已經初步具備了墓誌銘的主要內容，尤其晚期的刑徒墓磚更是如此。石刻墓誌的形成並定型應該在南北朝時期，北魏時期更加昌盛。隋唐時期的墓誌已經達到了成熟階段，其形制、文體都已經成為定式，內容較為完備，

---

① 為節省篇幅，行文過程中一律省去了 "先生" 二字，敬請諸位先生見諒。

② 趙超：《墓誌溯源》，《文史》（第二十一輯），中華書局 1983 年版，第 43 頁。

③ 趙超：《漢魏南北朝墓誌彙編·前言》，天津古籍出版社 1992 年版，第 3 頁。參看趙超《墓誌溯源》，《文史》（第二十一輯），中華書局 1983 年版。

數量巨大。據初步估計：唐代墓誌至少在萬種左右①。

　　有鑒于此，我們將墓誌的產生及發展過程劃分為五個時期：一、濫觴期：自秦代至東漢末期。這一時期存在着誌墓的風習，但並沒有形成固定的墓誌形式。二、轉化期：魏晉至南北朝初年。這時墓誌開始正式形成，但還常以小碑或柩銘的形式出現，變化較多，或稱碑、或稱銘、或稱柩銘等。墓誌這一名稱尚未使用。三、定型期：南北朝時期。墓誌的名稱正式出現，形制和文體相對固定，並成為當時墓葬中普遍採用的喪禮用品。四、昌盛期：隋唐五代時期。唐代墓誌數量巨大，"今天所存世的隋唐五代墓誌原石和拓本，數量究竟有多少，至今尚無人精確統計。"②"以文字數量而言，唐碑誌字數亦超過兩唐書字數。"③當時誌墓之風盛行，上至皇族貴戚，下至平民百姓，人人都可以刻石誌墓。五、衰落期：宋元及其以後時期。宋元以後墓誌的數量呈現出急劇下降的趨勢，《語石》卷四云："宋墓誌新出土者，視唐誌不過十之一，元又不逮宋之半，佳刻絕少。"④

二　墓誌的名稱

　　墓誌乃專記死者姓名、籍貫、生平以及卒葬時地等內容而置於墓中之刻石。根據特徵，墓誌可以粗分為墓誌銘和塔銘兩個類別⑤。釋氏之誌，多稱為塔銘。《語石》卷四載："釋氏之葬，起塔而繫以銘，猶世法之有墓誌也。然不盡埋於土中，或建碑，或樹幢。其納諸壙者，或用橫石，修一之，廣倍之。或方徑不逾尺。其通稱為功德塔。"⑥由於地區的差異和時間的不同，墓誌的具體名稱也會不同。五代時期⑦，不僅墓誌使用普

　　①　徐自强、吳夢麟：《古代石刻通論》，紫禁城出版社 2003 年版，第 114 頁。

　　②　隋唐五代墓誌彙編總編輯委員會：《隋唐五代墓誌彙編·索引》，天津古籍出版社 1991 年版，第 1 頁。

　　③　毛漢光：《唐代墓誌銘彙編附考·總序》，臺北中研院歷史語言研究所，1984 年版。第 2 頁。

　　④　（清）葉昌熾撰，韓銳校注：《語石校注》，今日中國出版社 1995 年版，第 381 頁。

　　⑤　徐自强、吳夢麟：《古代石刻通論》，紫禁城出版社 2003 年版，第 113 頁。

　　⑥　（清）葉昌熾撰，韓銳校注：《語石校注》，今日中國出版社 1995 年版，第 402 頁。

　　⑦　五代處於唐宋之間，唐朝滅亡以後，在中原一帶相繼出現了梁、唐、晉、漢、周 5 個朝代，史稱五代。五代凡 53 年，先後更換了 8 姓 14 君，政治混亂到了極點。除了五代，在南方和河東地區，還先後存在過 10 個割據政權（這還不包括一些小的割據勢力），即吳、南唐、前蜀、後蜀、吳越、楚、閩、南漢、南平、北漢，史稱十國。五代十國分裂混亂局面的出現，是唐後期藩鎮割據勢力進一步發展的結果。

遍，而且墓誌名稱也相當繁富，除了"墓誌""墓誌銘""墓誌銘并序"
三種主要和常見的名稱之外，還有其他幾十種名稱。這些名稱主要見於誌
石上，亦有見於誌蓋者。據唐俊玲、余黎星統計洛陽出土所見的唐代墓誌
名稱就有 73 種之多。如"墓誌""墓誌銘""墓誌銘并序""墓誌并序"
"墓誌之銘""墓誌之銘并序""墓誌之文并序"等①。在五代時期，我們
發現墓誌的名稱仍然很多，茲以語音為序，列舉如下：

碑銘并序　後晉天福七年《史匡翰墓誌》："義成軍節度使贈太
保史匡翰碑銘并序。"

銘記并序　後周廣順二年《馬□墓誌》："唐故馬府君銘記
并序。"

銘石　唐天祐十五年《李修墓誌》："隴西李府君銘石。"

銘　後周顯德二年《田仁訓及妻王氏合祔墓誌》："大周故田府
君夫人銘。"

墓記銘　後梁龍德三年《蕭符墓誌》："梁故左藏庫使右威衛大
將軍金紫光祿大夫檢校尚書右僕射蕭府君墓記銘。"

墓銘　南唐保大四年《王氏夫人墓誌》："唐故太原郡王氏夫人
墓銘。"

墓銘并序　後唐天成二年《孫拙墓誌》："唐故朝散大夫守尚書
工部侍郎柱國賜紫金魚袋樂安孫公墓銘并序。"

墓誌　前蜀乾德五年《晉暉墓誌》："大蜀前武泰軍節度使贈太
師弘農王賜諡獻武晉公墓誌。"

墓誌并序　後晉天福二年《宋廷浩墓誌》："大唐故光祿大夫檢
校司徒前房州刺史兼御史大夫上柱國廣平郡宋公墓誌并序。"

墓誌銘　後晉天福五年《郭彥瓊墓誌》："晉故銀青光祿大夫檢
校右散騎常侍右內率府率同正兼御史大夫上柱國郭府君墓誌銘。"

墓誌銘并序　唐天祐十三年《王琮墓誌》："唐故王府君袝祔墓
誌銘并序。"

墓誌銘記　後唐天成二年《任元頁墓誌》："樂安郡任公墓誌

①　唐俊玲、余黎星：《試論洛陽所見唐代墓誌名稱》，載《耕耘論叢》（第二輯），科學出
版社 2003 年版。

銘記。"

墓誌銘記并序 後唐長興二年《王素墓誌》："唐故王府君墓誌銘記并序。"

墓誌銘文 後周顯德元年《劉光贊墓誌》："大周故金紫光祿大夫檢校尚書右僕射左監門衛將軍兼御史大夫上柱國劉公墓誌銘文。"

墓誌銘文并序 後晉天福四年《安萬金妻何氏墓誌》："大晉洛京故陳留縣君何氏墓誌銘文并序。"

墓誌銘序 前蜀乾德四年《許璠墓誌》："大蜀光祿大夫檢校太保使持節臻州諸軍事守臻州刺史上柱國高陽縣開國子食邑五百戶許君墓誌銘序。"

墓誌石記 後梁貞明四年《宋鐸墓誌》："梁故宋府君墓誌石記。"

墓誌文 後唐長興元年《李仁寶妻破丑氏墓誌》："故永定破丑氏夫人墓誌文。"

墓誌之銘 後晉開運三年《李仁寶墓誌》："故隴西李公墓誌之銘。"

墓誌之銘并序 唐天祐十三年《張宗諫墓誌》："唐故南陽郡張府君墓誌之銘并序。"

内誌 後蜀廣政十八年《孫漢韶墓誌》："大蜀故匡時翊聖推忠保大功臣武信軍節度遂合渝瀘昌等州管内觀風營田處置等使開府儀同三司守太傅兼中書令使持節遂州諸軍事守遂州刺史上柱國樂安郡王食邑三千戶食實封二佰戶贈太尉梁州牧賜謚忠簡孫公内誌。"

内誌銘并序 前蜀天漢元年《王君妻李氏墓誌》："大漢左雄霸軍使琅琊王公夫人故隴西李氏内誌銘并序。"

權厝記并序 後唐長興四年《張文寶墓誌》："唐故中大夫守尚書吏部侍郎充弘文館學士判官事柱國賜紫金魚袋張公權厝記并序。"

塔記 後周顯德七年《智堅塔記》："洛京千佛禪院故院主和尚塔記。"

塔銘 後梁乾化五年《惠光舍利塔銘》："惠光舍利塔銘。"

玄堂銘并序 後唐天成二年《孔謙及妻劉氏王氏合祔墓誌》："唐故豐財贍國功臣光祿大夫檢校太傅守衛尉卿充租庸使兼御史大夫上柱國會稽縣開國佰食邑七百戶孔謙夫人劉氏夫人王氏合祔玄堂銘

并序。"

誌銘　　後梁貞明七年《秦君墓誌》："故大梁長沙郡忠義軍左廂都押衙兼馬步使金紫光祿大夫檢校尚書左僕射使持節宜州諸軍事守宜州刺史兼御史大夫上柱國秦使君誌銘。"

誌銘并序　　唐天祐十二年《孟璠墓誌》："孟璠誌銘并序。"

誌銘記　　後周顯德五年《段延勳墓誌》："京兆郡段司徒誌銘記。"

墓誌銘的名稱之所以名目繁多，是因為"墓、誌、銘、序四個字的組合，有很大的靈活性和隨意性"①。除了正題，還有所謂的別題。明人徐師曾在《文體明辨序說·墓誌銘》中就曾經列舉二十種墓誌的別題②。

三　墓誌的內容、體例

明人吳納《文章辨體序說·墓誌》："墓誌，則直述世系、歲月、名字、爵里，用防陵谷遷改。"③ 王行云："凡墓誌銘書法有例，其大要十有三事焉。曰諱、曰字、曰姓氏、曰鄉邑、曰族出、曰行治、曰履歷、曰卒日、曰壽年、曰妻、曰子、曰葬日、曰葬地，其序如此。"④ 由此可見，墓誌就是指刻於墓石的文字，屬於碑文的一種，它既可以請人捉刀，也可以由死者的家屬自撰，主要用來記錄墓主的姓名、籍貫、生平、仕歷、族系、卒葬時地等，一般在誌文之後有用韻語寫的歌功頌德的銘辭，所以墓誌又被稱為墓誌銘。誌者，記也，指墓誌的前半誌文部分；銘者，名也，指墓誌後半銘文部分。劉勰在論述墓誌的體例時說："夫屬碑之體，資乎史才，其序則傳，其文則銘。"⑤ 所謂"序"即誌，用散文體寫成，主要敘述墓主生平事蹟；所謂"文"即銘，用韻文寫成，主要讚揚墓主的功德，通常以四言為主，也有三言、五言、七言等。墓誌通常有誌有銘，久

---

① 程章燦：《墓誌銘的結構與名目——以唐代墓誌銘為例》，《古籍整理研究學刊》1997 年第 6 期。

② （明）徐師曾著，羅根澤校點：《文體明辨序說》，人民文學出版社 1985 年版，第 149 頁。

③ （明）吳納著，于北山校點：《文章辨體序說》，人民文學出版社 1962 年版，第 53 頁。

④ 朱記榮輯：《金石全例》（上冊），北京圖書館出版社 2008 年版，第 257 頁。

⑤ 周振甫：《文心雕龍今譯》，中華書局 1986 年版，第 113 頁。

而久之，逐漸形成一種固定的體式。當然也可以有誌無銘，或者有銘無誌。五代墓誌一般有誌有銘，沒有銘文的較為少見，後梁貞明元年《賈鄴墓誌》沒有銘文，其誌文末尾云：“夫人蓬首素食，萬計克歸於大塋，山甫搦管為誌，哀而不銘。”

第二節 墓誌研究述要

墓誌的大量出土，為學術研究提供了可資利用的可靠資料，必將推動語言學、文學、考古學、歷史學等相關學科的發展，因此，利用出土墓誌進行科學研究已經成為學界共識。我們深信，在今後的相當長的時期內，墓誌研究將仍然是學術研究的重要課題。墓誌的研究涉及考古學、歷史學、文獻學、語言學等諸多領域。這裏，我們主要關注近三十年來墓誌的文獻整理和墓誌語言學研究兩個方面。

一 墓誌的文獻整理

自有宋以來，收集研究墓誌者代有其人，如歐陽修、趙明誠、錢大昕、陸增祥、羅振玉等，他們對於收集保存墓誌並提高墓誌的學術價值做出了極大的貢獻。墓誌作為一種重要的出土文獻，以往史學界、考古學界的研究者給予了較多的關注，並且取得了令人矚目的成果。近年來，傳世墓誌和新出土墓誌的整理和出版，已經越來越受到學術界的重視。對出土墓誌的整理，主要有拓片墓誌圖版集錄、墓誌釋文的集錄、圖版和釋文對照的集錄、文獻目錄等幾個方面。下面，我們擇其要者，回顧一下墓誌的文獻整理情況：

（一）墓誌圖版的集錄

圖版集錄為讀者提供的資料，較多地保留了墓石的原貌，具有真實、完整、準確等方面的特點，同時圖版集錄的彙集編纂也相對便捷容易，省卻了錄文考釋的辛勞。近年來，出版了大量收錄圖版的墓誌集錄，主要有以下幾種：

1. 《千唐誌齋藏誌》

河南省文物研究所、河南省洛陽地區文管所編，文物出版社 1984 年出版。該書收錄河南省千唐誌齋收藏的墓誌，共收西晉到民國墓誌拓片圖版 1360 件，其中唐代墓誌 1200 餘件，五代墓誌 22 件，其他時代收得極

少。該書拓片圖版清晰，品質較高，是研究唐五代墓誌的重要拓片資料之
一。資料全部影印，可靠性强。

2.《北京圖書館藏中國歷代石刻拓本匯編》

北京圖書館金石組編，中州古籍出版社 1989 年出版。該書共收拓本
近兩萬種，按時代編排，分為九個部分共 101 冊（其中第 101 冊為索引，
第 36 冊為五代卷），該書是目前較為全面的歷代石刻拓本匯編。該書所
收的大部分是整張石刻拓本，如實地再現了各種石刻的原貌，將行款字
數、損壞存佚、神韻風貌等原原本本地展現在人們面前，這對於研究者來
說，無疑是極其寶貴的資料。它所收的石刻拓本，起於秦漢，終於近代，
綿延 2000 餘年。歐昌俊在談到它的價值時指出："如果說《二十四史》
是以典籍的形式記載中華民族歷史的資料寶庫，那麼，《北京圖書館藏中
國歷代石刻拓本匯編》則是與《二十四史》相輔相成、互相印證、互相
補充的又一資料寶庫。它作為一種特殊的歷史資料，其數量之龐大，內容
之豐富，價值之珍貴，可用性之廣大，是毋庸置疑的。"① 有關專家稱之
為 "刻在石頭上的二十五史"。

3.《洛陽出土歷代墓誌輯繩》

洛陽市文物工作隊編，中國社會科學出版社 1991 年出版。該書共收
錄西晉到清代的墓誌拓片共 835 方，其時間跨度達 15 個世紀，其中收五
代墓誌 22 方。該書為研究洛陽地區墓誌研究的集大成者。

4.《隋唐五代墓誌彙編》

隋唐五代墓誌彙編總編輯委員會編，天津古籍出版社 1992 年初版，
2009 年再版。它是第一部彙集隋唐五代墓誌新舊拓本的宏篇巨帙。今天
存世的隋唐五代墓誌原石和拓本，數量是相當可觀的。據粗略估計，大體
在五千餘種至七千種之間。對數量如此之巨的墓誌，過去僅進行過某一地
區或某一單位所藏墓誌的整理和出版，範圍不廣，數量有限，而且所收拓
片基本上是幾十年前的舊拓。近四十年新出土的墓誌拓片，還未曾進行系
統整理和出版。《隋唐五代墓誌彙編》的編輯與出版，彌補了過去的不足
和空白。本書共收隋唐五代墓誌拓本五千餘種，按收藏地域和單位分為以
下九卷：《洛陽卷》《河南卷》《陝西卷》《北京卷》（附《遼寧卷》）《北
京大學卷》《河北卷》《山西卷》《江蘇山東卷》《新疆卷》等，這些卷已

---

① 歐昌俊、李海霞：《六朝唐五代石刻俗字研究》，巴蜀書社 2004 年版，第 45 頁。

把現存的絕大多數隋唐五代墓誌囊括其中。本書以圖版為主，誌文清晰，附有說明文字，對墓誌的出土時間、地點、撰人、書丹人、收藏等情況詳為介紹，其中五代墓誌 97 方。搜羅豐富是該書的特點之一，但存在的錯誤也不少。該書是研究隋唐五代石刻文獻不可或缺的參考資料。

5.《邙洛碑誌三百種》

趙君平編，中華書局 2004 年出版。該書共收歷代墓誌拓片 366 方，其中五代墓誌 7 方，按照時代先後順序排列，起於漢代，終於民國。該書所有墓誌是趙君平個人收集，是研究洛陽地區墓誌的重要參考資料之一。

6.《河洛墓刻拾零》

趙君平、趙文成編著，書目文獻出版社 2007 年版。該書所收為洛陽地區出土的墓刻拓片（包括磚刻和石刻），共計五百餘方，五代墓誌共 9 方。其中多為新出土和世所未刊者，具有較高的文物、文獻和書法價值，為各研究者、收藏者所重視和收藏。

7.《秦晉豫新出土墓誌蒐佚》

趙君平、趙文成編，國家圖書館出版社 2012 年版，全四冊。該書將陝西、山西、河南新出土的墓誌七百餘方匯為一編，其中五代墓誌 12 方，史料價值較高，可以為文史研究者提供很多全新史料，從而解決諸多未決之題。文後附相關墓誌索引，以便讀者檢索。

8.《洛陽新獲七朝墓誌》

齊運通編，中華書局 2012 年版。該書收錄漢魏六朝隋唐五代宋新出土墓誌 400 餘方，所收墓誌均為近年出土，首次正式發表，具有較高的學術研究價值。其中漢代墓誌 7 方，魏晉南北朝墓誌 37 方，隋代墓誌 20 方，唐代墓誌 315 方，五代墓誌 3 方，宋代墓誌 7 方，另有 2 方年代不確。本書採用大 8 開開本，影印墓誌拓片，並做簡要定名、考釋，對學術研究會有較好的推動作用。

所有墓誌圖版集錄的出版，其優點是保存了大量出土墓誌的原貌，就理論而言，直接依據拓片進行相關研究是最可靠、最穩妥的研究方式。其缺點是沒有錄文，不便于研究者對墓誌文獻的利用，同時原拓不易獲得，翻拓模糊不清也是研究的難點之一。

（二）墓誌釋文的集錄

古人著述，托金石以垂後世，然金石有時而銷泐，其幸而存者，不貴存目，貴其錄文，而後可傳於無窮。故自宋歐陽修《集古錄》和趙明誠

《金石錄》以後，繼而有具錄全文之作。錄文對于圖版而言，可謂是"後時資料"，編撰者的知識涵養、編排印刷質量等因素都會帶來不少疏誤。收錄釋文的墓誌集錄有：

1.《漢魏南北朝墓誌彙編》

趙超著，天津古籍出版社 1992 年出版。該書在趙萬里《漢魏南北朝墓誌集釋》一書及北京圖書館、北京大學圖書館館藏拓片的基礎上，補充收集了 1949 年至 1986 年期間全國各地的漢魏南北朝墓誌，均依據拓本和照片，以通用繁體字錄寫成文，並進行了標點，這大大方便了學者的研究。當然，該書也不可避免地存在着部分錄文疏誤，毛遠明著有《漢魏六朝碑刻校注》①，對漢魏南北朝墓誌多有校正，是目前理想的校本。

2.《唐代墓誌彙編》

周紹良主編，上海古籍出版社 1992 年出版。2007 年再版時對原書的少數錯誤進行了修改。該書收錄《全唐文》中未收的唐代墓誌 3600 餘種，是在過去周紹良多年收集的唐代墓誌錄文的基礎上，加以補充修訂而成，同時補入了中華人民共和國成立以後公開發表的新出墓誌及各地博物館、圖書館的藏品，並盡可能核對原誌、拓片，附有較詳細的人名索引。當然也存在一些不足，如存在重複收錄和標點、錄文錯誤等。

3.《江西出土墓誌選編》

陳柏泉編著，江西教育出版社 1991 年出版。該書收錄中華人民共和國成立以來江西省境內所出土的墓誌新材料，凡 220 方，以墓誌的時間順序排列，分為唐代、北宋、南宋、元代、明代、清代等，其中以宋元明三代為主。該書採用簡體字照排，不能不說是一個遺憾。

4.《唐代墓誌彙編續集》

周紹良、趙超主編，上海古籍出版社 2001 年出版。該書收錄了 1984 年以後出土的唐代墓誌 1546 件，由周紹良主持編輯抄錄，其編排體例仍然按照《唐代墓誌彙編》。《唐代墓誌彙編》和《唐代墓誌彙編續集》均未免有衍、訛、誤、脫等情況，這一點使用時應該注意，條件許可的情況下，最好能夠核對相關拓片。

5.《濟南歷代墓誌銘》

韓明祥編著，黃河出版社 2002 年出版。該書所收墓誌起自東魏，迄

---

① 毛遠明：《漢魏六朝碑刻校注》，綫裝書局 2008 年版。

於中華民國，共收錄濟南出土墓誌 100 餘方，其中五代墓誌 2 方。

6.《新出魏晉南北朝墓誌疏證》

羅新、葉煒著，中華書局 2005 年出版。該書所收魏晉南北朝墓誌，起自三國之始，迄楊隋之末，皆趙萬里《漢魏南北朝墓誌集釋》及趙超《漢魏南北朝墓誌彙編》兩書所未收者。分為魏晉十六國南朝、北魏、東魏北齊、西魏北周、隋五個部分。

7.《濟寧歷代墓誌銘》

李恒法、解華英著，齊魯書社 2011 年出版。該書所收墓誌起自戰國，迄於清代，共收錄濟寧出土的歷代墓誌銘 130 餘方，其中五代墓誌 1 方。

8.《寧波歷代碑碣墓誌彙編》

章國慶編著，上海古籍出版社 2012 年出版。該書收錄寧波地區唐代至元代碑碣墓誌拓片共 266 方，其中五代墓誌 6 方，以時代順序排列，每篇碑文均有“附記”，內容主要說明碑刻的尺寸、形制、保存地點及狀況等，介紹碑文的行格書體和藝術特點，以及撰文、書丹、篆題者等；對殘缺碑石的缺失字，則參考相關方志、文集、家譜等加以補出。所收碑碣墓誌極具文獻價值，不僅可彌補史書之缺漏，也是研究寧波乃至浙江之風俗和人物不可或缺的參考資料。

以上墓誌錄文集錄的出版面世，極大地方便了廣大研究者對墓誌文獻的利用。但是，由於以往墓誌錄文多數由史學界的專家學者所釋錄，由於他們對於文字、音韻、訓詁等措意不夠，因此，文字釋讀等方面的疏誤常常存在較多。

（三）圖版和釋文對照之集錄

圖版和釋文合為一體的編撰體例，於圖版之後附錄釋文考證，不但便于核校審閱，亦方便對於釋文的準確把握，可以說是目前最理想的模式體例。但是，既要錄文，又要考證，需要花費大量的時間和精力，短時期內難以完成。圖版和釋文對照之集錄的著作主要以下幾種：

1.《唐代墓誌銘彙編附考》

毛漢光撰，臺灣中央研究院歷史語言研究所 1984 年出版。該書共 18 冊，編撰歷時 18 年之久，共收集唐代墓誌有 3300 餘張，加上碑誌銘、塔銘等，總數在 5000 餘張，是研究唐代墓誌的重要參考文獻之一。該書圖版和錄文兼備，極大地方便了研究者的利用，錄文質量也相對較高。

2. 《洛陽新獲墓誌》

李獻奇、郭引强編著，文物出版社 1996 年出版。該書收錄了洛陽地區新出土的墓誌凡 183 方，時間始於東漢永平十六年（73 年）四月廿三日姚孝經磚誌，終於民國十八年（1929 年）二月二十日呂芝泉墓誌。另外附錄大周至大宋誌蓋 8 方，前為圖版，後為文、考釋及紋飾線圖。圖版、錄文俱佳，洋洋大觀，美不勝收。這些墓誌的整理和結集，不僅是考古工作的重要成果，也是歷史、文獻等研究的重要資料，同時為洛陽地區的歷史、文化的研究提供了大量的參考資料。該書錄文沒有標點，給研究者帶來了一些不便，同時錄文也存在較多的錯誤和疏漏，使用的時候應當審慎。

3. 《唐代墓誌》

袁道俊主編，上海人民美術出版社 2003 年出版。該書收錄南京博物院藏唐代墓誌 100 方（邙山出土 91 方，江蘇省出土和徵集的 9 方），這些墓誌基本上都未經研究和發表，屬於首次與廣大讀者見面，南京博物院古代碑刻課題組對每方墓誌進行了全文抄錄、標點、注解、釋讀，並且配有圖版，這大大地方便了廣大讀者對這批墓誌資料的閱讀、查考、使用。像該書這樣圖文兼收並附有詳細注釋的並不多見，該書的出版發行，不僅對研究唐代的政治、經濟、文化有着重要的價值，而且對研究唐代的歷史地理、社會生活、風俗習慣、道德觀念、官職制度、喪葬禮制等也有重要的參考價值。

4. 《榆林碑石》

康蘭英主編，三秦出版社 2003 年出版。該書收錄榆林地區自東漢迄中華人民共和國成立前石刻 203 種，對每通碑石的來源、大小、形制、紋飾都作了詳細的記述，並附有圖版和錄文，資料完整、系統，為有關研究工作者提供了極大的方便，對研究榆林地區乃至我國古代的政治、軍事、經濟、民俗、文化、教育、宗教、民族風情將起重要的作用。

5. 《洛陽新出土墓誌釋錄》

楊作龍、趙水森主編，北京圖書館出版社 2004 年出版。該書公佈了 48 方 2000 年以來在洛陽地區新徵集的重要墓誌資料，全書共分為三編，第一編是墓誌研究與考釋，第二編是新出土部分墓誌敘錄，第三編是新出土墓誌目錄，第一編和第二編對 48 方新出土的唐代墓誌進行了釋讀，第三編為 162 方北魏至清代的墓誌目錄。

6. 《隋代墓誌銘彙考》

王其禕、周曉薇編著，綫裝書局2007年版。該書是2001年全國文博系統人文社科重點研究課題，歷經五載辛勤努力成書。本書共計收錄了約643方隋代墓誌（不含塔銘、塔記、磚誌），其中有近230方未見著錄。全書體例為先圖後文，每方墓誌彙集了卒葬時間、行款書體、撰書人名、誌文標題、誌蓋標題、形制紋飾、出土時地、存佚狀況、主要著錄情況等九個方面的信息。全書對每方誌文進行了隸定和標點，並附有相關金石志著錄和研究文獻對各方墓誌的考證和整理者評語。該書是目前隋代墓誌收集最全、質量最高的研究著作。

7. 《西安碑林博物館新藏墓誌彙編》

西安碑林博物館編著，趙力光主編，綫裝書局2007年出版。該書收錄1980—2006年12月期間西安碑林博物館新入藏的墓誌，凡381方，時代起自後秦，迄于元代，共381方，其中五代墓誌7方，這些墓誌絕大多數屬首次公佈刊行，对于語言學、歷史學、文化學、考古學等學科的研究具有很高的史料價值。

8. 《洛陽新獲墓誌續編》

洛陽市第二文物工作隊，喬棟、李獻奇等編著，科學出版社2008年出版。該書收錄繼《洛陽新獲墓誌》出版以來，洛陽第二文物工作隊在洛陽市區、孟津、伊川、偃師等地新徵集的墓誌，起自東漢，迄於明代，共收歷代墓誌304方，其中五代墓誌1方。

9. 《故宮博物院藏歷代墓誌彙編》

故宮博物院編，郭玉海、方斌主編，紫禁城出版社2010年出版。該書將故宮博物院自1949年以後從不同渠道收集的歷代墓誌資料，進行了彙總整理，共收錄三國至清代墓誌234方，高昌磚誌122方，其中五代墓誌4方。釋文與拓片相互對應呈現，在方便瞭解誌釋文的同時，可以參照對應的拓片，這也是本書優勢之所在。在編寫整理過程中，進行了細緻的傳拓、整理和甄別工作，並對每篇墓誌，磚志標注其基本信息，對高昌磚志的文字部分，進行了補正。墓誌拓片均由作者本人進行傳拓、拍攝，圖片品質較高，能最大程度的保證拓片每個字的清晰程度，並富有美感。通過對每方墓誌的介紹，可使研究者更加瞭解每方墓誌的基本狀態及現存狀況等，方便其研究學習。這部書是迄今為止，故宮博物院近些年來整理收錄所藏歷代墓誌最全的一部書。

10. 《長安新出土墓誌》

西安市長安博物館編，文物出版社 2011 年出版。該書輯錄陝西省西安市長安地區新出土北魏至清代墓誌，按歷史紀年順序編排，每方墓誌均有錄文，并且配有圖版和說明，說明包括：年代、尺寸、形制、紋飾、行數、字數及出土時間、地點、收藏處等，錄文用新式標點，方便讀者閱讀。遺憾的是對出土時間和地點均未作說明。

11. 《成都出土歷代墓銘券文圖錄綜釋》

成都文物考古研究所、成都博物館編著，文物出版社 2012 年出版。該書彙集成都文物考古研究所以及成都地區各文博單位所藏的 2006 年以前出土的墓葬銘刻材料，包括墓門石刻、塔銘、墓誌、鎮墓券等，凡 723 件。從時間上看，東漢 3 件、蜀漢 1 件、西晉 1 件、隋代 1 件、唐代 10 件、五代 23 件、兩宋 249 件、明代 424 件、清代 9 件、民國 2 件。五代十國時期由于社會動亂，在全國其他地區只有少量零星出土，本書多達 23 件，實屬難得。該書後附《人名索引》，檢索極為方便。

12. 《洛陽出土鴛鴦誌輯錄》

郭茂育、趙水森著，國家圖書館出版社 2012 年出版。該書為“全國高等院校古籍整理研究工作委員會直接資助項目”的研究成果。本書將洛陽出土鴛鴦誌作為研究對象，運用多學科相結合的研究方法，對鴛鴦誌進行搜集、點校、編目、輯錄。共分為三個部分：第一部分為輯錄篇，共選取了洛陽新出土的 80 對鴛鴦誌，配以圖版說明，並依照原誌文進行了文字錄入、點校和句讀。第二部分為備要篇，在查閱相關歷史文獻的基礎上，對鴛鴦誌中的人物或重大事件的文獻線索進行整理、歸納，力圖把文獻學、校勘學運用到墓誌研究中。第三部分是附錄篇，主要是對輯錄篇中沒有展示的 187 對鴛鴦志以題錄的形式列舉，並注明了出處，方便研究者的查閱和研究。最後，書後配有完備的檢索系統，為讀者提供了極大的便利。該書的出版，彌補了墓誌文獻整理中鴛鴦誌輯錄方面的缺憾，在出土專題文獻整理和研究方面具有重要意義。

13. 《大唐西市博物館藏墓誌》

胡戟、榮新江主編，北京大學出版社 2012 年出版。該書收錄西安大唐西市博物館藏墓誌、墓碑共計 500 方，時間縱跨從北朝到宋、元、明、清共十幾個朝代，其中 90% 左右是隋唐墓誌。這些墓誌、墓碑在收藏時經過精選，具有較高的歷史價值、學術價值和藝術價值。本書由原中國唐史學會副會長胡戟教授和現任中國唐史學會副會長、北京大學歷史系榮新江教授擔任主編，同時組織北京大學、中國人民大學、首都師範大學、中央民族大學、中國社會科學院歷史所、國家圖書館的學者和西北大學、陝西師範大學、西安碑林博物館的 70 多位專業人員編寫，在整理過程中，墓誌、墓碑的錄文都逐字逐句經過集體討論和會審，並到現場與墓石逐篇核對，品質較高。

14. 叢書《新中國出土墓誌》

叢書《新中國出土墓誌》是在國家文物局的統一領導下編纂的一部大型墓誌彙編，由中國文物研究所與全國各省、市文博考古及古籍整理單位合作編集，收錄 1949 年以來出土的墓誌，內容包括說明、圖版、錄文幾部分，墓誌年代上起秦漢，下至民國。全書分省為卷，《新中國出土墓誌·河南壹》1994 年率先和讀者見面，計劃未來出 30 卷左右。目前，該套書已經出版河南壹、河南貳、河南叁千唐誌齋壹、陝西壹、陝西貳、河北卷、重慶卷、北京壹、江蘇壹常熟、上海天津卷 10 種 19 冊，其他省卷等正在籌劃編寫之中，該叢書圖版、錄文兼收，同時對墓石情況、墓主生平等都有一些簡單說明。該套叢書資料完備、釋文相對精當，是目前分地區研究新中國墓誌的重要參考資料。

圖版和錄文兼收的墓誌集錄，既保存了歷代墓誌的原貌，又極大地方便了廣大研究者的利用，應該是今後墓誌研究的主體趨勢。其不足之處是仍然存在着部分錄文的疏誤，有待進一步的改進。

（四）其他方面的集錄

1.《北京圖書館藏墓誌拓片目錄》

徐自强主編，中華書局 1990 年出版。該書所收錄墓誌為北京圖書館金石組現藏墓誌中已整理部分，凡 4638 方，起自漢代，直到中華人民共和國，比較集中地反映了新中國成立前傳世墓誌的狀況。

2.《1949—1989 四十年出土墓誌目錄》

榮麗華編集，中華書局 1993 年出版。本編收錄 1949 年至 1989 年四十年來各地出土的歷代墓誌，起自東漢，迄於清，兼及個別新發表的早年出土品。舉凡 1989 年以前發表過正式報導，見引於有關論著，以及公開與內部出版的若干選編和目錄所載，都盡可能地將其收錄，以資檢索和查詢，凡 1464 方。

3.《唐代墓誌所在總合目錄》

《唐代墓誌所在總合目錄》由日本學者氣賀澤保規編，東京汲古書院

1997 年出版。2004 年修訂增補後再版，該書是研究唐代墓誌不可多得的目錄書。

4.《洛陽出土墓誌目錄》

洛陽市文物管理局、洛陽市文物工作隊編，朝華出版社 2001 年出版。該目錄根據原洛陽市文物局、河南省文化局文物工作隊、洛陽博物館等單位收藏的洛陽出土墓誌、拓片和洛陽市文物工作隊、洛陽市第二文物工作隊工作者發掘、收藏的墓石以及洛陽古代藝術館、洛陽博物館、洛陽古墓博物館、洛陽文物商店、新安縣鐵門千唐誌齋、洛陽郊縣文館所（會）、博物館等單位收藏的墓石和拓片整理而成，共收洛陽出土的東漢至民國時期的墓誌拓片 3386 方，資料主要來源於 1998 年以前有著錄者，按照時代先後順序，分為東漢、西晉、北魏、東魏、北齊、北周、隋唐、後梁、後晉、後周、北宋、元、明、清、民國等幾個部分。

5.《洛陽出土墓誌卒葬地資料彙編》

余扶危、張劍主編，北京圖書館出版社 2002 年出版。該書從墓誌豐富的內容中，僅就墓誌主人的卒葬地資料及墓誌的出土地點進行了收錄整理，共收錄了 4347 條，涉及東漢、西晉、北魏、隋唐、五代、北宋、金、元、明等朝代的墓誌 3000 餘方。墓誌卒葬地是墓誌研究的一項重要內容，它有助於研究洛陽古代都城里坊制度、行政區劃、地理山川形勢等，具有重要的史料價值。

6.《洛陽出土墓誌目錄續編》

洛陽市文物考古研究院編，周立主編，北京圖書館出版社 2012 年版。本書收錄見於近幾年著錄的洛陽出土墓誌 1785 方，按照墓主葬年時間先後編排，涉及東漢至民國 18 個歷史時期，其中以唐代墓誌居多。每方墓誌均著錄首題、墓主卒葬時間、墓石尺寸、誌文行字、書丹者、墓誌出土地點及收藏處所、資料出處等信息。書後編制墓主姓名索引，附錄幾種相關墓誌書目。

二　墓誌的語言學研究

墓誌是久為研究者重視的重要資料，與史學界、考古界對墓誌的研究相比，語言學界對墓誌的研究顯得相當滯後。墓誌數量可觀、時代確定、材料可靠，是語言研究的重要資料。可以說，目前墓誌的語言學研究還處於起步階段，五代墓誌的語言研究還幾乎是空白。墓誌的語言學研究主要體現在以下幾個方面：

（一）文字研究

近年來，墓誌文字的研究，主要是從俗字的角度進行的。較早的有秦公的《碑別字新編》（1985），後來，秦公、劉大新在《碑別字新編》的基礎上，又寫了《廣碑別字》（1995）。專著主要有吳鋼輯，吳大敏編撰的《唐碑俗字錄》（2004）、歐昌俊《六朝唐五代石刻俗字研究》（2004）、曾良《隋唐出土墓誌文字研究及整理》（2007）、陸明君《魏晉南北朝碑別字研究》（2009）、郭瑞《魏晉南北朝石刻文字》（2010）、毛遠明《漢魏六朝碑刻異體字研究》（2012）等。另外，劉中富《干祿字書字類研究》（2004）一書也大量使用了墓誌俗字材料來作為佐證。學位論文中博士學位論文有李海燕《隋唐五代石刻楷字的傳承與變異》（2009）、何山《魏晉南北朝碑刻文字構件研究》（2010）、呂蒙《漢魏六朝碑刻古文字研究》（2011）；碩士學位論文有李利芳《魏晉南北朝碑刻文字變異研究》（2006）、何山《漢魏六朝碑刻記號字研究》（2007）、張雙《兩漢魏晉碑刻簡體字研究》（2008）、王輝霞《武后及武周時期墓誌異體字研究》（2010）等。單篇論文有毛遠明《從"息""媳"二字看形旁類化對詞義的影響》（2006）、姚美玲《唐代墓誌俗字辨誤》（2007）、周阿根《五代墓誌俗字考辨》（2010）等。

由此，我們可以看出，學界對墓誌文字研究的價值引起了極大的重視，但是，目前墓誌文字研究和數量龐大的墓誌材料相比，其研究成果還顯得十分薄弱，相關研究有待進一步地推進。

（二）詞彙研究

吳金華《三國志校詁》（1990）、王雲路、方一新的《中古漢語語詞例釋》（1992）較早地利用了墓誌作為語料來解決詞語訓詁的問題。其後的墓誌詞彙研究，專著主要有羅維明《中古墓誌詞彙研究》（2003）、姚美玲《唐代墓誌詞彙研究》（2008）；學位論文博士論文有柏亞東《唐代墓誌詞語匯釋》（2008）、鄭邵琳《魏晉南北朝石刻名量詞研究》（2013）；碩士論文有王盛婷《漢魏六朝碑刻禮俗詞語研究》（2004）、李發《漢魏六朝墓誌人物品評詞研究》（2006）、章紅梅《漢魏六朝石刻典故詞研究》（2006）、李中俠《漢魏碑刻複音詞研究》（2008）、吳為民《六朝碑刻喪葬詞語研究》（2008）、趙黎明《唐天寶年間墓誌典故用詞研究》（2010）、羅曼《隋代墓誌詞語專題研究》（2011）、張旭《隋唐墓誌委婉語研究》（2011）、李紅《北魏墓誌詞彙研究》（2013），以上論文的研究語料主要集中為漢魏六朝隋唐時期的墓誌。單篇論文有許建平《中古碑誌與大型辭書編纂》（1997）、《碑誌釋詞》（2003）、羅維明《中古語詞拾詁》（2003）、周阿根《墓石義詞彙研究和大型辭書編纂》（2011）、《五代墓誌詞語考釋》（2011）、王海平《宋代墓誌新見複音詞考察》（2012）、《漢魏與宋代墓誌人物品評複音詞的縱向比較》（2012）、劉志生《六朝墓誌詞彙研究與〈漢語大詞典〉的書證滯後》（2013）等。

由此可見，近年來，墓誌詞彙研究引起了學界的極大關注，對墓誌詞彙的研究還不成系統，其成果也主要集中在漢魏六朝和唐代。五代墓誌的詞彙研究幾乎為零，還有待加强。

（三）音韻研究

從音韻學角度對墓誌進行研究，還沒有見到專著，學位論文只有碩士學位論文 1 篇，石風《隋代墓誌銘文用韻研究》（2012）。單篇論文也很少見，主要有金恩柱《從唐代墓誌看唐代韻部系統的演變》（1999）、《唐代墓誌銘的押韻及其研究方法》（1999）、張建坤《北魏墓誌銘用韻研究》（2007）等。

墓誌由誌文和銘文兩個部分組成。銘文多數由押韵的韻文寫成，這就從客觀上為我們研究當時的用韻情況提供了寶貴的參考資料。但是，墓誌的音韻學研究幾乎還很薄弱，今後有待進一步努力。

（四）校勘研究

墓誌的釋讀工作，以往一般是由歷史學、考古學的專家學者所進行的，由於他們對文字、音韻、訓詁方面措意不夠，因此，在墓誌的校勘方面也存在着諸多的疏漏。討論墓誌校勘的專著有曾良《隋唐出土墓誌文字研究及整理》（2007）[1]；學位論文有陳小青《北魏墓誌校讀劄記》（2006）、胡紅雯《唐代墓誌校正舉例》（2006）、趙陽陽《洛陽出土北魏墓誌叢劄》（2007）、季芳《〈新中國出土墓誌·重慶卷〉校補及研究》（2008）、張海燕《〈唐代墓誌彙編〉（武宗至哀宗年間）校補及譜系整理》（2010）等；單篇論文有葉樹仁《讀〈唐代墓誌彙編〉劄記》（2002）、毛遠明《〈漢魏南北朝墓誌〉校理》（2004）、周阿根《五代墓誌校點舉誤》（2007）、《墓誌文獻校理疏誤例説》（2012）等。

---

① 該書有五章是關於墓誌校勘，參見其第七章至第十一章。

目前，墓誌的校勘研究大多數還停留在個案分析的基礎上，還缺乏全面的、系統的、深層次的研究。

綜上所述，我們可以看出，墓誌領域的語言研究還顯得相當貧乏，與浩如烟海的墓誌語料相比，以上的研究成果還是顯得非常薄弱，墓誌語言學研究還有待加强。

第三節　墓誌文獻的研究價值和研究趨勢

一　墓誌文獻的研究價值

墓誌反映社會生活的內容十分廣泛，其內容幾乎涉及了社會生活的各個方面，舉凡經濟、政治、歷史、文化、文學、哲學、宗教、藝術、科學等均有所涉及，它簡直就是"一面反映社會生活的鏡子"。同時，墓誌文獻因為具有時代準確、數量衆多等特點，因而具有多方面的研究價值。這裏，主要談談墓誌在歷史學、文化學、語言學方面的價值。

（一）考古學、歷史學價值

五代之際，天下剖裂，干戈紛攘，在短短的數十年間，中原一帶幾易其姓，戰亂相尋，中國古代文化典籍遭到極大的破壞。《北夢瑣言·序》云："唐自廣明亂離，祕笈亡散，武宗以後，寂寞無聞，朝野遺芳，莫得傳播。"[1] 由於政局動蕩，記載不全，正史所書往往有誤，而墓誌是十分重要的考古資料，其中保存了豐富的歷史資料，通過它可以瞭解當時的社會狀況、職官、氏族、地理建置、風俗制度、歷史變遷等，可以從一定程度上彌補五代史料的不足。王國維很早就提倡"二重證據法"[2]，即將紙上之材料與地下之材料相結合的考證方法。墓誌的歷史學價值主要體現在補史、證史兩個方面。這裏我們僅舉一例以說明問題。例如，《舊五代史·唐書·張文寶傳》所載張文寶生平事蹟非常簡略，全文只有一百五十二字。而後唐長興四年《張文寶墓誌》全文近一千三百字，詳細地記載了張文寶先世及其本人的名諱、仕歷、世系、卒葬時地等，特別是其出使吳越的始末，對證史、補史均有重要的史料價值。關於《張文寶墓誌》

---

① （五代）孫光憲：《北夢瑣言》，中華書局2002年版，第15頁。

② 王國維：《古史新證》，清華大學出版社1994年版，第2頁。

的詳細史料價值可以參《洛陽新獲墓誌》①，此不贅。

（二）文化學價值

語言是文化的反映。"語言總是在文化發展的各個階段完整地、協調地反映文化，並將其固定下來，世代相傳，成為民族文化和知識的載體和集體經驗的貯藏器。"② 五代墓誌的很多詞語都包含着豐富的文化色彩，透過這些詞語，我們可以窺見中國文化的歷史畫卷。

首先，墓誌反映了中國古代的一些道德、倫理觀念。中國封建社會家庭制以男性為主體，父親為一家之主，故稱之為"天"。母親處於從屬地位，故連帶稱之為"地"，二者上下關係極為分明，女子結婚就稱為"移天"。女子稱呼自己的丈夫和父親為"所天"，因為他們都是古時女子的依靠。

其次，墓誌反映了尚官位和敬祖宗的心理。中國封建社會為官本位制，官最能體現個人的身份和價值，以官職稱人乃是對其極大的尊重。墓誌往往還極盡其辭地頌揚祖先的顯赫地位和光輝業績，而且在敍述家世的時候，一定要攀附歷史上的顯貴之人，時常直至本姓歷史上最為顯耀者，把他當作本家族的開山人物。後梁開平四年《羅隱墓誌》敍述其世系就云："昔者軒皇廣運，錫其族以疏封，光武中興，策有勳而復姓。"誠如《淮南子·脩務》所言："世俗之人，多尊古而賤今，故為道者必託之于神農、黃帝而後能入說。"

最後，墓誌中含有大量的典故詞語，這些典故詞又包含豐富的文化信息。墓誌文獻內容固定程式化，表述追求典雅含蓄，用詞講究對仗和諧，文風追求莊重凝練，大量地使用典故詞無疑是獲得這種效果的最佳選擇。墓誌典故詞語在語言學、文學、文化學、語源學以及漢語詞彙史等研究方面均具有重要的研究價值。墓誌文獻校理過程中如果不能準確識別典故詞，往往就會出現誤識和誤點，這需要引起釋錄者的高度關注。

（三）語言學價值

日本學者太田辰夫指出："中國的資料大部分是後時資料，它們尤其成為語言研究的障礙，根據常識來說，應該是以同時資料為基本資料，以

---

① 李獻奇、郭引强：《洛陽新獲墓誌》，文物出版社 1996 年版，第 314—315 頁。

② 趙愛國：《文化與語言》，外語教學與研究出版社 1994 年版，第 33 頁。

後時資料為旁證。"① 大量墓誌的出土，在一定程度上彌補了同時資料的不足。王鍈在蔣禮鴻"縱橫結合"研究方法的基礎之上，提出了"點面結合"的研究方法。他指出："這裏所謂'點'，指的是專書詞彙研究。如果能選擇若干時代確切而有代表性的作品，對其中的詞彙現象進行全面而窮盡式的分析排比，整理歸納，這無疑會給詞彙史與大型辭書的編纂打下堅實基礎。所謂'面'，則是從一代或一個歷史階段的某一類或幾類體裁的作品中去博觀約取，作為專書研究的一種補充，以利於克服專人專書在詞彙面上的局限。"② 就"面"的角度而言，墓誌正可以彌補專人、專書在詞彙面上的不足。

加強墓誌語言學研究，必將有助于加強近代漢語詞彙和漢語史研究，有助于大型辭書編纂和修訂，有助于墓誌等文獻古籍的整理。

二 墓誌文獻的研究趨勢

語言文字學研究之進步，有賴於史料的不斷拓展和利用。19 世紀末，敦煌藏經洞的發現直接導致了敦煌學的興起，並且成為 20 世紀國際性的顯學。而墓誌材料由於出土的地域和時間都比較零散，難以引起同樣的轟動效應。但是，就其反映社會的廣度和深度而言，無疑具有很高的語言學研究價值。並且，隨着考古工作的展開，大量的墓誌材料還在陸續出土和刊佈，必將引起語言學界的極大興趣。近年來，近代漢語語言文字研究方興未艾，研究的領域也正在逐步拓展，但是作為重要出土文獻的墓誌語言文字研究卻尚未引起足夠的重視，特別是晚唐五代時期，正是漢語史上近代漢語發展的發軔時期，此時"文言由盛而衰，白話由微而顯"，同時，俗字發展在五代時期形成了第二個高峰。因此，五代墓誌在語言文字上有其鮮明的時代特色。五代墓誌作為一種重要的同時性語料，具有明顯的時代性和可靠性。陳寅恪指出："一時代之學術，必有其新材料與新問題，取用此材料，以研求問題，則為此時代學術之新潮流。"董志翹指出："能否發掘使用新的研究材料，是研究成敗的關鍵。"③ "近代中國學術史

---

① ［日］太田辰夫著，蔣紹愚、徐昌華譯：《中國語歷史文法》，北京大學出版社 2003 年版，第 375 頁。

② 王鍈：《唐宋筆記語詞匯釋·前言》，中華書局 1990 年版。

③ 董志翹：《21 世紀中古、近代漢語詞彙研究隨想》，載《中古近代漢語探微》，中華書局 2007 年版，第 5 頁。

表明，新材料的發現往往帶來新的學問。如殷墟甲骨文、敦煌漢晉木簡、敦煌石室藏書、清宮內閣大庫書籍的發現即是顯例。"① 研究材料的延伸、擴展，往往帶動學術的深化，形成新的熱點。縱觀近代漢語詞彙的研究現狀，從 50 年代張相《詩詞曲語辭匯釋》（1953）開始，到蔣禮鴻《敦煌變文字義通釋》（1981）、江藍生《魏晉南北朝小說詞語匯釋》（1988）、蔣紹愚《唐詩語言研究》（1990）、王鍈《唐宋筆記語詞匯釋》（2001）、袁賓《禪宗著作詞語匯釋》（1990）、李維琦《佛經詞語匯釋》（2004）等，一直到董志翹《〈入唐求法巡禮行記〉詞彙研究》（2000），徐時儀《漢語白話發展史》（2008）等無一不是對新材料的利用、對新領域的開拓。墓誌文獻作為一種重要的"同時資料"，必將引起國內外學者的廣泛關注。"甲骨文的發現，開拓了文字學家的視野，使我們對漢字的原始面貌有了深刻的認識。"② 同樣，我們可以說，大量墓誌文獻的出土，必將拓展中古近代漢語的研究新領域。

第四節　本書的研究內容和研究方法

一　研究內容

我們選擇學界較少關注的五代墓誌來作為我們的研究對象，我們的研究主要涉及以下幾個方面的內容：

（一）全面收錄整理五代墓誌

在全面收集五代墓誌的拓片和論著的基礎上，對其中沒有錄文的墓誌拓片進行抄錄、釋讀、標點，同時全面校理現行散見於各種專著、期刊中部分墓誌錄文的訛誤，整理出較為全面的五代墓誌彙編，為歷史學、考古學、語言學研究者提供可資利用的資料，五代墓誌校理的主要成果《五代墓誌彙考》③ 共收錄五代墓誌 242 方，該書獲 "2012 年度全國優秀古籍圖書獎"，目前，仍有少量五代墓誌出土，時機成熟我們將對其進行補充

---

① 吳辛丑：《簡帛典籍異文研究》，中山大學出版社 2002 年版，第 6 頁。

② 劉又辛：《漢語漢字答問》，商務印書館 2003 年版，第 71 頁。

③ 周阿根：《五代墓誌彙考》，黃山書社 2012 年版。限于《五代墓誌彙考》的體例，該書對以往墓誌校理的疏誤沒有系統的考證，只有簡單的校語。本書將進行詳細的校理論述，可以彌補《五代墓誌彙考》簡單校語之不足。

修訂。

（二）全面研究五代墓誌的詞彙

王雲路在談及詞彙研究的歷史任務時指出，漢語詞彙研究"應當有專書語詞研究，專類體裁語詞研究、專題詞語研究、斷代詞語研究、通代詞語研究、斷代詞彙史研究等"①。有鑒于此，我們選擇五代墓誌詞彙進行系統研究，我們的研究將主要依據《五代墓誌彙考》，同時佐證以其他時代的墓誌文獻以及墓誌以外的歷代文獻。對五代墓誌詞彙的研究，我們分兩步進行：

1. 我們運用語義場理論，對五代墓誌的特色詞彙進行研究，重點研究其中六類特色詞彙，即年齡義詞彙、婚姻義詞彙、喪葬義詞彙、墓石義詞彙、任職義詞彙、後嗣義詞彙等，這些特色詞彙包含了大量的文化信息，加強對五代墓誌特色詞彙的研究，有助於我們瞭解中國古代社會的禮俗制度和文化現象。

2. 我們以《漢語大詞典》（以下簡稱《大詞典》）為依據，全面研究五代墓誌的一般詞彙。五代墓誌一般詞彙對於大型辭書的收詞立目、釋義、例證溯源和探流等均具有重要的參考價值，詳見本書的第四章，此不贅。希望我們的研究能夠揭示五代墓誌詞彙在漢語詞彙史上的地位、發展特點及其發展變化的規律，能夠從一個側面反映五代詞彙系統的基本面貌。

二 研究方法

在具體的研究過程中，我們將具體使用以下方法：

（一）理論研究和實證研究相結合。運用語言學的相關理論對墓誌詞語進行考釋，宏觀上試圖揭示漢語詞彙的發展演變規律，微觀上注意考證具體詞語的意義，力爭由點到面，點面結合，將詞彙研究放到語義場中進行整體觀照，系統研究一組詞和一類詞。

（二）共時層面的比較與歷時層面的考察相結合。一方面，我們將把五代墓誌文獻和同時代的傳世文獻相比較進行共時研究，如《祖堂集》《舊唐書》、新舊《五代史》等；另一方面，我們將對五代墓誌詞彙進行歷時比較研究，主要和歷代墓誌文獻進行比較，如《漢魏

---

① 王雲路：《中古漢語詞彙史》，商務印書館 2010 年版，第 50 頁。

六朝碑刻校注》《新出南北朝墓誌疏証》《隋代墓誌銘彙考》《唐代墓誌彙編》《唐代墓誌彙編續集》《遼代石刻文編》、叢書《新中國出土墓誌》等。

（三）墓誌文獻和傳世文獻相結合。我們運用王國維很早就提倡的“二重證據法”（將紙上之材料與地下之材料相結合的研究方法），把墓誌語料和傳世文獻相結合進行共時研究，注重歷代傳世文獻的考察，注意運用好電子文獻資源，如《四庫全書》《四部叢刊》《漢籍檢索》《漢文博士》《敦煌寶藏》等，探索五代墓誌語言發展演變的源流軌跡。

（四）語言學研究與文獻學研究相結合。文獻是從事語言研究的基礎，同一墓誌在釋讀的過程中有不同的錄文，各種異文之間關係錯綜複雜，本書采用語言學與文獻學相結合的方法，對異文進行比勘，力爭還原墓誌語言歷史真實面貌。

（五）傳世字書的查考與墓誌文獻用例比較印證相結合。對五代墓誌俗字的考辨，我們將運用科學的訓詁學方法，以大型辭書為參照系，對五代墓誌的俗字進行微觀的考釋。目前可以參照的字書很多，如《干祿字書》《龍龕手鏡》《漢語大字典》（以下簡稱《大字典》）《中華字海》《碑別字新編》《廣碑別字》《敦煌俗字典》《〈唐宋俗字譜〉——祖堂集之部》《高麗大藏經異體字典》等。

關於本書寫作行文的幾點說明：

1. 本書所引五代墓誌錄文如無特別說明，均出自《五代墓誌彙考》[①]，不再注明單篇墓誌錄文具體出處，相關墓誌的詳細信息參《五代墓誌彙考》“簡跋”部分。

2. 為稱述方便，本書五代墓誌名稱為筆者所加，一般採用了“朝代＋年號紀年＋《墓主姓名＋墓誌》”的格式。

3. 文中墓誌的排列一般以墓誌時間為序。墓誌時間一般包括死亡時間、埋葬時間兩種，墓誌排序一般依據埋葬時間，如果埋葬時間失記，則取死亡時間。墓誌時間相同者，以誌主姓名的音序為序。

4. 在墓誌錄文整理過程當中，凡誌文漫漶缺字過多者，以“……”表示；缺字較少而有可數者，以“□”代之。墓石原留空缺者，今錄文

---

① 周阿根：《五代墓誌彙考》，黃山書社 2012 年版。

一律沒有留空；因墓石殘缺，可據文獻增補者，以“〔　〕”標示；明顯
訛誤可改者，以“（　）”正之。

　　5. 本書所取五代墓誌的範圍，起自後梁（公元 907 年），終於後周
（公元 960 年）。十國時期的墓誌有明確紀年的亦予以採用。

第二章

五代墓誌文獻校理

第一節　五代墓誌述要

　　墓誌作為一種重要的出土文獻，以往史學界的研究者給予了較多的關注，並且取得了令人矚目的成就。但是，以往對墓誌進行的分期研究主要集中在魏晉南北朝和唐代，對五代時期的墓誌的研究相對比較薄弱。目前所見，漢魏南北朝時期的墓誌研究的成果主要有趙萬里《漢魏南北朝墓誌集釋》（1956）、趙超《漢魏南北朝墓誌彙編》（1992）、毛遠明《漢魏六朝碑刻校注》（2008）、王連龍《新見北朝墓誌集釋》（2013）；隋唐五代時期的墓誌研究除了毛漢光《唐代墓誌銘彙編附考》（1984）、《隋唐五代墓誌彙編》（1992）之外，隋代墓誌的研究有王其禕、周曉薇、樊波、王慶衛等承擔的國家文物局重點課題《隋代墓誌銘彙考》（2007），唐代墓誌的研究成果重要有周紹良的《唐代墓誌彙編》（1992）和《唐代墓誌彙編續集》（2001）。目前，關於五代墓誌的研究，拓片主要集中見於《隋唐五代墓誌彙編》一書，共收錄拓片97方，錄文主要集中見於陳尚君《全唐文補編》（2005）和《舊五代史新輯會證》（2005）、吳鋼《全唐文補遺》（1994—2007）以及國家圖書館善本金石組編《隋唐五代石刻文獻全編》（2003）。其中《全唐文補編》收錄五代墓誌錄文83方，《舊五代史新輯會證》收錄五代墓誌錄文21方，《隋唐五代石刻文獻全編》收錄五代墓誌錄文40方，且三者多重複收錄。其他的五代墓誌拓片和錄文主要零星地散見於各種墓誌圖錄和考古類刊物之中，如《洛陽出土歷代墓誌輯繩》（1991）、中國國家圖書館碑帖菁華（http：//res2. nlc. gov. cn：9080/ros/index. htm）、叢書《新中國出土墓誌》《邙洛碑誌三百種》（2004）、《西安碑林博物館新藏墓誌彙編》（2007）《大唐西市博物館藏墓誌》（2012）以及《考古》《文物》等。近年來各地還有新的墓誌不斷出土，因此，初步估計，目前國内的五代墓誌應該在 300 方以上①。近年來，傳世墓誌和新出土墓誌的整理和出版正越來越受到學術界的重視，但是，至今沒有學者對五代墓誌進行全面、系統的整理，也沒有學者對五代墓誌的俗字、詞彙等進行研究。我們認為作為斷代墓誌研究的重要組成部分的五代墓誌，其整理和研究也應該得到加強。

第二節　五代墓誌語料校理

目前，關於五代墓誌的研究，成果並不多見，而且比較零散。原因有以下數端：由於五代時期，社會動蕩，當時社會用字十分混亂，古今字、異體字、繁簡字、假借字、同形字、訛俗字等滿紙皆是；亦因墓誌實物大都有不同程度的磨損，文字磨泐殘蝕，往往模糊不清；更因不少墓誌原石已經毀壞或者流失，拓片也不盡一致，初拓、翻拓、續拓各有參差。墓誌涉及的内容非常廣泛，對墓誌文獻的正確釋讀，需要綜合運用多學科知識，從目前出版的墓誌錄文來看，大多數由從事史學研究的學者纂錄，因其於傳統文字、音韻、訓詁等措意不夠，因此存在不少可商之處。

資料是研究的基礎，胡適之云："至於治古書之法，無論治經治子，要皆當以校勘訓詁之法為初步，校勘已審，然後本子可讀，本子可讀，然後訓詁可明。"② 王雲路在論及語料真偽時說："語料鑒別應該成為研究工作的必要環節。我們在研究中引用任何一種文獻資料都要辨別真偽，以求真實可靠。"③ 為了更有效地利用五代墓誌材料，使之更加科學完美，更加具有使用價值。我們利用《北京圖書館藏中國歷代石刻拓本匯編》《隋唐五代墓誌彙編》《千唐誌齋藏誌》《洛陽出土歷代墓誌輯繩》《西安碑林全集》、叢書《新中國出土墓誌》等以及自己搜集的拓片資料，甚至目驗原石，對目前所見的五代墓誌錄文進行重新校勘，發現其釋讀錯誤、文字衍脱、標點誤施等疏誤數百條。我們把這些疏誤分成標點誤施之例、俗

---

① 此前，我曾經撰文認為五代墓誌總數在 200 方左右（《五代墓誌校點舉誤》，《古籍整理研究學刊》2007 年第 2 期），《五代墓誌彙考》實際收錄五代墓誌 242 方，隨著考古的深入和搜集面的擴大，可能還會有更多的五代墓誌面世。

② 董志翹：《略論古籍整理中訓詁學知識的運用》，載《訓詁類稿》，四川大學出版社 1999 年版，第 85 頁。

③ 王雲路：《中古漢語詞彙史》，商務印書館 2010 年版，第 55 頁。

字誤辨之例、可識未識之例、訛文宜改之例、脫文宜補之例、衍文宜刪之例、倒文當乙之例、主觀妄改之例、妄下注語之例、不明典故之例十種情況分別加以討論①。下面就以墓誌的卒葬年代為序②，分條論述如下，以求教於專家、學者。

一　標點誤施之例

標點，總的要求是適當地分段，恰當地運用逗號、句號、分號和冒號這些符號來斷句。可惜古人著作行文的邏輯性不强，有時候段落不清，因此分段時某些句應屬上，應屬下，也頗費斟酌。標點工作者斷句則各有對文義的理解的程度，某字屬上，某字屬下，甚至有些文句，至今仍屬爭議，未能一致通過。③ 墓誌文獻整理，標點工作是第一步。標點工作者必須在通讀古書的基礎上，適當斟酌取捨，選擇正確的標點符號進行標註，這項工作既是大事，也是難事。標點需要我們靈活運用文字、詞彙、語法、音韻、歷史、文化、邏輯等多方面的知識加以綜合分析，才能作出正確的判斷。楊樹達先生在《古書句讀釋例》前言中說："句讀之事，視之若甚淺，而實則頗難。"④ 目前部分見諸書刊的五代墓誌錄文，在編校方面做了大量有益的工作，但是標點卻有很多可商之處，有的甚至是明顯的錯誤。

1. 後梁乾化二年《薛貽矩墓誌》："公之外兄禮部尚書孔公，續以廷珪，族本同源，義深兩卷，謂為癡叔，可揚德音，三讓不從，乃為銘曰。"⑤

本段文字點校有誤。"續"字當屬上，墓誌文獻常有"姓＋公＋名"之文例，此不贅。"孔公續"指孔續，不當點斷。墓誌上文撰書人有"外兄銀青光祿大夫、禮部尚書、上柱國、曲阜縣開國男、食邑三百戶孔續書並篆蓋"之語，可以作為內證。廷珪後不當點斷，"廷珪族本同源"是指薛廷珪乃薛貽矩的從叔而言的，撰書人有"從叔正議大夫、尚書左司侍郎、上柱國、賜紫金魚袋廷珪撰"之語，可證。"義深兩卷"費解，復審

　　① 周阿根：《墓誌文獻校理疏誤例說》，《學術界》2012 年第 4 期。
　　② 墓誌卒葬時間有死亡時間和埋葬時間兩種，一般以埋葬時間為序，如果埋葬時間失載，則取死亡時間。
　　③ 國務院古籍整理出版規劃小組編：《古籍點校疑誤彙錄·序》（一），中華書局 1990 年版。
　　④ 楊樹達：《古書句讀釋例》，中華書局 1954 年版，第 3 頁。
　　⑤ 傅清音等：《新見五代〈薛貽矩墓誌〉考》，《文博》2012 年第 4 期。

原拓，"兩卷"實作"兩巷"，"義深兩巷"指居住得近，情感深厚。

2. 唐天祐十三年《張宗諫墓誌》："祖禰，以河洛間睌，罔知宦序。父興順，王母河東賈氏，志態閒逸，不事公王，遁跡丘園，早沉幽壤。府君幼而令黠，長亦謙恭，孝敬敦淳，和叶忠信，勤劬生務，基業豐餘。"①

"王母"一詞乃"祖母"之義。《禮記·曲禮下》："祭王父曰'皇祖考'，王母曰'皇祖妣'。"墓誌先敍述祖父，然後敍述父親，再敍述祖母，於墓誌行文慣例不符。從墓誌敍述墓主族系的慣例來看，一般女性長輩緊跟着男性長輩敍述，幾乎沒有例外。由此观之，"王"字當屬上。本段文字應該標點為："祖禰，以河洛間睌，罔知宦序。父興順王，母河東賈氏，志態閒逸，不事公王，遁跡丘園，早沉幽壤。府君幼而令黠，長亦謙恭，孝敬敦淳，和叶忠信，勤劬生務，基業豐餘。"墓誌先敍述祖父，再敍述父親、母親，這樣就顯得邏輯分明、條理清晰。

3. 前蜀天漢元年《王君妻李氏墓誌》："□祖端，皇姓宋氏，前朝追贈官爵存於史。榮祖。今鳳翔秦王受姓於僖宗皇帝。"②

第一個字原拓片有磨泐現象，錄文於第一個字用"□"代替，不失為一種嚴謹之舉。我們復審原拓片，並結合上下文，發現第一個字應該是"曾"字，"曾祖"一詞，墓誌文獻習見，不贅述。另外"榮祖"一詞費解，我們復審原拓，發現"榮"字，拓片實作"𥗮"，它是"策"的俗寫，而不是"榮"字，《碑別字新編》③（218 頁）"策"字《齊唐邕寫經碑》正作"𥗮"。"史策"一詞，隋唐五代文獻習見，《隋書·經籍志》："後漢趙曄，又為《吳越春秋》，其屬辭比事，皆不與《春秋》《史記》《漢書》相似，蓋率爾而作，非史策之正也。"唐封演《封氏聞見記》卷七"月桂子"："垂拱四年三月，月桂子降於台州臨海縣界，十餘日乃止。司馬蓋詵、安撫使狄仁傑以聞，編之史策。"《舊唐書·顏師古傳》："師古家籍儒風，該博經義，至於詳注史策，探測典禮，清明在躬，天有才格。"另外本段文字標點也有問題，"策祖"一詞費解，"策"字當屬上，"祖"字當屬下。因此，此段文字應該作如下校點："曾祖端，皇姓宋氏，前朝追贈官爵，存於史策。祖今鳳翔秦王，受姓於僖宗皇帝。"

---

① 陳尚君：《全唐文補編》，中華書局 2005 年版，第 1903 頁。

② 馬文彬：《五代前蜀李氏墓誌銘考釋》，《四川文物》2003 年第 3 期。

③ 秦公：《碑別字新編》，文物出版社 1985 年版。

4. 前蜀天漢元年《王君妻李氏墓誌》："公則故通王太師之次子也，兩朝聖裔，榮冠當時。和順謙恭，顯然淑德，盡如賓之敬立。內則之□，父在韶年，忽縈沉疾，醫藥無驗，俄歸下泉，好月西傾，□波東去。"①

"盡如賓之敬立。內則之□，"一句標點存在問題，其實這裏"立"字當屬下，這樣"盡如賓之敬"和"立內則之□"相對成文。"父在韶年"一句顯得很唐突，本來在敍述王氏的丈夫王公，怎麼中途又敍述她的父親呢？有悖於邏輯常理。復審原拓，發現"父"乃"方"之訛，"方"為時間副詞，表示李氏正在年輕的時候忽然染病。另"□波"為"逝波"。因此本段文字應該作如下校點："公則故通王太師之次子也，兩朝聖裔，榮冠當時。和順謙恭，顯然淑德，盡如賓之敬，立內則之□。方在韶年，忽縈沉疾，醫藥無驗，俄歸下泉，好月西傾，逝波東去。"

5. 後梁貞明六年《謝彥璋墓誌》："曾門大父，俱不仕，家傳素社，咸推讓畔之風；遐邇物情，盡播漱流之譽。"②

"曾門大父"是兩個詞，當點斷，否則下文"俱"字無所指。"曾門"指曾祖父。清袁枚《隨園隨筆·稱謂》："曾祖稱曾門，亦稱曾父。"唐楊休烈《比丘尼惠源誌銘》："大師諱惠源，俗姓蕭氏，南陵人也。曾門梁孝明皇帝；大父諱瑪，皇中書令、尚書左僕射、司空、宋國公；父諱鉆，給事中、利州刺史。"《新唐書·孝友傳·程袁師》："改葬曾門以來，閱二十年乃畢。""大父"指祖父，墓誌常語，《漢魏六朝碑刻校注》九二四《東魏李憲墓誌》："大父太尉宣公，位隆庶尹，功高列辟，故已流美笙鏞，圖烈尊鼎。"後唐天成五年《張居翰墓誌》："公諱居翰，字德卿，軒轅流裔，清河派分，代有英聲，世多間傑。曾大父處厚，威遠軍判官、承奉郎、內府令，賜緋魚袋。秉操不回，蒞職清簡，謹巡備於畿甸，分甘苦於連營。大父弘積，御苑判官、朝散郎、內府丞。"歷代傳世文獻亦習見用例，《韓非子·五蠹》："今人有五子不為多，子又有五子，大父未死而有二十五孫。"《史記·留侯世家》："留侯張良者，其先韓人也。大父開地，相韓昭侯、宣惠王、襄哀王。"裴駰集解引應劭曰："大父，祖父。"《梁書·王茂傳》："茂年數歲，為大父深所異。常謂親識曰：'此吾家之千里駒，成門戶者必此兒也。'"

---

① 馬文彬：《五代前蜀李氏墓誌銘考釋》，《四川文物》2003 年第 3 期。

② 陳尚君：《全唐文補編》，中華書局 2005 年版，第 1162 頁。

6. 後梁龍德二年《崔崇素墓誌》："李夫人鍾愛之念，若己生之子，立身事親之行，備矣，觀國榮家之譽，振矣。"①

該段文字標點有誤。"念"字當屬下。從上下文來看，李夫人為崔崇素父親的嫡妻，崔崇素為"今工部尚書西都留守副使清河公之別子也"，古代宗法制度稱諸侯嫡長子以外之子為"別子"。也就是說崔崇素並非李夫人親生。但是，李夫人視崔崇素若自己親生兒子。因此，墓誌說"李夫人鍾愛之，念若己生之子"。另外"立身事親之行，備矣""觀國榮家之譽，振矣。"兩者也不當點斷。因此，這段文字應該標點為："李夫人鍾愛之，念若己生之子，立身事親之行備矣，觀國榮家之譽振矣。"

7. 前蜀乾德五年《晉暉墓誌》："明廷三日，為輟朝叅，同曲四鄰，不違舂相，禮寺徵於舊典，有司式舉於盛儀。"②

"明廷三日，為輟朝叅"和"同曲四鄰，不違舂相"兩句均不當點斷，否則句意不完整。誠然，墓誌多四字為句，但是不能拘泥於此，應該視具體情況而定。"朝叅"指"古代百官上朝叅拜君主"。"輟朝叅"指皇帝為悼念有功有德之人，而停止臨朝聽政。"明廷三日為輟朝叅"指皇帝三天停止臨朝聽政。"輟朝叅"也可省作"輟朝"，後蜀廣政十一年《張虔釗墓誌》："上為慘然，抆涕經旬，輟朝三日。頒宣賻賵，常數有加。"南唐保大十四年《王繼勳墓誌》："皇上撫几增悼，廢朝三日，詔鴻臚護葬司儀禮賵賻加等。"是其證。

8. 後唐同光三年《李茂貞墓誌》："竊以盛纂宗周，榮膺命氏，邈惟往古，考彼前書，蓋彰保國之誠，明迴振匡。君之義烈，編於帝屬，列彼儲闈，紀玉諜以騰芳，齒金枝而表慶。"③

"明迴振匡"一句費解。文章標點有誤，文中"誠明"為一詞，和下文的"義烈"相對成文，不當割裂。"誠明"意思是至誠之心和完美的德性，語出《禮記·中庸》："自誠明，謂之性。自明誠，謂之教。誠則明矣，明則誠矣。"鄭玄注："由至誠而有明德，是聖人之性者也。"文中"匡君"為一詞，和上文的"保國"相對成文，不當割裂。"匡君"是"匡輔君主"之義，歷代文獻習見，如《國語·晉語七》："今無忌智不能

① 陳尚君：《全唐文補編》，中華書局2005年版，第1277頁。

② 同上書，第1474頁。

③ 王鳳翔：《新見唐秦王李茂貞墓誌淺釋》，《文物春秋》2006年第6期。

匡君，使至於難，仁不能救，勇不能死，敢辱君朝，以忝韓宗，請退也。"《史記·范雎蔡澤列傳》："今臣羈旅之臣也，交疏於王，而所願陳者皆匡君之事。"因此，這段文字當作如下標點："竊以盛纂宗周，榮膺命氏，遐惟往古，考彼前書，蓋彰保國之誠明，迴振匡君之義烈，編於帝屬，列彼儲闈，紀玉諜以騰芳，齒金枝而表慶。"

9. 後唐同光三年《李茂貞墓誌》："元和中，以鎮陽肆逆，主帥不臣，王遠祖獨以博野一軍率先向化。帝嘉效順，遂隸於秦爰降嶽，靈生於貴族。叶殷箕而秉異，符漢昴以呈祥。"①

　　文中"嶽靈"為一詞，不當割裂，意為"山嶽的靈氣、精氣"。"嶽靈"一詞，隋唐墓誌就多有用例，《隋代墓誌銘彙考》二六九《楊實墓誌》："君承積慶之基，降嶽靈之祉。崑山片玉，即有連城之價；威鳳一毛，便驗巢阿之翼。"《唐代墓誌彙編續集》龍朔○○一《史行簡墓誌》："家承積慶，疏德水以開源；代襲簪組，資嶽靈而誕秀。"《唐代墓誌彙編續集》長安○○二《樊文墓誌》："嶽靈秀出，實光周道；歲精暫下，終非漢臣。春秋七十，以大足元年歲次辛丑十月庚子朔三日辛丑薨於私第。"歷代文獻亦見用例，漢蔡邕《司空楊秉碑》："於戲！公唯嶽靈，天挺德，翼精神，絪縕仁哲生。"南朝梁沈約《遊鍾山詩應西陽王教》："靈山紀地德，地險資嶽靈。"唐韓偓《漫作》詩之一："嶽靈分正氣，仙衛借神兵。""向化"句後句號當改為逗號，"向化"是"歸服"之義。"效順"是"歸順，投誠"之義，李茂貞的遠祖曾經以博野之軍歸順朝廷，當時皇帝對他的歸順表示贊許。因此，這段文字當標點為："元和中，以鎮陽肆逆，主帥不臣，王遠祖獨以博野一軍率先向化，帝嘉效順。遂隸於秦，爰降嶽靈，生於貴族。叶殷箕而秉異，符漢昴以呈祥。"

10. 後唐同光三年《李茂貞墓誌》："而後益彰全節，遐振雄名，逐大憝於關中。尋安宮闈，迎聖君於劍外。再整廟朝。累殄奸臣，繼平不軌，遂致嚴祠堂於隴坻，樹碑篆於歧陽。"②

　　此段文字標點有誤。墓誌文體具有對仗的特點，文中"逐大憝於關中，尋安宮闈"和"迎聖君於劍外，再整廟朝"應該相對成文。因此，本段文字應該標點為："而後益彰全節，遐振雄名。逐大憝於關中，尋安宮闕；迎聖君於劍外，再整廟朝。累殄奸臣，繼平不軌，遂致嚴祠堂於隴坻，樹碑篆於岐陽。"

11. 唐天祐廿一年《王處直墓誌》："公乃歸私第而習《南華》，爇奇香而醮北極，行吟蔣徑春草生，而綠□池塘；坐酌融罇餘花落，而香飄戶牖。"①

該段文字標點有誤。因為"春草生"而導致了"綠□池塘"；"餘花落"而導致了"香飄戶牖"。"而"在這裏是一個"因果連詞"。因此，本段文字應該作如下標點："公乃歸私第而習《南華》，爇奇香而醮北極。行吟蔣徑，春草生而綠□池塘；坐酌融罇，餘花落而香飄戶牖。"

12. 唐天祐廿一年《王處直墓誌》："公娶博陵郡夫人崔氏，幽國夫人費氏，楚國夫人卜氏，並先公而終，復娶隴西齊國夫人，疾以奉藥，薨乃事喪。"②

該段文字標點有誤。此段文字當標點為："公娶博陵郡夫人崔氏、幽國夫人費氏、楚國夫人卜氏，並先公而終，復娶隴西齊國夫人，疾以奉藥，薨乃事喪。"三位夫人都是先公而終，列舉時當用頓號。

13. 後唐同光三年《吳君妻曹氏墓誌》："光業爰在齠年，即蒙訓育，及至長立尚難便以歸宗。蓋諸外甥幼年未任家事，豈唯骨肉戚兼，幼叨衣食之恩？"③

"及至長立"一句語意未完，後當點斷。該句意思是說光業小時候就受到訓練教育，等到長大自立的時候，尚且不能回歸宗族。

14. 後唐天成三年《張居翰墓誌》："父從玫，直金鑾承旨、朝請大夫、內給事、賜紫金魚袋出。宣帝命，入奉天顏。軺車哥美於皇華，金章輝奐於丹禁。朝僉子貴之命，澤及幽壤之榮，贈內侍。"④

標點有誤，"出"字當屬下。"紫金魚袋"系唐五代時期品官章服之一種，當時京官五品以上佩魚袋。唐貞觀四年規定："三品以上服紫，五品以上服緋，六品、七品服綠，八品、九品服青。龍朔二年，改令八品、

①　河北省文物研究所、保定市文物管理處：《五代王處直墓》，文物出版社1998年版，第65頁。

②　同上書，第65—66頁。

③　陳尚君：《全唐文補編》，中華書局2005年版，第1178頁。

④　馬志祥：《西安西郊出土的後唐〈張居翰墓誌〉》，載《碑林集刊》（第三輯），陝西人民美術出版社1995版，第102頁。

九品服碧。"①"出宣帝命"和"入奉天顔"相對成文，如果"出"字屬上，則於文不對。

15. 後唐天成三年《張居翰墓誌》："昔漢光武將平赤眉、銅馬，四七之將，堅勸進之，誠遂從高邑之事。故事明白，可遵舊典。"②

"誠"字當屬上。"赤眉、銅馬"指赤眉銅馬起義。"四七之將"充當句子的主語，又稱為雲臺二十八將，他們是漢光武帝建立東漢過程中最具戰功的將領；東漢明帝永平三年，漢明帝劉莊在南宮雲臺閣命人畫了二十八將的像，范曄《後漢書》也為這二十八將立傳，稱"咸能感會風雲，奮其智勇，稱為佐命，亦各志能之士也。"另外，"堅"是句子的謂語，"勸進之誠"是句子的賓語，否則句子的賓語不完整。因此，這段文字可以標點為："昔漢光武將平赤眉、銅馬，四七之將堅勸進之誠，遂從高邑之事。故事明白，可遵舊典。"

16. 後唐長興三年《高暉墓誌》："洎壯年，爰初入仕歷和門而歲久常以盡忠□□校而時深獨身許國。解弓在手，頻施汗馬之勞；霜鍔懸腰，繼破魚麗之陣。"③

"爰初入仕歷和門而歲久常以盡忠□□校而時深獨身許國"一句，凡24言，如果此段文字不加點斷，讀起來就不知所云。根據墓誌的文體多駢偶的特點，我們可以將這段文字作如下標點："洎壯年，爰初入仕。歷和門而歲久，常以盡忠；□□校而時深，獨身許國。解弓在手，頻施汗馬之勞；霜鍔懸腰，繼破魚麗之陣。"

17. 後唐長興三年《高暉墓誌》："有男一人□□，西川節度押衙錄青光祿大夫檢校散騎常侍兼御史大夫上柱國充昭武軍主客馬步軍都押衙□，玉奇姿隋□□□□□氣概卓犖宏□，屼岵情傷，緟哀義，切泣高柴三年之血，絕蔣詡七日之□。顯□令□□□□□。"④

這段文字讀起來很費解，根據墓誌的文體特徵，並結合上下文，這段文字可以嘗試作如下標點："有男一人□□，西川節度押衙、銀青光祿大

---

① 臧雲浦等：《歷代官制兵制科舉制表釋》，江蘇古籍出版社1987年版，第173頁。

② 馬志祥：《西安西郊出土的後唐〈張居翰墓誌〉》，載《碑林集刊》（第三輯），陝西人民美術出版社1995年版，第103頁。

③ 徐鵬章、陳久恒、何德滋：《成都北郊站東鄉高暉墓清理簡報》，《考古通訊》1955年第6期。

④ 同上。

夫、檢校散騎常侍兼御史大夫、上柱國、充昭武軍主客、馬步軍都押衙。□玉奇姿，隋□□□，□□氣概，卓犖宏□，屺岵情傷，縗哀義切，泣高柴三年之血，絕蔣詡七日之□。顯□令□，□□□□。"

18. 後唐長興三年《高暉墓誌》："又惠公孫薑，字子尾，亦為高氏，於姜得姓，譜□備傳，自遠源流，於今不絕。降自魏晉，迄至隋唐。"①

"自遠源流"一句費解。其實"自遠"當屬上，"源流"當屬下，"譜□備傳自遠"和"源流於今不絕"相對成文，這兩句主要是說明自己的家族源遠流長，綿延不絕。因此，這段文字應該標點為："又惠公孫薑，字子尾，亦為高氏，於姜得姓，譜□備傳自遠，源流於今不絕。降自魏晉，迄至隋唐。"

19. 後唐長興四年《李德休墓誌》："祖絳，皇任山南西道節度使，累贈中書令，在憲宗時，由翰苑秉鈞樞，獻替公忠，時推第一。"②

此段文字標點有誤。"獻替"一詞當屬上，"公忠"後不應該點斷。"鈞樞"指國事重任，"獻替"是"獻可替否"的省略，指進獻可行者，廢去不可行者，引申指對君主進諫，勸善規過，語出《左傳・昭公二十年》："君所謂可而有否焉，臣獻其否以成其可；君所謂否而有可焉，臣獻其可以去其否。"文章的意思是說，李德休的祖父絳，在憲宗朝時，在翰苑操持國事重任的進獻和廢除的重任，他的忠貞在當時是獨一無二的。因此這段文字應該標點為："祖絳，皇任山南西道節度使，累贈中書令，在憲宗時，由翰苑秉鈞樞獻替，公忠時推第一。"

20. 後唐長興四年《李德休墓誌》："復除吏部侍郎，遷禮部尚書、判左右丞事，五禮既墜而復舉六職，有條而不紊。"③

此段文字標點有誤。"六職"一詞當屬下。這樣"五禮既墜而復舉"和"六職有條而不紊"兩句相對成文，否則於文無對。"五禮"指公、侯、伯、子、男五等諸侯朝聘之禮。《尚書・皋陶謨》："天秩有禮，自我五禮，有庸哉。"孔傳："天次秩有禮，當用我公、侯、伯、子、男五等之禮以接之，使有常。""六職"謂治、教、禮、政、刑、事六種職事。

---

① 中國文物研究所、重慶市博物館：《新中國出土墓誌・重慶》，文物出版社 2002 年版，第 201 頁。

② 陳尚君：《舊五代史新輯會證》，中華書局 2005 年版，第 1922 頁。

③ 李春敏：《五代後唐楊凝式撰〈李德休墓誌〉考釋》，載《耕耘論叢》（第一輯），科學出版社 1999 年版，第 171 頁。

《魏書·高祖孝文帝紀》：“六職備於周經，九列炳於漢晉，務必有恆，人守其職。”

21. 後唐長興四年《李德休墓誌》：“每屬中山，易師軍民，闕守，即命公權領府事者前後十餘。”①

此段文字標點有誤。“中山易師”和“軍民闕守”相對成文。這段文字應該標點為：“每屬中山易師，軍民闕守，即命公權領府事者前後十餘。”

22. 後唐長興四年《毛璋妻李氏墓誌》：“慶被雲來，崇茲閥閱者，則有故昭義節度使、相國毛公夫人隴西郡夫人李氏其人也，源長派遠、族顯行高，在周揚柱史之名，至趙赫將軍之望。”②

該段文字標點有誤，“其人也”三字當屬下。這裏“也”是句中語氣詞，“其人”作句子的主語，“也”位於句中主要表示停頓，起舒緩語氣引起下文的作用。歷代文獻習見用例，《論語·雍也》：“人不堪其憂，回也不改其樂。”《莊子·逍遙遊》：“野馬也，塵埃也，生物之以息相吹也。”五代墓誌中“也”作句中語氣詞也有用例，後梁龍德二年《崔柅妻李珩墓誌》：“以夫人之德配清河公之貞，宜有享矣，其德也，肅雍均養之稱焉；其貞也，恭默聿脩之節焉。”因此本段文字應該標點為：“慶被雲來，崇茲閥閱者，則有故昭義節度使、相國毛公夫人隴西郡夫人李氏。其人也，源長派遠、族顯行高，在周揚柱史之名，至趙赫將軍之望。”

23. 後唐長興四年《張文寶墓誌》：“然其祖禰宗族間，有遁時神仙焉；有濟世間傑焉；有墜鵲忠孝焉；有埋輪正直焉；文學則有構賦兩京；聰明則有辯亡；三篋默識則有斗間見神劍；清貞則有郡罷乘折轅。”③

“三篋”一詞當屬上，這樣“文學則有構賦兩京”和“聰明則有辯亡三篋”相對成文。否則，於文無對。“構賦兩京”用漢代張衡的典故，《西京賦》《東京賦》是張衡賦的代表作。“辯亡三篋”是用典，語本《漢書·張安世傳》：“安世，字子孺，少以父任為郎。用善書給事尚書，精力於職，休沐未嘗出。上行幸河東，嘗亡書三篋，詔問莫能知，唯安世

---

① 李春敏：《五代後唐楊凝式撰〈李德休墓誌〉考釋》，載《耕耘論叢》（第一輯），科學出版社 1999 年版，第 171 頁。

② 陳尚君：《舊五代史新輯會證》，中華書局 2005 年版，第 1210 頁。

③ 李獻奇等：《五代後唐戴思遠墓誌考釋》，載《畫像磚石刻墓誌研究》，中州古籍出版社 1994 年版，第 329 頁。

識之，具作其事。後購求得書，以相校無所遺失。上奇其材，擢為尚書令，遷光祿大夫。"這段文字，應該作標點如下："然其祖禰宗族間，有遁時神仙焉；有濟世間傑焉；有墜鵠忠孝焉；有埋輪正直焉。文學則有構賦兩京，聰明則有辯亡三篋。默識則有斗間見神劍，清貞則有郡罷乘折轅。"

24. 後唐長興四年《張文寶墓誌》："公弓冶傳榮，芝蘭稟秀，素蘊賢人之操，早為君子之儒。究典墳則學乃生知論，文章則推天賦。白虹挺氣，涅而不緇。"①

"論"字當屬下，"推"前脫一"才"字，這樣"究典墳則學乃生知"和"論文章則才推天賦"相對成文。"典墳"三墳五典的省稱，指各種古代文籍，後唐長興三年《孟知祥妻福慶長公主李氏墓誌》："皆學奧典墳，情敦孝愛，隸蕚得聯策之寵，晨昏通不匱之名，福善無徵，追思莫及。""生知"語本《論語·季氏》："生而知之者上也。"謂不待學而知之，南唐昇元二年《光涌長老塔銘》："公法號光涌，豐城縣張氏也。誕生之夕，神光照庭。鄰人以為珠璧之祥，間而伺之，生男子也。七歲請學儒，詩書禮樂，若有素習。十三請學佛，經論禪智，悉如生知。"

25. 後唐長興四年《張文寶墓誌》："忠甲足以事主，行蕚足以蔭身，將家肥而贊國，肥修天爵，以取人爵。公纔偷冠年，再鍾家難。"②

文中第二個"肥"字當屬上，"國肥"和"家肥"相對應。另"天爵"後不應該點斷，以為連詞。這樣"將家肥而贊國肥"和"修天爵以取人爵"相對成文。另外"偷"是"踰"之誤，"踰"是"超過"的意思。這段文字應該作如下校點："忠甲足以事主，行蕚足以蔭身，將家肥而贊國肥，修天爵以取人爵。公纔踰冠年，再鍾家難。"

26. 後唐長興四年《張文寶墓誌》："何期方返，修途遽歸厚夜，親竦共歎，朝野皆悲。"③

"修途"一詞當屬上，這樣"方返修途"和"遽歸厚夜"相對成文。"親竦"不詞，"竦"實作"踈"，"竦""踈"形近而誤，"踈"是"疏"的俗字，《正名要錄》："踈、疏。右本音雖同字義各別。"黃征按：二字

---

① 李獻奇等：《五代後唐戴思遠墓誌考釋》，載《畫像磚石刻墓誌研究》，中州古籍出版社1994年版，第330頁。

② 同上。

③ 同上書，第330—331頁。

難於分別，實為同一字的異體。① "親疏"是指親近的人和疏遠的人。"厚夜"義同"長夜"，人死後永埋地下，處黑暗中，如漫漫長夜。這段文字應該標點如下："何期方返修途，遽歸厚夜，親踈共歎，朝野皆悲。"

27. 後唐清泰三年《戴思遠墓誌》："旋乃委身戎事，劾質和門，初，繼領於偏師，後擢升於上將，邵中軍之臨敵，不廢敦詩；羊都督之理戎，無妨緩帶。"②

"初"後不當點斷。"初繼領於偏師"和"後擢升於上將"相對成文，"初"和"後"有邏輯上的先後關係。點斷後，於文無對。

28. 後唐清泰三年《張季澄墓誌》："龍韜機略，燕頷宜形天不整遺，葬乎泉扃。"③

"宜形"後當點斷。本墓誌的銘文四言為句，非常工整。"天不整遺"費解，實際應該作"天不憖遺"，"整""憖"形近而誤。"憖遺"亦作"憖遺"，指"願意留下"。《詩經·小雅·十月之交》："不憖遺一老，俾守我王。"《左傳·哀公十六年》："夏四月己丑，孔丘卒，公誄之曰：'旻天不弔，不憖遺一老，俾屏余一人以在位，煢煢余在疚。'"後以"憖遺"或"天不憖遺"作為哀悼老臣之辭。《舊唐書·方伎傳·葉法善》："歎徽音之未泯，悲形解之俄留。曾莫憖遺，殲良奄及。"宋秦觀《曾子固哀詞》："天不憖遺一老兮，固縉紳之所傷。"也作"憖留"，南朝梁沈約《齊故安陸昭王碑文》："蓋百代之儀表，千年之領袖，曾不憖留，梁摧奄及。""天不憖遺"為墓誌習語，《漢魏六朝碑刻校注》三一四《梁蕭敷墓誌》："天不憖遺，遠途未至。以齊建武四年，八月六日薨，春秋卅有七。"《隋代墓誌銘彙考》三七九《皇甫深墓誌》："唯資法雨，永潤身田，天不憖遺，殲良何早，春秋六十有七，以大業八年六月十一日終於河南郡。"《唐代墓誌彙編》貞觀〇五九《孫仁及妻陸氏墓誌》："雖後運屬休明，公猶未舒羽翼。而天不憖遺，頹山奄及，以武德四年七月十一日終於雍州光德里第，春秋五十一。""憖"字在墓誌文獻整理時，每每被誤識。④

---

① 黃征：《敦煌俗字典》，上海教育出版社 2005 年版，第 375 頁。

② 李獻奇、楊海欽：《五代後唐戴思遠墓誌考釋》，載《畫像磚石刻墓誌研究》，中州古籍出版社 1994 年版，第 343 頁。

③ 李獻奇、郭引強：《洛陽新獲墓誌》，文物出版社 1996 年版，第 319 頁。

④ 周阿根《〈新出唐墓誌百種〉文字校理》，《閩江學刊》2014 年第 4 期。

29. 後晉天福四年《王化文墓誌》："初任宿州臨渙縣主簿，三年佐理，闔境安寧，去群吏之奸回，俾□司而整肅，早□令望赫爾，嘉猷相次，任澤州陵川縣令，公以寬猛相濟，恩威悉行。"①

這段文字標點有誤。"早□令望赫爾，嘉猷相次，任澤州陵川縣令"一段文字費解。根據墓誌文體特徵，"赫爾嘉猷"四字成句，和"早□令望"相對成文。"相次"一詞當屬下。"相次任澤州、陵川縣令"指墓主王化文先後擔任澤州、陵川縣令。因此這段文字應該標點為："初任宿州臨渙縣主簿，三年佐理，闔境安寧，去群吏之奸回，俾□司而整肅，早□令望，赫爾嘉猷。相次任澤州、陵川縣令。公以寬猛相濟，恩威悉行。"

30. 後晉天福七年《任景述墓誌》："落落然。真構廈之材。鬱鬱然，無息肩之地，奇才未展，恨依繞何枝，孝道純深，乃仕不擇祿，遂委質公室，就列虎門。"②

該段文字標點有誤。墓誌文體具有對仗的特點，此段文字中"落落然。真構廈之材"和"鬱鬱然，無息肩之地"相對成文。因此，這段文字應該標點為："落落然，真構廈之材；鬱鬱然，無息肩之地。奇才未展，恨依繞何枝，孝道純深，乃仕不擇祿，遂委質公室，就列虎門。"

31. 後晉天福七年《任景述墓誌》："曾任西頭供奉官，曉踏螭頭。平視煙霄之路，朝親鳳扆，躬承日月之光，雖家風不墜於箕裘，而人事難踰於否泰。"③

該段文字標點錯誤。根據墓誌文體對仗的特點，"曉踏螭頭"句後不應該用句號，而應該使用逗號。"曉踏螭頭，平視煙霄之路"和"朝親鳳扆，躬承日月之光"相對成文。因此，此段文字當標點為："曾任西頭供奉官，曉踏螭頭，平視煙霄之路；朝親鳳扆，躬承日月之光。雖家風不墜於箕裘，而人事難踰於否泰。"

32. 後晉開運三年《袁從章墓誌》："有兄二人：長曰從瑋，充孔目院押衙、勾檢徵科務。次兄從珪。弟從玘，並軍事押衙、充客司十將，不幸早世。弟從珣，在私府，君娶孫氏，中饋母儀，克敦懿範。"④

該段文字標點有誤。"府"字當屬下，"府君"一詞為墓誌習語，是

---

①　陳尚君：《舊五代史新輯會證》，中華書局 2005 年版，第 1244 頁。

②　王建榮：《後晉兵部尚書任景述墓誌考釋》，《文博》1998 年第 3 期。

③　同上。

④　陳尚君：《全唐文補編》，中華書局 2005 年版，第 1916 頁。

舊時對已故者的敬稱，此不贅述。“在私”乃在私室、在私家之省。《魏書·彭城王勰傳》：“汝在私能孝，處公必忠，比來勤憂，足布朝野，但可祗膺。”這裏“在私”是指沒有做官，處在私室。《唐代墓誌彙編續集》寶曆〇〇九《賈光墓誌》：“在官克勤，志理有襦袴之風；在私克儉，於家實盈於倉廩。”從上下文語境來看，先敍述了兩位兄長，再敍述了兩位弟弟，接着介紹自己的妻子。文章敍述邏輯分明，條理清晰，要言不煩。

33. 後漢天福十二年《劉衡墓誌》：“詩曰：孝子不匱，永錫爾類。其是之謂乎？是日也，松風起韻，鶴瑞來翔，悲慟玄英，淚班雪祭。”①

此段文字標點錯誤。“孝子不匱，永錫爾類。”出自《詩經·大雅·既醉》，從“其是之謂乎”到“淚班雪祭”均為墓誌原文，並非《詩經》引文。因此此段文字應該作如下標點：“詩曰：‘孝子不匱，永錫爾類。’其是之謂乎？是日也，松風起韻，鶴瑞來翔，悲慟玄英，淚班雪祭。”

34. 後漢乾祐元年《韓悅以墓誌》：“長曰震，見任天下鹽鐵孔目，官諸道，歷任不敍。”②

該段文字標點有誤。“官”字當屬上，“孔目官”為一詞，不當點斷。“孔目”原指檔案目錄，宋胡三省說：“孔目者如一孔一目，無不經其手。”唐代州、鎮中設“孔目官”，掌六書。“孔目官”五代時期墓誌習見，後周顯德元年《劉秘墓誌》：“慈母年高，空堅色養，將求乾脆，遂不擇祿，投筆充左教練使兼都孔目官。”後周顯德二年《趙鳳墓誌》：“房弟翼，元從孔目官康翻，自隨旌斾，累換槐檀，感出生入死之恩，誓粉骨捐軀之報，玄穹可鑒，丹懇難申。”本段文字，應該作如下標點：“長曰震，見任天下鹽鐵孔目官，諸道、歷任不敍。”

35. 後漢乾祐元年《潘庸及妻王氏合葬墓誌》：“周文王之胤也，恢弘帝業，煥耀皇圖，棣萼方留，□富盛淳。善仍用於顯榮。故得枝葉常芳，九州俱被。”③

文中“□”字可識，乃是“於”字。另外，該段文字標點有誤。文中“淳”字當屬下，“淳善”為一詞，不當點斷。這樣“棣萼方留於富

① 中國文物研究所、河南文物研究所：《新中國出土墓誌·河南壹》（下冊），文物出版社1994年版，第137頁。

② 李洪冰：《五代韓氏墓誌考》，《華夏考古》2013年第3期。

③ 中國文物研究所、河南文物研究所：《新中國出土墓誌·河北壹》（下冊），文物出版社2004年版，第111頁。

盛"和"淳善仍用於顯榮"相對成文,否則於文無對。因此,本段文字應該校點為:"周文王之胤也,恢弘帝業,煥耀皇圖,棣萼方留於富盛,淳善仍用於顯榮。故得枝葉常芳,九州俱被。"

36. 後周顯德二年《蘇逢吉墓誌》:"時漢高祖歷試諸難,作藩分陝,恭行聘禮委掌軍書,公起家入陝東幕府應招□也,總孔璋之筆硯,奉文舉之樽罍,簪玳瑁而履真珠,愈頭風而捐腳氣。"①

"恭行聘禮"後當點斷。墓誌行文多四言為句,這裏"恭行聘禮"和"委掌軍書"相對成文。本段文字應作如下標點,"時漢高祖歷試諸難,作藩分陝,恭行聘禮,委掌軍書。公起家入陝東幕府,應招□也。總孔璋之筆硯,奉文舉之樽罍,簪玳瑁而履真珠,愈頭風而捐腳氣。"

37. 後周顯德二年《蘇逢吉墓誌》:"公仁慈孝友,篤愛純和,鍾此憫凶幾將滅性,水漿不入,終孝子之悲摧;欒棘居懷,盡詩人之哀思。"②

根據墓誌文體特徵,這裏應該是四言為句,因為"鍾此憫凶",所以"幾將滅性"。其後"水漿不入,終孝子之悲摧"和"欒棘居懷,盡詩人之哀思"相對成文。因此,這段文字應該標點為:"公仁慈孝友,篤愛純和,鍾此憫凶,幾將滅性。水漿不入,終孝子之悲摧;欒棘居懷,盡詩人之哀思。"

38. 後周顯德二年《蘇逢吉墓誌》:"漢祖以犬羊傑黠,施展七擒,公以罇俎笑談,折衝千里。既成戡定式隆,渥恩幕府賓從,優加有等。"③

"既成戡定式隆,渥恩幕府賓從,優加有等。"一段文字費解,該斷文字標點有誤,後面都應該是四言為句。"既成戡定"應該和"式隆渥恩"相對成文。因此,這段文字應該標點為:"漢祖以犬羊傑黠,施展七擒;公以罇俎笑談,折衝千里。既成戡定,式隆渥恩,幕府賓從,優加有等。"

39. 後周顯德二年《蘇逢吉墓誌》:"公雲龍叶契君父情深,幾增梧野之悲,莫挽喬山之駕。"④

根據墓誌文體駢偶的特點,"雲龍叶契"後應當點斷。這段文字

① 吳建華:《五代蘇逢吉墓誌考證及相關史實鉤沉》,載《洛陽出土墓誌研究文集》,朝華出版社2002年版,第414頁。

② 同上。

③ 同上。

④ 同上。

應該標點為："公雲龍叶契，君父情深，幾增梧野之悲，莫挽喬山之駕。"

40. 後周顯德二年《蘇逢吉墓誌》："公將身許國，見危盡忠，大廈已傾豈一柱之可擬也。既而天地反覆，人事蒼黃，致命殞君，言所不忍。"①

該段文字標點有誤，"大廈已傾"後當點斷。"豈一柱之可擬也"為反問句，其後當使用問號。這段文字可以標點為："公將身許國，見危盡忠，大廈已傾，豈一柱之可擬也？既而，天地反覆，人事蒼黃，致命殞君，言所不忍。"

41. 後周顯德二年《蘇逢吉墓誌》："弟崇吉，前許州半刺早亡，才高位下，履信資忠，雁行方戞於煙霄，唐棣半凋於花萼。"②

"半刺"之後當點斷。"半刺"是職官名稱，指州郡長官下屬的官吏，如長史、別駕、通判等。晉庾亮《答郭預書》："別駕舊與刺史別乘同流，宣王化於萬里者，其任居刺史之半。"唐五代碑刻文獻習見，唐楊炯《唐同州長史宇文公神道碑》："輶車就列，化洽於二州；油軾當官，政成於半刺。"《唐代墓誌彙編》開元二一〇《李敬墓誌》："無何移洪州長史。有不空之裕而獲佩刀，懷半刺之材而居別乘。"

42. 後周顯德二年《蘇逢吉墓誌》："今改睢陽之揪，襯就洛下之新塋，即於顯德二年歲在乙卯八月乙酉朔一日丁酉葬於洛陽北原金谷鄉尹之里，禮也。"③

"揪"當為"旅"字。"襯"當是"櫬"之訛，並且"櫬"字當屬上。"襯"和"櫬"形近而訛。《說文·木部》："櫬，棺也。從木，親聲。""改睢陽之旅櫬"和"就洛下之新塋"相對成文。"旅櫬"一詞唐以來墓誌文獻習見，指客死者的靈柩。《唐代墓誌彙編》景雲〇二五《郭思訓墓誌》："辭北寺之榮班，蒩車長謝，望東周之故里，旅櫬空歸。"《唐代墓誌彙編》開元四九九《楊君妻張氏墓誌》："懿哉哲婦兮維人之則，旅櫬而旋兮歸葬舊國，哀哀孝女兮其思罔極。"傳世文獻也有用例，唐劉禹錫《為鄂州李大夫祭柳員外文》："聞君旅櫬，既及岳陽。寢門一慟，貫裂衷腸。"《舊唐書·列女傳·女道士李玄真》："去開成三年十二

---

① 吳建華：《五代蘇逢吉墓誌考證及相關史實鉤沉》，載《洛陽出土墓誌研究文集》，朝華出版社 2002 年版，第 415 頁。

② 同上。

③ 同上。

月内得嶺南節度使盧鈞出俸錢接借，哀妾三代旅櫬暴露，各在一方，特與發遣，歸就大塋合祔。"

43. 後周顯德四年《太原夫人王氏墓誌》："次曰洪進，北京馬直副兵。馬使心堅鐵石，性稟松筠，義必挾輎，勇能拔幟，免胄赴敵，臨陣亡軀。"①

"馬使"兩字當屬上，"馬直副兵馬使"是當時官名，不當點斷。這樣"心堅鐵石"和"性稟松筠"相對成文。"馬直副兵馬使"可能就是"馬前直副兵馬使"。《宋史·侯益傳》："侯益，汾州平遙人。祖父以農為業。唐光化中，李克用據太原，益以拳勇隸麾下。從莊宗攻大名，先登，擒軍校，擢為馬前直副兵馬使。"因此該斷文字應該標點為："次曰洪進，北京馬直副兵馬使，心堅鐵石，性稟松筠，義必挾輎，勇能拔幟，免胄赴敵，臨陣亡軀。"

44. 後周顯德五年《馮暉墓誌》："五虎交馳，四蛇侵耗，懷三毒而歿，夢走二豎以巡環，風樹增悲，壞梁興歎，弗能逭也。"②

此段文字校點有誤。首先標點有誤，"夢"字當屬上，應當標點為："五虎交馳，四蛇侵耗，懷三毒而歿夢，走二豎以巡環，風樹增悲，壞梁興歎，弗能逭也。"其次"歿夢"不詞，復審原拓，"歿"實作**役**，乃是"役"的俗字，俗書"彳""亻"不別。《碑別字新編》（38頁）"役"字《魏元瞻墓誌》正作"役"。"役夢"是"牽引夢魂"之意。宋柳永《征部樂》詞："道向我、轉覺厭厭，役夢勞魂苦相憶。"宋歐陽修《玉樓春》詞："尋思還有舊家心，蝴蝶時時來役夢。"這樣，文中"懷三毒而役夢"與"走二豎以巡環"相對成文。

45. 後周顯德五年《馮暉墓誌》："晉天福戊戌歲，白麻加光祿大夫、檢校太保，授滑州節度使，守鎮無渝。廉平有素政，塞民衆之口，聲騰大國之衢。"③

"素政"不詞，"政"字當屬下，"守鎮無渝"與"廉平有素"相對成文，"政塞民衆之口"與"聲騰大國之衢"相對成文。此段文字當標點為："晉天福戊戌歲，白麻加光祿大夫、檢校太保，授滑州節度使。守鎮

---

① 郭建設、索金星：《山陽石刻藝術》，河南美術出版社2004年版，第69頁。

② 咸陽市文物考古研究所：《五代馮暉墓》，重慶出版社2001年版，第62頁。

③ 同上。

無渝，廉平有素，政塞民衆之口，聲騰大國之衢。"

46. 後周顯德五年《馮暉墓誌》："洪蒙德重猶龍譽振於九圍，激灩池深，浴鳳光凝於五色。"①

此段文字當標點為："洪蒙德重，猶龍譽振於九圍；激灩池深，浴鳳光凝於五色。"這裏"洪蒙德重"和"激灩池深"相對成文，"猶龍譽振於九圍"和"浴鳳光凝於五色"相對成文。

二　俗字誤辨之例

由於種種原因，長期以來漢語俗字的研究沒有得到人們應有的重視。俗字在五代墓誌中觸處可見，每一方墓誌都有各類俗字存在，五代墓誌俗字類型多樣，成因各異②。在目前公開發表的五代墓誌錄文之中，由於疏誤和誤辨，許多俗字被誤識、誤錄，這些俗字成為閱讀和利用五代墓誌文獻的嚴重障礙，今列舉出其中的一些典型例子並加以分析和討論，以期有助於墓誌以及其他文獻的整理。

1. 後梁乾化二年《薛貽矩墓誌》："後魏秦州刺史謹生五子，雅範清規，摽暎當世。"③

本段文字中俗字沒有改為通行字，給讀者閱讀帶來不便。摽當錄為標，俗寫木、才相混不別。暎為映的俗寫，"摽暎"當錄作"標映"。"標映當時"乃墓誌習語，《漢魏六朝碑刻校注》六九六《北魏高猛妻元瑛墓誌》："司空文公衿懷萬頃，牆宇千刃，清徽素譽，標映一時，乃以選尚焉。"《隋代墓誌銘彙考》四三六《苟君妻宋玉豔墓誌》："祖始王，魏宜陽太守。操履貞正，言行由禮，風神器宇，標映當時。"《唐代墓誌彙編》貞觀一六一《賈昂墓誌》："祖誕，為周驃騎將軍、使持節相州刺史，風□秀逸，標映當時，三歲盈儲，四章興頌。"《新見五代〈薛貽矩墓誌〉考》一文，還有多處俗字未改，如"玉暎（映）蘭薰""孤摽（標）清峙""崇挹讓之規摸（模）""履春氷（冰）而約吾道""右史持鈆（鉛）""神明幽賛（贊）"等，均應該改為通行字，方便後人利用。

---

①　咸陽市文物考古研究所：《五代馮暉墓》，重慶出版社 2001 年版，第 63 頁。

②　周阿根：《五代墓誌俗字類型及成因探析》，《中國文字研究》（第 20 輯），上海書店出版社 2014 年版。

③　傅清音等：《新見五代〈薛貽矩墓誌〉考》，《文博》2012 年第 4 期。

2. 後梁乾化二年《薛貽矩墓誌》："即以乾化二年五月一日薨變於東都表節里之官舍，享年六十有三。聖上臨軒震悼，撫機淒涼。"①

文中"臨軒震悼"和"撫機淒涼"相對成文。這裏"機"當為"几"的增筆俗字，這裏"撫機"當錄為"撫几"。我們應該清楚地指出：由於墓誌中存在大量的俗字，墓誌錄文更應該關注的是墓誌文獻的上下文，而不應該束縛於具體的文字形體。"撫几"一詞是"憑几，拍几"的意思，表示感歎、驚訝等感情。歷代文獻多有用例，晉陸機《赴洛中道中作》詩："撫几不能寐，振衣獨長想。"《南史·韋叡傳》："帝見叡甚悅，撫几曰：'他日見君之面，今日見君之心，吾事就矣。'"同時期的墓誌亦有用例，後周顯德三年《蕭處仁墓誌》："公以捕逐遺寇，為流矢所傷而歿，即顯德三年二月八日也，享年五十有四。哀動仕伍，悲感行路，皇帝撫几興悼，聞釁改容，念敵盡而云亡，歎功成而不見。"南唐保大十四年《王繼勳墓誌》："皇上撫几增悼，廢朝三日，詔鴻臚護葬，司儀禮賵賻加等。"

3. 後梁乾化二年《薛貽矩墓誌》："尋橦忌末，作事戒終。□之遭時，所謂過分。難期偕老，良願溢先，果回微疾，奄謝明世。"②

"果回微疾"一語費解。復審原拓，回作曰，乃因之俗寫。《干祿字書·平聲》："曰因，上俗下正。"曰字俗寫，歷代出土文獻習見，此不贅論。

4. 後梁乾化二年《薛貽矩墓誌》："遘疾之前，屢有玄告，子不語怪焉，可輒書可紀者。"③

此段文字點校存在問題。復審原拓，"焉"作烏，實為"烏"字俗寫，"烏"這裏用作語氣副詞，相當於"安""何""惡"，表示反問語氣。《廣韻·模韻》："烏，安也，語辭也。"《洪武正韻》："烏，何也。"《正字通·火部》："烏，與惡同。""烏"的俗寫每每被誤識，我們有專文討論，此不贅④。因此，本段文章應該點校為："遘疾之前，屢有玄告，子不語怪，烏可輒書可紀者？"

---

① 傅清音等：《新見五代〈薛貽矩墓誌〉考》，《文博》2012 年第 4 期。

② 同上。

③ 同上。

④ 周阿根：《〈全唐文補編〉文字校勘舉隅》，《語言科學》2009 年第 5 期；王鳳琴、周阿根：《〈全唐文補遺〉校點商榷》，《阜陽師範學院學報》2014 年第 1 期。

5. 前蜀天漢元年《王君妻李氏墓誌》："鄉貢進士劉替撰並書。"①

馬文彬撰文指出"墓誌撰文、書寫者劉替並非劉贊"。他的依據是誌文中有"鄉貢進士劉替撰並書"字樣的記載，除此之外，沒有其他的依據。馬氏更進一步認為應該根據出土墓誌材料中"劉替"的記載，來糾正史書的有關"劉贊"記載之誤。他因此認為《十國春秋》卷四十三："劉贊，□□人。幼文思遲鈍，日禱天乞文才，忽夢吞小金龜一枚，文章大進。"等記載中的"劉贊"應當依據出土墓誌而更改為"劉替"。

那麼，撰文者究竟是劉替還是劉贊呢？我們認為撰文者恰恰是劉贊，而不是劉替，《十國春秋》記載不誤。筆者再次查看墓誌拓片，《五代前蜀李氏墓誌銘考釋》所擬定的"替"字，原拓實作"賛"，"賛"字的下半部分有磨渢現象，該字正是"贊"字的俗寫，而不是"替"字。《玉篇·貝部》："贊，子旦切，佐也，遵也，助也，具也。"《龍龕手鏡·貝部》："賛，音贊，佐助導出也。"《集韻·換韻》："贊，隸作賛。"五代時期的其他墓誌"贊"字俗寫習見，如後唐天成元年《康賛羙墓誌》："惠留赤子，功賛明君。何遽凋謝，推踵前勳。"後唐長興四年《李德休墓誌》："公諱德休，字表逸，趙郡賛皇人也。"後漢乾祐元年《龐令圖墓誌》："公即賛善第三子也，幼而英睿，長乃不群，始議從知，即授郡牧。"等"贊"無不作"賛"。大約同時期的敦煌變文《御注金剛般若波羅蜜講經文》（伯2173）："採集眾義賛真文，願以威神見加護。"其中"贊"也寫作"賛"。② 王國維很早就提出了"二重證據法"，③ 即將紙上之材料與地下之材料相結合的考證方法。誠然，出土墓誌具有證史、補史之作用，前人已經多有發明。但是，其前提是我們首先必須對出土墓誌等材料進行科學而準確的認定和釋讀。

6. 前蜀天漢元年《王君妻李氏墓誌》："乃宗、乃祖、克聖、克賢，雅筑芳姿，□介潔嬋娟。歸魂蓬丘，掩骨松阡，□刊之貞石，永閟重泉。"④

"雅筑芳姿"一語費解。我們復審原拓，發現"雅筑芳姿"一句中"筑"作"範"，應該是"範"的俗字，而不是"筑"字，對此組俗字張

---

① 馬文彬：《五代前蜀李氏墓誌銘考釋》，《四川文物》2003 年第 3 期。

② 黃征：《敦煌俗字典》，上海教育出版社 2005 年版，第 533 頁。

③ 王國維：《古史新證》，清華大學出版社 1994 年版，第 2 頁。

④ 馬文彬：《五代前蜀李氏墓誌銘考釋》，《四川文物》2003 年第 3 期。

涌泉有詳細論述①。另外，文中的兩個“□”字，原拓中均無，屬於作者
誤增。“乃宗、乃祖、克聖、克賢，”這句話標點有誤。從墓誌的發展歷
史來看，定型時期的墓誌銘通常有誌文和銘文兩個部分組成：誌文由表達
世系、名諱、籍貫、年壽、品行、業績、卒葬時地等幾個部分組成，一般
是敍事性的散文；銘文則由四言、五言、六言、七言等韻文組成。本墓誌
的銘文顯然是四言為句的，根據墓誌文獻的文體特徵，該段錄文應該校點
為：“乃宗乃祖，克聖克賢。雅範芳姿，介潔嬋娟。歸魂蓬丘，掩骨松
阡。刊之貞石，永閟重泉。”“乃×乃×”是墓誌習語，《漢魏六朝碑刻校
注》五八四《北魏元孟輝墓誌》：“乃祖乃父，弼魏之明。象賢不絕，世
誕其英。”《隋代墓誌銘彙考》〇五八《韓邕墓誌》：“乃祖乃考，或公或
王，文以經國，武以肅疆。”不明習語，往往誤識，《隋代墓誌銘彙考》
〇五四《伊穆暨妻沮渠氏誌》：“乃祖及考，達世知名；唯昆與弟，當途
吉士。”《隋代墓誌銘彙考》〇八〇《張禮暨妻羅氏墓誌》：“晉司空華之
逸胄，乃祖及考，聲韻一時。惟禮明著，德行斯在。”其中“乃祖及考”
均為“乃祖乃考”之誤，當正之。

7. 前蜀天漢元年《王君妻李氏墓誌》：“丁巳年葬於華陽縣星橋鄉清
泉里之塋，禮也。”②

碑刻俗寫，“己、已、巳”往往相互混淆，不加區分。一個字形，到
底是什麼字，要依據上下文來確定。古人用天干地支來紀年，地支中並無
“已”字，這裏顯然應作“丁巳年”。另外文中“塋”當作“塋”，指墳
墓。古人俗寫，為了將土和士區別，在土字中往往加上一點作“圡”，土
作為構字偏旁，基本如此。拓片中“塋”作“**塋**”，實為“塋”的俗字。
《碑別字新編》（236 頁）“塋”字《魏城陽康王元壽妃墓誌》正作
“**塋**”。“**塋**”和“塋”形近而誤。因此這段文字應當校讀為：“丁巳年
葬於華陽縣星橋鄉清泉里之塋，禮也。”

8. 後梁龍德三年《蕭符墓誌》：“遽以宗派無踈，情卷有異，敢達來
請，聊杼斐詞，乃為銘曰。”③

“聊杼斐詞”費解，“杼”乃“抒”之俗寫。墓誌俗寫，往往“木”

①　張涌泉：《漢語俗字新考》，《浙江大學學報》2005 年第 1 期。

②　馬文彬：《五代前蜀李氏墓誌銘考釋》，《四川文物》2003 年第 3 期。

③　陳尚君：《全唐文補編》，中華書局 2005 年版，第 1160 頁。

"扌"不別，如"校"常俗寫作"挍"，《碑別字新編》（125 頁）"校"字《隋高虬墓誌》正作"挍"。俗寫偏旁"木"和"扌"的認定，往往應該視上下文而確定，而不應該局限於字形。因為，語言是第一性的，文字是第二性的。

9. 後唐同光二年《王璠墓誌》："公丹穴靈姿，紫**剙**異稟，蘊曼倩三冬之學，傳武侯七縱之謀，早展長材，久居劇要，幾於臨蒞，衆悉推能。"①

原錄文"**剙**"字不可識。復審原拓片，實作"**剙**"，是"淵"的俗寫。《廣碑別字》（275 頁）"淵"字《唐李扶墓誌》正作"**剙**"。同時期墓誌亦有用例，後晉天福六年《權君妻崔氏墓誌》："銘題座右，漢稱子玉之賢；兵貯胸中，魏耀伯淵之策。"後周廣順元年《王元直墓誌》："一之繼久，萬以淵深。"其中"淵"字也都作"**剙**"。

10. 後唐同光三年《李茂貞墓誌》："位崇良輔，名冠諸侯。煞（殺）白馬以為盟，降丹書而示信。分茅建社，錫壤開疆。進階袟而踐鳳池，圖儀形而摽麟閣。功齊五霸，道契八元。"②

"袟"應當釋錄為"秩"。這裏，"袟"是"秩"的俗字，《碑別字新編》（133 頁）魏王悅墓誌"秩"正作"袟"。唐五代時期，俗寫"禾""衤"往往不別。如"秘"寫作"祕"，"社"寫作"杜"等。"階秩"指官吏的職位和品階。另"摽"應該釋錄為"標"。"摽"是"標"的俗寫，敦煌文獻中，"標"每每俗寫作"摽"，詳參《敦煌俗字典》③，此不贅述，因為俗寫"木"和"扌"往往無別，如"校"寫作"挍"，"抑"寫作"柳"等。"麟閣"即"麒麟閣"，漢代閣名，在未央宮中，漢宣帝時曾圖霍光等十一功臣像於閣上，以表揚其功績，封建時代多以畫像於"麒麟閣"表示卓越功勳和最高的榮譽。根據該文錄文凡例："凡碑別字和繁體字均改作規範簡體字，個別文字為保持原貌，不做更改，文後以括弧說明之。""袟""摽"均當改為規範的簡體字。下文"名勒景鐘，勳摽盟府"中"摽"字亦當據改。

---

① 陳尚君：《全唐文補編》，中華書局 2005 年版，第 1177 頁。
② 王鳳翔：《新見唐秦王李茂貞墓誌淺釋》，《文物春秋》2006 年第 3 期。
③ 黃征：《敦煌俗字典》，上海教育出版社 2005 年版，第 24 頁。

11. 後唐同光三年《李茂貞墓誌》："俄新景祚，終睹休期。遂乃上叶皇明，疊須帝澤，爰加謚號。煥彼侯門，慶及子孫，迭居將相。登壇杖鉞，不離舊履之山河；繼踵聯榮，亟自聖朝之光寵。"①

復審原拓，"須"作 ，很顯然是"頒"的草化俗寫，此處"頒"乃"賞賜"之義。《全唐詩·宋之問〈奉和幸韋嗣立山莊侍宴應制〉》："帝澤頒卮酒，人歡頌里閭。一承黃竹詠，長奉白茅居。"亦使用了"頒"字，可以作為旁證。另"爰加謚號"後不應當使用句號，應該改作逗號，因為，文句語意未了。因此本段文字應該校點為"俄新景祚，終睹休期。遂乃上叶皇明，疊頒帝澤，爰加謚號，煥彼侯門，慶及子孫，迭居將相。登壇杖鉞，不離舊履之山河；繼踵聯榮，亟自聖朝之光寵。"

12. 後唐天成三年《張居翰墓誌》："僖皇幸蜀歲，授容南護軍判官。時邊徼不寧，中原方擾，蠻越恃遠，道帥豪強。護軍命撫巡管徼，公一一示諭，遂致駱越帖然，五嶺梯貢。"②

"帖"當為"怗"，《玉篇·心部》："怗，服也。""怗"乃"平服"之義，《公羊傳·僖公四年》："桓公救中國而攘夷狄，卒怗荊。"何休注："怗，服也。"碑刻俗寫，"忄""巾"往往相混不別。

13. 後唐天成三年《張居翰墓誌》："今朝廷有綴旒之危，臣下務偷生之便，主辱臣死，別無他圖。若大王拯君，親之急亂，勤王之師，即雖死之日，猶生之年。願大王以社稷為謀，無以鄙夫掛意。"③

復審原拓，"亂"作 ，實為"糺"之訛，"糺"是"糾"的俗寫，"糾"在文中是"聚集"之義。並且該段文字標點有誤，"糾"字當屬下，這樣"拯君親之急"和"糾勤王之師"兩句相對成文。這段文字應該校點如下："今朝廷有綴旒之危，臣下務偷生之便，主辱臣死，別無他圖。若大王拯君親之急，糾勤王之師，即雖死之日，猶生之年。願大王以社稷為謀，無以鄙夫掛意。"

① 王鳳翔：《新見唐秦王李茂貞墓誌淺釋》，《文物春秋》2006 年第 3 期。

② 馬志祥：《西安西郊出土的後唐〈張居翰墓誌〉》，載《碑林集刊》（第三輯），陝西人民美術出版社 1995 年版，第 102 頁。

③ 同上書，第 103 頁。

14. 後唐天成三年《張居翰墓誌》："次子延貴。隨侍河北，展效燕中。慕鄧禹之攀龍，笑之側之策馬。摧鋒挫敵，賈董父之雄；書榮賞功，息馮異之樹。"①

復審原拓，"榮"作""，當為"策"之俗寫，《碑別字新編》（218 頁）"策"字《齊唐邕寫經碑》正作"筞"，"筞""榮"形近而訛。其實，"策"的俗寫，在南北朝時期是很常見的，只是今人不察耳。《顏氏家訓·書證》："簡策字，竹下施束，末代隸書，似杞宋之宋，亦有竹下遂為夾者。""策馬"乃"驅馬使行"之義，南北朝以來墓誌習見，《漢魏六朝碑刻校注》八〇〇《北魏王真保墓誌》："後石室告屯，苻宗策馬，張氏承機，撫劍河西。"《隋代墓誌銘彙考》〇一三《張顏墓誌》："森森茂木，汪汪大淵。遠荒策馬，北海揚鞭。""書榮"亦為"書策"之誤，指書籍，當正之。

15. 後唐天成三年《張居翰墓誌》："次子紹崇。禮樂飾身，然諾執性。連榮棣萼，皆從鑾輿。或將飛騎以陷堅，或帥勇夫以跳壘。獎敘酬勞，授檢校騎省常侍直殿。"②

"榮"當為"策"之俗寫，前已論之，此不贅。"策"指馬鞭，"連策"謂騎馬並行。"棣萼"比喻兄弟。"鑾輿"即鑾駕，天子車駕。"連策棣萼，皆從鑾輿"謂兄弟兩人在當時都跟從皇帝，馳名當時。另外"直殿"當乙正為"殿直"，為五代時武散官名。因此本段文字當點校為："次子紹崇。禮樂飾身，然諾執性。連策棣萼，皆從鑾輿。或將飛騎以陷堅，或帥勇夫以跳壘。獎敘酬勞，授檢校騎省常侍、殿直。"

16. 後唐天成四年《西方鄴墓誌》："父行通，挺生時傑，克守家風，屬以巨寇興妖，中原版蕩，謂儒雅安能濟國，非武藝不足進身。遂擲筆以束書，乃成功而立事，終於定州都指揮使。"③

西方鄴的父親名"再遇"，而非"行通"。復審原拓片"行"作，

---

① 馬志祥：《西安西郊出土的後唐〈張居翰墓誌〉》，載《碑林集刊》（第三輯），陝西人民美術出版社 1995 年版，第 104 頁。

② 中國文物研究所、陝西省古籍整理辦公室：《新中國出土墓誌·陝西貳》（下冊），文物出版社 2003 年版，第 284 頁。

③ 陳尚君：《全唐文補編》，中華書局 2005 年版，第 1207 頁。

是"再"的俗寫，《碑別字新編》（21頁）"再"字《齊高建妻王氏墓誌》正作"再"。"再"字的俗寫敦煌文獻亦習見，黃征《敦煌俗字典》論之甚詳①，此不贅述。"遇"和"通"亦形近而誤。《舊五代史·唐書·西方鄴傳》："西方鄴，定州滿城人也。父再遇，為州軍校。"《新五代史·西方鄴傳》："西方鄴，定州滿城人也。父再遇，為汴州軍校。鄴居軍中，以勇力聞。"兩五代史均不誤，是其證。

17. 後唐長興三年《孟知祥妻福慶長公主李氏墓誌》："然後繚牆周互，飛閣紛綸，逶迤無異於蓮宮，偃蹇還同於梵宇，珍臺牙構，廣廡聯甍，燕隧將封，歎懸黎之掩耀，雁池斯窆，傷龍輔之韜光。"②

"牙構"不詞，"牙"當作"牙"。"牙"是"互"的俗字，《敦煌俗字典》（158頁）"互"字《摩訶摩耶經卷上》《辭父母贊文一本》《雙恩記》等均作"牙"。"珍臺互構"和"廣廡聯甍"相對成文，"互""聯"同義對舉。因此，本段文字應作如下校點，"然後繚牆周互，飛閣紛綸，逶迤無異於蓮宮，偃蹇還同於梵宇，珍臺互構，廣廡聯甍。燕隧將封，歎懸黎之掩耀；雁池斯窆，傷龍輔之韜光。"

18. 後唐長興四年《李德休墓誌》："時即不利，道實未窮。賢侯下榻，水漲蓮紅。天地開泰，雲龍際會。執法霜飛，承恩雨霈。"③

"侯"拓片作"侯"，"侯"是"侯"的俗字，《碑別字新編》（76頁）"侯"字《唐台州刺史陳皆墓誌》正作"侯"。"賢侯"是對有德位者的敬稱，三國魏邯鄲淳《贈吳處玄詩》："見養賢侯，於今四祀。""賢侯"一詞，隋代以來墓誌多見，《隋代墓誌銘彙考》〇九二《皇甫忍墓誌》："西周卿士，權冠百辟之門；東冀賢侯，聲茂兩河之地。"《唐代墓誌彙編》開成〇四五《柳默然墓誌》："父淡功，善屬文，學通百氏，詔授洪州戶曹掾，不就，高論于賢侯之座以終世。"墓誌整理時，"侯"的俗寫往往被誤識為"俠"等，可參④。

---

① 黃征：《敦煌俗字典》，上海教育出版社2005年版，第532頁。

② 成都市文物管理處：《後蜀孟知祥與福慶長公主墓誌銘》，《文物》1982年第3期。

③ 李春敏：《五代後唐楊凝式撰〈李德休墓誌〉考釋》，載《耕耘論叢》（第一輯），科學出版社1999年版，第172頁。

④ 周阿根：《五代墓誌俗字考辨》，《學術界》2010年第9期；周阿根：《〈遼代石刻文續編〉校點瑣議》，《語言科學》2013年第2期。

19. 後唐長興四年《張文寶墓誌》："何期方返，修途遽歸廓夜，親竦共歎，朝野皆悲。"①

"親竦"不詞，"竦"實作"疎"，兩者形近而誤。"疎"是"疏"的俗字。《敦煌俗字典》（375 頁）"疏"的俗寫正作"疎"。"親疏"一詞，指關係親近和疏遠之人，在晚唐五代史書中常見，如《舊唐書·魏玄同傳》："至乃為人擇官，為身擇利，顧親疏而下筆，看勢要而措情。"《新五代史·重美傳》："唐從其號，見其盜而有也；周從其號，與之也。而別其家者，昭穆親疏之不可亂也。"唐五代墓誌中多有用例，《唐代墓誌彙編》元和一一○《宗氏墓誌》："恭事舅姑，親疏如一，撫幼奉尊，婦道無替。"後唐同光二年《王審知夫人任內明墓誌》："及肅雍有聞，歸於茂族，主蘋蘩而敬睦六親，執禮教而宣明四德，親疏式序，長幼合儀，內助賢王，扶天立極。"

20. 後唐清泰二年《商在吉墓誌》："又伏遇明宗皇帝思於勤舊，念及班寮，既乘雨露之恩，皆沐雲天之施。"②

復審原拓，"乘"字實作"竒"，是"垂"字的俗寫。"垂"乃"普施"之義，五代墓誌習見用例，後唐長興元年《毛璋墓誌》："公爰自雄藩立節，橫海從軍，執信輸忠，捨逆從順，擁旗誓眾，持檄歸明，莊宗皇帝獎以忠貞，許其英傑，旋敷睿澤，遽議甄升，乃垂湛露之恩，遂獎勳崇之德。"後周顯德二年《韓通妻董氏墓誌》："和順積中，專貞自顧，命婦因夫，自天垂露。"後周顯德二年《蘇逢吉墓誌》："太祖皇帝知其盡節，事出奸臣，垂湛露之恩，給洛陽之第，恤孤幼也。"

21. 後晉天福二年《宋廷浩墓誌》："朝野推賢，藩垣仰德；內作股肱，外為規則。方□莫符，將邅龍□；忽注逝波，俄沉謝月。"③

"莫符"不詞。復審原拓，"莫"作"奐"，是"魚"的俗字，《碑別字新編》（188 頁）"魚"字《魏元瞻墓誌》正作"奐"。後唐長興元年《毛璋墓誌》："皇祖諱言，任穎州汝陰縣令、朝散大夫、賜緋魚袋。""魚"也作"奐"，是其證。隋唐時朝廷頒發的符信，雕木或鑄銅為魚形，刻書其上，剖而分執之，以備符合為憑信，謂之"魚符"，亦名魚契。隋

---

① 李獻奇、黃明蘭：《畫像磚石刻墓誌研究》，中州古籍出版社 1994 年版，第 330—331 頁。

② 陳尚君：《全唐文補編》，中華書局 2005 年版，第 1908 頁。

③ 趙振華：《五代宋廷浩墓誌考》，《華夏考古》2003 年第 4 期。

開皇九年，始頒木魚符於總管、刺史，雌一雄一。唐用銅魚符，所以起軍旅，易官長；又有隨身魚符，以金、銀、銅為之，分別給親王及五品以上官員，所以明貴賤，應徵召。"魚符"一詞，五代墓誌習見，後唐長興四年《毛璋妻李氏墓誌》："故得四佩魚符，三臨雄鎮，民歌杜母，帝號直臣，所謂功格皇天，聲傳區宇，官崇將相，位冠侯封，惣彼洪勳，具載青史，蓋夫人内助之力也。"後晉開運三年《李仁寶墓誌》："朝辭鵲印魚符，暮入雲峰煙水，自怡情性，獨縱優遊。張平子月下秋吟，陶靖節籬邊醉臥，功成名遂，無以比焉。"後周顯德二年《趙鳳墓誌》："至南朝，因除授宿州團練使，食邑三百戶，遠驅熊軾，初授魚符，能整肅於三軍，善撫綏於百姓。"

22. 後晉天福四年《張繼昇墓誌》："戰國而下，兩晉以還，儀良以籌榮匡邦，爵為卿相；飛耳以干戈衛社，盡做侯主。鑄銅渾而衡僅通獲，神節杖而簨稱奉使。史無停綴，代有奇人。"①

"榮"實作"𦿒"，是"策"的俗字，前已證之，此不贅。"籌策"即竹碼子，古時計算用具。《老子》二十七章："善數不用籌策。"高亨正詁："籌策，古時計數之竹筳也。"這裏"籌策"和下文的"干戈"相對，若作"籌榮"則於文無對。"籌策"漢魏以來碑刻習見，《漢魏六朝碑刻校注》一四〇《東漢張遷碑》："高帝龍興，有張良，善用籌策，在帷幕之内，決勝負千里之外。"《隋代墓誌銘彙考》二七六《楊休墓誌》："於時，王以贊持帷扆。賴公籌策，無謝子房之謀。"

23. 後晉天福四年《張繼昇墓誌》："卜天福四年歲在巳亥十二月二十五日窆於河南縣梓澤鄉宋村，遷儲氏亡夫人祔之，從於大塋，禮也。"②

"巳"應當錄作"己"，碑刻俗書"己""已""巳"往往不分，具體應該錄作何字，往往應該根據上下文而定。

24. 後晉天福五年《封準墓誌》："有女三人等，行處斷腸，無時蹔止。數追福返，僧未知何託。此乃罄其家資，備以安葬。"③

"福返"不詞，復審原拓，返原拓作 𫇭，實為延的俗寫，𫇭、返字

---

①　劉連香：《後晉張繼昇墓誌考》，《河南科技大學學報》2004 年第 6 期。

②　同上。

③　中國文物研究所、河北省文物研究所編：《新中國出土墓誌·河北壹》（下冊），文物出版社 2004 年版，第 111 頁。

形近而訛。《碑別字新編》（36 頁）"延"字《魏劉洛真造像》《隋宮人陳花樹墓誌銘》均作"兆"。"福延"一詞，是"福澤綿延"之義，如《全唐詩·郊廟歌辭·福和》："祀既云畢，明靈告旋。禮洽和應，神歆福延。"碑刻文獻中也有用例，《漢魏六朝碑刻校注》九九五《東魏朱永隆等七十人造像銘》："福延弥刼，鏡水非虛。善潤皇家，祚融唐虞。"後晉天福五年《梁璟及妻王氏合葬墓誌》："人生一世，□不百年。有遐有夭，何後何先。善言禍促，若以福延。顏回何折，盜蹠何綿?"漢魏六朝以來，"福延"還常常用為動詞義，《隋代墓誌銘彙考》二一八《蘇慈墓誌》："公於父顯考，立事建功，庇大造於生民，獎元勳於王室。福延後嗣，以至於公。"

25. 後晉天福六年《李仁福妻瀆氏墓誌》："悲哉！膏肓之疾遽侵，日月之符難尋。逝川之水何速，隙駒之影忽沉。至孝哀兮殯姚，親族痛兮柩輅漸遠，異香煙兮組悵空深。"①

"組悵"不詞，應該錄作"組帳"，"帳"的俗字作"悵"，晚唐五代時期，"巾"和"忄"俗書不分。《敦煌俗字典》（543 頁）"帳"字《諸雜人名一本》《語對》《開蒙要訓》分別作"悵"。"組帳"指"華美的帷帳"，歷代文獻習見，晉葛洪《抱朴子·博喻》："丹幰接網，組帳重蔭，則醜姿嫳矣；朱漆致飾，錯塗炫耀，則枯木隱矣。"南朝宋謝莊《宋孝武宣貴妃誄》："靈衣虛襲，組帳空煙。"唐韓愈《岳陽樓別竇司直》詩："蛟螭露筍簴，縞練吹組帳。"

26. 後晉天福七年《任景述墓誌》："子孫牧於汾州，望在西河，厥後從居京兆，今為京兆人也。本枝繼盛，棠推水薤之名，厥胤彌昌，昉著文章之稱。"②

復審原拓，"從"為"徙"之誤。"徙"俗字作"従"，"從"俗字作"従"，二者形近而訛。"從"字與"徙"字的區別在於其右上角聲符的不同："從"字的右上角聲符為"从"，墓誌俗字多簡省作兩點；"徙"字的右上角聲符為"止"，墓誌俗字多簡省作三點。"徙居"指遷居，歷代文獻習見。唐牛僧儒《玄怪錄》卷三"張左"條："汝生前梓潼薛君曹

———————————

① 鄧輝、白慶元：《內蒙古烏審旗發現的五代至北宋夏州拓拔部李氏家族墓誌銘考釋》，載《唐研究》（第八輯），北京大學出版社 2002 年版，第 381 頁。

② 王建榮：《後晉兵部尚書任景述墓誌考釋》，《文博》1998 年第 3 期。

也，好服木蕊散，多尋異書，日誦黃老一百紙，徙居鶴鳴山下，草堂三間，戶外駢植花竹，泉石縈繞。”《舊唐書·薛舉傳》：“薛舉，河東汾陰人也。其父汪，徙居金城。舉容貌瑰偉，凶悍善射，驍武絕倫，家產鉅萬，交結豪猾，雄于邊朔。”《新五代史·四夷附錄·奚》：“奚，本匈奴之別種。當唐之末，居陰涼川，在營府之西，幽州之西南，皆數百里。有人馬二萬騎，分為五部：一曰阿薈部、二曰啜米部、三曰粵質部、四曰奴皆部、五曰黑訖支部。後徙居琵瑟川，在幽州東北數百里。”

27. 後晉開運二年《王廷胤墓誌》：“於開運元年，改授太師，充北面行營步軍左右廂都指揮使。公所臨劇鎮，□控遐邊。為獫狁奔沖，青丘接援，虔劉我生聚，侵毀我壇封。”[1]

“壇封”實為“墥封”之誤，“壇”“墥”形近而訛。“墥”是“疆”的俗寫，《干祿字書》：“墥疆，上通下正。”“疆封”乃“疆域、邊界”之義。《前漢書平話》卷上：“秦楚疆封，盡屬劉氏社稷。”元無名氏《小尉遲》第一折：“單看的你這一條鞭到處無攔縱，待要你扶持社稷，保護疆封。”另外“□”字可識，原拓作“最”。

28. 後晉開運二年《閻弘祚墓誌》：“爰生令哲，欠贊垂衣，官分水土，業繼弓箕。鵬程將運，驥足忽疲，松扃一開，千載何期！”[2]

“松扃一開”之“開”字原拓作“閂”，“閂”是“閉”的俗字。《干祿字書》：“閂閉，上俗下正。”“松扃”原來指松門，由於墓旁常常栽松樹，這裏又引申指墓門，這裏是說墓門一關，可能千百年都難以再見了，表達了對親人的追思之情。也作“松扃一掩”，《唐代墓誌彙編續集》開元一一三《紀會墓誌》：“渭川東注，畢陌西馳，松扃一掩，蒿里長辭。”“掩”“閉”義同。

29. 後蜀廣政十四年《徐鐸墓誌》：“二年春，考秩未滿，復加檢校尚書右僕射，改轉使持節渝州諸軍事，守渝州刺史，仍賜竭誠耀武功臣，峽路行營都指揮使，威振吳越，惠安□萬。”[3]

原錄文無標點，“考袟”不詞，實作“考袠”，即“考秩”，俗書

---

①　陳尚君：《全唐文補編》，中華書局 2005 年版，第 1281 頁。

②　劉連香：《五代後晉閻弘祚墓誌考》，載《耕耘論叢》（第二輯），科學出版社 2003 年版，第 253 頁。

③　成都市博物館考古隊：《成都無縫鋼管廠發現五代後蜀墓》，《四川文物》1991 年第 3 期。

"礻""禾"往往不別，《碑別字新編》（133 頁）"袟"字《魏王悅墓誌》
正作"袟"。考秩指考定祿秩或品秩，唐封演《封氏聞見記》卷五"頌
德"："在官有異政，考秩已終，吏人立碑頌德者，皆須審詳事實。"宋王
溥《唐會要·考下》："又近日諸州府所申考解，皆不指言善最，或漫稱
考秩，或廣說門資，既乖令文，實為繁弊。自今以後，如有此色，並請准
令降其考第。"按：考滿上第者增秩增俸，是為"上考"，亦曰"考最"。
後來引申為指官吏的一屆任期。例如宋王讜《唐語林·政事上》："本縣
令李君奭有異政，考秩已滿，百姓借留。"

30. 後漢乾祐元年《楊敬千及夫人李氏合葬墓誌》："王師繼踵，駟騎
交馳，當君子豹變之時，誠聖主龍飛之兆，公乃多方迎接，盡瘁供頓，洎
我高祖大闡堯風，高懸舜日。"①

復審原拓，"供頓"實為"供須"之訛，墓誌須寫作"𬇙"，"𬇙"
是"須"的俗寫，敦煌文獻習見，《敦煌俗字典》"須"《雙恩記》《妙法
蓮華經·觀世音顯聖圖》《漢將王陵變》等正作"𬇙"②，是其證。"供
須"亦常寫作"供需"，指供給所需之物。"供須"一詞，唐五代文獻習
見。唐何光遠《鑒誡錄·陪臣諫》："當路州縣凋殘，所在館驛隘小，止
宿尚猶不易，供須固是極難。"《舊唐書·懿宗紀》："緩徵斂則闕於供須，
促期限則迫於貧苦。"《舊五代史·唐書·張延朗傳》："乃至軍儲官俸，
常汲汲于供須。夏稅秋租，每懸懸于繼續。""供須"還常用作名詞義，
指所供給的物品。《南齊書·禮志上》："今祭服皆緇，差無所革。其所歌
之詩，及諸供須，輒勒主者申攝備辦。"《隋書·食貨志》："九區之內，
鸞和歲動，從行宮掖，常十萬人，所有供須，皆仰州縣。"

31. 後漢乾祐二年《李彝謹妻里氏墓誌》："夫人月淬陰精，霞分異彩。
合三星而降惠，成四德以備身，令淑早彰，雍容著美。窗下而花生彩線，鏡
前而雲起香鬟。辯可解圍，文能詠雪。纔及破川之歲，禮諧合卺之否。"③

"破川"一詞不詞，疑為"破瓜"之訛。"瓜"俗寫作"爪"，《干祿
字書》（28 頁）："𤓭爪，上通下正。"《敦煌俗字典》"瓜"的俗字也正作

---

① 陳尚君：《全唐文補編》，中華書局 2005 年版，第 294 頁。

② 黃征：《敦煌俗字典》，上海教育出版社 2005 年版，第 462 頁。

③ 鄧輝、白慶元：《內蒙古烏審旗發現的五代至北宋夏州拓拔部李氏家族墓誌銘考釋》，載《唐
研究》（第八輯），北京大學出版社 2002 年版，第 382 頁。

"瓜"①，可參。由於拓片有磨泐，因此"瓜"進一步被誤識為"川"。俗字"瓜"拆開為兩個八字，即二八之年，因此舊時常稱女子十六歲為"破瓜"。晉孫綽《情人碧玉歌》之二："碧玉破瓜時，郎為情顛倒。"唐皇甫枚《三水小牘·綠翹》："（魚玄機）色既傾國，思乃入神，喜讀書屬文，尤致意於一吟一詠。破瓜之歲，志慕清虛。"五代和凝《何滿子》詞："正是破瓜年幾，含情慣得人饒。"

32. 後漢乾祐二年《李彝謹妻里氏墓誌》："長曰光琇，守職節度押衙、充綏州衙內指揮使、檢校右散騎常侍、兼御使（史）大夫。貞松梃操，秋月含輝。於家懷孝悌之心，蒞事有公清之節。"②

"梃"當錄作"挺"，"挺"有"生""懷"之義。俗字"木""扌"經常相混，如"檢"常俗寫作"撿""桉（案）"俗寫作"按"等。另"檢校右散射騎常侍"中"射"為衍文，當刪。因此，本段文字應作如下校點，"長曰光琇，守職節度押衙、充綏州衙內指揮使、檢校右散騎常侍兼御史大夫。貞松挺操，秋月含輝。於家懷孝悌之心，蒞事有公清之節。"

33. 後漢乾祐二年《李彝謹妻里氏墓誌》："兒女哀號，軍民哽咽。九族悲傷，親戚慘切。哀極於心，淚繼之血。既辭靈悵，須卜昏庭。"③

"悵"當為"帳"之俗寫，前已證之，此不贅述。"靈帳"指靈堂內設置的帳幕。《太平廣記》卷四九二引唐無名氏《靈應傳》："俄頃到家，見家人聚泣，靈帳儼然。""切"為"切"的俗寫，"慘切"為悲慘凄切之義。隋唐墓誌習見，曾良已發之④。傳世文獻，漢代已見用例，漢劉楨《黎陽山賦》："延首南望，顧瞻舊鄉，桑梓增敬，慘切懷傷。"

34. 後周顯德二年《蘇逢吉墓誌》："疊起蕭牆兮始禍胎，膚受奸萌兮首亂階。"⑤

復審原拓，"疊"字作"疊"，當是"疊"的俗字，"疊""疊"形近

---

①　黃征：《敦煌俗字典》，上海教育出版社 2005 年版，第 135 頁。

②　鄧輝、白慶元：《內蒙古烏審旗發現的五代至北宋夏州拓拔部李氏家族墓誌銘考釋》，載《唐研究》（第八輯），北京大學出版社 2002 年版，第 383 頁。

③　同上。

④　曾良：《隋唐出土墓誌文字研究及整理》，齊魯書社 2007 年版，第 77 頁。

⑤　吳建華：《五代蘇逢吉墓誌考證及相關史實鉤沉》，載《洛陽出土墓誌研究文集》，朝華出版社 2002 年版，第 416 頁。

而誤。《干祿字書》："釁釁，上俗下正。""釁"是"禍患；禍亂"之義。"釁起蕭牆"也就是"禍起蕭牆"，謂禍患起於內部。"蕭牆"，古代宮室內作為屏障的矮牆，比喻內部。《論語·季氏》："吾恐季孫之憂，不在顓臾，而在蕭牆之內也。"何晏集解引鄭玄曰："蕭之言肅也；牆謂屏也。君臣相見之禮，至屏而加肅敬焉，是以謂之蕭牆。"

三　可識未識之例

由於墓誌大多有不同程度的缺損，文字磨蝕殘泐，往往模糊不清，不少墓誌原石已毀或者流散，拓本也不盡一致，初拓、續拓、翻拓各有參差，客觀上給墓誌的釋讀造成了種種困難。我們重新審讀墓誌拓片，利用上下文語境並以其他墓誌文獻作為佐證，發現原錄文中的部分未識字是可以識讀的，茲列舉如下：

1. 後梁乾化二年《薛貽矩墓誌》："大梁故開府儀同三司守司□□□□門下平章事弘文館大學士充諸道鹽鐵轉運等使判建昌宮事河東郡開國公□邑一千五百戶食實封一百戶贈侍中薛公墓誌銘并序。"①

"儀同三司守司"後四字，因原拓磨泐，作者用缺字符表示，不失為謹慎之舉。《舊五代史·薛貽矩傳》載："受禪之歲夏五月，拜中書侍郎、平章事，兼判戶部。明年夏，進拜門下侍郎、監修國史、判度支，又遷弘文館大學士，充鹽鐵轉運使，累官自僕射至守司空。"薛貽矩墓誌銘文亦有"誕生司空，即時之雄"之記載。據此可以推知，此段磨泐文字當為"開府儀同三守司空同中書門下平章事"。開國公後缺字符亦可據墓誌文例補，當為"食"字，"食邑……戶，實封……戶"乃墓誌常例，此不贅論。

2. 後梁乾化二年《薛貽矩墓誌》："若夫七相五公，朱輪暢轂。照耀人倫，鏘洋肉譜。自佩□□□，歧嶷不群。就傳之年，神鋒傑出。謝安石驗履舄之度，許立功名；溫太真聞啼笑之聲，知為英特。"②

"佩"後一個缺字符，拓片下半部分磨泐，但依稀可以辨別，當為"觿"字，一作"觽"，象骨製成的解繩結的角錐，亦用為飾物。佩觿，表示已成年，具有才幹。語本《詩經·衛風·芄蘭》："芄蘭之支，童子

①　傅清音等：《新見五代〈薛貽矩墓誌〉考》，《文博》2012 年第 4 期。
②　同上。

佩觿。"毛傳："觿所以解結，成人之佩也。""就傅之年"一語費解，復審原拓，"傅"作𫝑，實為傅字。"就傅"一詞，語本《禮記·由則》："十年，出就外傅，居宿於外，學書記。"鄭玄注："外傅，教學之師也。"因此，本段文字可以點校為："若夫七相五公，朱輪暢轂，照耀人倫，鏘洋肉譜。自佩觿之歲，歧嶷不群；就傅之年，神鋒傑出。謝安石驗履舄之度，許立功名；溫太真聞啼笑之聲，知為英特。""傅"字在墓誌文獻中每每被誤識為"傳"字，如《李茂貞墓誌》"謝傅圍棋"就被誤識為"謝傳團棋"，詳參周阿根《〈李茂貞墓誌〉錄文校補》一文①。

3. 後梁乾化二年《薛貽矩墓誌》："直聲折檻，峻彩□驄。司言動於赤墀，應星辰於粉署。"②

本段文字中缺字符，當為"乘"字，原拓磨泐，但可以辨別。另銘文中有"仙殿讎書，王畿結綬。折檻乘驄，觸邪及雷"之句，可以作為內證。"折檻"為用典，語本《漢書·朱雲傳》，漢槐里令朱雲朝見成帝時，請賜劍以斬佞臣安昌侯張禹。成帝大怒，命將朱雲拉下斬首。雲攀殿檻，抗聲不止，檻為之折。經大臣勸解，雲始得免。後修檻時，成帝命保留折檻原貌，以表彰直諫之臣，後世殿檻正中一間橫檻獨不施欄桿，謂之折檻，後用為直言諫諍的典故。"乘驄"指侍御史，語本《後漢書·桓典傳》："（典）辟司徒袁隗府，舉高第，拜侍御史。是時宦官秉權，典執政無所回避。常乘驄馬，京師畏憚，為之語曰：'行行且止，避驄馬御史。'"

4. 前蜀天漢元年《王君妻李氏墓誌》："夫人稟沖和之氣，降神仙之質，珪璋比德，□李同芳，友愛之間，聰惠特異及笄適。左雄霸軍使、金紫光祿大夫，檢校尚書，左僕射左威衛將軍，□正兼御史大夫，上柱國琅瑯王公。"③

復審原拓，兩個"□"均可識，前者為"桃"，後者為"同"。另"聰惠特異及笄適"一句文義晦澀，這裏"聰惠特異"後面當加上句號，"及笄"是一個詞，舊指女子到了成年。"適"字當屬下，指女子出嫁。"同正"是同正員的意思，"同正"一詞當屬上。因此，此段文字當標點

---

①　周阿根：《〈李茂貞墓誌〉錄文校補》，《文物春秋》2009 年第 3 期。

②　傅清音等：《新見五代〈薛貽矩墓誌〉考》，《文博》2012 年第 4 期。

③　馬文彬：《五代前蜀李氏墓誌銘考釋》，《四川文物》2003 年第 3 期。

為："夫人稟沖和之氣，降神仙之質，珪璋比德，桃李同芳，友愛之間，聰惠特異。及笄，適左雄霸軍使、金紫光祿大夫、檢校尚書左僕射、左威衛將軍同正、兼御史大夫、上柱國琅琊王公。"

5. 前蜀天漢元年《王君妻李氏墓誌》："父今皇□駙馬都尉，前天雄軍節度使，宗武泰軍節度；觀□處置等使。檢校太付，兼中書令、食邑五千戶，隴西郡王。"①

復審原拓，發現文中的兩個"□"都可以識別，前者是"朝"字，後者是"察"字。另外發現文中讹文，"宗"乃是"守"字之誤，"守"字是墓誌文獻中常見的任職類動詞之一，唐代以來官階低而理職高者曰"守"。另外文中"太付"實作"太傅"，西周時就以太師、太傅、太保為"三公"，他們對國王負有教導、輔佐、保護之責，多由王族或親族中的長老擔任。因此本段文字應該作如下校點："父今皇朝駙馬都尉、前天雄軍節度使、守武泰軍節度觀察處置等使、檢校太傅、兼中書令、食邑五千戶，隴西郡王。"

6. 唐天祐十八年《孟弘敏及夫人李氏合葬墓誌》："有唐故成德軍東門親事兵馬使宅內鞍轡庫□知官銀青光祿大夫檢校太子賓客侍御史上柱國平昌郡孟公敏夫人隴西李氏合祔墓誌銘并序。"②

這段文字為首題，文中"□"當為"專"字。根據墓誌文例，墓誌誌文可以補充首題。誌文內容有如下記載："天祐十四年六月廿一日，遷授東門親事兵馬使、宅內鞍轡庫專知官，彌彰□主之功，益勵勤王之業，實為當今獨步，曠古無雙。"根據此段文字，首題"□"字為"專"字無疑。

7. 後唐天成三年《王言妻張氏墓誌》："□孫男名大黑，次孫男名小廝兒，並乃神清骨秀，動合珪璋。"③

文中"□"可識，是"長"字。墓誌文例，皆由長及幼。這裏，先敍述長孫男，後敍述次孫男，條理清晰，邏輯分明。

8. 後晉天福二年《宋廷浩墓誌》："轀車儼儼兮風斂塵，玉□珊珊兮阡陌新"④

"□"有磨泐，但是依稀可識，應該是"鐸"字，"玉鐸"指一種鈴

---

① 馬文彬：《五代前蜀李氏墓誌銘考釋》，《四川文物》2003 年第 3 期。

② 陳尚君：《全唐文補編》，中華書局 2005 年版，第 1164 頁。

③ 同上書，第 1206 頁。

④ 趙振華：《五代宋廷浩墓誌考》，《華夏考古》2003 年第 4 期。

鐺，晃蕩發聲，一般為球形或扁圓形，下開一條口，内置金屬丸或小石子，用於牛馬佩掛等。《敦煌變文校注·佛說觀彌勒菩薩上生兜率天經講經文》："幢幡寶蓋滿虛空，玉鐸金鈴振寰宇。四個善神持杵引，十垓鬼將躡雲隨。""鐸"古代葬禮常見，《漢魏六朝碑刻校注》七〇四《北魏元乂墓誌》："金鐸夜警，龍輴曉立。寂寂原田，蕭蕭都邑。"《隋代墓誌銘彙考》〇八一《張茂墓誌》："君冠纓積世，蔭胄相承，輴車旐蓋，行大夫之禮；祭哭搖鐸，降諸侯之儀。"

9. 後晉天福七年《任景述墓誌》："夭遂之事同期，修短之數分定，人生到此，天何言哉！"①

原錄文"夭"不識，復審原拓"夭"字實作"夭"，是"夭"的俗字。《干祿字書》"夭夭，上通下正。""夭遂之事"和"修短之數"相對成文，"夭遂"指夭折與壽終。文獻習見，如《文選·曹植〈王仲宣誄〉》："存亡分流，夭遂同期。"張銑注："夭，少死；遂，終也。言存亡雖且殊途，夭與壽終同期於死也。"三國魏嵇康《釋難宅無吉凶攝生論》："故曰：'君子修身以俟命'，'知命者不立於岩牆之下'。何者？是夭遂之實也。"

10. 後晉開運三年《李仁寶墓誌》"祖重遂，皇任銀州防禦史、度支營田使、金紫光祿大夫、檢校太保、兼御史大夫、上柱國李重遂。考思□，皇任定難軍左都押衙、銀青光祿大夫、檢校工部尚書、兼御史大夫。"②

"□"實作"沿"，是"沿"的俗字，《敦煌俗字典》（474 頁）"沿"字《孔子項託相問書》《漢將王陵變》均作"沿"。後晉開運三年《袁從章墓誌》："以其年十二月二十八日甲申歸葬於鄞縣唐昌鄉沿江里通湖門外啓新墳原，禮也。"拓片"沿"也作"沿"，是其證。

11. 後漢乾祐元年《韓悅以墓誌》："悲□哲人斯逝，□哉梁木壞乎。一旦高天水別，千載厚地長居。"③

復審原拓，兩個"□"均可識，前者為"歟"，後者為"痛"。這樣"悲歟哲人斯逝"和"痛哉梁木壞乎"兩者相對成文。另外，"水"字當

①　王建榮：《後晉兵部尚書任景述墓誌考釋》，《文博》1998 年第 3 期。
②　康蘭英：《榆林碑石》，三秦出版社 2003 年版，第 252 頁。
③　李洪冰：《五代韓氏墓誌考》，《華夏考古》2013 年第 3 期。

為"永"，兩者形近而誤，"一旦高天永別"和"千載厚地長居"相對成文，"永""長"同義對舉。

12. 後周顯德二年《蘇逢吉墓誌》："□霧周身兮去不回，白首同歸兮竟堪哀。貞魂今葬兮北邙隈，列樹松楸兮永閉哉。"①

復審原拓，"□霧"實作"黑霧"。"黑霧"和"白首"相對為文，"黑霧"指黑色的霧氣。北魏崔鴻《十六國春秋·前趙·劉聰》："建元元年正月，黑霧四塞，人如黑，五日而止。"唐劉長卿《登東海龍興寺高頂望海簡演公》詩："白波走雷電，黑霧藏魚龍。"宋蘇舜欽《往王順山值暴雨雷霆》詩："霹靂飛出大壑底，烈火黑霧相奔趨。"

13. 後蜀廣政十八年《孫漢韶墓誌》："有子五人：長曰晏琮，懷忠秉義，□臣銀青光祿大夫、檢校司空、守右威衛大將軍、守眉州刺史兼御史大夫、駙馬都督，尚蘭英長公主。□曰晏琦、晏珍，充東頭供奉官。幼曰晏珪、晏玫，未仕。"②

根據文意，文中第一個"□"應該是"功"字，並且"功臣"二字當屬上，"懷忠秉義功臣"是當時職官名稱。第二個"□"應該是"次"字。"秉義功臣"後代文獻習見，《元史·弘綱傳》："贈宣忠秉義功臣、資善大夫、湖廣等處行中書省左丞、上護軍，追封齊郡公，謚武宣。"《新元史·楊漢英傳》："五年，盧崩蠻內侵，漢英與恩州宣慰使田茂忠討之。以疾卒於軍，年四十。贈推誠秉義功臣、銀青光祿大夫、平章政事、柱國，追封播國公，謚忠宣。"

四　訛文宜改之例

訛也稱為誤，訛文指文獻中訛誤的文字，如《呂氏春秋·察傳》："子夏之晉，過衛，有讀《史記》者，曰：'晉師三豕涉河。'子夏曰：'非也，是己亥也，夫己與三相似，豕與亥相似。'至於晉而問之，則曰：'晉師己亥涉河也。'"文字發生訛誤的原因是多方面的，如形近而誤、音近而誤等。文字訛誤是文獻中最常見的現象。"漢字是表意文字，音義寓於形中，形而差之，其音義亦將謬以千里，因此，字形的審辨，對於訓詁

---

①　吳建華：《五代蘇逢吉墓誌考證及相關史實鉤沉》，載《洛陽出土墓誌研究文集》，朝華出版社 2002 年版，第 416 頁。

②　成都市博物館考古隊：《五代後蜀孫漢韶墓》，《文物》1991 年第 5 期。

遠不是無關緊要的。優秀的訓詁家，往往能於字形的細微差別之中，得到訓詁上的重大發現。"①

1. 後梁開平四年《穆君弘及妻張氏合祔墓誌》："鵬蓋盈門，權豪影附之聚，非吾之所望；馬革裹尸，丈夫報國之事，非吾之所能也；秉纊操衡，賈豎趨勢之動，非吾之所擬也；一擲千萬，博徒淫縱之歡，非吾之所好也。惟彼四事，我無一焉。保巢林一枝，飲河滿腹，茂陵稱少遊之善，慎陽得黃憲之交。優遊暮年，聊以卒歲而足矣。"②

復審原拓，"保"作**但**，當為是"但"的俗字，《碑別字新編》（31頁）"但"字《唐薛義墓誌》正作"**但**"。前文四件事情誌主都沒有能夠做到，誌主所能做到的是"優遊暮年，聊以卒歲而足"，顯然，"但"在這裏是一個轉折連詞。

2. 後梁開平四年《穆君弘及妻張氏合祔墓誌》："且曰或得其宜神，雖幽而必察；苟失其利木，雖棋而可移。青鳥之卜史既從，白馬之故人復至。"③

"青鳥之卜史既從"一句有文字識讀之誤。"青鳥"系"青烏"之訛，拓片"烏"寫作**鸟**，和簡體"鸟"字形近而誤。"青烏"，這裏指青烏子，傳說中的古代堪輿家。《藝文類聚》卷十一引晉葛洪《抱朴子·極言》："相地理則書青烏之説，救傷殘則綴金冶之術。"墓誌中"青烏之卜史"和"白馬之故人"相對成文，青烏之卜史就是指古代堪輿家青烏子。"青烏"一詞在墓誌中又用為古代葬書名。《舊唐書·經籍志下》丙部子錄，五行類中收有"《青烏子》三卷"，與《葬經》《葬書地脈經》等關於埋葬方術的書籍並列。"青烏"一詞，墓誌中每每被誤錄，均應據改。後唐天成二年《張積墓誌》："是以爰開厚壤，田作神居，地卜青鳥，墳鑿馬鬣，經營不匱，疊甓多奇，晏若穿山，宛如構宇。隴雲朝覆，疑繐帳以仍施；野鳥時鳴，訝哀聲而尚慟。"（《全唐文補編》1906頁）"青鳥"亦為"青烏"之訛。後晉開運三年《袁從章墓誌》："雲山色秀，江月澄明，吉鳥傳萬代之祥，玄鶴唳九天之瑞。壽年霞永，門族清輝，厚福既加，須揚令德。"（《全唐文補編》1916頁）"吉鳥"亦為"青烏"，"青

---

① 郭在貽：《訓詁學》，載《郭在貽文集》（第一卷），中華書局2002年版，第489頁。

② 陳尚君：《全唐文補編》，中華書局2005年版，第1149頁。

③ 同上。

烏傳萬代之祥"和"玄鶴唳九天之瑞"相對成文,"青"和"玄"對文。

3. 後梁乾化二年《薛貽矩墓誌》:"乃陟勳庸,爰登廊廟,郊天祀地,簡賢任能。當風雲草昧之秋,酌範圍天地之道。事無違禮,動必合經。"①

"草昧"不詞,復審原拓,昧實作眛,當為昧的俗寫。"草昧"這裏是創始、草創的意思,墓誌指後梁政權初創時期。這種用法墓誌文獻習見,《漢魏六朝碑刻校注》一二六〇《北齊劉悅墓誌》:"暨書劍縱橫,出處淵嘿,耕道獵德,路義宅仁,俟草昧之期,佇真人之運。而魏氏之季,王室始騷,玉弩上驚,金虎下噬。"《隋代墓誌銘彙考》〇六九《宋忻暨妻韋胡磨墓誌》:"周太祖啟業三分,經倫草昧,委以爪牙,召為直寢,授平東將軍、左銀青光祿、帥都督,即領本鄉兵。"後周顯德二年《王柔墓誌》:"動無悔而雷豫,謀不訾而風行,奮庸當草昧之秋,投袂起玄黃之野。"

4. 後梁乾化二年《薛貽矩墓誌》:"綿綿瓜瓞,莫莫葛藟。鳳舉霞銷,或隆或墜。代不之賢,世濟其美。"②

"代不之賢"一語費解。復審原拓,"之"實作"乏"。"代不乏賢"乃墓誌習語,常用來讚美墓主家族的興盛。《唐代墓誌彙編》顯慶〇三八《任素墓誌》:"君諱素,其先汾陰人也。枝幹扶疏,□□弈葉,惟祖惟父,冠冕蟬聯,可謂代不乏賢,略而言也。"《唐代墓誌彙編續集》會昌〇二〇《雷諷墓誌》:"馮翊雷府君諱諷,字匡時,其先軒轅之後,世稱令族,代不乏賢,冠蓋相承,史無虛載。"後梁開平四年《羅隱墓誌》:"暨乎永嘉南渡,封邑多遷,代不乏賢,世濟其美,枝蕃派遠,詎可遍書。"也作"世不乏賢",《漢魏六朝碑刻校注》九一三《東魏高雅墓誌》:"君諱雅,字興賢,勃海條人。締構已降,道被功成,中葉而來,縉金曳紫。固以嬋婕千祀,世不乏賢。"《隋代墓誌銘彙考》四五七《范安貴墓誌》:"公諱安貴,字孝昇,朔方岩淥縣人也。公遠構遙源,布在方冊,乘軒服冕,世不乏賢。晉卿表皆讓之風,漢將勇渡遼之氣。"後晉某年《王君妻關氏墓誌》:"遠則龍逢逆鱗,次則雲長戰勇,其後代生俊哲,世不乏賢,具載簡編,此不繁述。"

---

① 傅清音等:《新見五代〈薛貽矩墓誌〉考》,《文博》2012 年第 4 期。

② 同上。

5. 後梁乾化二年《薛貽矩墓誌》："仙殿雌書，王畿結綬。折檻乘驄，觸邪及雷。右史持鉛，南宮臥繡。"①

一方完整的墓誌通常由兩個部分組成：誌文和銘文。銘文主要用來讚美墓主的功德，一般都是押韻的。此段銘文韻腳是"綬""雷""繡"，這裏"雷"字顯然和"綬""繡"不協。復審原拓，"雷"實作"霤"。"綬""霤""繡"三者相押，朗朗上口，文從字順。

6. 後梁貞明四年《宋鐸墓誌》："安居大壙。洛州河南縣王樂鄉朱湯村北原上有莊。其上莊並塋地，並是准敕恩賜。"②

"王樂鄉"是"平樂鄉"之誤。"朱湯村"當是"朱陽村"之誤。作為地名，"平樂鄉""朱陽村"在《洛陽出土墓誌卒葬地資料彙編》中264頁、274頁分別有著錄③，可証。在五代墓誌中也習見，後唐同光三年《吳君妻曹氏墓誌》："以同光三年歲次乙酉正月甲午朔二十二日乙卯，葬於河南縣平樂鄉朱陽村塋莊。"後唐清泰三年《張滌妻高氏墓誌》："以清泰三年歲次丙申九月丁亥朔四日庚寅，葬於河南府河南縣平樂鄉朱陽村，禮也。""朱陽村"又寫作"朱陽里"。例如後唐同光二年《王璠墓誌》："以其年十一月二十六日擇地於河南縣平樂鄉朱陽里北邙之原，禮也。"後唐長興四年《張文寶墓誌》："今以其年十一月三十日權厝於河南縣平樂鄉朱陽里，禮也。"

7. 唐天祐十八年《韓傳以墓誌》："府君者，昔先汝南郡人也，因官於魏，遂為魏人。源派流遠，服冕榮軒，玉壇垂千古之名，金丸顯萬年之貴者爾。"④

"榮軒"不詞，復審原拓，"榮"實作"椉"，顯然是"乘"字。"服冕"和"乘軒"相對成文，均代指為官。"乘軒"指乘坐大夫的車子，後用以指做官，《左傳·閔公二年》："衛懿公好鶴，鶴有乘軒者。"杜預注："軒，大夫車。""服冕"穿著冕服，亦指做大官，《左傳·哀公十五年》："苟使我入獲國，服冕乘軒，三死無與。"杜預注："冕，大夫服。""服冕乘軒"墓誌習見，形容人之顯貴，《隋代墓誌銘彙考》三八二《楊矩暨妻鄭氏誌》："方且加爵進等，儀形郡國，服冕乘軒，獎鑒卿士。而流還巨

---

① 傅清音等：《新見五代〈薛貽矩墓誌〉考》，《文博》2012年第4期。
② 陳尚君：《全唐文補編》，中華書局2005年版，第1161頁。
③ 余扶危、張劍：《洛陽出土墓誌卒葬地資料彙編》，北京圖書館出版社2002年版。
④ 李洪冰：《五代韓氏墓誌考》，《華夏考古》2013年第3期。

壑，景落虞淵，運化不追，名賢長往。四年八月廿四日，構疾薨於官舍，春秋六十。"《唐代墓誌彙編》永徽一〇八《徐光墓誌》："自晉歸命侯之北入也，遂世居洛西宜陽焉。建功立事，詳于國篆：服冕乘軒，煥於家諜，故可得而略也。"

8. 後梁龍德二年《崔崇素墓誌》："府君幼彰岐嶷，長實端貞，麗冠王之姿，挺得毛之秀，俊邁明敏，衆謂奇童，洎弱冠則教稟義方，性弘孝悌，雖時處因約，好問之道逾堅，或跡履艱危，視善之勤彌篤。"①

"雖時處因約"一句費解。復審原拓，"因"作 困，顯然是"困"字。"因約"實為"困約"之訛，"因""困"形近而誤。"困約"乃困頓貧乏之義，歷代文獻多有用例，《史記·晉世家》："晉文公，古所謂明君也，亡居外十九年，至困約，及即位而行賞，尚忘介子推，況驕主乎？"唐韓愈《詠雪贈張籍》詩："巧借奢華便，專繩困約災。威貪陵布被，光肯離金罍。"

9. 後梁龍德二年《崔杞妻李珩墓誌》："清河公藏器蹈仁，金華挺秀，詩言禮立，自得先規，行古居今，實光上地。"②

"金華"當是"含華"之訛，"金"和"含"形近而誤。"含華"和"挺秀"並列使用。"含華"謂具有才華。"挺秀"指秀異出衆。"含華"一詞石刻文獻習見，《漢魏六朝碑刻校注》九四八《東魏馬興龍墓誌銘》："天地消息，日月遞微，亦白其馬，比映連暉。鍾美自斯，含華佩實，秉德無爽，門道唯一。"宋王禹偁《慰公主薨表》："伏以某國公主，自天鍾秀，稟聖含華。"同時期墓誌亦有用例，後唐清泰三年《戴思遠墓誌》："尋加太子少保致仕。方諧養素，正樂含華。無何，釁起奠楹，災生夢豎，以清泰二年八月十七日薨於洛京惠和坊之私第，享年七十有六。"

10. 前蜀乾德五年《晉暉墓誌》："太師辰象垂休，山河鍾秀，燕頷有封侯之相，龍章真間代之儀。節挺松筠，才兼文武，加以蘊深沉之氣度，抱倜儻之襟懷，動合神朗，靜符禮律。"③

復審原拓，"氣度"實為"器度"，"器""氣"音同而誤。"器度"乃"器量、識量"之義，南北朝以來墓誌習見。《漢魏六朝碑刻校注》七九三《北魏笱景墓誌》："君器度詳雅，風韻恢正，一藝無違，百行斯

---

① 陳尚君：《全唐文補編》，中華書局 2005 年版，第 1176 頁。
② 同上書，第 1223 頁。
③ 同上書，第 1474 頁。

備。"《隋代墓誌銘彙考》二三六《王夏墓誌》："君川嶽降靈，誕茲神異。長崇孝悌，信著鄉朋。器度清高，尤能下接。機關罕匹，智略無儔。"後梁龍德三年《蕭符墓誌》："太祖以府君器度詳敏，經度無差，奏加右散騎常侍，見滑州都糧料使。"

11. 前蜀乾德五年《晉暉墓誌》："或玉潤未稱於品秩，或華堂早就於親姻，或尚在閨幃，年至幼小。"①

"閹幃"不詞，復審原拓，"閹"實作"閨"，"閹""閨"形近而誤。"閨幃"指閨房的帷幕，借指婦女居住的地方。同時期的遼代墓誌也有用例，遼應曆九年《衛國王墓誌》："次有四女：長女諧里末肌，閨幃禮訓，婉娩姿容。"

12. 前蜀乾德五年《晉暉墓誌》："有姪男一人匡文，娶姜氏，鴒原已喪，絕秩尚編，外氏諸青，不復備錄。"②

復審原拓，"諸青"實作"諸姻"。《左傳·僖公五年》："弦子奔黃，於是江、黃、道、柏方睦於齊，皆弦姻也。"杜預注："姻，外親也。""外氏諸姻"，泛指由婚姻關係結成的親戚。《唐代墓誌彙編》咸亨〇四九《孟善王墓誌》："夫人阮氏，毓德重闈，早標令淑，好齊琴瑟，恩諧諸姻。"

13. 後唐同光二年《王審知墓誌》："鄰境附庸之請，納款求盟；屬城叛義之徒，出師致討。顯分情偽，立辨安危。投者示疆場之區分，略不留意；逆者遣腹心而征戍，曾不緩期。"③

"疆場"疑當作"疆場"。"場""場"形近而誤。"疆場"乃"邊界、邊境"之義。《左傳·桓公十七年》："疆場之事，慎守其一，而備其不虞。"孔穎達疏："疆場，謂界畔也。"楊伯峻注："場音易，邊境也。疆場為同義連綿詞。""疆場"用作"邊界、邊境"義，同時期墓誌還有用例，後周顯德三年《蕭處仁墓誌》："次又復收襄陽，轉四方館主、兼威尉少卿，後以疆場未寧，獫狁多故，公監臨步騎，固護邊陲，至於太原，出於大漠，東西千里，首尾十年。"墓誌之外，亦多有用例，董志翹、曾良等論之甚詳④，可參。

---

① 陳尚君：《全唐文補編》，中華書局 2005 年版，第 1475 頁。

② 同上。

③ 同上書，第 1449 頁。

④ 董志翹：《梁〈高僧傳〉"疆場"例質疑》，《中國語文》2006 年第 6 期；曾良：《"盼望"、"疆場"俗變探討》，《中國語文》2008 年第 2 期。

14. 後唐同光二年《王審知墓誌》："集海內緇黃，啓祇園齋懺，佛廟遍廊，雁塔干霄，鐘梵之音，遠近相接，人天之果，修設無時。"①

"祇"當作"祇"，"祇園"是"祇樹給孤獨園"的簡稱，是梵文的意譯。印度佛教聖地之一。相傳釋迦牟尼成道後，憍薩羅國的給孤獨長者用大量黃金購置舍衛城南祇陀太子園地，建築精舍，請釋迦說法。祇陀太子也奉獻了園內的樹木，故以二人名字命名。玄奘去印度時，祇園已毀。"祇園"後用為佛寺的代稱。

15. 後唐同光二年《王審知墓誌》："慶鍾奕世，代襲殊榮。因而禮葬，賵馬悲鳴。百身莫贖，萬古傷情。"②

"賵馬"不詞，實際是"賵馬"之訛，"賵"和"賵"形近而誤。"賵馬"本來指贈與喪家送葬的馬，《禮記·少儀》："賵馬入廟門。賻馬與其幣，大白兵車，不入廟門。"孔穎達疏："賵馬入廟門者，以馬送死曰賵，賵，副也，言副亡者之意，欲供駕魂車也。"後來引申指拉靈車的馬，隋代以來墓誌習見，《隋代墓誌銘彙考》一〇八《趙惠墓誌》："遠日有期，親徒俱集。悲斯賵馬，賓僚灑泣。膴膴松野，蕭蕭寒隰。蘭菊恆芳，徽猷永立。"《唐代墓誌彙編》開元三四〇《王崇禮墓誌》："邙山之下，白日將低，塗車欲掩，賵馬連嘶。"

16. 後唐同光三年《李茂貞墓誌》："翦除大盜，翊贊明君。躬親矢石，義激風雲。西征蠻蜑，東掃妖氛。縉紳所仰，朝野必聞。"③

"蠻蜑"不詞。復審原拓，"蜑"實作蜑，當為"蜑"字。"蠻蜑"，南方少數民族名，多船居，稱蜑戶，也稱蛋戶。《陳書·徐世譜傳》："世居荊州為主帥，征伐蠻蜑。"唐劉恂《嶺表錄異》卷中："邕州舊以刺竹為牆，蠻蜑來侵，竟不能入。"另"縉紳"原拓作"搢紳"，"搢"，插也。《儀禮·鄉射禮》："三耦皆執弓，搢三而挾一個。"鄭玄注："搢，插也。插於帶右。""紳"古代士大夫束於腰間，一頭下垂的大帶。《論語·衛靈公》："子張書諸紳。"邢昺疏："此帶束腰，垂其餘以為飾，謂之紳。""搢紳"原指插笏於紳，後用為官宦或儒者的代稱。"搢紳"一詞，唐五代墓誌習見，《唐代墓誌彙編續

①　陳尚君：《全唐文補編》，中華書局 2005 年版，第 1450 頁。

②　福建省博物館、福州市文物管理委員會：《唐末五代閩王王審知夫婦墓誌清理簡報》，《文物》1991 年第 5 期。

③　王鳳翔：《新見唐秦王李茂貞墓誌淺釋》，《文物春秋》2006 年第 3 期。

集》麟德〇二〇《李震墓誌》："交好之方，投漆共斷金齊契；分義之重，春蘭與秋菊同芬。士友揖其高風，搢紳推其遠量。家立締構之勳，身膺冢嫡之重。"後梁龍德二年《崔崇素墓誌》："即以大梁歲在庚辰二月十日，卒於東京利仁里之官舍，春秋二十有一，凡搢紳親戚聞者莫不痛焉。"

17. 唐天祐廿一年《王處直墓誌》："無何，光化年庚申歲，免薨胤兵，朱溫犯境。公奉猶子之命，統師前戰，自旦及午，未決勝負。"[①]

"免薨"不詞，實作"兔苑"。唐羅隱《所思》詩："梁王兔苑荊榛裏，煬帝雞臺夢想中。"宋范仲淹《上張侍郎》："兔苑風移，愛甘棠而益茂；龍池天近，著溫樹之重芳。"明楊漣《題柏子園青芸閣》詩："繁臺兔苑今禾黍，日暮憑欄思不禁。""兔苑"即"兔園"，園囿名，也稱"梁園"。在今河南商丘縣東，漢梁孝王劉武所築，為遊賞與延賓之所。《西京雜記》卷二："梁孝王好營宮室苑囿之樂，作曜華之宮，築兔園。"南朝宋謝惠連《雪賦》："梁王不悅，游於兔園。"唐黃滔《寄越從事林嵩侍御》詩："莫戀兔園留看雪，已乘驄馬合凌霜。"

18. 唐天祐廿一年《王處直墓誌》："朱溫懼我公燒齊牛之秘策，縛呂虎之威聲，歃血而盟，論交以去。乃軍府官吏列狀詣聞，乞降新恩。昭皇以公救無咲秦，圍能解宋。四年五月，授節，就加檢校尚書左僕射、太原縣開國男。"[②]

"聞"當為"闕"之訛。"闕"乃"闕"的俗字，《碑別字新編》（421）頁"闕"字《吳尋陽長公主墓誌》作"聞"。"詣闕"指赴朝堂，赴京都。傳世文獻多有用例，《漢書·朱買臣傳》："後數歲，買臣隨上計吏為卒，將重車至長安，詣闕上書，書久不報。"宋費袞《梁溪漫志·范信中》："范既脫，欲詣闕，而無裹糧。"漢魏以來碑刻文獻也多有用例，《漢魏六朝碑刻校注》一四〇一《北周尉遲運墓誌》："秩滿言歸，華戎戀德，扶老攜幼，詣闕稽顙，朝廷抑其固請，方申重寄。"《唐代墓誌彙編》大和〇七〇《劉逸墓誌》："長慶初，以鎮冀不軌，醜跡彰聞，元戎太原王公乃脫彼凶妖，束身詣闕。"

---

① 河北省文物研究所、保定市文物管理處：《五代王處直墓》，文物出版社 1998 年版，第 64—65 頁。

② 同上書，第 65 頁。

19. 後唐同光三年《張繼業墓誌》："先妣姜氏，以柔順之德，播雍睦之風，肥家九叶於六親，訓子不忘於三徙，累封天水郡夫人，年號天祔，歲當甲子。"①

"天祔"實作"天祐"。"天祐"是唐昭宗李曄年號（公元904—907年），公元904年為甲子年。四年三月昭宣帝禪位於朱溫，惟河東、鳳翔、淮南稱天祐年號，碑刻中有用至天祐二十年者②。例如，唐天祐十二年《張康墓誌》、唐天祐十八年《竇真墓誌》。從五代墓誌來看，"天祐"年號實有用至二十一年者，如《王處直墓誌》。

20. 唐天成二年《任元頁墓誌》："自前唐天復二年入仕，相次主張，系省鹹鹺泉貸，贍國經費利潤。以至梁朝，綿歷星紀，鬱有名稱，美伏輩流，職列上軍，官任榮王府長史。"③

"泉貸"不詞，"泉貸"實作"泉貨"，"貸""貨"形近而訛。"泉貨"指錢幣、貨幣，唐代以來墓誌多有用例，《唐代墓誌彙編》開元五一三《張孚墓誌》："君授隨州司倉參軍，泉貨是司，出納惟允，邦君坐嘯，邑吏行謠。"唐代傳世文獻也有用例，唐權德輿《〈翰苑集〉序》："壽春刺史張鎰，有名於時，一獲晤言，大加賞識。暨別，鎰以泉貨數萬為贐。"

21. 唐天成二年《任元頁墓誌》："季弟前絳州司馬，知省司迴圖務鈞，次列官□，相繼主持。孝愛居家，懷橘有譽，信義於外，斷金立名。"④

復審原拓，"官"作![]，當為"宦"的俗字，《碑別字新編》（86頁）"宦"字《隋虎賁內郎將關明墓誌》正作"窀"，俗書往往"穴""宀"不分。《干祿字書》："窀宦，上俗下正。"唐天祐四年《崔詹墓誌》"未履宦序"，後唐天成二年《張積墓誌》"雲鶴比性，官宦難拘"等墓誌"宦"均寫作"窀"，是其證。

22. 唐天成二年《任元頁墓誌》："遇太守夏公典收當郡，以府君清白立譽，奏授鄭州都糧料使、檢校工部尚書。"⑤

"典收"不詞。復審原拓，"收"實作![]，當為"牧"字，墓誌中

① 李獻奇、郭引强：《洛陽新獲墓誌》，文物出版社1996年版，第311頁。

② 李崇智：《中國歷代年號考》，中華書局2001年版，第105頁。

③ 中國文物研究所、河南省文物研究所：《新中國出土墓誌·河南壹》（下冊），文物出版社1994年版，第404頁。

④ 同上。

⑤ 陳尚君：《全唐文補編》，中華書局2005年版，第1203頁。

"收"俗寫作 ，兩者區別很明顯。"典牧"謂主管一方政事也，歷代文獻習見，例如《東觀漢記·郭丹傳》："郭丹為三公，典牧州郡，田畝不增。"南朝陳徐陵《武皇帝作相時與嶺南酋豪書》："彼豪門著姓，典牧方州。"《唐代墓誌彙編》開元一二七《賀蘭務溫墓誌》："導禮樂兮操自持，韞圭璋兮逢聖期，出入臺省兮增懋益，典牧州郡兮多異績，宜參乎弼諧，光是典冊。""收""牧"形近而誤，歷代文獻多有其例，蔣禮鴻《義府續貂》云："收眾當作牧眾，字之誤也。《韓詩外傳》六：'王者必立牧方二人，使窺遠牧眾也。'又曰：'故牧者，所以開四目，通四聰也。'《外傳》之'窺遠牧眾'，即《荀子》之'窺遠牧眾'甚明。《方言》十二：'牧，察也。'《白虎通·封公侯篇》：'使大夫往來視諸侯，故謂之牧。'然則牧有視察之義，故與窺為對。"① 蔣先生所論甚是，可以作為旁證。

23. 後唐天成三年《王言妻張氏墓誌》："廢興二路，皆屬有相之門，衰盛兩途，俱入無常之境。光陰不駐，寒暑移遷，辰聞歌吹於東鄰，□德哀悲於西舍。"②

"德"當是"聽"之訛，"德"和"聽"形近而誤。"辰聞歌吹於東鄰"和"□聽哀悲於西舍"兩句相對成文。"聞"和"聽"同義對舉。"聞"是形聲字，本義為"聽"，《說文·耳部》："聞，知聞也，從耳門聲。"又"聽，聆也。""聞"之"聽"義古代文獻習見，《尚書·君奭》："我則鳴鳥不聞，矧曰其有能格。"唐杜甫《贈花卿》詩："此曲祇應天上有，人間能得幾回聞？"

24. 後唐天成三年《張居翰墓誌》："夫左明君，平大難，樹大勳，生有令名，歿流懿範，閱行狀之殊跡，訪衆多之美談，疇庸既敍於旂常，盛德合鐫於貞志，則張公其人也。"③

復審原拓，"左"作 ，實作"佐"，甚明。"佐明君"乃輔佐聖明君主之義，不煩贅言。

---

①　蔣禮鴻《義府續貂》，中華書局1981年版，第106頁。

②　陳尚君：《全唐文補編》，中華書局2005年版，第1205頁。

③　馬志祥：《西安西郊出土的後唐〈張居翰墓誌〉》，載《碑林集刊》（第三輯），陝西人民美術出版社1995年版，第102頁。

25. 後唐天成三年《張居翰墓誌》："於是戎帥抗表，連營扣闕。朝僉即俞，將校欣感。時强臣跋扈，政自關東。執政隨風，曾無匡席。陰魄將同於幾望，履霜遂至於堅冰。齒路馬以無嫌，戮近臣而專勢。"①

"即"作 ，實作"既"，甚明。"既""即"形近而誤，歷代文獻多有其例，此不贅舉。

26. 後唐天成三年《張居翰墓誌》："王曰：'國恥家冤，不亡朝旦。澤潞咽喉之地，須以力爭。天替良圖，一舉而勝，須賴舊德，同濟艱難。'公曰：'大王世立樹勳，代平禍亂，被宗社之恥，啓中興之期，救九土之阽危，拯生民之塗炭。孰不仰望大王如父母也？'"②

該段文字校點有誤。"亡"是"忘"之訛；"替"是"贊"之訛，"贊"俗書作"賛"，前已證之；"樹"是"殊"之訛；"父母"前脫一"慈"字。因此本段文字應該點校爲："王曰：'國恥家冤，不忘朝旦。澤潞咽喉之地，須以力爭。天贊良圖，一舉而勝，須賴舊德，同濟艱難。'公曰：'大王世立殊勳，代平禍亂，被宗社之恥，啓中興之期，救九土之阽危，拯生民之塗炭。孰不仰望大王如慈父母也？'"

27. 後唐天成三年《張居翰墓誌》："先聖知其畏慎，今上洞察愚哀，獲保首領，得歿於地。須寫將盡之懇，以感聖澤之隆。汝務主轄司，不可謂不繁劇。府主太保，冰雪居懷，嚴明條令。人無苛政，歲有豐穰。汝宜恭守憲章，勿以慢公失職。"③

"哀"實爲"衷"之訛，兩者形近而誤。"愚衷"常用來謙稱自己的心意、心願，北魏楊衒之《洛陽伽藍記》卷二"平等寺"："天命至重，曆數匪輕，自非德協三才，功濟四海，無以入選帝圖，允當師錫。臣既寡昧，識無光遠，景命雖降，不敢仰承。乞收成旨，以允愚衷。"唐劉禹錫《代讓同平章事表》："伏乞賜寢前命，俯亮愚衷。"明梁辰魚《浣紗記·談義》："今有愚衷，特求指教。"

---

① 馬志祥：《西安西郊出土的後唐〈張居翰墓誌〉》，載《碑林集刊》（第三輯），陝西人民美術出版社 1995 年版，第 103 頁。

② 同上。

③ 中國文物研究所、陝西省古籍整理辦公室：《新中國出土墓誌·陝西貳》，文物出版社 2003 年版，第 284 頁。

28. 後唐天成三年《張居翰墓誌》："方期放志雲山，棲心道釋。無何，三年春，河魚所攻，山芎無效，沉綿及夏，有加無廖。"①

"有加無廖"不詞，復審原拓，"廖"當為"瘳"之誤，兩者形近而誤。"有加無瘳"是墓誌常語，唐開元二十六年《鄭齊閔墓誌》："無何，丁內憂，既免喪，未能忘哀，是用生疾，凡匝四序，有加無瘳。以開元廿七年十月十日，終於洛陽縣尊賢里之私第。"②《唐代墓誌彙編》貞元一二七《張氏墓誌》："夫人痛府君之早世，處齊斬之中，居哭泣之位，哀以過禮，因而遘疾，自茲厥後，有加無瘳。"後唐長興四年《毛璋妻李氏墓誌》："奈何天不憖遺，忽遘沉痾，有加無瘳，情識奄奄，名醫上藥，竟無所徵，俄以長興三年七月十七日，薨於洛京擇善坊之正寢，享年五十一。"

29. 後唐天成四年《西方鄴墓誌》："及平蕩妖巢，以功補奉義指揮使、檢校尚書右僕射，撫士而千夫咸悅，蒞官而七德恒修。"③

"妖巢"不詞，原拓片有磨泐現象，此處當作"妖孽"。"孽"是"孼"的俗寫。"妖孽"比喻邪惡的事或人，《樂府詩集·郊廟歌辭一·西顥》："奸偽不萌，妖孽伏息。"唐五代墓誌亦多見用例，《唐代墓誌彙編》開元四四七《李君墓誌》："廿三年冬，妖孽潛構，禍非人召，不虞涉於弊邑，而乃聞於帝城。"後唐天成三年《張居翰墓誌》："攙搶掃蕩，妖孽披分。國恥既雪，王道攸倫。中興景祚，下武繼文。"

30. 後唐長興元年《毛璋墓誌》："府君諱璋，字玉華，其先祖即魏侍中毛玠之祚胤也。文武相紹，枝葉相傳，洎自隆乎，迄於唐矣。"④

"隆乎"不詞，復審原拓，實作"隆平"，"乎""平"形近而誤。"隆平"是昌盛太平之義，歷代墓誌多見用例，《漢魏六朝碑刻校注》一三九九《北周寇嶠妻薛氏墓誌》："今帝隆平，伊洛清謐。詔贈夫人廣州襄城縣君。"《唐代墓誌彙編續集》麟德〇一七《張通墓誌》："既而聖運清晏，域內隆平，八表無虞，四夷有截，功名鼎鉉，畫象雲臺，立身行道，箕裘靡失。"歷代文獻亦習見，漢趙岐《〈孟子〉題辭》："帝王公侯

① 馬志祥：《西安西郊出土的後唐〈張居翰墓誌〉》，載《碑林集刊》（第三輯），陝西人民美術出版社1995年版，第103頁。
② 袁道俊：《唐代墓誌》，上海人民美術出版社2003年版，第66頁。
③ 陳尚君：《全唐文補編》，中華書局2005年版，第1207頁。
④ 同上書，第1208頁。

遵之，則可以致隆平，頌清廟。"晉葛洪《抱樸子·貴賢》："捨輕艘而涉無涯者，不見其必濟也；無良輔而羨隆平者，未聞其有成也。"清薛福成《出使四國日記·光緒十六年閏二月初四日》："惟冀大伯理璽天德體中國大皇帝之意，彼此益加輯睦，永享隆平。"

31. 後唐長興三年《孟知祥妻福慶長公主李氏墓誌》："我公乃制崇廬杖，饌徹膏粱，軒懸頓止於笙鏞，悼弈不施於組繡，於是法惟辯貴，禮重送終，虔祝蓍龜，卜安陵兆，考青鳥之妙術，詢金馬之名岡，長亭追控於牛頭，列宿上分於鶉首，曉登蘭阪，嗟玉葉之凋零，遐眺雲軒，痛銀河之杳絕。"①

"青鳥"實作"青烏"，"青烏"是"青烏子"之省，古代著名的堪輿家，前已證之，此不贅。

32. 後唐長興四年《李德休墓誌》："莊宗皇帝萬方即戴，百揆重興，鄴宮之創行臺，以公權知御史府事，此際法□未備，朝綱未整，公篤行，故事不失軌物，朝廷賴之。"②

"即戴"費解，"即"實作"既"，二者形近，而且在古代存在著同源關係。古書多混用，具體的該錄為何字，往往需要根據上下文來確定。

33. 後唐長興四年《王禹墓誌》："有姊二人：長適張氏，次適潘氏，並謝於世，次早謝。"③

復審原拓，"二"字作，沒有磨泐現象，文字非常清楚，實為"三"字，甚明。下文云："長適張氏，次適潘氏，並謝於世，次早謝。"很顯然，這裏敘述了三個姐姐，大姐姐嫁給了姓張的，二姐姐嫁給了姓潘的，最小的姐姐過早地去世了。

34. 後唐長興四年《張文寶墓誌》："從長興四年九月十四日，啓手足於青州開元佛舍，享早五十七。"④

該段文字校勘有誤。"從"當作"以"，為表示時間的介詞。"从""以"形近而誤，意思是（張文寶）在長興四年九月十四日離開人世。"享早"不詞，"早"是"年"之誤，"享年"乃墓誌之習語，敬辭，稱

---

① 成都市文物管理處：《後蜀孟知祥與福慶長公主墓誌銘》，《文物》1982 年第 3 期。

② 李春敏：《五代後唐楊凝式撰〈李德休墓誌〉考釋》，載《耕耘論叢》（第一輯），科學出版社 1999 年版，第 171 頁。

③ 陳尚君：《全唐文補編》，中華書局 2005 年版，第 1210 頁。

④ 李獻奇、黃明蘭：《畫像磚石刻墓誌研究》，中州古籍出版社 1994 年版，第 330 頁。

死者活的壽數。如唐天祐四年《崔詹墓誌》："未幾，而㾮疹遽作，以其年六月二十八日奄然於綏福里之私第，享年六十五。"後唐同光二年《王審知墓誌》："同光三年十二月十二日，薨於威武軍之使宅，享年六十有四。"

35. 後唐清泰二年《商在吉墓誌》："既標三覆之名，方授九天之命。蒙莊宗皇帝□授興元都指揮使、兼知軍州事，莫不訓戎有略，撫戎多方。"①

"撫戎"不詞，復審原拓，"撫戎"之"戎"拓片作█，顯然是"俗"字，承前"訓戎"一詞而誤。"訓戎"和"撫俗"相對成文，"訓戎"為"訓練勁旅"之義，"撫俗"乃"巡問民情"之義。南北朝以來墓誌多有用例，《漢魏六朝碑刻校注》一二四九《北齊隴東王感孝頌》："懸車遽落，夜臺弗晨。千齡俄古，萬祀猶新。朱驂紫蓋，撫俗調民。"《唐代墓誌彙編》元和〇二九《孫㮚墓誌》："及旋師塞門，對揚休命，特承優詔，累荷寵光，簡在帝心，咨于列嶽。分聖憂以撫俗，杖廟算以靜難。""撫俗"一詞，傳世文獻亦習見，唐李夷簡《西亭暇日書懷十二韻獻上相公》："撫俗來康濟，經邦去咨謀。"《舊唐書·殷侑傳》："侑以通經入仕，觀風撫俗，所莅有聲。而晚年急於大用，稍通權倖，物望減於往時。"《舊五代史·唐書·張延朗傳》："伏望誠見在之處官，無乖撫俗，擇將來之蒞事，更審求賢。"

36. 後唐清泰三年《戴思遠墓誌》："公即贈司空府君之長子也。稟重厚之氣，負奇傑之才，忠孝兩全。鄙王陽之偏見，文武兼備；誚靈植之虛名。"②

"靈植"應該是"盧植"之訛，此乃用典。盧植為漢末大儒，名望遠聞於時，劉備曾經從師於之，事詳《後漢書·盧植傳》。另外，該段文字標點也有錯誤，"忠孝兩全，鄙王陽之偏見"和"文武兼備，誚靈植之虛名"應該相對成文，因此，這段文字應該校點為："公即贈司空府君之長子也，稟重厚之氣，負奇傑之才。忠孝兩全，鄙王陽之偏見；文武兼備，誚盧植之虛名。"

---

① 陳尚君：《全唐文補編》，中華書局 2005 年版，第 1908 頁。

② 李獻奇、楊海欽：《五代後唐戴思遠墓誌考釋》，載《畫像磚石刻墓誌研究》，中州古籍出版社 1994 年版，第 342 頁。

37. 後唐清泰三年《戴思遠墓誌》："先娶夫人吳郡朱氏,早亡。後娶夫人太原王氏,早亡,皆進封郡君,而並和柔,著譽婉淑,標容道雖叶於好,仇志英諧於偕老。"①

文中"英"應該是"莫"之誤,兩者形近而訛。另外本段文字標點有誤,文中"和柔著譽"和"婉淑標容""道雖叶於好仇"和"志莫諧於偕老"分別相對成文,因此,這段文字應該標點為:"先娶夫人吳郡朱氏,早亡,後娶夫人太原王氏,早亡,皆進封郡君,而並和柔著譽,婉淑標容,道雖叶於好仇,志莫諧於偕老。"

38. 後唐清泰三年《戴思遠墓誌》："中和初值,士德中微,金精方熾,乘風破浪,因興慷慨之言;攬轡登高,遂有澄清之志。"②

"值"字當屬下,"值"乃"正值"之義。"士德"之"士"拓片作 ,實為"土"的俗字,《干祿字書》:"圡土,上俗下正。""土德"和"金精"相對成文。"土德"指五德之一,古以五行相生相剋附會王朝命運,謂土勝者為得土德。《史記·五帝本紀》:"(軒轅)有土德之瑞,故號黃帝。"司馬貞索隱:"炎帝火,黃帝以土代之。"《漢書·張蒼傳》:"蒼為丞相十餘年,魯人公孫臣上書,陳終始五德傳,言漢土德時,其符黃龍見,當改正朔,易服色。"唐張說《聖德頌》:"稽諸瑞典,昔祚軒皇;而今表聖,土德以昌。"

39. 後唐清泰三年《張季澄墓誌》："門吏中大夫尚書兵部侍部柱國賜紫金魚袋弘農楊凝式撰。"③

"尚書兵部侍部"不詞,實作"尚書兵部侍郎"。"尚書兵部侍郎"一職,同時代文獻習見,《舊唐書·馮伉傳》:"順宗即位,拜尚書兵部侍郎。改國子祭酒,為同州刺史。入拜左散騎常侍,復領太學。"《舊五代史·唐書·莊宗紀》:"乙酉,以翰林學士承旨盧質權知汴州軍府事,以禮部尚書崔沂為尚書左丞、判吏部尚書銓事,以兵部侍郎崔協為吏部侍郎,以刑部侍郎、充集賢殿學士、判院事盧文紀為尚書兵部侍郎,依前充集賢殿學士、判院事。"

---

① 李獻奇、楊海欽:《五代後唐戴思遠墓誌考釋》,載《畫像磚石刻墓誌研究》,中州古籍出版社1994年版,第343—344頁。

② 同上書,第342—343頁。

③ 李獻奇、郭引強:《洛陽新獲墓誌》,文物出版社1996年版,第317頁。

40. 後唐清泰三年《張季澄墓誌》："公自列彤庭，累居環衛，克振令望，咸仰雄棱，明宗睠注彌深，嘉稱每切。"①

"腃注"不詞。復審原拓，"腃注"實作"睠注"，"腃""睠"形近而誤，"睠注"乃"垂愛、關注"之義，文獻習見，宋王禹偁《送僕射相公赴西京》詩："弼諧終在我，睠注更同誰。"亦作"眷注"，《宋史·石熙載傳》："典樞務日，上眷注甚篤。"清蒲松齡《聊齋志異·蓮香》："感桑郎眷注，遺舄猶存彼處。"

41. 後晉天福二年《羅周敬墓誌》："祖諱宏信，皇天雄軍節度使、檢校太師、兼中書令、長沙王、累贈守太師、累封趙王，諡曰莊肅，娶趙國夫人呂氏，先薨，又娶吳國夫人王氏，為時之瑞，命世而生，倜儻不群，英雄自許。"②

復審原拓，"宏信"實作"弘信"，"宏""弘"音同而誤。羅周敬之父羅紹威，《舊五代史》《新五代史》有傳。《舊五代史·梁書·羅紹威傳》："羅紹威，魏州貴鄉人。父弘信，本名宗弁，初為馬牧監，事節度使樂彥貞。"《新五代史·羅紹威傳》："羅紹威字端己，其先長沙人。祖讓，北遷為魏州貴鄉人。父弘信，為牧監卒……弘信狀貌奇怪，面色青黑，軍中異之，共立為留後。"兩五代史關於羅周敬祖父之名諱記載不誤，是其證。

42. 後晉天福二年《羅周敬墓誌》："其年秋七月，歸南燕。甲戍秋七月，公之次兄薨於滑州之公府。上聞訃奏，乃謂近臣曰：'羅氏大勳之後，宜賞延。'"③

"甲戍"當作"甲戌"。古人使用天干地支紀年，地支中有"戌"無"戍"，此乃"戌""戍"形近而誤。

43. 後晉天福二年《宋廷浩墓誌》："言干典籍，顏示溫恭；容貌何啻於潘安，風流豈殊於張緒。加以虎頭異相，猿臂奇能；善張飛馬止之能，得李廣箭頭之術。"④

復審原拓，"止"作，當為"上"字，"馬上之能"和"箭頭之

①　李獻奇、郭引强：《洛陽新獲墓誌》，文物出版社1996年版，第318頁。

②　（清）董誥：《全唐文》（第九冊），中華書局1983年版，第8945頁。

③　同上。

④　趙振華：《五代宋廷浩墓誌考》，《華夏考古》2003年第4期。

術"相對成文。"上"和"頭"同為方位名詞，相對成文。《隋代墓誌銘彙考》三一五《張芳墓誌》："年始弱冠，無不通悟。至於馬上成草，文不加點，才華煥爛，君實有之。"《唐代墓誌彙編》永徽〇七二《顏人墓誌》："父徹，隋任大都督，體貌恢吾，風彩逈逸，學該墳典，文富詞林，馬上軍前，飛書立就。"

44. 後晉天福二年《宋廷浩墓誌》："君威而不猛，政而不寬。露冕臨民，褰帷問俗；能除奸吏，善易訛風。瑞麥分歧，嘉禾合穗；千里著息肩之詠，一方聞鼓腹之歌。"①

"褰"是"褰"之訛。《說文·衣部》："褰，絝也。"段玉裁注："褰之本義謂絝，俗乃假為騫衣字。騫，虧也。古騫衣字作騫，今假褰而褰之本義廢矣。"《禮記·曲禮上》："斂髮毋髢，冠毋免，勞毋袒，暑毋褰裳。"鄭玄注："褰，揭也。""褰帷"一詞為用典。典出《後漢書·賈琮傳》："乃以琮為冀州刺史。舊典，傳車驂駕，垂赤帷裳，迎於州界。及琮之部，昇車言曰：'刺史當遠視廣聽，糾察美惡，何有反垂帷裳以自掩塞乎？'乃命御者褰之。"後因以"褰帷"為官吏接近百姓，實施廉政之典。

45. 後晉天福二年《宋廷浩墓誌》："天長地久兮已復已，君安宅窀兮福後人。"②

"宅窀"不詞，復審原拓，實作"兆宅"。"兆宅"一詞在歷代傳世文獻中習見，《全唐詩·顧況〈經徐侍郎墓作〉》："不知山吏部，墓作石橋東。宅兆鄉關異，平生翰墨空。"《舊唐書·呂才傳》："《易》曰：'古之葬者，衣之以薪，不封不樹，喪期無數。後世聖人易之以棺槨，蓋取諸《大過》。'《禮》云：'葬者，藏也，欲使人不得見之。'然《孝經》云：'卜其宅兆而安厝之。'"北魏墓誌已見用例，《漢魏六朝碑刻校注》四五五《北魏司馬悅墓誌》："卜窆有期，兆宅嶺山。飛旌翩翩，將宅幽壥。""兆""宅"為同義連用，亦可倒言"宅兆"，是"墓地"的意思。《孝經·喪親》："卜其宅兆而安措之。"唐玄宗注："宅，墓穴也；兆，塋域也。"《漢魏六朝碑刻校注》五三二《北魏王誦妻元貴妃墓誌》："言歸宅兆，即此玄扃。惟荒早駕，哀挽在庭。霜月晨下，松風夜清。"

---

① 趙振華：《五代宋廷浩墓誌考》，《華夏考古》2003 年第 4 期。

② 同上。

46. 後晉天福四年《張繼昇墓誌》："丹施悠悠兮出故關，雙輪軋軋兮指防山。慕通人之薄葬，非前代之開阡。年月日時俱吉兮，天長地久兮無後艱。"①

"丹施"不詞，復審原拓，"施"實作"旐"，"丹旐"指舊時出喪所用的紅色銘旌，漢魏以來墓誌習見，《漢魏六朝碑刻校注》八四一《北魏元馗墓誌》："丹旐翩翩，龍輀炎炎。漸即鬼途，稍辭人邑。"《隋代墓誌銘彙考》一九七《裴相墓誌》："風驚丹旐，霧隱松門。親賓掩目，故友傷魂。"按照古人葬禮，出殯時都使用紅色旗幟，除"丹旐"還有"丹旌""丹旗""丹旆""丹翣""丹旒"等，不贅舉例。

47. 後晉天福五年《王建立墓誌》："來年，潞王入洛，改清泰元年，徵出授天平軍節度兼中書令，抑高節也。及數窮士德，運旺金行，今聖皇帝懷其故人，乃降新命，除授平盧軍節度使。"②

"士德"當為"土德"之訛，"士""土"形近而誤。"土德"和"金行"相對成文，都是古代五行學說的產物。"土德"為五德之一，前已述之，此不贅。"金行"，指古代五行學說中的"金"這一行。古代哲學家在五行學說中用五行相勝來比附王朝的興替，認為每一個朝代都代表五行中的一德，循環往復，終而復始。

48. 後晉天福六年《李仁福妻瀆氏墓誌》："汶伏念世依勳宇，顯受煦慈。彌增仰戀之心，徒灑潛然之淚。"③

該段文字識讀有誤。"潛然之淚"不詞，當作"潸然之淚"。"潛""潸"兩者形近而誤。"潸然"指流淚的樣子，亦謂流淚。如《漢書·中山靖王劉勝傳》："臣身遠與寡，莫為之先，眾口鑠金，積毀銷骨，叢輕折軸，羽翮飛肉，紛驚逢羅，潸然出涕。"《隋代墓誌銘彙考》三七一《張伏敬墓誌》："遂使家親，傷心斷骨，朋知勝侶，潸然悲咽。"《唐代墓誌彙編》開元三〇七《朱庭瑾墓誌》："夏之日，冬之夜，城闕宛然人代謝，視頹古之丘墳，孰不潸然而涕下！"亦作"潸焉"，《漢魏六朝碑刻校注》一二〇二《北齊封子繪墓誌》："誰謂藏山，忽歌晞露。桃蹊一斷，松風將暮。朝野躊躇，潸焉相顧。"

①　劉連香：《後晉張繼昇墓誌考》，《河南科技大學學報》2004 年第 6 期。

②　陳尚君：《全唐文補編》，中華書局 2005 年版，第 1241 頁。

③　鄧輝、白慶元：《內蒙古烏審旗發現的五代至北宋夏州拓拔部李氏家族墓誌銘考釋》，載《唐研究》（第八卷），北京大學出版社 2002 年版，第 381 頁。

49. 後晉天福七年《任景述墓誌》："前攝秦州清水縣主簿將仕郎試太常寺協律郎任慧撰並書。"①

此方墓誌的撰書人並非任慧。復審原拓，"慧"字作珪，很顯然為"珪"字，由此，此方墓誌的撰書人當是任珪。志文中亦提及撰志人，"珪叨聯宗派，備熟徽猷，結氣銜悲，跪為銘曰"，可以作為內證，可惜《考釋》作者由於標點疏誤，失之未察。

50. 後晉天福七年《任景述墓誌》："嗚呼！公姓任氏，諱景述，字美宜。其先出軒轅皇帝之胤裔也。始建候於任城，因地而命氏。"②

"美宜"是"美宣"之訛，"宜""宣"形近而誤。"古人有名有字。舊說上古嬰兒出生三月後由父親命名。男子二十歲成人舉行冠禮（結髮加冠）時取字，女子十五歲許嫁舉行笄禮（結髮加笄）時取字。名和字有意義上的聯繫……有的名和字是同義詞。例如屈原，名平，字原。有的名和字是反義詞。例如曾點，字晳。"③ 這裏名"景述"和"美宣"是同義詞。

51. 後晉天福七年《任景述墓誌》："始建候於任城，因地而命氏。子孫牧於汾州，望在西河，厥後從居京兆，今為京兆人也。"④

該段文字有訛誤。"始建侯於任城"之"候"當作"侯"，兩者形近而誤。"建侯"義同"封侯"，"侯"是"諸侯"之義，而非"時候"之"候"。另，"從居"為"徙居"之訛。

52. 後晉天福七年《任景述墓誌》："不以勞神若思為發身具，終以資終履信為筮仕基。落落然，真構廈之材；鬱鬱然，無息肩之地。"⑤

"勞神若思"不詞，復審原拓，"若"實為"苦"之訛。"若""苦"形近，古籍中每訛。如《漢書·賈誼傳》："嗟苦先生，獨離此咎兮。"原本亦訛為"嗟若先生"，是其旁證。⑥ "勞神苦思"是當時常語，如《舊唐書·魏徵傳》："文武爭馳，君臣無事，可以盡豫遊之樂，可以養松喬之壽，鳴琴垂拱，不言而化。何必勞神苦思，代下司職，役

---

① 王建榮：《後晉兵部尚書任景述墓誌考釋》，《文博》1998 年第 3 期。
② 同上。
③ 王力：《古代漢語》（第四冊），中華書局 1999 年版，第 972 頁。
④ 王建榮：《後晉兵部尚書任景述墓誌考釋》，《文博》1998 年第 3 期。
⑤ 同上。
⑥ 董志翹：《訓詁類稿》，四川大學出版社 1999 年版，第 300 頁。

聰明之耳目，虧無為之大道哉!"《貞觀政要·擇官第七》："若徒愛美錦，而不為民擇官，有至公之言，無至公之實，愛而不知其惡，憎而遂忘其善，徇私情以近邪佞，背公道而遠忠良，則雖夙夜不怠，勞神苦思，將求至理，不可得也。"《新出唐墓誌百種》中亦每每將"苦"誤識為"若"，詳參拙文①。

53. 後晉天福七年《任景述墓誌》："公深才偉量，高概不群，素有高門大宅之志，然而事親盡節，能捨榮取議，其在公與?"②

復審原拓，"議"作![字]，實為"義"字。"義""議"聲同而誤。"捨榮取義"一詞謂為了道義而放棄虛榮。

54. 後晉天福七年《任景述墓誌》："大丈夫仕不及二千石，安能老之將至，碌碌而但階乎?"③

"但階"不詞，復審原拓，"但"作![字]，實為"循"字，"但""循"形近而訛。"循階"原指沿着臺階，唐牛僧儒《玄怪錄》卷四"韋協律兄"條："夜半方寤，乃見一小兒，長可尺餘，身短腳長，其色頗黑，自池中而出，冉冉前來，循階而上，以至生前。""循階"在墓誌中引申指官吏按資歷逐級晉升。《南史·儒林傳·伏曼容附暅》："暅自以名輩素在遠前，為吏俱稱廉白，遠累見擢，暅循階而已，意望不滿，多托疾居家。"

55. 後晉天福七年《任景述墓誌》："自茲官路灰心，軍門滅志，非雲霞不足以結賞，非山澤不足以論交，遂累貢讓辭，懇謀休解。"④

"官"實作"窀"，"窀"是"宦"的俗字，俗字"穴""宀"經常相混。《干祿字書》："窀宦，上通下正。""宦路"猶宦途。《全唐詩·唐彥謙〈寄臺省知己〉》："久懷聲籍甚，千里致雙魚。宦路終推轂，親幃且著書。"《舊五代史·漢書·蘇逢吉傳》："先是，高祖踐祚之後，逢吉與蘇禹珪俱在中書，有所除拜，多違舊制，用捨升降，率意任情，至有自白丁而升宦路、由流外而除令錄者，不可勝數，物論紛然。"

---

① 周阿根、王鳳琴：《〈新出唐墓誌百種〉文字校理》，《閩江學刊》2014 年第 4 期。
② 王建榮：《後晉兵部尚書任景述墓誌考釋》，《文博》1998 年第 3 期。
③ 同上。
④ 同上。

56. 後晉天福七年《任景述墓誌》："元戌籍其英毅，壯彼軍容，闕有所須，進無不補，雖然事獲允，而極職難辭，又任左都押衙。"①

"戌"實作"戎"。"戌""戎"形近而誤。"元戎"乃"統帥、主將"之義，同時代墓誌習見，後梁開平四年《紀豐及妻牛氏合祔墓誌》："公即侍御之令子也，光承家範，頗煥門風，才略絕倫，名華出衆。元戎聞之，擢授俠馬副將。"後晉天福七年《毛汶墓誌》："公諱汶，字延泳。家居鞏洛，族本王京，派盛苗豐，升朝顯貴。而況桂枝皓簡，皆聯於雁序鶺行；彩峰金章，盡佐於元戎相國。"後蜀廣政十一年《張虔釗墓誌》："長女出適東頭供奉官安匡裔，乃今山南元戎太保之子。"另外，"雖然"實作"雖餘"。"雖餘事獲允，而極職難辭，又任左都押衙。"意思是說：雖然其他的事情獲得了答應，但是重大的職務是難以推辭的，又擔任了左都押衙的職務。

57. 後晉天福七年《任景述墓誌》："俄因膏盲，啓乎手足。蟬蛻何恨，牛崗叶卜。"②

該段文字訛誤。"膏盲"不詞，當作"膏肓"，"盲"和"肓"形近而誤。古代醫學以心尖脂肪為"膏"，心臟與膈膜之間為"肓"。《左傳·成公十年》："疾不可為也，在肓之上，膏之下，攻之不可，達之不及，藥不至焉，不可為也。"杜預注："肓，鬲也。心下為膏。"後遂用以稱病之難治者。"膏肓"一詞，在五代墓誌中習見，如唐天祐廿一年《王處直墓誌》："於戲！膏肓起歡，修短難移，珮弓影落於盃中，喘陌聲喧於床下。以廿年正月十八日薨，享年六十一。"後晉某年《王君妻關氏墓誌》："郡夫人自遘疾已來，日漸一日，藥石備至，所患匪瘳，遽至膏肓，奄辭昭代，即以六月二十一日終於洛京思順坊私第。"後周顯德元年《劉彥融墓誌》："無何，逝波難駐，落景易沉，針醫不救於膏肓，邦國遽嗟於殄瘁，以顯德元年二月二十六日遘疾，啓手足於洛陽修善坊之私第，享年六十有六。"

58. 後晉天福七年《周令武墓誌》："暨唐虞已降，周漢隆興，文物畢備於寰中，禮樂乃罩於城外，或有功王室，積慶私門，出則遺美簡編，用光秘閣；下則勒銘貞石，俾煥玄扃。"③

復審原拓，"出"字原拓片有磨泐現象，"出"實為"上"之訛。

---

① 王建榮：《後晉兵部尚書任景述墓誌考釋》，《文博》1998 年第 3 期。

② 同上。

③ 陳尚君：《全唐文補編》，中華書局 2005 年版，第 1252 頁。

"上則遺美簡編"和"下則勒銘貞石"相對成文，上和下反義對舉。同時期墓誌也有上下對舉用例。後晉天福二年《羅周敬墓誌》："有唐之末，大盜勃興，鎮守一方，廓清千里，上則忠於社稷，下則施及子孫。"唐五代時期的其他文獻亦屢見上下對舉之用例。《大唐新語·極諫第三》："若失其序，上則謫見於天，下則禍成於人。"《敦煌變文集校注·八相變（一）》："如是六天之內，近上則玄極太寂，近下則鬧動煩喧，中者兜率陀天，不寂不鬧，所以前佛後佛，總補在依此宮。"《舊五代史·梁書·太祖本紀》："粵朕受命，於今三年，何曾不寅畏晨興，焦勞夕惕。師唐、虞之典，上則於乾功；挹殷、夏之源，下涵於民極。"

　　59. 後晉開運二年《閻弘祚墓誌》："以開運二年五月二十日終於澶州私第，享年五十。卜當年十一月十五日令子扶護靈襯，至西京河南縣平樂鄉杜翟村，與彭城縣君合祔，禮也。"①

　　"靈襯"不詞，復審原拓，應該作"靈櫬"，繁體"襯"和"櫬"形近而誤，《說文·木部》："櫬，棺也。從木親聲。""靈櫬"指靈柩。《文選·潘岳〈哀永逝文〉》："撫靈櫬兮訣幽房，棺冥冥兮埏窈窈。"李善注："杜預《左氏傳注》曰：櫬，親身之棺。"《全唐詩·儲光羲〈同王十三維哭殷遙〉》："迢遞親靈櫬，顧予悲絕弦。處順與安時，及此乃空言。"《藝文類聚》卷十三引晉王珣《孝武帝哀策文》："違華宇之晰晰，即永夜之悠悠。奉靈櫬而長訣，緬終天而莫收。"

　　60. 後晉開運二年《閻弘祚墓誌》："勾當元從押衛劉蘊。"②

　　"押衛"不詞，復審原拓，"衛"實作"衙"，"衛"和"衙"形近而誤，"押衙"掌領儀仗侍衛的武官，亦稱為"押牙"。唐代節度使屬官中有都押衙，除原職掌之外，並稽察軍法，五代沿置。"元從押衙"一職，五代多有用例。《舊五代史·唐書·明宗紀》："甲申，鎮州奏，行軍司馬趙瓖、節度判官陸浣、元從押衙高知柔等並棄市，坐受賂枉法殺人也。"《舊五代史·晉書·高祖紀》："捉得賊卒張柔，稱范延光差澶州刺史馮暉充一行都部署，元從押衙孫銳充一行兵馬都監。"《新五代史·馬嗣勳傳》："楊行密攻遂，遂又使嗣勳乞兵於太祖。梁兵未至，濠州已沒，嗣

---

　　① 劉連香：《五代後晉閻弘祚墓誌考》，載《耕耘論叢》（第二輯），科學出版社 2003 年版，第 253 頁。

　　② 同上。

勳無所歸，乃留事梁，太祖以為宣武軍元從押衙。"

61. 後晉開運三年《李仁寶墓誌》："莫不內外悲傷，家幫痛惜，九族灑闌干之淚，六親興□鬱之懷。諸夫人目斷幽津，遽失和鳴之響；兒女等愁生於白晝，莫聞庭訓之言。"①

"家幫"不詞，復審原拓，"幫"是"邦"之誤。文中"內外"指朝廷和地方，"家邦"指家庭和國家。這裏"內外悲傷"和"家邦痛惜"相對成文。《榆林碑石》所收《李仁寶墓誌》②亦誤，當據改。

62. 後晉開運三年《李仁寶墓誌》"朝廷以久立邊功，爰加寵命，布龍綸於碧落，降鈿軸於丹墀。累轉官資，繼頒爵秩，位崇保傳，權計慘舒。而又逢存亡進退之機，知崇辱成敗之理，友歸別墅，獲替府城。"③

"友歸"不詞，復審原拓，"友"是"求"之誤。"求歸別墅"的結果是"獲替府城"。

63. 後晉開運三年《李仁寶墓誌》："勳績早著，德望彌高。明彰露冕，惠若投醪。"④

"若"是"善"之誤。"彰""善"屬於同義對舉。"露冕"語本晉陳壽《益都耆舊傳》："郭賀拜荊州刺史。明帝（漢明帝）巡狩到南陽，特見嗟歎，賜以三公之服，黼黻旒冕，敕去幨露冕，使百姓見此衣服，以彰其德。"後因以"露冕"形容官員治政有方、皇帝恩寵有加。"投醪"語本《呂氏春秋·順民》："越王苦會稽之恥，……內親羣臣，下養百姓，以來其心，有甘脆，不足分，弗敢食。有酒，流之江，與民同之。"後因以"投醪"指與軍民同甘苦。

64. 後漢天福十二年《劉衡墓誌》："頌姒：罷掃嬋娟況未深，至今猶自哭聲頻。只緣兩豎為殃苦，忽取姬姜赴杳冥。頌考：性含冰翠浩然霜，服得儒流自遠方。秋月狙吟成五字，也曾明代獻君王。"⑤

"姒"實作"姃"。《說文·女部》："姃，姁母也。從女，比聲。"《左傳·襄公二年》："姜氏，君之姃也。"孔穎達疏引《曲禮》曰："生

① 周偉洲：《陝北出土三方唐五代黨項拓拔氏墓誌考釋》，《民族研究》2004 年第 6 期。

② 康蘭英：《榆林碑石》，三秦出版社 2003 年版，第 252 頁。

③ 同上。

④ 同上。

⑤ 中國文物研究所、河南文物研究所編：《新中國出土墓誌·河南卷》（下冊），文物出版社 1994 年版，第 137 頁。

曰父曰母，死曰考曰妣。"墓誌先頌妣，再頌考，層次清楚，條理分明。"寊"實作"寊"，是"冥"的俗字。《干祿字書》："寊冥，上通下正。"俗寫"宀""穴"往往相混，故"寊"又寫作"寊"。

　　65. 後漢乾祐元年《韓悅以墓誌》："嗟呼！落落千雲之石，偶爾崩頹；森森浹漢之松，頓然凋朽。不幸天福八年三月三日終於私第，享年七十。"①

　　"落落千雲之石"一句費解。復審原拓，"千雲"實作"干雲"。"干雲"乃"高入云霄"之義，南北朝以來墓誌多有用例，《漢魏六朝碑刻校注》四五五《北魏司馬悅墓誌》："在家孝睦，忠蹇王庭。比玉之潤，方響金聲。如彼孤松，干雲乃青。"《隋代墓誌銘彙考》二六一《浩喆墓誌》："君澄輝漢水，曜采藍田，彪炳殊文，玲瓏異響。孝友溫恭之性，稟自生知；夙成早智之姿，表於天縱。昂昂駿驥，逸控超羣；肅肅高松，干雲獨秀。"《唐代墓誌彙編》龍朔〇一八《房寶子墓誌》："君諱寶子，字子寶，河洛陽人，漢司空植之也②。摛祥石乳，峻崇趾以干雲，啟國房郊，森長源而括地。"傳世文獻亦見有用例，三國魏何晏《景福殿賦》："飛閣干雲，浮堦乘虛。"宋秦觀《長相思》詞："鐵甕城高，蒜山渡闊，干雲十二層樓。"《醒世恒言·灌園叟晚逢仙女》："蘆葦中鴻雁羣集，嘹嚦干雲，哀聲動人。"

　　66. 後漢乾祐元年《韓悅以墓誌》："夫人太原郡郭氏，索質姸婷，顏容窈宛。無闕蘋蘩之禮，永終喪制之儀。"③

　　"索質"不詞，復審原拓，"索質"實作"素質"，"索""素"形近而訛。"素質"指本質，事物本來之性質，《管子·勢》："正靜不爭，動作不貳，素質不留，與地同極。"晉張華《勵志詩》之四："如彼梓材，弗勤丹漆，雖勞樸斲，終負素質。"漢魏以來碑刻，習見用例，《漢魏六朝碑刻校注》一三八《東漢白石神君碑》："巖巖白石，峻極太清。晧晧素質，因體為名。惟山降神，髦士挺生。"《隋代墓誌銘彙考》一四〇《韻智孫誌》："君丹誠似栢，素質如松，出自天然，而懷鬱鬱之心，乃秉停停之操，直以陽烏駿逝，陰菟遄馳，九轉空聞，六影難望。"

---

①　李洪冰：《五代韓氏墓誌考》，《華夏考古》2013 年第 3 期。

②　此處當有脫文。

③　李洪冰：《五代韓氏墓誌考》，《華夏考古》2013 年第 3 期。

67. 後漢乾祐元年《潘庸及妻王氏合葬墓誌》："長男□，幼成尊訓，無失和方，家道康安，身名不願，娶焦氏女，姬姓也。"①

"身名不願"一句意義費解，復審原拓，"願"當為"顯"之訛，兩者形近而誤。"不顯"一詞是不顯豁的意思，在晚唐五代習見，如《舊五代史·周書·和凝傳》："和凝，字成績，汝陽須昌人也。九代祖逢堯，唐高宗時為監察御史，自逢堯之下，仕皆不顯。"後晉開運二年《閻弘祚墓誌》："夫古之君子，今也哲人。愧當年而功未宣，疾沒世而名不顯。"

68. 後漢乾祐元年《楊敬千及夫人李氏合葬墓誌》："公神機銳略，不足此倫，上可以翼戴一人，下可以廓清四塞，一何天不福善，殲我良人，殄滅我國家，傾覆我宗社。"②

"此倫"不詞，復審原拓，"此"作 比，顯然當為"比"字，"比""此"形近而誤。"比倫"乃"相較、匹敵"之義。《魏書·崔楷傳》："其實上葉禦災之方，亦為中古井田之利。即之近事，有可比倫。"唐方幹《朱秀才庭際薔薇》詩："繡難相似畫難真，明媚鮮妍絕比倫。"《舊唐書·懿宗紀》："李國昌久懷忠赤，顯著功勞，朝廷亦三授土疆，兩移旄節，其為寵遇，實寡比倫。"五代墓誌中也寫作"倫比"。前蜀乾德五年《晉暉墓誌》："或列三公之貴，或居端揆之榮，或方侯騰凌，或且敦詩禮，昔裴家諸驥，汴氏八龍，猶恐盛榮，無此倫比。"

69. 後漢乾祐元年《楊敬千及夫人李氏合葬墓誌》："六子仁玘，七子仁璲，八子仁珪，俱未仕。甫從艸歲，迫及冠年。事父母則終始無渝，敬長幼則朝暮不憚。"③

"艸歲"實為不詞。復審原拓，"艸歲"實為"丱歲"，"丱"俗寫作"卝"，《集韻·諫韻》："丱，束髮貌。"《詩經·齊風·甫田》："婉兮孌兮，總角丱兮。"阮元《十三經注疏·校勘記》："唐石經丱作卝。按各本皆誤，唐石經是也。""丱"古時兒童束髮為兩角的樣子，"丱歲"指幼年。唐楊炯《後周明威將軍梁公神道碑》："丱歲騰芳，髫年超靄。"《唐代墓誌彙編》天寶〇三八《王公度墓誌》："公河嶽降神，溫良毓德，爰

① 中國文物研究所、河北省文物研究所編：《新中國出土墓誌·河北壹》（下冊），文物出版社 2004 年版，第 112 頁。

② 陳尚君：《全唐文補編》，中華書局 2005 年版，第 1294 頁。

③ 同上書，第 1295 頁。

自丱歲，議曰談天，迨乎弱冠，資忠仗義，調補嘉州參軍"《舊唐書·馮宿傳》："馮宿，東陽人。丱歲隨父子華廬祖墓，有靈芝白兔之祥。宿昆弟二人，皆幼有文學。"《全唐詩·賈島〈送僧〉》："出家從丱歲，解論造玄門。不惜揮談柄，誰能聽至言。""甫從丱歲，迨及冠年。"指從幼年到成年。

70. 後蜀廣政十四年《徐鐸墓誌》："以其年十有二月廿二日薨於寧江軍屯駐官舍，春秋六十有三，維廣政十五年發次壬子四月丙戌朔，曰葬於華陽縣普安鄉沙坎里之塋禮也。"①

文中"發次"當是"歲次"之訛，"歲次"一詞五代墓誌中常見，如後唐長興三年《高暉墓誌》："以唐長興三年歲次壬辰三月癸未朔十日壬辰，終於成都府華陽縣菓薗坊之私第也。享年八十有一。"唐天祐十三年《王琮墓誌》："孤子虔貞等扶靈啓柩，杖策九原，諧算青烏，龜叶卜課，於天祐十三年歲次丙子二月丙戌朔五日庚寅，祔於丹城北原二里，創買新塋，平原之禮也。"另外"丙戌"當是"丙戌"之訛，古人用天干地支紀日，地支中只有"戌"而沒有"戌"。"塋"是"塋"之誤，前已証之，指墳墓。

71. 後漢乾祐二年《李彝謹妻里氏墓誌》："蓋聞陰陽渾同，二儀之形因辯。玄黃判位，三才之道始彰。"②

"辯"疑是"辨"之訛，兩者形近而誤。"二儀"這裏指天地，遠古天地混頓一團，後來逐漸分辨。"陰陽渾同，二儀之形因辯"和"玄黃判位，三才之道始彰"相對成文，因此，這段文字應該校點為："蓋聞陰陽渾同，二儀之形因辨；玄黃判位，三才之道始彰。"

72. 後周顯德元年《安重遇墓誌》："若使承國家之□倚，展胸臆之謨猷，可以踵黃霸之芳蹤，繼魯恭之高躅，仰俾聖政，不變古風，人之云亡，孰不惋□之者乎。"③

"不變古風"一句費解，復審原拓，"不"作 ![字形] ，實為"丕"之訛，"丕變"乃大變之義，"丕變"一詞，北魏墓誌已見用例，《漢魏六朝碑刻

---

① 成都市博物館考古隊：《成都無縫鋼管廠發現五代後蜀墓》，《四川文物》1991 年第 3 期。

② 鄧輝、白慶元：《內蒙古烏審旗發現的五代至北宋夏州拓拔部李氏家族墓誌銘考釋》，載《唐研究》（第八卷），北京大學出版社 2002 年版，第 383 頁。

③ 陳尚君：《全唐文補編》，中華書局 2005 年版，第 1341 頁。

校注》七三九《北魏侯憻墓誌》："恐泉壤丕變，陵谷代遷，刊石渺徽，表揚遺烈。"傳世文獻亦習見。《尚書·盤庚上》："罔有逸言，民用丕變。"孔傳："民用大變從化。"《北史·隋紀》："朕又聞之，安安而能遷，民用丕變。是故姬邑兩周，如武王之意；殷人五徙，成湯后之業。"《舊五代史·唐書·莊宗紀》："乃下令於國中，禁賊盜，恤孤寡，徵隱逸，止貪暴，峻隄防，寬獄訟，朞月之間，其俗丕變。"

73. 後周顯德元年《劉彥融墓誌》："公諱彥融，字子明，本燕人也。曾祖諱晏，皇不仕。祖諱霸，皇任薊州玉田縣令。公諱清，皇任平州刺史，姓氏之來，圖諜備載。"①

"公諱彥融"和"公諱清"同時出現於文中，於邏輯互相抵牾，讓人不知所從。復審原拓，"公諱清"之"公"實為"父"之誤。文章先敍述曾祖、後敍述祖，再敍述父，這樣敍述墓主族系條理清晰、邏輯分明。

74. 後周顯德元年《秦思溫墓誌》："乃於大周顯德元年十一月二十日，安厝先亡於中路鎮東四里之平原上祖塋中。"②

"營"乃"塋"之訛。《說文·土部》："塋，墓也，從土熒省聲。"《廣雅·釋地》："塋，葬地。"《漢書·哀帝紀》："太皇太后詔外家王氏非冢塋，皆以賦貧民。"顏師古注："塋，塚域也。"清劉獻廷《廣陽雜記》卷五："《方言》：凡葬無墳者謂之墓，有墳者謂之塋。"可見，"塋"和"墓"，析言則別，渾言則通。墓誌中"塋"字俗書作 塋，每每被誤識。

75. 後周顯德二年《蘇逢吉墓誌》："皇任安國軍節度判官、贈太子太師悅，烈考也。滎陽縣君贈楚國夫人鄭氏，先妣也。"③

"榮陽"不詞，復審原拓，實作"滎陽"，"榮"和"滎"形近而誤。"滎陽"是古代地名，在今天河南省，墓誌中多有用例，此不贅。

76. 後周顯德二年《蘇逢吉墓誌》："邙山之曲，清洛之陽，中得佳城，宜符石槨，既叶烏占之兆，是安焉□之封。"④

"焉□"是"馬鬣"之誤，"焉""馬"形近而誤。"馬鬣"原指

---

① 陳尚君：《全唐文補編》，中華書局 2005 年版，第 1337 頁。

② 孫繼民、馬小青：《〈大周秦君墓誌〉初釋》，載《唐研究》（第八卷），北京大學出版社 2002 年版，第 366 頁。

③ 吳建華：《五代蘇逢吉墓誌考證及相關史實鈎沉》，載《洛陽出土墓誌研究文集》，朝華出版社 2002 年版，第 413 頁。

④ 同上書，第 415 頁。

馬鬣，墳墓封土的一種形狀酷似馬鬣。後引申指墳墓。"馬鬣"一詞同時代墓誌多見，如後梁乾化二年《孫公瞻墓誌》："公自棄命，久在堂儀，今以歲道云通，日月斯吉，敬卜宅兆，特創松楸，則玄堂一扃，幽泉永閉，指山河於高國，得崗丘於新塋，可謂龍蟠，乃封馬鬣。"後周顯德五年《段延勳墓誌》："於是牛崗卜地，馬鬣封墳，階起愁雲，樹凝慘色。華也才非吐鳳，學比鏤冰，見請再三，莫能避讓。"後周顯德五年《馮暉墓誌》："爰取龜謀之吉，仍觀馬鬣之宜，桐闈冀就於玄扃，玉匣將臻於夜壑。應遷承旨顧，敢怠搜羅，旌烈績於繁文，載鴻猷於翠琰。"

77. 後蜀廣政十八年《孫漢韶墓誌》："四年春，署公定安軍使，墨制授銀青光祿大夫、檢校國子祭酒、兼御史中丞、上柱國。子時寶位未定，戎事方殷，公累歷艱危，繼伸勞效。"[1]

"子時"費解，應該作"于時"。"子"和"于"形近而誤。

78. 後周顯德三年《蕭處仁墓誌》："以其年七月二十四日，奉神樞歸葬於洛京河南縣平樂鄉樂善里之原，以三夫人祔焉，禮也。"[2]

"神樞"不詞，復審原拓，"樞"作 ，實為"柩"字，"樞""柩"形近而誤。《說文·匚部》："柩，棺也，從匚，從木，久聲。"段玉裁注："棺柩義別，虛者為棺，實者為柩。""神柩"是對棺柩的尊稱，"神柩"一詞墓誌亦多有用例，《漢魏六朝碑刻校注》一三九九《北周寇嶠妻薛氏墓誌》："周宣政二年，歲次己亥正月四日，夫人神柩歸於洛陽，合祔於邵州使君之塋（塋）。"《唐代墓誌彙編續集》久視〇〇二《楊道墓誌》："嗣子等咸悲催慟，情用悛傷，敬卜玄堂，所遷神柩，日迫遄速，逝此吉晨。"墓誌之外，亦見用例，漢蔡邕《濟北相崔君夫人誄》："既殯神柩，薄言於歸，宰塚喪儀，循禮無遺。"《三國志·蜀書·先主甘皇后傳》："大行皇帝存時，篤義垂恩，念皇思夫人神柩在遠飄颻，特遣使者奉迎。""神柩"也常寫作"靈柩"，吳乾貞三年《尋陽長公主墓誌》："則以乾貞三年二月二日符護靈柩，以其年三月廿四日窆於都城江都縣興寧鄉東袁墅村建義里。"

---

① 成都市博物館考古隊：《五代後蜀孫漢韶墓》，《文物》1991 年第 5 期。

② 陳尚君：《全唐文補編》，中華書局 2005 年版，第 1348 頁。

79. 後周顯德四年《太原夫人王氏墓誌》："生而婉麗，長乃幽閒，儀並九包，本同十德，容過燕趙，香越蘭蓀，能吟詠雪之詩，解審絕弦之曲。"①

"本"原拓作█，當為"體"字，甚明，此不贅。古稱玉有十種特質，因用以比喻君子的十種美德，即仁、知、義、禮、樂、忠、信、天、地、德。語本《禮記·聘義》："君子比德於玉焉：溫潤而澤，仁也；縝密以栗，知也；廉而不劌，義也；垂之如隊，禮也；叩之其聲清越以長，其終詘然，樂也；瑕不揜瑜，瑜不揜瑕，忠也；孚尹旁達，信也；氣如白虹，天也；精神見於山川，地也；圭璋特達，德也；天下莫不貴者，道也。"

80. 後周顯德四年《太原夫人王氏墓誌》："克從龜策之徵，果叫鸞凰之好，本望同歡共老，齊體終年，不期鶴別瑤琴，鸞孤菱鏡，年未及於耆艾，魂先返於幽冥。"②

"果叫鸞凰之好"一句費解，復審原拓，"叫"原拓作"葉"。"克從龜策之徵"和"果葉鸞凰之好"相對成文，"從"和"葉"同義對舉。同時期墓誌多"葉""從"連用之例，後唐應順元年《顧德昇墓誌》："遽纏疾疹，便卜高閉。忽夢二童，俄悲轉燭。龜筮葉從，松阡已築。"後晉天福七年《周令武墓誌》："即以天福七年壬寅歲五月十四日薨於東都私第，享年六十九，今龜筮叶從，良日有卜，便取其年八月九日，遷神櫬葬於西京河南縣平樂鄉朱陽村，從吉兆也。"

81. 後周顯德四年《太原夫人王氏墓誌》："司空先德僕射河東喪逝，榆次墳圍，以兩地未通，無門合附。"③

復審原拓，"附"作"祔"。《說文·示部》："祔，後死者合食於先祖。從示，付聲。""合祔"猶"合葬"，乃墓誌習語，《漢魏六朝碑刻校注》一三九九《北周寇嶠妻薛氏墓誌》："周宣政二年，歲次己亥正月四日，夫人神柩歸于洛陽，合祔於邵州使君之塋（塋）。"《唐代墓誌彙編》景龍〇〇五《王素臣墓誌》："即以景龍二年歲次戊申二月朔廿四丁丑合祔于合宮縣平樂鄉北邙山禮也。"後唐長興四年《張文寶墓誌》："公之先代松楸在咸秦，今以□郎君幼年，有仲氏遠地，鄭夫人權窆在蒲中，合祔

---

① 郭建設、索金星：《山陽石刻藝術》，河南美術出版社 2004 年版，第 68 頁。

② 同上。

③ 同上書，第 69 頁。

未果，今以其年十一月三十日，權厝於河南縣平樂鄉朱陽里，禮也。"

82. 後周顯德四年《太原夫人王氏墓誌》："夫人之懿行芳醶，難窮刊勒；門代之嘉名碩德，莫盡鋪舒。"①

復審原拓，"醶"是"猷"之訛。"芳猷"猶言美德，乃墓誌習語。《漢魏六朝碑刻校注》五六五《北魏元暉墓誌》："備彼哀榮，亨兹加數。挽響搏風，笳聲委霧。寂寥泉戶，荒芒□樹。陵谷或遷，芳猷永鑄。"《隋代墓誌銘彙考》三三六《劉則墓誌》："公神姿凝邈，俊悟挺生。樹芳猷於弱冠，標盛績于強仕，卑以自牧，施而不衿。"《唐代墓誌彙編》貞觀○二四《李壽墓誌》："懼濱海之為田，儻佳城之見日，式銘貞石，以紀芳猷。"後唐天成二年《孫拙墓誌》："噫！行客歸人，乃昔賢之達理；榱崩棟折，寔前代之瓌材。豈宜休馬之辰，復有殲良之歎。九原何作，多士增欷，追是芳猷，屬在明德。"墓誌文獻之外亦有用例，南朝宋顏延之《應詔宴曲水詩》："柔中淵映，芳猷蘭秘。"唐白居易《祭咸安公主文》："承渥澤於三朝，播芳猷於九姓。"墓誌中常用"×猷"來贊美墓主的功德，常用的語詞有"洪猷""鴻猷""皇猷""徽猷""嘉猷""清猷""懿猷""英猷"等。

83. 後周顯德五年《馮暉墓誌》："王諱暉，字廣照，鄴都高唐人也。瑞叶狻猊，祥臻鷟鸑，葆蓋顯齠年之異龍泉彰，弱冠之奇運，偶搏牛可間蒙輪之勇，時逢探虎堪爭拔距之強。夾九曲以傳名，為十八寨行首。"②

復審原拓，文中"間"乃"鬥"之訛，兩者形近而誤。此段文字當標點為："王諱暉，字廣照，鄴都高唐人也。瑞叶狻猊，祥臻鷟鸑，葆蓋顯齠年之異，龍泉彰弱冠之奇。運偶搏牛可鬥蒙輪之勇，時逢探虎堪爭拔距之強。夾九曲以傳名，為十八寨行首。"這裏"葆蓋顯齠年之異"與"龍泉彰弱冠之奇"相對成文，"運偶搏牛可鬥蒙輪之勇"與"時逢探虎堪爭拔距之強"相對成文。

84. 後周顯德五年《馮暉墓誌》："戊申歲夏初，漢高祖加同中書門下平章事，功勳轉重，問望潛隆，昂星更耀於台星，鶴塞恒清於雁塞。"③

"昂星更耀於台星"一句之中"昂星"當作"昴星"，"昂"和"昴"

---

①　郭建設、索金星：《山陽石刻藝術》，河南美術出版社 2004 年版，第 69 頁。

②　咸陽市文物考古研究所：《五代馮暉墓》，重慶出版社 2001 年版，第 62 頁。

③　同上書，第 63 頁。

形近而誤。"昴星"二十八宿之一，白虎七宿的第四宿，又名髦頭、旄頭。傳說漢相蕭何為昴星精轉世，後因借為頌人之辭。如南朝梁任昉《〈王文憲集〉序》："信乃昴宿垂芒，德精降祉。"唐楊炯《唐恒州刺史建昌公王公神道碑》："公臺階茂緒，昴宿精靈。""昴"在墓誌整理過程中每每被誤識為"昂"，我們有專文論述，可參①。

85. 後周顯德五年《宋彥筠墓誌》："天福二年中，張從賓屯兵氾水，擬犯梁園，晉高祖皇帝命以近臣，宣於便殿，令摧虎旅，尋破裊巢，乃授汝州防禦使，方歷周年，就加匡國軍節度使。"②

"裊巢"不詞，復審原拓，"裊"作![梟],當為"梟"字，"裊""梟"形近而訛。"梟巢"一詞，指梟雄聚居之所，唐五代文獻習見用例，唐孟郊《感懷》："太行險阻高，挽粟輸連營。奈何操弧者，不使梟巢傾。"《舊唐書·張濬傳》："況臣父子二代，受恩四朝，破徐方，救荊楚，收鳳闕，碎梟巢，致陛下今日冠通天之冠，佩白玉之璽。"《舊唐書·高駢傳》："陛下今用王鐸，盡主兵權，誠知狂寇必殲，梟巢即覆。"同時代墓誌亦見用例，後唐同光二年《王璠墓誌》："公見機而作，順命承時，遽脫儒冠，俄就武略，始與河南尹清河公一時相遇，共話丕圖。尋破梟巢，依歸鳳詔。"《大詞典》沒有收錄"梟巢"一詞，當補。

郭在貽指出："古書中形近而訛例子不勝枚舉，訓詁家不可不辨。如論諭互訛、圣至互訛、苦若互訛、循脩互訛、分介互訛、待持互訛（以上參看《讀書雜志》）、斳鄧互訛、策美互訛、戒貳互訛、傳儒互訛、羔美互訛、遇過互訛、肉害互訛、離雜互訛（以上參看《札迻》）……只要找到正字，問題也就迎刃而解了。"③當然，這其中部分字致誤的主要原因不是形近，而是俗字誤識。

五　脫文宜補之例

文獻在傳抄出版過程中脫去一字或數字稱脫文，也稱奪文或闕文④。孔子曾經說："吾猶及見史之闕文也。"可見脫文現象也出現得非常早。

① 孫琛琛、周阿根：《〈唐代墓誌彙編續集〉錄文校補》，《保定學院學報》2012 年第 5 期。
② 陳尚君：《全唐文補編》，中華書局 2005 年，第 1346 頁。
③ 郭在貽：《訓詁學》，載《郭在貽文集》（第一卷），中華書局 2002 年版，第 490 頁。
④ 張三夕：《中國古典文獻學》，華中師範大學出版社 2003 年版，第 139 頁。

由於種種原因，墓誌中的脫文也時有發生，有的甚至脫落幾十字。

1. 前蜀天漢元年《王君妻李氏墓誌》："懼陵谷遷，改清誌焉，辭讓不徒，乃作銘曰。"①

"懼陵谷遷，改清誌焉"一句費解。本段文字有脫誤，復審原拓，"誌"前脫一"為"字，當補。"清"實是"請"之誤。另外標點也有誤，"改"字當屬上，應該校點為"懼陵谷遷改，請為誌焉"。另外"辭讓不徒"一句中"徒"字，原拓作 𧗴，應該是"從"的俗字。因此，這段文字應該校點為："懼陵谷遷改，請為誌焉，辭讓不從，乃作銘曰。"

2. 後唐同光二年《王審知墓誌》："顯考諱恁，累贈太師。皇妣隴西董氏，贈晉國內明太夫人，追封莊惠太夫人，恭懿賢淑。太師嗣子三人，皆卓異不羣，時號王家三龍。"②

復審原拓，"恭懿賢淑"之後脫"光於閨閫"四字，當補。

3. 後唐天成二年《孫拙墓誌》："公即司空之第二子，李夫人之嫡胤也。生知孝友，代襲公忠。非禮不言，抱義而處，舉進士，擢第甲科，解褐戶部巡官、秘校京兆參軍直弘文館，由相國魯公緯之奏職也。"③

復審原拓，"相國"後脫一"孔"字，當補。

4. 後唐天成三年《張居翰墓誌》："公與潞帥多方技捂抵禦。下防地道，傍備雲梯。衆無五千，糧唯半菽。士雖憔悴，不替壯心。皆戎帥推誠，公之盡力。僅之周歲，方遂解圍。"④

復審原拓，"抵禦"前脫"百計"二字。"多方技捂"和"百計抵禦"相對成文。脫"百計"二字，則於文不對。

5. 後唐天成四年《韓漢臣墓誌》："初婚故西都留守王相之長女，乾化五年九月也，生二女：長者七歲，次者五歲。"⑤

"乾化五年九月也"一句費解，復審原拓，本段文字有脫文。"九月"後脫"三日亡也次婚右金吾衛大將軍兼御史之長女"，共一行，計19字。

① 馬文彬：《五代前蜀李氏墓誌銘考釋》，《四川文物》2003年第3期。

② 陳尚君：《全唐文補編》，中華書局2005年版，第1448頁。

③ 同上書，第1203頁。

④ 馬志祥：《西安西郊出土的後唐〈張居翰墓誌〉》，載《碑林集刊》（第三輯），陝西人民美術出版社1995年版，第103頁。

⑤ 陳尚君：《全唐文補編》，中華書局2005年版，第1206頁。

6. 後唐天成四年《西方鄴墓誌》："時公以良家應募，莊宗皇帝一睹峻嶒之貌，遽驚奇異之材，遂委雄師，日親龍馭。"①

復審原拓，該段文字有脫誤。"時"前面脫一"是"字。"募"實作"慕"。因此本段文字當校為："是時，公以良家應慕，莊宗皇帝一睹峻嶒之貌，遽驚奇異之材，遂委雄師，日親龍馭。"

7. 後唐長興三年《孟知祥妻福慶長公主李氏墓誌》："恩降絲綸，邑封湯沐。咸與惟新，宜其遐福。蓮蓋陵車，文茵暢。服冕乘軒，保天之禄。"②

復審原拓，"暢"後面脫一"轂"字。此段文字四言為句，脫一字，則不成句矣。"暢轂"即"長轂"，指兵車。《詩經·秦風·小戎》："文茵暢轂，駕我騏駵。"毛傳："暢轂，長轂也。"孔穎達疏："暢訓為長，言長於大車之轂也。"朱熹集傳："大車之轂一尺有半，兵車之轂長三尺二寸，故兵車曰暢轂。"

8. 後唐長興四年《張文寶墓誌》："嗚呼！公之戴仁抱義，積行累功，遊南北省，無一任不居文字官，蓋鴻筆麗藻之所致焉，乃斯文歷任之為重耳。"③

復審原拓，該段文字有脫文，"累功"之後脫"既陟班行莫非華顯洎八遷優"計12字。因此，這段文字應該移錄如下："嗚呼！公之戴仁抱義，積行累功，既陟班行，莫非華顯。洎八遷，優遊南北省，無一任不居文字官，蓋鴻筆麗藻之所致焉，乃斯文歷任之為重耳。"

9. 後唐清泰三年《戴思遠墓誌》："弟思義，早亡，金紫光祿大夫、檢校尚書右僕射。次曰思瑾，早亡，銀光祿大夫，檢校國子祭酒，而並克揚士範，備顯時名，荊枝暫慶於聯芳，棣萼尋傷於易落。"④

"銀光祿大夫"不詞，實作"銀青光祿大夫"，從三品。"銀青"是"銀印青綬"的省稱，白銀印章和繫印的青色綬帶。秦漢制，吏秩比二千石以上皆銀印青綬，以後用作高級階官名號。"銀青"一詞，歷史文獻習見，此不贅。

---

①　陳尚君：《全唐文補編》，中華書局 2005 年版，第 1207 頁。

②　成都市文物管理處：《後蜀孟知祥與福慶長公主墓誌銘》，《文物》1982 年第 3 期。

③　李獻奇：《五代後唐戴思遠墓誌考釋》，載《畫像磚石刻墓誌研究》，中州古籍出版社 1994 年版，第 330 頁。

④　李獻奇、郭引強：《洛陽新獲墓誌》，文物出版社 1996 年版，第 316 頁。

10. 後唐清泰三年《張季澄墓誌》："公仲弟前度支巡官季鸞，杞梓宏材，琳琅重器，令宜問，聞禮聞詩，繇是朝野所欽，公卿共仰。"①

復審原拓，"問"前脫一"令"字。"問"通"聞"，"聞"和"問"都從"門"得聲，古音同。"令問"，即"令聞"，指好的名聲。"令問"一詞歷代文獻習見。漢王符《潛夫論·贊學》："夫此四子者，耳目聰明，忠信廉勇，未必無儔也，而及其成名立績，德音令問不已，而有所以然，夫何故哉?"《晉書·隱逸傳·魯褒》："是故忿爭非錢不勝，幽滯非錢不拔，怨讎悲錢不解，令問非錢不發。"

11. 後晉天福六年《李仁福妻瀆氏墓誌》："彝謹，管內蕃漢都指揮使、檢校司空、兼御使（史）大夫。早負氣能，益彰武勇。飛鏃無慚於百中，臨敵克就於□。"②

復審原拓，"臨敵克就於□"一句之後還脫一字。因為"飛鏃無慚於百中"和"臨敵克就於□□"相對成文，缺一字則於文無對矣。

12. 後晉天福七年《任景述墓誌》："天福七年龍集壬寅寢疾。八月一日，啓手足私第。"③

復審原拓，"私第"前脫一"於"字。

13. 後晉天福七年《任景述墓誌》："娶太原王氏，婉娩承家，肅雍垂範，內外仰謙和之德，始終恢令淑之名，輕謝道之雪詩，未盡善也；踵張茂先之女試，生而知之。"④

復審原拓，"謝道"後脫一"韞"字。謝道韞，東晉女詩人，著名才女，一代名將謝安的侄女，安西將軍謝奕的女兒，以一句"未若柳絮因風起"之詠雪詩名揚千古。謝道韞因聰慧有才辯，被後人稱為絕代才女、奇女。《晉書·王凝之妻謝氏傳》："王凝之妻謝道韞，聰明有才辯。嘗內集，雪驟下，叔謝安曰：'何所擬也?'安兄子朗曰：'撒鹽空中差可擬。'道韞曰：'未若柳絮因風起。'安大悅，眾承許之。"一句"未若柳絮因風起"，舉座驚歎，心悅誠服。柳絮，雪花，一樣的輕盈美麗，一樣的充滿了靈性與詩意，這比擬可謂傳神之至。另"女試"

---

① 李獻奇、郭引强：《洛陽新獲墓誌》，文物出版社 1996 年版，第 318 頁。
② 鄧輝、白慶元：《內蒙古烏審旗發現的五代至北宋夏州拓拔部李氏家族墓誌銘考釋》，載《唐研究》（第八卷），北京大學出版社 2002 年版，第 381 頁。
③ 王建榮：《後晉兵部尚書任景述墓誌考釋》，《文博》1998 年第 3 期。
④ 同上。

應該是"女誡"之訛,復審原拓,"試"拓片作𫍯,為"誡"的俗字。"誡"字的俗寫在敦煌文獻中亦多見,黃征已發之,可參①。《干祿字書》:"𫍯戒,上通下正。"可以作為旁證。張茂先,指張華,《文選·曹嘉之〈晉紀〉》:"張華懼后族之盛,作女史箴。""女誡"一詞,唐代墓誌有用例。《洛陽新出土墓誌釋錄·李懷墓誌》②:"奉諸衿鞶,來從鼎盛,闡母儀於前躅,貽女誡③於後昆。"《唐代墓誌彙編續集》開元一一一《李其及妻皇甫夫人合葬墓誌》:"夫人早遵女誡,久訓母儀,何期積善無徵,奄從風燭。"《唐代墓誌彙編續集》大中〇〇八《張氏合祔墓誌》:"賢如百宗之妻,德叶孟軻之母,擇鄰遠著,規範邕榮。母儀過於女誡,四德無虧於枕扇。日事君子,已歷時敘。奉夫有舉眉之禮,訓子有斷織之名。"

14. 後晉天福七年《任景述墓誌》:"有女五人:長曰增嬌,次曰添嬌,次曰千嬌,次曰小勝。"④

復審原拓,該段文字有脫文,在"次曰小勝"前脫"次曰勝嬌"四字。原錄文前面講有女五人,後面只敍述了"增嬌、添嬌、千嬌、小勝"四人,脫漏了"勝嬌"。因此這段文字應該校錄為:"有女五人:長曰增嬌、次曰添嬌、次曰千嬌、次曰勝嬌、次曰小勝。"

15. 後晉天福七年《任景述墓誌》:"即以其年十月二十二日,葬於京兆府長安縣義陽小郭村,禮也!"⑤

復審原拓,"義陽"後脫一"鄉"字。

16. 後漢乾祐元年《楊敬千及夫人李氏合葬墓誌》:"尋升補公為右突騎副兵馬使,次補充汴州拱衛指揮使,又轉拱衛第二指揮使,又准宣授龍驤都虞侯。時公之所事中令,已紹中興之嗣位也。"⑥

復審原拓,"又轉"後脫一"授"字。"轉授"一詞墓誌習見,此

① 黃征:《敦煌俗字典》,上海教育出版社2005年版,第199頁。

② 楊作龍、趙水生:《洛陽新出土墓誌釋錄》,北京圖書館出版社2004年版,第286頁。

③ 按:原錄文有誤,"誡"誤作"試",趙超先生已正之,詳見趙超:《〈洛陽新出土墓誌釋錄〉錄文補正與唐代墓誌銘的釋讀》,載《碑林集刊》(第十一輯),陝西人民美術出版社2005年版。

④ 王建榮:《後晉兵部尚書任景述墓誌考釋》,《文博》1998年第3期。

⑤ 同上。

⑥ 陳尚君:《全唐文補編》,中華書局2005年版,第1294頁。

不贅。

17. 後蜀廣政十四年《徐鐸墓誌》："六年春二月，加司空、使持節眉州諸軍事，守眉州刺史。守子罕清廉，行國喬之惠愛。"①

原錄文無標點，根據墓誌文例，"子罕"後面當脫一"之"字。因為"守子罕之清廉"和"行國喬之惠愛"相對成文。

18. 後周顯德元年《劉彥融墓誌》："天福二年，乃奏請授河中府觀察支使，試大理司直兼監察御史。"②

復審原拓，"觀察支使"前脫"管內"二字。

19. 後周顯德四年《太原夫人王氏墓誌》："洎及適娉，益見雍和，乖為婦之儀，曲盡如賓之道。"③

復審原拓，"乖"上脫一"無"字。"無乖"乃"不相違背"之義，"曲盡"乃"竭盡"之義。"無乖為婦之儀"和"曲盡如賓之道"相對成文。

20. 後周顯德四年《太原夫人王氏墓誌》："效叔敖之斬蛇，別彰德傳，記昌之射虱，迴有神功。"④

該段文字有脫文，"德"前脫一"碩"字。"碩德"指大德，歷代文獻習見。唐劉禹錫《為京兆李尹答於襄州第一書》："其宗勳有八柱之貴，其碩德有三老之重。"宋蘇軾《上監司謝禮上啓》："此蓋伏遇某官碩德庇民，宏才偉世。"同時，該段文字校點也有錯誤，"傳"字當屬下，"記"當作"紀"。"紀昌學射"為用典，語出《列子·湯問》。這樣"效叔敖之斬蛇，別彰碩德"和"傳紀昌之射虱，迴有神功"兩句相對成文，否則於文無對。

六　衍文宜刪之例

原稿所無而傳寫與出版的過程中誤增的文字稱為衍文，亦稱為衍字、羨文⑤。由於種種原因，五代墓誌錄文中，衍文時有出現，下面分別論

---

① 成都市博物館考古隊：《成都無縫鋼管廠發現五代後蜀墓》，《四川文物》1991 年第 3 期。

② 陳尚君：《全唐文補編》，中華書局 2005 年版，第 1337 頁。

③ 邢心田：《河南孟縣出土後周太原夫人王氏墓誌》，《文物世界》2002 年第 5 期。

④ 同上。

⑤ 張三夕：《中國古典文獻學》，華中師範大學出版社 2003 年版，第 141 頁。

述之。

1. 後梁開平四年《紀豐及妻牛氏合祔墓誌》："夫代有奇人，世襲榮爵，史冊詳備，美煥古今者，唯紀氏之有焉。公諱豐，字□□，家世鎮府房山人。"①

"字□□"一句中，"□□"系衍文，原拓所無。這屬於避諱缺字的一種，是對祖先表示尊敬的格式，曾良稱之為"闕式"②。如果補入兩個"□"，根據墓誌錄文的凡例，讀者會以為是兩個辨識不清的文字。

2. 後梁乾化二年《薛貽矩墓誌》："□□掌絲綸之重，周旋冠侍□□之榮。造睞沃心，捫霄捧日。"③

"周旋冠侍□□之榮"句當衍一□，否則和上文"□□掌絲綸之重"無對。"造睞"不詞，復審原拓，睞實作䶗，乃膝之古字形。《武威簡·士相見一二》、《漢永壽陶甕》等"膝"均寫作䶗。"造膝"猶"促膝"，漢蔡邕《司空臨晉侯楊公碑》："及其所以匡輔本朝，忠言嘉謀，造膝危辭，當事而行。""造膝"和"沃心"相對成文，"沃心"語本《書·說命上》："啟乃心，沃朕心。"謂使內心受啟發，舊多指以治國之道開導帝王。清顧炎武《答徐甥公肅書》："身當史局，因事納規，造郤之謨，沃心之告，有急於編摩者，固不待汗簡奏功，然後為千秋金鏡之獻也。""造膝"正和"沃心"相對，可以作為旁證。

3. 前蜀天漢元年《王君妻李氏墓誌》："□母曰普慈公主，皇帝之愛女也。"④

文中"□"屬於衍文，當刪。我們復審原拓，發現"母"字前面有一片磨泐之處，原錄文憑空增加了一個"□"字。其實，我們從上下文來看，本來這裏沒有字，只是磨泐而已，此處之"□"屬於作者誤增。前文說："父今皇朝駙馬都尉、前天雄軍節度使、守武泰軍節度觀察處置等使、檢校太傅、兼中書令、食邑五千戶，隴西郡王。"這裏接着說："母曰普慈公主，皇帝之愛女也。"文從字順，不煩增字。

---

① 陳尚君：《全唐文補編》，中華書局 2005 年版，第 1149 頁。
② 曾良：《隋唐出土墓誌文字研究及整理》，齊魯書社 2007 年版，第 22 頁。
③ 傅清音等：《新見五代〈薛貽矩墓誌〉考》，《文博》2012 年第 4 期。
④ 馬文彬：《五代前蜀李氏墓誌銘考釋》，《四川文物》2003 年第 3 期。

4. 前蜀天漢元年《王君妻李氏墓誌》："公則故通王太師之次子也，兩朝聖裔，榮冠當時。和順謙恭，顯然□□□□德。"①

復審原拓，我們發現"顯然□□□□德"一句中，"顯然"之後只有一個"淑"字，並且已經磨泐，其他幾個"□"屬於作者誤增，這裏"和順謙恭"和"顯然淑德"相對成文。因此，這段文字應該校點為："公則故通王太師之次子也，兩朝聖裔，榮冠當時。和順謙恭，顯然淑德。"

5. 前蜀天漢元年《王君妻李氏墓誌》："□□□僕射撫棺長慟，淚□□灑。"②

復審原拓，我們發現"僕射"前三個"□"原拓所無，為作者所誤增，系衍文，當刪除。"淚□□灑"一句中兩個"□"字，均可以識別，應該是"血、交"二字。應此，此段文字當校點為："僕射撫棺長慟，淚血交灑。"

6. 後梁龍德二年《崔柅妻李珩墓誌》："夫人識稟柔婉，言行昭宣，逮乎工容，動遵典法，初笄二歲，室於今工部尚書、西都留守副使，清河崔公諱柅。"③

復審原拓，"諱"為衍文，原拓所無，當刪。

7. 後唐天成三年《張居翰墓誌》："汝務主轄司，不可謂不繁劇。府主太保，冰雪居懷，嚴明條令。"④

復審原拓，"可"為衍文，當刪。"不謂不"雙重否定表示肯定。

8. 後晉天福五年《封準墓誌》："公諱準，先公第三子，前攝降州長史。幼攻文筆，長尋武畧。禮讓溫和，鄉閭進美。忽因瘰瘵，湯藥無微，享年七十有六，去長興二年十月三十日終矣。"⑤

復審原拓，"享年七十有六"實作"享年七十六"，"有"字為衍文，當刪。

---

① 馬文彬：《五代前蜀李氏墓誌銘考釋》，《四川文物》2003 年第 3 期。

② 同上。

③ 陳尚君：《全唐文補編》，中華書局 2005 年版，第 1211 頁。

④ 中國文物研究所、陝西省古籍整理辦公室：《新中國出土墓誌·陝西貳》（下冊），文物出版社 2003 年版，第 284 頁。

⑤ 中國文物研究所、河北省文物研究所：《新中國出土墓誌·河北壹》（下冊），文物出版社 2004 年版，第 111 頁。

9. 後晉天福七年《任景述墓誌》：“曾諱□，祖諱□，考諱存閲。公器局深沉，識度弘遠，幼稟義方之訓，長有老成之風，非禮勿言，作事可則。”①

文中的兩個“□”原拓均無，系《考釋》作者臆加。根據墓誌錄文慣例，“□”代表磨泐不可識別之字。這裏顯然不是缺字，而屬於空缺表敬，古人在書寫的過程中，遇到尊敬的人或長輩的名字，為了表示尊敬，時常將尊敬的人或長輩的名字留空，然後再接著抄錄其他文字，這是中國古代避諱的常見的一種方式②，諸多的墓誌抄錄者都將之處理為缺字符，這是極不可取的，應該引起學界的重視。

10. 後晉天福七年《任景述墓誌》：“晉昌□節度，使彭城掌武，察其言，觀其行，置之肘腋，付以簿書，期自下以昇高，乃潔道而晦跡。”③

復審原拓，“度”系衍文，當刪。因此，本段文字應該校錄如下：“晉昌節使、彭城掌武，察其言，觀其行，置之肘腋，付以簿書，期自下以昇高，乃潔道而晦跡。”

11. 南唐昇元六年《姚嗣駢墓誌》：“其所不足者，莫登上壽，未總百域。棄彩衣於高堂，掩泉臺於□昭。代□知者，傷歎久之。”④

復審原拓，文中的兩個“□”原拓所無，均為衍文，當刪除。另外該段文字標點有誤，“代”在當屬上，“昭代”為一詞，五代墓誌習見，其義為“政治清明的時代”，此不贅舉例。“棄彩衣於高堂”和“掩泉臺於昭代”相對成文。因此該段文字應該標點為：“其所不足者，莫登上壽，未總百域。棄彩衣於高堂，掩泉臺於昭代，知者傷歎久之。”

12. 後晉天福八年《蔡府君墓誌》：“昭義節度掌書記振，大王父也。清河張氏夫人，曾祖母也。□州沁水縣令盧舟，王父也。清河張氏夫人，曾祖母也。尚書工部郎中，烈考也。博陵□氏太君，先姚也。”⑤

文中出現兩次“曾祖母”。復審原拓，後一個“曾祖母”當為“祖

---

① 王建榮：《後晉兵部尚書任景述墓誌考釋》，《文博》1998 年第 3 期。

② 曾良先生稱之為避諱闕敬，詳參《隋唐出土墓誌文字研究及整理》，齊魯書社 2007 年版，第 22 頁。

③ 王建榮：《後晉兵部尚書任景述墓誌考釋》，《文博》1998 年第 3 期。

④ 吳煒：《對李之龍〈南唐姚嗣駢墓誌初考〉一文的幾點補充》，《東南文化》1996 年第 3 期。

⑤ 陳尚君：《全唐文補編》，中華書局 2005 年，第 1276 頁。

母"。"曾"系衍文,當删除。本段文字先叙述"大王父、曾祖母",後叙述"王父、祖母",再叙述"烈考、先妣"邏輯分明,條理清晰。

13. 後漢乾祐二年《李彝謹妻里氏墓誌》:"有子五人:長曰光璘,守職節度押衙、充綏州衙內指揮使、檢校右散射騎常侍兼御使大夫。"①

"檢校右散射騎常侍"不詞,其中"射"是衍文。"檢校右散騎常侍"是當時一種官名,如《舊唐書·代宗紀》:"五月戊申,加崔旰檢校右散騎常侍。"《舊五代史·晉書·王清傳》:"同光初,從戰於河上有功,賜忠烈功臣。明宗即位,自天成至清泰末,歷嚴衛、寧衛指揮使,加檢校右散騎常侍。"

14. 後漢乾祐二年《李彝謹妻里氏墓誌》:"夢符才非徛馬,學愧雕蟲,難□□□□之嗤,强副指縱之命,乃為銘曰。"②

根據墓誌的駢偶特點,"難"後衍一"□"字。"難□□□之嗤"和"强副指縱之命"相對成文,否則於文無對。

七 倒文當乙之例

倒文,簡稱倒,倒指原稿文字具存,並無訛誤、缺脱或衍羨,但在流傳過程中,文字的先後次序卻被弄顛倒了的現象。先後次序被弄顛倒了的文字現象稱為倒文,糾正之則稱為乙正或乙轉③。

1. 後唐長興三年《孟知祥妻福慶長公主李氏墓誌》:"唐推忠再造致理功臣,劍南兩川節度使,管內營田觀風處置,統押近界諸蠻兼西山八國雲南安撫制置等使,開府儀同三司,檢校太尉兼中書令,行成都尹上柱清河郡開國公邑食一千五百户,食實封一百户,孟公夫人福慶長公主墓誌銘并序。"④

"邑食"二字當乙正。"食邑"指古代君主賜予臣下作為世禄的封地。《史記·曹相國世家》:"參將兵守景陵二十日,三秦使章平等攻參,參出擊,大破之。賜食邑於寧秦。"另外,"上柱"後脱一"國"字。隋代有"上柱國""柱國",以封勳臣,唐以後作為勳官的稱號。"上柱國"一

① 鄧輝、白慶元:《內蒙古烏審旗發現的五代至北宋夏州拓拔部李氏家族墓誌銘考釋》,載《唐研究》(第八卷),北京大學出版社2002年版,第383頁。
② 同上。
③ 張三夕:《中國古典文獻學》,華中師範大學出版社2003年版,第142頁。
④ 成都市文物管理處:《後蜀孟知祥與福慶長公主墓誌銘》,《文物》1982年第3期。

詞，五代墓誌習見，此不贅。

2. 後晉天福七年《周令武墓誌》："仍領禁軍，未離扈蹕，黃石公素書在目，每作箴規，田穰苴兵法居心，常為楷模。遘後莊皇晏駕，明帝承祧，念沛中之□人，罷分七萃，捧堯庭之新命，出擁一麾。"①

復審原拓，"楷模"實作"模楷"，當乙正。漢語並列複音詞，最初一般是兩個單音節詞的臨時組合，還沒有形成一個整體，幾個單音詞可以自由搭配，甚至可以顛倒，故"楷模"亦作"模楷"。"模楷"一詞歷代文獻習見，《後漢書·李膺傳》："學中語曰：'天下模楷李元禮，不畏強禦陳仲舉，天下俊秀王叔茂。'"《洛陽伽藍記校注》卷三"景明寺"："所制詩賦詔策章表碑頌贊記五百篇，皆傳於世。鄰國欽其模楷，朝野以為美談也。""模楷"墓誌文獻也多見，《漢魏六朝碑刻校注》九四八《北魏司馬興龍墓誌銘》："公受五行之秀氣，應百世之餘祉。風力爽俊，志氣如神，動為準的，發作模楷②，雅好博古，備涉文詞，尤習短長之書，彌重從橫之說。"《隋代墓誌銘彙考》三四二《張濤妻禮氏墓誌》："豈直形相過人，實亦機鑒挺世，言成模楷。"《唐代墓誌彙編》弘道〇〇一《暢昉墓誌》："父寶藏，風格凝遠，識量清通，含辰象之精靈，稟丘山之秀氣。澄陂萬頃，叔度仰其波瀾；蘊學三冬，仲舒準其模楷。"

3. 後晉天福七年《周令武墓誌》："公早抱雄圖，壯明奇策，勇概悉由於天受，儀□不假於神傳，然有志四方，罷歸一虛，遂策名戎府，建職藩維。"③

"儀□"當作"□儀"。並且"□"字可識，乃"威"字。"威儀"指莊重的儀容舉止。"勇概悉由於天受"和"威儀不假於神傳"相對成文。"受"後來寫作"授"。

4. 後蜀廣政十八年《孫漢韶墓誌》："有子五人：長曰晏琮，懷忠秉義□功、銀青光祿大夫、檢校司空、守右威衛大將軍、守眉州刺史兼御史大夫、駙馬都督，尚蘭英長公主。"④

復審原拓，"□功"原拓實為"功臣"二字，錄文"□功"兩字當乙正為"功臣"。"懷忠秉義功臣"為當時的一種官名。

---

① 陳尚君：《全唐文補編》，中華書局 2005 年版，第 1253 頁。

② 《漢魏六朝碑刻校注》"模楷"錄作"摸楷"，非是。

③ 陳尚君：《全唐文補編》，中華書局 2005 年版，第 1253 頁。

④ 同上書，第 1482 頁。

八　主觀妄改之例

墓誌中有些字清晰可辨，但是卻每每被誤錄，這完全屬於錄者的主觀妄改。例如：

1. 後梁貞明元年《賈鄁墓誌》："公其次子也，幼有節操，累為宰字，兼為宋州郎官，百姓攀留，人皆欽仰。"①

復審原拓，"累為宰字"句中"為"實作"任"。"任""為"同是任職義詞彙，但是，錄文當忠實於原拓。

2. 後唐同光二年《王璠墓誌》："紅顏孰改，華髮孰勻。如川東注，往而不春。"②

復審原拓，"華髮孰勻"原拓片作"華髮誰勻"。"孰""誰"同為疑問代詞，錄文應該忠實於原拓。

3. 後唐天成三年《張居翰墓誌》："因請再與晉主歡盟，重有交聘。潞州先為南國所得，病我腹心，遂請公統師三萬，會晉王收下壺關，二鎮同盟，誓清國恥。"③

復審原拓，"南國"實作"南軍"。

4. 後唐長興四年十一月三十日《張文寶墓誌》："清河泉源，留侯祚胤。代有名揚，門推行進。卓爾賢良，生於和唐。"④

"和唐"不詞。復審原拓，"和"是"我"之誤。"我唐"一詞，唐五代墓誌習見，《唐代墓誌彙編》開元二一三《裴沙墓誌》："赫赫我唐，四夷朱王，念爾先祖，早竭忠良。"

5. 後晉天福七年《任景述墓誌》："前攝秦州清水縣主簿將仕郎試太常寺協律郎任慧撰並書。"⑤

復審原拓，"慧"拓片作[圖]，實為"珪"字。本墓誌的撰書人為任珪，而非任慧，墓誌誌文記載如下："珪叨聯宗派，備熟徽猷，結氣銜

---

① 陳尚君：《全唐文補編》，中華書局2005年版，第1161頁。
② 同上書，第1177頁。
③ 馬志祥：《西安西郊出土的後唐〈張居翰墓誌〉》，《碑林集刊》（第三輯），陝西人民美術出版社1995年版，第103頁。
④ 李獻奇：《五代後唐戴思遠墓誌考釋》，載《畫像磚石刻墓誌研究》，中州古籍出版社1994年版，第331頁。
⑤ 王建榮：《後晉兵部尚書任景述墓誌考釋》，《文博》1998年第3期。

悲，跪為銘曰。"可以作為內證。

6. 後晉天福七年《周令武墓誌》："公有子五人：長曰霸崇，故充殿直，先公而殞，綿歷年祀；霸明，見充殿直；霸欽，前蔡州衙內都指揮使；霸能，前山南東道觀察支使；霸饒，前蔡州別駕，皆稟義方，盡明詩禮。仿陳實之子，例號三君，同鄧禹之男，各習一藝。"①

復審原拓，"公有子五人"實為"公有男五人"。

7. 後晉天福七年《任景述墓誌》："有子一人，曰繼崇，風神秀拔，態度恢弘，空谷白駒，不足方其駿，九皋鳴鶴，不足擬其聲。"②

"態度"一詞費解，復審原拓，"態"作器，乃"噐"字，為"器"的俗字，《干祿字書》："噐器，上通下正"，器的俗寫敦煌文獻亦習見，黃征已論之，此不贅③。"器度"乃"器量，識度"之意，魏晉以來碑刻習見，《漢魏六朝碑刻校注》二〇七《西晉孫氏碑》："夫人在羊氏，深嚴有器度，承上接下，眾皆悅之。"《唐代墓誌彙編》永徽〇二六《單信墓誌》："父瑜，器度宏深，羽儀當世。"《隋代墓誌銘彙考》一八四《賈善暨妻董氏誌》："曾祖訶，器度標遠，雄才特秀，為魏征西將軍、銀青光祿大夫、持節都督、仁州刺史。"《唐代墓誌彙編》會昌〇一六《鄭紀墓誌》："公器度深弘，臨事專敏，御物以寬博，居家以孝慈。"前蜀乾德五年《晉暉墓誌》："太師辰象垂休，山河鍾秀，燕頷有封侯之相，龍章真間代之儀。節挺松筠，才兼文武。"後梁龍德三年《蕭符墓誌》："太祖以府君器度詳敏，經度無差，奏加右散騎常侍，見滑州都糧料使。"吳大和七年《王仁遇墓誌》："公才能天授，器度時推，籩豆絲簧，重制而自明舒卷，饋籠衡璧，乘機而常有變通。"

8. 後晉天福七年《任景述墓誌》："遂命以抽毫俾紀之，慧實珪玓，聯宗派備，熟徽猷結，氣銜悲跪，為銘曰。"④

復審原拓，"慧"作茂，顯然為"茂"字，而非"慧"字。"茂實"指盛美的德業，文獻多有用例，漢司馬相如《封禪文》："俾萬世得激清流，揚微波，蜚英聲，騰茂實。"南朝梁簡文帝《上昭明太子集別傳表》：

① 陳尚君：《全唐文補編》，中華書局 2005 年版，第 1254 頁。
② 王建榮：《後晉兵部尚書任景述墓誌考釋》，《文博》1998 年第 3 期。
③ 黃征：《敦煌俗字典》，上海教育出版社 2005 年版，第 317 頁。
④ 王建榮：《後晉兵部尚書任景述墓誌考釋》，《文博》1998 年第 3 期。

“永彰茂實，式表洪徽。”唐司空圖《成均諷》：“訪徽猷於顯慶，酌茂實於開元。”同時期墓誌文獻亦習見用例，《唐代墓誌彙編》開明〇〇一《元買得墓誌》：“祖匡，魏東陽王，茂實英聲，道高前代。父乂，濟南王，分珪命爵，作範一時。”《唐代墓誌彙編續集》龍朔〇〇三《龍澄墓誌》：“父伽，皇朝以宿德年高，板授遼州刺史；清規懿範，標榜人倫，茂實嘉猷，激揚鄉譽。”另外，該段文字標點亦有誤，“茂實”一詞當屬上，“珪叨”後不當點斷。因此這段文字應該標點為：“遂命以抽毫，俾紀之茂實，珪叨聯宗派，備熟徽猷，結氣銜悲，跪為銘曰。”

9. 後晉天福七年《任景述墓誌》：“成人之美，惟德斯馨。保茲近譽，退養遐齡。”①

復審原拓，“斯”拓片作是，為“是”字無疑，“惟……是……”乃古代漢語固定句式之一。另“近”拓片作延，為“延”字的俗寫。《碑別字新編》36頁“延”字《魏劉洛真造象》正作延。“延譽”一詞語出《國語·晉語七》：“使張老延君譽於四方。”原來用作動詞，意思是播揚聲譽，墓誌中“延譽”乃“長久的美名”之義，為名詞義，《漢語大詞典》失載。②“延譽”一詞，唐代墓誌習見，《唐代墓誌彙編續集》貞觀〇一五《宋行墓誌》：“以其剖決無滯，延譽上聞。貞觀八年，又除宣州溧水縣令，俄遷虔州南康縣令，皆鳴琴旬月，惠政遐宣，制錦甫臨，仁風光舉。”《唐代墓誌彙編續集》上元〇二五《陳則墓誌》：“爾其孝彰錫類，思敏參玄，懷橘之心形於綺日，入榛之對粵自祜辰。故得延譽彌高，承芳信遠。年十八，任相州學生。”

10. 後晉天福七年《任景述墓誌》：“子孫泣血，丘壟埋玉。各善餘慶，世膺多福。”③

復審原拓，“各”拓片作積，實為“積”字，甚明。“積善餘慶”一詞，謂積德行善之家，恩澤及於子孫。語出《易·坤卦》：“積善之家，必有餘慶；積不善之家，必有餘殃。”“積善餘慶”一詞為墓誌常語，《漢魏六朝碑刻校注》六四〇《北魏元斌墓誌》：“積善餘慶，祥流不已。鍾美安憑，實誕夫子。識洞丱初，情昭弁始，樂是愛閑，研茲文史。”《唐

---

①　王建榮：《後晉兵部尚書任景述墓誌考釋》，《文博》1998年第3期。

②　羅竹風：《漢語大詞典》，漢語大詞典出版社1986—1993年版。

③　王建榮：《後晉兵部尚書任景述墓誌考釋》，《文博》1998年第3期。

代墓誌彙編》乾封〇五七《張對墓誌》："惟君積善餘慶，始驗無徵，構疾一宵，遂殞私第。"《唐代墓誌彙編續集》開元〇七三《董師墓誌》："積善餘慶，積惡餘殃，公之樹德，於何不臧！"後梁龍德二年《崔柶妻李珩墓誌》："積善餘慶，所以綿長也。承先祖，供祭祀，所以風詠也，具茲道者其有屬歟？"後唐同光三年《吳君妻曹氏墓誌》："父不仕。妣安定梁氏，積善餘慶，克生令淑，夫人即第三女也。"

　　11. 後漢乾祐元年《韓悅以墓誌》："義路長而秦川豈遠，學海深而楚水奚寬。吐嘉言即夷甫慚詞。懷博聞即張莘恥識。文房奧而洪筆大，武庫寬而神略高。"①

　　復審原拓，"博聞"實作"博問"。"問"通"聞"是唐五代墓誌通例，無須改。"休聞"寫作"休問"，後周廣順元年《王進威墓誌》："次男光乂，授孟州長史，一留京輦，兩縮進司，成一代之清規，揚萬古之休問，其勳也。" "令聞"寫作"令問"，後漢乾祐四年《王玗妻張氏墓誌》："粵以靈椿得歲，西成易變於風霜；智水利人，東注難停於晝夜。榮落既拘於定數，古今詎脫於彝章。垂令問者居先，獲遐齡者為上。其有閨門積慶，流慈愛於子孫；風樹纏悲，展孝思於祖妣。" "聞望"寫作"問望"，後漢天會八年《石映墓誌》："爰遷嘉偶，及此同壙。魄散泉局，神游緅帳。後背重崗，前臨疊嶂。聊紀世載，式昭問望。"以上"問"均未改，是其例。

九　妄下注語之例

　　墓誌文獻整理過程中，整理者發現疑難字詞以及難以理解的句子時，就會進行簡要的注釋，這些注釋有助於讀者對墓誌文獻的整體把握。但是，如果出現誤注，讀者就會不知所云，甚至誤導讀者。

　　1. 後周廣順元年《□殷墓誌》："稟秀山河，挺生英俊。孝友內著，忠信外彰。履歷宦途，毗贊有方。抑楊職業，民□吏藏。"原錄文在"抑楊職業"之下加注語云："抑楊"之"揚"，應為"揚"之通假。②

　　此屬亂言通假之例。通假字是古書用字的一種常見現象，我們閱讀古

---

　　①　李洪冰：《五代韓氏墓誌考》，《華夏考古》2013 年第 3 期。

　　②　中國文物研究所、河南省文物考古研究所編：《新中國出土墓誌・河南貳》（下冊），文物出版社 2002 年版，第 333 頁。

書，常常發現這樣的情況：明明是甲字，卻當作乙字來使用，換句話來說，本來應該寫乙字，卻寫成了甲字。例如，《史記·項羽本紀》："項伯許諾，謂沛公曰：'旦日不可不蚤自來謝項王！'"其中"蚤"本來應該寫作"早"。《漢書·蘇武傳》："不顧恩義，畔主背親。"其中"畔"本來應該寫作"叛"。為什麼會出現這種用字現象呢？東漢鄭玄解釋這種現象說："其始書之也，倉卒無其字，或以音類比方假借為之，趨於近之而已。"① 假借字的產生是書寫者只考慮聲音的因素而不考慮形體因素造成的。假借字有兩類情形：（1）本無其字的假借；（2）本有其字的假借。為了區分這兩類假借，後者有的書稱為"通假"。所謂通假，指因音同或音近而用以代替本字的現象。這裏"楊"當是"揚"的俗寫，而并非通假。五代時期，俗書"木""才"不分，用例甚眾，此不贅。

2. 後漢天福十二年《劉衡墓誌》："寔謂門傳孝悌，望襲簪裳。無念爾祖之風，千齡不朽者也。當以在生之日，晨昏不闈，奉養無虧。"［注一］此字（按：指闈）字書所無，疑為"闕"字之譌。②

此為妄加注語例。《大字典》縮印本1790頁赫然收有"闈"字。《中華字海·門部》"闈"字條解釋為："'闈'同'闕'。見《篇海》。"③ 根據五代墓誌，"闈"字也並不是"闕"的訛字，而是"闕"的俗寫。

3. 後漢天福十二年《劉衡墓誌》："頌考：性含冰翠浩然霜，服得儒流自遠方。秋月狙吟成五字，也曾明代獻君王。"［注二］此字石作"犾"，形似"狙"，疑為"狂"之誤。④

此為妄加注語例。復審原拓，"狙"字作 ，實為"夜"的俗寫。此字敦煌文獻習見，黃征《敦煌俗字典》已發之。S. 126《太子出家讚》："夜叉萬餘多。"S. 2614《大目乾連冥間救母變文》："慈親容貌甚堪任，長夜遭他刀劍侵。"中"夜"分別寫作""。⑤ "夜吟"一詞，同時期文獻亦有用例，如後蜀何光遠《鑒誡錄》卷八："寒山壓鏡心，此處是家

---

① （唐）陸德明：《經典釋文·序錄》，上海古籍出版社1985年版，第6頁。

② 中國文物研究所、河南省文物研究所：《新中國出土墓誌·河南壹》（下冊），文物出版社1994年版，第137頁。

③ 冷玉龍等：《中華字海》，中華書局、中國友誼出版公司1994年版，第1560頁。

④ 中國文物研究所、河南省文物研究所：《新中國出土墓誌·河南壹》（下冊），文物出版社1994年版，第137—138頁。

⑤ 黃征：《敦煌俗字典》，上海教育出版社2005年版，第489頁。

林。梁燕欺春醉，岩猿學夜吟。"

十　不明典故之例

中華文化源遠流長，大量使用典故是墓誌文獻的重要特點之一。墓誌文獻的整理者如果缺乏對歷史典故的理解和掌握，就會直接導致文獻整理的疏誤。我曾經指導我的研究生一起對唐代墓誌中的典故詞語進行過較為系統的考察和全面的校理①。

1. 唐天祐十八年《韓傳以墓誌》："皇祖諱昌，授當道討擊使。皇考諱贊忠，任相州刺史，珠乃復生，虐能自去。"②

"虐能自去"一語費解。復審原拓，"虐"字實作"虍"，顯然是"虎"的避諱缺筆字。"虎能自去"暗用了《後漢書》典故，《後漢書·宋均傳》："郡多虎暴，數為民患，常募設檻阱而猶多傷害。後太守宋均到，乃移記屬縣曰：'夫虎豹在山，黿鼉在淵，物性之所托。故江、淮之間有猛獸，猶北土之有雞豚也。今數為民害者，咎在貪殘，居職使然，而反逐捕，非政之本也。'壞檻井，勿復課錄，退貪殘，進忠良。後虎悉東度江，不為民害。""珠乃復生"和"虎能自去"相對成文，唐李白《中丞宋公以吳兵三千赴河南軍次尋陽脫餘之國參謀幕府因贈之》："九江皆渡虎，三郡盡還珠。"史書記載宋均、劉昆等皆為政有方，使境內惡虎渡江河而去，後世遂用"虎渡江""渡虎""虎去""去獸""渡河之獸"等稱頌為官政績卓著，災難不作。

2. 後唐同光三年《李茂貞墓誌》："然後遵睿謀於全晉，誓復宗祧。除僭位於大梁，重明日月。留侯借筋果，禪創業之君；謝傳圍碁允，贊中興之主。俄新景祚，終睹休期。"③

文中"謝傳"不詞，復審原拓，實作"謝傳"，"傳"和"傅"形近而誤，"謝傅"指晉謝安，謝安死後贈太傅之官，故稱。"圍碁"實作"圍碁"，即"圍棋"。"借筋"實為"借箸"，"筋""箸"形近而誤，也寫作"借箸"。"留侯"指張良，秦末，張良運籌帷幄，佐劉邦平定天下，以功封留侯，詩文中常用為稱頌功臣之典。"留侯借箸"和"謝傅圍棋"

①　孫琛琛：《唐代墓誌典故詞語研究》，安徽大學碩士學位論文，2014 年。
②　李洪冰：《五代韓氏墓誌考》，《華夏考古》2013 年第 3 期。
③　王鳳翔：《新見唐秦王李茂貞墓誌淺釋》，《文物春秋》2006 年第 6 期。

兩者相對成文，均為用典。"留侯借箸"語本《史記·留侯世家》："張良對曰：'臣請藉前箸為大王籌之。'"裴駰集解引張晏曰："求借所食之箸用指畫也。"後人多用此典故，表示代人策劃。唐杜牧《河湟》："元載相公曾借箸，憲宗皇帝亦留神。"宋楊萬里《李聖俞郎中求吾家江西黃雀醯法·戲作醯經遺之》："諸公俎豆驚四筵，猶得留侯借箸前。昔為飛仙今酒仙，更入太史滑稽篇。""謝傅圍棋"語本《晉書·謝安傳》，東晉謝安臨危不懼，强敵壓境之時，仍與客從容對弈，後遂用以形容為人具有雄才大略和從容鎮定的風度。清趙翼《讀史》之三："謝傅圍棋雖故事，曹參醇酒是何時？"可以作為旁證。另外本段文字標點亦可商榷，"遵睿謀於全晉，誓複宗祧"和"除僭位於大梁，重明日月"相對成文。"果""允"兩字為副詞皆當屬下。因此，這段文字當校點為："然後遵睿謀於全晉，誓複宗祧；除僭位於大梁，重明日月。留侯借筋，果神創業之君；謝傅團棋，允贊中興之主。"

3. 後唐同光三年《李茂貞墓誌》："嗚呼！幸契雲龍之運，將榮魚水之歡。奈何夢奠兩楹，災生兩豎。胡香罕驗，靈草無徵。"①

"兩豎"不詞。復審原拓，實作"二豎"，系涉前"兩楹"之"兩"而誤。"二豎"一詞為典故詞，語本《左傳·成公十年》："公夢疾為二豎子，曰：'彼良醫也，懼傷我，焉逃之？'其一曰：'居肓之上，膏之下，若我何？'醫至，曰：'疾不可為也，在肓之上，膏之下，攻之不可，達之不及，藥不至焉，不可為也。'"後遂用以代稱病魔。"二豎"一詞，歷代墓誌多見用例。《新出魏晉南北朝墓誌疏證·王府君之墓銘》："晦跡廊廟，托情仙府，未□兩童，飜夢二豎。林踈鳥思，地迥墳孤，唯餘神道，空禁樵蘇。"② 《隋代墓誌銘彙考》〇七七《王昌暨妻薛氏墓誌》："既而遊山採藥，不值兩童，膏肓為疾，先逢二豎。"《唐代墓誌彙編》龍朔〇三九《張禮墓誌》："既而二豎為災，兩楹斯夢，歌聞山木，泣下瓊瑰。"《唐代墓誌彙編續集》乾符〇二一《孫綏墓誌》："奈何親懿方洽，孝善當時，三樂之康年，遭二豎之致疾，伏枕逾月，百藥不瘳，圓靈匪仁，殲我尊德，乾符五年十月五日屬纊於揚州江陽縣會義坊之私第，享齡八十有一。"同時期的墓誌亦多見用例，唐天祐十年《邢汴及夫人周氏合葬墓

---

①　王鳳翔：《新見唐秦王李茂貞墓誌淺釋》，《文物春秋》2006 年第 3 期。

②　羅新、葉煒：《新出魏晉南北朝墓誌疏証》，中華書局 2005 年版，第 490 頁。

誌》："既臻上壽，俄迫大期，兩楹之夢俄興，二豎之災已結。以天祐九年九月廿九日遘疾終於鎮府真定縣北常安坊之私第，享年七十有九。"後晉天福五年《郭彥瓊墓誌》："以晉天福三年十月二十八日，公忽嬰疾恙，綿歷經時，□惟貞毫之姿，宜保延洪之壽，資意災生二豎，釁遘三彭，遽至彌留，針砭莫效。"

4. 後周廣順二年《李彝謹墓誌》："喜怒不形於容色，豈讓於顏子推。絲毫盡系於心神，有同於諸葛亮。不意雨楹入夢，二豎經災。"①

"雨楹"不詞，應該是"兩楹"之誤，"兩""雨"形近而誤。"兩楹"指房屋正廳當中的兩根柱子，兩楹之間是房屋正中所在，為舉行重大儀式和重要活動的地方。《禮記·檀弓上》："殷人殯於兩楹之間，則與賓主夾之也。"後以"兩楹"借指停放棺柩、舉行祭奠之所。《北史·薛辯傳》："裕曰：'近夢，恐有兩楹之憂。'"後以"兩楹之夢"作為人之將終的典故。"兩楹"一詞，南北朝以來墓誌習見，《漢魏六朝碑刻校注》四七八《北魏元詮墓誌》："一夢兩楹，長淪七尺。痛纏樞庡，哀震衢陌。"《隋代墓誌銘彙考》〇七六《宋循墓誌》："君雖年迄期夷，神志開爽，而積善虛論，與德徒言，兩楹之夢遽應，濟洹之得奄及。"同時期墓誌還有用例，後唐同光三年《李茂貞墓誌》："嗚呼！幸契雲龍之運，將榮魚水之歡。奈何夢奠兩楹，災生二豎。胡香罕驗，靈草無徵。俄掩重泉，遽歸大夜。"

5. 後周廣順二年《李彝謹墓誌》："府主大王以鴿原軫念，鷹序興懷。遣三代之良醫，煉十全之上藥。其奈嚴霜遍地，難存□□之姿；落日攲山，莫住葉榆之景。"②

"葉榆"一詞費解，應該是"桑榆"之誤，"桑"的俗字寫作"桒"，而被誤識為"葉"。"桒"為"桑"的俗寫，《敦煌俗字典》已發之③，此不贅。日落時光照桑榆樹端，因以"桑榆"指日暮，又引申指晚年、垂老之年。《文選·曹植〈贈白馬王彪〉詩》："年在桑榆間，影響不能追。"李善注："日在桑榆，以喻人之將老。"隋代墓誌已見用例，《隋代墓誌銘彙考》二八一《元君妻崔暹誌》："桑榆之年未迫，風雨之病忽侵，

---

① 鄧輝、白慶元：《內蒙古烏審旗發現的五代至北宋夏州拓拔部李氏家族墓誌銘考釋》，載《唐研究》（第八卷），北京大學出版社 2002 年版，第 385 頁。

② 同上。

③ 黃征：《敦煌俗字典》，上海教育出版社 2005 年版，第 348 頁。

膏肓之疾，和緩不救，以仁壽二年歲次壬戌十月二十六日卒於縣所。"同時期的墓誌還見用例，後梁乾化二年《孫公瞻墓誌》："豈知形影之難留，遽指桑榆之可借。"吳大和七年《王仁遇墓誌》："英華貿爾，霜霰俄侵。桑榆景暮，鐘漏聲沉。風馳夜壑，月側寒林，塗芻曉動，曙慘凝陰。"

6. 後周顯德五年《李從曦妻朱氏墓誌》："未畢三年之制，已縈二堅之災。兼之以盜據城池，公行剽掠，因茲駭愕，遂至彌留。大漢乾祐二年己酉歲六月七日殂於鳳翔府私第，享年五十一。"①

文中"二堅"不詞。復審原拓，"堅"作□，實為"豎"字。"二豎"為用典，語本《左傳·成公十年》："公夢疾為二豎子，曰：'彼良醫也，懼傷我，焉逃之?'其一曰：'居肓之上，膏之下，若我何?'醫至，曰：'疾不可為也，在肓之上，膏之下，攻之不可，達之不及，藥不至焉，不可為也。'""二豎"用來代指疾病，五代墓誌文獻習見，唐天祐十年《邢汴及妻周氏合葬墓誌》："既臻上壽，俄迫大期，兩楹之夢俄興，二豎之災已結。以天祐九年九月廿九日遘疾終於鎮府真定縣北常安坊之私第，享年七十有九。"唐天祐十二年《張康墓誌》："府君性本柔和，家惟孝悌，冀千齡之永福，豈二豎之為災。享年五十，以天祐十二年三月十九日終於私第。"後晉天福五年《郭彥瓊墓誌》："公忽嬰疾恙，綿歷經時，眷惟貞亮之姿，宜保延洪之壽，豈意災生二豎，釁邁三彭，遂至彌留，針砭莫效，尋於天福四年歲次己亥三月癸卯朔十四日丙辰即世，享年六十有九。"

以上墓誌文獻整理過程中的種種疏誤，並不是截然分開的，往往交織在一起。針對這種不足，董志翹師曾經提出"古今打通，學科打通"的研究方法②。但是真正要做到這一點，就一般學人而言是非常困難的。魯國堯曾經說過：一個人要成為專家很容易，但是，一個人要成為大家卻是十分困難的，因為一個人的精力和時間是有限的。那麼，如何才能消除和減少墓誌文獻的疏誤呢? 我個人認為在進行墓誌文獻整理的時候，適當吸收文字訓詁的專業人才參加，就可以把某些疏誤降到最低限度。

---

① 王鳳翔：《跋五代李從曦妻朱氏墓誌》，《文博》2008 年第 5 期。
② 董志翹：《21 世紀中古近代漢語詞彙研究隨想》，《中古近代漢語探微》，中華書局 2007 年版，第 3 頁。

第三章

五代墓誌特色詞彙研究

現存墓誌中，漢代墓誌不多，而且一般篇幅短小，文字簡練，語言風格蕭穆雅致。逮至六朝之時，墓誌語言開始文學化。墓誌的基本特徵是必須為死者歌功頌德，故其語言難免有浮誇之詞，古人早有"諛墓"之說，這一點研究過程中必須引起注意。墓誌語言明顯具有兩個方面的特點：一方面，墓誌語言富有詩歌、散文和史傳文學的抒情意味，能在一定程度上反映當時的語言特徵，具有一定的口語性；另一方面，墓誌由於大量用典，又形成一種雍容典雅、含蓄婉轉的文風，具有很強的雅言性。總體來說，作為一種程式化的語言，墓誌文獻的語言含有較多的仿古成分，口語性成分相對較少。墓誌語言的短處是不能充分反映當時的口語，許多詞語缺乏活力。其長處是語法和用詞比較規範。墓誌行文格式固定、體例程式化，每方墓誌表達的很多內容都相同，如世系、年壽、卒葬時地等，因此表達某一內容時，一般要用相同的句式，同一句式所使用的詞語，其意義也基本相同。為了表達同樣一個意思，作者往往會採用不同的說法，這實際形成了不同的詞族和語義場，這就為我們研究墓誌的特色詞彙提供了條件。比如"死亡"是墓誌中無法避免的話題，但是，作者又不能直接表述，往往會採用種種迂迴的手法，如把人離開人世說成"捐背""捐館舍""啓手足"等，這就形成一個"死亡義"語義場，為我們研究死亡義詞彙提供了客觀的條件①。王力曾指出："一種語言的語音的系統性和語法的系統性都是容易體會到的，唯有詞彙的系統性往往被人們忽略了，以為詞彙裏面一個個的詞好像一盤散沙，其實詞與詞之間是密切聯繫着的。"② 科學、系統地研究詞彙，就要求我們善於"發現詞與詞之間的這

---

① 周阿根：《墓誌死亡義詞語對辭書編纂的價值》，《勵耘語言學刊》2014 年第 1 期。

② 王力：《漢語史稿》（下冊），中華書局 1980 年版，第 545 頁。

種聯繫，不能對詞語只作單個的、零散的分析，而要把同類型的詞語集中起來進行考察，從而發現其間密不可分的聯繫，井然有序的條貫，或者説是构詞規律。"① 毛遠明指出"碑刻獨特的用途、文體特徵、語體風格等決定了它的語義特點和詞語選用的傾向，因此對碑刻詞彙的語義主題分類研究是十分必要的。"②

有鑒於此，我們主要選擇五代墓誌中的"年齡義詞彙""婚姻義詞彙""喪葬義詞彙""墓石義詞彙""任職義詞彙""後嗣義詞彙"等幾類特色詞彙來作為我們的研究對象，把這六類特色詞彙分別放到相應的語義場中進行分析和研究，重點運用語義學尤其是語義場的理論，結合語源學、人類文化學的研究成果，以語言研究為出發點，對五代墓誌的特色詞彙進行窮盡式的研究。通過對這些詞彙的全面描寫，我們試圖從理論上對這幾類特色詞彙進行比較深入的分析和說明，探索其發展演變的規律和特點，并考察其所反映的文化現象與文化心理。

第一節　年齡義詞彙研究

五代墓誌中表示年齡的詞，除了簡單的數字表示法之外，如"卅有五""七十有九"等傳統方法外，更多的是採用了借代、用典等典雅的表現手法，反映了豐富的民族文化內涵，其中部分詞蘊涵了古代禮制、民俗、文化、心理等多方面的内容。下面我們分別論述之，限於篇幅，每個詞語，我們一般選擇一到兩個例子來加以討論，詞語的排列以語音為序，以便尋檢。

1. 艾年

後漢乾祐二年《張備墓誌》："公雖及艾年，比亦無恙，偶丁厄運，忽染沉痾，即以開運三年歲次丙午十二月二十三日壽終於洛陽中州私第，時享年五十有七。"

"艾"有"年長"義，《楚辭·九歌·少司命》："竦長劍兮擁幼艾，蓀獨宜兮為民正。"王逸注："艾，長也。"《荀子·致士》："耆艾而信，

---

① 王雲路：《百年中古漢語詞彙研究述略》，《浙江大學學報》2001 年第 4 期。

② 毛遠明：《漢魏六朝碑刻文獻語言研究的思考》，《南京師範大學文學院學報》2005 年第 1 期。

可以為師。"楊倞注:"五十曰艾,六十曰耆。"因此,"艾年"可以指老年。《大詞典》"艾年"條釋作"老年",引例為清納蘭性德《與顧梁汾書》:"老父艾年,尚勤于役;渺予小子,敢憚前驅。"孤証且甚晚。

2. 從心

後晉天福五年《郭彥瓊墓誌》:"烈考諱師直,皇任檢校左散騎常侍、左驍衛將軍同正,年未從心,奄鍾禍釁。"後漢天福十二年《劉衡墓誌》:"又妣樊氏,南陽郡人也。以天福十二年閏八月廿二日身亡。紀年從心有一。即其年歲次丁未十一月辛亥朔廿二日壬申合祔於莊西塋內壬穴。"

"從心"一詞原來意思是聽憑自己心意,想怎樣就怎樣。《論語‧為政》:"吾十有五而志於學,三十而立,四十而不惑,五十而知天命,六十而耳順,七十而從心所欲,不踰矩。"① 這是孔子晚年對自己一生學習修養的概括和總結,說明他一生從未間斷地學習修養,而且每隔一段時間就有一個較大的進步,直至晚年達到最高境界。"七十而從心所欲,不踰矩"意思是:到了七十歲,便隨心所欲,任何念頭都不會越出規矩。後來,人們就以"從心"來代指七十歲。韓陳其謂"這是用能力代年齡而形成的借代義。"②

3. 耳順

唐天祐十年《梁重立墓誌》:"祖諱甫平,亦不仕,慎守公方,克敦儒素,外符忠政,內力孝慈,在邦而邦人自和,居室而與物無競,年隣耳順,遂終壽焉。"唐天祐廿一年《王處直墓誌》:"吾雖操釗未退,但精神已闌,況當耳順之年,正好心閒之日,若俟昒昏齒落,方期避位懸車,慮廢立之間,安危是患。"

"耳順"一詞語本《論語》。《論語‧為政》:"吾十有五而志於學,三十而立,四十而不惑,五十而知天命,六十而耳順,七十而從心所欲,不踰矩。"何晏集解引鄭玄曰:"耳順,聞其言而知其微旨也。"這段話是孔子晚年對自己一生學習修養的概括總結,說明他一生從不間斷地學習修養,而且每隔一段時間就有一個較大的進步,直至晚年達到最高境界。"六十而耳順"意思是人到了六十歲,聽到別人的話就能夠辨別其微旨。後遂以"耳順"為六十歲的代稱。漢代已見用例,《漢書‧蕭望之傳》:

① (清)劉寶楠:《論語正義》(諸子集成本),上海書店1986年版,第23頁。
② 韓陳其:《漢語借代義詞典》,廣東教育出版社1995年版,第93頁。

"至乎耳順之年，履折衝之位，號至將軍，誠士之高致也。"

4. 二八

後唐天成五年《崔協墓誌》："二八已後，五百為期。才難如此，國尚可知。"後周廣順元年《張鄴及妻劉氏合祔墓誌》："斷機訓子，賢更勝於軻親；剪髮筵賓，義重過於陶母。笄年便曉於三從，齠歲早明四德。年纔二八，適清河張氏，禮也。"

"二八"即十六。作為年齡詞語指十六歲，謂正當青春年少，多用來指女子。南北朝已見用例，南朝梁簡文帝《咏舞》："可憐稱二八，逐節似飛鴻。"南朝陳徐陵《雜曲》："二八年時不憂度，房邊得寵誰相妒。"唐代墓誌已見用例，《唐代墓誌彙編》貞觀一三八《孔長寧墓誌》："年甫二八，來配名宗，琴瑟既諧，閨闈允睦。"

5. 冠年

後唐長興四年《張文寶墓誌》："公纔踰冠年，再鍾家難。逮服闋，多伸於五侯之知，是捨以一枝之桂。"後晉開運三年《李行恭及妻陳氏合祔墓誌》："府君冠年英傑，禮樂立身，名系轅門，太原守職，仗自先皇委注，補充五院都頭，為國忠勳，於家孝敬。"

《禮記·曲禮上》："二十曰弱，冠。"孔穎達疏："二十成人，初加冠。"中國古代男子二十歲加冠表示成年，後遂以"冠年"表示男子二十歲。《大詞典》"冠年"條釋作："指男子二十歲。"引南朝梁慧皎《高僧傳·忘身·釋僧富》："（僧富）及至冠年，備盡經史，美姿容，善談論。"為例，孤證，可補碑刻文獻用例，《漢魏六朝碑刻校注》九三八《東魏敬顯儁碑》："公資黃中之雅氣，稟川嶽之粹靈，苞一德於懷怉，淵万頃於胸衿。操節端華，風神雅峻。博學多通，無所成名。振徽音於綺歲，儔九德於冠年。"《唐代墓誌彙編》永徽〇一八《王順孫墓誌》："君陶粹美而秀神，稟中和以生德，奇姿發於綺歲，逸價重於冠年，投足慕先王之跡，抗志霄古人之道。"

6. 丱儁

後梁乾化二年《孫公瞻墓誌》："自丱儁之立，以庭訓檢身，家法修德，溫恭是負，節操不渝，每持孝悌之名，夙蘊潔廉之行，為鄉里瞻敬，知友欽依，所謂儉素，亦古人君子矣。"

"丱"指古時兒童束髮成兩角的樣子，"儁"指聰明、卓越。《大詞典》未收"丱儁"一詞，可補。

7. 丱歲

後梁貞明六年《謝彥璋墓誌》："公早蒙故昭義葛太尉，齠年養育，丱歲趍依，侍從征行三十餘載，繇是口傳兵法，躬授機鈐。"後唐清泰三年《張季澄墓誌》："公諱季澄，字德清，爰從丱歲，咸謂老成，齊王於保抱之中識俊達之性。"

"丱"指古時兒童束髮成兩角的樣子。《詩經·齊風·甫田》："婉兮變兮，總角丱兮。"朱熹集傳："丱，兩角貌。"兒童小時候一般總是紮着兩個高高翹起的小辮子，後因以"丱歲"指代童年時期，這是以人的髮式作為人年齡的代稱。《大詞典》"丱歲"條首例為唐楊炯《後周明威將軍梁公神道碑》："丱歲騰芳，髫年超靄。"例證略晚。《漢魏六朝碑刻校注》五一二《北魏元睿墓誌》："君承家餘慶，生資上善；志性公方，神情溫雅。賞鑒清儁，齠年歎其夙成；器宇虛湛，丱歲許其遠大。"《漢魏六朝碑刻校注》七八二《北魏元欽墓誌》："三墳五典之秘，丱歲已通；九流七略之文，綺年盡學。"

8. 孩幼

後漢乾祐元年《龐令圖墓誌》："次未從人，方居孩幼，非才知於國器，即德邁於人龍。盡出高門，皆承餘慶。"

"孩"是"咳"的古文，指小兒笑。《說文·口部》："咳，小兒笑也。孩，古文咳，或從子。"這裏"孩幼"指幼年時期，唐代墓誌已見用例，《唐代墓誌彙編》大曆〇五三《楊瑩墓誌》："夫人即贊善之第四女也。孩幼之年，嬉戲有度。"墓誌之外亦見用例，《舊五代史·唐書·張全義傳》："劉皇后嘗從莊宗幸其第，奏云：'妾孩幼遇亂，失父母，欲拜全義為義父。'""孩幼"之"幼年時期"義項，《大詞典》失載，當補。

9. 笄年

後梁開平四年《石彥辭墓誌》："長女大寶，次女小寶，皆未及笄年，而訓戒有聞。"吳乾貞三年《劉君妻尋陽長公主楊氏墓誌》："公主蓬丘降麗，桂影融華，稚齒而聰惠出倫，笄年而才名穎衆。既明且哲，早聞柳絮之詩；以孝兼慈，夙著椒花之頌。"

"笄"，髮簪，按照中國古代禮俗，女子十五歲行加笄之禮，以簪結髮，表示已經成年。《禮記·內則》："女子十年不出……十有五年而笄，二十而嫁，有故，二十三年而嫁。"後遂以"笄年"表示女子成年，一般指女子十五歲。韓陳其謂"這是用動作行為代其發生的時間而形成的借代義"①。以"笄"為詞根還可構成"初笄""及笄""未笄"等複音詞。

10. 笄總

唐天祐十年《梁重立墓誌》："笄總之歲，禮赴移天；耳順之秋，風燭長別。痛茲覆水，傷彼斷弦。"

"笄"指髮簪，"總"指束髮，"笄總"謂插笄束髮，《禮記·內則》："子事父母，雞初鳴，咸盥、漱、櫛、縰、笄、總。"鄭玄注："總，束髮也。"孔穎達疏："笄者，著縰既畢，以笄插之。"古人成年要將頭髮束起，引申之，"笄總"就用來代指成年。

11. 及冠

後梁貞明二年《張濛墓誌》："府君美姿儀，魁軀幹，少勤儒學，將修鄉舉。及冠，長於公理而祖仁本義，率禮蹈和，負濟物之材，多不羈之論。"

《大詞典》"及冠"條釋作"指男子年滿二十。古代男子二十歲行冠禮，故名"，引例為清昭槤《嘯亭雜錄·軍機大臣》："其下役，皆選內府中之童子，惟司灑掃。舊例及冠時即更易。"孤証且晚出。唐代墓誌多有用例，《唐代墓誌彙編》天寶二五七《裴銑墓誌》："自弁毛以孝行聞，及冠以韜略著。觀蟻術也，早慕通經；懷燕頷也，是從投筆。"《唐代墓誌彙編》元和○二○《崔依墓誌》："有子二人：長曰元宙，年未及冠，次曰元祐，齒方成童。皆禮節不備，哀號有餘。"

12. 及笄

後梁乾化三年《韓恭妻李氏墓誌》："先人異之，及笄，歸於今滄州馬步都指麾使、金紫光祿大夫、檢校司徒，前絳州刺史，昌黎郡開國子，食邑五百戶韓公恭。"後周顯德二年《石金俊及妻元氏合祔墓誌》："太夫人及笄之歲，柔明之譽盈於鄉里，將軍府君聞其賢淑，乃納徵而授室焉。"

"及笄"指到了行笄禮的年齡，一般指女子年滿十五。《禮記·內則》："女子十年不出……十有五年而笄。"鄭玄注："謂應年許嫁者。女子許嫁，笄而字之，其未許嫁，二十則笄。"《大詞典》"及笄"條

---

① 韓陳其：《漢語借代義詞典》，廣東教育出版社 1995 年版，第 44 頁。

首例為《舊唐書·后妃傳下·女學士尚宮宋氏》："（庭芬）生五女，皆聰惠……年未及笄，皆能屬文。"略晚。唐代墓誌多有用例，《唐代墓誌彙編》貞元一二四《段氏墓誌》："夫人則別駕之女也。天資麗質，夙備凝和，及笄之年，適我君子，芙蓉擢於玉沼，素月静於銀河。"

13. 妙年

後唐天成元年《康贊羙墓誌》："及於卅歲，以父蔭齋郎出身，授弘文館校書，妙年端謹，聲振簪纓，孔融之辯自然，甘氏之材迥秀。"後晉天福六年《權君妻崔氏墓誌》："爰自妙年，備茲令德。段氏之蕙心高邈，不視凡夫；孟光之蘭抱清貞，符其良配。"

"妙年"指少壯之年，墓誌多有用例，《漢魏六朝碑刻校注》二三〇《西晉徐義墓誌》："妃以妙年，托在妾庶之尊，美人隨侍東宮，官給衣裳、服冕、御者。"《隋代墓誌銘彙考》四七〇《宮人徐氏墓誌》："冠冕高門，衣纓相踵，蘭芬蕙性，爰自妙年，習禮明詩，彰於綺日。"傳世文獻三國時期就有用例，《三國志·魏書·陳思王植傳》："終軍以妙年使越，欲得長纓占其王，羈致北闕。"

14. 暮歲

南唐昇元六年《姚嗣駢墓誌》："既逾暮歲，爰值班旋。五年，歸於東都，戎職如故。"

《大詞典》"暮歲"條義項2釋作"晚年"，引例為南朝宋謝靈運《撰征賦》："屈盛績於平生，申遠期於暮歲。"孤證。可補唐五代墓誌，《唐代墓誌彙編》永徽〇四一《申好墓誌》："夫人婉性淑慎，雅節貞明，總言德於弱齡，持竹柏於暮歲。"

15. 佩鞢

唐天祐十八年《孟弘敏及夫人李氏合葬墓誌》："長曰守振，見充東門義兒，辯同棄菜，智邁刻舟，雖當佩鞢之年，頗有成家之慶。"後周顯德二年《蘇逢吉墓誌》："撫從佩鞢，誨以儀方，鄧攸何歎於無兒，郤鑒唯欣於吐哺，字孤猶子，情無間焉。"

"鞢"，射箭時戴在右手拇指上用以鉤弦的工具，以象骨、玉石等製成，又叫"玦"，俗名"扳指"，為古代成人所佩之物。《詩·衛風·芄蘭》："芄蘭之葉，童子佩鞢。"毛傳："鞢，玦也。能射御則佩鞢。"後因以"佩鞢"表示已經成年。《大詞典》"佩鞢"條年齡義無例證，可補墓誌用例。《漢魏六朝碑刻校注》一二一九《北齊刁翔墓誌》："君佩觽志重，儀表攸備，弱冠雅量，愍惠早成。"《隋代墓誌銘彙考》〇一八《寇遵考墓誌》："公秉純和之秀氣，誕稀世之英□，幼而聰敏，弱不好弄。風神俊朗，在乎佩觿之年；容止温恭，發於舞象之歲。"《唐代墓誌彙編續集》上元〇一七《任君墓誌》："君以佩觽之年，君孝不違顏，躬勤致養。"

16. 佩觽

後梁開平四年《穆君弘及妻張氏合祔墓誌》："徵君佩觽之歲，諸族稱奇。有客指梅，獨擅聰明之對；前庭跨竹，不遊戲弄之場。"後唐天成五年《崔協墓誌》："在佩觿之歲，誠有禮容；殆加冠之年，居然國器。"①

《詩經·衛風·芄蘭》："芄蘭之支，童子佩觽。"毛傳："觽，所以解結，成人之佩也。人君治成人之事，雖童子猶佩觽早成其德。""觽"，象骨製成的解繩結的角錐，亦用為飾物。童子佩觽，表示兒童早有成人之德，後因以"佩觽"表示已經成年，具有才幹。《大詞典》年齡義沒有例證。《唐代墓誌彙編》天寶〇九八《韋氏墓誌》："生二男二女，皆佩觿之年。"

17. 破瓜

後漢乾祐三年《李彝謹妻里氏墓誌》："夫人月淬陰精，霞分異彩。合三星而降惠，成四德以備身，令淑早彰，雍容著美。窗下而花生彩線，鏡前而雲起香鬟。辯可解圍，文能詠雪。纔及破瓜之歲，禮諧合巹之否。"

"破瓜之歲"指女子十六歲。"瓜"字從字形上可以拆開為兩個"八"字，即二八之年，故稱。韓陳其謂"這是用形式代內涵而形成的借代義"。②"破瓜"一詞，歷代文獻多有用例，晉孫綽《情人碧玉歌》之二："碧玉破瓜時，郎為情顛倒。"唐皇甫枚《三水小牘·綠翹》："（魚玄機）色既傾國，思乃入神，喜讀書屬文，尤致意於一吟一咏。破瓜之歲，志慕清虛。"五代和凝《何滿子》詞："正是破瓜年幾，含情慣得人饒。"

---

①　齊運通：《洛陽新獲七朝墓誌》，中華書局 2012 年版，第 381 頁。

②　韓陳其：《漢語借代義詞典》，廣東教育出版社 1995 年版，第 505 頁。

18. 蒲柳

後周顯德四年《太原夫人王氏墓誌》："夫人腸痛火燒，淚悲泉涌，食終忘味，言發酸心，直侵蒲柳之年，始染膏肓之病。"

"蒲柳"即水楊。一種入秋就凋零的樹木，人老後體弱多病，體質衰弱，墓誌中多用"蒲柳"來表示晚年。《唐代墓誌彙編》上元〇三二《宋善主墓誌》："年過蒲柳，歲迫桑榆，遘疾彌流，遊魂岱錄，春秋九十有九，薨于金城坊里第，即以其年五月廿四日窆于龍首原禮也。"傳世文獻也有用例，《白氏長慶集》卷六十八："開成己未歲，余蒲柳之年，六十有八，冬十月甲寅，且始得風痺之疾，體瘇目眩，左足不支，蓋老病相乘，時而至耳。"《浮溪集》卷第六："庶緣蕭散，得全蒲柳之年，身雖臥於漳濱，心實存於魏闕。"《大詞典》"蒲柳"條收列有兩個義項：1. 即水楊。一種入秋就凋零的樹木。2. 用以比喻輕賤。當補收"蒲柳"一詞之年齡義。

19. 期頤

唐天祐十年《邢汴及夫人周氏合葬墓誌》："考諱諒，字秉之，皇不仕，英聲遠布，令問孤標，雅遵高尚之①，大享期頤之壽。"

"期頤"指一百歲。語本《禮記·曲禮上》："百年曰期、頤。"鄭玄注："期，猶要也；頤，養也。不知衣服食味，孝子要盡養道而已。"孫希旦集解："百年者飲食、居處、動作，無所不待於養。方氏慤曰：'人生以百年為期，故百年以期名之。'"後以"期""頤"連言表示百歲。《大詞典》"期頤"條首例為唐李華《四皓銘》："抱和全默，皆享期頤。"例證晚出，可補墓誌例，《漢魏六朝碑刻校注》六〇五《北魏張盧墓誌》："壽越期頤，文武備具。志年老彭，禍酷奄據。"《漢魏六朝碑刻校注》七〇九《北魏秦洪墓誌》："行年期頤，寢疾七日，卒於京師，窆於北芒。"《隋代墓誌銘彙考》一一六《呂道貴暨妻張氏墓誌》："且年移未住，川注不停，公齒迫期頤，俄潛枕席。"

20. 耆艾

後晉天福二年《宋廷浩墓誌》："方議攀轅，已聞上路。耆艾積戀，疲羸慕賢，截耳鐙於馬前，回旌旗於郭外。"後周顯德四年《太原夫人王氏墓誌》："本望同歡共老，齊體終年，不期鶴別瑤琴，鸞孤菱鏡。年未

---

① 按：根據上下文，原拓片疑脱一字。

及於耆艾，魂先返於幽冥。"

《爾雅·釋詁》："耆、艾，長也。"《漢書·武帝紀》："然則於鄉里先耆艾，奉高年，古之道也。"顏師古注："六十曰耆，五十曰艾。""耆艾"，指五六十歲，後來也泛指老年人。

21. 綺紈

唐天祐十八年《孟弘敏及夫人李氏合葬墓誌》："自綺紈之歲，及齠齔之年，宗禮樂以求師，清名不墜；稟階庭而受訓，令躅長存。聲名益譽於儕流，遠邇咸欽於問望，乃策名霸府，筮仕王庭。"

"綺"和"紈"本來都是華美的絲織品，常用來作為少年時代的服飾，因此，墓誌"綺紈"多用來指少年時代。南北朝以來墓誌有用例，《漢魏六朝碑刻校注》八五九《北魏乞伏寶墓誌》："高祖文皇，以君名家之子，爰在綺紈，調居禁內。"《唐代墓誌彙編》如意○○二《李琮墓誌》："公資芳蘭畹，孕粹瓊峰，產駓驥於天地，簫景之姿千里；挺豫樟於地屺，梢雲之幹七年。時在綺紈，博通衆藝。"傳世文獻亦多有用例，北周庾信《慕容寧神道碑》："岐嶷表羈貫之年，通禮稱綺紈之歲。"唐柳宗元《送蕭鍊登第後南歸序》："余幼時拜兄於九江郡，睹其樂嗜經書，慕山藪，凝和抱質，雖在綺紈，而私心慕焉。"《大詞典》"綺紈"條列有兩個義項："1. 華麗的絲織品。亦指綺紈所制之衣。2. 猶紈袴。指富貴之家或其子弟，含貶意。"均與"少年時代"義項無涉，《大詞典》當補"少年時代"年齡義。

22. 繈褓

吳武義二年《陳贊墓誌》："一女曰蘇婆，年當繈褓，未諧丱角之春。"後梁同光二年《左環墓誌》："其次女適於終州護軍裴敬思，各有兒女二人，俱在繈褓。"

"繈"通"襁"，背小兒的布帶；"褓"，抱小兒的布被。《文選·嵇康〈幽憤詩〉》："哀煢靡識，越在繈緥。"李善注："張華《博物志》曰：'繈，織縷為之，廣八寸，長丈二，以約小兒於背上。'韋昭《漢書注》曰：'緥，若今時小兒腹衣。'"引申之，"襁褓"可指嬰兒，再引申，"襁褓"就表示嬰幼兒時期。

23. 弱冠

後梁開平四年《穆君弘及妻張氏合祔墓誌》："洎弱冠之年，交遊不雜。在鄉里則出言成式，於動靜則非禮不行，每昆弟同遊，兒童在列，談論必開於至道，承迎對其嚴君。”後晉天福五年《郭彥瓊墓誌》：“公年纔弱冠，娶於彭城劉氏，乃左龍虎軍押衙、檢校右散騎常侍久寶之長女也。”

《禮記·曲禮上》：“二十曰弱，冠。”孔穎達疏：“二十成人，初加冠，體猶未壯，故曰弱也。”按照中國古代禮俗，男子二十歲為成人，初加冠，因體猶未壯，故稱弱冠。後遂稱男子二十歲為弱冠。韓陳其謂“這是用動作行為代年齡而形成的借代義，也是用後語代前詞而形成的借代義。”[1]“弱冠”用以指二十歲的年齡，漢代已然，《漢書·敘傳下》：“賈生嬌嬌，弱冠登朝。遭文叡聖，屢抗其疏，暴秦之戒，三代是據。”《後漢書·章帝紀》：“朕在弱冠，未知稼穡之艱難。”

24. 尚幼

後周顯德元年《劉彥融墓誌》：“公抱崆峒之器，直道居懷，繼閥閱之門，雄風凜物，自尚幼之歲，播成人之名。”

“尚”本為“尚且”之義，“幼”乃“幼小”之義，“尚幼”初為詞組，如後蜀廣政十四年《徐鐸墓誌》：“餘二子，年齡尚幼，未有成立。”後來“尚幼”詞彙化為詞。“尚幼”指年齡小，多指幼年時期。除“尚幼之歲”外，还有“尚幼之年”一語，《舊五代史·漢書·隱帝紀下》：“隱帝以尚幼之年，嗣新造之業。受命之主，德非禹、湯；輔政之臣，復非伊、呂。將欲保延洪之運，守不拔之基，固不可得也。”《大詞典》未收“尚幼”一詞，可補。

25. 韶年

前蜀天漢元年《王君妻李氏墓誌》：“方在韶年，忽縈沈疾，醫藥無驗，俄歸下泉，好月西傾，逝波東去。以天漢元年五月癸丑終於文翁坊之私第，享年一十有九。”後唐應順元年《慧因普光大師塔銘》：“爰□幼歲，便斷葷辛；及爾韶年，遍□惠悟。”

“韶”乃“美好”之義，“韶年”指美好的歲月，墓誌中“韶年”引申指青年時期。《大詞典》“韶年”條釋作“美好的歲月”，引例為唐德宗《中和節日宴百僚賜詩》：“韶年啓仲序，初吉諧良辰。”亦指青年時期。唐呂岩《贈劉方處士》詩：“韶年淑質曾非固，花面玉顏還作土。”《大詞典》兩例均為唐代例，有違詞典引例的多樣性原則，可補引五代墓誌。

26. 設帨

後唐同光二年《王審知夫人任內明墓誌》："夫人乃謝庭擢秀，獨鍾其慶，設帨之辰，異香充室，氤氳竟夕，親戚咸以為必興必貴，齠齔之年，器度婉雅，及肅雍有聞，歸於茂族，主蘋蘩而敬睦六親，執禮教而宣明四德。"

《詩經・召南・野有死麕》："無感我帨兮，無使尨也吠。"毛傳："帨，佩巾也。"古禮，女子出生，持佩巾於房門右。《禮記・內則》："子生，男子設弧於門左，女子設帨於門右。"鄭玄注："帨者，事人之佩巾也。"後以"設帨之辰"表示女子出生之時。《大詞典》"設帨"條首例引明李開先《哭幼女招弟》詩："設帨舊居秋草滿，埋香新塚暮雲橫。"例證晚出。南北朝墓誌已見用例，《漢魏六朝碑刻校注》六〇六《北魏盧令媛墓誌》："嬪膚積善之餘慶，稟妙氣於山川。爰始設帨，灼然秀異，姿見詳密，舉動溫華。"《漢魏六朝碑刻校注》六五六《北魏元鯤妃李媛華墓誌》："妃體貞明之質，稟淑令之姿，幼志有成，率由非獎。爰初設帨，及此方笄，播彩公宮，摛光牖下。"

27. 勝衣

後梁貞明六年《儲德充墓誌》："府君即先考長子也，仙鶴高標，嵒檉勁節，勝衣惠晤，轉舌能言，對日聰明，弱而不好弄。圯橋學劍，指百鍊而每憤不平；庠舍誦書，覽六經而唯思展禮。"

"勝衣"本來指兒童稍長，能穿起成人的衣服，後以"勝衣"來指代少年。《漢魏六朝碑刻校注》一二九六《北齊高建妻王氏墓誌》："郡君稟資世緒，獨絕幽華。爰自勝衣，察人識物。"《全唐文》卷八十五"懿宗三"《冊蜀王佶文》："已多秤象之能，纔是勝衣之歲，靜不好弄，言必成文。曾無紈綺之心，每服《詩》《書》之訓，嘉其幼智，錫以大封。"《新唐書・淮安王神通傳》："於是唐始興，務廣支蕃鎮天下，故從昆弟子自勝衣以上，皆爵郡王。"《大詞典》"勝衣"條收列兩個義項：1. 謂兒童稍長，能穿起成人的衣服。2. 指身體能承受衣服的重量。《大詞典》漏收"勝衣"之"少年"義，當補。

28. 始笄

後漢乾祐四年《王玕妻張氏墓誌》："太君始笄之歲，綽有閑澹之風，略不掛於懷抱。"後周顯德二年《石金俊及妻元氏合祔墓誌》："長適太原王氏。次字瞻瞻，年始笄。次字寵寵，未笄而逝。"

《禮記·內則》："女子十年不出……十有五年而笄。"鄭玄注："謂應年許嫁者。女子許嫁，笄而字之；其未許嫁，二十則笄。"後因以"始笄"謂女子十五歲開始加笄束髮，進入婚齡。《大詞典》首例引清王士禎《池北偶談·談獻三·抱松女》："宣城諸生羅愷妻孫氏，年始笄，遇兵亂，從姑避山中松下。"例證甚晚，可補五代墓誌。

29. 束髮

後晉天福七年《毛汶墓誌》："嗣子二人：長曰文贍，次曰文璨，方及束髮，俱在庠門。泣血號天，絕漿扣地。哀摧骨肉，恨聚會以無由；痛迫親姻，感追思之戀德。"

古代男子成童時束髮為髻，後因以"束髮"表示兒童或童年。韓陳其謂"這是用生理特徵代人（年齡）而形成的借代義。"[1]"束髮"用以指年齡，漢代已然，漢賈誼《新書·容經》："古者年九歲入就小學，蹍小節焉，業小道焉；束髮就大學，蹍大節焉，業大道焉。"漢劉向《列女傳·節義傳》："子束髮修身，辭親往仕。"

30. 髫年

後唐同光三年《吳君妻曹氏墓誌》："光業爰在髫年，即蒙訓育，及至長立，尚難便以歸宗。"後晉天福五年《王建立墓誌》："女孫七人，並衛牧子，長孫早亦出家，法名智超，賜紫，號妙果大師。其次悉在髫年，未有適。"

"髫"指兒童下垂的頭髮，不限髮式。墓誌中"髫年"指幼年時期。《大詞典》"髫年"條首例引唐楊炯《明威將軍梁公神道碑》："卯歲騰芳，髫年超靄。"例證晚出。南北朝墓誌已有用例，《漢魏六朝碑刻校注》五八九《北魏元恪嬪司馬顯姿墓誌》："夫人承聯華之妙气，育窈窕之靈姿；閑淑發於髫年，四德成於笄歲。"《漢魏六朝碑刻校注》一二七六《北齊堯峻妻獨孤思男墓誌》："夫人稟斯積善，資此淳和，六行茂於髫年，四德成於笄歲。"《大詞典》例證晚出，可補北朝墓誌。

31. 髫歲

後梁乾化三年《韓仲舉妻王氏墓誌》："夫人髫歲令淑，姿質端明，年纔十四，歸於今洺州司馬韓君仲舉，君朗俊琳琅，才氣聰逸，所謂鳳凰和鳴，雅符配合者也。"

---

① 韓陳其：《漢語借代義詞典》，廣東教育出版社 1995 年版，第 414 頁。

《爾雅·釋天》："載，歲也。夏曰歲，商曰祀，周曰年，唐虞曰載。"邢昺疏："取歲星行一次。" "髫歲"義同"髫年"，也是指幼年時期。"髫歲"是南北朝時期產生的新詞，《隋代墓誌銘彙考》三九〇《那提墓誌》："髫歲精誠，遂專心於內教；笄年悟道，乃棄俗而歸緇。"《大詞典》"髫歲"條首例引《周書·柳霞傳》："霞幼而爽邁，神彩嶷然，髫歲便有成人之量。"

32. 齠齔

後梁貞明六年《儲德充墓誌》："吾血屬既多，汝方齠齔，尤須習武，兼保姻親，兼固寶玉。"唐天祐十八年《孟弘敏及夫人李氏合葬墓誌》："自綺紈之歲，及齠齔之年，宗禮樂以求師，清名不墜；稟階庭而受訓，令躅長存。聲名益譽於僑流，遠邇咸欽於問望，乃策名霸府，筮仕王庭。"

《集韻·蕭韻》："齠，毀齒也。"《說文·齒部》："齔，毀齒也。男八月生齒，八歲始齔；女七月生齒，七歲而齔。從齒，從匕。" "齠"和"齔"同義，都是指兒童脫去乳齒，長出恒齒。"齠齔"為同義複詞，指童年，一般為七八歲。漢代已然，《東觀漢記·伏湛傳》："齠齔勵志，白首不衰。"《大詞典》"齠齔"條解釋云："齠，通'髫'。"不確，"齠""齔"均指兒童換牙，為同義複詞，不當言通假。

33. 齠年

後晉開運三年《李俊墓誌》："餘或在齠年，或居卝歲，悉遭哀制，咸處喪儀。將軍司徒與昆季同謀遷奉，共俟送終，竭家力以修塋。"後周顯德五年《馮暉墓誌》："王諱暉，字廣照，鄴都高唐人也。瑞叶狻猊，祥臻鷟鷟。葆蓋顯齠年之異，龍泉彰弱冠之奇。運偶搏牛，可鬥蒙輪之勇；時逢探虎，堪爭拔距之強。"

《集韻·蕭韻》："齠，毀齒也。"意思是小孩脫落乳齒換長恒齒。齠年，指兒童換齒的年齡，即童年。"齠年"一詞，墓誌之外也多有用例，漢蔡邕《議郎胡公夫人哀贊》："嚴考殞沒，我在齠年，母氏鞠育，載矜載憐。"唐元稹《答姨兄胡靈之見寄五十韻》："憶昔鳳翔城，齠年是事榮。"另外，"齠"還可以和其他表示時間的語素組成合成詞，如"齠日、齠歲"等。

34. 齠歲

後周廣順元年《張鄴及妻劉氏合祔墓誌》："斷機訓子，賢更勝於軻親；剪髮筵賓，義重過於陶母。笄年便曉於三從，齠歲早明四德。年纔二八，適清河張氏，禮也。"

《集韻·蕭韻》："齠，毀齒也。""齠歲"義同"齠年"，指童年時期，一般為七八歲。《隋代墓誌銘彙考》四六一《蕭翹墓誌》："君知十貫於齠歲，體二表於弱年。"墓誌之外也多有用例，南朝梁江淹《建平王太妃周氏行狀》："凝采齠歲，賁章笄年。"唐權德輿《送三從弟長孺擢第後歸徐州覲省序》："且爾齠歲秀發，好學不遷。"

35. 童蒙

後周顯德二年《韓通妻董氏墓誌》："次曰守素，方處童蒙，良多清秀。"

《易·蒙》："匪我求童蒙，童蒙求我。"朱熹本義："童蒙，幼稚而蒙昧。""童蒙"本來的意思是幼稚愚昧，後引申指童年時代。《唐代墓誌彙編》開元四二三《孫孝遷墓誌》："公即臨涇府君之元子也。幼而多奇，衆或且異，童蒙學劍，弱冠論兵。"《大詞典》義項 3 "指童年"首例為唐韓愈《祭竇司業文》："我之獲見，實自童蒙。既愛既勸，在麻之蓬。""童年"義為"童蒙"之唐代新義。

36. 未笄

後周顯德二年《石金俊及妻元氏合祔墓誌》："孫女五人：長適太原王氏，次字瞻瞻，年始笄，次字寵寵，未笄而逝，次美美，次喜喜，咸能稟嚴勵之訓，執孝敬之道，鳳時鸞踏，風流霞舉。"南唐保大十四年《王繼勳墓誌》："有女二人：長有適人為婦之端，次以少未笄。"

"笄"指行笄禮，指女子成年。"未笄"指還沒有束髮，舊指女子未成年。《大詞典》"未笄"條首例引明文徵明《敕封承德郎陳君墓表》："同邑莫公諱淮之女，生而願謹，未笄歸君。"例證晚出。南北朝墓誌已多有用例，《漢魏六朝碑刻校注》六〇九《北魏馮邕之妻元氏墓誌》："二女未笄，皇子雙娉，雖復媯姜取貴，杞宋見珍，何以加也。"《漢魏六朝碑刻校注》一三九九《北周寇嶠妻薛氏墓誌》："上稱其德，下載其惠。未笄者師其女容，既醮者範其婦禮。"

37. 遐算

後漢乾祐元年《楊敬千及夫人李氏合葬墓誌》："父諱約，字昭儉，官至大監，蘊令問令望，仗忠信以作戈矛，亦不侈不奢，修德義以為甲胄，痛其不終遐算，天喪哲人。"

《大詞典》"遐算"條義項 2 釋作"高齡；高壽"。共引三個例證，首例引宋蘇軾《趙倅成伯母生日致語口號》："昔年占夢，適當重九之佳辰；今日獻香，願祝大千之遐算。"甚晚。南北朝至唐五代墓誌多見用例，《漢魏六朝碑刻校注》六四五《北魏元平墓誌》："敷化岷蜀，愛深勿剪。宜延遐算，助隆聖魏。昊天不弔，春秋卅七薨於家。"《唐代墓誌彙編》永徽〇三七《馬壽墓誌》："加以歸依覺寶，托好玄宗，用此多能，庶終遐算。"《唐代墓誌彙編續集》垂拱〇〇一《格處仁墓誌》："崐石詞高，洛川化水。纔窮遐算，俄沉馭景。"

38. 懸車

後唐長興四年《李德休墓誌》："俄及懸車，逍遥二疏。膏肓構疾，手足啓予。"

漢班固《白虎通·致仕》："臣年七十懸車致仕者，臣以執事趨走為職，七十陽道極，耳目不聰明，跂踦之屬，是以退老去避賢者……懸車，示不用也。"按照中國古代的禮制：古人一般至七十歲辭官家居，廢車不用。"懸車"就借指七十歲。南北朝墓誌已見用例，《漢魏六朝碑刻校注》一一五三《北齊皇甫琳墓誌》："方加茅封，忽遇焚限。後除正任，秉質權衡。蕃伯咸譽，朝野同詠。年向懸車，專崇三寶，內閒於二形，昇彼圻徂。"《隋代墓誌銘彙考》〇〇八《李君妻崔芷蘩墓誌》："宜其規模列閫，容範庶姬，未及懸車，輪暉已戢。"墓誌之外亦多有用例，《魏書·高閭傳》："閭以懸車之年，方求衣錦。知進忘退，有塵謙德，可降號平北將軍。"《大詞典》"懸車"條義項4釋作"借指七十歲"，引例為《周書·韋孝寬傳》："孝寬每以年迫懸車，屢請致仕。"《周書》五十卷，唐初史學家令狐德棻等撰。《大詞典》例證為孤證，可補。

39. 有字

吳乾貞三年《劉君妻尋陽長公主楊氏墓誌》："長女年當有字，容謂無雙。娉婷融舜槿之英，婉變叶絲蘿之詠。"南唐保大四年《王氏夫人墓誌》："年將有字，素範彌彰。潔齊寒玉，操敲修簹。規循寅暮，脈勤蒸嘗。猗歟彤史，自此重光。"

按照中國古代習俗，"古人有名有字。舊說上古嬰兒出生三月後由父親命名。男子二十歲成人舉行冠禮（結髮加冠）時取字，女子十五歲許嫁舉行笄禮（結髮加笄）時取字。"① "有字"表示成年，一般指男子二

---

① 王力：《古代漢語》（第四冊），中華書局 1999 年版，第 972 頁。

十歲，女子十五歲。"有字"一詞，《大詞典》未載，當補。

40. 幼沖

後梁乾化四年《樂君妻徐氏墓誌》："夫人有一男光途，年幼沖。悲乎！偏露所不忍睹。嗚呼！生也幻世，沒分婦人，聊紀馨香，用標年紀。"後漢乾祐元年《楊敬千及夫人李氏合葬墓誌》："小女儀容冠世，豔□凝春，年尚幼沖，未分南北。"

《文選·歐陽建〈臨終詩〉》："咨余沖且暗，抱責守微官。"李善注引孔安國《尚書傳》："沖，童也。""幼""沖"都是幼年之義，兩者是同義連用，指年齡幼小。因此"幼沖"是同義複詞，指孩童時期。它是一個沿襲上古的詞，歷代文獻多有用例，《尚書·大誥》："洪惟我幼沖人，嗣無疆大歷服。"《明史·明昇傳》："足下幼沖，席先人業，據有巴蜀。"

41. 幼學

後周顯德二年《石金俊及妻元氏合祔墓誌》："嗣男三人：長喜子，次三留，未幼學之年，咸遇疾而夭。"

《禮記·曲禮上》："人生十年曰幼，學。"鄭玄注："十年名曰幼，時始可學也。"孔穎達疏："今云十年曰幼學。"後世因以"幼學"來代稱十歲。歷代文獻多有用例，《梁書·王規傳》："吾始乎幼學，及於知命，既崇周、孔之教，兼循老、釋之談。江左以來，斯業不墜，汝能脩之，吾之志也。"《全唐詩·竇牟〈秋日洛陽官舍寄上水部家兄〉》："壯年唯喜酒，幼學便詞文。及爾空衰暮，離憂詎可聞。"《舊唐書·元稹傳》："臣八歲喪父，家貧無業。母兄乞丐，以供資養。衣不布體，食不充腸。幼學之年，不蒙師訓。"《大詞典》年齡義沒有例證，當補。

42. 簪笄

後晉天福五年《張季宣妻李氏墓誌》："夫人端莊秀出，聰惠生知。撫朱弦而偏熟奏箏，唯疑神助；標麗質而全殊越豔，綽有仙姿。纔及簪笄，禮適故大河南尚書令齊王之孫季宣，乃故特進、檢校太保河陽軍節度留後諱業之子。"

"簪"是古人用來綰定髮髻或冠的長針，後來專指婦女綰髻的首飾。"笄"也就是簪，古時用以貫髮或固定弁、冕。《儀禮·士冠禮》："皮弁笄，爵弁笄。"鄭玄注："笄，今之簪。"可見"簪笄"為同義複詞，墓誌"簪笄"指"簪笄之歲，指成年"，為年齡義詞彙甚明。《大詞典》"簪笄"條釋作"即簪子"，引例為清吳嘉賓《得一齋記》："然而瞽得章繡，聾得鈞球，禿得簪笄⋯⋯雖奇巧麗飾，曾不如工之有缺斤，農之有曲耒也。"孤証且甚晚，可補五代墓誌。

43. 知命

唐天祐十年《梁重立墓誌》："年逾知命，石火忽臨，以天祐七年正月十二日，乃於永樂坊之私第而告終矣。"後漢天福十二年《劉衡墓誌》："以清泰元年閏六月八日，抱疾身亡，時年知命有六。"

"知命"是"知天命"的省略。《論語·為政》："吾十有五而志於學，三十而立，四十而不惑，五十而知天命，六十而耳順，七十而從心所欲。"後因以"知命"來代稱五十歲。《漢魏六朝碑刻校注》一六七《東漢楊卿耿伯墓記》："顧視忘宦，位不副德。年過知命，遭疾掩忽。痛哉于嗟，誰不辭世?"《大詞典》義項2首例為晉潘岳《夏侯常侍誄》："如何斯人，而有斯疾，曾未知命，中年隕卒。"例證略晚。

44. 志學

後唐同光三年《吳君妻曹氏墓誌》："男馮七，官名昭嗣，年將志學，令勤肄業，見補右千牛備身，為筮仕之階。"

《論語·為政》："子曰:'吾十五而志乎學，三十而立，四十而不惑，五十而知天命，六十而耳順，七十而從心所欲，不踰矩。'"後來以"志學"代指十五歲。《漢魏六朝碑刻校注》四八三《北魏崔猷墓誌銘》："君風槩夙成，識藝早立。年方志學，魏威南被。"韓陳其謂"這是用動作行為代年齡而形成的借代義。"[1]　《大詞典》義項2釋作"借指十五歲"，引例為三國魏曹植《武帝誄》："年在志學，謀過老成。"宋孔平仲《續世說·紕繆》："隋王劭爰自志學至乎暮齒，篤好經史，遺落世事。"《大詞典》引證缺乏完整的發展軌迹，墓誌文獻可以填補漢語史發展的中間環節。

45. 稚齒

後梁開平四年《羅隱墓誌》："府君之生也，齠年夙慧，稚齒能文。建木初萌，迥是干霄之幹;玠圭在璞，已彰揭曣之光。"後周顯德二年《蘇逢吉墓誌》："爰當稚齒，鍾以外艱，嚴事宮師，肅承家法，既弓箕之克肖，遂羔雁以盈門。"

---

① 　韓陳其:《漢語借代義詞典》，廣東教育出版社1995年版，第368頁。

“稚”乃“幼小、年少”之義。“齒”本指門牙，後代指人的年齡。“稚齒”為偏正短語，為“年少、少年、兒童”之義，這是用生理特徵來代稱年齡。“稚齒”古籍中亦可作“穉齒”“稺齒”。《漢魏六朝碑刻校注》九〇〇《北魏王僧墓誌銘》：“故童年志學，聲播稚齒；遊心八素，必以禮義為任，汪汪焉弗可量也。”《漢魏六朝碑刻校注》九四九《北魏房悅墓誌》：“蘭馥在萌，樟洪自始。挺異弱年，櫪奇稚齒。”《大詞典》“稚齒”條首例為《列子·楊朱》：“穆之後庭，比房數十，皆擇稚齒婑媠者以盈之。”從墓誌文獻來看，“稚齒”當為魏晉南北朝新詞，從一個側面證明了《列子》是一部托名先秦的古籍①。

46. 中年

後晉天福五年《梁璟及妻王氏合葬墓誌》：“先夫人以府君未及中年，俄隨朝露，目視諸子，益加撫焉，朝出晚歸，每動倚閭之念，斷機擇里，深勞勤學之慈。”後周廣順二年《李彝謹墓誌》：“公本從釋褐，至於中年。授霸府職資者八，承大朝綸綍者三。幾經轉遷，不可勝紀。”

“中年”一詞，墓誌多有用例，指四五十歲的年紀，此不贅。《漢魏六朝碑刻校注》一一六《三國魏巴郡朐忍令景雲碑》：“大命顛覆，中年徂殁。如喪考妣，三載泣怛，遏勿八音，百姓流淚。”《漢魏六朝碑刻校注》二三六《西晉王浚妻華芳墓誌》：“二婦短祚，前念未忘。之子之來，庶幾克昌。上天降厲，中年夭喪。”《大詞典》“中年”條義項 3 首例為《列子·周穆王》：“宋陽里華子中年病忘。”可見，《列子》當為魏晉以後的作品。

47. 壯年

後唐長興三年《高暉墓誌》：“洎壯年，爰初入仕，歷和門而歲久，常以盡忠；□□校而時深，獨身許國。”後周顯德五年《宋彥筠墓誌》：“公即少保之長子也。弱冠從軍，壯年立效，初從梁朝，將攻取幽州，陷其南壘，豎其繩而示勇，越斷布以登郛。”

“壯年”指壯盛之年，多指三十歲。《隋代墓誌銘彙考》二一八《蘇慈墓誌》：“公承親之道，孜孜先色，奉主之義，謇謇忘私。寬仁薦行之風，彰於弱掺，成務理物之志，表於壯年。”傳世文獻南北朝以來多有用

---

① 張永言：《從詞彙史看〈列子〉的撰寫時代》，《漢語史學報》，上海教育出版社 2006 年版；王東：《從詞彙角度看〈列子〉成書時代補證》，《古漢語研究》2009 年第 1 期。

例，南朝宋袁淑《效古》詩：“勤役未云已，壯年徒為空。”唐劉禹錫《薦處士嚴瑟狀》：“未逢知己，已過壯年，汨沒風塵，有足悲者。”“壯年”一詞，在現代漢語還一直在使用。

48. 壯室

南漢乾亨三年《張瑞鳩墓誌》：“有子四人焉：長曰正发，為通事舍人，舌辯如川，儀溫似玉，年過壯室，在職而殂。”後周顯德二年《王柔墓誌》：“幽蘭九畹，隱深谷以無聞，建木千尋，朽靈谿而不出。優遊下國，慷慨雄圖，寢疾而終，年方壯室，言之可為太息也。”

《禮記·曲禮上》：“三十曰壯，有室。”鄭玄注：“有室，有妻也。妻曰室。”男子三十稱壯年，又值當娶妻室之歲，故稱“壯室”。墓誌文獻唐代始見用例，《唐代墓誌彙編》貞觀一四八《張行滿墓誌》：“君幼染父風，鄙居凡俗，高蹈前哲，長揖侯王。壯室之歲，被召郡庭。”《大詞典》例證有三：1.《舊唐書·劉祥道傳》：“壯室而仕，耳順而退，取其中數，不過支三十年。”2. 唐蔣防《霍小玉傳》：“妾年始十八，君纔二十有二，迨君壯室之秋，猶有八歲。”3. 宋阮閲《增修詩話總龜·幼敏門》：“李賀字長吉，唐諸王孫，七歲以長短之製名動京師……不幸未壯室而終。”《大詞典》的例證排序有誤。《舊唐書》為後晉劉昫等撰，成書時間在唐蔣防《霍小玉傳》之後，因此，《大詞典》的例證排序應該為：《霍小玉傳》《舊唐書·劉祥道傳》《增修詩話總龜·幼敏門》。可見，壯室為唐代新詞。

49. 總角

後梁龍德三年《蕭符墓誌》：“府君即蘇臺之長子也，弱不好玩，長實多才，洎總角從師，摳衣就業，儒術優柔之學，戎韜秘妙之方，咸若生知，悉由天授。”後漢乾祐三年《邢德昭墓誌》：“公即太保嫡子也，稟精粹於星辰，襲徽猷於鼎胄。龜龍麟鳳，表千年王者之祥；禮樂詩書，資百代義方之寶。騏驥得路，杞梓凌雲，總角補太廟齋郎，弱冠調洛交簿。”

《詩經·齊風·甫田》：“婉兮孌兮，總角丱兮。”鄭玄箋：“總角，聚兩髦也。”孔穎達疏：“總角聚兩髦，言總聚其髦以為兩角也。”古時兒童束髮為兩結，向上分開，形狀如角，故稱總角。黃生《義府·男角女羈》：“男則橫分兩髻如角，故曰角；女則兩髻一前一復，如馬首，故曰羈。”析言之男女不同，渾言之則男女無別。後以“總角”借指童年。傳世文獻在魏晉時期已有用例，晉陶潛《榮木》詩序："總角聞道，白首無成。"

第二節　婚姻義詞彙研究

婚姻乃人生之大事，自古以來就為華夏民族所重視。《儀禮》一書就對婚姻聘娶過程即"六禮"作了較為詳盡的說明。[①] 婚姻詞彙就是反映男女雙方結為夫妻所依據的法律、倫理和風俗習慣的詞彙。婚姻義詞彙是具有特定的禮俗文化詞彙的重要組成部分。通過對婚姻詞彙的考察，我們可以窺見漢民族的婚姻制度及其風俗習慣。這裏，我們選取五代墓誌中的婚姻詞彙，並放到一定的語義場中來考察，通過考釋、分析，試圖揭示其在墓誌文獻中的基本面貌和語義特徵，同時也考察社會歷史文化因素對婚姻義詞彙的影響。

一　男子婚娶義詞彙

1. 婚

前蜀乾德五年《晉暉墓誌》："長曰匡晏，忠義第一軍使、金紫光祿大夫、檢校司空，婚故鐵林劉知溫太尉女彭城夫人。"吳大和七年《王仁遇墓誌》："公先婚博陵崔氏，將□紀而亡。再娶符風魯氏，未期歲而亡。後又婚彭氏，封隴西縣君。"

《說文·女部》："婚，婦家也。《禮》，娶婦以昏時。婦人陰也，故曰婚。從女從昏，昏亦聲。"《說文通訓定聲·女部》："婚，經傳多以昏為之。""昏"和"婚"為同源詞。"婚"指婚娶，男子娶妻結為夫婦。古代婚禮一般都是在黃昏時候舉行。《儀禮·士昏禮》："士娶妻之禮以昏為期，因而名焉，必以昏者，陽往而陰來。日入三商為昏。"三商指天將黑而實未黑時。晝將去，夜將至，是天象交時，取"陽往而陰來"之義，反映了天人合一的思想。《資治通鑒·周紀三》："婚姻相親。"胡三省注："婚，昏也。禮，娶以昏時。婦人，陰也，故曰婚。"五代墓誌中"婚"用例甚眾，均指男子"婚娶"。

2. 納

南唐昇元六年《姚嗣騈墓誌》："以昇元六年閏三月□□日，疾終於

---

① 《儀禮·士昏禮》："婚有六禮：納采、問名、納吉、納徵、請期、親迎。"

東都懷德坊之私第，享年五十。娶河東衛氏，不幸早世。繼娶衛氏，又納
太原王氏。”

　　“納”是“内”的後起字。《説文·入部》：“内，入也。從口，自外
而入也。”男子娶妻，將妻子迎進家門，使她成為家庭中的一員，故
“内”引申出“迎娶、娶妻”的特定含義。後來該字又加上形符“糸”，
與表示内部義“内”區别開來，專門表示動詞義。“納”表示“婚娶”，
體現了中國古代男子為家庭主體的地位，在中國封建社會顯示了極强的生
命力，長時期活躍在各個歷史時期的文獻語言當中。

　　3. 娉

　　吴乾貞三年《劉君妻尋陽長公主楊氏墓誌》：“長子曰匡祚，受鎮南
軍節度討擊使、撫州軍事押衙、銀青光祿大卿、檢校國子祭酒兼侍御史、
上柱國。貌方冠玉，才藴鏗金。雅承慶於鯉庭，叶好逑於虎帳，乃娉於撫
州都指揮使、司空、太原王公之愛女也。”

　　《説文·女部》：“娉，問也。”段玉裁注：“凡娉女及聘問之禮，古皆
用此字……而經傳概以‘聘’代之。”古代婚禮，男方遣媒向女方問名求
婚謂之娉，今通作“聘”，後泛指男子婚娶。再引申，女子出嫁也可以用
“娉”，後晉開運三年《李行恭及妻陳氏合祔墓誌》：“女有二：長女宇郎
婦，笄年及侍，出娉西鄰；小女惠通，七歲出家，依年授戒，名聲高遠，
道德幽深。”後周顯德四年《太原夫人王氏墓誌》：“太原夫人王氏，即故
青州長史震之長女，本東京雍丘人也。生而婉麗，長乃幽閒，儀並九包，
體同十德，容過燕趙，香越蘭蓀，能吟詠雪之詩，解審絶絃之曲。洎及適
娉，益見雍和，無乖為婦之儀，曲盡如賓之道。”《大詞典》“娉”字義項
2 釋作：“引申為嫁娶，婚配。”釋義過於籠統且例證晚出，“婚娶”和
“出嫁”義當分列。

　　4. 娶

　　後梁開平四年《羅隱墓誌》：“府君娶吴興沈氏，先三年即世，祔於
平陵之北阪，先下泉谷杜氏之西階，今歸同穴。”後唐同光二年《王審知
墓誌》：“太師嗣子三人，皆卓異不群，時號‘王家三龍’，王其季也，娶
樂安任氏，累封魏國尚賢夫人。”

　　“娶”的初文作“取”。《説文·又部》：“取，捕取也。從又從耳。
《周禮》：‘獲者取左耳。’《司馬法》曰：‘載獻聝。’聝者，耳也。”
“取”，最初指捕獲到野獸或戰俘時，割下左耳以邀功。《周禮·夏官·大

司馬》："大獸公之，小禽私之，獲者取左耳。"鄭玄注："得禽獸者取左耳，當以計功。"隨着詞義的發展，"取"既表示"捕取"，又表示"婚娶"，可謂"身兼數職"，為了區別本義，在本字基礎上加一"女"字，來構成表示"婚娶"的專用字。"娶"含有强取為己有的語義特徵，恐怕與古代的戰爭和搶親習俗有關。

5. 尚

後晉天福二年《羅周敬墓誌》："戊寅秋七月，朝於京師，有詔尚主。公拜表數四，辭不獲免。遂授檢校司空、守殿中監、駙馬都尉。壬午冬十月，出降普安公主，傅粉何郎，晨趨月殿；吹簫秦女，夜渡星橋。"後晉天福七年《史匡翰墓誌》："載惟積慶之家，須及莫京之胤，尚魯國大長公主。車服有容，實殷帝之歸妹。"

《正字通》："尚，取公主謂之尚。言帝王之女尊而尚之，不敢言娶。"古人出於君臣有別及對君主尊敬之意，對皇室之女，不敢說"娶"，因為"娶"有占為己有的意義，而改稱"尚"，表示伺奉、承奉或仰攀之意，反映了先民的君臣有別和對君主的敬畏心理。"尚主"就是娶公主為妻。《史記·張耳陳餘列傳》："張敖已出，以尚魯元公主故，封為宣平侯。"司馬貞索隱："韋昭曰：'尚，奉也，不敢言取。'崔浩云：'奉事公主。'"《初刻拍案驚奇》卷七："蓋婚姻之事，民間謂之'嫁'，皇家謂之'降'；民間謂之'娶'，皇家謂之'尚'。""尚"和"娶"的不同主要表現在詞義色彩上，"尚"多有尊崇、攀附色彩，而"娶"則多了一點强占的色彩，這充分體現了漢民族的尊卑文化心理。《漢魏六朝碑刻校注》三八八《北魏穆亮墓誌》："曾祖闥，太尉、宜都文成王。以申甫之儁，光輔太宗，弼諧帝猷，憲章百辟。尚宜陽公主。"

6. 迎

唐天祐十三年《張宗諫墓誌》："次子敬習，始娶太原王氏，頃掩泉冥，繼迎邯鄲趙氏。"後晉天福八年《王行寶墓誌》"嗣子彥澄，去奢去侈，從己從人。鄉黨傳孝悌之風，州府播清貞之譽。□迎新婦劉氏，絲蘿盛芳，忽掩泉夜，未諧再偶。"

《張宗諫墓誌》中"始娶"和"繼迎"相對成文，"娶""迎"同義對舉；《劉氏墓誌》中"迎""娶"同義連用，"迎娶"為同義複詞，"迎"之"娶"義甚明。"迎"字古有"迎娶"義，《詩經·大雅·大明》："文定厥祥，親迎於渭。"毛傳："言賢聖之配也。"孔穎達疏："以賢聖宜相配，故備禮而親迎之。"

7. 迎娶

後晉天福八年《劉氏墓誌》："次孫男煦，婚安氏而未迎娶。"

如上所論，"迎娶"為同義複詞，《大詞典》"迎娶"條釋作"男方至女家接新婦完婚"，首例為《元典章·戶部四·婚姻》："卻令本人迎娶胡荼哥為妻。"例證晚出。傳世文獻宋代始見用例，《太平廣記》卷三一二"楚州人"出《原化記》："我合聘得君妻，可速粧梳，少頃即來迎娶。"《東京夢華錄》卷五："至迎娶日。兒家。以車子。或花簷子發迎客。引至女家門。"迎娶當為五代新詞。

二　女子婚嫁義詞彙

8. 出

後梁開平四年《石彥辭墓誌》："唐中和辛丑歲，公之嫡妹以懿淑出人。"後晉天福八年《張明墓誌》："一人出吳氏，一人出□氏。"

《釋名·釋親屬》："姊妹之子曰出，出嫁於異姓而生之也。""出""嫁"經常連用，受詞義的感染，"出"也有了"嫁"義。《大詞典》"出"字條收列有40個義項，遺憾的是仍然漏收了"出嫁"義，"出"用作"出嫁"義，魏晉南北朝已然，晉干寶《搜神記·盧充》："昔我姨嫁少府，生女，未出而亡。"《世說新語·假譎》："諸葛令女，庾氏婦，既寡，誓云不重出。"《大字典》亦未列"出"之"出嫁"義，當據補。

9. 出娉

後晉開運三年《李行恭及妻陳氏合祔墓誌》："女有二：長女宇郎婦，笄年及侍，出娉西鄰"。

《大詞典》沒有收錄"出娉"一詞，但是收錄了"出聘"。"出娉"義同"出聘"，均為同義複詞，指女子出嫁。《大詞典》"出聘"條義項2釋作："出嫁。"其三個例證都是當代例，甚晚。"出娉"一詞，唐代墓誌已見用例，《唐代墓誌彙編續集》咸通○八三《段庚墓誌》："有孝子六人：長女十一娘出娉□門，禮歸□氏。"墓誌之外亦有用例，《庾子山集·答趙王啓》："況復才人出娉，還得賢夫，塞外有夫人之城，軍中有女子之氣。"

10. 出聘

後周顯德元年《劉光贊墓誌》："其次適曹氏，閨閫秉訓，令善叶儀，在家不迨於女工，出聘無虧於婦節。”

《大詞典》“出聘”條義項 2 釋作“出嫁”，首例引秦兆陽《在田野上前進》第十章：“在大街上，當著那麼多人，嚷著罵著，造謠，說自家沒出聘的孫女兒不要臉，勾引人，有這樣的爺爺嗎?”《大詞典》引現代例為証，甚晚。

11. 出室

後周顯德三年《袁彥進墓誌》：“妻母宋氏，只生一女，儀容美麗，處世温柔，荊玉難藏，獨有輝華之色；驪珠易隱，迥超出室之光。公歆之芳妍，堅慕求矣。”

《大詞典》“出室”條釋作“出嫁”，引例為清方苞《泉井鄉祭田記》：“時鮑氏姊已出室，而先兄侍王父於蕪湖，兩妹尚幼。”孤証且甚晚。其實，唐代墓誌已見用例，《唐代墓誌彙編續集》乾符○○七《李辭墓誌》：“八女：五人並未出室，長曰老老，次小老，次郎君，其年六月先公而逝；次小郎君，次禿娘。”

12. 出適

後唐同光二年《王審知墓誌》：“女七人：長封瑯琊郡君，適節度判官、檢校司空、柳州刺史李敏。次適水部員外郎張思齊。次封瑯琊郡君，適檢校太傅、睦州刺史錢傳珦。次適觀察判官、尚書工部員外郎、封州刺史、賜緋魚袋餘廷隱。三人未出適。”南唐保大四年《王氏夫人墓誌》：“夫人生符異彩，賢特靡群，詩閱采蘩，好求君子。洎乾寧初年出適為故隴西太保之室也。”

“出適”一詞，五代墓誌習見。前文已述，“出”和“適”均有“出嫁”義，此不贅。“出”和“適”放在一起是同義連用，構成同義複詞。《大詞典》“出適”條釋作“出嫁”，首例引《太平廣記》卷三二四引晉戴祚《甄異錄·秦樹》：“承未出適，我亦未婚，欲結大義，能相顧否?”例證略晚，《太平廣記》為宋代類書，其實，南北朝已見用例，南朝宋何法盛《晉中興書》卷四：“臨海公主，惠帝第四女，羊皇后所生，初封清河公主，未出適，值永嘉亂。”南北朝墓誌也有用例，《漢魏六朝碑刻校注》一三六八《北周拓跋虎妻尉遲將男墓誌》：“長女須摩，出適越勒氏。”

13. 從

吳大和五年《趙思虔妻王氏墓誌》：“縣君在家之時，生知孝敬，從夫之後，衆仰肅雍，不侮慢於孤貧，不驕矜於富貴，奉蘋藻以精潔，誠兒女以貞廉，接姻戚以柔和，御姬妾以整肅。"後周顯德三年《李訶妻徐氏墓誌》："長曰十八娘，聘於金氏。次曰十九娘，在室，未從伉儷。次廿娘，捨棄俗華，以投金地於福田寺。"

"從"，本義是"跟從"。女子出嫁以後，終生跟從丈夫，引申"從"則有"嫁"義。中國古代有"三從四德"，五代墓誌"從"之"出嫁"義用例可從一個側面佐證"出嫁從夫"的觀念在中國封建社會是根深蒂固的。

14. 從人

後唐同光二年《王審知夫人任內明墓誌》："女三人……次初及笄，未卜從人。皆茶蓼銜哀，旦暮殞絕，飛走為之感動，風雲為之慘悽。"後漢乾祐元年《龐令圖墓誌》："次未從人，方居孩幼。非才超於國器，即德邁於人龍，盡出高門，皆承餘慶。"

《大詞典》"從人"條義項3釋作"指嫁人"，引例為唐吳兢《樂府古題要解·定情篇》："右漢繁欽所作也，言婦人不能以禮從人，而自相悅媚。"孤證且晚出。《漢魏六朝碑刻校注》四九四《北魏司馬景和妻孟敬訓墓誌銘》："年十有七而作嬪於司馬氏。自笄髮從人，檢無違度，四德孔脩，婦宜純備。"

15. 歸

後梁乾化三年《韓仲舉妻王氏墓誌》："夫人髫歲令淑，姿質端明，年纔十四，歸於今洺州司馬韓君仲舉，君朗俊琳琅，才氣聰逸，所謂鳳凰和鳴，雅符配合者也。"後唐長興三年《孟知祥妻福慶長公主李氏墓誌》："長公主性稟天和，榮分聖緒，四德純茂，六行兼修，賢明雅契於典經，謙敬仍光於懿範，未笄而歸我令公焉。"

《說文·止部》："歸，女嫁也。從止從婦省，自聲。"古代謂女子出嫁曰"歸"。《易·漸》："女歸，吉。"孔穎達疏："女人生有外成之義，以夫為家，故謂嫁曰歸也。"《詩經·周南·桃夭》："之子于歸，宜其室家。"指女子出嫁，以夫家為家。女子出嫁以後就會以夫家作為自己的歸宿。

16. 歸聘

唐天祐十六年《任君妻高氏墓誌》："唯二女早歸聘於德門，皆以才業馳聲，軌儀臻譽，擅濟國肥家之美，蘊輝今映古之能。"

《大詞典》"歸聘"條釋作"謂回家問安"，引例為《詩經·小雅·采薇》："我戍未定，靡使歸聘。"毛傳："聘，問也。"朱熹集傳："戍事未已，則無人可使歸而問其室家安否也。"將《大詞典》釋義揆之五代墓誌，顯然未安。"歸"有"嫁"義，《易·漸》："女歸，吉。"孔穎達疏："女人……以夫為家，故謂嫁曰歸也。"近代漢語"聘"也有嫁義，唐孫棨《北里志·王團兒》："總角為人所誤，聘一過客。"顯然"歸聘"為同義連用，乃墓誌婚嫁義詞。傳世文獻也有用例，《御定淵鑑類函》卷二百七十三："曰汝愚父善應，於故人之孤女貧無所歸聘，以為己子婦。"

17. 降嬪

後蜀廣政十八年《孫漢韶墓誌》："二年春二月，上以公世為華族，家□名才，爰遵歸妹之文，遂展降嬪之禮。"

"嬪"古代指婦女，《爾雅·釋親》："嬪，婦也。"引申之，"嬪"字則有"嫁"義，《書·堯典》："釐降二女於媯汭，嬪於虞。""降"本義是從高處走下來。帝王之女下嫁，地位自高到低，故"降"又引申為帝王之女的下嫁。《玉篇·阜部》："降，歸也。""降嬪"指皇室之女的下嫁。《大詞典》"降嬪"條釋作"皇室之女下嫁"，引例為唐劉禹錫《慰義陰公主薨表》："稟教皇宮，已挺柔嘉之德；降嬪卿族，益彰貞粹之儀。"孤證且晚出。南北朝墓誌已見用例，《漢魏六朝碑刻校注》九〇八《東魏元鷥妃公孫甑生墓誌》："妃姓公孫，字甑生，遼東襄平人也。年廿七，降嬪侍中大司馬華山王元孔雀。"《隋代墓誌銘彙考》三一六《韋圓照妻楊靜徽誌》："年十五，以開皇十七年封豐寧邑公主，其年降嬪於河南公京兆韋圓照。"

18. 偶

後梁貞明六年《儲德充墓誌》："女二人：長曰柳柳，適楊氏。小曰女女，未偶良匹，並居喪盡禮，哀毀過人，擗踴絕漿，感於巷陌。"

"偶"本有"輔佐、配合"之義。《尚書·君奭》："汝明勗偶王，在亶，乘茲大命。"孔穎達疏："偶，配也。"引申之，"偶"乃"婚配、嫁"之義。《隋代墓誌銘彙考》〇七一《楊乂暨妻武氏誌》："夫人言歸百行，備彰四善，肅恭箕帚，虔主魚菽，造次以禮，莫不數族稟儀，鄉鄰取式，既偶哲夫，實生材子。"傳世文獻漢代已然，漢班固《白虎通·嫁娶》："七歲之陽也，八歲之陰也，七八十五，陰陽之數備，有相偶之志。"

19. 配

後唐應順元年《顧德昇墓誌》："夫人彭城郡劉氏，蕙蘭芬德，鸞鳳膚□，自配賢良，能和親族，咸顯肥家之道，共聞治家之規，宜為石窆分封，信是彤管貽美。"後晉天福五年《李氏墓誌》："懿彼淑人，配於君子。葬英易殯，棲鳳難留。朝霞夕露，閡水悲秋。"

《說文·酉部》："配，酒色也。""配"古字形像人跪着配酒狀。"配酒是將不同的酒相配合，達到匹配、滿意的酒色。男女相配而結合在一起，與配酒義相通。"① 古代"配""妃"同源，表示"配合、服侍"義。後引申有"婚配、嫁"義。《玉篇·酉部》："配，合也。""配"的這一義位古代文獻習見，《左傳·隱公八年》："陳鍼子送女，先配而後祖。"唐馮待徵《虞姬怨》詩："年華灼灼艷桃李，結髮簪花配君子。"

20. 匹

後周顯德二年《韓通妻董氏墓誌》："天生淑女，宜匹忠良。爰自初笄，聘於高國。無怠肅雍，不矜顏色。"

"匹"本是"配偶"義。《詩經·大雅·文王》："築城伊淢，作豐伊匹。"毛傳："匹，配也。"引申之，則有"結成配偶、嫁"義，多指女子與男子結合成配偶，動作的發出者是女子。《大詞典》"匹"之"嫁"義失載，其實，南北朝已多有用例，《漢魏六朝碑刻校注》一〇二八《東魏李府君夫人鄭氏墓誌》："儀範宗姬，譽滿閨閫。結褵②受訓，匹事君子。"《漢魏六朝碑刻校注》一一八二《北齊李君妻崔宣華墓誌》："暨執□巾，匹我良人，如桓從鮑，若鄧歸荀。"

21. 嬪

後晉天福五年《郭彥瓊墓誌》："劉氏爰自初笄，嬪於公焉。故得行著蘋蘩，禮芳閨壼，懷母儀於截髮，全婦道於齊眉，繼誕承宗，累生良胤。"

"嬪"字古有"嫁"義。《詩經·大雅·大明》："摯仲氏任，自彼殷商，來嫁於周，曰嬪於京。"鄭玄箋："嫁為婦於周之京。"《說文·女部》："嬪，服也。"段注："婦者，服也，故釋嬪亦曰服也。""嬪"與

---

① 王盛婷：《漢魏六朝碑刻禮俗詞語研究》，西南師範大學碩士學位論文，2004年，第13頁。

② 按：當為"結褵"。

"婦"一樣,作為古代婦女的通稱。婦女出嫁,服侍婦家,故"嬪"有
"嫁"義。南北朝墓誌就多有用例,《漢魏六朝碑刻校注》七八五《北魏
元景略妻蘭將墓誌》:"夫人幼懷四德,聲實兩著。年十二,嬪于元氏。
恭孝之性,發自天然;倒裳之志,未笄而備。"

　　22. 室

　　後梁龍德二年《崔柅妻李珩墓誌》:"夫人識稟柔婉,言行昭宣,逮
乎工容,動遵典法,初笄二歲,室於今工部尚書、西都留守副使,清河崔
公柅。"

　　《禮記·曲禮上》:"人生十年曰幼,學;二十曰弱,冠;三十曰壯,
有室。"鄭玄注:"有室,有妻也。妻曰室。"孔穎達疏:"壯有妻,妻居
室中,故呼妻為室。"墓誌中"室"乃"以女嫁人"之義。

　　23. 適

　　吳乾貞三年《劉君妻尋陽長公主楊氏墓誌》:"長女年當有字,容謂
無雙。娉娉融舜槿之英,婉孌叶絲蘿之詠,適柯氏。"後周顯德元年《劉
彥融墓誌》:"長女適清河張氏,次子懷德,補太廟齋郎,念鍾天性,孝
稟生知。"

　　《爾雅·釋詁上》:"適,往也。"《說文·辵部》:"適,之也。"
"適",本義是動詞,到……地方去。女子出嫁,也是從娘家到夫家,故
引申之,"適"可指女子出嫁。《左傳·昭公元年》:"女自房觀之,曰:
'子晳信美矣,抑子南,夫也。夫夫婦婦,所謂順也。'適子南氏。"《玉
臺新詠·古詩〈為焦仲卿妻作〉》:"貧賤有此女,始適還家門。"余冠英
注:"適,嫁。始適,言出嫁未久。"

　　24. 適娉

　　後周顯德四年《太原夫人王氏墓誌》:"生而婉麗,長乃幽閒,儀並
九包,體同十德,容過燕趙,香越蘭蓀,能吟詠雪之詩,解審絕絃之曲。
洎及適娉,益見雍和,無乖為婦之儀,曲盡如賓之道。"

　　"適"和"娉"均有"嫁"義,前已論之,"適娉"為同義複詞,仍
為"出嫁"之義。唐代墓誌多有用例,《唐代墓誌彙編》大和〇四三《佚
名墓誌》:"有一女子,長及笄年,適娉馮家,婚定晨省,禮事姑嫜,永
與馮家,繼其宗嗣。"《唐代墓誌彙編續集》大中〇四二《王氏墓誌》:
"有愛女一人,適娉王氏之門。習禮成規,陳詩作賦。"《唐代墓誌彙編續
集》咸通〇六七《陳克敬妻楊氏墓誌》:"夫人即之長女也。天降靈質,

地秀芳姿，令淑時聞。適娉君子，有翰林待詔陳公諱克敬，禮備之婚焉。"《大詞典》沒有收錄"適娉"一詞，當補。

25. 諧

後漢乾祐三年《李彝謹妻里氏墓誌》："次曰喜娘，幼處閨窗，未諧四偶。"

"諧"本為"和諧、協調"之義。引申之，則有"使……和諧"之義，女子到丈夫家，就應該使丈夫家"和諧"，因此，墓誌"諧"有"嫁"義。南北朝墓誌已見用例，《漢魏六朝碑刻校注》一一五七《北齊庫狄廻洛妾尉氏墓誌銘》："郡君生在名家，風神悟出。廻玟織組，起自天知。女戒針言，無假師授。匪宜體狀豐奇，實亦光彩聰異。及來諧君子，寤寐思賢。"《大詞典》未收"諧"之"出嫁"義，當補。

26. 移天

唐天祐十年《梁重立墓誌》："夫人武功蘇氏，郡中之良族也。笄總之歲，禮赴移天；耳順之秋，風燭長別。痛茲覆水，傷彼斷弦。"

"移天"猶出嫁。古代封建禮法以為女子在家尊父為天，出嫁則尊夫為天。張拱貴《漢語委婉語詞典》"移天"條釋作："舊時婦女以丈夫為天，稱'所天'，因婉指女子改嫁為'移天'。"① 非是。《大詞典》"移天"條義項 1 釋作："猶出嫁。古代封建禮法以為女子在家尊父為天，出嫁則尊夫為天。"首例引《隋書·王誼傳》："〔御史大夫楊素劾誼曰〕竊以雖曰王姬，終成下嫁之禮，公則主之，猶在移天之義。"例證偏晚，《隋書》為唐魏徵等撰。其實，南北朝時期就已經有用例，《漢魏六朝碑刻校注》六五六《北魏元颺妃李媛華墓誌》："瞻彼惟鳩，移天作合，河洲未比其德，琴瑟豈況其和？"《漢魏六朝碑刻校注》一一一七《北齊竇泰妻婁黑女墓誌》："太師人雄魁傑，將崇內主，永言秦晉，移天作合。"

27. 在室

唐天祐廿一年《王處直墓誌》："長女，早亡；次適幽州中軍使周紹弼，早亡；次適北京留守李存紀；次披剃；次在室。"後周廣順二年《李彝謹墓誌》："長曰適野由氏，次曰適蘇氏，先公而亡。次曰，在室，亦先公而亡。可謂容欺朱粉，節過松筠。"

"在室"原指女子已訂婚而未嫁，或已嫁而被休回娘家。引申之，則

---

① 張拱貴：《漢語委婉語詞典》，北京語言文化大學出版社 1996 年版，第 180 頁。

泛指女子未婚。南北朝墓誌已有用例，《漢魏六朝碑刻校注》四九四《北魏司馬景和妻孟敬訓墓誌銘》："穆穆夫人，乘和誕生，蘭聚蕙糅，玉潤金聲。令問在室，徽音事庭。"《唐代墓誌彙編》貞元一○五《薛迅墓誌》："二女在室，至性罕儔。風樹難追，日月將逝，酸感行路，哀慟里閭。"

28. 作儷

南唐保大十四年《王繼勳墓誌》："[崔氏] 不幸先公而亡。繼室滎陽郡夫人鄭氏，往歲名推賢淑，翼贊宮閫。玉度有輝，蘭儀誕茂。作儷於王，公從夫爵，禮也。"

"儷"有"配偶"義，《左傳·成公十一年》："鳥獸猶不失儷，子將若何？"杜預注："儷，偶也。""作儷"就是"作配偶、成婚"的意思，引申之，則有"嫁"的意思。"作儷"一詞南北朝以來習見，《漢魏六朝碑刻校注》一三二五《北齊趙奉伯妻傅華墓誌》："及移天左避，作儷時髦，魴鯉可食，秦晉相偶。結髮之華，崔劉無以尚；齊體之盛，袁馬不能踰。"《大詞典》首例引《晉書·后妃傳下·孝武定王皇后》："是以塗山作儷，而夏族以熙；妊姒配周，而姬祚以昌。"《晉書》為唐代房玄齡等撰，《大詞典》例證晚出。

29. 作嬪

南唐保大十四年《王繼勳墓誌》："娶清河郡夫人崔氏，舊朝相國允族孫女也。秀發景胄，訓承大家。曹謝賢才，維則是效。裴王宗族，作嬪可偕。"

"作"是動詞，有"充當、擔任"之義。"嬪"是婦女的美稱。《周禮·天官·大宰》："七曰嬪婦。"鄭玄注："嬪，婦人之美稱也。"賈公彥疏："此是國中婦人有德行故稱嬪。""作嬪"即"作……妻妾"的意思，引申之，則有"嫁"義。南北朝以來墓誌習見用例，《漢魏六朝碑刻校注》三一一《南朝梁蕭融太妃王慕韶墓誌》："婦德載宣，女師以鏡，言歸王室，作嬪君子。"《漢魏六朝碑刻校注》四九四《北魏司馬景和妻孟敬訓墓誌銘》："夫人資含章之淑氣，稟懷叡之奇風，芬芳特出，英華秀生。婉問河洲，皷鍾千里。年十有七而作嬪於司馬氏。"《隋代墓誌銘彙考》二九七《施太妃墓誌》："爰自弱齡，作嬪帝閭，貞孝表質，溫恭為本。"《唐代墓誌彙編》貞觀○○二《崔志墓誌》："言行兼備，令叔有聞，爰從羔雁之禮，作嬪君子之室，偕老同穴，生榮死哀。"《大詞典》

"作嬪"一詞失載，當補。

三 婚姻禮儀義詞彙

30. 百兩

後晉開運二年《李茂貞妻劉氏墓誌》："夫人奉母訓而四德彰聞，志女功而六義丕顯，卜叶莫京之兆，禮遵必敬之文。百兩既歸，三月乃奠。"後周顯德五年《李君妻朱氏墓誌》："五緑百兩，親迎有期，納吉問名，御輪無爽。"

古時車凡兩輪，故以兩計數。百兩，即百輛車。特指結婚時所用的車輛。亦泛言車輛多。《詩經·召南·鵲巢》："之子于歸，百兩御之。"毛傳："百兩，百乘也，諸侯之子嫁於諸侯，送御者皆百乘。"歷代墓誌多有用例，《漢魏六朝碑刻校注》五三七《北魏元新成妃李氏墓誌》："於是鳲鳩延娉，玉帛盈門，就百兩之盛儀，居層槐以作配。"《隋代墓誌銘彙考》〇一四《寇熾妻姜敬親誌》："容德內允，令淑外顯，乘禽爰降，百兩來儀。"

31. 車服

後晉天福七年《史匡翰墓誌》："尚魯國大長公主。車服有容，實殷帝之歸妹；穠華□□，□□□之王姬。"

"車服"為同義複詞，特指結婚時送嫁妝的車輛。古代"服"亦有"車"義，古代四匹馬拉的車，中間的兩匹馬就稱為"服"，《詩經·鄭風·大叔于田》："兩服上襄，兩驂雁行。"鄭玄箋："兩服，中間夾轅者。"古代大家族女子出嫁，"家人具衣飾，裝送有豐"①，此禮於今不絕。《大詞典》"車服"條釋作"車輿禮服"，非是。"車服"為同義複詞，《漢魏六朝碑刻校注》六五六《北魏元繼妃李媛華墓誌》："德音秩秩，車服光光，頒圭錫社，且公且王。"

32. 對卺

後梁乾化三年《韓仲舉妻王氏墓誌》："淮瀆大族，佩韓德門。歸於嘉哲，和鳴懿婚。倏嬰疾瘵，天道寧論。對卺之後，六稔剛柔。妝臺錦帳，煙盡花愁。砌遺行迹，耳留婉音。"

"卺"，古代舉行婚禮用的酒器，以瓢為之。"對"古有"合"義，

---

① 楊樹達：《漢代婚喪禮俗考》，上海古籍出版社 2000 年版，第 15 頁。

《魏書·張讜傳》："及革徐兗，讜乃歸順於尉元。元亦表授冠軍、東徐州刺史，遣中書侍郎高聞與讜對為刺史。"唐杜甫《卜居》詩："無數蜻蜓齊上下，一雙鸂鶒對沉浮。""對鴌"義同"合鴌"，"對鴌"一詞，《大詞典》失載。

34. 羔雁

後梁龍德三年《蕭符墓誌》："女四人，皆以賢淑之稱播於姻親，勳貴之家來委羔雁。"

"羔雁"小羊和雁。本為卿大夫的贊禮，語出《周禮·春官·大宗伯》："卿執羔，大夫執雁。"鄭玄注："羔，小羊，取其羣而不失其類。雁，取其候時而行。"引申之，指婚聘的禮物，而且儒家對此注入了新的禮儀，具有了新的象徵意義。《白虎通義·嫁娶篇》云："用雁者，取其隨時而南北，不失其節，明不奪女子之時也。又是隨陽之鳥，妻從夫之義也。又取飛成行、止成列也，明嫁娶之禮，長幼有序，不相逾越也。"

34. 合鴌

後漢乾祐二年《李彝謹妻里氏墓誌》："纔及破瓜之歲，禮諧合鴌之否。"後周顯德五年《馮暉墓誌》："常敦舉案之謙，每切過庭之訓。同牢固棗，合鴌彌彰，騰潤色於嵩崗，鑠精光於麗派，蘭芳露殞，桂茂霜凋，俄傾半嶽之峰，適墜中河之月。"

"合鴌"為古代婚禮中的一種儀式。剖一瓠為兩瓢，新婚夫婦各執一瓢，斟酒以飲，取"同體為一"之意。後多以"合鴌"代指成婚。《禮記·昏義》："婦至，壻揖婦以入，共牢而食，合鴌而酳。"孔穎達疏："鴌，謂半瓢，以一瓠分為兩瓢，謂之鴌。壻與婦各執一片以酳，故云'合鴌而酳'。"

35. 結褵

後周顯德二年《石金俊及妻元氏合祔墓誌》："夫結褵配賢夫，師女訓，正家道於內，承家教，令子奮仁勇，書戰勳於冊。"

"結褵"也寫作"結縭"。《詩經·豳風·東山》："親結其縭，九十其儀。"毛傳："母戒女，施衿結帨。""縭"古代女子出嫁時佩在胸前的帨巾。古代女子臨嫁，母為之繫結佩巾，以示至男家後應該盡力奉事舅姑，操持家務。"結縭"為古代嫁女的一種重要禮儀儀式。漢代就見用例，《後漢書·馬援傳》："汝曹知吾惡之甚矣，所以復言者，施衿結褵，申父母之戒，欲使汝曹不忘之耳。"

36. 聯姻

後晉某年《王君妻關氏墓誌》："今上自臨寶曆，聖澤頻仍，輝華晉室之聯姻，煥耀唐書之史録。"

《大詞典》"聯姻"條釋作"結親"，首例引《二刻拍案驚奇》卷十九："此時萬氏又富又貴，又與皇親國戚聯姻，豪華無比，勢焰非常。"例證晚出。唐代墓誌已見用例，《唐代墓誌彙編》大中一四五《路復源墓誌》："路氏之先，出自炎帝。其後黃帝封支子於潞，子嬰兒，聯姻霸國。魯宣之代，嬰兒歸晉，子孫因以為氏。至漢有路博多，為伏波將軍，食邑清水。"《唐代墓誌彙編續集》永淳〇〇三《王婉墓誌》："公孕影懸黎，翻華結綠，秾松千丈，郤桂一枝。司鳳沼而預綢繆，察烏盜而宜政令。固以玉人分翠，金穴聯姻，望軼朝賢，聲冠宗黨。"《唐代墓誌彙編續集》元和〇三八《孫君墓誌》："加以韜略之運，弧矢之妙，戎車遷轉，勳族聯姻，二者備矣。"

37. 納吉

後漢乾祐二年《李彞謹妻里氏墓誌》："淬明月魄，我夫人生。抱婉約情，稟雍容質。補降瓊樓，花藏金室。委禽問名，佳期納吉。榮比駕鸞，聲諧琴瑟。"後周顯德五年《李君妻朱氏墓誌》："後秦王以地居冢嫡，任有股肱，方作翰於四中，兼握兵於岐下，五綵百兩，親迎有期，納吉問名，御輪無爽，結援寧同於鄭忽，捧匜敦塊於懷嬴。"

"納吉"，古代婚禮"六禮"之一①。納幣之前，男方卜得吉兆，備禮通知女方，決定締結婚姻。《儀禮·士昏禮》："納吉用鴈，如納采禮。"鄭玄注："歸卜於廟，得吉兆，復使使者往告，婚姻之事於是定。"

38. 納徵

後周顯德二年《石金俊及妻元氏合祔墓誌》："太夫人及笄之歲，柔明之譽盈於鄉里，將軍府君聞其賢淑，乃納徵而授室焉。"

"納徵"，即納幣。古代婚禮"六禮"之一。《儀禮·士昏禮》："納徵，玄纁、束帛、儷皮，如納吉禮。"鄭玄注："徵，成也，使使者納幣以成昏禮。"賈公彥疏："納此，則昏禮成，故云徵也。"《晉書·禮志下》："江左以來，太子婚，納徵用玉璧一，獸皮二，未詳何所準況。"納徵就是由男方出具財物聘禮，派遣媒人送往女方，納幣以為婚姻之証也。

---

① 《儀禮·士昏禮》："婚有六禮：納采、問名、納吉、納徵、請期、親迎。"

39. 親迎

後周顯德五年《李君妻朱氏墓誌》："五絲百兩，親迎有期，納吉問名，御輪無爽。"

"親迎"為古代婚禮"六禮"之一。夫婿親自率人至女家迎新娘入室，行交拜合卺之禮。《詩經·大雅·大明》："大邦有子，俔天之妹，文定厥祥，親迎於渭。"

40. 同牢

後周顯德五年《馮暉墓誌》："堂弟延寨，行靈州左司馬、銀青光禄大夫、檢校太子賓客兼侍御史。室家增慶，世禄推賢。常敦舉案之謙，每切過庭之訓。同牢固稟，合卺彌彰，騰潤色於崙崗，鑠精光於麗派。"

"同牢"，古代婚禮中，新婚夫婦共食一牲的儀式。《漢書·王莽傳》："進所徵天下淑女杜陵史氏為皇后，聘黃金三萬斤，車馬奴婢雜帛珍寶以巨萬計。莽親迎於前殿兩階間，成同牢之禮于上西堂。"唐楊衡《夷陵郡内敘別》詩："禮娶嗣明德，同牢夙所欽。"清夏炘《學禮管釋一·釋媵御沃盥交》："同牢之禮，夫婦並尊，不為賓主。"

41. 委禽

後漢乾祐二年《李彝謹妻里氏墓誌》："淬明月魄，我夫人生。抱婉約情，稟雍容質。補降瓊樓，花藏金室。委禽問名，佳期納吉。榮比駕鴦，聲諧琴瑟。"

"委禽"即下聘禮，中國古代禮俗，納采用雁，故稱。《左傳·昭公元年》："鄭徐吾犯之妹美，公孫楚聘之矣，公孫黑又使强委禽焉。"杜預注："禽，鴈也，納采用鴈。"楊伯峻注："古代婚禮，第一事為納采。納采用雁，故亦言委禽。"

42. 問名

後漢乾祐二年《李彝謹妻里氏墓誌》："淬明月魄，我夫人生。抱婉約情，稟雍容質。補降瓊樓，花藏金室。委禽問名，佳期納吉。榮比駕鴦，聲諧琴瑟。"後周顯德五年《李君妻朱氏墓誌》："後秦王以地居冢嫡，任有股肱，方作翰於四中，兼握兵於岐下，五絲百兩，親迎有期，納吉問名，御輪無爽，結援寧同於鄭忽，捧匜孰媿於懷嬴。"

"問名"，舊時婚禮中"六禮"之一。男家具書托媒請問女子的名字和生辰，女家復書具告。卜得吉兆，男方向女方送上聘禮，定下婚事。《儀禮·士昏禮》："賓執鴈，請問名。"鄭玄注："問名者，將歸卜其吉凶。"賈公彥疏:"問名者,問女之姓氏。"

第三節　喪葬義詞彙研究

墓誌中喪葬義詞彙分別指死亡義詞彙和埋葬義詞彙。墓誌文獻中最為豐富、最為集中的詞彙莫過於喪葬詞彙,這些詞彙形成了墓誌詞彙特色之一。王力曾經說:"有些詞語直說出來會令人不愉快,所以往往被人用曲折的方式說了出來。"① 下面,我們分別討論五代墓誌中死亡義詞彙和埋葬義詞彙。

一　死亡義詞彙

從古到今,"死亡"是人們最忌諱的字眼。在通常情況下,人們忌諱談死亡,認為人的最大的不幸莫過於死亡。但是,在墓誌中死亡又是一個無法回避的話題,出於文辭典雅和避諱心理等因素的考慮,作為誌主的親屬或者受托於誌主的親屬的撰誌人,總是儘量用相關的詞語來替代"死亡"詞語。因此,墓誌中死亡義詞彙除了沿襲一些古代常見的、具有等級色彩的詞語外,如"崩""薨"等,更多的是採用了委婉的說法②。茲將五代墓誌死亡義詞語分別論述如下,詞語的排列以語音為序,以便尋檢。

1. 崩

後周顯德二年《蘇逢吉墓誌》:"旋以鄴臣拒命,大駕省方,七旬既格於苗民,三面遂問於湯綱,省臺已復,鑾輅言方,綏懷允計於大君,畫策亦資於賢輔。鄴城平矣,公之力焉,舜干方舞於兩階,隋帳尋歌於二豎,即漢皇崩矣。"

《說文·山部》:"嵤,山壞也。""嵤"同"崩"。"崩"本義指山倒塌。帝王之死,猶如山陵崩塌,引申之,"崩"就指帝王之死。《禮記·曲禮下》:"天子死曰'崩',諸侯曰'薨'。""崩"由天子之死,引申指皇后、太子之死,再引申指普通人的死亡。縱觀墓誌"崩"字的用例,所誌人物雖性別、職官各異,但較少為帝王、皇后,究其引申原因,羅維

---

① 王力:《漢語史稿》,中華書局 2001 年版,第 577 頁。

② 周阿根:《墓誌死亡義詞語對辭書編纂的價值》,《勵耘語言學刊》2014 年第 1 期。

明認為"蓋由於一般文獻皆公開印行,而墓誌則純屬私家撰述,除立碑外,從不想以其他方式公之於世,況大多數墓誌乃深埋於地下,其所受束縛自然相對較小,故可稱父母之死或其他親友、前輩之死為'崩'。此類用法剝奪了帝后之'專利',可算是一種特殊的文化心理現象。"① 我們認為"崩"由帝王而至普通民眾,既是詞義引申發展的結果,更多應該和"諛墓"有關。《大詞典》"崩"字條義項 11 釋作"特稱一般人死亡",引例為唐劉景夫《內侍王守琦墓誌》:"大中三載,退歸私第,因寢疾,崩於歲十二月十五日。"孤證晚出。《漢魏六朝碑刻校注》七一八《北魏染華墓誌》:"惟正光五年十月卅日構疾,崩於京都。"

2. 變故

後晉天福五年《張季宣妻李氏墓誌》:"豈謂身縈疾疹,厄在膏肓,藥石無痊,殞謝俄迫,以天福五年歲在庚子二月七日變故於洛京私第。"

《大詞典》"變故"條收列兩個義項:"1. 改變原來的氣質。2. 意外發生的變化或事故。"將這兩個義項揆之五代墓誌均未為安。從墓誌文獻的結構來看,我們不難發現"變故"乃死亡的一種委婉說法而已。《大詞典》當補充這一義項。

3. 殂薨

後周廣順元年《張鄴及妻劉氏合祔墓誌》:"人天大惡,祇有殂薨。神如雷電,命若風燈。陰陽造化,寒暑交騰。"

"殂薨"為同義複詞,"殂""薨"均有死亡義,《禮記·曲禮下》:"天子死曰崩,諸侯曰薨。"《大詞典》未收"殂薨",卻收列了"殂夭""殂沒""殂喪""殂逝""殂殞""薨殂"等同義複詞。"殂""薨"同義連用,因此又可以倒言為"薨殂",《唐代墓誌彙編》元和一〇五《楊甯墓誌》:"故司徒文簡公之為禮儀使,深加器待,以職縻之,納於大麓,方議明陟,無何薨殂,其素不行。"《大詞典》當補收"殂薨"。

4. 摧梁

後唐應順元年《顧德昇墓誌》:"方履明時,更期大任,不意忽□逝水,起歎摧梁,搢紳聞之,靡不興愴惜之恨也。"

《禮記·檀弓上》:"孔子蚤作,負手曳杖,消遙於門,歌曰:'泰山其頹乎! 梁木其壞乎! 哲人其萎乎!'"此乃孔子預感其將不久歿於人世

---

① 羅維明:《中古墓誌詞語研究》,暨南大學出版社 2003 年版,第 6 頁。

而發出之哀歎。七日之後，孔子果真離開人世。梁木摧壞，房屋則會倒塌，後人遂以"摧梁"喻指有才德之士死亡。關於墓誌中"摧梁"的死亡義，漢魏南北朝及唐代墓誌均有用例，羅維明已發之①，可參。"摧梁"的這一用法，也可作"梁摧"。

5. 斷弦

唐天祐十年《梁重立墓誌》："笄總之歲，禮赴移天；耳順之秋，風燭長別，痛茲覆水，傷彼斷弦。"

"斷弦"指喪妻。古代以琴瑟表示夫妻關係融洽，有夫唱婦隨之說。《唐代墓誌彙編》開成○三○《輔德墓誌》："皇城之南，滻川之右，金聲既絕，玉鏡沉埋，羅幌生塵，斷弦難續。""斷弦"則表示妻子的死亡。韓陳其謂"這是用形象代抽象（也就是用物代人）而形成的借代義。"②"斷弦"之表"妻喪"，傳世文獻唐代也有用例，唐徐彥伯《閨怨》詩："煖手縫輕素，嚬蛾續斷弦。"

6. 風樹

後唐清泰三年《戴思遠墓誌》："次曰懷傑，將仕郎、前守河南府王屋縣主簿，並承家令器，干世長才，自鍾風樹之憂，罔極蓼莪之痛。"後晉天福二年《羅周敬墓誌》："次延緒，次延宗，皆稟庭訓，悉紹家聲，龍駒鳳鶵，得非天性，良金瑞玉，自是國楨，終天懷風樹之悲，踏地有蓼莪之痛。"

《韓詩外傳》卷九："樹欲靜而風不止，子欲養而親不待。"後因以"風樹"稱父母的死亡，不得奉養。《漢魏六朝碑刻校注》八三六《北魏長孫季及夫人慕容氏墓誌》："方願盡歡膝下，永保期頤，烏鳥之志未從，風樹之悲奄及。"傳世文獻南北朝也有用例，《南齊書·虞玩之傳》："特以丁運孤貧，養禮多闕，風樹之感，夙自纏心，庶天假其辰，得二三年間，掃守丘墓，以此歸全，始終之報遂矣。"

7. 覆水

唐天祐十年《梁重立墓誌》："笄總之歲，禮赴移天；耳順之秋，風燭長別，痛茲覆水，傷彼斷弦。"

"覆水"是一種比喻的說法，喻指人之死亡。《唐代墓誌彙編續集》

---

① 羅維明：《中古墓誌詞語研究》，暨南大學出版社 2003 年版，第 28—29 頁。
② 韓陳其：《漢語借代義詞典》，廣東教育出版社 1995 年版，第 385 頁。

龍朔〇〇五《張士高墓誌》："朝光已没，夜川不止，有異人謀，終同覆水。"《大詞典》"覆水"條釋作："已倒出的水。喻事已成定局。"未確。首例引宋蘇軾《祭柳子玉文》："會合之難，如次組繡，翻然失去，覆水何救。"例證略晚，可補唐五代墓誌。

8. 告謝

後唐長興三年《孟知祥妻福慶長公主李氏墓誌》："庭懸丹旐，楹敝繐幢。易簀告謝，中外興悲。咸傷失儷，喪容累累。"

《大詞典》"告謝"條列有三個義項"1. 辭職。2. 古指官員受職後入朝謝恩，又稱中謝。3. 猶請罪"。以上三個義項揆之墓誌文獻均未為安，《唐代墓誌彙編》大中〇四〇《張文墓誌》："奈何寒暑忽侵，沉痾歷歲，藥餌無效，至於大漸，享年五十三，不終天算，以大中四年正月廿一日告謝于東都樂城里之私第。"《唐代墓誌彙編》咸通〇二三《李氏墓誌》："至三年十一月廿三日，以微疾告謝於東都尊賢里之私第。"《唐代墓誌彙編續集》貞元〇七二《張明進墓誌》："於戲！方騁於長途，嗟壽兮短運。運行遘疾，奄然告謝。貞元十九年四月廿一日，終於京兆永興里之私第，春秋六十。"細繹墓誌用例，其中"告謝"當為"死亡義"，《大詞典》失收，當據補。

9. 告終

唐天祐十年《梁重立墓誌》："年逾知命，石火忽臨，以天祐七年正月十二日，乃於永樂坊之私第而告終矣。"

"告終"本指宣告結束，後來引申指生命的終結。《唐代墓誌彙編》麟德〇二二《羅端墓誌》："以大唐麟德元年十月六日告終私室，春秋七十九。"《大詞典》"告終"義項2釋作"特指生命結束"，引清俞樾《茶香室三鈔·張子房服金丹而死》："服金丹而告終者，臧延甫、張子房、墨狄子是也。"孤證且甚晚，可補唐五代墓誌。

10. 薨

後唐長興四年《李德休墓誌》："長興二年八月二十四寢疾薨於延福里之第，享年七十有四。"後漢乾祐二年《李彝謹妻里氏墓誌》："即以乾祐二年九月十五日薨於綏州私第，享年五十有四。痛深五臣，哀切六親。人民罷市以興嗟，骨肉號天而動泣。"

"薨"，死的別稱。自周代始，人之死亡，有尊卑之分，"薨"用以稱諸侯之死。《禮記·曲禮下》："天子死曰'崩'，諸侯曰'薨'，大夫曰

'卒'，士曰'不祿'，庶人曰'死'。"唐代則以薨稱三品以上大官之死。墓誌"薨"的詞義存在着一種泛化的現象，不僅用於大官之死，同樣可以用於普通人。

11. 薨變

後梁龍德元年《雷景從墓誌》："公雖薨變，臣節不虧，顯自郡君夫人，廣布始終之道，公之生前留旨巨細，郡君遵依。"後唐長興三年《孟知祥妻福慶長公主李氏墓誌》："（小娘子二人）自長公主薨變，涕泣無時，既彰孺慕之哀，不闕問安之禮。"

"薨"是死亡的別稱，前已證之，此不贅。"變"乃"變故"之義。"薨變"為唐五代時期的新詞，有"死亡"義，《唐代墓誌彙編》大中〇九七《楊乾光》："府主司徒烏公，多其才器，命為懿親，旋屬司徒公薨變，竟有他議。"《唐代墓誌彙編》景福〇〇三《陳岩墓誌》："府君以大順三年正月二十九日薨變，春秋四十有四。"《舊唐書·郝廷玉傳》："太尉薨変已來，無復校旗之事，此不足軍容見賞。""薨變"一詞《大詞典》失載，當補。

12. 薨沒

後晉開運二年《王廷胤墓誌》："公娶沛郡夫人周氏，班姬讓德，馬后慚名，門傳千室之風，行署三從之美，不幸早先薨沒，痛慕難追。"

"薨"古有死亡之義，前已證之，此不贅。"沒"通"歿"，古有死亡義。《易·繫辭下》："包犧氏沒，神農氏作。"《論語·學而》："父在，觀其志；父沒，觀其行。""薨""沒"為同義連用，"薨沒"是同義複詞。《漢魏六朝碑刻校注》〇三四《東漢秦君墓刻辭》："維烏維烏，尚懷反報，何兄於人，號為四靈，君臣父子，順孫弟弟。二親薨沒，孤悲惻怛。"《大詞典》收列了同為同義複詞"薨殂"，卻沒有收列"薨沒"，當補。

13. 薨謝

後唐同光二年《王審知墓誌》："王其季也，娶樂安任氏，累封魏國尚賢夫人。琴瑟諧和，肥家雍睦，不幸先王薨謝。其執箕帚、奉蒸嘗，雖古之母儀無以加也。"

"薨"古有"死亡"之義，前已證之，此不贅。"謝"本義為"告辭"，後引申為謝世、死亡。"薨""謝"為同義連用，"薨謝"為同義複詞。《大詞典》"薨謝"條釋作"薨殂"，引例為宋王讜《唐語林·補遺二》："邦國不幸，姚令公薨謝。"宋李綱《與呂安老提刑第五書》："吳元中遽薨謝，殊可痛悼。"《大詞典》引例晚出且有違於引証的多樣性原則。其實，南北朝以來墓誌就已見用例，《漢魏六朝碑刻校注》五一九《北魏元彦墓誌》："而昊天不弔，殲我良人。厥齡四七，以熙平元年歲次丙申九月乙丑朔廿四日戊子薨謝中畿伊洛之第。"《唐代墓誌彙編》開元一七四《崔泰之墓誌》："又轉工部尚書。曹署增趐，績用其凝。天不愁留，奄焉薨謝，春秋五十有七。"

14. 即世

後梁開平四年《羅隱墓誌》："府君娶吳興沈氏，先三年即世，祔於平陵之北阪，先下泉谷杜氏之西階，今歸同穴。"後唐清泰三年《張滌妻高氏墓誌》："僖宗朝廣明中，使於淮南，微上供征賦，戎帥高駢以公之材足以為牧，奏授楚州刺史，政術有聞，以疾即世。"

"即世"一詞為墓誌常語，義同"去世"，婉指死亡，五代墓誌習見。墓誌之外，亦多有用例，《左傳·成公十三年》："無祿，獻公即世。"楊伯俊注："即世，即《越語下》'先人就世'之就世，漢魏人謂之下世，去世也。"南北朝以來墓誌多有用例，《漢魏六朝碑刻校注》六四七《北魏元隱墓誌》："即世何早，棄此功名。三蕃流響，二府遺聲。"《隋代墓誌銘彙考》一四二《鞏賓暨妻陳氏誌》："賓夫人之即世也，時鍾金革，齊秦交爭，車軌未並，主祭幼沖，且隨櫂瘲。"唐諱"世"，改世作"代"，"即代"一詞唐代墓誌習見，《唐代墓誌彙編》顯慶一六三《張楚墓誌》："君纔登弱之冠年，早從即代，豈謂方夏摧蘭，未秋掩桂。"《大詞典》"即代"條孤證，可補。

15. 捐百福

後梁乾化三年《韓恭妻李氏墓誌》："忽嬰微疹，未其彌流，不效三醫，遽捐百福，以乾化三年六月十八日終於私第，享年五十。"又"與善無徵，玄道之惑。寒蒸不節，調育所違。俄捐百福，不愈三醫。珠沉玉碎，形氣分離。"

"捐"乃"放棄、捨棄"之義。《說文·手部》："捐，棄也。""百福"，猶言多福。《詩經·大雅·假樂》："千祿百福，子孫千億。""捐百福"是一種委婉語，放棄了多福，引申之，則指去世。

16. 捐背

後梁開平四年《穆君弘及妻張氏合祔墓誌》："鳴呼！處士沒兮星落，

秋風勁兮蘭摧。絳幛遽掩於芳塵，丹旐載楊其啓路，以唐咸通十二年十月二日寢疾捐背於私第，享年七十三。"

"捐"乃"放棄、捨棄"之義。"背"乃"背離"之義。引申之，"捐背"成為死的婉辭，"捐背"和"棄背"同義。傳世文獻晉代已見用例，晉潘岳《寡婦賦》："榮華曄其始茂兮，良人忽以捐背。"碑刻文獻，唐代始見用例，《唐代墓誌彙編》上元〇三九《翟瓚墓誌》："洎乎偕老信期，良人捐背，以貞潔之操，逮孀孤之始。"

17. 捐館舍

後唐同光二年《王審知墓誌》："後六年，侍中捐館舍，天子降璽書，授王金紫光祿大夫、刑部尚書、充威武軍節度觀察處置等使，當年兼三司發運使。"

"捐"乃"放棄、捨棄"之義。"捐館舍"意思是抛棄館舍，引申為死亡的婉辭。傳世文獻戰國就有用例，《戰國策·趙策二》："今奉陽君捐館舍，大王乃今然後得與士民相親。"碑刻文獻南北朝已見用例，《漢魏六朝碑刻校注》四〇四《北魏元龍墓誌》："方當騁茲果毅，運此奇謀，掃狡寇於塞垂，追銜刀於江右。而輔善無驗，大寶多違，忽阻巷歌，奄捐館舍。"亦省作"捐館""捐舍"。《隋代墓誌銘彙考》三六七《張娥英墓誌》："故梁□華戚里，義重睦姻，□年□□，遽茲捐館，宜追榮命，用□□□。"《大詞典》"捐館"首例為唐代例，略晚。《唐代墓誌彙編》貞元〇四一《盧嶠墓誌》："以公之戴仁抱義，晦有頤貞，自筮仕至於捐舍，三十年間，而榮秩不至，何哉?"《大詞典》"捐舍"條首例為宋代例，略晚。

18. 蘭摧

後唐同光二年《王審知夫人任內明墓誌》："以貞明四年五月二十一日，薨於福府之正寢，享年五十有四。蘭摧九畹，芳華欻散於長空；蕙謝三冬，穠秀俄歸於大夜。"後梁開平四年《穆君弘及妻張氏合祔墓誌》："嗚呼!處士沒兮星落，秋風勁兮蘭摧。絳幛遽掩於芳塵，丹旐載楊其啓路，以唐咸通十二年十月二日寢疾捐背於私第，享年七十三。"

"蘭摧"一詞語本《世說新語·言語》："毛伯成既負其才氣，常稱:'寧為蘭摧玉折，不作蕭敷艾榮。'""蘭"是香草的一種，墓誌中蘭摧多喻指有德之士的死亡，南北朝至唐五代墓誌習見，《漢魏六朝碑刻校注》七六〇《北魏元信墓誌》："痛矣蘭摧，惜哉何暨? 三良苦秦，孰如茲日?"《隋代墓誌銘彙考》二七三《周皆墓誌》: "君有俊德, 蒲帛方來。
道長命促, 璧碎蘭摧。咄嗟去矣, 空有餘哀。" 《唐代墓誌彙編》儀鳳
〇〇九《趙臣墓誌》: "始欣松蔭, 俄輊蘭摧。鏡銷泉石, 琴亡夜臺。"
《大詞典》未收 "蘭摧" 一詞, 當補。同樣的意義也作 "摧蘭", 《隋代
墓誌銘彙考》二二七《楊孝偡墓誌》: "稚子媚妻, 既泛傷於行路; 摧蘭
折玉, 實深慟於相知。"《大詞典》亦未收 "摧蘭", 當補。

  19. 令終

  唐天祐十年《梁重立墓誌》: "原夫人昏默未形, 爰依大道, 龍龜既
啓, 始敘吉凶。漸著君親, 乃陳孝悌, 生以溫清色養, 歿以封樹蒸嘗, 人
貴令終, 其來遠矣。" 後周顯德二年《王虔真墓誌》: "吁! 人之生也, 善
始令終; 物之生也, 唯柏與松。"

  "令" 有 "善" 義,《詩經·大雅·既醉》: "昭明有融, 高朗令終;
令終有俶, 公尸嘉告。" 鄭玄箋: "令, 善也。" "令終" 本義是指事情完美
地終結。引申之, 可以用來指人保持善名而死。魏晉以來墓誌多有用例,
《漢魏南北朝碑刻校注》二三二《西晉張朗墓誌》: "以父終之年十一月壬
申, 神遷后土, 合葬斯宇。令終有淑, 遺教顯融。"

  20. 夢楹

  後唐長興三年《高暉墓誌》: "日落虞泉, 宜有再中之分; 川奔巨海,
終無卻返之由。貴賤雖殊, 後先而已。繇是尼父顯夢楹之疊兆, 曾生啓手
足之孝思。"

  《禮記·檀弓上》: "予疇昔之夜, 夢坐奠於兩楹之間。夫明王不興,
而天下其孰能宗予? 予殆將死也!" 孔子預見自己即將離開人世, 而興發
以上感慨。此後七天, 孔子果然壽終正寢, 離開人世。後人遂以 "夢楹"
喻指死亡。"夢楹" 一詞唐代墓誌就多有用例, 羅維明已經論及, 可參①,
此不贅。《大詞典》收列了同出一典的 "兩楹", 卻沒有收列 "夢楹",
當補。

  21. 彌留

  後梁貞明二年《張濚墓誌》: "嗚呼! 天不與善, 遘疾彌留, 貞明二
年正月十二日終於私第, 享年六十有一。" 後晉天福五年《郭彥瓊墓誌》:
"公忽嬰疾恙, 綿歷經時, □惟貞毫之姿, 宜保延洪之壽, 資意災生二

---

  ① 羅維明:《中古墓誌詞語研究》, 暨南大學出版社 2003 年版, 第 30 頁。

豎，彎遘三彭，遽至彌留，針砭莫效。"

"彌留"本指久病不愈，後婉指病重將終。"彌留"一詞，乃墓誌常語，魏晉南北朝以來墓誌習見用例，《漢魏六朝碑刻校注》六〇六《北魏盧令媛墓誌》："年甫九齡，召充椒掖。天不憗遺，遘疾彌留。正光三年龍集壬寅，夏四月壬戌朔，十六日丁丑，卒於京室。"《漢魏六朝碑刻校注》七三三《北魏于纂墓誌》："方將振翮紫墀，奮足臺階，而昊天不惠，寢疾彌留。春秋七十，孝昌三年歲次丁未二月甲午朔四日丁酉卒於洛陽城永康里宅。"《隋代墓誌銘彙考》〇〇七《李和墓誌》："而遘疾彌留，奄從怛化，開皇二年四月十五日薨於家，春秋七十七。"

22. 憫凶

後梁開平四年《穆君弘及妻張氏合祔墓誌》："僕少遭憫凶，孤苦成立，瞻彼天而難申區極，求他山而以慰服勤。"後周顯德二年《蘇逢吉墓誌》："公仁慈孝友，篤愛純和，鍾此憫凶，幾將滅性，水漿不入，終孝子之悲摧；欒棘居懷，盡詩人之哀思。"

"憫凶"，指父母之喪。晉袁宏《後漢紀·獻帝紀下》："天子策命曹操為公曰：'朕以不德，少遭憫凶。'"《唐代墓誌彙編》天寶〇九六《李娟墓誌》："旰等少遭憫凶，特荷撫愛，折我慈姊，天乎何罪？"《唐代墓誌彙編》乾符〇一一《楊思立墓誌》："君即太尉第六子也。君植性溫茂，蘊識沖遠，幼而岐嶷，弱不好弄，以經明求試於春官氏，十四擢孝廉第，遽罹憫凶，奄遘大禍。"後來亦可引申泛指喪亡。宋蘇軾《思子臺賦》："弔漢武之暴怒兮，悼戾園之憫凶。"

23. 沒

後梁開平四年《穆君弘及妻張氏合祔墓誌》："夫人清河張氏，綽有慈儉，著於家聲，徵君沒後二十六年而終，享年七十三，有子二人：長曰玄嵩；次曰玄恪。"後晉天福七年《周令武墓誌》："庖羲沒而神農舉，未耜爰興；炎帝殂而軒轅生，金木由作。"

"沒"，後來多寫作"歿"，指死亡。"沒"是一個古語詞，先秦文獻早有用例，《周易·繫辭下》："包犧氏沒，神農氏作。"《論語·學而》："父在，觀其志；父沒，觀其行。"

24. 歿

後梁開平四年《羅隱墓誌》："嗚呼！蒼天不弔，哲人其萎，以開平三年春寢疾，冬十二月十三日歿於西闕舍，享年七十七歲。"後晉天福八年《蔡府君墓誌》："公先娶周氏、張氏二夫人，並淑令德，各抱志貞，周氏夫人先公而歿，有二子。"

"歿"應該是"沒"死亡義的專字，乃墓誌習語，指死亡，去世。歷代文獻多有用例，《國語·晉語四》："管仲歿矣，多讒在側。"《史記·屈原賈生列傳》："伯樂既歿兮，驥將焉程兮？人生有命兮，各有所錯兮。"《周書·鄭孝穆傳》："孝穆幼而謹厚，以清約自居。年未弱冠，涉獵經史。父叔四人並早歿，昆季之中，孝穆居長。"

25. 歿世

後梁乾化二年《孫公瞻墓誌》："夫人自公歿世之後，以主祭肥家，無違禮制，能垂誨，用保家嗣。"後漢乾祐元年《龐令圖墓誌》："次曰守訥，初任陝虢察推，漸遷節度小計，不幸亦先於公嬰疾歿世。"

《大詞典》"歿世"條釋作"去世"，首例引唐元稹《夏陽縣令陸翰妻河南元氏墓誌銘》："歿世於夏陽縣之私第。"墓誌文獻唐代始見用例，《大詞典》難能寶貴地利用了唐代墓誌。實際上，傳世文獻南北朝已見用例，《梁書·劉顯傳》："不朽之事，寄之題目，懷珠抱玉，有歿世而名不稱者，可為長太息，孰過於斯。"

26. 偏露

後梁乾化四年《樂君妻徐氏墓誌》："夫人有一男光途，年幼沖。悲乎！偏露所不忍睹。嗚呼！生也幻世，沒兮歸人，聊紀馨香，用標年紀。"

《大詞典》"偏露"條釋作："謂父死。謂失去蔭庇保護。"引例為唐孟浩然《送莫甥兼諸昆弟從韓司馬入西軍》詩："平生早偏露，萬里更飄零。"《大詞典》釋義就其引用的例證而言，是沒有問題的，但是，揆之墓誌卻是錯誤的。張拱貴《漢語委婉語詞典》"偏露"條釋為"婉稱父親死亡"①，亦誤。在上引《樂君妻徐氏墓誌》中，敘述了這樣一個事實，即徐氏夫人去世了，兒子光途的年紀還小，人們不忍心看到孩子很小就失去母親。墓誌中"偏露"指失去母親無疑。因此，我們可以將"偏露"解釋為：喪失父親、喪失母親或喪失雙親。唐代墓誌中"偏露"指失去母親多有用例，《唐代墓誌彙編》咸通一〇〇《苗景符墓誌》："君生三歲偏露，十一而孤，廿七而亡。"《唐代墓誌彙編續集》神龍〇二一《任夫

---

① 張拱貴：《漢語委婉語詞典》，北京語言文化大學出版社 1996 年版，第 17 頁。

人墓誌》：“悲乎皇天，今我哭訴，茲婦柔哲，罔違德度。不知何愆，中年奄故，忍棄沖貌，俾予偏露。”以上唐代墓誌均為失去母親，是其證。

27. 啓手足

後梁龍德三年《蕭符墓誌》：“俄以龍德二年歲在壬午七月十八日啓手足於延福里之私第，享年六十有四。”後唐同光二年《王審知墓誌》：“且人倫大限，聖賢無改易之門；天道玄機，烏兔有薄蝕之運。今英王啓手足於富貴之際，傳印綬於將相之材，身沒名存，齊諸覆燾。”

“啓手足”一詞，語本《論語·泰伯》：“曾子有疾，召門弟子曰：‘啓予足！啓予手！’”朱熹集注：“曾子平日，以為身體受於父母，不敢毀傷，故於此使弟子開其衾而視之。”曾子的意思是說：看看我的手，看看我的腳。儒家宣揚孝道，身體來自父母，以臨終能保全身體為幸，後因以“啓手啓足”為善終的代稱，省作“啓手足”。《大詞典》“啓手足”條首例引唐白居易《故滁州刺史贈刑部尚書滎陽鄭公墓誌銘》：“逮啓手足，卒如其志。”唐代墓誌始多有用例，《唐代墓誌彙編》大和〇六四《崔公墓誌》：“大和癸丑歲閏七月三日，啓手足焉，享年五十有九。”《唐代墓誌彙編》大和〇八五《李翼墓誌》：“大和六年壬子十月十五日甲戌，朝散郎行河中府虞鄉縣尉李府君啟手足於京兆府鄠縣之別業，享年七十有一。”隋代墓誌中出現“開手足”，義同，《隋代墓誌銘彙考》三三六《劉則墓誌》：“如何纏次莫息，服蒙易往，泰山其頹，爰開手足。”《大詞典》未收“開手足”，當補。

28. 泣瓊

後漢天會八年《石映墓誌》：“公志懷敦素，性守謙沖，不以榮顯□情，但欲優遊晦跡而已，所冀神降其福天之齡，何圖兆夢泣瓊，藏舟棄壑。”

“泣瓊”一詞，語本《左傳·成公十七年》：“初，聲伯夢涉洹，或與己瓊瑰食之。泣而為瓊瑰盈其懷。”《說文·玉部》：“琀，送死口中玉也。”《公羊傳·文公五年》何休注：“孝子所以實親口也，緣生以事死，不忍露其口。”按照我國上古風俗，人死以後要在口中放一塊玉石，是為“琀”。“這種風俗盛行於春秋時代。含玉的用意是：事死如事生，親人死了，孝子‘不欲虛其口’，口中含玉，像永遠在吃東西似的。”[①] 後以夢見

① 謝棟元：《〈說文解字〉與中國古代文化》，遼寧人民出版社 2000 年版，第 67 頁。

食玉為死亡之徵兆，"泣瓊"用來婉指死亡。南北朝以來墓誌多有用例，《漢魏六朝碑刻校注》一四〇一《北周尉遲運墓誌》："浴日難駐，逝川何促。洹水泣瓊，崐山焚玉。"《唐代墓誌彙編》乾封〇五一《婁敬墓誌》："人代何促，塵露忽危，泣瓊俄軫，歎蕙無貲。"《大詞典》未收"泣瓊"一詞，當補。夢瓊、瓊夢、泣瑰、瓊瑰之夢等，均與泣瓊同出一典，其意義都是婉指死亡。

29. 棄命

後梁乾化二年《孫公瞻墓誌》："公自棄命，久在堂儀，今以歲道云通，日月斯吉，敬卜宅兆，特創松楸。則玄堂一扃，幽泉永閟，指山河於高國，得崗丘於新塋，可謂龍蟠，乃封馬鬛。"

《大詞典》"棄命"條釋作"違命；抛棄命令"，引例為《左傳·襄公二十三年》："貪貨棄命，亦君所惡也。昏而受命，日未中而棄之，何以事君？"明劉基《春秋明經·杞子來朝公子遂帥師入杞》："今而棄命廢職，忘先君之所事守，不能居其封爵，亦可鄙矣。"《大詞典》的釋義和例證應該是吻合的。細繹孫公瞻墓誌"棄命"的意思，顯然是表示死亡的，這種用法，唐代墓誌還有用例，《唐代墓誌彙編續集》長壽〇〇九《郭行節墓誌》："以大周長壽二年歲次癸巳二月辛酉朔廿四日甲寅棄命於雞澤縣之官舍，春秋六十有三。"《大詞典》當補充"棄命"之"离世"義項。

30. 傾淪

後晉天福八年《李章妻金氏墓誌》："一自府君傾淪，旬日夫人染瘵，徒護秦醫之術，枉楚葉寺之香。"

《大詞典》"傾淪"條釋作"淪陷"，引唐代蕭穎士《與崔中書圓書》："京邑傾淪，主上遷播，率土臣子，銜涕痛心。"就《大詞典》的釋義和例證來看，兩者並不矛盾，墓誌文獻中"傾淪"顯然非"淪陷"義。"傾"有"死"之意，唐代韋璞玉《京兆功曹韋希損墓誌》："開元七年八月九日，傾於新昌里第之中堂。"明代張鳳翼《灌園記·王蠋死節》："堪憐一命傾，抵死辭徵聘。""淪"也有死亡之義，劉勰《文心雕龍·銘箴》："然矢言之道蓋闕，庸器之制久淪。"可見，墓誌文獻中"傾淪"當為同義複詞，乃"死亡"義，唐代以後墓誌習見，《唐代墓誌彙編》儀鳳〇三六《王留生墓誌》："猗歟王子，允矣淑人，體道高尚，味重懸津，修福無効，奄致傾淪。"傳世文獻亦見用例，唐杜光庭《墉城集仙錄》卷二："推此始運館於玄圃，治仙職分，子存師君，爾後所願，不存所授，命必傾淪。"《晉書·呂隆載記》："呂氏伺隙，欺我人神。天命難假，終亦傾淪。"《大詞典》當據補漏收義項。

31. 傾逝

後周顯德五年《馮暉墓誌》："王南陽郡夫人賈氏，顯德四年丁巳八月十五日傾逝於靈州官舍，享年五十二焉，同時祔葬。"

"傾"有"死亡"義，唐韋璩玉《京兆功曹韋希損墓誌》："開元七年八月九日，傾於新昌里第之中堂。""傾逝"為同義複詞，指死亡、去世。《大詞典》"傾逝"條釋作"逝世"，首例引《八瓊室金石補正·唐曹氏譙君夫人墓誌銘》："豈謂石破山崩，奄從傾逝！"例證晚出。南北朝以來墓誌多有用例，《漢魏六朝碑刻校注》七一六《北魏于景墓誌》："至正光之末，限滿還京。長途未窮，一旦傾逝。"《唐代墓誌彙編》元和一二八《李素墓誌》："至貞元六年，不幸夫人傾逝"。

32. 喪

後梁開平三年《高繼蟾墓誌》："有梁開平三年八月十七日，故教坊使八座高公終於洛京，國喪英臣，家亡令子，家國爰萃，痛貫所知。"後唐長興四年《王禹墓誌》："有子十人：三人早喪，嗣子居貞，次子居吉，次子小蟲、四哥。"

"喪"古有死亡義，《尚書·金縢》："武王既喪，管叔及其羣弟乃流言於國。"孔傳："武王死。"《高繼蟾墓誌》中"喪"和"亡"同義對舉，"喪"之有"死亡"義，甚明。"喪"之死亡義，魏晉以來碑刻多有用例，不煩舉例。

33. 殤逝

唐天祐十三年《張宗諫墓誌》："長子吳十七，早年殤逝。"

"殤"指未至成年而死。《儀禮·喪服》："子女子子之長殤中殤。"鄭玄注："殤者，男女未冠笄而死可殤者。"《逸周書·謚法》："短折不成曰殤，未家短折曰殤。"朱右曾校釋引《喪服傳》："十九至十六為長殤，十五至十二為中殤，十一至八歲為下殤。""殤逝"為同義複詞，指未成年人死亡。《大詞典》未收"殤逝"。

34. 壽卒

後唐清泰四年《陰善雄墓誌》："方欲分憂助理，永靜邊塵，奈何奄棄明時，魂沉幽壤，當清泰四年丁酉歲八月十四日，壽卒於欽賢坊之私第，春秋五十。"後晉天福八年《羅盈達墓誌》："即以天福八年歲次癸卯九月十日，壽卒於懷安坊之私宅也，以其月十六日，葬於莫高里楊開河北原之禮也。"

"卒"乃"盡、完畢"之義。《詩經·邶風·日月》："父兮母兮，畜我不卒。"鄭玄箋："卒，終也。""壽卒"，就是"壽終"之義，引申之就有"死亡"之義。《大詞典》未收"壽卒"。

35. 亡

後梁開平三年《高繼蟾墓誌》："有梁開平三年八月十七日，故教坊使八座高公終於洛京，國喪英臣，家亡令子，家國爰萃，痛貫所知。"後晉開運二年《閻弘祚墓誌》："有子六人，三人早逝。長男希遜，新婦張氏，先已亡矣。次男希贊，小男壽之。"

《高繼蟾墓誌》中"亡"和"喪"同義對舉，"亡"之有"死亡"義，甚明。"亡"字古有"死亡"義，《尚書·湯誓》："時日曷喪，予及汝皆亡。"南朝梁劉勰《文心雕龍·哀悼》："及後漢汝陽王亡，崔瑗哀辭，始變前戒。"

36. 亡卒

後晉天福五年《孫思暢及妻劉氏趙氏合祔墓誌》："再婚顧氏，蓮開柳坼，綽約神資，無親戚之非譁，有解圍之妙智，春秋二十有六亡卒。"

"亡卒"當為同義複詞，均為死亡義。《大詞典》"亡卒"條收列有兩個義項："1. 潰逃的士兵。2. 戰死的士兵。"《大詞典》當補收這一義項。

37. 違養

後周廣順二年《劉琪及妻楊氏合葬墓誌》："自我先考妣違養之後，於今多歷年矣，每至追尋遺跡，想像慈顏，血淚空垂，心骨俱碎。"

古人有"子欲養而親不待"之語，後以"違養"婉指父母或尊長者去世。《唐代墓誌彙編續集》大和○○一《蔣氏玄堂誌》："衰行逆天地，先大夫違養再期之前月，太夫人樂安郡太君又棄袞及諸孫於東都永豐里宅之東寢，寔寶曆二年十一月三日也。"《大詞典》"違養"條首例引唐元稹《唐故河南元君墓誌銘》："先府君違養之歲，前累月而季父侍御史府君捐舘。""違養"當為唐代新詞，墓誌文獻唐代始見用例。

38. 物故

後唐長興四年《張文寶墓誌》："一女曰三超。夫人物故後，有姬人魏氏，號懿和，及侍巾櫛人。"

"物故"婉指人的死亡，是一個古已有之的古語詞。《荀子·君道》："人主不能不有游觀安燕之時，則不得不有疾病物故之變焉。"《漢書·蘇武傳》："前以降及物故，凡隨武還者九人。"顏師古注："物故謂死也，言其同於鬼物而故也。一説，不欲斥言，但云其所服用之物皆已故耳。"王先謙補注引宋祁曰："物，當從南本作殁，音没。"《漢語委婉語詞典》："物故"條解釋為："指人的使用之物皆已成故。"①非是。"物故"為同義複詞，王先謙補注甚確，漢魏以來碑刻多有用例，《漢魏六朝碑刻校注》〇一三《東漢高彥墓磚》："琅邪郡左尉高君，瑋彥，始建國天鳳五年，三月廿日物故。"《漢魏六朝碑刻校注》九二三《北魏崔混墓誌》："以元象元年，二月五日，奄至物故，時年卅四。"

39. 謝

後梁乾化二年《孫公瞻墓誌》："豈意穹旻不富眉壽，俄臻疾恙，廼致問命求医，竟非徵効，奮從遊岱，莫返幽泉，落落之材一摧，冥冥之魂永謝。"後周顯德元年《劉光贊墓誌》："公先娶汾陽郭氏，先公而謝，今則同歸。"

"謝"，辭也。人死亡之後也就是辭別人世，"謝"後來多用來委婉地指人之死亡。"謝"之"死亡"義《大詞典》失載，當補。

40. 奄忽

後梁乾化三年《韓仲舉妻王氏墓誌》："夫人無何遘疾，殆經四稔，萬盡求醫，竟不瘳間。以乾化三年九月三日奄忽長夜，嗚呼哀哉！"

"奄忽"原指疾速、急劇。就生者而言，死者的逝去也是非常突然和急劇的，因此以"奄忽"表示死亡。《唐代墓誌彙編》開元〇五七《朱齊之墓誌》："初謂公器，克成棟梁，如何奄忽，時命不臧？"《唐代墓誌彙編》開元一五六《李尚真墓誌》："謂有三事，俾屏一人，如何不淑，奄忽茲辰。素車既駕，縹帙長塵。""奄忽"之"死亡"義，傳世文獻漢代已然，《後漢書·趙岐傳》："年三十餘，有重疾，卧蓐七年，自慮奄忽，乃為遺令敕兄子曰。"

41. 奄棄

後唐天成三年《張居翰墓誌》："四年孟夏，上奄棄萬邦。今上登極，

---

① 張拱貴：《漢語委婉語詞典》，北京語言文化大學出版社1996年版，第25頁。

改號天成。"後晉開運三年《李行恭及妻陳氏合祔墓誌》:"人以芝蘭秀異,如芳桂之貞,以同光元年八月五日,忽因寢疾,奄棄高堂,享年六十有四矣。"

"奄"有"忽然、驟然"之義。《文選·任昉〈齊竟陵文宣王行狀〉》:"天不憖遺,奄見薨落。"李善注引《方言》:"奄,遽也。""奄棄"就是忽然捨棄。引申之就有"永別、死亡"之義。《大詞典》"奄棄"條釋作"忽然捨棄。猶永別,謂死亡",首例為唐韓愈《憲宗崩慰諸道疏》:"上天降禍,大行皇帝,奄棄萬國。"例證晚出。魏晉以來墓誌已見用例,《漢魏六朝碑刻校注》二三〇《西晉徐義墓誌》:"昊天不吊,奄棄厥齡。神爽飛散,長幽冥冥。"

42. 奄然

唐天祐四年《崔詹墓誌》:"未幾,而凤痕遽作,以其年六月二十八日,奄然於綏福里之私第,享年六十五。"

"奄"有"忽然、驟然"之義。"奄然"猶"奄忽",本來是一個同義複詞,忽然的意思,由於其經常和"死亡"義的詞連在一起使用,如"奄然而息""奄然即世"等,於是"奄然"便也有了死亡義,這是一種詞義感染現象。墓誌文獻,隋代已見用例,《隋代墓誌銘彙考》二五七《李沖暨妻郭氏墓誌》:"豈意埋蛇不驗,服入先徵,大象二年奄然賓館,春秋四十有四。"傳世文獻,南北朝已有用例,北齊顏之推《顏氏家訓·終制》:"先有風氣之疾,常疑奄然。聊書素懷,以為汝戒。"

43. 奄逝

後梁乾化四年《樂君妻徐氏墓誌》:"夫人以乾化四年七月六日遘疾奄逝,享年四十,以其年八月三日歸葬於鄞縣靈岩鄉金泉里,禮也。"

"奄"有"忽然、驟然"之義,"奄逝"指突然去世。《大詞典》"奄逝"條首例引《明史·盧象昇傳》:"臣非軍旅才。愚心任事,誼不避難。但自臣父奄逝,長途慘傷,潰亂五官,非復昔時。"《明史》是清代官修的一部反映我國明朝歷史情況的紀傳體通史,作者是清代的張廷玉等,史書的語言以成書時代為准,《大詞典》引之甚晚。《唐代墓誌彙編》永徽〇六三《索相兒墓誌》:"天道輔德,聞諸古語,哲人奄逝,何善之與?"

44. 奄謝

唐天祐廿一年《王處直墓誌》:"乾寧歲,忠肅公厭世,復贊猶子太尉六載。公以元昆奄謝，竭力彌深。”後晉天福七年《毛汶墓誌》：“不幸偶此違和，遽縈小疢，奇方莫驗，良藥何痊。俄奄謝以歸泉，人寰是棄；忽終天之墜世，隟影難留。”

“奄謝”指突然辭世，婉指死亡。《大詞典》“奄謝”條釋作“猶去世”，首例引唐劉禹錫《代慰義陽公主薨表》：“豈意遭兹短曆，奄謝昌辰。”例證晚出。“奄謝”一詞，南北朝墓誌已有用例，《漢魏六朝碑刻校注》九六〇《東魏元悰墓誌》：“舟無緩舳，壑有驚波，清暉奄謝，遺愛徒多。”《漢魏六朝碑刻校注》一二二一《北齊趙征興墓誌》：“函谷可封，燕石迺鐫。交臂何速，奄謝終天。”

45. 厭代

後蜀廣政十八年《孫漢韶墓誌》：“天祐初，轉充定海軍副兵馬使。三年，武皇厭代，莊宗嗣興。四年春，署公定安軍使，墨制授銀青光禄大夫、檢校國子祭酒、兼御史中丞、上柱國。”

“厭代”義同“厭世”，唐人因避太宗李世民諱，改“世”為“代”，後遂沿用下來。“厭代”用作“死亡”義，最早見於唐代，唐舒元輿《橋山懷古》詩：“軒轅厭代千萬秋，渌波浩蕩東南流。”《大詞典》“厭代”條釋作“特指帝王逝世”，非是。“厭代”一詞，不僅僅指帝王之死，還可用於后妃等。請看下面的例子，《舊唐書·后妃傳·代宗睿真皇后沈氏》：“太后沈氏厭代登真，於今二十七載，大行皇帝至孝惟深，哀思罔極。”《舊五代史·周書·后妃列傳·太祖聖穆皇后柴氏》：“太祖嘗寢，后見五色小蛇入顧鼻間，心異之，知其必貴，敬奉愈厚。未及貴而厭代。”《太平廣記》卷一三六“唐懿宗”條（出《杜陽雜編》）：“上仁孝之道，出於天性。鄭太后厭代，而蔬素悲毀，同士人之禮。公卿奉慰者，無不動容。”此三例，“厭代”的對象均為皇后，可証《大詞典》之誤。

46. 厭世

唐天祐廿一年《王處直墓誌》：“乾寧歲，忠肅公厭世，復贊猶子太尉六載。公以元昆奄謝，竭力彌深。”南唐保大元年《朱行先墓誌》：“自渤海公厭世，高澧亂行，府君奮臂一呼，率眾歸國，時天下都元帥吳越國王親統全師，撫臨郡縣。”

“厭世”本義是消極悲觀，厭惡塵世，後引申婉指死亡。《大詞典》“厭世”條釋作：“去世。死的婉辭。”首例引南朝宋顏延之《為湘州祭虞舜文》：“百齡厭世，萬里陟方。”例證晚出。其實，在先秦已見用例，

《莊子·天地篇》：“千歲厭世，去而上仙。”

47. 晏駕

後梁貞明六年《謝彥璋墓誌》：“偶太祖皇帝晏駕之後，今聖紹位之初，大布皇恩，褒崇勳舊，公累權騎卒，出掃氛霾，動必牆功，舉無不利。”後晉天福二年《宋廷浩墓誌》：“時遇莊宗晏駕，明帝御極。爰念舊勳，特加新寵，除授良州刺史。”

宮車當駕而晚出，因以“晏駕”表示帝王的死亡。《史記·范雎蔡澤列傳》：“宮車一日晏駕，是事之不可知者一也。”裴駰集解引韋昭曰：“凡初崩為‘晏駕’者，臣子之心猶謂宮車當駕而晚出。”“晏駕”之“帝王死亡”義，先秦已然，《戰國策·秦策五》：“秦王老矣，一日晏駕，雖有子異人，不足以結秦。”

48. 夭亡

後唐長興二年《張唐及妻李氏合祔墓誌》：“有子四人：長曰延超，天雄軍節度押衙，充共城鎮遏使兼勾當稻田務事。仲曰延嗣，弱冠之年不幸夭亡。”

短命；早死。《書·高宗肜日》：“降年有永有不永，非天夭民，民中絕命。”孫星衍疏：“夭者，《釋名》云：‘少壯而死曰夭，如取物中夭折也。’”《大詞典》“夭亡”條釋作“早死”，首例引《紅樓夢》第四回：“珠雖夭亡，幸存一子。”例證晚出。隋唐以來墓誌習見用例，《隋代墓誌銘彙考》三〇八《劉士安墓誌》“周武帝授使持節、驃騎大將軍、開府儀同三司、河陰郡開國公，食邑一千戶，龍渠二州諸軍事、二州刺史。大隋馭宇，追授夭亡，贈以秦州諸軍事、秦州刺史。”《唐代墓誌彙編》天寶〇七〇《劉昇墓誌》：“有子長曰穎，不壽夭亡。”《唐代墓誌彙編》永貞〇〇三《張詵墓誌》：“有子三人：長曰叔童，次曰叔威，皆幼而敏惠，年未弱冠，相次夭亡。”

49. 玉碎

後梁乾化三年《韓恭妻李氏墓誌》：“俄捐百福，不愈三醫。珠沉玉碎，形氣分離。”唐天祐十八年《孟弘敏及妻李氏合葬墓誌》：“薤露難留，風燈莫住。玉碎珠沉，鸞歸鳳去。二豎災時，兩楹夢處。刊茲貞珉，芳音永固。”

《大詞典》：“玉碎”條列有三個義項“1. 美玉碎裂。比喻美好的事物遭遇不幸。2. 美玉碎裂。形容聲音清脆。3. 美玉碎裂。謂為理想、正義而死"。墓誌中"玉碎"顯然是指死亡,《唐代墓誌彙編續集》貞元〇七三《宜都公主墓誌》:"而忽嬰暴疾,遽至彌留。玉碎瑤林,星沉漢渚。皇情痛悼,焉可勝言。"《大詞典》當補收死亡義。

50. 殞殁

唐天祐十八年《竇真墓誌》:"嘻嗟府君,舉止風雲。交朋出衆,見解超群。何圖殞殁,四海驚聞。"

《大詞典》"殞殁"條釋作"殞没",首例引宋范仲淹《讓樞密直學士右諫議大夫表》:"臣方痛心疾首,日夜悲憂,髮變成絲,血化為淚,殞殁無地,榮耀何心?"例證晚出。"殞殁"是墓誌常見之死亡義詞語,唐代墓誌已見用例,《唐代墓誌彙編》大曆〇四五《崔君墓誌》:"嗣子長男武騎尉隱居,亦隨君之化,已同其墳。二男管仲,亦近日殞殁,共同遷厝。"也可以寫作"殞没",《唐代墓誌彙編》開元〇五一《楊暉墓誌》:"壯年殞没,雄志不申。留恨九泉,長悲萬里。"《大詞典》釋猶未釋,應該作如下解釋:"也作'殞没',指死亡"。

51. 殞逝

後唐清泰三年《張滌妻高氏墓誌》:"昭宗自岐陽迴,將議東遷,乞假先往華州,至滻水為群盜所傷,因至殞逝。"後周廣順四年《索君妻張氏墓誌》:"娘子春秋七十有四,於廣順四年甲寅歲九月廿日殞逝於定難坊私第也。"後周顯德二年《裴簡墓誌》:"孫男福兒,年未弱冠,已定婚儀。擬卜良辰,旋興悲愴。以開運三年九月二十日染疾殞逝。"

《大詞典》"殞逝"條釋作"喪亡;逝世"。僅引《南史·劉遵傳》:"賢從弟中庶奄至殞逝,痛可言乎?"為例,孤證。"殞逝"為南北朝新詞,《漢魏六朝碑刻校注》六五一《北魏慈慶墓誌》:"昨以晡時,忽致殞逝,朕躬悲悼,用惕於懷。"《唐代墓誌彙編》乾封〇一九《海悅磚誌》:"春秋卅有二,掩然殞逝。即以其日殯葬斯□,宗族號咷,鄉閭痛惜。"《唐代墓誌彙編續集》麟德〇一七《張通墓誌》:"以永徽五年十一月殞逝,即以今年十月十一日,合窆京西神泉鄉馬祖之原,禮也。"傳世文獻亦有用例,《梁書·劉覽傳》:"賢從中庶,奄至殞逝,痛可言乎!"

52. 早世

南唐昇元六年《姚嗣駢墓誌》:"元昆諱,右軍兵馬使、銀青光祿大夫,不幸早世。"後漢乾祐三年《邢德昭墓誌》:"公初婚夫人劉氏,故郮州節度副使、檢校司徒珣之長女。次夫人韓氏,並華貫清門,先公早世。"

"早世"指過早地死去、夭死。漢魏碑刻多有用例,《漢魏六朝碑刻校注》〇九四《東漢鮮于璜墓碑》:"當遂功祚,究爵永年。意乎不造,早世而終。"《漢魏六朝碑刻校注》一三二八《北齊李希宗妻崔氏墓誌》:"年在幼沖,先君早世,嬰號孺慕,毁削絶人。"《隋代墓誌銘彙考》三五七《劉賓暨妻王氏墓誌》:"夫人乃容調端審,言行柔明,恭謹白天,冰霜惟性。乃先君早世,撫育孤遺,教以義方,咸得成立。"傳世文獻先秦就有用例,《左傳·昭公三年》:"不腆先君之適以備内官,焜燿寡人之望,則又無禄,早世隕命,寡人失望。"

53. 終

後梁開平三年《高繼蟾墓誌》:"有梁開平三年八月十七日,故教坊使八座高公終於洛京,國喪英臣,家亡令子,家國爰萃,痛貫所知。"後周顯德元年《安重遇墓誌》:"大周受命,先帝好賢,蒲輪將降於九霄,薤露俄悲於一世,於廣順元年九月四日,寢疾終於西京福善坊私第,享年六十有一。"

"終",與"始"相對,指事物的結局。引申之,指人之死亡。"終"古有"死亡"義。《禮記·文王世子》:"文王九十七乃終,武王九十三而終。"《文選·楊惲〈報孫會宗書〉》:"送其終也。"李善注:"終謂終没也。"

54. 珠沉

後梁乾化三年《韓恭妻李氏墓誌》:"俄捐百福,不愈三醫。珠沉玉碎,形氣分離。"後唐天成三年《王言妻張氏墓誌》:"何期日落紅樓,珠沉赤水,於唐天成三年七月二十一日忽爾嬰疾,至二十四日終於洛陽天門街龍武軍内,年六十有一。"

"珠沉"喻指人之死亡,唐代墓誌習見,《唐代墓誌彙編》龍朔〇六一《田君彦墓誌》:"豈期玉碎荆嶺,珠沉漢浦?以龍朔三年歲次癸亥四月廿七日卒於私第,春秋六十有四。"《唐代墓誌彙編》天寶〇四二《呂夫人墓誌》:"嗚呼哀哉!玉碎崑山,珠沉漢水。嗣子晏等咸泣血苦心,茹荼毁性。"墓誌之外亦有用例,《敦煌願文集·願文等範本·女人》:"奚謂珠沉漢浦,玉碎荆山?追念之心,痛傷何極!"《大詞典》未收"珠沉"一詞,而收有"珠沉玉碎"一詞,釋作"喻女子喪亡",並引《金瓶梅詞話》第六四回:"天厭善類,珠沉璧碎。"例證甚晚。張拱貴《漢語委婉語詞典》"玉碎珠沉"條解釋為："美玉破碎，珠寶沉沒。美女之死的婉辭。"首例引明徐復祚《投梭記·折齒》："拼得個玉碎珠沉，休思量意轉心反。"① 例證亦晚出，其釋義也是有問題的，從文獻用例來看，"珠沉"的所指對象多指女子，但並不局限指女子。

55. 珠碎

後梁龍德二年《崔崇素墓誌》："自古之人，其誰不死。喪我舅氏，情鍾令子。珠碎纏悲，蘭凋殞思。有生之苦，孰甚於此。"

"珠碎"常用來喻指人之死亡。唐代墓誌已經不乏用例，《唐代墓誌彙編》麟德○六五《周夫人之銘》："蘭菊實摧，朝光黯耀，珠碎夕暉，璧沉夜照。"墓誌之外，亦有用例，北周庾信《傷心賦》："膝下龍摧，掌中珠碎。芝在室而先枯，蘭生庭而早刈。"唐胡曾《詠史詩·江夏》："黃祖才非長者儔，禰衡珠碎此江頭。"

56. 卒

後梁龍德二年《崔崇素墓誌》："即以大梁歲在庚辰二月十日，卒於東京利仁里之官舍，春秋二十有一。"南唐保大九年《陶敬宣墓誌》："春秋五十有二，保大八年夏四月十有八日，卒於位。"

"卒"古代指大夫死亡，引申之，則為"死亡"的通稱。《禮記·曲禮下》："天子死曰'崩'，諸侯曰'薨'，大夫曰'卒'，士曰'不祿'，庶人曰'死'。"五代墓誌中，"卒"多指普通人的死亡。

二　埋葬義詞彙

57. 安厝

後晉開運三年《李實及夫人王氏墓誌》："遂乃卜得良日，選擇吉年，擇得開運三年二月十一日，遷葬於祖塋內丙地安厝。"後漢乾祐元年《楊敬千及夫人李氏合葬墓誌》："去丁未年十月廿一日，自梁苑扶護至洛陽，於徽安門外權且安厝。"

"厝"乃"放置"之義。"安厝"，就是安葬。"安厝"也寫作"安措"。《孝經·喪親》："卜其宅兆而安措之。"邢昺疏："宅，墓穴也；兆，塋域也。葬事大，故卜之。"南北朝以來墓誌多有用例，《漢魏六朝碑刻校注》九七八《北魏廣陽文獻王元湛墓誌》："芒阜臨北，魚山望東。

---

① 張拱貴：《漢語委婉語詞典》，北京語言文化大學出版社 1996 年版，第 32 頁。

安厝不異，託葬攸同。”

58. 安神

後晉天福二年《宋廷浩墓誌》：“君即以其年十月二十三日安神於河南府河南縣伊汭鄉中梁里新創之塋。”後周廣順二年《劉琪及妻楊氏合葬墓誌》：“丘壟新遷兮北邙，松柏羅列兮成行。靈車□苦兮路旁，安神於此兮庶子孫之必昌。”

“神”可指神靈，墓誌中藉以指“亡靈”“亡魂”。“安神”是一種委婉的說法，在墓誌中實際就是“埋葬”的意思。《大詞典》“安神”義項2釋作“安置神主”，與本義項有別，且《大詞典》首例引清畢沅《續資治通鑒·宋高宗紹興三十二年》：“壬申，欽宗虞主還几筵殿，上親行安神禮。”例證偏晚。羅維明把“安神”解釋為“安定亡靈、安置亡魄”[①]，亦未為中的。我們可以考察一下歷代墓誌表達埋葬意思的句子，一般都是采用“介詞+時間+埋葬詞語+地點”的句式。這類“埋葬”義動詞很多，如“歸祔”“歸窆”“歸靈”“合葬”等。“安神”用作“埋葬”義，唐代就有用例，《唐代墓誌彙編》永徽〇四九《秦建儀墓誌》：“摧心叩地，泣血號天。敬問東龜，安神北阜。”《唐代墓誌彙編》開元三〇〇《法澄塔銘》：“以其月廿三日安神于龍首山馬頭空塔所。”《唐代墓誌彙編續集》天寶〇〇七《劉元爽墓誌》：“以逾月廿四日，安神於龍首原，禮也。”

59. 窆

後梁龍德三年《蕭符墓誌》：“以癸未年八月一日窆於河南縣金谷鄉燋谷村之源，禮也。”後漢乾祐三年《邢德昭墓誌》：“以大漢乾祐三年四月十八日，窆於洛都北原朱陽里。元夫人彭城劉氏祔焉，禮也。”

“窆”，最初指將棺木葬入壙穴。《周禮·地官·鄉師》：“及窆，執斧以涖匠師。”鄭玄注引鄭司農曰：“窆，謂葬下棺也。”賈公彥疏：“窆，是下棺也。至壙下棺之時，鄉師執斧以涖匠師。”後來泛指埋葬。五代墓誌常見的以窆為語素構成的複音詞有“卜窆”“歸窆”“遷窆”“權窆”“懸窆”等，《大詞典》未收“卜窆”“權窆”。

60. 殯

後梁開平四年《羅隱墓誌》：“以開平四年正月二十三日，歸靈於杭

---

① 羅維明：《中古墓誌詞語研究》，暨南大學出版社 2003 年版，第 1 頁。

州錢塘縣定山鄉居山里，殯於徐村之穴，禮也。"後周顯德元年《劉秘墓誌》："吾家素儉，乃爾攸聞，予啓手足後，喪事宜約，哀悼宜節，殯於西京。"

"殯"本來指死者入殮後停柩以待葬。《禮記·檀弓上》："夏后氏殯於東階之上，則猶在阼也；殷人殯於兩楹之間，則與賓主夾之也；周人殯於西階之上，則猶賓之也。"引申之，"殯"就有"埋葬"義。五代墓誌常見的以殯為語素構成的複音詞有"合殯""旅殯""權殯""掩殯"等，《大詞典》未收"合殯""權殯""掩殯"。

61. 不封

後梁乾化二年《孫公瞻墓誌》："悲夫！古之不封不樹，今則墳焉。慮年祀綿遠，陵谷遷變。"後梁同光二年《左環墓誌》："雖不封不樹，理實契於淳元；而以松以川，事乃符於往典矣。"

"不封"指"不築墳"；"不樹"指"不植樹"。《大詞典》"不封"條釋作"不聚土築墳"，引例為《易·繫辭下》："古之葬者，厚衣之以薪，葬之中野，不封不樹。"孤證。"不封不樹"乃墓誌文獻中埋葬義習語，歷代墓誌多見到，《漢魏六朝碑刻校注》一二三〇《北齊堯峻墓誌》："粤已天統三年歲次丁亥二月壬寅朔廿日遷葬于鄴城西北七里。不封不樹，恐戀績與寒暑同湮；無記無銘，慮洪名將風塵共盡。敬鐫玄石，用表前脩。題美窮泉，方傳後裔。"《唐代墓誌彙編》景龍〇〇三《鄭道妻李氏墓誌》："古人不封不樹，喪期無數，斯蓋得其真矣。小子勉之哉！即以景龍元年十二廿六日窆於北邙之平原，奉遺訓也。"《遼代石刻文編·高為裘墓誌》："夫太古之葬，衣之以薪，不封不樹，喪期無數。後世聖人，易之以棺槨。降及近代，禮制增新，愈厚其事。"

62. 厝

後唐同光二年《盧文亮墓誌》："噫！是歲不和，乃權卜河南縣梓澤鄉厝於宣武里。"南唐保大元年《朱行先墓誌》："以其年歲次甲申十一月乙未朔六日庚子厝於本縣德政鄉通福里澈墅村之原，禮也。"

《廣韻·暮韻》："厝，置也。""厝"作為動詞本來是"放置，安放"之義，後引申指埋葬。《孝經·喪親》："卜其宅兆，而安厝之。"五代墓誌常見的以"厝"為語素構成的複音詞有"安厝""啓厝""遷厝""權厝"等。《大詞典》未收"啓厝"。

63. 祔

後梁乾化四年《張荷墓誌》："以來年正月十八日葬於河南府洛陽縣

平陰鄉陶村祔於蘇氏之塋，禮也。"後唐長興四年《毛璋妻李氏墓誌》："即以長興四年八月十日歸葬於河南縣平樂鄉杜澤原，祔於公之玄室，禮也。"

《說文·示部》："祔，新死者合食於先祖，從示，付聲。"“祔"，本為祭名，新死者附祭於先祖，後引申指合葬。《禮記·檀弓上》："舜葬於蒼梧之野，蓋三妃未之從也。季武子曰：‘周公蓋祔’。"鄭玄注："祔，謂合葬。"孔穎達疏："周公以來，蓋始祔葬。祔即合也，言將後喪合前喪。"五代墓誌常見的以"祔"為語素構成的複音詞有"祔葬""歸祔""合祔""遷祔"等。

64. 歸窆

唐天祐六年《李克用墓誌》："王以己巳歲二月十八日歸窆於代州雁門縣里仁鄉常山里祔於先塋，禮也。"後晉天福五年《梁瓗及妻王氏合葬墓誌》："至歿，唐甲申歲七月一日終於洛京中州私第，享年四十九，用其年十一月十三日歸窆於河南縣平洛鄉杜翟村。"

"窆"，最初指將棺木葬入壙穴。"歸窆"就是歸葬。《大詞典》"歸窆"條釋作"歸葬。窆，下葬。"首例引唐白居易《唐故虢州刺史贈禮部尚書崔公墓誌銘》："用大葬之禮，歸窆於磁州昭義縣磁邑鄉北原。"例證晚出。南北朝墓誌已習見用例，《漢魏六朝碑刻校注》六一七《北魏席盛墓誌》："正光四年，歲在癸卯，二月戊午朔，廿四日甲申，歸窆於恒農胡城縣胡城鄉胡城里。"《漢魏六朝碑刻校注》八四三《北魏楊順墓誌》："以太昌元年十一月十九日，歸窆於華陰之舊塋。永言盛德，以刊玄石。"《漢魏六朝碑刻校注》一三一二《北齊李祖牧墓誌》："以武平五年，歲次甲午，十二月十日，歸窆于先夫人舊兆北六十步。恐山移谷徙，鼇和見日。聊銘貞石，誌此窮泉。"

65. 歸祔

後梁龍德二年《崔崇素墓誌》："復以龍德二年十一月二十日，侍先夫人之喪，歸祔於河南府壽安縣連理村先域，禮也。"後唐同光三年《李茂貞墓誌》："王享年六十有九，同光二年甲申歲四月十一日薨於鳳翔府私第。三年乙酉歲十二月二十五日遷葬於寶雞縣陳倉里，歸祔於先考大塋。"

"祔"有"合葬"之義。"歸祔"實際就是歸來合葬。《漢魏六朝碑刻校注》六一三《北魏胡顯明墓誌》："其年十二月己未朔，越廿七日乙酉，歸祔于晉陽之北山，合葬東安府君。”《漢魏六朝碑刻校注》八三六《北魏長孫季及夫人慕容氏墓誌》：“越太昌元年，十一月十八日，將歸祔于先君之神兆。”《大詞典》“歸祔”條釋作“合葬”，首例為唐白居易《祭李侍郎文》：“指岐下以歸祔，備大葬之威儀。”例證晚出。

66. 合祔

唐天祐十六年《任公夫人高氏墓誌》：“壬午年正月廿五日。合祔於汾州西河縣文信鄉上文里。”南唐昇元六年《王君墓誌》：“嗣子延紹、延貞等，始備大葬之禮，窆於江都縣某鄉里，從先卿府君大塋，與夫人李氏合祔焉，禮也。”

“祔”有“合葬”之義。“合祔”還是合葬之義，屬於語義的加強。《大詞典》“合祔”條首例引唐顧況《酈公合祔挽歌》，例證晚出。南北朝墓誌已有用例，《漢魏六朝碑刻校注》一三九九《北周寇嶠妻薛氏墓誌》：“周宣政二年歲次己亥正月四日，夫人神柩歸於洛陽，合祔於邠州使君之塋。”

67. 合葬

後梁開平四年《穆君弘及妻張氏合祔墓誌》：“開平四年十月十七日合葬於涿州東三里孝義鄉河材之原，禮也。”後周廣順二年《劉琪及妻楊氏合葬墓誌》：“即以大周廣順二年十月十四日，自東都奉先府君之靈，與先太夫人合葬於洛京河南府河南縣平洛鄉杜郭村，禮也。”

《大詞典》“合葬”條義項1釋作“古代專指夫妻同葬一墓穴”。“合葬”乃墓誌習語，歷代墓誌多有用例，《漢魏六朝碑刻校注》六二〇《北魏元祐妃常季繁墓誌》：“粵四年二月戊午朔，廿七日甲申，啓齊王之墓而合葬焉。以陵谷有移，乃作銘誌之。”《漢魏六朝碑刻校注》八三一《北魏元頊墓誌》：“妃胡氏合葬於斯。”可見，古代合葬所指不一定是夫妻合葬。傳世文獻秦漢始有用例，《禮記·檀弓上》：“季武子成寢，杜氏之葬在西階之下，請合葬焉，許之。”

68. 儉葬

後漢乾祐四年《王玕妻張氏墓誌》：“我以內典是依，爾以儉葬為戒。”後周顯德二年《蘇逢吉墓誌》：“司門外郎情敦玉季，念極鴒原，與嗣子等思就良辰，以營儉葬。”後周顯德五年《趙瑩墓誌》：“掩珠鳧而藏玉鴈，儉葬雖無；乘白馬而駕素車，送喪皆至。九族悲蒿里之奠，千人感薤露之歌。"①

《大詞典》"儉葬"條釋作"猶言薄葬",引例為《三國志·魏志·常林傳》"豈弟靜紹封"裴松之注引晉魚豢《魏略·清介傳》:"(沐並)年六十餘,自慮身無常,豫作終制,戒其子以儉葬。"孤証。墓誌文獻唐代還有用例,《唐代墓誌彙編》如意〇〇三《楊訓墓誌》:"惟君為人簡克,平生素尚,心安陋巷,體甘菲薄。臨没誡子,令其儉葬。"

69. 旅殯

南唐保大四年《王君墓誌》:"卜遠不從,旅殯京邑。後四歲春二月五日,嗣子延紹、延貞等,始備大葬之禮,窆於江都縣某鄉里,從先卿府君大塋,與夫人李氏合祔焉,禮也。"

《大詞典》"旅殯"條釋作"謂靈柩暫時安放於外地等待歸葬",首例引明陳繼儒《讀書鏡》卷八:"旅殯無人照管、或毀壞暴露,願公愍其不幸……常戒主者保護之,以須其子之至。"例證晚出。唐代墓誌已多見用例,《唐代墓誌彙編》大曆〇〇九《李邕墓誌》:"天吏佚德,崑山是焚,公死青州,其誰不冤!旅殯中路,遭時未墳,今也遷卜,長歸九原。"《唐代墓誌彙編》元和一〇四《張士陵墓誌》:"初公寢疾,乃著遺令,送終之具,務以儉薄,獨以兩房伯父外祖母旅殯江濆,五十餘祀,先考先妣嘗所遺憂。又長兄韋城府君、從父兄葉縣府君、亡嫂鄭氏,假葬淮上,僅廿年,平生素心,遷祔而已。"

70. 遷奉

後梁龍德二年《崔崇素墓誌》:"唯恨履戴有虧,天不我壽,固此天折,今不得為尚書之子矣,他後若先夫人遷奉,願歸骨於大塋。"

"遷奉"一詞,五代墓誌習見。《大詞典》"遷奉"條釋作"奉侍靈柩遷葬"。兩個例證均為宋代例,首例引宋范仲淹《求追贈考妣狀》:"今為遷奉在近,未曾封贈父母……尚闕褒封,祭奠之間,誌述之際,乏茲恩數。"例證略晚。隋代以來墓誌就多有用例,《隋代墓誌銘彙考》二五四《楊謨墓誌》:"粵以大業二年十一月廿二日,遷奉公之神柩,改葬於華陰東原豐原鄉弘仁里。"《唐代墓誌彙編》開元二八〇《毛鳳敬墓誌》:"今卜宅兆,用今月八日遷奉河南縣平樂鄉之原,禮也。"《遼代石刻文續編·陳顗妻曹氏墓誌(甲)》:"庚戌歲夏五月庚寅朔二十五日甲寅,陳公

---

① 見《大唐西市博物館藏墓誌》,北京大學出版社 2012 年版。

遷奉先塋於京之南金河之表，夫人亦祔焉。"

71. 遷葬

後梁乾化五年《國礦墓誌》："礦夫人始平郡馮氏，乾化五年歲次乙亥七月庚申朔廿五日甲申，遷葬於河南縣宣武店東北。"後唐同光三年《李茂貞墓誌》："王享年六十有九，同光二年甲申歲四月十一日薨於鳳翔府私第。三年乙酉歲十二月二十五日遷葬於寶雞縣陳倉里，歸祔於先考大塋。"後晉天福五年《張季宣妻李氏墓誌》："即以其年十一月二十三日遷葬於河南縣永樂鄉徐蔞村，祔先太保塋，禮也。"

《周禮·地官·媒氏》："禁遷葬者與嫁殤者。"鄭玄注："遷葬，謂生時非夫婦，死既葬，遷之，使相從也。""遷葬"最初特指成人鰥寡者生時非夫婦，死後遷往一處埋葬，算合婚。墓誌的意思是把靈柩從原來的葬地遷移到另一地方埋葬，多為夫妻、父子等合葬。漢魏以來碑刻習見，《漢魏六朝碑刻校注》四五三《北魏李慶容墓誌》："冬十二月戊辰朔，十七日甲申，遷葬并州太原郡都鄉唐坂里之北山。"《隋代墓誌銘彙考》三八二《楊矩暨妻鄭氏誌》："即以今九年歲次癸酉三月乙亥朔十日甲申，遷葬於華陰縣留名鄉歸正里之東原。"

72. 權厝

後唐長興四年《張文寶墓誌》："今以其年十一月三十日，權厝於河南縣平樂鄉朱陽里，禮也。"後唐清泰三年《張滌妻高氏墓誌》："時兵寇相接，道路甚艱，諸子奔赴其所，遂權厝於藍田縣。"

"權"是"暫時、苟且"之義。《文選·左思〈魏都賦〉》："權假日以餘榮，比朝華而菴藹。"李善注："權，猶苟且也。""權厝"指臨時置棺以待葬。《大詞典》首例引宋何薳《春渚紀聞·殯柩者役於伽藍》："建中靖國間，有時相夫人，終於相府，未獲護葬還里，權厝城外普濟寺。"例證晚出。隋代墓誌已有用例，《隋代墓誌銘彙考》三三六《劉則墓誌》："嗚呼哀哉！以十月十五歸於河南郡河南縣崇業里，權厝於私第。即以七年歲次辛未四月丙辰六日辛酉葬於洛陽常平鄉仙遊里北邙山下。"《唐代墓誌彙編》大中一五二《張昱墓誌》："公前娶東海郡徐氏夫人，去大和八年正月九日終於陳州宛丘縣之私第，權厝于揚州江陽縣府城之南。"

73. 玄窆

南唐保大十二年《徐延佳墓誌》："至乙丑歲仲春，玄窆江濱鄉菜園之內。"

"窆"的意思是將棺木葬入壙穴。《周禮·地官·鄉師》:"及窆,執斧以涖匠師。"鄭玄注引鄭司農曰:"窆,謂葬下棺也。"賈公彥疏:"窆,是下棺也。至壙下棺之時,鄉師執斧以涖匠師。""玄"多指與陰間有關之事,顯然,這裏"玄窆"就是埋葬之義。《唐代墓誌彙編續集》乾符○○九《鄭氏墓誌》:"僕奉國太夫人旨命,懼水火之虞,及歲月之利,而躬視鄭氏玄窆之禮焉,附棺之儀,罔不備具,哀悼之意,難盡其辭。""玄窆"一詞《大詞典》失載,當補。

74. 穴

後唐天成二年《孫拙墓誌》:"以明年二月十五日穴之於河南縣平樂鄉張楊里,從先大夫於九原,禮也。"後晉某年《白萬金墓誌》:"選於吉地,歸穴邙山。"

《說文·穴部》:"穴,土室也。""穴"由名詞"土室"之義,引申為動詞"埋葬",《大詞典》漏收"穴"之動詞"埋葬"義,當補。五代墓誌以"穴"為語素的埋葬義複音詞有"卜穴""歸穴""同穴"等,《大詞典》未收"卜穴""歸穴"。

75. 移葬

南唐保大九年《盧文進改葬記》:"遂於保大九年歲次辛亥七月□申朔朔日辛酉移葬於開元鄉蒲干里,宋國夫人合祔焉。"

《大詞典》"移葬"條釋作"遷葬",引例為巴金《馬拉·哥代和亞當·魯克斯》:"他的遺骸被移葬在國葬院中。"孤証且甚晚。南北朝以來墓誌多見,《漢魏六朝碑刻校注》六六一《北魏韓賄妻高氏墓誌銘》:"以正光五年歲次壽星十一月三日移葬於定州常山郡行唐縣宕城川蘭山之陽。"《唐代墓誌彙編》開成○一六《顏元貞墓誌》:"令孫孝思,大事孔營。啟祖及妣,移葬上京,今慈一窆,永固佳城。"

76. 瘞玉

後漢乾祐三年《邢德昭墓誌》:"至孝等以窀穸將歸,慮高深易變,爰陳景行,俾誌貞珉。但夢乏祥禽,莫述生金之字;才虧幼婦,徒追瘞玉之心。"

《大詞典》"瘞玉埋香"條釋作:"指埋葬已故的美女。亦省作'瘞玉'。"首例引明高啓《聽教坊舊妓郭芳卿弟子陳氏歌》:"回頭樂事浮雲改,瘞玉埋香今幾載。"《大詞典》例證晚出,且釋義不確。韓陳其《漢語借代義詞典》"瘞玉"條沿襲《大詞典》釋作"埋葬美女,美女如玉,因以玉表示美女"①，亦誤。從上引五代墓誌來看，墓主邢德昭並非美女，乃是堂堂鬚眉。唐代墓誌中也有指男性的用例，《唐代墓誌彙編》垂拱〇四四《龐德威墓誌》："泉中瘞玉，地下埋金，荒郊引霧，寒隴凝陰。"《唐代墓誌彙編續集》垂拱〇〇二《譚德墓誌》："文昌佇懿，方接響於充庭；京兆收魂，遽摧芳於瘞玉。"均是其証。《大詞典》將"瘞玉"解釋為"埋葬已故的美女。"不確。我們認為可以將"瘞玉"解釋為：埋葬有才德之人。

77. 葬

後梁開平三年《高繼蟾墓誌》："以其年九月廿二日大通葬於河南府河南縣平樂鄉朱陽里，禮也。"後漢乾祐元年《夏光遜墓誌》："家宰等扶護至洛，欲於乾祐元年春二月十日葬於西京河南縣平樂鄉杜郭村，禮也。"

"葬"，指"掩埋尸体"，先秦已然，《易·繫辞下》："古之葬者，厚衣之以薪，葬之中野，不封不樹，喪期無數，後世聖人易之以棺槨，蓋取諸《大過》。"《楚辞·渔父》："寧赴湘流，葬於江魚之腹中。"五代墓誌常見的以"葬"為語素構成的複音詞有"卜葬""重葬""翻葬""祔葬""改葬""歸葬""合葬""會葬""儉葬""遷葬""入葬""移葬"等。《大詞典》"合葬""儉葬"均為孤證。

第四節　墓石義詞彙研究

墓石義詞彙指表示墳墓和墓石詞語的總稱。墓誌中很多表示墳墓、墓穴和墓石的詞語，它們的來源各不相同。茲分別對這兩類詞語加以討論，限於文章的篇幅，墓誌用例一般選用一到兩例，詞語的排列以語音為序，以便排檢。

一　墳墓義詞彙

1. 崇墳

後梁乾化二年《孫公瞻墓誌》："厥跡永斷，其名空存。南山北河，千古崇墳。"

---

① 韓陳其：《漢語借代義詞典》，廣東教育出版社 1995 年版，第 472 頁。

《大詞典》"崇墳"條釋作"大堤"，引例為《文選·潘岳〈射雉賦〉》："或乃崇墳夷靡，農不易壠。"徐爰注："墳，大防，今呼為塘也。"孤證且釋義不確。"崇墳"一詞，南北朝以來墓誌習見，《漢魏六朝碑刻校注》八五一《北魏王溫墓誌》："蒼芒隴色，瑟泪松聲。夜長燈盡，溝凍泉□。□天隔照，託地同形，崇墳表德，刊石傳馨。"崇墳是使墳大，引申之就是大墳，《唐代墓誌彙編》開元三九九《崔嘉社墓誌》："崇墳掇掇兮北邙之岑，長夜冥冥兮喬松之陰。背洪河兮唯地之紀，傃清洛兮乃天之心。述平生之遺愛，將永永而逾深。"《唐代墓誌彙編續集》中和〇〇三《張免墓誌》："嗣子哀哀，罔極難說，絕曾子漿，泣高柴血。青岡南與，鑿覆崇墳，撰論先德，琢石鐫文。"墓誌中"崇墳"顯然非"大堤"的意思，而是"高墳、大墳"之義。《大詞典》當補收這一義項。

2. 大塋

後梁貞明元年《賈邠墓誌》："夫人蓬首素食，萬計克歸於大塋。山甫搦管為誌，哀而不銘。"後梁龍德二年《崔崇素墓誌》："唯恨履戴有虧，天不我壽，固此夭折，今不得為尚書之子矣，他後若先夫人遷奉，願歸骨於大塋。"

"塋"指墳墓，"大塋"指祖墳，唐代墓誌已見用例，姚美玲已言及①，唯云"大塋"為"唐代口語"似未確。五代墓誌還多有用例。"大塋"一詞，《大詞典》失載，當補。

3. 墳臺

後唐長興二年《王素墓誌》："逝水東流日影斜，墳臺安處是靈家。欲知腸斷添愁恨，片片悲雲對暮鴉。"

《大詞典》"墳臺"釋作"墳前用以供放祭品之臺"，引郭沫若《虎符》第三幕："那墳臺上有一把鋤頭，請你把它掩藏起來。"為例，孤證且甚晚。唐代墓誌也有用例，《西安碑林博物館新藏墓誌彙編》三二五《唐孫昊及夫人關氏墓誌》："兒女□聲哀，玄堂更不開。秋風悲壠樹，明月兆墳臺。"唐五代墓誌"墳臺"就是"墳墓"的意思，《大詞典》當補收這一義項。

4. 蒿里

後梁貞明六年《儲德充墓誌》："篋有忠傳，庭流孝泉。謹於君子，

---

① 姚美玲：《唐代墓誌詞彙研究》，南京師範大學博士學位論文 2004 年，第 14 頁。

慎出昔賢。彼蒼不吊，福善差先。將扃蒿里，永閟新阡。”後梁龍德二年
《崔枢妻李珩墓誌》：“將窮石窒，旋歸蒿里。盛美遺芳，豈能刊紀。”

　　“蒿里”本為山名，相傳在泰山之南，為死者葬所，後因以泛指墓
地、陰間。《漢書·廣陵厲王劉胥傳》：“蒿里召兮郭門閱，死不得取代
庸，身自逝。”顏師古注：“蒿里，死人里。”歷代碑刻多有用例，《漢魏
六朝碑刻校注》三〇一《南朝齊劉顗買地券》：“身歸三泉，長安蒿里。”

　　5. 佳城

　　前蜀乾德四年《許璠墓誌》：“女十一娘、十二娘等。號訴不天，摧
殘殞地，太師臨潁王以悼深手足，痛極肺肝，既閟佳城，復為銘曰。”後
晉天福六年《權君妻崔氏墓誌》：“情不可極，時且難逢，乃建佳城，言
歸冥宅。遂於天福六年十一月十六日葬於河南縣金谷鄉焦谷村。”

　　“佳城”一詞語本晉葛洪《西京雜記》卷四：“滕公駕至東都門，馬
鳴蹋不肯前，以足跑地久之。滕公使士卒掘馬所跑地，入三尺所，得石
槨。滕公以燭照之，有銘焉……曰：‘佳城鬱鬱，三千年見白日。吁嗟滕
公居此室！’滕公曰：‘嗟乎天也！吾死其即安此乎？’死遂葬焉。”後來
因以“佳城”喻指墓地，《文選·沈約〈冬節後至丞相第詣世子車中作〉
詩》：“誰當九原上，鬱鬱望佳城。”李周翰注：“佳城，墓之塋域也。”
“佳城”一詞，墓誌習見，此不贅舉例。

　　6. 馬鬣

　　後梁乾化二年《孫公瞻墓誌》：“公自棄命，久在堂儀，今以歲道云
通，日月斯吉，敬卜宅兆，特創松楸，則玄堂一局，幽泉永閟，指山河於
高國，得崗丘於新塋，可謂龍蟠，乃封馬鬣。”後唐長興三年《孟知祥妻
福慶長公主李氏墓誌》：“馬鬣佳制，龍耳名崗。安貞之吉，至理馨香。
愁雲慘霧，載飛載揚。窀穸之事，率由舊章。”

　　“馬鬣”原指墳墓封土的一種形狀，亦指墳墓，為墓誌習語。《隋代
墓誌銘彙考》一二四《呂武暨妻宇文氏墓誌》：“粵以其年歲次壬子十一
月癸卯朔十九日辛酉，遂乃合葬大興縣甯安鄉。人啼馬鬣，痛切心肝，鳥
噪松枝，悲鳴哀斷。”墓誌之外，亦多有用例，唐李白《上留田行》：“蓬
科馬鬣今已平，昔之弟死兄不葬。”清顧炎武《悼亡》詩之四：“貞姑馬
鬣在江村，送汝黃泉六歲孫。”“馬鬣”一詞在墓誌整理過程中，常常被
誤識。

　　7. 冥宅

　　後晉天福六年《權君妻崔氏墓誌》：“情不可極，時且難逢，乃建佳

城，言歸冥宅。遂於天福六年十一月十六日葬於河南縣金谷鄉焦谷村。"

《大詞典》"冥宅"條釋作"舊俗為死人焚化的紙糊房子"，引例為清蒲松齡《聊齋志異·金和尚》："冥宅壯麗如宮闕，樓閣房廊連垣數十畝，千門萬戶，入者迷不得出。"《大詞典》的義項與墓誌不符，"冥"多指陰間，"宅"指房屋，墓誌中"佳城"和"冥宅"為同義對舉，"冥宅"當為"墳墓"義，明甚。

　　8. 蓬丘

　　前蜀天漢元年《王君妻李氏墓誌》："乃宗乃祖，克聖克賢，雅範芳姿，介潔嬋娟。歸魂蓬丘，掩骨松阡，刊之貞石，永閟重泉。"

　　《大詞典》"蓬丘"條釋作"即蓬萊山"。《大詞典》之"蓬萊山"義項與墓誌不符，墓誌中"蓬丘"和"松阡"相對為文，當為"墳墓"義，明甚。"丘"本義為自然形成的小土山。"丘"因為形狀與墳墓相似，引申之，就有"墳墓"義。《方言》卷十三："冢，秦晉之間謂之墳……自關而東謂之丘。""蓬丘"之"墳墓"義，唐代已然，唐李白《越中秋懷》："路遐迫西照，歲晚悲東流。何必探禹穴，逝將歸蓬丘。"《大詞典》當補收"蓬丘"之"墳墓"義。

　　9. 泉扉

　　後周顯德二年《王柔墓誌》："燧泉扉兮窆玄緋，掩佳城兮藏白日。殷之棺兮夏之堲，公之神兮安此室。"

　　《玉篇·戶部》："一扉曰戶，兩扉曰門。"《大詞典》"泉扉"條釋作："墓門。亦指陰間。"首例引唐姚合《莊恪太子挽詞》之二："《薤露》歌連哭，泉扉夜作晨。"例證晚出。其實，南北朝至唐五代均有用例，可據補。《漢魏六朝碑刻校注》四七九《北魏元顥妃李元姜墓誌》："越八月廿六日甲申附葬於長陵北山。泉扉一晦，長夜無晨，刊茲幽石，以記徽塵。"《隋代墓誌銘彙考》〇一九《梁邕墓誌》："泉扉一掩。長眠無悟。視戚盈眸，空悲丘墓。"《唐代墓誌彙編》天授〇三三《王玄裕墓誌》："壑舟夜徙，薤露朝晞，同歸幽穴，共掩泉扉。"

　　10. 泉宮

　　後唐長興四年《王禹墓誌》："嗚呼！泉宮永閉，無期白日之輝；松隧長開，已畢青鳥之兆。"

　　"泉"指"黃泉"，與"陰間、地府"有關。"泉宮"一詞就指墳墓。《大詞典》"泉宮"條義項2釋作"墓室"，引例為：1. 宋梅堯臣《端明李侍郎挽歌》之一："今日泉宮啓，師臣禮秩增。" 2. 宋沈遘《祭蜀國太夫人》："寵靈光渥，畢於泉宮。"《大詞典》例證晚出。其實，"泉宮"一詞，從南北朝到唐五代墓誌多有用例，《漢魏六朝碑刻校注》三五九《北魏元楨墓誌》："泉宮永晦，深埏長銅。敬勒玄瑤，式播徽名。"《隋代墓誌銘彙考》〇四三《李敬族妻趙蘭姿誌》："大隋開皇六年正月卅日，先君改葬，奉合泉宮。"《唐代墓誌彙編》貞觀一〇八《明雅墓誌》："徒吹荒隴，虛照泉宮。"《唐代墓誌彙編續集》總章〇〇六《張威墓誌》："冀芳徽之不泯，勒誌行於泉宮。"

11. 泉戶

後晉某年《王君妻關氏墓誌》："嗚呼！好花易落，秀木先摧，嗟急景以逡巡，歎逝波而迅速，凶聞達闕，悲慟宮庭，愁雲布而九族衰，泉戶深而六親痛。"

《說文·戶部》："半門曰戶。"《大詞典》"泉戶"條釋作"墓門"。共引三個例證，唐包佶《昭德泉後挽歌詞》、唐白居易《海州刺史裴君夫人李氏墓誌銘》、清彭孫貽《虔臺寒食怨詩》，開始兩個例證均為唐代例，例證晚出。早在南北朝墓誌中就已有用例，《漢魏六朝碑刻校注》七二二《北魏元朗墓誌》："雲途未騁，鴻路已騫。寂寥泉戶，如何夜天。"《漢魏六朝碑刻校注》一三二九《北齊李雲墓誌》："恐桑田有徙，陵谷無常，式刊芳風，寄之泉戶。"《隋代墓誌銘彙考》〇〇八《李君妻崔芷縈誌》："恐谷徙陵移，期於萬古，勒茲翠石，置諸泉戶。"

12. 泉扃

後唐長興三年《高暉墓誌》："於戲！良木壞，泰山頹，蒿里迎歸，泉扃即掩，清風永□。想遊岱之青容，長恨難裁；痛終天之訣別，象奉哀托。"後唐清泰三年《張季澄墓誌》："龍韜機略，燕頷宜形。天不憖遺，葬乎泉扃。"

"扃"指"門閂、門環。""泉扃"指墓門，引申之，就指墳墓。南朝墓誌就有用例，《漢魏六朝碑刻校注》六一九《北魏元秀墓誌》："泉扃一夜，千祀不晨。陵谷儻移，埏隧更遷。故銘石幽壤，飾旌遺塵。"

13. 泉門

後唐長興元年《李仁寶妻破丑氏墓誌》："大限俄至，將沒幽冥。堂留舊影，室泛殘燈。一歸長夜，永閉泉門。"

《大詞典》"泉門"條釋作"墓門"，首例引唐護國《傷蔡處士》詩：

"晨光不借泉門曉，暝色唯添隴樹寒。"例證晚出，南北朝以來墓誌已見用例，可據補。《漢魏六朝碑刻校注》六六六《北魏檀賓墓誌》："松扇夜啓，泉門晝開，曉風空往，夕月虛來。"《漢魏六朝碑刻校注》一三一五《北齊鄭子尚墓誌》："山雲曉咽，松風暝和。泉門不曙，此夜如何。"《隋代墓誌銘彙考》〇〇五《茹洪墓誌》："天子吊贈，群公餞祖，勒石泉門，永彰厥德。""泉扉""泉戶""泉門"為同義詞，皆指墓門。

14. 泉壤

後梁開平四年《穆君弘及妻張氏合祔墓誌》："若非絕跡於多門，遊心於罔象，以身世為行客，視泉壤為歸途。"後晉天福五年《封準墓誌》："曾聞兩曜彪天，上其虧缺；五嶽鎮地，寧免崩摧。況乃人乎，何逃脩短？惟身歸泉壤，名感謝於聖時者，但渤海公也。"

舊時實行土葬，棺木需要埋於地下，因以"泉壤"婉指墳墓。"泉壤"之"墓穴"義，傳世文獻早在晉代就有用例，晉潘岳《寡婦賦》："上瞻兮遺象，下臨兮泉壤。"南北朝以來墓誌習見用例，《漢魏六朝碑刻校注》五〇四《北魏邢偉墓誌》："若夫山川迴尋，舟壑徂遷，篆素有時歇滅，金石理固難朽。迺勒銘黃廬，貽諸泉壤。"

15. 泉室

唐天祐十八年《王君墓誌》："泉室一閉，萬古千春。"

《大詞典》"泉室"條釋作"神話中的水下居室"。從《大詞典》所引的例證來看，其釋義是沒有問題的。但是，揆之墓誌文獻卻是有問題的，墓誌文獻中的"泉室"乃"墓室、墓穴"之義。"泉室"之"墓穴"義，墓誌文獻習見，《漢魏六朝碑刻校注》六七三《北魏李遵墓誌》："淒悽楚挽，灼灼容輴。長歸泉室，委體幽塵。"《唐代墓誌彙編》貞觀〇四四《清淇孝敏墓誌》："竊以陵谷易遷，金石難朽，乃圖風於泉室，齊天地之長久。"《唐代墓誌彙編續集》神龍〇〇三《董弘墓誌》："將恐時流歲往，物是人非，古墓成田，荒墳滅壟。式旌泉室，以勒斯銘。"《大詞典》"泉室"條釋作"神話中的水下居室"，與墓誌義項無涉，當補"墓穴"義。

16. 神寢

後晉開運二年《閻弘祚墓誌》："背倚邙丘，前流洛派。既龜從而告吉，期牛臥以思封。果契佳城，永安神寢。"

《大詞典》"神寢"條釋作"指墳墓"，沒有例證，可補五代墓誌。

墓誌中"神寢"和"佳城"同義對舉，"神寢"之"墳墓"義甚明。墓誌之外亦有用例，南朝梁沈約《郊居賦》："余世德之所君，仰遺封而掩淚。神寢匪一，靈館相距。"《梁書·昭明太子傳》："即玄宮之冥漠，安神寢之清閟；傳聲華於懋典，觀德業於徽諡。懸忠貞於日月，播鴻名於天地；惟小臣之紀言，實含毫而無愧。嗚呼哀哉！"

17. 神闕

後周顯德二年《田仁訓及妻王氏合祔墓誌》："今則噬合天道，兆契年通，特卜嘉塋，創茲神闕，於顯德二年歲次乙卯十二月乙丑朔三日丁卯，合葬於府城東三里。"

《大詞典》"神闕"條收列了兩個義項："1. 人體穴位名。位於臍正中。2. 天上的宮闕。"均與墓誌義項無涉。五代墓誌中"神闕"和"嘉塋"相對成文，為同義對舉，"神闕"之"墳墓"義甚明。《隋代墓誌銘彙考》二四四《魏昇墓誌》："東顧邙山，西觀神闕，勒石記功，乃為頌曰。"《遼代石刻文編·聖宗皇帝哀冊》："疊嶂千重，高淩碧空。虔奉遺旨，卜葬玄宮。負龍崗之巨麗，敞神闕以彌崇。"《大詞典》當補"神闕"之"墳墓"義。

18. 石室

後晉天福五年《王建立墓誌》："王享年七十，生於辛卯，薨於庚子，昔當台鉉，預創墳塋於榆社之西。冬十月十七日，至孝衛扶護歸於所造石室，禮也。"

"石室"指石頭造的墓室。當為南北朝出現的新詞，南北朝墓誌多有用例，《漢魏六朝碑刻校注》七一三《北魏楊乾墓誌》："流川長寫，石室弗開。愁松蔽路，邑里含哀。"《漢魏六朝碑刻校注》七五九《北魏元譚墓誌》："若夫玉板銀繩之言，華渚丹陵之事，斯已炳灼金匱，彪汗石室，"傳世文獻也多有用例，《宋書·禮志二》："漢以後，天下送死奢靡，多作石室、石獸、碑銘等物。"《舊唐書·后妃傳·太宗賢妃徐氏》："永徽元年卒，時年二十四，詔贈賢妃，陪葬於昭陵之石室。"《舊五代史·晉書·王建立傳》："余生為壽宮，刻銘石室，死當速葬，葬必從儉，違吾是言，非孝也。"

19. 松扉

後唐同光二年《盧文亮墓誌》："故□未□，貞魂何依。爰新宅兆，權卜松扉。"

《大詞典》"松扉"條釋作"松門、柴門",引例為唐皮日休《冬曉章上人院》詩:"松扉欲啓如鳴鶴,石鼎初煎若聚蚊。"宋孫覿《春事》詩:"茆楝依林出,松扉傍水斜。"明文徵明《煎茶詩贈履約》:"酒客不通塵夢醒,臥看春日下松扉。"清唐孫華《偕同年吳元朗遊西涇次友人韻》:"延客開松扉,書堂散誦讀。"從《大詞典》的例證來看,其"柴門、松門"指的是隱者所居的籬笆門。而墓誌中的"松門"乃指墓門,是指植有松樹的墓門。"松扉"用以指墓門,唐代墓誌就有用例,《唐代墓誌彙編》開元四九二《趙庭墓誌》:"蒿里無徑,松扉自幽,夜月徒朗,神風益愁,國寶瘞斯,千春萬秋。"《唐代墓誌彙編》景龍〇二五《魏體玄墓誌》:"敢鐫荊璞,用紀松扉,嗚呼哀哉,乃為銘曰。"《唐代墓誌彙編》元和〇四二《解進墓誌》:"茫茫蒿里,寂寂松扉,痛君子之長逝,沒寒泉而不歸。"按照中國古代墓葬習俗,墳前常植松樹,故"松扉"常用來指墓門,《大詞典》當增補"墓門"義項。

20. 松扃

後晉開運二年《閻弘祚墓誌》:"鵬程將運,驥足忽疲,松扃一閉,千載何期!"

《大詞典》"松扃"條釋作"松扉"。"松扉"條又釋作"松門、柴門"。《大詞典》"松扃"釋義與墓誌用例不符,指的是隱者所居之所,而墓誌中"松扃"指的是種有松樹的墓門。《漢魏六朝碑刻校注》八三六《北魏長孫季及夫人慕容氏墓誌》:"神途寡慶,天道誰聞?於惟聖善,遽委長墳。松扃暫掩,椒途永分。孰云表懿,策贈主君。"《唐代墓誌彙編》貞觀一二一《尹貞墓誌》:"掩松扃於文石,窆玉質於白楸。"《唐代墓誌彙編》開元三〇五《史待賓墓誌》:"銜酸茹泣,誰謂茶苦。送終全禮,恐掩松扃。痛隔幽明,悲纏屺岵。"

21. 松門

後唐天成二年《張積墓誌》:"是使雲飄湘浦,露泣松門,趙岐猶紀於逸人,庾亮終悲於喪玉。"後唐清泰三年《張季澄墓誌》:"今令弟季鷟以手足銜哀,幽明遽隔,闗松門之追痛,悲棣萼以彫零。"

《大詞典》"松門"條共有三個義項 1. 謂以松為門;前植松樹的屋門。2. 指松門山。3. 指松門峽。《大詞典》雖然收列了三個義項,仍未為備。從墓誌用例來看,"松門"乃指墓門。因為,中國古代有在墳墓旁種植松樹的習俗。"松門"一詞用作"墓門"義,南北朝墓誌多有用例,

《漢魏六朝碑刻校注》一三九七《北周寇胤哲墓誌》："天長地久，陵谷遷移，若松門之有改，知人世之在斯。"《隋代墓誌銘彙考》一九七《裴相墓誌》："風驚丹旐，霧隱松門。親賓掩目，故友傷魂。"《唐代墓誌彙編》永徽〇五六《顏璨墓誌》："月慘松門，風悲壟路。玄石斯刻，佳城永固。"《唐代墓誌彙編續集》顯慶〇四五《李玄節墓誌》："悲夫！泉宇杳杳，松門寂寂。"

22. 松阡

後梁乾化三年《韓恭妻李氏墓誌》："業名非文士，空仰芳猷，且以脂軿啟行，建旐云往，命紀歲月，以表松阡。"前蜀天漢元年《王君妻李氏墓誌》："乃宗乃祖，克聖克賢，雅範芳姿，介潔嬋娟。歸魂蓬丘，掩骨松阡，刊之貞石，永閟重泉。"

古人多在墓地種植松樹，以作為識別的標志。《大詞典》"松阡"條釋作"植有松樹的墓地"。所引兩個例證為：1. 唐黃滔《司直陳公墓誌銘》："可不誅清塵於桂苑，揭貞石於松阡。" 2. 唐司空圖《王縱追述碑》："潤接靈長，勝資磅礴，此兆松阡，昔圖煙閣。"《大詞典》的不足有二：所引兩個例證均為唐代例，似乎其他時代沒有用例，有違詞典引例的多樣性原則，此其一；南北朝墓誌已見用例，《漢魏六朝碑刻校注》七二二《北魏元朗墓誌》："霜悲墓道，風急松阡，匪資玄勒，孰響幽埏。"《大詞典》例證晚出，此其二。

23. 松楸

後梁開平四年《穆君弘及妻張氏合祔墓誌》："惟故鄉之涿庶，實先君之舊廬。豈松楸未列於我阡，墳壟尚遙於他縣。"後周顯德二年《蘇逢吉墓誌》："司門外郎情敦玉季，念極鴒原，與嗣子等思就良辰，以營儉葬，以遠祖松楸先在京兆，近代塋域亦在并汾，一則關輔遙賒，一則郊坼阻隔。"

古人多於墓地種植松樹、楸樹，以作為識別的標志。以"松楸"作為"墳墓"的代稱，五代墓誌習見。其實，以"松楸"作為"墳墓"的代稱，傳世文獻南北朝已然，南朝齊謝朓《齊敬皇后哀策文》："陳象設於園寢兮，映輿鍐於松楸。"墓誌文獻，隋代始見用例，《隋代墓誌銘彙考》二二八《楊紀暨妻韋氏墓誌》："蘭鬱蕙華，方春零落，孤墳徙殯，同穴爰歸。丘壤崔嵬，誰為百年之後；松楸蕭瑟，徒興九原之歎。"

24. 松隧

後唐長興四年《王禹墓誌》："嗚呼！泉宮永閉，無期白日之輝；松隧長開，已畢青烏之兆。"

"隧"指墓道。舊時墓地多種植松樹，因以"松隧"作為墓地的代稱。《大詞典》"松隧"條釋作"陵墓，墓地"。《大詞典》引用兩個例證，《晉書·苻登載記》："山陵無松隧之兆，靈主無清廟之頌。"《宋書·袁湛傳》："世祖大明三年，幸籍田，行經湛墓，下詔曰：'……朕近巡覽千畝，遙瞻松隧，緬惟徽塵，感慕增結。可遣使祭，少申永懷。'"《大詞典》例證排序有誤，《宋書·袁湛傳》當排列在《晉書·苻登載記》之前。因為《宋書》是南朝梁沈約撰，而《晉書》為唐房玄齡等撰。

25. 穸堂

後周顯德五年《馮暉墓誌》："埋魂委骨兮空黯淡，鶴來燕去兮競飛翔。松風冷落兮嘯寒月，夜臺蕭索兮閉穸堂。生前歿後兮福渺渺，古往今來兮事茫茫。"

"穸"有"墓穴"之義。南朝宋顏延之《宋文皇帝元皇后哀策文》："戒涼在辰，杪秋即穸。""穸堂"也是指"墓穴、墳墓。"唐代墓誌就有用例，《唐代墓誌彙編》永徽○七七《李智墓誌》："孝子弘裕等，恐寒暑易遷，陵夷谷滅，刊貞石於泉室，勒茲記於穸堂。"《唐代墓誌彙編》永淳○一○《賈文行墓誌》："汪汪玉貌，沉質幽房；濟濟紅顏，潛形穸堂。"《大詞典》未收"穸堂"一詞，但是收了"穸窆""穸臺"，《大詞典》當補收"穸堂"一詞。

26. 先域

後梁龍德二年《崔崇素墓誌》："復以龍德二年十一月二十日侍先夫人之喪，歸祔於河南府壽安縣連理村先域，禮也。"後唐天成三年《張居翰墓誌》："以其年八月十日葬於長安縣龍門鄉巒村，祔於先域，禮也。"

《大詞典》"先域"條釋作"祖先的墓地"，引例為宋范仲淹《權三司鹽鐵判官尚書兵部員外郎王君墓表》："二年三月十日，歸葬于蕭山之先域，禮也。"孤証。《唐代墓誌彙編》貞元○一六《源氏墓誌》："邙山之上，先域之東，立塋接壟，松柏聯封。"《唐代墓誌彙編》大和○五八《李蟾墓誌》："又營奉數喪，歸於先域，備物稱家，必誠必信，禮無遠者，人以為難。"《唐代墓誌彙編續集》大和○二一《鄭公妻李氏墓誌》："今將議窆穸，稱其有無，以大和三年十月廿日歸葬於河南府河南縣金谷鄉伏和村之原鄭氏先域之左，禮也。"從鄭公妻李氏墓誌來看，"先域"就是先前的墳地，不一定是祖先的，因為鄭公和李氏是夫妻關係，而不是前後輩關係。

27. 玄宮

後周顯德二年《田仁訓及妻王氏合祔墓誌》："其地也左連碧岫，右注清漳，前枕五龍，後歆三壟，四顧既多於王氣，二靈宜瘞於玄宮，欲保於地久天長，莫若於銘勳刊石。"

《大詞典》"玄宮"條義項 5 釋作"帝王的墳墓"。就《大詞典》所引的例證來看，其釋義是沒有問題的。張拱貴《漢語委婉語詞典》"玄宮"條也沿襲《大詞典》的錯誤釋作"婉指帝王墳墓"①。韓陳其《漢語借代義詞典》"玄宮"條也沿襲《大詞典》的錯誤釋作"王者的墓室"②。其實，歷代墓誌中並非只有帝王的墳墓才稱為玄宮。《漢魏六朝碑刻校注》三六九《北魏元彬墓誌》："玄宮長邃，永夜無晨。敬述徽績，俾傳來聞。"《隋代墓誌銘彙考》三五七《劉賓暨妻王氏墓誌》："朝辭絳帳，夕委玄宮，人休館靜，客散林空。"《唐代墓誌彙編》貞觀一二七《傅叔妻梁氏墓誌》："風樹不停，哲人其逝，一殯玄宮，長辭昭世。"五代時期墓誌還有用例，後晉天福五年《李氏墓誌》："永辭畫閣，積恨難銷，長秘玄宮，香魂莫返，熙載叨居瓜葛，早熟門牆，輒吐蕪詞，聊敘懿德。"後周廣順元年《□殷墓誌》："所痛者未畢將圖，空存遺美。悠悠丹旐，指阡陌之荒涼；黯黯玄宮，□英靈於永遠。"詞典釋義是一種語言義，而不是言語義，詞典的釋義應該具有概括性，不論是帝王的墳墓，皇后的墳墓，還是官吏百姓的墳墓，我們認為將"玄宮"統一解釋為"墳墓"即可。

28. 玄扃

後梁龍德二年《崔崇素墓誌》："珠碎纏悲，蘭凋殞思。有生之苦，孰甚於此。玄扃掩恨，翠琰留芳。"後晉天福七年《周令武墓誌》："上則遺美簡編，用光秘閣；下則勒銘貞石，俾焕玄扃，伸自家刑國之功，叶資父事君之道，冀存不朽，其在此乎？"

"扃"指門，"玄扃"就指墓門，引申之，則代指整個墳墓。《大詞典》"玄扃"條釋作"墓門；墓室"，首例引唐陳元光《太母魏氏半徑題石》詩："喬岳標仙蹟，玄扃妥壽姬。"張拱貴《漢語委婉語詞典》"玄

---

①　張拱貴：《漢語委婉語詞典》，北京語言文化大學出版社 1996 年版，第 50 頁。

②　韓陳其：《漢語借代義詞典》，廣東教育出版社 1995 年版，第 83 頁。

扃"條首例引唐司空圖《石氏墓誌》："光昭懿範，表識玄扃。"① 其實，南北朝隋墓誌已多見用例，《漢魏六朝碑刻校注》五三二《北魏王誦妻元貴妃墓誌》："言歸宅兆，即此玄扃，惟荒早駕，哀挽在庭。"《漢魏六朝碑刻校注》七八五《北魏元景略妻蘭將墓誌》："玄扃方奄，此夜何脩，徒懷禮範，傍有誰求。青松稍長，白楊漸抽，寄言泉石，播德魂丘。"《隋代墓誌銘彙考》一一六《呂道貴暨妻張氏誌》："窀穸有期，玄扃莫曉；若□玉瓔皮弁，空留昔日之蹤；代馬龍車，徒兼平生之憶。"

29. 玄寢

後梁開平四年《紀豐及妻牛氏合祔墓誌》："嗣子等孝資天縱，禮過常情，奉先纏免於廬居，哀毀僅招於滅性，以開平四年十一月四日□先君之玄寢而合祔焉，禮也。"吳大和五年《趙思虔妻王氏墓誌》："葬華未謝，薤露俄晞。幽冥莫測，魂魄何歸。荒草茫茫，悲風凜凜。萬古千秋，永安玄寢。"

"玄寢"一詞，《大詞典》失載，但是卻收錄了"玄宮""玄堂"，它們的構詞形式相同，意義也相同，均指墳墓，《大詞典》當補收"玄寢"一詞。"玄寢"一詞，隋代墓誌就有用例，《隋代墓誌銘彙考》三二三《董穆墓誌》："顧瞻日月，會歸玄寢。大業六年十一月三日葬洛陽城西北二里。"《唐代墓誌彙編》大曆〇六六《段承宗墓誌》："夜臺此閉，無復春秋，玄寢永安，邈終天地。"

30. 玄室

後唐長興四年《毛璋妻李氏墓誌》："俄以長興三年七月十七日，薨於洛京擇善坊之正寢，享年五十一，即以長興四年八月十日歸葬於河南縣平樂鄉杜澤原，祔於公之玄室，禮也。"

"玄"指黑色，墓誌中多與陰間有關。"玄室"指墓室，傳世文獻早在漢代就有用例，漢張衡《司徒呂公誄》："去此寧寓，歸於幽堂；玄室冥冥，脩夜彌長。"碑刻文獻漢代亦見用例，《漢魏六朝碑刻校注》一〇五《東漢柳敏墓碑》："山陵玄室，□斯邦兮。先人脩質，尚約清兮。"

31. 玄堂

後梁乾化二年《孫公瞻墓誌》："今以歲道云通，日月斯吉，敬卜宅兆，特創松楸，則玄堂一扃，幽泉永閉，指山河於高國，得崗丘於新

---

① 張拱貴：《漢語委婉語詞典》，北京語言文化大學出版社 1996 年版，第 50 頁。

堂。”後唐清泰三年《張季澄墓誌》：“將啓玄堂，永銘黄壤，以凝式嘗遊館閣，早熟徵猷，佩觿已覿於龍章，就列俄陪於鴛序。”

《文選·謝朓〈齊敬皇后哀策文〉》：“翠帟舒阜，玄堂啓扉。”吕延濟注：“玄堂，謂墓中也。”《大詞典》“玄堂”條義項 2 釋作“指墳墓”，引例為《魏晉南北朝墓誌集釋·晉張朗碑》：“刊石玄堂，銘我家風。”難能寶貴地利用了碑刻文獻。南北朝碑刻還有用例，《漢魏六朝碑刻校注》四四三《北魏嵩顯寺碑》：“玄堂暐曗，聖容啓靈。”

32. 玄宅

後晉開運三年《袁從章墓誌》：“水清照月，樹色凌霜。龍窠表瑞，馬跡呈祥。永安玄宅，地久天長。”

“玄宅”指墳墓。傳世文獻北魏時期已見用例，北魏酈道元《水經注·㵱水》：“父没當葬，女自相謂曰：‘先君生我姊妹，無男兄弟，今當安神玄宅，翳靈后土。’”墓誌文獻隋代始見用例，《隋代墓誌銘彙考》一四二《鞏賓暨妻陳氏墓誌》：“孝子惟孝，追遠追終。卜兹玄宅，穴此幽宫。山浮苦霧，樹動悲風。”《隋代墓誌銘彙考》三九六《衛伺墓誌》：“輀去華堂，輀歸荒兆。玄宅有夜，幽關亡曉。”

33. 偃斧

後周顯德五年《李從曦妻朱氏墓誌》：“大周顯德五年歲次戊午正月日，用大禮葬於岐山縣鳳棲鄉，祔秦王之新塋也。昔日鳳凰之卦，式叶同心；此時松檟之墳，別封偃斧。良有以也，何足道哉！”

《大詞典》“偃斧”條釋作“仰斧。指堆土為墳，墳頂窄狹如仰斧形狀。”引例為《孔子家語·終記》：“（孔子）葬於魯城北泗水上，藏入地，不及泉，而封為偃斧之形，高四尺，樹松柏為誌焉。”孤證。唐代墓誌多有用例，《唐代墓誌彙編》龍朔〇一三《靖徹墓誌》：“即以龍朔元年九月廿三日合葬於北邙山平樂鄉之禮也。恐繫舟漂盪，偃斧不存，鐫石式真，勒銘泉户。”《唐代墓誌彙編》開元一七五《王玄起墓誌》：“越景龍三年十月二日，葬于洪池原。笳鼓曜終，山河送往。聖人之禮，偃斧開封；大夫之墳，樹楊為誌。”《遼代石刻文編·耶律宗允墓誌》：“乙巳之年，閭山之巔。乘雲舊域，偃斧新阡。陪陵義順，勒石功傳。嗚呼萬祀，知王之賢。”

34. 夜臺

後唐同光二年《王璠墓誌》：“既刊翠琰，標題不朽。將鎮夜臺，天長地久。"後漢乾祐三年《李彝謹妻里氏墓誌》:"夜臺永閟,幽隧難尋。
寒松嘘嘘以生風,野草萋萋而泣露。"

"夜臺"代指墳墓。因為墓穴中終日黑暗,故稱。傳世文獻南北朝有
用例,南朝梁沈約《傷美人賦》:"曾未申其巧笑,忽淪軀於夜臺。"南北
朝時期墓誌文獻習見用例,《漢魏六朝碑刻校注》八九四《北魏元玕墓
誌》:"逝者如斯,由來尚矣,朝露溘臨,夜臺何已。"《漢魏六朝碑刻校
注》一一〇一《北齊元良墓誌》:"如何一去,遂乖朝市。薤響已催,將
歸夜臺。"

35. 塋丘

後晉天福七年《吳藹妻李氏墓誌》:"晉天福七年歲次壬寅十一月辛
巳朔二十五日乙巳歸葬於河南縣清豐鄉杜澤村之塋,禮也。詞慚淺陋,學
謝該通,幸契階緣,猥蒙請托,直書方誌,用紀塋丘,輒抒銘曰。"

"塋"指墳墓,《漢書·楚元王劉交傳》:"太夫人薨,賜塋,葬靈
戶。"顏師古注:"塋,冢地。""丘"也指"墳墓"。《方言》第十三:
"冢,自關而東謂之丘。小者謂之塿,大者謂之丘。"可見,"塋丘"為同
義複詞。遼代墓誌還有用例,《遼代石刻文編·張儉墓誌》:"太公之封塋
丘,返其葬者五世;趙岐之為壽藏,圖其像者四□。墳土寢乾,墓木方
拱。遽坐殷楹之奠,即封滕室之銘。"

36. 永宅

後梁開平四年《穆君弘及妻張氏合祔墓誌》:"如或不斂德馨,空扃
永宅,則小人得沒於地,若見徵君,何辭以對?知余曾攻柔翰,薄竊時
名,敢告終天,請以為誌。"

墳墓是人死以後永恒的歸宿,因以"永宅"表示墳墓。《大詞典》
"永宅"條義項2釋作"永久安息之所,墓地",引例為《魏書·傅永
傳》:"[傅永]遠慕杜預,近好李冲、王肅,欲葬附其墓,遂買左右地數
頃,遺敕子叔偉曰:'此吾之永宅也。'"《大詞典》為孤證,可補五代
墓誌。

37. 幽扃

後唐長興三年《孟知祥妻福慶長公主李氏墓誌》:"令公悲深念往,
懼及傷生,徘徊永訣之情,悵望幽扃之際。以長興三年十一月廿四日,葬
於成都縣會仙鄉,即良辰也。"

"幽"多數與陰間有關。"扃"指門。墓誌中"幽扃"本指墓門,後

多引申指墳墓。《大詞典》"幽扃"條釋作"謂墳墓"，首例引唐顏真卿《右武衛將軍臧公神道碑銘》："窀命之邃，幽扃是即。"例證晚出。南北朝隋墓誌已見用例，《漢魏六朝碑刻校注》七八七《北魏元子永墓誌》："其年十一月甲寅朔廿日癸酉窆於大陵之右。痛清猷之永滅，乃表誌於幽扃。"《漢魏六朝碑刻校注》一三二五《北齊趙奉伯妻傅華墓誌》："粤以五月戊寅朔七日甲申祔於司空公之塋，祕丘長掩，芳烈不傳，刊石幽扃，儻示來葉。"《隋代墓誌銘彙考》一二一《李則墓誌》："遐哉蒿里，邈矣幽扃，泉門杳杳，地戶冥冥。"

38. 窀穸

唐天祐十三年《張宗諫墓誌》："既卜佳城，旋臨窀穸，親眷悲悼，禮事爰終，恐時代遷移，陵谷更變，刊□貞石，紀勒銘焉。"後梁乾化四年《樂君妻徐氏墓誌》："所謂神垂其祐，天愍其善。孰知一旦遽罹凶舋，歸於窀穸。"

"窀穸"為墓誌習語。《張宗諫墓誌》中"窀穸"和"佳城"相對成文，"窀穸"有"墳墓"義，甚明。漢代已見用例，《後漢書·趙咨傳》："爰暨暴秦，違道廢德，滅三代之制，興淫邪之法，國貲糜於三泉，人力單于酈墓，玩好窮於糞土，伎巧費於窀穸。"

39. 祖塋

後唐長興元年《秦進舉墓誌》："先祖塋內合葬，高曾二祖，已立銘文，不繁再序。"後唐長興二年《張唐及妻李氏合祔墓誌》："並以絕漿叩地，皆陳刺骨之悲；泣血號天，共切崩心之痛。今乃靈□叶吉，神告休徵，離苗郭之祖塋，於高原之就域。"後周顯德元年《秦思溫墓誌》："乃於大周顯德元年十一月二十日安厝先亡於中路鎮東四里之平原上祖塋中。"

《大詞典》"祖塋"條釋作"祖輩的墳地"，首例引元無名氏《合同文字》第三折："將骨殖做一擔挑來，指望的傍祖塋好生安厝。"例證晚出，唐代墓誌已見用例，《唐代墓誌彙編》大和〇八二《田萬昇墓誌》："公於其年冬十一月廿日遷窆於府城西南五里先祖塋內。創載隴樹，寒雲慘色，哀歌咽聲，四子捫天，雙弟墮淚，血染寒草，風悲古原，月釣荒隴，旌孝感也。"《唐代墓誌彙編續集》開元一七三《張謠墓誌》："即以其開元廿七年十月十一日，改殯於滏陽縣西南卅里之祖塋，禮也。"

二 墓石義詞彙

墓石，也有學者稱之為誌石①，指用來鐫刻墓誌文字的石頭，通常分為上下兩層：上層曰蓋，下層曰底，蓋刻蓋文，底刻誌銘。"墓石"是墓誌行文中無法回避的話題，但是墓誌的撰寫者由於避諱心理的作用，一般不直接表述，往往採取種種委婉的手法，將墓石稱為"玄石""幽礎""翠珉""翠琰"等，這就形成了一個"墓石義"概念場，為我們研究墓石義詞彙提供了客觀條件。

40. 翠珉

後梁貞明六年《謝彥璋墓誌》："竊慮陵谷遷變，歲月遐長，用刊翠珉，紀於不朽。"後晉天福二年《安萬金墓誌》："普叨忝姻婭，幸沐嘉招，慚非黄絹之辭，獲刊翠珉之上。"

"珉"，似玉之美石，五代墓誌以"珉"為語素的複音詞有"翠珉""堅珉""貞珉"等。"翠珉"用以美稱墓石，唐代墓誌始見用例，《唐代墓誌彙編》永淳○二六《杜芬墓誌》："瘞兩□於泉臺，掩雙鸞於塵鏡，希翠珉而載德，庶□□□可詠。"《唐代墓誌彙編續集》景福○○一《王君墓誌》："爰□翠珉，周旌佳美。"《遼上京地區出土的遼代碑刻彙輯·蕭閣墓誌》："群叨飲素風，拙學尤甚，青史紬書，嘗竊窺於實錄；翠珉紀事，深愧遜於珍詞。"《大詞典》收列了"翠珉"一詞，釋作"石碑的別稱"，不確。首例引宋黄庭堅《題淡山岩》詩之一："惜哉次山世未顯，不得雄文鑱翠珉。"例證略晚。

41. 翠石

後唐天成二年《任元頁墓誌》："潛叨承□眷，略而述敘，恐陵更改，紀於翠石。"

墓石常用青石製成，用以象徵萬古常青，故墓石常被稱為"翠石"。"翠石"一詞習見於歷代墓誌。《漢魏六朝碑刻校注》一一七三《北齊是連公妻邢阿光墓誌》："若夫高山必隳，名都會化，雕翠石以立言，揚徽音而不謝。"《隋代墓誌銘彙考》○○八《李君妻崔芷蘩誌》："恐谷徙陵

---

① 此前學界將墓石和誌石相混不別，如趙超（2003）、姚美玲（2008）等。誌石往往是和誌蓋相對而言的，為了論述的方便，我們把誌石和誌蓋統稱為墓石，墓石既有別於墓碑，又有別於誌石。

移，期於萬古，勒茲翠石，置諸泉戶。"《唐代墓誌彙編》開明〇〇三《鄭匡伯墓誌》："松風暮起，薤露晨零。勒茲翠石，用紀鴻銘。"《唐代墓誌彙編續集》永徽〇四五《王君妻姬氏墓誌》："勒翠石於玄扃，冀芳猷之不朽。"《大詞典》沒有收錄"翠石"一詞，但是，收錄了同樣表示墓石的"翠珉""翠琰"等，當補收"翠石"一詞。五代墓誌以"石"為語素構成的複音詞有"沉石""翠石""令石""密石""墓石""泉石""燕石""貞石"等。《大詞典》未收"沉石""翠石""令石"。

42. 翠琰

後漢乾祐元年《龐令圖墓誌》："同罄送終之禮，俱伸永訣之儀，所慮谷變陵遷，時移事易，欲刊翠琰，命及靡才，辭既罔及，是為銘曰。"後周顯德五年《馮暉墓誌》："爰取龜謀之吉，仍觀馬鬣之宜，桐闈冀就於玄扃，玉匣將臻於夜壑。應遷承旨顧，敢怠搜羅，旌烈績於繁文，載鴻猷於翠琰。懷茲罔極，厥勒銘焉。"

《龍龕手鏡·玉部》："琰，玉名也。""琰"本指美玉之一種，這裏是指似玉之美石。五代墓誌以"琰"為語素的複音詞有"翠琰""琬琰""貞琰"等。墓誌文獻中"翠琰"成為墓石之美稱，《大詞典》"翠琰"條釋作"碑石的美稱"，引例為：1. 隋江總《攝山棲霞寺碑》："辭題翠琰，字勒銀鈎。"2. 隋盧思道《遼陽山寺願文》："玄扈告符，翠琰啓籙。"3. 唐王勃《梓州飛烏縣白鶴寺碑》："題芳翠琰，敢詣靈津。"從墓誌引用例證的多樣性原則來看，可補引五代墓誌。

43. 堅珉

後梁開平四年《石彥辭墓誌》："清洛之表，素野之前。豪家貴邱，彌迤相連。卜葬既就，屬詞既全。刻於堅珉，以永千年。"

"珉"，似玉之美石，"堅"乃堅固之義，"堅珉"墓誌中指墓石，在墓誌文獻中多見，《江西出土墓誌選編·宋故太安人衡氏墓誌銘》（175頁）："泉宮永訣，遺像敬存。故紀其實，刊於堅珉。"《江西出土墓誌選編·皇明鎮國將軍劉夫人壙誌銘》（502頁）："徽音日杳，田西之陽。堅珉有托，永誌不忘。"唐代墓誌中也可寫作"堅石"，同樣也指墓石。《大詞典》未收"堅珉"，當據墓誌文獻補收。

44. 密石

後周顯德二年《吳譙、吳涓墓誌》："用刊密石，復誌其銘，直耳書之，懼再告也。"

"密石"一詞,遼代墓誌還有用例,《遼代石刻文編·梁援妻張氏墓誌》:"悵靜樹兮風不息,極昊天兮報之德。礱密石兮揭豐碑,載徽音兮保無極。"《大詞典》"燕石"條收列有 4 個義項,揆之墓誌文獻均未為安,《大詞典》可補收"密石"之墓石義。

45. 銘石

後梁貞明四年《宋鐸墓誌》:"位列崇班,守護封疆,臣即盡力忠赤於彭門牆下,為國捐軀,不幸身亡,今立銘石,已□□後代子孫。"

"銘"是從墓石的用途來說的,"石"是從墓石的材料來說的。墓石是用來鐫刻墓誌銘的,因此把墓石稱為"銘石"。"銘石"一詞,唐代墓誌就有用例,《唐代墓誌彙編》顯慶一二四《賈元睿墓誌》:"以其年二月二日合祔於北芒之原。恐陵谷遷改,誌諸銘石。"《唐代墓誌彙編》開元〇四六《張方墓誌》:"奇意孤標,楨材獨美,勒之銘石,永存無毀。"《唐代墓誌彙編續集》寶曆〇〇八《李群墓誌》:"為繽獲接姻好,見托銘石。"《大詞典》未收"銘石"。

46. 墓石

後周顯德二年《張仁嗣及妻郭氏墓誌》:"嗚呼!玄景運周,四時飛電,人生如寄,一旦浮雲,是以仁者惜舟舟之流年,必汲汲於為善,及乎瞑目,雖死猶生,惟茲張君,力行靡倦,誌於墓石,無愧斯言。"

《大詞典》"墓石"條義項 1 釋作"墓誌;墓碑",引例為明沈德符《野獲編·吏部一·致仕官》:"(孫簡肅)以原官致仕。身後其家求先大父文其墓石,因於銜上入致仕二字。"孤證且晚出。"墓石"一詞,南北朝以來墓誌習見用例,《漢魏六朝碑刻校注》三〇二《南朝齊劉岱墓誌》:"粵其年秋九月癸未朔,廿四日丙午,始創墳塋于楊州丹揚郡句容縣南鄉糜里龍窟山北。記親銘德,藏之墓石。"《江西出土墓誌選編·宋好氏夫人墓誌銘》:"夫人之生,婦德母儀,無愧於時。夫人之終,遺戒子孫,使為令人。嗚呼已而,傳之不惜,文諸墓石。"《遼代石刻文編·耿延毅墓誌》:"萬元非史才,久廢文筆,承郡王之教,難以固辭,乃考世德,刊勒墓石。"

47. 泉石

南唐保大六年《賈潭墓誌》:"永安是里,門館依然。寢邱傳邑,京兆開阡。勒名泉石,以配青編。"

《賈潭墓誌》中"泉"指黃泉,與陰事有關。墓誌中"泉石"一詞乃是墓石之義，南北朝至唐五代多有用例，《漢魏南北朝墓誌彙編》四九六《北魏元宏充華趙氏墓誌》：“泉宫杳杳，深埏莫開，敬勒泉石，以旌餘哀。”《隋代墓誌銘彙考》〇八〇《張禮暨妻羅氏墓誌》：“山煙晝黝，松風夜掃。寄之泉石，千齡常保。”《唐代墓誌彙編》長慶〇〇四《韋署墓誌》：“哽咽荒迷，謹誌泉石。”《唐代墓誌彙編續集》貞觀〇一五《宋行墓誌》：“將恐河遷海變，谷徙陵移，餘美不傳，有時懸滅，勒茲泉石，以紀徽猷。”《遼代石刻文續編・王守謙墓誌》：“勒銘泉石，以永來祀。”“泉石”之“墓石”義，許建平、羅維明均已發之[1]，所論甚是，可參。《大詞典》“泉石”條釋作“指山水”，與“墓石”義無涉，當補收“泉石”之“墓石”義項。

48. 琬琰

唐天祐二十一年《王處直墓誌》：“若非琬琰留德政，萬古之人何以聽。”南唐保大四年《王氏夫人墓誌》：“餘諸骨肉，並在先太保琬琰鐫銘。”

《大詞典》“琬琰”條義項 2 釋作“為碑石之美稱”，首例為唐玄宗《孝經序》：“寫之琬琰，庶有補於將來。”釋義不確且晚出。歷代碑刻文獻多有用例，《漢魏六朝碑刻校注》七〇四《北魏元乂墓誌》：“丹青有歇，韋編易絕。銘茲琬琰，幽塗永晰。”《隋代墓誌銘彙考》〇五一《朱神達誌》：“方恐陵遷谷徙，不留日月，千齡萬代，徒逐風煙，用憑琬琰，永傳人間。”“琬琰”為同義複詞，因此又可倒言為“琰琬”，《唐代墓誌彙編續集》大曆〇一六《朱君妻雷定真墓誌》：“女婿史文斌，開府兼卿，玉階侍衛；並皆英傑，咸曰忠臣。祭送悲哀，實惟半子者矣。送終之美，莫□於茲。恐陵谷之將移，託琰琬以為記。”《大詞典》“琰琬”條列有兩個義項“1. 美玉。2. 比喻美好。”但這兩個義項均與墓誌中“琰琬”意義無涉。墓誌中“琰琬”指墓石，《大詞典》當據補。

49. 燕石

後周顯德元年《安重遇墓誌》：“其或遵彼周儀，若雙龍之再合；刊諸燕石，備百代之所疑。”

《山海經・北山經》：“北百二十里，曰燕山，多嬰石。”晉郭璞注：

① 許建平：《〈漢語大詞典〉義項闕漏舉例》，《古漢語研究》1999 年第 3 期；羅維明《中古墓誌詞語研究》，暨南大學出版社 2003 年版，第 136 頁。

"言石似玉，有符彩嬰帶，所謂燕石者。""燕石"乃十足珍貴之物，墓誌中常用來指墓石，《漢魏六朝碑刻校注》一二二一《北齊趙征興墓誌》："函谷可封，燕石迺鐫。交臂何速，奄謝終天。宿草團露，秋櫺生烟。"《唐代墓誌彙編續集》天寶〇一五《韓貞墓誌》："北堂兮□□，□甸兮無期，悲唐代之交易，刊燕石之銘詞。"《大詞典》"燕石"條收列有四個義項："1. 燕山所產的一種類似玉的石頭。2. 喻不足珍貴之物。3. 用為自謙凡庸之詞。4. 指燕然石。"墓誌中"燕石"當由《大詞典》之義項1發展而來。《大詞典》當補收"燕石"之墓石義。

50. 幽礎

後漢乾祐三年《邢德昭墓誌》："肅肅正卿，挺生全德，鴻漸圖南，勾陳拱北，象河爵里，承家許國，善始令終，其儀不忒，朱陽原兮河洛濱，丹旐歸兮封樹新，勒芳猷於幽礎，存萬古兮千春。"

"幽"指迷信者所說的陰間，墓誌中"幽礎"乃指墓石，唐代以來墓誌習見，《唐代墓誌彙編》天授〇四一《張慶之墓誌》："而伯道不嗣，仲宣無後，彼蒼天者，孰云報施？援翰雪泣，用銘幽礎。"《唐代墓誌彙編》景龍〇〇五《王素臣墓誌》："懼居諸亟斡，陵谷行遷，式誌佳城，乃刊幽礎。"《唐代墓誌彙編續集》永徽〇三四《高冏墓誌》："恐見日而無識，勒幽礎以存名。"《遼代石刻文編·蕭義墓誌》："詔詞臣兮勒幽礎，播令譽兮垂無窮。"《大詞典》收了"幽銘"一詞，"幽礎"一詞失載，當補。

51. 貞堅

後唐長興四年《王禹墓誌》："遺嗣號絕，通於昊天。龍分草野，鶴吊松阡。長扃美德，永固重泉。芳殚萬祀，紀勒貞堅。"

"貞"古有"堅固、堅致"義，《韓詩外傳》卷四："夫習之於人，微而著，深而固，是暢於筋骨，貞於膠漆，是以君子務為學也。""堅"也是"堅固"義。墓石質地堅固、堅致，後因以"貞堅"作為墓石的代稱。南北朝以來墓誌多有用例，《漢魏六朝碑刻校注》一三九四《北周宇文瓘墓誌》："風鳴隧草，雲沒山田。紀茲令德，寄此貞堅。"《唐代墓誌彙編》聖曆〇三四《慕容昇墓誌》："北海之遂，南陽之田，佳城不饒，隴劍長懸。宿草含露，秋松起煙，勒銘幽壤，紀此貞堅。"《唐代墓誌彙編續集》咸通〇八六《張叔遵墓誌》："伏慮年深浸潰，合紀令芳，刊之貞堅，於斯琬琰。"《大詞典》"貞堅"條有三個義項：1. 堅貞不移。2.

堅硬强勁。3. 借指堅硬强勁之物。這三個義項均與墓誌無涉，"貞堅"用來指墓石，墓誌之外也有用例，唐權德興《拜昭陵過咸陽墅》詩："頃歲辱明命，銘勳鏤貞堅。"《大詞典》當補"墓石"之義。

52. 貞珉

唐天祐十年《邢汴及夫人周氏合葬墓誌》："以天祐十年十月廿二日，合葬於鎮府平山縣望仙鄉□北原先塋，禮也。恐年代遐邈，陵谷變更，敬刊貞珉，以表休烈。"後唐清泰二年《商在吉墓誌》："今則聊書德業，豈盡勳名，故勒貞珉，以記他日。"

"貞"古有"堅固、堅致"義，"珉"是墓石之美稱，"貞珉"就用來指墓石。《大詞典》"貞珉"條釋作"石刻碑銘的美稱"，首例引元余闕《化城寺碑》："斲礱貞珉，永告無斁。"例證晚出，可補唐五代墓誌。《唐代墓誌彙編》開元〇六二《王子麟墓誌》："嗣子沖之，弱齡在疚，號擗將殞。恐陵谷其貿遷，勒貞珉於幽穸。"《唐代墓誌彙編》天寶〇八三《王公度墓誌》："瞻洛背河兮迂且脩，野風憤兮寒雲愁，佳城一掩兮幾千秋，貞珉再刊兮頌清猷。"

53. 貞石

後梁乾化二年《孫公瞻墓誌》："悲夫！古之不封不樹，今則墳焉。慮年祀綿遠，陵谷遷變，故刊貞石，而作銘曰。"後周顯德元年《劉光贊墓誌》："代惟周兮盛矣，歲直寅兮宜然，月建子兮稱利，塋卜崗兮光前，走烏兔兮天長地久，刊貞石兮千年萬年。"

"貞"古有"堅固、堅致"義，"貞石"就是堅石之義，成為墓石的美稱。"貞石"指墓石，五代墓誌就有百餘例。"貞石"一詞，漢魏南北朝墓誌就有用例，《漢魏六朝碑刻校注》一一九〇《北齊高百年墓誌》："煙愁野月，鳥思松颸，貞石不朽，鴻猷在茲。"《漢魏六朝碑刻校注》一二九五《北齊崔博墓誌》："人生詎幾，儵若電明，故刊文於貞石，冀萬古如流芳。""貞石"為南北朝新詞。

54. 貞琰

後唐長興三年《孟知祥妻福慶長公主李氏墓誌》："又以善叨依門館，粗熟勳庸，令敘風徽，俾刊貞琰。況善才非穎邁，學謝淵深，固慙潤色之工，但以悲哀為主。"

"貞"古有"堅固、堅致"義，"琰"本指美玉之一種，這裏是指似玉之美石。《龍龕手鏡·玉部》："琰，玉名也。""貞琰"後來就成為墓石的美稱。歷代碑刻文獻多有用例，南朝梁陶弘景《吳太極左仙公葛公之碑》："此土舊居，未鐫貞琰。"《唐代墓誌彙編》龍朔〇四七《桓萬基墓誌》："靈輀凤戒，楚挽晨驚，一刊貞琰，永誌佳城。"《唐代墓誌彙編》開元一九七《張嘉福墓誌》："恐水淺蓬萊，薪摧松柏，爰圖貞琰，用紀佳城。"

第五節　任職義詞彙研究

釋讀墓誌，不論是在首題，還是在誌文當中，我們都會碰到墓主、子嗣、撰書人等人名前所冠以的一連串官職，在官職之前使用了大量的任職詞語。五代墓誌中表示任職的詞語也是非常之多，這些詞語隱含了豐富的文化信息。準確地釋讀這些詞語，有助於瞭解中國古代的職官文化。下面我們對五代墓誌中任職詞語加以討論，限於篇幅，每個詞語只舉一到兩個例證，詞語的排列以語音為序，以便尋檢。

1. 拜

後梁乾化三年《韓恭妻李氏墓誌》："自唐天復初，即拜鄭州刺史、檢校左僕射。尋以功又拜金州，未數月而除輝郡，加司空。"後唐天成二年《孫拙墓誌》："未幾，拜工部侍郎，將伸蘊蓄，共贊升平，天乎不仁，命抑其道，以天成元年歲在丙戌五月十二日薨於洛城稅舍，享年六十有九。"

"拜"乃"授官"之義。《大詞典》"拜"字條義項 10 釋作"授官、封爵"，首例引《漢書·爰盎傳》："上拜盎為泰常，竇嬰為大將軍。"例證晚出。其實，早在先秦就有用例，《韓非子·外儲説左下》："孟獻伯拜上卿，叔向往賀。"

2. 辟

後梁開平四年《羅隱墓誌》："由是直縋銅章，尊榮朱綬，薦尋偃室，擢昇隗台，拜秘書省著作郎，辟為鎮海軍節度掌記，翩翩稱職，鬱鬱清詞。"後唐長興四年《李德休墓誌》："乾寧初，春官侍郎李公擇下，登進士第，昇甲科，丞相判鹽鐵，辟為巡官，試秘校，改京兆府渭南尉，拜監察御史。"

"辟"乃"徵召、薦舉"之義，這也是一個沿襲上古的詞。《管子·輕重乙》："滕魯之粟釜百，則使吾國之粟釜千；滕魯之粟四流而歸我，若下深谷者，非歲凶而民饑也。辟之以號令，引之以徐疾，施平其歸我若流水。"馬非百《新詮》引安井衡曰："辟，召也。"

3. 補

後唐同光三年《吳君妻曹氏墓誌》："男馮七，官名昭嗣，年將志學，令勤肄業，見補右千牛備身，為筮仕之階。"後唐天成四年《西方鄴墓誌》："爰自冠貂，以至提釣，皆是眾推猛烈，人服公忠，及平蕩妖孽，以功補奉義指揮使、檢校尚書右僕射，撫士而千夫咸悅，蒞官而七德恒修。"

"補"乃"填補空缺"之義，謂官有缺位，選員補充。《正字通·衣部》："補，補官。"漢代已見用例，《史記·平準書》："入物者補官，出貨者除罪，選舉陵遲，廉恥相冒，武力進用，法嚴令具。"漢桓寬《鹽鐵論·除狹》："戲車鼎躍，咸出補吏，累功積日，或至卿相。"

4. 補充

後晉天福八年《劉敬瑭墓誌》："開平四年，補充左都押衙官，即及於右揆。"後晉開運三年《李行恭及妻陳氏合祔墓誌》："仕自先皇委注，補充五院都頭，為國忠勤，於家孝敬，加以邊隅寇亂，磁隰未寧。"

"補充"指因官員不足或損失而加以添補，是唐五代時期的新詞。唐韓愈《請復國子監生徒狀》："國子館學生三百人皆取文武三品已上，及國公子孫從三品已上曾孫補充。"《舊五代史·晉書·張從訓傳》："莊宗與梁人相拒於德勝口，徵赴軍前，補充先鋒遊奕使，俄轉雲捷指揮使、檢校司空，賜名繼鸞，從諸子之行也。"《大詞典》"補充"條義項1釋作"因不足或損失而加以添補"，不確。"補充"為同義連用，當為任職義詞彙之一，唐代墓誌習見，《唐代墓誌彙編》垂拱〇二五《王行威墓誌》："起家以門蔭補充左衛翊衛，提戈玉宇，荷戟琁墀，既申之以爪牙，亦罄之以心膂。"《唐代墓誌彙編》大中〇八一《張君平墓誌》："去元和四年，授成德軍節度使牒，補充十將，兼充樂壽鎮遏都知兵馬使苑公押衙。"

5. 充

後梁開平四年《羅隱墓誌》："天祐三年，轉司勳郎中，充鎮海節判官。"後唐同光三年《李茂貞墓誌》："親侄廓，皇任原州刺史，充本州防禦使，檢校太保。"

"充"乃"充當、擔任"之義，它是沿襲上古的詞。早在先秦就有用例，《尚書·冏命》："爾無昵於憸人，充耳目之官，迪上以非先王之典。"孔傳："汝無親近於憸利小子之人，充備侍從在視聽之官，道君上以非先王之法。"

6. 出宰

後唐天成二年《孫拙墓誌》："又出宰汴州浚儀令，咸謂惠物亟伸，掌綸未陟，曷明繼世，豈試諸難，爰授職方員外郎，知制誥。"

"出宰"指由京官外出任縣官，南北朝以來墓誌就已有用例。《漢魏六朝碑刻校注》六五一《北魏慈慶墓誌》："於時宗父坦之出宰長社，率家從職，爰寓豫州。"《隋代墓誌銘彙考》四四九《元智誌》："既而出宰牧守，重以知止知足，維清維慎。"墓誌之外亦多用例，《後漢書·顯宗孝明帝紀》："郎官上應列宿，出宰百里，有非其人，則民受其殃，是以難之。"

7. 除

後梁乾化三年《韓恭妻李氏墓誌》："四年，又除絳州刺史，加司徒，疏封爵。"後蜀廣政十八年《孫漢韶墓誌》："三年春三月，除檢校司徒、充彰國軍節度觀風留後、封樂安縣開國男、食邑三百戶。"

"除"古有"拜官"之義。《洪武正韻·魚韻》："除，拜官曰除。"《大詞典》"除"字條義項20釋作"拜官，授職"，首例引《漢書·景帝紀》："列侯薨及諸侯太傅初除之官，大行奏謚、誄、策。"顏師古注引如淳曰："凡言除者，除故官就新官也。"例證略晚。西漢時期已有用例，《史記·平準書》："諸買武功爵官首者試補吏，先除。"

8. 除授

後梁貞明六年《謝彥璋墓誌》："聖上以副軍情，復降綸旨，除授北面行營副招討使。再委董提之柄，益資貔武之雄。豈期命偶災宮，天降其禍。"後唐天成元年《康贊美墓誌》："遂除授尚書左揆、守商州刺史兼御史大夫。肅一境之風煙，堯天自碧；靜四郊之疆土，舜日空懸。"

"除"古有"拜官，授職"之義。"授"乃"授官任命"之義，"除授"為同義複詞，是南北朝時期出現的新詞，《漢魏六朝碑刻校注》六八九《北魏賈思伯墓誌》："歲序云周，除授持節、征虜將軍、南青州刺史。"《魏書·爾朱彥伯傳》："又欲收軍人之意，加汎除授，皆以將軍而兼散職，督將兵吏無虛號者。自此五等大夫，遂致猥濫，又無員限，天下賤之。"《大詞典》引唐白居易《論孫璹張奉國狀》為例，略晚。

9. 調授

後梁乾化四年《張荷墓誌》："洎隋計入貢，凡六上，登第於故致仕、司空河東裴相國之門，旋調授京兆府文學。"

《大詞典》"調授"條釋作"調任官職"，引例為清梁章鉅《退庵隨筆》附《自訂年譜》："旋調授江蘇巡撫，即回桂林，往來得飽看陽朔山水。"孤証且甚晚。唐代墓誌習見用例，《唐代墓誌彙編》永昌〇〇三《鄭明贍墓誌》："即以門蔭調授左衛翊衛，俄擢藝能，遷左金吾衛引駕。"《唐代墓誌彙編》開元三九二《江瓘墓誌》："無何，調授左街翊壹府隊正長上，秩滿，又轉左金吾衛司戈，次調右金吾衛中侯，又拜右領軍衛司階。"《唐代墓誌彙編》天寶〇八一《張俊墓誌》："及凱歌入朝，而將軍失勢，但錫勳劾，竟微寵班，人不堪歎，君則無歎，乃調授廣陵郡海陵縣丞。"

10. 封

後梁貞明三年《吳存鍔墓誌》："公娶於黃氏，封江東縣君，長子延魯，充容省軍將。"前蜀乾德五年《晉暉墓誌》："長適夔王太師，封趙國夫人，秋月凝光，春雲瑞彩，奉華姻於朱邸，彰內助於親賢。"

《説文·土部》："封，爵諸侯之土也……公侯百里，伯七十里，子、男五十里。""封"指帝王以爵位、土地、名號等賜人。封建王朝推恩於大官重臣，把官爵授給本人父母，父母在世而授官爵的稱為"封"。《左傳·昭公二十九年》："故有五行之官，是謂五官。實列受氏姓，封為上公，祀為貴神。"

11. 赴任

後梁開平三年《鄭璟墓誌》："此際以徐州占據沂郡，使司方事攻圍，收復牆池，便請公赴任，彼人知寇悀復至，黃霸再來，闔郡歡呼，如得父母。"後梁龍德元年《雷景從墓誌》："主聖又念洛京繁總，頗思共理之臣，命公充左龍虎統軍，兼西京內外馬步都指揮使。赴任未踰於星律，留守元帥令公專討不庭。"

《大詞典》"赴任"條釋作"上任；前往任職"，首例引宋梅堯臣《送邵夢得永康軍判官》："且歸洛中，明年春赴任。"例證晚出。隋代以來墓誌習見，《隋代墓誌銘彙考》二八一《元君妻崔暹墓誌》："元氏為淮南縣丞，夫人同往赴任。桑榆之年未迫，風雨之病忽侵，膏盲之疾，和緩不救，以仁壽二年歲次壬戌十月二十六日卒於縣所。"《唐代墓誌彙編》

開元三六四《蕭浮丘墓誌》："十八年四月十日，恩敕遷舊資，授唐州別駕，將赴任，丁內憂。"

12. 加

後梁開平四年《石彥辭墓誌》："龍紀己酉歲，加檢校工部尚書、右威衛將軍，遷節院使。"吳大和七年《王仁遇墓誌》："至乾貞元年季冬月，加金紫光祿大卿、守右監門衛將軍，尋授檢校司徒。"

"加"乃"使居其位、擔任"之義。南北朝以來墓誌多有用例，《漢魏六朝碑刻校注》六九〇《北魏元懿墓誌》："車騎齊王作牧徐蕃，辟為長流糸軍，加襄威將軍，非其所好。"《隋代墓誌銘彙考》〇〇二《高潭墓誌》："徙并州騎兵參軍事，擢遷太子洗馬，加伏波將軍、散騎侍郎。"傳世文獻先秦時期已有用例，《孟子·公孫丑上》："夫子加齊之卿相，得行其道焉。"趙岐注："加，猶居也。"《大字典》缺"任職"義，當補。

13. 假

後晉天福五年《梁瓛及妻王氏合葬墓誌》："長子德浚，顯荷基構，爰襲弓裘，嘗充陝虢進奏，官又遷邠寧□院使，歷銀青階級，假兵部尚書。"後周廣順二年《劉琪及妻楊氏合葬墓誌》："唐朝中否，梁室僭稱，開戰伐之場，塞貢舉之路。漢陽趙壹，爰□封吏之名；蠻府赫隆，遽就參軍之號。仕大名府，假戶曹掾。"

舊時官吏代理政事，真除以前稱"假"。"假"乃"代理，非正式"之義，後引申指授以代理官職。《大詞典》"假"字條義項8釋作"代理，非正式。旧時官吏代理政事，真除以前稱假"，首例引《史記·項羽本紀》："乃相與共立羽為假上將軍。"張守節正義："未得懷王命也，假，攝也。"例證晚出，先秦已有用例，《呂氏春秋·審分》："大明不小事，假乃理事也，夫其不假也。"高誘注："假，攝也。"

14. 兼

前蜀乾德五年《晉暉墓誌》："遂授懷忠耀武衛國功臣兼集州刺史、遷光祿大夫、檢校司空、弘農縣開國男，食邑三百戶。"後周廣順二年《劉琪及妻楊氏合葬墓誌》："天成中，累遷銀青光祿大夫、同州長史兼御史大夫、上柱國。"

《說文·秝部》："兼，并也，從又持秝。兼持二禾，秉持一禾。"引申之，"兼"就具有"同時擔任（其他職務）"的意思。這一義項在現代漢語中還在使用。"兼"作為任職的動詞義項，《大詞典》《大字典》均失載，當補。

15. 薦擢

後梁貞明六年《謝彥璋墓誌》："爰自太祖皇帝創業之初，經綸寶位，方求英彥，廣布搜羅，葛太尉重以器能，深形薦擢。"

《大詞典》"薦擢"條釋作"推薦提拔"，首例引宋朱彧《萍洲可談》卷三："沈起待制諸子，有見荊公者，頗喜之，許以薦擢。"引之略晚，可補五代墓誌。

16. 累封

後梁龍德二年《崔崇素墓誌》："尚書娶諸舅，唐故弘文館校書郎黃之女，累封隴西郡君，亦以鼎甲傳芳，居四族之盛。"後唐同光二年《王審知墓誌》："太師嗣子三人，皆卓異不群，時號王家三龍，王其季也。娶樂安任氏，累封魏國尚賢夫人，琴瑟諧和，肥家雍睦，不幸先王薨謝。"後唐同光三年《張繼業墓誌》："公之大王父諱璉，累贈太保；曾祖母朱氏，累封趙國太夫人。"

《大詞典》"累封"條釋作"指最終的最高封贈"，首例引宋歐陽修《瀧岡阡表》："皇妣累封越國太夫人。"例證略晚。唐代墓誌已見用例，《唐代墓誌彙編》天寶一一〇《張去奢墓誌》："公審鄭白之舊規，稽史起之遺法，決潢汙於近瀆，變蒲稗為良疇，奏開屯田，歲收億秭。帝用嘉美，璽書連降。及大駕西還，厥有成績，特加銀青光祿大夫，累封范陽縣伯。"《唐代墓誌彙編》大和〇六五《王翼墓誌》："父智溫，皇商州商洛縣令，贈太子左贊善大夫，累贈陳、鄭、同三州刺史；妣彭城劉氏，封襄邑郡太君，累封彭城郡太夫人。"

17. 列

後梁貞明二年《張濛墓誌》："子二人：長曰洛，列河陽軍同節度副使職。次曰緯，皆孝敬友悌，稟終天性。"後唐長興三年《高暉墓誌》："其有名揚位顯，列職居官。生值明時，享茲考壽，歿歸厚土，合紀行藏，欲使雲來，知門風之覆遠，俟其桑海，不泯墜於聲光。"

"列職"和"居官"同義連用，"列"有"居"義，《小爾雅·廣詁》："列，次也。"引申之有擔任的意思。這個義項在先秦就有用例，《國語·周語中》："夫狄無列於王室，鄭，伯南也，王而卑之，是不尊貴也。"韋昭注："列，位次也。"

18. 遷

後梁開平四年《羅隱墓誌》："開平二年，授給事中。至三年，遷鹽鐵發運使，莫非情殷搜帳，禮盛焚林，子玉在朝，晉侯飲德，孔明輔政，魏帝寢謀。"後唐天成二年《孫拙墓誌》："時屬天倫在疚，人事都忘，竟不赴職，時論不可。復拜察視，俄遷右補闕。"

"遷"本指上升。《詩經·小雅·伐木》："出自幽谷，遷於喬木。"鄭玄箋："遷，徙也。謂鄉時之鳥，出從深谷，今移處高木。"朱熹集傳："遷，昇。"後引申指晉升或調動。《龍龕手鏡·辵部》："遷，昇也。""遷"之"晉升"義，先秦就有用例，《韓非子·定法》："官爵之遷與斬首之功相稱也。"

19. 前任

後唐天成二年《孔謙及妻劉氏王氏合葬墓誌》："皇考諱昉，前任德州平原縣令，贈渝州刺史。母孫氏夫人，贈樂安縣太君。"後漢乾祐元年《夏光遜墓誌》："長曰光銳，前任左金吾衛大將軍，充街使，食邑三百戶。"

《大詞典》"前任"條收列兩個義項："1. 同一人先後任不同職務，稱現職以前的職任為前任。2. 同一職務先後由不同人擔任，稱繼任者之前的任職者為前任。"墓誌中"前任"是此前擔任的意思，此種用法歷代墓誌習見，此不贅舉例，《大詞典》當補收這一義項。

20. 任

後梁開平三年《高繼蟾墓誌》："父諱章，皇任左金吾衛長史，公則長史之長子，積善奕世，忠貞之慶，得金方義和之氣，天骨山峻，神姿玉耀，有孝有悌，閨門以和，有禮有義，鄉井以附。"後晉天福七年《任景述墓誌》："元戎籍其英毅，壯彼軍容，闕有所須，進無不補，雖餘事獲允，而極職難辭。又任左都押衙。"

《廣韻·侵韻》："任，當也。"《正字通·人部》："任，負也。"引申之，則"任"乃"擔任（職務）"之義。先秦已有用例，《管子·立政》："有臨事不信於民而任大官者，則材臣不用。"

21. 榮膺

後梁開平四年《紀豐及妻牛氏合祔墓誌》："紀公之先，受氏以國。代有英賢，世高勳德。□至于公，克承懿則。既領親軍，榮膺顯職。"唐天祐十年《邢汴及妻周氏合葬墓誌》："公榮膺仕進，妙達公方，殊精夙夜之心，頗得強能之譽。"

《大詞典》"榮膺"條釋作"榮任，榮受"，首例引元舒遜《李謫仙》

詩："召對金鑾殿，榮膺白玉堂。"為例，例證晚出。隋代墓誌已見用例，《隋代墓誌銘彙考》二六一《浩喆墓誌》："祖壓，太尉公、錄尚書事、東北道大行臺。正色當官，盡心奉國，故能榮膺八命，參贊萬機。"《唐代墓誌彙編》聖曆〇〇六《許公妻王氏墓誌》："馭鶴開宗，驂鷽演慶，筮淮□構，臨沂鼎盛。位列三司，榮膺九命，英賢接武，珪璜疊映。"《唐代墓誌彙編》景龍〇〇七《袁景慎墓誌》："漢廷則英髦繼踵，地積五公；江左則禁臠推名，榮膺三尉。"

22. 攝

唐天祐十年《邢汴及夫人周氏合葬墓誌》："祖諱儀，字光表，皇攝冀州棗強縣令，才高濟俗，業茂經邦，政成言偃之琴，功蓋尹何之錦。"後漢天福十二年《劉衡墓誌》："考諱衡，前攝少府監主簿、將仕郎、試太常寺奉禮郎。"

《廣韻·葉韻》："攝，兼也。""攝"指代理、兼理（某種官職）。先秦已有用例，《左傳·隱公元年》："不書即位，攝也。"杜預注："假攝君政，不脩即位之禮。"《論語·八佾》："官事不攝。"何晏注："包曰攝猶兼也。"

23. 試

後梁貞明二年《張濛墓誌》："祖諱瑤，將仕郎，試右武威倉曹參軍。考諱頵，前鹽鐵巡覆官、試太常寺協律郎。"後晉天福八年《何德璘墓誌》："曾祖敏，皇任泰州軍事衙推、將仕郎、試太常寺奉禮郎。妣平盧郡曹氏。"

"試"指試任某種官職有待正式任命。唐制，擔任某一官職，但無正式任命，稱為"試"。《漢魏六朝碑刻校注》二九六《南朝宋爨龍顏碑》："除龍驤將軍，試守晉寧太守。"唐韓愈《試大理評事王君墓誌銘》："君隨往，改試大理評事，攝監察御史觀察判官。"《大字典》漏收"試"之任職義。

24. 釋褐

南唐保大六年《賈潭墓誌》："景福二年，以學究一經，射策高第。釋褐京兆府參軍事，遷秘書郎。侍從南遷，進修不懈。"

"釋褐"一詞，歷代墓誌習見，此不贅。"褐"指粗布之衣，一般為老百姓所穿。"釋褐"指脫去平民的衣服而穿上官服，後以"釋褐"喻指始任官職。這是用結果代原因而形成的借代義。《漢魏六朝碑刻校注》三六八《北魏元弼墓誌》："釋褐，起家為荊州廣陽王中兵叅軍。"傳世文獻漢代已見用例，漢揚雄《解嘲》："夫上世之士，或解縛而相，或釋褐而傅。"

25. 守

後梁乾化三年《韓恭妻李氏墓誌》："朝請郎前守南頓縣令顏子逢書。"後周顯德二年《張仁嗣及妻郭氏墓誌》："將仕郎守華州華陰縣令文用，曾祖也。中大夫、行同州別駕、上柱國、賜紫金魚袋叔真，祖也。"

官階低而理職高者曰"守"，與"行"相對。在《韓恭妻李氏墓誌》中朝請郎為正七品，南頓縣令為正五品。在《張仁嗣及妻郭氏墓誌》中"將仕郎"為文散官，從九品，而"華州華陰縣令"為職事官，正五品，屬於低官階理高職事，故加"守"字。

26. 授

後梁貞明二年《張瀁墓誌》："以開平四年九月十三日，自檢校兵部尚書，轉右僕射，授柳州刺史。"後唐天成三年《張居翰墓誌》："僖皇幸蜀歲，授容南護軍判官。時邊徼不寧，中原方擾，蠻越恃遠，道帥豪強。"

《說文·手部》："授，予也。從手從受，受亦聲。"引申之，"授"乃有"任用、任命"之義。《大詞典》"授"字條義項3首例引《三國誌·吳誌·賀邵傳》："［高宗］遠覽前代任賢之功，近寤今日謬授之失，清澄朝位，旌敍俊义，放退佞邪，抑奪姦勢。"例證晚出，《楚辭·離騷》："舉賢而授能兮，循繩墨而不頗。"

27. 署職

後晉天福七年《周令武墓誌》："前唐天祐初，劉氏之王燕邦也，公雅尚韜鈐，素明術略，書劍克光於祖德，弓箕不墜於家聲，竟署職盧龍，分管士伍。"後晉開運三年《李仁寶墓誌》："故號王覩其節概，舉以才能。遂署職於軍門，頗彰勤績；俄分符於屬郡，甚有佳聲。"

《大詞典》"署職"條釋作"署理官職"，引例為唐賈島《送裴校書》詩："拜官從秘省，署職在藩維。"孤證。唐代墓誌已多有用例，《唐代墓誌彙編》貞元一二五《崔千里墓誌》："既喪手足，哀慟難勝，不逾一旬，而往江甸，浙西觀察使王公緯欲署職江左，以猶子幼稚，請護弟喪歸於邙山。"《唐代墓誌彙編》大和一三一《劉茂貞墓誌》："長慶二年，鹽鐵使聞公之才，署職東都院巡官；又以漕運事重，險地急人，遷知集津分巡院。"

28. 通籍

唐天祐四年《崔詹墓誌》："天祐四年，故相國於公主文，精求名實，公登其選，首冠群英，釋褐授秘校，轉河清尉直上館，副時相之知也，始通籍為監察。"後梁乾化四年《張荷墓誌》："京兆杜公□□始通籍為監察御史，入梁除右補闕，俄遷祠部員外郎，周歷三署，復命為尚書司門郎中，蒞事條貫，人無間言，不幸遘疾，丞嬰瘠痒。"

"通籍"意謂朝中已有了名籍，指初作官。《大詞典》"通籍"條義項2首例引唐杜甫《夜雨》詩："通籍恨多病，為郎忝薄遊。"其實，南北朝墓誌就有用例，《漢魏六朝碑刻校注》七九〇《北魏王翊墓誌》："追申起家之屈，遷為從事中郎，特除中書侍郎，加鎮遠之號；又為清河王友，餘官如故。公自通籍承明，黃道玄武，理翩鳳沼，曳裾菟園。"《大詞典》例證晚出。

29. 為

後梁開平三年《高繼蟾墓誌》："公諱繼蟾，字紹輝，其先雍人，始實姜姓，神農之裔，今為渤海郡繼將、總戎，史冊鬱稱。"後梁開平四年《石彥辭墓誌》："我梁開平二年，建國之初，庶務修明，群倫思舉，有便於時教者莫不來之，於是擢公為右金吾大將軍、充街使。"

"為"的本義為"役象"，動詞。引申之，"為"乃有"充當、擔任"之義。先秦已有用例，《尚書·微子》："我罔為臣僕。"《論語·雍也》："子游為武城宰。"

30. 效職

後唐清泰二年《商在吉墓誌》："維司徒，北燕薊門人也。曾祖諱咸，唐皇曾效職涿州馬步使。"後周廣順二年《鄒君妻陸氏墓誌》："次曰知造，效職綰務營田。"後周顯德二年《張仁嗣及妻郭氏合葬墓誌》："梁貞明初，君始筮仕，即效職於文昌南宮，授將仕郎，守密州司戶參軍，俄遷寧州司馬充職。"

《大詞典》"效職"條釋作"盡職"，引例為唐韓愈《賀雨表》："龍神效職，雷雨應期。"孤証。"效職"當為唐代新詞，唐代墓誌多有用例，《唐代墓誌彙編》永徽一三九《崔泰墓誌》："父子博，隋戶部虞部侍郎，四州刺史，材標國幹，業□書林：效職文昌，百寮傾其雅範；攝官藩部，千里安其惠政。"《唐代墓誌彙編》會昌〇五四《宋自昌墓誌》："公效職轅門，輸誠激節，立功立事，可大可遠。”

31. 行

後梁乾化三年《韓恭妻李氏墓誌》：“朝議郎前行左武長史任業述。”後唐應順元年《顧德昇墓誌》：“有男一人，曰彥□，朝散大夫，行通事舍人，幼習詩書，長唯端謹，早承基陰，累授官榮。”

官階高而理職低者曰行。在《韓恭妻李氏墓誌》中：“朝議郎”為正六品，“長史”為從六品；在《顧德昇墓誌》中“朝散大夫”為文散官，從五品下，而職事官“通事舍人”為正七品上，屬於高官階理低職事，故在“通事舍人”前加“行”字。

32. 遙領

吳越天寶五年《屠瓌智墓誌》：“乾寧四年丁巳，同顧全武王弟鎮自海道救嘉禾，生擒賊驍將楊勝頓金等二十餘人。計功，將軍得中上，遙領常州刺史職。”

“遙領”為唐五代新詞，謂只擔任職名，不親往任職。唐代墓誌還有用例，《唐代墓誌彙編續集》總章〇一〇《李勣墓誌》：“時並不就國，復以本官遙領太子左衛率，徵拜兵部尚書，參謀國政。上膺九星之耀，下層六坐之重。持議以平，獻善伊直。”《新唐書·百官志四下》：“京兆、河南牧，大都督，大都護，皆親王遙領。兩府之政，以尹主之。”

33. 移授

後蜀廣政十一年《張虔釗墓誌》：“九月，並轉檢校司空，仍賜竭忠建策功臣。三年正月，移授鄭州刺史，充本州防禦使。”後蜀廣政十八年《孫漢韶墓誌》：“四年夏六月，移授武定軍節度使兼西面諸州本城屯駐馬步軍副都部署，封開國伯，加食邑二百戶，改賜耀忠匡定保節功臣。”後周顯德五年《趙瑩墓誌》：“開運二年五月，移授鎮國軍節度、華商等州觀察處置等使，雙旌並列，五馬齊驅，渤海理繩，父老悅迎於冀遂；會稽衣錦，鄉閭喜拜於買臣。”①

《大詞典》“移授”條釋作“轉授”，引例為南唐劉崇遠《金華子雜編》卷上：“絢嘗以過承恩顧，故擅移授。”孤証。“轉授”當為晚唐五代新詞，可補五代墓誌。《大詞典》用“轉授”解釋“移授”，卻未收“轉授”，當補。

---

① 見《大唐西市博物館藏墓誌》，北京大學出版社 2012 年版。

34. 移鎮

後梁貞明六年《謝彥璋墓誌》："貞明四年移鎮許州，飛蝗越境，猛虎渡河，況當衣錦之鄉，鬱有化風之政，其如三軍引頸，衆口傾心。"

"移鎮"指古時地方軍政長官改換轄地，亦泛指官員調任。《大詞典》"移鎮"條釋作"猶移藩"，引例為唐張籍《送李僕射愬赴鎮鳳翔》詩："天子新收秦隴地，故教移鎮古扶風。"孤證。唐代墓誌也多有用例，《唐代墓誌彙編》寶曆〇一九《鄭仲連墓誌》："泊孟公移鎮澤潞，公又隨之，充節度使押衙兼府都虞侯。"《唐代墓誌彙編》大和〇五八《李蟾墓誌》："泊相國節制滑臺移鎮屬中，皆以副車之重，贊其戎事，轉檢校兵部郎中兼御史中丞，俄歸中書，拜比部正郎。"

35. 膺

後梁開平四年《紀豐及妻牛氏合祔墓誌》："既領親軍，榮膺顯職。"唐天祐十年《邢汾及夫人周氏合葬墓誌》："敦儒履行，好古多奇，俄屬時艱，早膺公舉，始署鎮府逐要，兼山場務判官，試其才也。"

"膺"乃有"承當、擔當"之義。《字彙補·肉部》："膺，當也。""膺"之"擔當"義先秦已有用例，《書·武成》："誕膺天命。"孔傳："大當天命。"

36. 贈

後周顯德二年《趙鳳墓誌》："考諱彥章，皇銀青光祿大夫、檢校工部尚書、冀州別駕、兼御史大夫、上柱國、贈太子右贊善大夫，妣崔氏，贈博陵郡太君。"後周顯德五年《宋彥筠墓誌》："王父諱績，贈光祿卿，祖母王氏，贈瑯琊郡夫人。烈考諱章，贈太子少保，皇妣張氏，贈清河郡太夫人。"

封贈之制，始於晉宋，至唐始備，封建王朝推恩於大官重臣，把官爵授給本人父母，父母已經去世而授官爵的稱為"贈"。"贈"最初一般僅及於父母，唐以後始上追三代，往往以子孫的官位為贈。趙鳳之父趙彥章因為趙鳳而獲贈"右贊善大夫"，宋彥筠之祖父宋績因為宋彥筠而獲贈"光祿卿"，宋彥筠之父宋章因為宋彥筠而獲贈"太子少保"。

37. 徵拜

後唐天成元年《康贊美墓誌》："遂謀休退，入洛求醫，冀就痊平，專欲徵拜，不為秦工不驗，扁鵲無徵，綿歷藏時，轉至沉篤。"南唐保大六年《賈潭墓誌》："烈祖高皇帝受命中興，不忘舊德，徵拜秘書少監，充儀禮副使，遷中書舍人崇英翰林學士。"

"徵拜"乃"徵召授官"之義，古已有之。《大詞典》"徵拜"條首例引《三國志·魏志·武帝紀》："［太祖］年二十，舉孝廉為郎，除洛陽北部尉，遷頓丘令，徵拜議郎。"例證晚出，漢代已見用例，《漢書·鮑宣傳》："徵拜孔光為光祿大夫，發覺孫寵、息夫躬過惡，免官遣就國，眾庶歡然，莫不說喜。"

38. 徵授

後唐清泰三年《張季澄墓誌》："詔徵授銀青光祿大夫、檢校左散騎常侍、右武威將軍同正兼御史大夫。"

《大詞典》"徵授"條釋作"徵召授官"，引例為清葉廷琯《吹網錄·韋津誤死》："及洛陽平，高祖與津有舊，徵授諫議大夫。"孤証。南北朝以來墓誌習見用例，《漢魏六朝碑刻校注》八四二《北魏楊昱墓誌》："徵授中書侍郎，遷給事黃門侍郎，尋兼侍中、持節、催關右諸軍大使，除涇州刺史，徵尚書吏部郎，轉武衛將軍、北中郎將、安東將軍、銀青光祿大夫。"《隋代墓誌銘彙考》一九四《陳暉暨妻劉氏誌》："有齊之始，徵授殿內將軍，齊亡，謝病告歸田里。"《唐代墓誌彙編》大中一〇七《呂讓墓誌》："曾祖諱崇嗣，以經術聞，徵授秘書郎，不就。"

39. 知

後唐天成二年《任元頁墓誌》："府君諱元頁，字表則，故金紫光祿大夫、檢校刑部尚書、知鄭州榷稅迴圖茶鹽都院事、守別駕兼御史大夫、上柱國濤之長子也。"後唐天成三年《張居翰墓誌》："唐故內樞密使推誠保運致理功臣驃騎大將軍守右驍衛上將軍知內侍省事上柱國清河縣開國伯食邑七百戶張公墓誌銘并序"。

《字彙·矢部》："知，《增韻》：主也。今之知府、知縣，義取主宰也。""知"為"主持、執掌"之義。早在先秦就已見用例，《左傳·襄公二十六年》："公孫揮曰：'子產其將知政矣！'楊伯峻注："《國語》三見'知政'。宋魏了翁《讀書雜抄》云：'後世官制上'知'字始此。"《國語·越語上》："有能助寡人謀而退吳者，吾與之共知越國之政。"《呂氏春秋·長見》："申侯伯如鄭，阿鄭君之心，先為其所欲，三年而知鄭國之政也。"高誘注："知，猶為也。"

40. 職

後梁開平四年《石彥辭墓誌》："公中和乙巳，職宣武軍同節度副使、兼御史司憲。"後周顯德元年《劉光贊墓誌》："至戊申歲，授渦口都商税使，職未二年，官加三品，就除右羽林軍將軍，階兼金紫。"

《爾雅·釋詁上》："職，主也。"邢昺疏："謂為之主宰也。""職"有"主管、任職"之義，先秦已見其例。《左傳·僖公二十六年》："載在盟府，大師職之。"

41. 主

前蜀乾德五年《晉暉墓誌》："自此主忠義都都知兵馬使，並諸都都指畫使。遷檢校兵部尚書，割隸左神策軍，加五都營使，仍授金州防禦使，亦如興州，未令赴任。"

《玉篇·丶部》："主，典也。"《廣韻·麌韻》："主，掌也。""主"古有"主宰、主持、掌管"之義。《孟子·萬章上》："使之主事而事治，百姓安之。"《墨子·尚賢中》："今王公大人之君人民，主社稷，治國家，欲脩保而勿失。"

42. 轉

後梁開平四年《石彥辭墓誌》："光啓丙午年，轉右千牛衛將軍、檢校右散騎常侍、亳州別駕。繼專軍旅，益動風雲，樹藝無傷，晉樂鍼則，嘗聞楚子矯激不作，魏無忌則徒扼秦軍。"後晉天福二年《羅周敬墓誌》："秋九月，轉左金吾衛大將軍充街使，執金在彤庭之前，佩玉向丹墀之上，仕宦之貴，無出於斯。"

"轉"指遷職。"轉"之"遷職"義，大概見於南北朝時期，《後漢書·周榮傳》："出為潁川太守，坐法，當下獄，和帝思榮忠節，左轉共令。"《魏書·裴景顏傳》："以軍功稍遷太尉從事中郎，轉諮議參軍。"

43. 轉官

後漢乾祐元年《羅周輔墓誌》："其間或進階加勳，轉官命服；或高山奉職，列嶽虔祈。或使於四方，則南長沙而西回鶻，或暫求民瘼，檢水旱而去蟲螟。"

《大詞典》"轉官"條釋作"升遷官職"，首例引宋王明清《揮麈後錄》卷九："我等若欲轉官，祇用牽兩疋馬與内官，何必來此？"例證晚出。五代墓誌也作"轉官階""轉官資"。後周顯德三年《蕭處仁墓誌》："後以疆場未寧，獫狁多故，公監臨步騎，固護邊陲，至於太原，出於大漠，東西千里，首尾十年，累轉官階，繼有錫賚。"後晉開運三年《李仁寶墓誌》："朝廷以久立邊功，爰加寵命，布龍綸於碧落，降鈿軸於丹墀。

累轉官資，繼頒爵秩，位崇保傅，權計慘舒。"

44. 追贈

前蜀天漢元年《王君妻李氏墓誌》："夫人李氏，其先奉天人也。曾祖端，皇姓宋氏，前朝追贈官爵，存於史策。"後蜀廣政十八年《孫漢韶墓誌》："上聞之出涕，輟朝七日，降使持節行禮，追贈太傅、梁州牧，賜謚忠簡。"

"追贈"指"死後贈官。"南北朝墓誌習見，《漢魏六朝碑刻校注》三〇七《梁蕭融墓誌》："中興二年，追贈給事黃門侍郎。皇上神武撥亂，大造生民。冤恥既雪，哀榮甫備。"《漢魏六朝碑刻校注》八一三《北魏元天穆墓誌》："春秋四十二，暴薨於明光殿。年及中興造運，聖明在馭，追贈侍中、丞相、都督十州諸軍事、柱國、大將軍、假黃鉞雍州刺史，王如故，謚曰武昭，禮也。"墓誌之外也有用例，《後漢書·公孫述傳》："初，常少、張隆勸述降，不從，並以憂死。帝下詔追贈少為太常，隆為光祿勳，以禮改葬之。"

45. 擢拜

後唐同光三年《張繼業墓誌》："由是擢拜河陽留後，初，齊王令公已三鎮懷盂矣，州人飽公之譽，熟公之名。"後唐長興四年《張文寶墓誌》："至同光元年，莊宗皇帝赤伏符興，渡江龍化，爰從蓮幕，首奉蒲輪，擢拜尚書、屯田員外郎、知制誥。"

"擢拜"意思是提拔授官。南北朝以來墓誌多有用例，《漢魏六朝碑刻校注》四五五《北魏司馬悅墓誌》："以君地極海華，器識明斷，擢拜主簿，俄遷司空、大將軍二府司馬。"《唐代墓誌彙編》咸亨〇七八《朱遠墓誌》："俄而擢拜絳州同鄉府果毅。趙冠耀首，越劍文腰，神交黃石之符，訓洽青巾之侶。"傳世文獻東漢以來多有用例，《後漢書·趙岐傳》："會南匈奴、烏桓、鮮卑反叛，公卿舉岐，擢拜并州刺史。"唐封演《封氏聞見記》卷六"繩妓"："玄宗覽之，大悅，擢拜金吾倉曹參軍。自胡寇覆蕩，伶倫分散，外方始有此妓，軍州宴會，時或為之。"

第六節　後嗣義詞彙研究

墓誌行文對墓主的世系必須進行描述和說明。有鑒於此，我們將"後嗣義"詞彙分別放到相應的語義場中進行分析和研究，重點運用語義學尤其是語義場的理論，結合語源學、人類文化學的研究成果，以語言研究為出發點，對"後嗣義"詞彙進行系統的考察。通過對這些詞彙的全面描寫，我們試圖從理論上對後嗣義詞彙進行比較深入系統的分析和說明，探索其發展演變的規律和特點，並考察其所反映的文化現象與文化心理。

1. 陔蘭

後周顯德二年《王采墓誌》："夫人訓以慈深，享令名於家國，陔蘭方茂，風樹先驚；閬水不回，昊天何訴。"

《文選·束皙〈補亡詩〉》："循彼南陔，言采其蘭。"李善注："采蘭以自芬香也。循陔以采香草者，將以供養其父母。"後因以"陔蘭"敬稱他人的子孫，意謂能孝養長輩。《大詞典》"陔蘭"條引例為唐元稹《祭禮部庾侍郎太夫人文》："封燔茅社，抱弄荃蓀。陔蘭始茂，隙駟俄奔。"孤証。唐代墓誌也有用例，《唐代墓誌彙編》麟德〇二五《霍達墓誌》："方易陔蘭之色，奄虧庭樹之喧，庶芬芳之可挹，敢憑托於山洹。"《唐代墓誌彙編續集》咸通〇六三《包筠墓誌》："昔年何怙，思昊天之罔極；今載□鍾，絕陔蘭之相養。念泣血而將滅，何摧毀而殞身。"

2. 後胤

後唐長興元年《毛璋墓誌》："國夫人姓李氏，其先祖漢將軍李廣之後胤也。"後晉天福七年《周令武墓誌》："公家世北居燕薊，烈考歷職薊門，古先以開國承榮，後胤乃因封命氏，皆祖枝傍茂，姓派遠流。"

《大詞典》"後胤"條釋作"後裔"。《三國志·魏志·齊王芳傳》："夫追加褒寵，所以表揚忠義；祚及後胤，所以獎勸將來。"《南史·梁安成康王秀傳》："陶潛之德，豈可不及後胤。"明沈鯨《雙珠記·元宵燈宴》："家雖替於前人，業妄期於後胤。"《大詞典》例證環節不完整，可補隋唐五代墓誌用例，《隋代墓誌銘彙考》三五七《劉賓暨妻王氏墓誌》："惟彼令椒，儷茲髦俊，竹勁冰清，霜凝玉潤。四德無爽，一言惟信，禮冠前修，芳流後胤。"《唐代墓誌彙編》貞觀一五三《梁基墓誌》："即漢大將軍冀之後胤，源流自遠，龜組相輝，列茅土於上卿，分枝條於帝族。"

3. 華裔

唐天祐十八年《孟弘敏及妻李氏合葬墓誌》："自周公華裔，魯國靈苗，枝葉相承，風神間出，弓箕不墜，英傑挺生。"後唐清泰三年《張季澄墓誌》：“猗歟華裔，肇自軒皇。列宿命氏，上天降祥。跨趙則耳，霸漢唯良。邈彼先世，慶流源長。”

《大詞典》“華裔”條收列三個義項：“1. 古指我國中原和邊遠地區。2. 華夏族的後裔。3. 華僑在僑居國所生並取得僑居國國籍的子女。”這三個義項揆之墓誌文獻均未為安。《漢魏六朝碑刻校注》一三六九《北周鄭術墓誌》：“隱軫高門，葳蕤華裔。疊映琳琅，連聲松桂。赫矣君侯，於屬誕世。”《隋代墓誌銘彙考》〇八三《暴永墓誌》：“枝葉綿綿，傳芳百世，漢道方隆，爵連華裔。唯君雄果，乃著嘉聲。脫屣辭世，碑上金生。”《唐代墓誌彙編》永徽一三七《姚義墓誌》：“而崇源遐演，日續廣宣，重葉垂休，華裔流緒，搢紳交映，軒蓋相輝，德列縑緗，榮鏡斯在。”《唐代墓誌彙編》顯慶〇一三《韓玄墓誌》：“父諱禮，齊金紫光祿大夫；儀表縉紳，昭輝華裔。仙舟迴汎，伉元禮之清猷；延閣飛空，偶子雲之極思。”細繹墓誌文獻“華裔”乃“美好的後裔”的意思，《大詞典》當根據墓誌文獻補收這一義項。

4. 華胄

後梁乾化二年《盧真啟墓誌》：“次十二女，適鄉貢進士滎陽鄭崇龜。以娶以適，咸山東之華胄也。”後梁龍德二年《崔崇素墓誌》：“若夫高門華胄，世德家聲，凜然清風，有自來矣。”

《大詞典》“華胄”條義項 2 釋作“指顯貴者的後代”，首例引《晉書·石季龍載記上》：“鎮遠王擢表雍秦二州望族，自東徙已來，遂在戍役之例，既衣冠華胄，宜蒙優免。”釋義不確且例證略晚，《漢魏六朝碑刻校注》四〇八《北魏崔隆墓誌》：“氣褫異域，威鎮边疆，小醜斂迹，華胄增光。”

5. 皇胤

後晉開運二年《李茂貞妻劉氏墓誌》：“夫人姓劉氏，岐州人也。翼善傳聖之皇胤，隆准龍顏之世孫，本枝敷蔭於銅池，源派流通於銀漢。”

《大詞典》“皇胤”條釋作“皇帝的後代”，引例為南朝宋謝莊《宋孝武宣貴妃誄》：“祚靈集祉，慶藹迎祥；皇胤璿式，帝女金相。”南朝宋謝靈運《撰征賦》：“始熙績於武關，率敷功於皇胤。”《大詞典》的兩個例子均為南朝宋例證，有違例證的多樣性原則，可補充其他時代墓誌例。南北朝以來墓誌多有用例，《漢魏六朝碑刻校注》七五八《北魏元瞻墓誌》：“而帝宗隱賑，皇胤莪莪，華萼相資，驕傲難理。”《唐代墓誌彙編》

咸通〇四一《楊氏墓誌》："德隆坤則，祚集靈祥，嘉夢屢兆于國香，甲觀亟延於皇胤。"《唐代墓誌彙編續集》乾封〇〇八《聿氏墓誌》："皇胤分封，克隆磐石，從子之貴，允膺寵錫。聖善弘訓，平反著績。"

6. 來嗣

南唐保大十四年《王繼勳墓誌》："分袂藏書，永錫來嗣。師禮耆儒，論道說義。"

《大詞典》"來嗣"條釋作"後世；後代"，引例為宋范仲淹《贈戶部郎中許公墓誌銘》："積德深長，慶著來嗣。"孤証且晚出。漢魏以來碑刻多有用例，《漢魏六朝碑刻校注》一一六《東漢巴郡朐忍令景雲碑》："勒銘金石，表績勳兮。冀勉來嗣，示後昆兮。"《唐代墓誌彙編》顯慶一三六《趙軌墓誌》："珠縈疊跡，金鈕聯華，休祉昭於後昆，茂烈昭於來嗣。"

7. 靈苗

唐天祐十八年《孟弘敏及夫人李氏合葬墓誌》："自周公華裔，魯國靈苗，枝葉相承，風神間出，弓箕不墜，英傑挺生。"後唐長興元年《李仁寶妻破丑氏墓誌》："夫人以元魏靈苗，孝文盛族，天麟表瑞，沼鳳騰芳，金枝繼踵於三台，玉葉姻聯於八座。"

《大詞典》"靈苗"條義項 3 釋作"聖賢的後裔"，引例為唐王勃《益州夫子廟碑》："夫子姓孔氏，諱邱，字仲尼，魯國鄒人也。帝天乙之靈苗。"孤證。唐代墓誌亦見用例，《唐代墓誌彙編》垂拱〇《李敏墓誌》："君諱敏，字知仁，趙郡人也。聖人奕業，飛將靈苗，家承龍德之餘，門積龜文之祉。"《唐代墓誌彙編續集》萬歲通天〇一一《楊政墓誌》："漢丞相之靈苗，晉上卿之茂族，鍾鼎百代，歷千載而同榮；軒冕一時，逾數朝而繼業。"

8. 靈派

後晉天福八年《李章妻金氏墓誌》："粵以靈派胤嗣，盛族傳善，□□昌繁，裕盈家業。"後晉開運三年《李俊墓誌》："仙源靈派，皇室令孫。生知禮樂，神衿溫恭。"

《大詞典》"靈派"釋作"指皇族、宗室"，引例為《舊唐書·后妃傳下·憲宗懿安皇后郭氏》："導靈派於昭回，揖殊仁於氣母。"明屠隆《彩毫記·祿山謀逆》："磐石貴宗安，靈派天潢遠。"就《大詞典》例證而言，其釋義是沒有問題的。"靈派"為唐代新詞，墓誌文獻習見，《唐代墓誌彙編》咸亨〇四七《牛弘滿墓誌》："河漢疏源，靈派開於七夜；斗極聯彩，華胄貫於三辰。"《唐代墓誌彙編》嗣聖〇〇三《王寶墓誌》："君諱寶，字奇珍，汝州梁縣人也。發鴻源於瑞火，啟靈派於仙禽。人膺槐棘，百代之縑緗照曜；家傳鍾鼎，千年之簡牘蟬聯。"《唐代墓誌彙編續集》太極〇〇一《於惟敬墓誌》："原夫維城表固，導靈派於東周，高門貽榮，翊元功於西漢。問望光乎史誥，勳德昭於鍾鼎，故以詳諸竹帛，此可略而言也。"墓誌的主人均非皇室宗族，將"靈派"釋作"指皇族、宗室"，顯然不妥，當據墓誌文獻訂正之。

9. 令胤

唐天祐十八年《孟弘敏及妻李氏合葬墓誌》："珪璋令胤，杞梓名門，抱達人君子之風，體動靜安危之理。沖襟磊落，清濁不擾於心源；節操堅貞，喜慍罔形於顏色。"後唐清泰三年《張季澄墓誌》："遙彼先世，慶流源長。門承耿光，代有令胤。"後周廣順二年《武敏墓誌》："從夫自叶於和鳴，為母實貽於令胤。"

《大詞典》"令胤"條釋作"德行美好的後嗣"。僅引《魏書·列女傳·魏溥妻房氏》："爰及處士，遘疾夙凋。伉儷秉志，識茂行高。殘形顯操，誓敦久要。誕茲令胤，幽感乃昭。"孤證，"令胤"為南北朝新詞，南北朝以來墓誌習見用例，《漢魏六朝碑刻校注》一二五六《北齊暴誕墓誌》："篤生令胤，雄才孤出，憑風振音，摩霄騁逸。"《隋代墓誌銘彙考》二一八《蘇慈墓誌》："駿發克昌．申甫貞祥。作鎮憂國，隼集鷹揚。遷都尊主，蛇輔龍驤。誕厥令胤，傳茲義方。"《唐代墓誌彙編續集》麟德〇一九《程知節墓誌》："踐天牧於名藩，降王姬於令胤。"

10. 流裔

後唐天成三年《張居翰墓誌》："公諱居翰，字德卿，軒轅流裔，清河派分，代有英聲，世多間傑。"

《大詞典》"流裔"義項2釋作"後世子孫"。三國魏曹植《王仲宣誄》："公高建業，佐武伐商……流裔畢萬，勳績惟光。"明宋濂《復古堂記》："文懿公實泰（虞泰）之遠祖，流裔至今二十七世矣。"可補唐五代等墓誌，《唐代墓誌彙編》天寶二二四《盧含墓誌》："錫氏農皇，寔有昌德，仙源流裔，寶閥昭宣，則尚為王師，敷六韜之略；敖為真侶，乘五雲之氣。"《遼代石刻文續編·馮從順墓誌》："文武流裔，善慶可徵者，其惟□太師公之謂乎？"

11. 茂族

後梁乾化二年《孫公瞻墓誌》：“或霸業於金陵，或立朝於盛晉，咸為茂族，於今顯焉，即君之胤緒也。”唐天祐十二年《張康墓誌》：“漢室高門，晉朝茂族，枝葉遍流於江左，簪裾不絕於人間。”南唐昇元六年《姚嗣駢墓誌》：“府君諱嗣駢，字霸臣，其先南安人，虞帝之後，餘慶所鍾，綿綿萬嗣，古推茂族，代為名家。”

《大詞典》未收“茂族”一詞。“茂”乃“昌盛、豐碩”之義，《詩經·小雅·南山有臺》：“樂只君子，德音是茂。”鄭玄箋：“茂，盛也。”“茂族”猶言“昌族、盛族”，指豪門大族。墓誌文獻習見，《漢魏六朝碑刻校注》一〇五八《西魏李賢妻吳輝墓誌》：“郡君資性柔靜，立身婉順。少習女功，長成婦德。四行既充，六禮云暨。始自笄年，言歸茂族。”《唐代墓誌彙編》神龍〇一二《甯思真墓誌》：“原夫開家令氏，帝顓頊之風猷；食采分茅，姜子牙之茂族。”《遼代石刻文續編·韓匡嗣妻秦國太夫人墓誌》：“唯茲蕭氏，世稱茂族。或為后，或為妃，或為夫人，皆出此一宗。”墓誌之外亦見用例，唐韓愈《順宗實錄》卷五：“良娣王氏，家承茂族，德冠中宮，雅修彤管之規，克佩姆師之訓。”《宋史·楊業傳》：“故雲州觀察使楊業誠堅金石，氣激風雲。挺隴上之雄才，本山西之茂族。自委戎乘，式資戰功。”《大詞典》當補收“茂族”一詞。

12. 派流

後唐長興元年《秦進舉墓誌》：“蓋聞媧皇剖孕，宗族派流，生死輪回，葬之以禮。”後漢乾祐元年《韓悅以墓誌》：“後以枝分葉散，泉源派流九土之中，其裔一也。”

《大詞典》“派流”條釋作“水的支流。多比喻由本源的事物派生的分支。”《漢魏南北朝墓誌彙編·北魏·馮邕之妻元氏墓誌》：“蓋軒皇之派流，倉精之別裔。用能鬱映寰中，扶疏六合，代承五運，迭用三正，河圖洛璽，世襲相傳。”《隋代墓誌銘彙考》二一〇《張通墓誌》：“昔分官命氏，派流邑族。乃文乃武，遂建公侯之業。名馳海內，功蓋天下，司隸司空，弼諧晉室。可略而言，布在方冊。”《唐代墓誌彙編》天寶二〇三《齊子墓誌》：“其先周太公姜，厥表有東海，封之營丘，身佐西周，子孫君國，因生賜姓，命氏曰齊，枝幹扶疏，毓多材而構廈；派流浩瀚，浮舟楫以濟時。”《唐代墓誌彙編續集》永徽〇三四《高同墓誌》：“若夫疏爵分疇，營丘表興王之德；因字命氏，天齊著上相之功。垂裕無疆，通賢接武，餘慶不已，人英代及。派流師以皇極，鴻瀾盛於樂推。固以凝績籙圖，騰芳緗史。"墓誌文獻"派流"均為後嗣義，《大詞典》當據補。

13. 聖裔

前蜀天漢元年《王君妻李氏墓誌》："公則故通王太師之次子也，兩朝聖裔，榮冠當時，和順謙恭，顯然淑德，盡如賓之敬，立內則之□。"

《大詞典》"聖裔"釋作"聖人的後代。常專指孔子的子孫"，引例為清姚鼐《贈孔攜約假歸序》："國家重德而尊師，加禮聖裔，典逾前代遠甚。"孤証晚出且釋義不確。《漢魏六朝碑刻校注》七五七《北魏元彝墓誌》："長瀾起乎霄漢，瓊光發自崐峯，伴弱水之聖裔，等豐岐之隆緒。"《唐代墓誌彙編續集》永昌〇〇五《崔挐墓誌》："君諱挐，字季玉，武城人也。炎皇之聖裔，魏上黨郡守暉之後。"顯然墓誌後嗣詞語所表示的後代均非孔子的子孫。

14. 聖胤

後周顯德二年《田仁訓及妻王氏合祔墓誌》："少蘊靈機，迥得仙家之妙；長精神筆，苗開聖胤之風。"

《大詞典》"聖胤"釋作"舊稱皇帝的後嗣"，引例為明沈德符《野獲編補遺·內監·內廷豢畜》："又貓性最喜跳騫，宮中聖胤初誕未長成者，間遇其相遘而爭，相誘而嗥，往往驚搐成疾。"孤証晚出且釋義不確。《漢魏六朝碑刻校注》五〇四《北魏邢偉墓誌》："南金華銑，荊玉炳珍。聖胤基顯，名家譽芬。"墓誌兩例後嗣義詞均和皇帝無涉。

15. 嗣胤

後梁貞明三年《吳存鍔墓誌》："本出於秦雍，世瞻於軒裳，或龍闕以昇班，或鳳翔而授職。洎乎薦昌嗣胤，不絕簪裾，遂辭北京，適茲南海。"後漢乾祐四年《王玕妻張氏墓誌》："自周漢已降嗣胤繁，代有賢良，史稱煥赫。"

《大詞典》"嗣胤"條釋作"子孫後代"，引例為前蜀杜光庭《奉化宗祐侍中黃箓齋詞》："嗣胤繁昌，壽祿延益。"孤証且晚出。《唐代墓誌彙編》元和一三一《盧璠墓誌》："前夫人逮事先府君，無子早世，後夫人即夫人之妹，嗣胤皆其所出，亦先公十歲而歿。"《唐代墓誌彙編》開成〇一二《陳韞墓誌》："以處默為輪輿，以軒冕為桎梏，教垂嗣胤，德冠我公。""嗣胤"為同義複詞，故亦可倒言為"胤嗣"。

16. 系族

吳武義二年《陳贇墓誌》："巨鹿公諱贇，潁川人也。即唐相國文貞公之後，世為貴。其系族顯赫，此蓋不書。"

《大詞典》"系族"條釋作"一姓世代相聯之宗族"，引例為明劉基《鬱離子·規執政》："是故三代之取士也，必學而後入官，必試之事而能然後用之，不問其系族。"孤證且晚出，可補。唐代墓誌始見用例，《唐代墓誌彙編續集》咸通〇〇八《楊漢公墓誌》："前夫人鄭氏，後魏中書令義十代孫，初定系族，甲於眾姓。"

17. 遐裔

後漢乾祐元年《龐令圖墓誌》："祖諱，□□仕，娶滎陽郡鄭氏，即漢光祿大夫沖之遐裔也。"

《大詞典》"遐裔"條義項1釋作"後裔；遠裔。"引例為三國魏曹丕《述征賦》："遵往初之舊跡，順歸風以長邁。鎮江漢之遺民，靜南畿之遐裔。"孤證。"遐裔"一詞，墓誌習見，可補，《漢魏六朝碑刻校注》九七〇《北魏王偃墓誌》："君諱偃，字槃虎，太原晉陽人也。其先蓋隆周之遐裔。當春秋時，王子城父自周適齊，有敗狄之勳，遂錫王氏焉。"《隋代墓誌銘彙考》二五一《劉尚食墓誌》："陶唐遐裔，是曰豢龍；炎漢末苗，實歸世載。或有玄宗義府，武略文鋒，煥爛於史籍，氤氳於彝鼎，可略而言焉。"《唐代墓誌彙編》開元〇七〇《魏君妻雷氏墓誌》："夫人姓雷，同州白水人也。祖通，周武衛將軍；父俊，隋虎賁郎將，或教穆中邦，或威稜遐裔。"

18. 遐胤

後晉開運三年《李仁寶墓誌》："公諱仁寶，字國珍，乃大魏道武皇帝之遐胤也。"

"遐胤"一詞，南北朝以來墓誌習見。《漢魏南北朝墓誌彙編·北魏·蘭將墓誌》："貴系綿遠，峻氏攸長，慶鍾遐胤，累葉傳芳。祖休燕代，父魏留光，後季承馨，官列周行。"《漢魏南北朝墓誌彙編·北魏·元鑒墓誌》："弈弈修徽，蟬聯遐胤，分瓊幹芳，別華景振。"《大詞典》未收"遐胤"，但收列了"令胤""來胤""後胤"等，從詞典平衡性來看，當補收"遐胤"一詞。

19. 胤緒

後梁乾化二年《孫公瞻墓誌》："或霸業於金陵，或立朝於盛晉，咸為茂族，於今顯焉，即君之胤緒也，其為昌遠赫奇不可備書，是以綿邈古今矣。"唐天祐十三年《張宗諫墓誌》："其先寔軒轅之胤緒，涼主之遺苗。濟漢毗吳，恢梁翼晉，股肱帝業，柱石皇猷，將相公卿，備昭圖謀。”後梁貞明六年《謝彥璋墓誌》：“按謝氏，即謝安石之胤緒耶，炳靈高潔，立德恢弘，價擅當時，流光後葉。”

《大詞典》“胤緒”條釋作“後代”，引唐吳兢《貞觀政要·忠義》：“每覽前賢佐時，忠臣徇國，何嘗不想見其人，廢書欽歎！至於近代以來，年歲非遠，然其胤緒，或當見存。”為例，孤證且晚出。南北朝以來墓誌習見，《漢魏六朝碑刻校注》一一五三《北齊皇甫琳墓誌》：“其先少昊之苗裔，帝嚳之胤緒。遠胄標於三墳，仁跡著於九德。”《隋代墓誌銘彙考》二一七《朱寶墓誌》：“胤緒傍榮，枝芳葉茂。誕茲明哲，光先起胄。海納百川，山藏澤富。階登尺木，參軍已就。”《唐代墓誌彙編》天授〇二五《王朋墓誌》：“君諱朋，字鳳爽，潞州壺關人也，蓋黃帝之遺芳，王鍾之胤緒。五侯拜爵，鼎足光于漢朝；八座分圭，台銓隆于秦代。”

20. 胤裔

後晉天福七年《任景述墓誌》：“公姓任氏，諱景述，字美宣。其先出軒轅皇帝之胤裔也，始建侯於任城，因地而命氏。”

“胤裔”一詞《大詞典》未收，“胤裔”為同義複合詞，隋代以來墓誌習見。《隋代墓誌銘彙考》二二七《楊孝偡墓誌》：“昌源肇自隆周，盛緒分乎強晉。伯僑命氏，枝幹茂於河汾；赤泉建侯，胤裔高於關輔。”《唐代墓誌彙編》貞觀〇四二《李繼叔墓誌》：“昔唐臣況馬，周史方龍，胤裔克昌，英靈永播。其後源分流派，左車作朝廷之英髦；入輔出藩，元禮為縉紳之模楷。”《唐代墓誌彙編續集》咸通一〇二《溫令綬墓誌》：“其先軒轅氏之胤裔，太康之嫡孫曰平少康，封為溫城侯。”《大詞典》收了“孽裔”“支裔”“昆裔”“冑裔”等同義複詞，當據墓誌文獻補收“胤裔”。

21. 胤族

吳大和七年《王仁遇墓誌》：“嵩少應靈，河隍胤族。雲逐龍漸，風生虎谷。化行千里，祥臻百福。五教是資，八宏克穆。”後周顯德元年《劉光贊墓誌》：“洎漢室應運，太守臨藩，葵心奉君，蒲鞭示吏，其後汝南徙居於梁國，肥鄉本屬於廣平。騰芳則代不伐賢，胤族乃世繼其美。”

“胤”古有“繼承、延續”之義。《尚書·洛誥》：“予乃胤保，大相東土。”孔穎達疏：“胤訓繼也。”漢揚雄《劇秦美新》：“胤殷周之失業，

紹唐虞之絶風。"《大詞典》"胤族"條釋作"猶嗣族",引例為章炳麟
《沈藎哀辭》:"悲夫丈夫固享五鼎兮,況為犧以饗胤族。"孤證且甚晚。
唐代墓誌始見用例,《唐代墓誌彙編》文德〇〇一《趙夫人墓誌》:"夫人
之先,天水人也,即漢太尉岐之胤族,子孫垂裕,今古綿聯,枝派繁滋,
豈能具載。"《唐代墓誌彙編續集》乾符〇一八《張公墓誌》:"張氏之
先,軒轅黃帝之苗裔,羅公之胤族。"

22. 遠派

南唐保大四年《王君墓誌》:"緱山維岳,啓翦賁之崇基;汾水遂荒,
導沉渾之遠派。"後漢乾祐元年《龐令圖墓誌》:"次曰令謹,銀青光禄大
夫、左散騎常侍,貂蟬是貴,爵秩唯高,娶任氏,即漢舍人任座遠
派也。"

《大詞典》"遠派"條義項1釋作"遠親",首例為唐白居易《唐故
湖州長城縣令博陵崔府君神道碑銘》:"長源遠派,大族清門,珪組賢俊,
準繩濟美。""遠派"當為唐代新詞,乃遠裔之義。

23. 遠裔

後唐同光二年《王審知墓誌》:"緱山遠裔,淮水長源。自秦漢以穹
崇,歷晉宋而忠烈。輝華閥閲,奐赫祖宗。"後周顯德五年《李從曬妻朱
氏墓誌》:"潁川郡夫人蔡氏,中郎遠裔,太守名家。"

《大詞典》"遠裔"義項1釋作"猶言後世子孫",首例為《晉書·
赫連勃勃載記贊》:"淳維遠裔,名王之餘。"例證晚出,《晉書》成書於
唐代。北魏墓誌已見用例,《漢魏六朝碑刻校注》八三五《北魏宋虎墓
誌》:"君諱虎,字安威,燉煌人也。盖微子啓之遠裔。"

24. 胄胤

後晉天福五年《梁瓌及妻王氏合葬墓誌》:"英雄胄胤,卓犖儀形。
生知禮樂,長習書經。於家盡孝,為官畢清。勿為無福,夫貴妻貞。"後
周廣順二年《武敏墓誌》:"洪河演派,紀方濁而達圓清;建木盤根,聳
千尋而麞九野。胄胤克光於家諜,英奇迭美於信書。"

《大詞典》"胄胤"條釋作"後代",引例為《宋書·王微傳》:"衣
冠胄胤,如吾者甚多,才能固不足道,唯不傾側溢詐。"孤證。南北朝以
來墓誌多有用例,《漢魏六朝碑刻校注》七七六《北魏元鑒妃吐谷渾氏墓
誌》:"妃吐谷渾國主胄胤,安西將軍永安王斤之孫,安北將軍、永安王
仁之長女,太尉公、三老、録尚書、東陽王之外孫。"《隋代墓誌銘彙考》

四三〇《崔玉墓誌》："君諱玉，字鬆林，上黨屯留顯陽鄉孝義里人也。其先炎帝冑胤，時望於齊，地方五百。"《唐代墓誌彙編》貞元〇七六《王仲堪墓誌》："十九代祖西晉京陵公渾，位極台司，功格帝室，冑胤枝散，遍於九州。"

25. 族分

後梁貞明二年《張濛墓誌》："光嗣沐其族分，因熟徽猷，既嗣子堅其請，且不獨免於辭。"

《大詞典》"族分"條釋作"本族繁衍下來的人"，引《西遊補》第十回："想將起來，秦始皇也是秦，秦檜也是秦，不是他子孫，便是他的族分。"為例。《西遊補》是明末清初的作品，《大詞典》例證為孤證且甚晚，可補五代墓誌。

第四章

五代墓誌詞彙研究與辭書編纂

　　古漢語詞彙研究與漢語語音史、漢語語法史相比，是漢語史研究中最薄弱的部分。中古、近代漢語詞彙研究又是漢語史研究的更為薄弱的環節，近年來這種局面有所改觀，出現了一大批創造性的研究成果，如江藍生《魏晉南北朝小說詞語匯釋》（1988）、袁賓《禪宗著作詞語匯釋》（1990）、王雲路《漢魏六朝詩歌語言論稿》（1997）、董志翹《〈入唐求法巡禮行記〉詞彙研究》（2000）、汪維輝《東漢—隋常用詞演變研究》（2000）等。但是，以往的詞彙研究，大家主要把目光聚焦在詩、詞、曲、賦、散文、小說、筆記、史書、佛經、道藏、語錄、詔令等方面，以往各家基本不用或者很少使用墓誌的語言材料，令人感到美中不足。我們將目光投向大家不太注重的五代墓誌，並以五代墓誌作為立足點，同時佐證以歷代碑刻文獻和傳世文獻，力圖發掘出五代墓誌中有價值的第一手材料，為近代漢語詞彙研究提供新的語言證據，以便更好地掌握漢語詞彙在這一時期的發展變化，同時揭示墓誌所反映出來的某些文化現象。《大詞典》是目前國內最權威的"古今兼收、源流並重"的大型語文辭書，出版以來，嘉惠學林。《大詞典》對於漢語研究之貢獻是巨大的，它是一部里程碑式的著作，代表了目前漢語研究的最高水平。但是，由於容量巨大，且編寫者眾多，偶有疏漏，在所難免，前修時賢多有商榷文章。《大詞典》（第二版）的編纂出版已於 2012 年 12 月 10 日在人民大會堂召開正式啟動會議，《大詞典》的編纂修訂已經提上議事日程，將於 2015 年出版第二版第一冊，預計 2020 年完成全書 25 冊，凡 6000 萬字，這是國家文化建設的一件盛事。這裏，我們以前人較少關注的五代墓誌為主要語料，來就一些前人尚未言及的條目提出我們的商榷意見，其中大多牽涉詞語的訓詁問題，同時也涉及辭書編纂的一些理論問題。我們認為墓誌詞彙研究對大型辭書編纂的作用主要體現在以下幾個方面：補充漏收詞目、補充漏收義項、提前例證時間、補充可靠例證、糾正釋義不確等五個方面。希望我們的研究有助於《大詞典》等大型辭書的編纂和修訂，同時為漢語史的研究提供有益的第一手參考資料。

第一節　補充漏收詞目

詞目指的是詞典中要加以詮釋藉以建立詞條的任何語言單位。語文詞典的詞目可以是詞，也可以是詞素，也可以是詞組，甚至可以是句子，但主要是詞①。墓誌文獻不僅可提供原始材料作為研究其他典籍的佐證，更重要的是其本身就是一個語言寶庫，蘊含着豐富的語言資源，它們往往為大型辭書所失載。下面，我們就舉一些五代墓誌所見而《大詞典》所失載的詞目加以討論。詞語按音序排列，以便於尋檢。

1. 崇秩

後梁乾化三年《韓仲舉妻王氏墓誌》："遘太祖隱龍之際，特賞精通之才，身經百戰，貴達一時，受唐崇秩，幾以軍功。"後梁龍德三年《蕭符墓誌》："贊畫任重，飛輓功高。從於征伐，著此勤勞。履歷崇秩，踐揚大朝。"

《大詞典》沒有收錄"崇秩"一詞，但是收錄了"高秩"。"崇秩"，義同高秩，即優厚的俸祿、高爵位。《唐代墓誌彙編》久視〇一五《崔哲墓誌》："方享崇秩，俄終大年，百齡共盡，己矣歸全。"《遼代石刻文編·耶律宗教墓誌》："麟趾馳名，龍章捷質。既從外傅，歷居崇秩。"唐五代文獻習見。《舊唐書·蕭俛傳》："累降褒詔，亟加崇秩，而志不可奪，情見乎辭。鴻飛入冥，吟想增歎。今賜絹三百匹，便令蕭俶宣示。"《新唐書·李絳傳》："承璀喪師，當抵罪，今寵以崇秩，後有奔軍之將，蹈利干賞，陛下何以處之?"《大詞典》當補收"崇秩"一詞。

2. 瘳間

後梁乾化三年《韓仲舉妻王氏墓誌》："夫人無何遘疾，殆經四稔，萬畫求醫，竟不瘳間。"

《大詞典》沒有收錄"瘳間"一詞。"瘳""間"乃同義連用。"瘳"之"痊癒"之義常見，不煩贅述。"間"古有"痊癒"之義。《論語·子

---

① 胡明揚：《詞典學概論》，中國人民大學出版社 1982 年版，第 93 頁。

罕》：“子疾病，子路使門人為臣。病間，曰：‘久矣哉！由之行詐也，無臣而為有臣。吾誰欺？欺天乎？’”何晏集解引孔安國曰：“少差曰間。”間，一本作“閒”。《太平廣記》卷三五一“李重”條（出《宣室志》）：“其人曰：‘君之疾當間矣。’”清顧炎武《先妣王碩人行狀》：“一日煮藥進姑……既進藥而病立閒。”“瘳間”乃是同義複詞，《大詞典》收錄了“瘳差”“瘳痊”“瘳愈”等類似詞目，當補收“瘳間”。

3. 創修

後梁乾化五年《國礭墓誌》：“因遭兵革，移住洛都，尚緣鄉里未寧，遂此創修塋所。”後唐長興三年《明惠大師塔銘》：“三曾具請，願俱府城，自捨俸資，創修延慶院一所，命師住持，傳通法眼。”

“創”有“創建”義，甚明。“修”亦有“興建、建造”義，“創修”為同義複詞，乃“建造、建立”義，《大詞典》沒有收錄。唐代墓誌已有用例，《唐代墓誌彙編》咸通〇〇八《施胤墓誌》：“令子孝行同于伯瑜，不忍改先父之遺跡，今即于金剛邑院西南去縣約五里創修塋闕，備周之禮焉。”傳世文獻亦多有用例，《唐會要》卷五十二：“十三年二月，上以淮蔡既平，將欲內宴。因是稍恢宮觀，廣制度，詔六軍使創修麟德殿之東廊。”《舊五代史·周書·世宗紀》：“近覽諸州奏聞，繼有緇徒犯法，蓋無科禁，遂至尤違，私度僧尼，日增猥雜，創修寺院，漸至繁多，鄉村之中，其弊轉甚。”《武王伐紂平話》卷上：“朕欲於宮內修臺一所，高三百尺，上蓋百間閣子，下修千間屋宇。”《七國春秋平話》卷上：“帝從奏，令人修凌煙閣，圖孫子於其上。”《大詞典》當補收“創修”一詞。

4. 垂譽

後梁乾化三年《韓恭妻李氏墓誌》：“嗚呼！夫榮妻貴，美冠當時。愛滿六姻，行兼四德，惜婉而思不逾閾，柔明而道克肥家，垂譽母儀，流芳中饋。”後周顯德三年《蕭處仁墓誌》：“皇祖有慶，垂譽無極。代生人傑，世濟令德。載誕我公，邦之司直。”

《大詞典》沒有收錄“垂譽”一詞。墓誌中“垂譽”和“流芳”相對成文，兩者意義接近，均為“留下芳香、流傳美名”之義。其實，南北朝以來墓誌就多有用例，《漢魏六朝碑刻校注》九二四《東魏李憲墓誌》：“邵公流稱於前，音徽不遠；子華垂譽於後，芳塵在目。”《唐代墓誌彙編》顯慶〇四八《孫玉墓誌》：“既而載德前緒，逸天□于隆周；垂譽後昆；挺異人於炎漢。”《大詞典》當補收“垂譽”一詞。

5. 婦則

後梁乾化三年《韓恭妻李氏墓誌》："生是柔賢，推其懿德。道作女師，言為婦則。婉靖貞和，訓慈罔忒。"

《大詞典》沒有收錄"婦則"一詞，"婦則"和"女師"相對為文，"婦則"指"婦女的榜樣"。"婦則"一詞，墓誌習見，《漢魏六朝碑刻校注》六五一《北魏慈慶墓誌》："年廿有四，適故豫州主簿行南頓太守恆農楊興宗。諧襟外族，執禮中饋，女功之事既緝，婦則之儀惟允。"《隋代墓誌銘彙考》〇八二《楊景暨妻梁氏墓誌》："夫人天水梁氏，雍州主簿梁文達之女也。稟性柔和，資心恭順，爰初奉蒂，逮乎移宅，婦則母儀，始終具美，神道茫昧，福善莫徵。"《唐代墓誌彙編》顯慶〇四八《孫玉墓誌》："於是再訓母儀，重宣婦則，光二儀於州里，演四德于華宗。"墓誌之外亦多有用例，《北齊書·裴讓之傳》："裴讓之，字士禮。年十六喪父，殆不勝哀，其母辛氏泣撫之曰：'棄我滅性，得為孝子乎？'由是自勉。辛氏，高明婦則，又閑禮度。"《宋史·杜純傳》："律，定昏而夫犯，論同凡人。養婦雖非禮律，然未成婦則一也。"《大詞典》當補"婦則"一詞。

6. 恭懿

後唐同光二年《王審知墓誌》："皇姚隴西董氏，贈晉國内明太夫人，追封莊惠太夫人。恭懿賢淑，光於閨閫。"後晉天福七年《史匡翰墓誌》："嘻！以公之忠肅恭懿，宜慈惠和，求福罔回，見義有勇。"

《大詞典》未收"恭懿"一詞。"恭懿"乃"謙恭美好"之義。南北朝墓誌多有用例，《漢魏六朝碑刻校注》六五一《北魏慈慶墓誌》："由是忍辱精進，德尚法流，仁和恭懿，行冠椒列。"《唐代墓誌彙編》文明〇〇九《皇甫鏡幾墓誌》："君宣慈惠和，忠肅恭懿，體顏冉之德行，富揚班之詞藻。"傳世文獻亦多有用例，《舊唐書·房玄齡傳》："公忠肅恭懿，明允篤誠。草昧霸圖，綢繆帝道。儀形黃閣，庶政惟和；輔翼春宮，望實斯著。"《舊五代史·周書·王朴傳》："朴性敏銳，然傷於太剛，每稠人廣座之中，正色高談，無敢觸其鋒者，故時人雖服其機變，而無恭懿之譽。"《大詞典》當補收"恭懿"一詞。

7. 遘疾

後梁乾化三年《韓仲舉妻王氏墓誌》："夫人無何遘疾，殆經四稔，萬盡求醫，竟不瘳間。"後唐長興四年《毛璋妻李氏墓誌》："長曰庭蘊，檢校工部尚書，為華州衙内都指揮使，頗精學問，幼有令名，不幸遘疾，先歸逝水。"

"遘"是"遇、遭遇"之義，《尚書·金縢》："惟爾元孫某，遘厲虐疾。"陸德明釋文："遘，遇也。"《大詞典》未收"遘疾"一詞。"遘疾"乃墓誌習語，《漢魏六朝碑刻校注》八九四《東魏元玕墓誌》："冀享期頤，以彰厥善，而上天不吊，遘疾云亡。春秋卅四，以天平二年四月十四日薨於洛陽之正始里。"《漢魏六朝碑刻校注》一三五〇《北周賀屯植墓誌》："春秋五十八，以保定三年歲次癸未正月廿三日遘疾薨於坊。"墓誌之外亦有用例，《魏書·列女傳·魏溥妻房氏》："爰及處士，遘疾夙凋。伉儷秉志，識茂行高。殘形顯操，誓敦久要。誕茲令胤，幽感乃昭。"《周書·長孫紹遠傳》："後高祖竟廢七音。屬紹遠遘疾，未獲面陳，慮有司遽損樂器，乃書與樂部齊樹之。"《清史稿·瓦爾喀傳》："時賊據保甯，師進逼，鑿壕塹與相持，久弗下。瓦爾喀遘疾，卒於軍，諡襄敏。"《大詞典》當補收"遘疾"一詞。

8. 痼疹

後梁貞明六年《儲德充墓誌》："嗚呼哀哉！痼疹不救，以貞明六年十月二十日午寅奄然即世，春秋四十有七。"

《大詞典》未收"痼疹"一詞。《說文·疒部》："痼，久病也。""疹"同"疢"，疾病也。《文選·張衡〈思玄賦〉》："毋縣嬎以俟己兮，思百憂以自疹。"李善注："疹，疾也。""痼疹"為同義複詞。《大詞典》收列了"痼病""痼疾""痼瘵"，卻沒有收列同樣結構的"痼疹"，當補。

9. 閨儀

後晉天福四年《張繼昇墓誌》："侄女二人，一人出適牛氏，皆稱令淑，配於君子，播在閨儀。"後晉天福七年《周令武墓誌》："渤海郡夫人高氏，閨儀有則，母道克彰，桓少君之重夫，良可比也；顧子通之敬婦，實亦宜然。"

"閨"原指宮中的小門，《公羊傳·宣公六年》："有人荷畚，自閨而出者。"何休注："宮中之門謂之闈，其小者謂之閨。"後來"閨"引申特指婦女的居室。三國魏曹植《雜詩》之三："妾身守空閨，良人行從軍。自期三年歸，今已歷九春。""儀"可以兼指容止和禮制。故"閨儀"之義就是婦女的儀表德行。"閨儀"一詞墓誌文獻習見，《漢魏南北朝墓誌彙編》一四一二《北周元壽安妃盧蘭墓誌》："太妃輔佐君子，虔恭中匱；外言不入，內言不出；閫德既宣，閨儀乃正。"《隋代墓誌銘彙考》〇三五《崔仲方妻李麗儀墓誌》："夫人爰始禮年，來儀公族，才包四德，業重七篇。奉澧承姑，停機訓子，圖教聿宣，閨儀斯洽。"《唐代墓誌彙編》聖曆〇〇二《宋字墓誌》："動容成則，六行備母訓之規；肅事因心，四德盛閨儀之禮。"《唐代墓誌彙編續集》開元〇〇三《薄仁墓誌》："閫德陶神，閨儀蘊器。"《大詞典》收錄了結構類似的"閨訓""閨範"，而未收"閨儀"，當補。

10. 華堂

前蜀乾德五年《晉暉墓誌》："或玉潤未稱於品秩，或華堂早就於親姻，或尚在閨幃，年至幼小。"後周顯德二年《田仁訓及妻王氏合祔墓誌》："本望華堂襲慶，丹臉長芳；豈期天壽永終，魂銷暗隙。"

"華堂"指華美的房屋。歷代墓誌習見，《漢魏六朝碑刻校注》一三八九《北周張滿澤妻郝氏墓誌》："節物易睹，一欷難期。鏡臺休照，華堂掩輝。"《隋代墓誌銘彙考》三九六《衛伷誌》："輴去華堂，輀歸荒兆。玄宅有夜，幽關亡曉。"《唐代墓誌彙編》貞觀〇一五《毛祐墓誌》："隴留結霧，雲浮翳日。一別華堂，千秋永異。"墓誌之外也有用例，五代王定保《唐摭言》卷十二"酒失"："鑄瀉黃金鏡始開，初生三五月徘徊。為遭無限塵蒙蔽，不得華堂上玉臺。""華堂"一詞至今還活躍在我們的生活當中，《大詞典》當補收"華堂"一詞。

11. 華姿

唐天祐十八年《孟弘敏及夫人李氏合葬墓誌》："淩顏斕謝，閱禮敦詩。優遊顯級，頡頏華姿。"後晉天福五年《孫思暢及妻劉氏趙氏合祔墓誌》："今婚新婦李氏，婉娩華姿，雍容淑懿，箴規夙著，婦禮能周。"

"華姿"意思是"華美的姿態"，《大詞典》沒有收錄"華姿"一詞。但是收錄了"華色""華采""華冠""丰姿""令姿""瑰姿"等詞，"華姿"和它們的構詞形式是一樣的，都是偏正式合成詞。《唐代墓誌彙編》咸亨〇二七《王婉墓誌》："夫人稟月摛祥，分星落媛，婦儀女誡，少自天挺，華姿懿範，可言焉。"傳世文獻亦有用例，《全唐詩·權德輿〈南亭曉坐因以示璩〉》："隱几日無事，風交松桂枝。園廬含曉霽，草木發華姿。"《全唐詩·柳宗元〈茅簷下始栽竹〉》："嘉爾亭亭質，自遠棄幽期。不見野蔓草，蓊蔚有華姿。"《大詞典》當補收"華姿"一詞。

12. 宦序

唐天祐四年《崔詹墓誌》："有子二人：長曰叔則，未履宦序。次曰延業，先公之一年終，公之疾，亦由痛念之致也。"唐天祐十三年《張宗諫墓誌》："祖禰，以河洛間睽，罔知宦序。"

《大詞典》沒有收錄"宦序"一詞，但是卻收錄了"班序""朝序""官序"等。"宦序"指官吏的等級次第。《全唐詩·白居易〈和夢遊春詩一百韻〉》："門客思彷徨，家人泣咿嗅。心期正蕭索，宦序仍拘蹈。"《大詞典》當補收"宦序"一詞。

13. 機識

後梁開平三年《高繼蟾墓誌》："妙用機識，奇奉敏達，擁旄仗節者，待以果精。通聲律，尚辭藻，執樂屬文者，服以精能。"

《大詞典》沒有收錄"機識"一詞，但是卻收錄了"機知""機思"等，"機識"是"機敏和識見"。"機識"南北朝墓誌始見，《漢魏六朝碑刻校注》五七二《北魏穆亮妻尉氏墓誌》："太妃纂累代之英模，體弈世之薰烈。志業通華，機識端爽。"南北朝傳世文獻亦見，《北史·鄭義傳》："鄭義機識明悟，為時所許。"《南齊書·蕭赤斧傳》："贊曰：'新吳事武，簡在帝心。南豐治政，迹顯亡衾。鎮軍茂績，機識弘深，荊南立主，嚮義漢陰。'"《大詞典》當補收"機識"一詞。

14. 間出

後梁開平四年《羅隱墓誌》："昔者軒皇廣運，錫其族以疏封；光武中興，策有勳而復姓。兩漢之後，三國以還，間出令人，實惟顯族。"後晉天福七年《史匡翰墓誌》："周崇江漢之祠，已疏王爵；漢重金張之族，遂寵侯封。令望不衰，奇才間出。"

"間出"一詞，五代墓誌習見，《大詞典》沒有收錄。"間出"乃"迭出"之義，也寫作"閒出"。《尚書·益稷》："笙鏞以閒，鳥獸蹌蹌。"孔傳："閒，迭也。""間出"一詞碑刻文獻習見，《漢魏六朝碑刻校注》六五六《北魏元緦妃李媛華墓誌》："惟斗垂精，惟樞播靈，比肩世秀，間出民英。"《隋代墓誌銘彙考》一六五《段君妻元渠姨誌》："芬芳間出，秀祉羅生。惟祖及父，乃公且卿。"《唐代墓誌彙編續集》貞觀一二〇《齊氏墓誌》："其先姜姓，周有大勳，受封于齊，因國命氏。異人間出，冕服相暉，光乎國經，可得而言矣。"歷代傳世文獻亦習見。唐劉肅《大唐新語》卷七"知微"："吾觀馬周論事多矣，援引事類，揚搉古今，舉要刪蕪，言辯而理切。奇鋒高論，往往間出，聽之靡靡，令人忘倦。"《舊唐書·魏玄同傳》："天祚大聖，享國永年，比屋可封，異人間出。咸以為有道恥賤，得時無怠，諸色入流，歲以千計。"《大詞典》當補收"間出"一詞。

15. 誡勖

後唐同光二年《王審知墓誌》："周孔之書，無不該覽。韜鈐之術，尤所精至。與昆仲遊處，未嘗不以文武之道誡勖焉。"

《大詞典》沒有收錄"誡勖"一詞。"誡勖"乃"訓誡勉勵"之義。唐駱賓王《豔情代郭氏答盧照鄰》："離前吉夢成蘭兆，別後啼痕上竹生。別日分明相約束，已取宜家成誡勖。"唐王方慶《魏鄭公諫錄》卷四："臣等濫當重任，今又親蒙誡勖，唯知自勵，敢不盡心。"《舊唐書·李義府傳》："聞卿兒子、女婿皆不謹慎，多作罪過，我亦為卿掩覆，未即公言，卿可誡勗（按：勗，同勖），勿令如此。"又《音樂志》："朕謂時見此舞，以自誡勖，冀無盈滿之過，非為歡樂奏陳之耳。"《大詞典》當補收"誡勖"一詞。

16. 九包

後周顯德四年《太原夫人王氏墓誌》："太原夫人王氏，即故青州長史震之長女，本東京雍丘人也。生而婉麗，長乃幽閒，儀並九包，體同十德，容過燕趙，香越蘭蓀，能吟詠雪之詩，解審絕絃之曲。"

《大詞典》未收"九包"一詞。其實，"九包"也作"九苞"。《大詞典》"九苞"條釋作"鳳的九種特徵。後為鳳的代稱"。《唐代墓誌彙編》聖曆〇四八《王建墓誌》："曾祖雙，隋任徐州刺史；九包鳳子，八尺龍駒，從政斑條，自得二龔異體；仁明弈葉，所謂三王後身。"傳世文獻多有用例，唐李嶠《鳳》詩："九苞應靈瑞，五色成文章。"《藝文類聚》卷七十七引梁沈約《內典序》："或設鬼神之功，或資體腦之力，制非人匠，寶以合成。莫不龍章八彩，瓊華九包。"明張居正《書羅醫師鳳岡卷》詩："九苞有靈允，還見羽儀舒。"《大詞典》可補收"九包"一詞。

17. 絕漿

後梁貞明六年《儲德充墓誌》："小曰女女，未偶良疋，並居喪盡禮，哀毀過人，辮跣絕漿，感於巷陌。"後晉天福五年《梁瓌及妻王氏合葬墓誌》："三子皆泣淚成血，絕漿改容，親戚勉之，日毀不減性，謂無沒也。"

《大詞典》未收"絕漿"一詞。"絕"乃"斷絕"之義，"漿"指飲料或流質食物。可見"絕漿"乃"絕食"之義。《禮記·檀弓上》："故君子之執親之喪也，水漿不入於口者三日，杖而後能起。""絕漿"一詞，南北朝以來墓誌習見，《漢魏六朝碑刻校注》六五七《北魏元子直墓誌》："會太妃遘疾，大漸彌留，藥食先嘗，行不正履。既而脫然靡驗，並走無徵，禮踰絕漿，慕深泣血，永懷風樹之不靜，長悲欲報之匪從。"《隋代墓誌銘彙考》二〇二《尉遲運妻賀拔毘沙誌》："嗣子靖等，陟岵無見，過庭致感。絕漿泣血，毀瘠以居喪；冒雨懼雷，銜號而繞墓。"墓誌之外亦有用例，《陳書·孝行傳·殷不害》："若乃奉生盡養，送終盡哀，或泣血三年，絕漿七日，思蓼莪之慕切，追顧復之恩深，或德感乾坤，誠貫幽顯，在於歷代，蓋有人矣。"《敦煌變文集新書》卷六："臣聞昊天之重，七日絕漿；網（罔）極之勞，三年泣血。董永賣身葬父母，天女以之酬恩，郭巨埋子賜金，黃（皇）天照察。"《大詞典》當補收"絕漿"一詞。

18. 閫則

唐天祐十年《邢汴及夫人周氏合葬墓誌》："夫人汝南周氏，徽柔立性，令淑凝姿，閫則閨風，遠邇咸敬，不幸以天祐六年四月十八日遘疾，先公而歿焉。"

唐玄應《一切經音義》卷二引《三蒼》："閫，門限也。"《集韻·圂韻》："閫，門橜，通作梱。""閫"本義為門檻，後引申為婦女居住的內室。依據中國古代禮儀制度，在通常情況之下，婦女不宜走出閫門。故"閫則"就用來指婦女應該遵循的行為準則。"閫則"一詞隋代以來墓誌就多有用例，《隋代墓誌銘彙考》二九九《宮人元氏誌》："君，魏之宗室，世傳凡蔣，載纂衣簪，氏胄攸興，光乎史策。笄褵從禮，宿承閫則，環珮習容，動依閨訓。"《唐代墓誌彙編》永徽一〇一《趙摩墓誌》："動循閫則，率由閨訓，方映雪華，連輝玉潤。"《唐代墓誌彙編》天冊萬歲〇〇八《連簡墓誌》："稟訓閨儀，承規閫則。嗣紅姝而挺質，資洛媛以凝神。"墓誌之外，亦見用例。《南齊書·樂志》："倪天炳月，嬪光紫霄。邦化靈戀，閫則風調。"《宋史·崔與之傳》："制閫俯瞰兩淮，特一水之隔，文移往來，朝發夕至，無制閫則事事稟命朝廷，必稽緩誤事矣。"《大詞典》未收"閫則"一詞，當補。

19. 蘭儀

南唐保大十四年《王繼勳墓誌》："繼室滎陽郡夫人鄭氏，往歲名推賢淑，翼贊宮闈。玉度有輝，蘭儀誕茂。作儷於王公，從夫爵，禮也。”

　　“蘭”本指蘭草，是一種香草，“蘭儀”多指女子的儀容舉止。南北朝以來墓誌已多用例，《漢魏六朝碑刻校注》六八一《北魏封君妻長孫氏墓誌》：“夫人稟一象之醇暉，體坤元之正氣，玉狠羞春，蘭儀駭望。”《唐代墓誌彙編》垂拱〇一九《元妃娘墓誌》：“蘭儀永逝，蕙問空存。式雕玄石，用紀芳魂。”《唐代墓誌彙編》長安〇六〇《劉令淑墓誌》：“夫人凝姿寶婺，挺質金娥，蕙問發於齠初，蘭儀彰於卯序。”同時期的遼代墓誌亦有用例，遼應曆八年《趙德鈞妻种氏合祔誌》：“夫人玉性含貞，蘭儀擢秀，為女以賢著，為婦以孝聞。”《大詞典》未收“蘭儀”一詞，當補。

　　20. 美秩

　　吳武義二年《陳贇墓誌》：“公累遷美秩，旋捧絲綸，授左龍威軍先鋒馬軍指揮使、銀青光祿大卿、檢校尚書左僕射、左驍衛將軍兼御史大［夫］、上柱國、守黃州長史。”

　　《大詞典》未收“美秩”一詞。“美秩”乃是“善秩、好秩”之義，指豐厚的俸祿。“美秩”一詞，唐代墓誌始見用例，《唐代墓誌彙編》神龍〇二八《桑貞墓誌》：“朱紱崇榮，銅章美秩，有德斯授，非賢勿居。”《唐代墓誌彙編》咸通〇七二《劉遵禮墓誌》：“爰當妙齒，即履宦途，以寶曆二年入仕，重位要權，爭用為寮寀。資鴻漸之勢，俟麟角之成，雍容令圖，遜讓美秩。”傳世文獻亦有用例，《舊五代史·漢書·蘇逢吉傳》：“逢吉尤貪財貨，無所顧避，求進之士，稍有物力者，即遣人微露風旨，許以美秩。”明李賢《天順日錄》：“朝廷名器不可多用，徒多兼美秩，不思所幹之事稱否。”《大詞典》當補收“美秩”一詞。

　　21. 女儀

　　後周顯德二年《蘇逢吉墓誌》：“女一人，尚幼。漢太后賜金冠霞帔，幄珠自瑩，叢蘭有薰，容工克稟於女儀，耿介聿資於天性。”

　　《大詞典》未收“女儀”一詞。“女儀”指婦女的容德舉止。歷代墓誌文獻習見，《漢魏南六朝碑刻校注》五三二《北魏王誦妻元貴妃墓誌》：“女儀既穆，婦行必齊。智高密母，辯麗袁妻。”《隋代墓誌銘彙考》三三六《劉則墓誌》：“夫人渤海高氏，女儀不墜，婦德克融，嗟未亡而獨留，痛夫君以先逝。”《唐代墓誌彙編》總章〇一一《牛氏墓誌》：“桂馥蘭芳之美，挺自兩髦；女儀婦德之聲，彰乎仰髮。”墓誌之外亦見用例，《北齊書‧盧文偉傳》："君王盛海內，伉儷盡寰中，女儀掩鄭國，嬪容映趙宮，春豔桃花水，秋度桂枝風。"《宋史‧后妃傳‧哲宗昭慈聖獻孟皇后》："初，哲宗即長，宣仁高太后歷選世家女百餘入宮。后年十六，宣仁及欽聖向太后皆愛之，教以女儀。"《大詞典》收了"婦儀""坤儀""母儀"等詞，卻沒有收"女儀"，當補。

22. 寢耀

後唐同光二年《王審知墓誌》："中台坼而玄鑒如欺，大昴沉而衆星寢耀。同光三年十二月十二日，薨於威武軍之使宅，享年六十有四。"

《大詞典》未收"寢耀"一詞。"寢"是"湮沒不彰、隱蔽"之義，漢揚雄《法言‧淵騫》："或問：'淵騫之徒惡乎在？'曰：'寢。'或曰：'淵騫曷不寢？'曰：'攀龍麟，附鳳翼，巽以揚之，勃勃乎其不及也。如其寢，如其寢。'"汪榮寶義疏："寢，謂湮沒不彰。""寢耀"意思是"隱藏光輝、暗淡無光"，《唐代墓誌彙編續集》神龍〇〇五《獨孤氏墓誌》："於時愁雲蔽月，掩璧彩以沉輝；苦霧曨星，映珠光而寢耀。"墓誌之外亦有用例，《文選‧王僧達〈祭顏光祿文〉》："涼陰掩軒，娥月寢耀。"呂延濟注："寢曜，謂無光也。"《史通通釋‧敘事》："經猶日也，史猶星也。夫杲日流景，則列星寢耀；桑榆既夕，而辰象粲然。"《大詞典》當補收"寢耀"一詞。

23. 去獸

後唐長興元年《毛璋墓誌》："以奪情典郡，康福疲民，尤明去獸之能，益著還珠之美，遽遷為鎮國軍節度使。"後晉天福四年《王化文墓誌》："至咸通中，任鄭州中牟縣令，魯侯舊地，鄭伯遺封，雖驥足未伸，而牛刀尚屈，戴星苦節，求瘼問俗，奉公罔倦於驅雞，潔己俄觀於去獸。"

《大詞典》未收"去獸"一詞。墓誌中多有用例，《唐代墓誌彙編》咸亨〇九四《張傑墓誌》："執別扇以揚風，處牛刀而訓俗，德均去獸，化洽霄魚，何直臥轍攀轅，實亦邵父杜母而已。"《唐代墓誌彙編》調露〇二七《李師墓誌》："曾祖懷，隋任宜軍郡丞。佐還珠之美化，翊去獸之英風，強直兩資，韋弦雙佩。""去獸"和"還珠""來蘇""驅雞"等相對為文，均為用典，《大詞典》已經收錄了"還珠""來蘇""驅雞"，從詞典的系統性和平衡性來看，也應該收錄"去獸"。墓誌之外還有用例，《全唐詩‧齊己〈寄澧陽吳使君〉》："四鄰耕釣趨仁政，千里煙花壓路塵。去獸未勝除狡吏，還珠爭似復逋民。"《大詞典》當補收"去獸"
一詞。

24. 戎職

後梁乾化三年《韓仲舉妻王氏墓誌》："父重師，少負雄節，震拔群
倫，稍起家，領戎職，樂孫武之兵書，預期必克；學李廣之弓矢，不的不
飛。"南唐昇元六年《姚嗣駢墓誌》："既逾暮歲，爰值班旋。五年，歸於
東都，戎職如故。"

《大詞典》沒有收錄"戎職"一詞。"戎職"乃"武職、軍職"之
義，《唐代墓誌彙編續集》大中〇四四《契苾通墓誌》："聞禮敦詩，戴仁
抱義。累服戎職，屢佩郡符。"傳世文獻亦多見，《舊五代史・晉書・高
漢筠傳》："漢筠性寬厚，儀容偉如也，雖歷戎職，未嘗有非法之言出於
口吻，多慕士大夫所為，復以清白自負。"《唐會要》卷九十七："子孫流
播絕域，今三代矣。雖代居戎職，位掌兵要，思本之心無涯。故血族無由
自拔耳。"《大詞典》當補收"戎職"一詞。

25. 榮家

後梁開平四年《羅隱墓誌》："向非我王之至明玉鑒，豈展府君之多
藝多才，所以主有禮賢之名，實有榮家之美，明矣！"後唐天成三年《王
言妻張氏墓誌》："次男名延瓖，並乃長立，榮國榮家，文武兩全，忠孝
雙美。"

"榮家"一詞，五代墓誌習見，《大詞典》沒有收錄。但收錄了"榮
身""榮國"，而沒有收錄"榮家"，它們的構形方式是相同的，因此，也
應該收錄"榮家"。"榮家"是使其家榮顯之義，南北朝以來墓誌多有用
例，《漢魏六朝碑刻校注》七五四《北魏元邵墓誌》："方將延祉無疆，陪
孌封岱。光國榮家，無輩今古。而洪湍蕩隟，巨燧燎原，不自先後，寔鍾
遭命。"傳世文獻亦多有用例。唐趙元一《奉天錄》卷二："魏博擊其前，
滄景掩其後，易定乘其左，昭義奪其右。掃蕩妖孽，廓清寰宇。然後奉表
紫宸，獻書北闕，榮家榮國，豈不休哉！"五代王定保《唐摭言》卷六
"公薦"："衡因此時策名樹績，報國榮家，令當代之士知出君侯之門矣。
願不勝區區，敢聞左右。俯伏階屏，用增戰汗！"

26. 柔儀

後唐長興二年《張唐及妻李氏合祔墓誌》："夫人李氏，柔儀播美，
令德傳芳，孝可閟於姻宗，禮可榮於家眷。"

《大詞典》未收“柔儀”一詞。“柔”是柔美之義，“儀”乃儀容，舉止之義，“柔儀”指婦女柔美的儀容舉止。“柔儀”一詞，南北朝至唐五代墓誌習見。《漢魏六朝碑刻校注》一〇二三《東魏元延明妃馮氏墓誌》：“太妃夙承陰教，早備柔儀，取則彤管之詩，求箴青史之記。”《隋代墓誌銘彙考》三〇六《李椿妻劉琬華墓誌》：“夫人稟精明月，濯彩遐源，藻映柔儀，芳凝陰德。”《唐代墓誌彙編》長安〇二六《耿慈愛墓誌》：“鵲巢流詠，皓芳韻於椒花；鳳象成占，薦柔儀於荇菜。”《唐代墓誌彙編續集》長壽〇一二《寶琰墓誌》：“克誕貞質，載表柔儀。花飛詞苑，波偃書池。”《大詞典》未收“柔儀”一詞，當補。

27. 紹位

後梁貞明六年《謝彥璋墓誌》：“偶太祖皇帝晏駕之後，今聖紹位之初，大布皇恩，褒崇勳舊，公累權騎卒，出掃氛霾，動必牆功，舉無不利。”後晉天福八年《何德璘墓誌》：“清泰元年，今府主紹位，以公□贍三醫，恭勤兩政，遷署節度衙推、兼銀州長史。”

《大詞典》未收“紹位”一詞。“紹”古有“繼”義。《文選·盧諶〈贈劉琨〉詩》：“濬哲惟皇，紹熙有晉。”李善注：“《爾雅》曰：‘紹，繼也。’”“紹位”就是“繼位”之義，多指繼承王位。墓誌之外亦有用例，《宋書·前廢帝紀》：“其後，湘東王紹位，果文帝子也。故帝聚諸叔京邑，慮在外為患。”《通典》卷四十八：“其沖幼紹位未踰年而薨者，依漢舊制不列於宗廟，四時祭祀於寢而已。”《祖堂集》卷一“釋迦牟尼佛”：“善賢夫人唯生一子，名曰長壽，端嚴可喜，世間小雙。唯無骨相，不堪紹位。”《大詞典》未收“紹位”一詞，當補。

28. 深弘

後梁貞明六年《謝彥璋墓誌》：“對茲雄傑，須有慚顏。而又德義深弘，襟情坦正。”

“弘”古有“大、廣”義，《尚書·顧命》：“赤刀、大訓、弘璧、琬琰在西序。”孔穎達疏：“弘訓大也。”“深弘”乃“深邃弘大”之義，《宋書·謝莊傳》：“臣愚謂大臣在祿位者，尤不宜與民爭利，不審可得在此詔不？拔葵去織，實宜深弘。”《陳書·後主紀》：“至於禮樂刑政，咸遵故典，加以深弘六藝，廣闢四門，是以待詔之徒，爭趨金馬，稽古之秀，雲集石渠。”《晉書·禮志》：“上古清廟一宮，尊遠神祇。逮至周室，制為七廟，以辯宗桃。聖旨深弘，遠跡上世，敦崇唐虞，捨七廟之繁華，遵一官之遠旨。”墓誌文獻唐代始見用例，《唐代墓誌彙編》會昌〇一六《張紀墓誌》：“公器度深弘，臨事專敏，御物以寬博，居家以孝慈。”《大詞典》未收“深弘”一詞，當補。

29. 世珍

後唐天成元年《康贊美墓誌》：“又除檢校工部尚書，清明自重，操行可佳，為人瑞貫於一時，作世珍邁於前古。”

“世珍”乃“舉世珍寶”之義，文獻多有用例，《南齊書·柳世隆傳》：“向見世隆毀瘠過甚，殆欲不可復識，非直使人惻然，實亦世珍國寶也。”《藝文類聚》卷三十一引晉盧諶《答劉琨詩》：“隨寶產漢濱。摘此夜光真。不待卞和顯。自為命世珍。”明王士性《廣志繹》卷四“江南諸省”：“然二窯皆當時殿中畫院人遣畫也，世廟經醮壇琖亦為世珍。”《大詞典》未收“世珍”一詞，當補。

30. 庶事

唐天祐十年《邢汴及夫人周氏合葬墓誌》：“公以恭勤庶事，迥異常倫，凡所經心，克著成□，又遷山場務都知官。”後晉開運二年《閻弘祚墓誌》：“秩滿，轉供軍作坊使。庶事允修，百工咸理。見括羽者成美，知從華者必良。”

“庶”古有“眾多”之義。《詩經·小雅·小明》：“念我獨兮，我事孔庶。”鄭玄箋：“庶，眾也。”“庶事”相當於今天的百事，泛指各種事務，墓誌習見，《漢魏六朝碑刻校注》七三三《北魏征虜將軍于纂墓誌》：“君毗贊二府，服懃九稔，釐簡庶事，實無停滯，清風遠著，徽譽藉甚。”《唐代墓誌彙編》開元一二七《賀蘭務溫墓誌》：“公絕世風流，卓然秀異，涯檢苞於群品，精密該於庶事。”墓誌之外亦見用例，《史記·夏本紀》：“皋陶拜手稽首揚言曰：‘念哉，率為興事，慎乃憲，敬哉！’乃更為歌曰：‘元首明哉，股肱良哉，庶事康哉！’”《舊唐書·張蘊古傳》：“安彼反側，如春陽秋露，巍巍蕩蕩，恢復漢高大度；撫茲庶事，如覆薄臨深，戰戰慄栗，用周文小心。”《大詞典》未收“庶事”一詞，當補。

31. 孫男

後梁乾化二年《孫公瞻墓誌》：“孫男一人，招哥。女三人：媧娘子，二姐，三姐。”後晉開運三年《李行恭及妻陳氏合祔墓誌》：“有新婦二：牛氏、馬氏。孫男有四：福榮、福超、小師、惠清。”

“孫男”一詞為五代墓誌習見的稱呼詞之一，《大詞典》未收“孫男”一詞，但收了“孫女”“姪男”等詞。“孫男”和“孫女”相對，就是今天的孫子。墓誌多有用例，此不贅。墓誌之外亦多有用例，《舊五代史·漢書·隱帝紀上》：“其劉景巖次男前德州刺史行琮已行極法，長男渭州刺史行謙、孫男邢州馬軍指揮使崇勳特放。”《新五代史·晉家人傳第五》：“孫男臣重貴言：頃者唐運告終，中原失馭，數窮否極，天缺地傾。”《新元史·列女傳下》：“趙即自經死，諸婦四人，諸孫男女六人，衆妾三人，皆赴井而死。”《大詞典》當補收“孫男”一詞。

32. 騰芳

後唐同光三年《李茂貞墓誌》：“竊以盛纂宗周，榮膺命氏，邈惟往古，考彼前書，蓋彰保國之誠明，迴振匡君之義烈，編於帝屬，列彼儲闈，紀玉諜以騰芳，齒金枝而表慶。”後晉天福五年《李氏墓誌》：“故夫人絳樹騰芳，瑤林挺秀，雅奪飛瓊之質，遠超弄玉之真，榮自德門，歸於茂族。”

“騰”有“傳揚、傳播”之義，“芳”可喻指美名、盛德，“騰芳”即傳揚美名、傳播盛德之義，騰芳一詞在五代墓誌中使用了八次，在南北朝至唐代墓誌中也多有用例，《漢魏六朝碑刻校注》一三二八《北齊李希宗妻崔氏墓誌》：“夫人襲彩芝田，騰芳桂薄，幼承師訓，早擅家風。”《唐代墓誌彙編》貞觀〇六一《柳婆歸墓誌》：“始導鴻源，纂西周而遠浚；初分茂族，振東魯以騰芳。”在墓誌之外，亦有用例，《敦煌願文集·願文等範本·律座主散講》：“長史則冠蓋騰芳，侍御則開國承家。”《舊唐書·馬燧傳》：“洎乎有虞，二八騰芳。爰迨伊尹，相於成湯。”《大詞典》未收“騰芳”一詞，當補。

33. 痛慕

後晉開運二年《王廷胤墓誌》：“公娶沛郡夫人周氏，班姬讓德，馬后慚名，門傳千室之風，行署三從之美，不幸早先薨沒，痛慕難追。”

“慕”有“哀傷”義，“崩慕”“哀慕”“悲慕”皆同義連文，為“悲痛哀傷”之義，王雲路、方一新已發之，所論甚是①，可參，此不贅言。“痛慕”為同義複詞，“痛慕”即哀痛之義，墓誌中多有用例，《漢魏六朝碑刻校注》二三二《西晉張朗墓誌》：“哀命不遂，早世殞顛。痛慕罔極，噤訴昊天。”《唐代墓誌彙編》貞元一一三《孫嬰墓誌》：“小子早

---

① 王雲路、方一新：《中古漢語語詞例釋》，吉林教育出版社 1992 年版，第 283 頁。

承誨誘，特被深慈，追懷仁範，痛慕何及。"墓誌之外，亦有用例，《宋書·禮志二》："孤甇忽爾，日月已周，痛慕摧感，永無逮及。"唐柳宗元《為李京兆祭楊凝郎文》："傾都殄瘁，揮涕相顧，矧茲故人，誰任痛慕。"《大詞典》未收"痛慕"一詞，當補。

34. 抆涕

後唐長興四年《張文寶墓誌》："今奉郎君之命，請價論譔其文，且惟昔歲之大恩，願竭今辰之拙思，既遵重命，安敢固辭？雖抉荒蕪，深慚漏略，銜哀抆涕，粗備銘云。"後蜀廣政十一年《張虔釗墓誌》："上為慘然，抆涕經旬，輟朝三日。頒宣賵贈，常數有加。"

抆，擦也、拭也，《楚辭·九章·悲回風》："孤子唫而抆淚兮，放子出而不還。"洪興祖補注："抆，音吻，拭也。""涕"，淚也。《文選·司馬相如〈長門賦〉》："左右悲而垂淚兮，涕流離而從橫。"李善注："自眼出曰涕。"唐代墓誌始見用例，《唐代墓誌彙編》開成○○三《李彥崇墓誌》："夫人扶孤幼而慟絕，則行雲為之慘淒；扶棺櫬而悲啼，則鄰伍為之抆涕。"《大詞典》未收"抆涕"，但卻收了同樣為動賓結構的"抆淚""抆血"等詞。"抆涕"就是擦眼淚。《大詞典》當補收"抆涕"一詞。

35. 隙駟

唐天祐十八年《孟弘敏及妻李氏合葬墓誌》："恒抱義以戴仁，每揚清而激濁，本冀永延遐壽，齊彼仙年，嗟隙駟之難停，歎藏舟而莫住。"後晉天福七年《吳藹妻李氏墓誌》："於戲！風樹難停，隙駟不返，俄終艱釁，莫報劬勞。"後周顯德三年《李訶妻徐氏墓誌》："何期隙駟難追，游波莫遏，享年五十有六。"

《大詞典》沒有收錄"隙駟"，卻收了"隙駒"，"駟"和"駒"為同義詞，遺憾的是"隙駒"竟然沒有例證，我們已經作了補充。"隙駟"乃墓誌常語，常常用來感嘆人生無常、時光易逝，南北朝以來歷代墓誌習見。《漢魏六朝碑刻校注》一三一二《北齊李祖牧墓誌》："驚飈不息，隙駟常奔。小年未暮，大夜俄昏。"《隋代墓誌銘彙考》一六八《李盛暨妻劉氏誌》："世途局促，人生幾何？藏舟已去，隙駟來過。"《唐代墓誌彙編》貞觀○三一《張伯墓誌》："昊天罔極，隙駟不留，盛業遺圖，萬分靡壹，式鐫徽烈，勒銘泉戶。"《遼代石刻文續編·蕭闥妻耶律骨欲迷已墓誌》："夫何淑□，隙駟浮生。脩促異數，意憒心熒。"

36. 先夫人

後梁龍德二年《崔崇素墓誌》："李夫人鍾愛之，念若己生之子，立身事親之行備矣，觀國榮家之譽振矣，何戬穀之不驗，尋丁先夫人之憂，以是懷均養之恩，踰毀傷之制。"後晉天福五年《梁瓌及妻王氏合葬墓誌》："噫！先夫人以府君未及中年，俄隨朝露，目視諸子，益加撫焉。朝出晚歸，每動倚閭之念；斷機擇里，深勞勤學之慈。"

《大詞典》收了"先府君"一詞，"先夫人"一詞卻失載，從詞典的系統平衡性來看，當補。"先夫人"用以指亡母，歷代墓誌多見，《漢魏六朝碑刻校注》一三一二《北齊李祖牧墓誌》："以武平五年，歲次甲午，十二月十日，歸窆于先夫人舊兆北六十步。"《唐代墓誌彙編》大曆〇三〇《王守質墓誌》："先夫人馮翊盧氏，澡行浴德，淑慎威儀。年十九，歸於王氏。"《唐代墓誌彙編續集》開元一九四《慕容珣墓誌》："公幼有成德，至性過人。先夫人河南費氏，早歿。"墓誌之外，亦有用例，《顏氏家訓·終制》："先夫人棄背之時，屬世荒饉，家塗空迫，兄弟幼弱，棺器率薄，藏內無磚。"

37. 愔婉

後梁乾化三年《韓恭妻李氏墓誌》："愛滿六姻，行兼四德，愔婉而思不逾閫，柔明而道克肥家，垂譽母儀，流芳中饋。"

《大詞典》沒有收錄"愔婉"一詞。"愔"乃"和"之義。《左傳·昭公十二年》："祈招之愔愔，式招德音。"杜預注："愔愔，安和貌。"《文選·宋玉〈神女賦〉》："澹清靜其愔嫕兮，性沉詳而不煩。"李善注："愔，和也。""愔婉"即"和婉"，乃"溫和委婉、平和委婉"之義，《大詞典》當補收。

38. 英臣

後梁開平三年《高繼蟾墓誌》："有梁開平三年八月十七日，故教坊使八座高公終於洛京，國喪英臣，家亡令子，家國爰萃，痛貫所知。"又"金城奇姿，玉杓大用，令子所嘉，英臣之重。"

《大詞典》未收"英臣"一詞，但是收錄了"亂臣""直臣""佞臣""信臣""勳臣"等，它們的構形形式都是偏正式合成詞。"英臣"一詞隋代以來墓誌常見，《隋代墓誌銘彙考》二五四《楊謨墓誌》："遂乃稟策元帥，運略英臣，率眾集千，摧軍百萬。"《唐代墓誌彙編》神功〇〇八《張素墓誌》："黃軒令族，赤帝英臣，五世居相，七葉垂紳。"史書亦有用例，《晉書·桓彝傳》："矯矯宣城，貞心莫陵。身隨露夭，名與雲興。
虔豁重世，沖秀雙美。國賴英臣，家推才子。振武謙文，尋邑為群。歸之
篡亂，曷足以云。"《大詞典》當補收"英臣"一詞。

39. 穎晤

唐天祐四年《崔詹墓誌》："公鼎甲大族，時無與比，天資穎晤，生
知孝謹，志學强記，時論所推。"

"晤"唐五代時期有"聰明"之義。唐李儼《道因法師碑》："識韻
恬爽，聰晤絶羣。"《新唐書·循吏傳·李素立》附至遠傳："〔至遠〕少
秀晤，能治《尚書》《左氏春秋》，未見杜預《釋例》而作《編記》，大
趣略同。""穎"也有才智出衆義。"穎晤"為同義複詞，《唐代墓誌彙
編》景龍〇三一《逯府君墓誌》："君生而穎晤，風姿秀朗。豫章萬尋，
森森概日"《唐代墓誌彙編續集》乾元〇〇五《周曉墓誌》："公幼而穎
晤，自有成人之量；動合禮則，不為世祿所驕。""穎晤"就是"聰明"
之義，《大詞典》未收錄"穎晤"，但是收錄了"穎秀""穎異""穎悟"
等，它們的構詞方式相同，《大詞典》當補收"穎晤"一詞。

40. 勇捷

後唐清泰四年《陰善雄墓誌》："男保安、保受等，並英才出衆，勇
捷不群，為文善夢錦之能，運武負猿啼之妙，宿緣福薄，禍及慈顏，刻誌
高墳，用傳貞桂。"

《大詞典》未收"勇捷"一詞。"勇捷"一詞，唐代墓誌已見用例，
《唐代墓誌彙編》開元二二三《索崇墓誌》："公上柱國，受性忠直，天生
而知，弓劍是工，干戈①克効。射雕之塞，勇捷先鳴；騏驎錄中，勳彰後
殿。"傳世文獻習見。《隋書·東夷傳·靺鞨》："朕聞彼土人庶多能勇捷，
今來相見，實副朕懷。朕視爾等如子，爾等宜敬朕如父。"《新唐書·南
蠻傳·南詔》："望苴蠻者，在蘭蒼江西。男女勇捷，不鞍而騎，善用矛
劍，短甲蔽胸腹，鞮鍪皆插貓牛尾，馳突若神。"《舊五代史·晉書·張
廷蘊傳》："廷蘊少勇捷，始隸宣武軍為伍長，唐天復中，奔太原，武皇
收於帳下為小校。"《大詞典》當補收"勇捷"一詞。

41. 宰字

後梁貞明元年《賈郃墓誌》："公其次子也，幼有節操，累任宰字，

---

① 《唐代墓誌彙編》"干戈"作"于戈"，非。

兼為宋州郎官，百姓攀留，人皆欽仰。"

《大詞典》未收"宰字"一詞。從墓誌來看，很顯然是官名。歷代文獻多有用例，《舊唐書·鄭畋傳》："昨以京縣浩穰，苦心為政，疲羸粗息，強御無蹤。方專宰字之心，用副憂勤之化。"《舊五代史·職官志》："糾轄之任，時謂外臺，宰字之官，古稱列爵，如非朝命，是廢國章。"五代王定保《唐摭言》卷九"防慎不至"："張峴妻，顏蕘舍人猶女。峴有樊表兄者，來自江之南，告峴請叩蕘求宰字。"

42. 招茸

後梁貞明三年《吳存鍔墓誌》："公詳明政事，招茸閭里，所治之郡民俗若□，歲而得膏雨也。"

《大詞典》未收"招茸"一詞，乃"招募修整"之義。唐宋文獻多有用例，《新唐書·地理志》："階州武都郡，下。本武州，因沒吐蕃，廢。大曆二年復置為行州，咸通中始得故地，龍紀初遣使招茸之，景福元年更名，治皋蘭鎮。"《舊五代史·世襲列傳·高季興傳》："荊州自唐乾符之後，兵火互集，井邑不完，季興招茸離散，流民歸復，梁祖嘉之，乃授節鉞。"《宋朝事實》卷十九："乾德四年，以蜀招茸院置東關縣。"

43. 衆旅

前蜀乾德五年《晉暉墓誌》："太師手提衆旅，職長千夫，應呼吸而風從，展輔佐以雲集。未離方義，山南節度使楊太師，以管內求嶽牧，署請蓬州。"

"衆旅"乃"衆軍"之義。歷代文獻習見，《魏書·盧玄傳》："賊徒大集，衆旅強盛，置柵胸山，屯守門井，並圍固城，晝夜連戰。恐狡勢既強，後難除揃。"《北史·賀拔允傳》："自太清之內釁，彼天齊而外侵，始蹙國於淮澨，遂壓境於江潯。獲仁厚之麟角，克俊秀之南金，爰衆旅而納主，車五百以瓊臨，返季子之觀樂，釋鐘儀之鼓琴。"《舊五代史·晉書·高祖紀》："知爾無辜，為彼致害，敢徵衆旅，來逼嚴城，雖併吞之志甚堅，而幽顯之情何負，達於聞聽，深激憤驚。"《大詞典》當補"衆旅"一詞。

第二節　補充漏收義項

資料是詞典品質的基礎。大型辭書由於資料的搜集不完備，加之墓誌材料多為出土材料，以前對之整理、利用不夠，因此，《大詞典》對墓誌詞語的義項每每存在漏收的情況。"辭典收詞是否合適，對一個詞語的定義是否準確，義項的建立是否妥帖……所有這些問題，固然與辭典編纂者水平有關，但也許更與資料的收集是否充分以及準確有關。"① "義項問題是詞典（字典）編纂工作中遇到的重要理論問題和實際問題之一，牽涉的面相當廣。"② 這裏我們以五代墓誌材料為例，來討論五代墓誌所見而《大詞典》義項漏收的情況，詞語的排列以音序為序，以便尋檢。

1. 霸業

後梁乾化二年《孫公瞻墓誌》："孫氏之先，本樂安人也，歷祀繼世，以文以武，濟濟鏘鏘，從宦居職，垂於人範，藹有厥聲，或霸業於金陵，或立朝於盛晉。"後晉天福五年《孫思暢及妻劉氏趙氏合祔墓誌》："洎乎全吳霸業，降晉傳芳。鶴唳沖天，表延賓之意重；金聲擲地，留善賦之名雄。礪牙洗耳之聲，韜潛所及；暎雪窮經之譽，編簡而彰。"

《大詞典》"霸業"條收列有兩個義項："1. 指稱霸諸侯或維持霸權的事業。2. 謂使國家強盛之業。"墓誌中的"霸業"顯然是動詞性的，是"成就霸業"之義，《大詞典》應當補列動詞義項。

2. 表則

後梁貞明二年《張濛墓誌》："夫人汝南宇文氏，柔淑慈愛，表則閨門。"

《大詞典》"表則"條釋作"表率；準則"，引例為唐司空圖《太尉瑯琊王公河中生祠碑》："況元昆頃鎮河潼，遠推表則，仲弟鎮臨北地，惠愛斯人。"宋曾鞏《越州賀提刑夏倚狀》："伏以提刑屯田，抱材精敏，涵德粹溫。文章為國之光華，治行逓時之表則。"很顯然《大詞典》的義項是名詞性的。墓誌中"表則"用作動詞，為動詞義"作表率"，《唐代墓誌彙編》天寶二一五《張璬墓誌》："鍾鼎承家，軒裳祖德，相韓繼代，輔漢表則。"《遼代石刻文續編·韓匡嗣墓誌》："宗九服而表則諸侯，屯萬旅而控制南夏。"

3. 充斥

後梁龍德元年《雷景從墓誌》："正值蔡賊充斥，方當逼遶牆池。公

---

① 李爾鋼：《現代辭典學導論》，漢語大詞典出版社 2002 年版，第 149 頁。

② 石安石、王理嘉：《詞的義項有無與分合問題》，載《語言學論叢》（第六輯），商務印書館 1980 年版，第 210 頁。

獨戮力□攔，橫身固護。"

　　《大詞典》"充斥"條收列兩個義項："1. 衆多。2. 充滿；塞滿。"墓誌中"充斥"乃"肆虐、猖獗"之義，《隋代墓誌銘彙考》四八六《齊士幹墓誌》："兼乃寇盜充斥，民不聊生，郡無長官，專任斯委。"《唐代墓誌彙編》大曆〇五五《杜濟墓誌》："時寇盜充斥，公示以威信，八將之不隕，公之力焉。"南北朝以來傳世文獻亦多見，《魏書·李神傳》："建義初，除衛將軍。時葛榮充斥，民多逃散。"《舊唐書·郭子儀傳》："九年，入朝，代宗召對延英。語及西蕃充斥，苦戰不暇，言發涕零。既退，復上封論備土蕃利害。"《舊五代史·漢書·李守貞傳》："時京輦之下，契丹充斥，都人士庶，若在塗炭。"羅維明曾指出，"充斥"之確切含義不應按常規釋為"衆多"或"充滿"，而應視具體語境理解為"猖獗"或"肆虐"①，所言甚是。

　　4. 旦宅

　　後唐天成三年《張居翰墓誌》："胡嗟朝菌，孰羨靈椿。既辭旦宅，常游天真。窀穸兆契，佳城卜鄰。沈碑或阜，峴碣或淪。書勳銘誌，永庶不泯。"

　　《大詞典》"旦宅"條釋作"謂變化的軀體"，引例為《莊子·大宗師》："且彼有駭形而無損心，有旦宅而無情死。"成玄英疏："旦，日新也；宅者，神之舍也。以形之改變，為宅舍之日新耳。"《大詞典》的釋義和例證是吻合的，但將《大詞典》的釋義揆之五代墓誌卻未為安。從字形分析來看，"旦"的本義是早晨，引申之，"旦"有"明亮"義，《尚書大傳》卷一下："日月光華，旦復旦兮。"鄭玄注："言明明相代。"因此，"旦宅"墓誌中常指人世間的房屋，此種用法唐代墓誌亦有用例，《唐代墓誌彙編》上元〇三六《爾朱琛墓誌》："既而明鑣驛照，驟遷陽琯之灰；旦宅徂光，奄邁陰堂之夢。雖桑巫轂擊而狎至，桐醫輻湊而具臻，詎移謝西之期，誰易鄭辰之兆？以大唐上元三年歲次景子正月廿三日薨於東都修業坊之私弟，春秋八十有五。" "旦宅"和"陰堂"意義相聯。《唐代墓誌彙編》天寶二二〇《裴氏墓誌》："載誕之慶，一男一女，雖忘情於旦宅，用紀德於泉扃。" "旦宅"和"泉扃"意義相聯。《唐代墓誌彙編續集》永淳〇〇二《宋感墓誌》："門傳通德，家有餘慶，玉樹凝滋，

---

①　羅維明：《中古墓誌詞語研究》，暨南大學出版社 2003 年版，第 21 頁。

金聲動詠。方□人槃，河爽天命。旦宅焚芝，夜臺懸鏡。”“旦宅”和“夜臺”意義相聯。墓誌“旦宅”顯然均非“謂變化的軀體”，《大詞典》當補收這一義項。

5. 隄封

唐天祐十八年《孟弘敏及妻李氏合葬墓誌》：“當魏道武虎變之隄封，漢世祖龍飛之分野，當茲上列，須命通才。公雅操孤風，橫前絕後，尚淹豹變，久滯鵬搏。”後周顯德二年《蘇逢吉墓誌》：“時以北戎肆暴，入寇隄封，劉琨清嘯以無功，李牧堅城而不暇。漢祖以犬羊傑黠，施展七擒；公以鐏俎笑談，折衝千里。既成戡定，式隆渥恩，幕府賓從，優加有等。”

《大詞典》“隄封”條釋作“猶都凡、大凡”。《漢書·匡衡傳》：“初，衡封僮之樂安鄉，鄉本田隄封三千一百頃，南以閩佰為界。”顏師古注：“提封，舉其封界內之總數。”清王念孫《讀書雜志·漢書十六》：“《廣雅》曰：‘堤封，都凡也。’都凡者，猶今人言太凡、諸凡也……李善本《文選·西都賦》‘提封萬井’，五臣本及《後漢書·班固傳》並作‘隄封’，提封為都凡之轉，其字又通作堤、隄。”《大詞典》例證和釋義是一致的。孟弘敏及妻李氏合葬墓誌中“隄封”和“分野”為同義對舉，均為“封界、分界”之義，蘇逢吉墓誌中“隄封”當為名詞義的活用。此種用法墓誌文獻還有用例，《隋代墓誌銘彙考》〇四六《裴子休誌》：“天分躔次，地別隄封，晉星垂虎，汾氣騰龍。精靈感降，英偉連縱，惟君濟美，是曰規重。”《唐代墓誌彙編》調露〇二三《泉男生墓誌》：“其王高藏及男建等咸從俘虜，巢山潛海，共入隄封；五部三韓，並為臣妾。”《大詞典》當據墓誌補充“疆界、分界”義。

6. 分派

後梁龍德元年《雷景從墓誌》：“洎乎軒轅，錫姓分派，雷氏之族，遞於六國。”後晉天福八年《張明墓誌》：“張氏之先，即漢安昌侯之胤也，自醴泉分派，芝蔓傳芳，或麟角稱奇，或龍頭顯貴，克隆祿位，互列徽章。”

《大詞典》“分派”條收列四個義項：“1. 分為幾支較小的水流。2. 猶支流。3. 分配；委派。4. 猶分攤。”《大詞典》的釋義和例證是一致的。但將這四個義項揆之五代墓誌均未為安，“分派”乃墓誌習語，就是“家族分支”的意思，這種用法，隋代以來墓誌就多有用例，《隋代墓誌銘彙考》二八四《□弘越暨妻龐氏誌》："自周王受命，光配於天，德隆過曆，詩之美矣。珪璋世載，可略而言。蟬冕分派，遂為河南雒陽人也。"《唐代墓誌彙編》貞觀〇九三《馬志道墓誌》："於是胤裔克昌，源流分派，蘭芳桂馥，玉質金貞，前史所傳，可得詳矣。"《遼代石刻文編·劉繼文墓誌》："出自彭城、河南等二十五望，並自陶唐之後，相次分派，帝代絕多。"《大詞典》當補收這一義項。

7. 氛霾

後梁貞明六年《謝彥璋墓誌》："公累權騎卒，出掃氛霾，勳必牆功，舉無不利。"後漢乾祐二年《尚洪遷墓誌》："公知大寶歸漢，至德承乾，翼輔龍飛，劍揮鯨浪。氛霾既靜，重新日月之光；禮樂還興，復睹唐虞之化。"[1] 後周顯德二年《蘇逢吉墓誌》："扶持至化兮廓氛霾，調和庶品兮作鹽梅。"

《大詞典》"氛霾"條釋作"雲煙；陰霾"，引例為金元好問《遊泰山》詩："雞鳴登日觀，四望無氛霾。"明何景明《十七夜月》詩之一："胡為蔽氛霾，坐使清光匿？"例證晚出。將"氛霾"之"雲煙；陰霾"揆之五代墓誌，顯未為安。"氛"本指雲氣、霧氣；"霾"本也指塵霧。"氛霾"顯然為同義連用，本指塵霧、陰霾，引申之就可以指寇亂。這種引申用法遼代墓誌還有用例，《遼代石刻文編·耶律仁先墓誌》："帝曰尚父，天遺奇材。命討北鄙，廓清氛霾。勳隆太常，位極元台，胡不眉壽，泰山其頹。"《大詞典》解釋的是本義，當據墓誌用例，補充其引申義義項。

8. 復宇

後晉天福七年《周令武墓誌》："時唐莊帝居三晉也，將謀復宇，整切用軍，睹公有孫吳之才，委公領爪牙□□，詎勞階級，唯務得人。"

《大詞典》"復宇"條釋作"指層層的屋宇。復，通'複'"，引例為宋曾鞏《廣德軍重修鼓角樓記》："崇墉崛興，復宇相瞰。"孤證。就《大詞典》的釋義和例證而言，二者是相協的。將其揆之五代墓誌卻未為安。細繹五代墓誌，可以發現其"復宇"乃"恢復政權、匡復天下"之義。"宇"有"天下、疆域"之義，《左傳·昭公四年》："或多難以固其國，

---

① 渠傳福：《太原五代墓誌釋考》，載《山西省考古學會論文集》（四），山西人民出版社2006年版。

啟其疆土；或無難以喪其國，失其守宇。"《晉書·樂志下》："鯨鯢既平，功冠帝宇。""復宇"之"匡復天下""匡復宇宙"的用法，傳世文獻還有用例，《宋大詔令集》卷第六十三《章惇金紫光祿大夫加恩制》："逮予親政之初，首真秉鈞之任，修起法度，振張維綱，屬點羌之弗庭，資長畫以馭遠，內有論道經邦之寔，外有開疆復宇之休，列障相望，道路無壅。"《廣異記·張嘉祐》："我忝周之臣子，寧忍社稷崩殞！所以欲全臣節，首倡大義，冀乎匡復宇宙，以存太祖之業。"《大詞典》當補充這一義項。

9. 恭謝

後唐同光二年《王審知墓誌》："仍歲慶誕之月，國恩飛詔，頒錫駿馬雕鞍，異羅宮錦，拜賜受宣，莫不西望恭謝，手舞足蹈。"

《大詞典》"恭謝"釋作"指皇帝舉行的郊祭等大典"，引例為《宋史·欽宗紀》："靖康元年三月……癸酉，詣景靈東宮行恭謝禮。"《宣和遺事》後集："是時徽宗正行郊祭，大臣匿邊報不以聞，道是恐妨恭謝。及恭謝禮畢，方以檄書進呈徽宗。"從《大詞典》例證看，"恭謝"是名詞性的，即恭謝禮，其釋義是正確的。但是，墓誌中"恭謝"為動詞義，甚明。《大詞典》當補收這一義項。此義項還習見於其他文獻，宋司馬光《涑水記聞》卷八："九月辛卯，上以疾瘳，恭謝天地於大慶殿。禮畢，御宣德門，大赦，改元，恩賜皆如南郊。"《金史·宗望傳》："遂置璽於懷中，東面恭謝天地，乃大錄諸帥功，加賞焉。"

10. 貫屬

後梁貞明四年《宋鐸墓誌》："君貫屬懷州河內縣輔仁鄉廣平郡，前宋氏之苗胤。"

《大詞典》"貫屬"條釋作"連貫，連屬"，引例為宋彭龜年《策問》之七："天下之勢，當使如脈絡貫屬，而郵置者，蓋脈絡之所以行者也。"清唐甄《潛書·為政》："舉數千里之內，轉相貫屬，視聽指使，如在一室。"《大詞典》的釋義和例證是相協一致的，但是將這一義項揆之墓誌文獻卻未為安。《唐代墓誌彙編》總章〇一六《梁方墓誌》："君諱方，字定方，河南緱氏人也，今貫屬河南縣瀍澗鄉思城里焉。族茂清徽，玉露泫英風之美，條繁景著，金章雕德懋之功。"《唐代墓誌彙編》元和一四七《宋氏墓誌》："向氏榮望出於河內郡，貫屬襄州襄陽縣，大門諱晉，父名信，胄族崇高，門盈將相，至於綏冕，朝野共遵。"《唐代墓誌彙編》貞元〇三九《王俊墓誌》："門傳鍾鼎，代襲簪纓，宗族阻隔，嗣子幼稚，不知其先祖考官諱，故今之所述，但敘貫屬而已。"墓誌"貫"并非"連貫"之義，而應該解釋為"籍貫"，墓誌"貫屬"當解釋為"籍貫屬地"，《大詞典》當補充這一義項。

11. 規儀

後梁龍德元年《雷景從墓誌》："父文，素列職官在振武列位之中，衆稟規儀，久欽英彥，時有昌黎韓公常所向重，顧娉愛女，敘結姻交，叶契懇心，縻延東榻，故韓氏太夫人乃公之慈母也。"後晉天福二年《羅周敬墓誌》："公主靜惟閒雅，動有規儀，休聲首冠於皇□，淑德克彰於婦道，帝王之女，無以過焉。"

《大詞典》"規儀"條釋作"規章儀式"，引例為清黃六鴻《福惠全書·教養·講學》："講學規儀，頗為明晰。"李大釗《民彝與政治》："先聖創其規儀，後儒宗其模式。"墓誌中的"規儀"顯然不是"規章儀式"的意思。墓誌中"規儀"和"閒雅""英彥"等相對成文，"規儀"為同義連用，甚明。"儀"古有禮制、法規之義。《荀子·正論》："故諸夏之國，同服同儀；蠻夷戎狄之國，同服不同制。"王念孫《讀書雜志·荀子六》"同儀"："楊注曰：'儀謂風俗也。'念孫案：風俗不得謂之儀，儀謂制度也。""規儀"的這種用法，唐代墓誌也有用例，《唐代墓誌彙編續集》大中〇五八《張氏墓誌》："夫人即公之第十三女也。少習母訓，長修婦功，德班氏之規儀，行謝家之令問。"由此可見，墓誌"規儀"乃"規章儀範"之義，《大詞典》當補收這一義項。

12. 泓澄

後晉天福八年《劉敬瑭墓誌》："至廣明年及中和歲，故兩鎮令公王斯本貫，榮耀鄉閭，兼先太尉繼紹山河，董臨節制，皆睹公神情慷慨，器度泓澄。"

《大詞典》"泓澄"條收列兩個義項："1. 水深而清。2. 指清澈的水。"墓誌中的"泓澄"是用來形容"器度"的，顯然和水無關。"器度"一詞墓誌習見，指人的才具風度。墓誌中的"泓澄"一詞應該是由義項"水深而清"引申而來的，指的是人的才具風度高潔而深沉。《大詞典》當補收這一義項。

13. 疾瘵

後梁乾化三年《韓仲舉妻王氏墓誌》："淮瀆大族，佩韓德門。歸於嘉哲，和鳴懿婚。倏嬰疾瘵，天道寧論。"唐天祐十三年《張宗諫墓誌》：
"往復關河，漬運資貨，時沖炎潦，疾瘵縈纏，雖召秦醫，難逃晉豎，以
天祐十年正月十九日終於天寧私室，春秋六十有二。"後唐長興元年《毛
璋墓誌》："其年遽縈疾瘵，遂至沉痾，杯中之蛇影不除，床下之蟻聲尤
甚。是以轉彌困篤，遂至寢終，既興頹岳之悲，寧息壞梁之歎。"

《大詞典》"疾瘵"條釋作"廢疾，殘疾"，引例為清潘榮陛《帝京
歲時紀勝·赦孤》："廣寧門外普濟堂收養異鄉孤貧疾瘵人，冬施粥饘，
夏施冰茶。"孤證且晚出。《說文·疒部》："疾，病也。"《說文·疒部》：
"瘵，病也。""疾""瘵"同義連用，表疾病。《醫方類聚》卷一百五十
二"諸虛門十"："男子勞傷而得疾瘵，漸見瘠瘦，用童子小便二盞，無
灰酒一盞，以新瓦瓶貯之，全豬腰一對在內，密封泥。"《雲笈七簽·方
藥部二》："臣少長寒微，早嬰疾瘵，遂投山谷，尋訪良醫，因之服餌，
綿歷年載。""疾瘵"一詞，唐代墓誌始見用例，《唐代墓誌彙編》貞元〇
七〇《陽濟墓誌》："建中末，巨猾構釁，天子狩于梁祥，公久嬰疾瘵，
事出不虞，與李昌夔等闕扞牧圉，為賊協從，屢覘動靜，間道表聞，有詔
嘉焉。"《唐代墓誌彙編》開成〇三四《周氏墓誌》："暨乎年逾從心之
歲，疾瘵縈身，醫無能為，藥將何理。豈謂上蒼匪佑，去開成四載十月廿
日，倏奄夜臺，齡七十六。"《唐代墓誌彙編續集》咸通〇三六《曹景及
妻張氏墓誌》："何期忽縈疾瘵，氣緒綿留，巨嶽傾頹，梁木顛墜，以大
中七年九月卅日終於私第，享年七十有五。"細繹墓誌文獻，"疾瘵"均
為疾病義。"疾瘵"是漢語複音化過程中形成的同義複詞，本義當是指
"疾病"，然後引申指患病之人。

14. 檢轄

後梁龍德三年《蕭符墓誌》："後進討并汾，收克澤潞，奏加刑部尚
書，充昭義都糧料使，檢轄帑藏，綿歷星灰。"

《大詞典》"檢轄"條釋作"拘束"，引例為宋王讜《唐語林·補遺
四》："每公堂食會，雜事不至，則無所檢轄，唯相揖而已。雜事至，則
盡用憲府之禮。"墓誌中"檢轄"並非"拘束"之義，而是"檢查管理"
之義。"檢轄"的"檢查管理"，唐五代文獻多有用例，《唐代墓誌彙編續
集》大中〇〇四《黃弘遠墓誌》："大和元年，選福唐主簿。檢轄聲振，
養及膝下。"《舊唐書·韓滉傳》："自至德、乾元以後，所在軍興，賦稅
無度，帑藏給納，多務因循。滉既掌司計，清勤檢轄，不容姦妄，下吏及

四方行綱過犯者，必痛繩之。"《舊五代史·盧文紀傳》："時朝官分司在洛，雖有留臺御史，紀綱亦多不整肅，遂勅文紀別令檢轄。"是其證。《大詞典》當補收這一義項。

15. 降靈

後唐同光二年《王審知墓誌》："天地凝精，岳瀆降靈。粵有雄傑，鎮於閩城。"後晉天福五年《張季宣妻李氏墓誌》："桂魄垂精，瑤臺降靈。香芬羅幌，蓮對雲屏。"後周顯德元年《劉彥融墓誌》："夫山河降靈，賢傑誕生而資始；天地積數，英奇代謝以善終。"

《大詞典》"降靈"條釋作"使神靈下降，召神"，引例為魯迅《漢文學史綱要》第一篇："試察今之蠻民，雖狀極狉獉，未有衣服宮室文字，而頌神抒情之什，降靈召鬼之人，大抵有焉。"孤証且甚晚。"降靈"乃墓誌習語，南北朝以來墓誌習見，《漢魏六朝碑刻校注》三八八《北魏穆亮墓誌》："雲巖昇綵，天淵降靈。履順開祉，命世篤生。"《隋代墓誌銘彙考》二四三《李景亮墓誌》："高丘感夢，穠李降靈。道非常道，刑期無刑。"《唐代墓誌彙編》天寶〇〇二《王冷然墓誌》："夫人河東裴氏，諱溥，字湛露，皇鄂王文學修謹之女也。坤儀降靈，巽象成德，女儀淑慎，婦則柔嘉，內以孝聞，外流貞譽，昊天不惠，早喪哲夫，矢兮柏舟，終年蓬首。"細繹墓誌用例，其中"降靈"之"靈"並非"神仙"之義，而是"靈氣、精氣"之義，因此，墓誌"降靈"乃"降生靈氣"之義，《大詞典》失收，當據補。

16. 精至

後唐同光二年《王審知墓誌》："王稟性殊異，非禮不言。少事孟仲，如晨夕之敬。於鄉黨恂恂然，周孔之書，無不該覽。韜鈐之術，尤所精至。"

《大詞典》"精至"條釋作"工巧細緻"。墓誌"精至"用來修飾"韜鈐之術"，絕非"工巧細緻"之義。墓誌中"精至"乃"非常精通"之義，這一意義還有其他文獻用例可以佐證。《魏書·釋老志》："初，皇始中，趙郡有沙門法果，誠行精至，開演法籍。"《舊五代史·梁書·末帝紀》："今後有闕，方得奏薦，仍須道行精至，夏臘高深，方得補填。"《大詞典》當補這一義項。

17. 崆峒

後周顯德元年《劉彥融墓誌》："公抱崆峒之器，直道居懷，繼闔閭

之門，雄風凜物，自尚幼之歲，播成人之名。"後周顯德二年《王柔墓
誌》："今彰德軍節度使、檢校太尉兼侍中饒，字受益，即公之長子也，
神生峻極，氣稟崆峒，七星武曲之光，五偉雄金之性。"

《大詞典》"崆峒"條收列有四個義項："1. 山高峻貌。2. 山洞；洞
窟。3. 寬敞空闊。4. 形容聲音洪大。"《大詞典》的這四個義項揆之墓
誌，均未安。墓誌"崆峒"是用來修飾人的器度、氣質的，墓誌的這一
義項應該是由"山高峻貌"引申而來的，可以釋作"高雅；非凡"。《大
詞典》應該補收這一義項。

18. 立性

後梁貞明六年《謝彥璋墓誌》："尊夫人崔氏，立性端明，宛多嚴肅，
擇鄰垂訓，賢淑昭彰。"己亥歲《包詠墓誌》："君天資貞吉，立性和雅。
尊敬師友，敦睦親姻。移之於官，故所至皆理。而位不參於朝籍，年不登
於下壽，能無遺恨乎?"

《大詞典》"立性"條釋作"生性；稟性"，引例為北魏楊衒之《洛
陽伽藍記·開善寺》："融立性貪暴，志欲無限，見之悵歎，不覺生疾，
還家臥三日不起。"孤證，可補五代墓誌。另"立性"一詞，在五代墓誌
當中，還常常用為動詞，有"立就本性"的意思。唐天祐十年《邢汴及
妻周氏合葬墓誌》："夫人汝南周氏，徽柔立性，令淑凝姿，閫則閨風，
遠邇咸敬，不幸以天祐六年四月十八日遘疾，先公而歿焉。"其中"立
性"和"凝姿"相對成文。吳乾貞三年《劉君妻尋陽長公主楊氏墓誌》：
"詩書立性，禮樂臻身。鄧艾晝營，必弘遠大；劉琨夜舞，定建殊功。"
其中"立性"和"臻身"相對成文。後晉天福八年《何德璘墓誌》："古
猶今也，代有名臣。猗歟何公，高蹤少卿。忠義立性，聰敏為人。"其中
"立性"和"為人"相對成文。以上"立性"顯然為動詞，述賓結構，
《大詞典》當補收"立性"的動詞義項。

19. 流速

後周顯德二年《裴簡墓誌》："次婚衛氏，風姿顯著，質態難雙，賢
和而鄰巷欽風，敦睦而婚親讚善。時運流速，日月難居。享年六十有四，
以天福五年五月十四日染疾終於私室。"

《大詞典》"流速"條收列有兩個義項："1. 指流體在單位時間內流
過的距離。2. 泛指流逝的速度。"墓誌"流速"即"川流速逝"之縮略，
形容事物流動迅速。隋唐以來文獻習見，《隋代墓誌銘彙考》四八八《宮

人房氏墓誌》：“如何春秋遞運，蘭桂摧落，舟壑潛移，川流速逝，永去椒宮，長埋蒿里，書斯玄石，勒此芳猷。”《唐代墓誌彙編》貞觀○七二《□孝長墓誌》：“有子德倫，天性純至，嗟日月之流速，痛風樹之不止，式遵舊典，改卜窀穸。”《大慈恩寺志·唐高宗御制大慈恩寺碑》：“四運流速，六龍馳騖。巨夜銷氛，幽關啟曙。茂德垂範，微塵表譽。勒美披文，遐年永著。”《敦煌變文校注·八相變（一）》：“太子聞孩子誕生來，方知世事實苦哉。生下人身不長久，日月流速遞相催。”《法書要錄》卷七：“張芝變為今草，加其流速，拔茅連茹，上下牽連。或借上字之下，而為下字之上。奇形離合，數意兼包。若懸猿飲澗之象，鉤鎖連環之狀。神化自若，變態不窮。”《大詞典》當補收“流速”之“流動迅速”義項。

20. 魯堂

後唐同光三年《張繼業墓誌》：“公每於參斷之餘、軍農之暇，將魯堂金石，以歡其俗，奏齊國蕭韶以娛其人，俎豆復興，禮讓相勸。”

《大詞典》“魯堂”條釋作“孔子之殿堂。後以稱儒家的講學處所”，首例引宋范仲淹《南京書院題名記》：“由是風乎四方，士也如狂，望兮梁園，歸於魯堂。”墓誌“魯堂”一詞乃指儒家的學說，“金石”指金石之學，《大詞典》例證晚出且當補列這一義項。

21. 牧守

前蜀乾德五年《晉暉墓誌》：“先皇帝親取梓潼，請充壕寨使，有功翊佐，料敵無疑，率先諸軍，再領武信。復移近地，牧守陽安，初只權知，續乃正授。”

《大詞典》“牧守”條釋作“州郡的長官。州官稱牧，郡官稱守”。從《大詞典》的例證來看，“牧守”指的是職官，其釋義是正確的。但是墓誌中“牧守陽安”是一個述賓結構，“牧守”當為動詞義，甚明。細味之，墓誌“牧守”乃“掌管、治理”之義。“牧守”的動詞義，文獻多有用例，唐張讀《宣室志·唐休璟門僧》：“相國拔此沉滯，牧守大郡，由擔石之儲，獲二千石之祿，自涸轍而泛東溟，出窮谷而陟層霄，德固厚矣。”這裏“牧守大郡”是述賓結構，“牧守”為動詞義甚明。《舊唐書·姚璹傳》：“珽規諫有才，牧守多善，儲幄之任，可謂得人。”這裏“牧守”和“規諫”相對成文，其動詞義甚明。《大詞典》當補“牧守”的動詞義項。

22. 女史

後唐同光二年《王審知夫人任內明墓誌》："揭畫篋而周給孤惸，啓妝奩而均憐幼稚，慈愛形於顏色，弘益及於公私，正德素風，鬱標女史。"後周顯德二年《田仁訓及妻王氏合祔墓誌》："長新婦常氏，次新婦郝氏，次新婦秦氏，名光女史，望重母儀，肅奉姑嫜，敬尊娣姒。"

《大詞典》"女史"條收列有三個義項："1. 古代女官名。以知書婦女充任。掌管有關王后禮儀等事。或為世婦下屬，掌管書寫檔等事。2. 對知識婦女的美稱。3. 古星名。"《大詞典》的三個義項，揆之墓誌，均未為安。《漢魏六朝碑刻校注》四八八《北魏元恪貴華王普賢墓誌》："婦圖摘繢，女史飛萱。質華星婺，德耀姬原。"《隋代墓誌銘彙考》一四二《鞏賓暨妻陳氏墓誌》："儷德高門，家榮桃李，行滿婦箴，聲揚女史。"《唐代墓誌彙編》長慶〇一七《權秀嵒墓誌》："夫人隴西李氏，幼習女史，夙閑婦道，爰自笄總，歸於我公。"考墓誌用例，"女史"為偏正結構的名詞，當為"女性的史書"之義，五代墓誌多見用例，其墓主均為女性。《大詞典》當補收"女性的史書"這一義項。

23. 女徒

後梁乾化三年《韓恭妻李氏墓誌》："縣君風①絕衆，進止多儀，未總角，嘗謂其女徒曰：'夫人好飾其容，未若飾其性也。'"

《大詞典》"女徒"條釋作"古代服勞役的女犯。也稱復作徒"。《漢書·宣帝紀》："使女徒復作淮陽趙徵卿、渭城胡組更乳養，私給衣食，視遇甚有恩。"顏師古注引李奇曰："復作者，女徒也。謂輕罪，男子守邊一歲，女子頑弱不任守，復令作於官，亦一歲，故謂之復作徒也。"《後漢書·光武帝紀》："當驗問者即就驗，女徒雇山歸家。"漢代罪行較輕的女性由於身體方面的原因，不能發配邊遠地區，便在官府服勞役一年，這些女犯人實際上充當了女傭的角色。墓誌"女徒"的意思就是"女傭"，這裏有詞義引申的過程。

24. 遷封

後蜀廣政十八年《孫漢韶墓誌》："三年春正月，除依前檢校太保，遙授昭武軍節度使，充西面行營副都部署，遷封開國子，加食邑二百戶。"

---

① 按：原拓"風"後當脫一字。

《大詞典》"遷封"條釋作"加封爵位"，引例為《管子·輕重甲》：
"吾國之豪家遷封食邑而居者，君章之以物，則物重；不章以物，則物
輕。"孤証。此種用法南北朝時期已有用例，《漢魏六朝碑刻校注》一一
七四《北齊路衆暨夫人潘氏墓誌銘》："君諱衆，字貳醜，趙州趙郡高邑
人也。其先漢大將路博德，君其後也。德七世孫溫舒，因封鉅鹿。溫舒五
世孫悕怡，遷封趙郡，即居高邑。""遷封"還有一種用法，《唐代墓誌彙
編》開元二四七《喬崇隱墓誌》："哀哀孝子，號訴無從。河南洛北，宅
兆遷封。郊迎素柳，隴暗青松。"《唐代墓誌彙編續集》先天〇〇二《劉
氏墓誌》："先天元年歲次壬子十一月丙寅朔七日壬申，遷封於洛陽邙山
之北原，禮也。"細繹唐代墓誌用例，我們不難發現，其"遷封"乃"遷
葬"之義，《大詞典》當補充這一義項。

25. 潛輝

後晉天福二年《宋廷浩墓誌》："君剛亦不吐，柔亦不茹；四十年修
身，五六朝事主。效赤節即朝霞失色，罄清誠即秋水潛輝。"

《大詞典》"潛輝"條釋作"謂掩藏才智"，引例為漢劉向《列仙
傳·陸通》："接輿樂道，養性潛輝。"墓誌中"朝霞失色"和"秋水潛
輝"相對成文，"失色"和"潛輝"同義對舉，"潛輝"義為"失却光
輝"，甚明。《漢魏六朝碑刻校注》八一三《北魏元天穆墓誌》："蕭蕭楊
隴，杳杳泉扉。斜漢滅影，落日潛輝。"《漢魏六朝碑刻校注》九四七
《北魏元子邃妻李艷華墓誌》："月臨長簟，風卷靈衣；雜珮輟響，寶鏡潛
輝。"《唐代墓誌彙編》天寶〇二一《李字墓誌》："蘭桂減馥，金玉潛
輝，九原列隧，駟馬開扉。""掩藏才智"義乃是由"掩藏光輝"義引申
而來。再者，墓誌中"潛輝"的主語是"秋水""落日""寶鏡""金
玉"，無"才智"可言。《大詞典》當補"失却光輝"這一義項。

26. 欽依

後梁乾化二年《孫公瞻墓誌》："自卝雋之立，以庭訓檢身，家法修
德，溫恭是負，節操不渝，每持孝悌之名，凤蘊潔廉之行，為鄉里瞻敬，
知友欽依，所謂儉素，亦古人君子矣。"

《大詞典》"欽依"條釋作"皇上依准"，引例為明唐順之《海賊分
道侵突疏》："先是宗憲會同臣題奉欽依，用銀一萬兩分遣都司何本源，
把總指揮邢鎮，募山東兵三千名防守江南。"墓誌"欽依"絕非"皇上批
准"之義，"鄉里瞻敬"和"知友欽依"相對成文，"欽依"乃"敬依"

也。“欽”字古有“敬”義。《尚書‧盤庚上》：“不匿厥指，王用丕欽。”蔡沈集傳：“而能不隱匿其指意，故王用大敬之。”《禮記‧內則》：“姆先相曰：‘母某敢用時日祇見孺子。’夫對曰：‘欽有帥。’”鄭玄注：“祇、欽，皆敬也。”《唐代墓誌彙編》開元二五一《王勖墓誌》：“孤子梟等，欽依喪禮，即以其年二月甲辰朔廿九日壬申，葬於北邙山之岑表。”“欽依”作為“敬依”，墓誌以外文獻亦有用例，《敦煌變文集新書》卷二：“時波旬有偈：為重修禪向此居，我今時固下雲衢。欽依戒行如蟾淨，憶想清高似嶽孤。入定不知功行久，坐禪未委法何如。今將眷屬來瞻禮，不審師兄萬福無？”宋劉燴《雲莊集》卷四：“師又言曰：‘我佛之教慈憫為宗，故常苦身以利人，非欲役民以自奉也，晉魏而降，惟佛是崇，世人欽依。’”古代對帝王的決定、命令或其所做的事多冠以“欽”字，以示崇高與尊敬，但並非用欽字就和皇帝有關。另外，以欽為語素構成的“欽×”敬慕類複音詞主要有“欽矚”“欽風”“欽重”“欽崇”“欽敬”“欽仰”等，都和皇帝無關。《大詞典》當補收“敬依”這一義項。

27. 榮國

後唐天成三年《王言妻張氏墓誌》：“次男名延瓊，並乃長立，榮國榮家，文武兩全，忠孝雙美。”

《大詞典》“榮國”條釋作“昌盛之國”，引例為《荀子‧富國》：“凡主相臣下百吏之屬，其於貨財取與計數也，寬饒簡易；其於禮義節奏也，陵謹盡察，是榮國已。”墓誌文獻中的“榮國”是“使國家榮顯”，很顯然為動詞義。唐趙元一《奉天錄》卷二：“魏博擊其前，滄景掩其後，易定乘其左，昭義奪其右。掃蕩妖孽，廓清寰宇。然後奉表紫宸，獻書北闕，榮家榮國，豈不休哉！”《舊唐書‧張孝忠傳》：“及上幸奉天，令大將楊榮國提銳卒六百從晟入關赴難，收京城，榮國有功。”《大詞典》當補收這一義項。

28. 昇班

後梁貞明三年《吳存鍔墓誌》：“公諱存鍔，字利樞。本出於秦雍，世瞻於軒裳，或龍闕以昇班，或鳳翔而授職。”

《大詞典》“昇班”條釋作“指學生在學校昇級”，引例為現代例證“二小子今年暑假該昇班了。”“學生在學校昇級”義和墓誌“昇班”一詞顯然無涉。《唐代墓誌彙編》垂拱〇三九《高夔墓誌》：“授職齊壇，指虹旌而建號；昇班制錦，曳龜綬以陶仁。”細味之，墓誌中“昇班”乃

"提昇等級"之義。"班"古有"等次、等級"義。《左傳·文公六年》:"辰嬴賤,班在九人,其子何震之有?"杜預注:"班,位也。"《儀禮·既夕禮》:"明日,以其班祔。"鄭玄注:"班,次也。"孔穎達疏:"謂昭穆之次第。""昇班"之"提昇等級"義唐五代文獻習見,《舊唐書·韋思謙傳》:"國家自永淳已來,二十餘載,國學廢散,胄子衰缺,時輕儒學之官,莫存章句之選,貴門後進,競以僥倖昇班;寒族常流,復因凌替弛業。"《新五代史·唐明宗家人傳》:"凡元帥府文符行天下,皆用帖,又昇班在宰相上。"《大詞典》當補"提昇等級"這一義項。

29. 舒坦

後唐天成二年《孫拙墓誌》:"公性多舒坦,不顧清華,因乞留司洛京。"

《大詞典》"舒坦"條釋作"舒服",引魯迅《野草·聰明人和傻子和奴才》、張天翼《清明時節》、孔厥、袁靜《新兒女英雄傳》為例。從《大詞典》的例證來看,其釋義是正確的,但揆之墓誌卻方枘圓鑿。細味之,墓誌"舒坦"乃"平緩坦然"之義,也就是淡泊名利的意思。《大詞典》當補收這一義項。

30. 絲羅

後唐長興二年《李繼墓誌》:"夫人□□,天祐二年掩歿,享年六十八。志等絲羅,□開□□。"

《大詞典》"絲羅"條釋作"絲織物名。質地輕軟,經緯組織呈椒眼紋,透氣透光性能較好",引例為瞿秋白《餓鄉紀程》十一:"融融的燈光,映著絲羅的帷幕。"孤証。遼代墓誌還有用例,《遼代石刻文編·劉繼文墓誌》:"其耿氏夫人念以同牢義重,合巹情深。絲羅□絕□□□,琴瑟停歡於翡帳。"《遼代石刻文編·劉日泳墓誌》:"早親南國,已浮魚水之歡;不棄東都,永結絲羅之願。"墓誌中的"絲羅"義同"絲蘿",指菟絲與女蘿,菟絲、女蘿均蔓生,纏繞於草木,不易分開,故詩文中常用以比喻結為婚姻。《古詩十九首·冉冉孤生竹》:"與君為新婚,兔絲附女蘿。"《唐代墓誌彙編》長安〇二六《耿慈愛墓誌》:"絲蘿積慶,則見重金夫;琴瑟雲調,則分榮玉閫。"《大詞典》當根據墓誌用例,補充這一義項。

31. 颾颾

後晉天福七年《毛汶墓誌》:"時乃風高葉墜,霜勁蘭凋。窮秋生慘澹之光，苦霧結颼飀之色。渥素熟公業，久視强能。命以微才，紀斯盛事。"

《大詞典》"颼飀"條釋作"象聲詞。形容風聲"，引例為清高詠《李中丞歌》："邇來江南數十州，荒村廢井風颼飀。"墓誌中"颼飀"一詞是用來修飾顏色的，並非形容風聲，《大詞典》當補列這一義項。"颼飀"具體應該解釋為什麼，由於資料的缺乏，只能闕如，以求教於方家。

32. 坦夷

後周广顺二年《關欽裕墓誌》："於廣順二年五月二十六日啓手足於福善里之公署，享年七十有八，卜其年十月二十日歸葬於河南縣伊洛鄉幹村，禮也。崆峒迢遞，難思種玉之田；郊郹坦夷，永息定鼎之地。"

《大詞典》"坦夷"條釋作"坦率平易"，引清代先著《張南邨先生傳》："南邨為人，坦夷近情，不為矯激之言，不為崖異之行。""坦夷"表示人性情坦率平易，五代墓誌常見用例，如南唐保大十年《江文蔚墓誌》："操履堅正，靡得動搖，襟懷坦夷，初無蒂芥。"除此之外，"坦夷"有"地勢平坦"之義。《廣雅》："坦坦，平也。"《說文·大部》："夷，平也。""坦夷"之平坦義，當為詞的本義，唐代墓誌始見，《唐代墓誌彙編續集》神功〇〇一《曹玄機墓誌》："順時出豫，覽川麓之坦夷，乘歡下輦，睹供張之修備，戀功行及，方得漸鴻之資；福善無徵，俄成鬥蟻之疾。"傳世文獻亦有用例，《遼史·營衛志中·冬捺缽》："東西二十餘里，南北十餘里。地甚坦夷，四望皆沙磧，木多榆柳。"

33. 特創

後梁乾化二年《孫公瞻墓誌》："公自棄命，久在堂儀，今以歲道云通，日月斯吉，敬卜宅兆，特創松楸。則玄堂一局，幽泉永閉，指山河於高國，得崗丘於新塋，可謂龍蟠，乃封馬鬣。"

《大詞典》"特創"條釋義為"獨創"，引例為清魏源《公羊春秋論下》："不特非何氏臆造，亦且非董胡特創也。"孤證、甚晚且義項漏收。《大詞典》的釋義和例證是吻合的，就墓誌而言，"特創"顯然不是"獨創"的意思，而是"特地創建"之義，遼代墓誌還有用例，《遼代石刻文編·韓相墓誌》："季弟，入內左承制，悲纏閬水，痛軫在原。面同氣以無由，對諸孤而寧忍。爰尋吉地，特創玄宮。俾刊貞珉，用傳永世。"

34. 無息

後梁開平三年《李派滕墓誌》："壽逾知命，無息未婚。嗚呼哀哉！

用誌於石。"

　　《大詞典》"無息"條收列兩個義項："1. 不間斷。2. 沒有利息。"將這兩個義項，揆之墓誌用例，均未為安。細繹墓誌用例，"無息"乃"沒有子息，沒有後代"之義。此種用法，唐代墓誌還有用例，《唐代墓誌彙編》中和〇一一《韋士逸墓誌》："貞士往矣，而貞士又無息，千百年後，陵谷迭更，誰復知韋氏之有貞士乎？"《唐代墓誌彙編續集》咸通〇八七《田厚墓誌》："家徒徘徊，行者增哀。無息無胤，遺名誰振。"《大詞典》當增補"沒有子息"這一義項。

　　35. 武備

　　後梁乾化三年《韓恭妻李氏墓誌》："哀子等文才著稱，武備多奇，丁是潛凶，毀瘠居制。"

　　《大詞典》"武備"條釋作"軍備。指武裝力量、軍事裝備等"。墓誌中的"武備"並不是軍事裝備之義，當是武略之義。和"文才"對言，其"武略"之義甚明。《唐代墓誌彙編》垂拱〇六七《程丞墓誌》："公投造義旗，肅清武備，策名金牘，毗贊軍謀，掌渙當樞，擢才授職，徵為邢州別駕，辭以親老。""武備""軍謀"相對成文。墓誌之外亦有用例，《舊唐書·越王貞傳》："貞之在蔡州，數奏免所部租賦以結人心，家僮千人，馬數千匹，外託以畋獵，內實習武備。"《大詞典》當補收這一義項。

　　36. 仙鳳

　　後晉天福六年《李仁福妻瀆氏墓誌》："即夫人乃故虢王之貴室，今元戎相國之令親。景曜垂祥，月華表瑞。效葛覃之美構，二南標婦道之成；樛木矜寬，六義著子孫之盛。一自榮登高戶，寵適勳墉。彩雲之五色詔書，頻來仙鳳；萬垂之重重綸旨，繼踵王臣。"

　　《大詞典》"仙鳳"條釋作"比喻帝王之女，公主"，引例為唐李嶠《中宗降誕日長寧公主滿月侍宴應制》詩："神龍見像日，仙鳳養雛年。"孤証。"仙鳳"一詞，唐代墓誌還有用例，《唐代墓誌彙編》永淳〇二六《杜芬墓誌》："仙鳳頹祉，靈蛇演慶，克誕柔儀，實資溫性。"其中"仙鳳"和"靈蛇"相對成文。《唐代墓誌彙編》文明〇〇五《孫通墓誌》："夫人雲松吐秀，月桂開華，孝行之心，不獨外獎；婦則之操，出自天然。既而仙鳳雙桐，死生並盡；神友兩劍，前後俱終。"由於梧桐高大挺拔，是木中之君子，鳳凰為鳥中之王，而鳳凰最樂意棲於梧桐之上，古代詩文當中描寫鳳凰梧桐的詩句就比較多見，《詩經·大雅·卷阿》："鳳凰鳴矣，於彼高崗。梧桐生矣，於彼朝陽。"《莊子·秋水》："南方有鳥，其名鵷鶵……夫鵷鶵發於南海而飛於北海，非梧桐不止，非練實不食，非醴泉不飲。"顯然，所引唐代墓誌中"仙鳳"就是指"成仙的鳳凰"，而非"公主"。《大詞典》當補收這一義項。

37. 謝袟

後唐同光二年《王璠墓誌》："公深懷貞退，高臥雲泉，慕陶潛謝袟之風，得潘岳閑歌之理。"

"袟"為"秩"的俗字，俗寫"礻""禾"不別。《碑別字新編》（133頁）"秩"《魏王悅墓誌》正作"袟"。《大詞典》"謝秩"條釋作"謂任期滿而離職"，引例為唐李景亮《人虎傳》："及謝秩，則退歸閒適，不與人通者近歲餘。"墓誌"謝袟"當是"謝絕俸祿、退隱"之義。《唐代墓誌彙編》開元〇〇一《薄仁墓誌》："謝秩海隅，入調天府，遘疾神都，以垂拱二年，終於旅舍，春秋五十九。"《大詞典》當補這一義項。

38. 心腑

後梁開平四年《石彥辭墓誌》："公以許國之暇、官守之餘，率以浮屠氏及玄元太一之法志於心腑間。"

《大詞典》"心腑"條收列有兩個義項："1. 猶心臟。2. 比喻真誠。"用《大詞典》的兩個義項揆之墓誌均方枘圓鑿。細味之，墓誌的"心腑"乃"內心"之義，這一義項當是由"心臟"義引申而來。《唐代墓誌彙編》乾封〇四七《郭君墓誌》："少徒戎筭，早習干戈，六奇納在胸懷，七略藏之心腑。"《唐代墓誌彙編》大中一三二《魯謙墓誌》："謙天錫其性，不食酒肉，年七歲，好讀詩書，旰食忘寢，勤學不輟，師喻以文義，皆記之心腑。"《大詞典》當補這一義項。

39. 修檢

後唐同光二年《王審知夫人任內明墓誌》："夫人之生也，修檢令儀，束鍊高節，語默有准，威德有程。"

《大詞典》"修檢"條釋作"編撰核查"，引例為《舊唐書·元行沖傳》："於是行沖表請通撰古今書目，名為《羣書四錄》，命學士鄠縣尉毋煚、櫟陽尉韋述……分部修檢，歲餘書成，奏上之。"《唐代墓誌彙編續集》咸通〇〇五《白敏中墓誌》："夫人整將相之風，建閨闈之教。勤雍和理凡十八年。洎于營奉襄事，咸遵古典。嗚呼。榮貴輝㷀，嚴明修檢，無以加矣。"墓誌中"修檢"的對象是人及其品行，可以解釋為"修養檢點”，《大詞典》當補收這一義項。

40. 玄關

後梁開平三年《鄭璩墓誌》：“荒阡啟兮情不胜，玄關閉兮悲難盡。公之懿烈兮有餘光，福其家兮昌其胤。”後唐同光二年《王璠墓誌》：“瑞雲入洞，寒玉□□。清名重德，永閉玄關。”後漢乾祐三年《李彝謹妻里氏墓誌》：“難返幽魂，奄歸玄關。兒女哀號，軍民哽咽。”

《大詞典》“玄關”條收列有兩個義項：“1. 佛教稱入道的法門。2. 泛指門戶。”將這兩個義項驗之五代墓誌均未為安。墓誌文獻中“玄”多數和陰間有關，如“玄宮”“玄石”“玄室”“玄宅”等，五代墓誌中的“玄關”顯然是指墓門，引申之，也可以指墳墓。這種用法歷代墓誌習見，《唐代墓誌彙編》開元〇三七《法藏禪師塔銘》：“玄關洞開，亡珠可索兮；吾將斯人，免夫過隙兮。”《唐代墓誌彙編》會昌〇二二《賈政墓誌》：“夫人令淑，孰不稱賢，玄關一掩，世世騰塞。”

41. 異地

後唐長興元年《李仁寶妻破丑氏墓誌》：“於是選擇異地，修飾靈宮，蕃漢數千，銜哀追送，風雲於是失色，山嶽為之昏朦。固刊石以留名，則雕名而不朽。”

《大詞典》“異地”條收列兩個義項：“1. 他鄉；外國。2. 異處，在不同地方。”以《大詞典》的義項揆之墓誌均方枘圓鑿。因為，在古代葉落歸根的傳統思想下，人去世以後，絕對不會選擇“他鄉、異處”安葬。墓誌“異地”和“靈宮”相對成文，當解作“靈異之地”，南朝梁顧野王撰有《異地志》三十卷。《大詞典》當增補這一義項。

42. 英髦

唐天祐十八年《竇真墓誌》：“府君英髦博雅，識達多聞，聰義士以深交，信義心於益友，不求榮祿，惟慕清閒。”

《大詞典》“英髦”條釋作“亦作‘英旄’。俊秀傑出的人”。《大詞典》顯然將“英髦”看作偏正式合成詞。墓誌中“英髦博雅”和“識達多聞”相對成文，“英髦”和“識達”均為同義複詞。“髦”字古有“俊”義，《詩經·小雅·甫田》：“攸介攸介，烝我髦士。”毛傳：“髦，俊也。”《大詞典》只有一個名詞義項，考墓誌“英髦”為形容詞作謂語，乃“英俊”之義，《唐代墓誌彙編》如意〇〇四《申屠義墓誌》：“君幼挺英髦，早標奇嶷，龍圖鳳紀，鬱映於蓬山，萬卷五車，昭彰於雲閣。”

《大詞典》當補。

43. 貞桂

後唐清泰四年《陰善雄墓誌》："男保安、保受等，並英才出衆，勇捷不群，爲文善夢錦之能，運武負猿啼之妙，宿緣福薄，禍及慈顏，刻誌高墳，用傳貞桂。"

《大詞典》"貞桂"條釋作"桂的美稱。因其常綠不凋，故稱"。墓誌中"貞桂"一詞，顯然不是桂樹的意思。墓誌"貞桂"是比喻用法，指人的高尚的品質，《大詞典》當補收這一義項。

44. 征營

後梁龍德三年《蕭符墓誌》："其後每從征營，聯下壁壘。太祖以府君器度詳敏，經度無差，奏加右散騎常侍，見滑州都糧料使。"後周顯德元年《秦思溫墓誌》："今有長沙郡秦公者，綰軍一十度，征營四海之中；守職三十餘秋，經歷九州之內。"

《大詞典》"征營"條釋作"惶恐不安貌"。墓誌"征營"當爲"征討"義，《大詞典》當補這一義項。

45. 珠沉玉碎

後梁乾化三年《韓恭妻李氏墓誌》："俄捐百福，不愈三醫。珠沉玉碎，形氣分離。"

《大詞典》"珠沉玉碎"條釋作"亦作'珠沉玉磶'，亦作'珠沉璧碎'。喻女子喪亡"，首例引《金瓶梅詞話》第六四回："天厭善類，珠沉璧碎。"例證晚出且釋義不確。"珠沉玉碎"比喻美好的事物遭遇不幸，不僅僅指女子喪亡，同樣適用於男子。"珠沉玉碎"在墓誌中爲常見"死亡"義詞語，唐代墓誌始見用例，《唐代墓誌彙編》總章〇三一《張玉山墓誌》："豈期遘疾弗救，夢奠遄臻，啟足啟手，珠沉玉碎。總章二年四月廿六日，卒於私第，春秋卌有九。"《唐代墓誌彙編續集》開元一一六《和運墓誌》："珠沉玉碎，空勒頌於豐石；千秋萬古，長閟價於幽墳。"

46. 主師

後唐長興四年《李德休墓誌》："天祐初，國步多難，周鼎未安，公以先見之明，拂衣遯寧，且省仲兄於中山，主師王公倒屣迎之，奏充觀察判官、檢校金部員外郎。"

《大詞典》"主師"條釋作"寺院的住持"。墓誌中"主師"絕非"寺院的住持"，細味之，墓誌中"主師"一詞乃"軍中職官名稱"。歷代文獻習見，《北史·李賢傳》：“若復度遼，吾與汝必為大將軍，每軍二萬餘兵，固以五萬人矣。又發諸房子侄内外親婭並募從征，吾家子弟決為主師，分領兵馬，散在諸軍。吾與汝前發，襲取御營，子弟響赴，一日之間，天下定矣。”《宋史·王登傳》：“登與諸將義同骨肉，今日之事，登不用命，諸將殺登以獻主師；諸將有一不用命，登有制劄在，不敢私也。”《大詞典》當增補這一義項。

第三節　提前例證時間

辭書的例證有說明語源及詞義流變的作用，因為“書證有確切的年代，就本身而言可以證明有關義項的出現不晚於這一時代，同時又可以相互比較說明源和流的關係”[①]。大型辭書引證必須重視語源，在選用例證時必須考慮盡可能地列舉出一個詞的最早出處和用例，為了稱述方便，我們把《大詞典》等辭書中使用的最早用例稱為“首例”，以區別於漢語史上的“始見例”。到目前為止，要追溯每一個詞的每一個義項的最早用例（即始見例），任務還很艱巨。“無論怎樣‘俗’的一個字，只要它在社會上占了勢力，也值得我們去追求它的歷史……總之，我們對於每一個語義，都應該研究它何時產生，何時死亡。”[②] 墓誌語言作為一種“雅”的語言，我們更有理由把它作為一個詞產生的源頭。“一部好的詞典，還應該盡可能地為人們提供更多詞彙史的信息。例如一個詞、一個義位的出現年代等，而這往往通過例證來體現的。《詞典》書證滯後的情況較為嚴重。”[③] 利用五代墓誌材料，我們發現《大詞典》的很多例證是可以提前的，有的提前一二百年，有的提前一兩千年。下面，我們舉些例子來加以討論，詞語以音序排列，以便尋檢。

1. 八座

後梁開平四年《石彥辭墓誌》：“景福癸亥，加檢校司空、守台州刺史，拱衛秩高，階序勢極，兩遷八座，鄭崇則嘯傲會府；一舉六條，寇恂則周旋河内。”後梁龍德元年《雷景從墓誌》：“第五子敬暉，官兼八座，

---

① 胡明揚：《詞典學概論》，中國人民大學出版社1982年版，第145頁。

② 王力：《理想的字典》，載《龍蟲並雕齋文集》（第一冊），中華書局1980年版，第321頁。

③ 董志翹：《〈漢語大詞典〉閱讀散記》，《語言研究》1998年第2期。

覿公侍側。第六子敬全，與長兄同處玄塞。”

“八座”一詞五代墓誌習見，《大詞典》“八座”條釋作：“封建時代中央政府的八種高級官員。歷朝制度不一，所指不同。東漢以六曹尚書並令、僕射為‘八座’；三國魏、南朝宋齊以五曹尚書、二僕射、一令為‘八座’；隋唐以六尚書、左右僕射及令為‘八座’；清代則用作對六部尚書的稱呼。後世文學作品多以指稱尚書之類高官。”《大詞典》引兩個例證，首例引元無名氏《漁樵記》第二折：“但有日官居八坐，位列三台。”例證晚出。隋代墓誌已見用例，《隋代墓誌銘彙考》二六四《陳君妻王氏墓誌》：“父元德，居州牧時，奉公克勤，才聞八座。”

2. 把截

後梁龍德元年《雷景從墓誌》：“迎駕抽回，赴夏鄂解圍，陸路則趁煞淮軍，乘舟則扣江血戰。戈甲把截阻塞，兵士不通運糧。公與將領平章，收族勇義三千餘衆，迤邐前進。”前蜀乾德五年《晉暉墓誌》：“及大駕巡狩山南，與先皇同為先鋒使，部領四都、黑水、三泉等把截，並修斜谷閣道等使。”後晉天福八年《劉敬瑭墓誌》：“先太傅牒請權兵，把截四面，師徒抽退，士庶獲安。廣運良籌，具難述耳。”

《大詞典》“把截”條釋作“把守堵截”，首例引宋司馬光《涑水記聞》卷十二：“又令入內西頭侍奉官、走馬承受公事石全正把截十二盤路口。”例證略晚，可補五代墓誌。

3. 班衣

後漢乾祐四年《王玗妻張氏墓誌》：“悲夫！母儀兼著，子道備臻，襲斷織之嚴規，契班衣之素願，即何以因親之戒，守內則之紀綱。”

《大詞典》“班衣”條釋作“即斑衣。指相傳老萊子為戲娛其親所穿的彩衣”，首例引宋劉克莊《賀新郎·實之用前韻為老者壽戲答》詞：“老去聊攀萊子例，倒著班衣戲舞。”《大詞典》例證晚出。其實，唐代已見用例，《南史·張裕傳》：“［嵊］少敦孝行，年三十餘，猶斑衣受稷杖，動至數百，收淚歡然。”《唐代墓誌彙編》久視〇〇九《郭信墓誌》：“嗣子竹林等，學道□生，□有□名，□□求安，班衣取悅。悼深孤貌，痛殞霜□，哀哉罔極，愷怨常思。”

4. 崩摧

後晉天福五年《封準墓誌》：“曾聞兩曜彪天，上其虧缺；五嶽鎮地，寧免崩摧。”南唐保大十二年《徐延佳墓誌》：“文行忠孝，明代賢哲。山有崩摧，樹高終折。大夢難留，慈顏永別。"

《大詞典》"崩摧"義項1釋作"倒塌毀壞"，首例引宋莊季裕《雞肋編》卷中："岸高二丈許，上多積薪，人皆乘薪而立，忽風駕洪濤出岸，激薪崩摧，死者數百人。"例證晚出。這種用法唐代墓誌就有用例，《唐代墓誌銘彙編》萬歲通天○一七《梁師亮墓誌》："隨牒云滿，解印言歸，吹蠱餘災，纏迫少城之地；遊魂永逝，崩摧武山之石。"

5. 鄙懷

後梁貞明六年《謝彥璋墓誌》："吾皇以泣辜道至顯降德音，凡罹國憲之臣，例許近親埋瘞，叨聯眷分，深愴鄙懷，合礜情儀，力修塋事。"

《大詞典》"鄙懷"條釋作"謙稱自己的心願，心意"，首例引宋蘇舜欽《舟中感懷寄館中諸君》詩："作詩寄諸君，鄙懷實所望。"例證晚出，其實，南北朝時期已見用例，《宋書·后妃傳·孝武文穆王皇后》："臣幸屬聖明，矜照由道，弘物以典，處親以公，臣之鄙懷，可得自盡。"

6. 碧海

後唐同光二年《王審知墓誌》："王遙祝陰靈，立有玄感，一夕風雷暴作，霆電呈功，碎巨石於洪波，化安流於碧海，敕號甘棠港。"

《大詞典》"碧海"條義項2釋作"藍色的海洋"，首例引宋蘇軾《登州海市》詩："斜陽萬里孤鳥沒，但見碧海磨青銅。"例證晚出。其實，南北朝時期已見用例，《金樓子·誌怪篇》："秦王遣徐福求桑椹於碧海之中，海中止有扶桑樹，長數千丈，樹兩根同生，更相依倚，是名扶桑，仙人食其椹，而體作金光，飛騰元宮也。"隋代墓誌也有用例，《隋代墓誌彙編》三四六《田德元墓誌》："欲使桑移碧海，尚表豐碑，谷變樊山，猶傳餘烈。"

7. 碧油

後周顯德五年《馮暉墓誌》："乾坤孕靈兮集禎祥，奇運會合兮降賢良。龍蛇未辯兮風慘切，海嶽競搖兮日蒼涼。玉鈐金匱兮韜兼略，寶馬鐵衣兮劍與槍。皂蓋重移兮條綱振，碧油累換兮惠愛彰。"

《大詞典》"碧油"條釋作"青綠色的油布帷幕"，首例引宋王千秋《賀新郎》詞："無奈東君剛留客，張碧油，緩按香紅舞。"例證晚出，可補五代墓誌。

8. 邊垣

後晉天福六年《李仁福妻瀆氏墓誌》："英威遠振，惠化昭彰，外遏番渾，内安黎庶，為國朝之柱礎，作邊垣之景星。”

《大詞典》“邊垣”條釋作“猶邊牆。指長城”，首例為明張居正《答邊鎮巡撫高鳳渚》：“正月承翰示，未及具復，茲又示神利二堡工完，及陽方口邊垣奏報疏，即下所司議覆矣。”例證晚出，可補五代墓誌。

9. 表箋

後周顯德五年《索萬進墓誌》：“去非一依門館，八換炎涼，凡是表箋，無不應副，承茲請命，罔敢讓辭。”

《大詞典》“表箋”條釋作“泛指表文”，首例引《明史·外國傳二·安南》：“安南雖亂，猶頻奉表箋，具方物，款關求入。”例證晚出。唐代墓誌也有用例，《韓愈集·南陽樊紹述墓誌銘》：“愈將銘之，從其家求書，得書號《魁紀公》者三十卷，曰《樊子》者又三十卷，《春秋集傳》十五卷，表箋狀策書序傳記紀志說論今文贊銘，凡二百九十一篇。”

10. 兵火

後唐同光二年《危公夫人璩氏墓誌》：“大王殿下以故太傅自遠相依，洞明向背，避弋陽之兵火，就吳國之江山”後周顯德二年《裴簡墓誌》：“舉案方榮，鼓盆旋愴。享年三十七，以丙寅歲十二月內，因兵火虜隔，莫知存亡。”

《大詞典》“兵火”條義項2釋作“指戰爭，戰亂”，首例引《京本通俗小說·馮玉梅團圓》：“兵火之際，東逃西躲，不知拆散了幾多骨肉！”例證晚出。“兵火”用來指戰爭，北魏墓誌已有用例，《漢魏六朝碑刻校注》八三九《北魏元恭墓誌》：“壽春邊鎮，即麓多虞。去留無恆，情為難測。爰有狂妖，潛結數万，填塹踰城，中霄突入。兵火沸騰，士民荒懼。鋒刃相交，奸良莫辯。”

11. 才業

唐天祐十六年《任君妻高氏墓誌》：“唯二女早歸聘於德門，皆以才業馳聲，軌儀臻譽，擅濟國肥家之美，蘊輝今映古之能。”

《大詞典》“才業”條釋作“才學”，首例引宋王禹偁《與馮伉書》：“雖某之名位才業，望忠州，贊皇也遠矣，而閣下讀書為文，立身行事，豈不知吉甫、僧孺之為人乎？”例證晚出。南北朝文獻已見用例，《漢魏六朝碑刻校注》七二三《北魏韋彧墓誌》：“公慧性沖遠，才業清敏，幼敦詩書，長翫百氏。”《魏書·程駿傳》：“程駿才業未多，見知於世者，蓋當時之長策乎？”

12. 常朝

後唐天成四年《西方鄴墓誌》："聖上思慕忠烈，若喪股肱，特輟常朝，俾彰厚禮。"

《大詞典》"常朝"條義項2釋作"舊時臣子對皇帝的一般的朝見"，首例引宋龐元英《文昌雜錄》卷三："兩省臺文武百官，日赴文德殿，東西相向對立，宰臣一員押班，聞傳不坐，則再拜而退，謂之常朝。"例證晚出，唐代已見用例，《晉書·李重傳》："承魏氏雕弊之跡，人物播越，仕無常朝，人無定處，郎吏蓄於軍府，豪右聚於都邑，事體駁錯，與古不同。"

13. 常品

後唐天成四年《西方鄴墓誌》："奇功既絕於當時，聖澤迴逾於常品，恩旨稠遝，錫賚殷繁。"

《大詞典》"常品"條義項2釋作"平常的品類"，首例引宋沈作喆《寓簡》卷十："花始變而趣時，態十有七八，異於常品。"例證晚出，南北朝時期已見用例，《弘明集》卷九："是以聖人區分每異常品。非唯道革群生。"

14. 朝僉

後唐天成三年《張居翰墓誌》："於是戎帥抗表，連營扣閽。朝僉既俞，將校欣感。"

《大詞典》"朝僉"條釋作"朝命"，首例引宋王禹偁《送劉職方》詩："朝僉假郡印，承乏來永陽。"例證晚出，可補五代墓誌。

15. 沉機

後唐同光三年《張繼業墓誌》："堯水忽降，禹功未宣，天厄漢圖，運僭新室，公以為無砥礪則匪石之心莫展，避羅網則長纓之志不伸，默蘊沉機，何妨立事。"後周顯德二年《趙鳳墓誌》："公早蘊沉機，未蒙錄用，無以申其志，無以立其功，遂潛奔投北朝皇帝。"

"沉機"一詞，五代墓誌習見，《大詞典》"沉機"條義項2釋作"猶深謀"，首例引清夏燮《中西紀事·海運利漕》："是則聚訟盈庭，謀同築室；沉機運算，功在反掌。"甚晚。唐代墓誌已有用例，《唐代墓誌彙編》大曆〇七二《杜氏墓誌》："公潔身而清其本源，端本而壹其度量，明識內斷，沉機外發。"《唐代墓誌彙編續集》永徽〇三四《高罔墓誌》："祖普，利見大人，連枝霄極，棟幹雄傑，沉機清晤。"

16. 宸聽

後周顯德元年《劉秘墓誌》："陳貞白之節，輸公謹之誠，綽有令名，聞於宸聽。"

《大詞典》"宸聽"條釋作"謂帝王的聽聞"，引例為清蒲松齡《聊齋志異·續黃粱》："臣夙夜祇懼，不敢寧處，冒死列款，仰達宸聽。"清平步青《霞外攟屑·時事·彭尚書奏摺》："但微臣區區愚慮，尚有不能已於上瀆宸聽者，請更陳之。"《大詞典》兩個例證均為清代例，甚晚且有違詞典引例的多樣性原則。唐代墓誌已有用例，《唐代墓誌彙編》開成〇一〇《董氏墓誌》："當德皇御宇，而名達宸聽，超自輩流，登於樂籍。時或曲移節奏，韻變宮商。"《唐代墓誌彙編續集》神龍〇一九《韋承慶墓誌》："公冠冕詞宗，彌綸學府。雖便繁百奏，吐洪河而不竭；密勿繁機，洞靈臺而畢綜。由是上簡宸聽，驟回星紀。"

17. 籌計

後梁貞明七年《秦君墓誌》："泊精虔效用，躬事台憧，飲冰蘗以滋身，遠贈財而離己，州牆美洽，軍府欽承，處繁難不亂規條，論機事盡合籌計。"

《大詞典》"籌計"條釋作"謀劃；盤算"，首例引清蒲松齡《聊齋志異·霍女》："黃惶怖莫知籌計，惟長跪一聽女命。"甚晚，唐代已見用例，《晉書·石季龍載記》："豺惶怖失守，無復籌計，但言唯唯。"

18. 初終

後梁開平四年《紀豐及妻牛氏合祔墓誌》："公益弘嚴謹，慎保初終。又加正將兼討擊副使，奏銀青光祿大夫、檢校太子賓客兼殿中侍御史。"後晉天福八年《李章墓誌》："其地村方內外，東西廿步，南北一十步。切恐陵遷谷改，里域更移，年月寖深，時代賒往。人疑故事，不紀初終，聊刻翠珉，用為不朽。"

《大詞典》"初終"條釋作"始終"，首例引宋曾鞏《祭歐陽少師文》："維公平生，愷悌忠實，內外洞徹，初終若一。"例證晚出。"初終"的此種用法唐代墓誌已見用例，《唐代墓誌彙編》大中〇五五《仇氏墓誌》："爾生於華宗，被此顯秩，存有懿德，沒有殊榮，可謂無恨于初終矣。以其年八月四日，葬於京兆府萬年縣崇道鄉只道里。"《唐代墓誌彙編續集》咸通〇九五《張元洲墓誌》："於戲！詩云：'靡不有初，鮮克有終。'公之祿壽道藝，可謂有初終矣。"

19. 敵樓

後唐同光二年《王審知墓誌》："創築重城，遠廓四十餘里，露屋雲橫，敵樓高峙，保軍民之樂業，鎮閩越之江山。"

《大詞典》"敵樓"條釋作"城牆上禦敵的城樓。也叫譙樓"，首例引宋曾鞏《瀛州興造記》："迺築新城，方十五里，高廣堅壯，率加於舊，其上為敵樓、戰屋。"例證晚出，可補五代墓誌。

20. 斷機

後唐長興二年《王素墓誌》："夫人常（按：常下疑脫一"氏"字），幼從箴誠，德鈐閩風。操質懷伏劍之名，頡頏著斷機之美。"後晉天福五年《梁瓘及妻王氏合葬墓誌》："噫！先夫人以府君未及中年，俄隨朝露，目視諸子，益加撫焉，朝出晚歸，每動倚閭之念；斷機擇里，深勞勤學之慈。"

"斷機"也作"斷織"，事見漢劉向《列女傳·鄒孟軻母》。相傳孟軻少時，廢學歸家，孟母方績，因引刀斷其機織，曰："子之廢學，若吾斷斯織也。"軻因勤學自奮，師事子思，遂成大儒。後遂用為"母親督子勤學"的典故。《大詞典》"斷機"條釋作"斷織"，首例引元柯丹邱《荊釵記·議親》："翦髮常思侃母，斷機每念軻親。"例證晚出，南北朝墓誌就習見用例，《漢魏六朝碑刻校注》三一一《梁蕭融太妃王慕韶墓誌》："太妃禮秩愈重，身志彌約。奉上謙恭，率下沖素。傍無薰馤，服有皂縑。慈撫均愛，弘斯教範。雖斷機貽訓，平反有悅，無以加焉。"《漢魏六朝碑刻校注》九八六《北魏賈思伯夫人劉氏墓誌銘》："至于閨門存禮，倚閭崇德，綜相分明，斷機嚴厲。寔稟玄鑒，非因言告。"傳世文獻晉代已有用例，晉李翰《蒙求》："陵母伏劍，軻親斷機。齊后破環，謝女解圍。"

21. 敦素

後唐天成二年《張積墓誌》："故朝議郎、前峽州司馬、柱國、清河郡公，挺志風雲，立身敦素。"後漢天會八年《石映墓誌》："公志懷敦素，性守謙沖，不以榮顯介情，但欲優遊晦跡而已。"

《大詞典》"敦素"條釋作"敦厚素雅"。僅引明代顧起綸《國雅品·士品三》："張嘗與啟劄神交，詞多敦素，亦是恬雅人。"孤證且晚出。南北朝墓誌始見用例，多表示人的品行或言詞，《漢魏六朝碑刻校注》九五一《東魏李仲琁修孔廟碑》："君清明在躬，精思入微，功被人神，德

貫幽顯。豈唯營飾宣質，經創□□□□□如虔修岱像，崇奉玄宗。敦素
翦華，興存廢絕，視民如傷，**納之仁壽**，體亡懷以幽詣，任萬物以為
心。"《唐代墓誌彙編續集》總章〇〇五《楊保救墓誌》："稟性敦素，結
行清貞，忠告誠言，為人厚質。"《唐代墓誌彙編續集》會昌〇〇一《洪
氏夫人墓誌》："不尚浮華，志念敦素。年二十四，歸下邳余公。"傳世文
獻也有用例，《宋書·禮志一》："反本復始，各求諸己。敦素之業著，浮
偽之道息，教使然也。"

22. 墮睫

後唐長興三年《高暉墓誌》："□悲矚壙之辰，永絕齊眉之理，銜冤
茹慕，墮睫潺湲。幸有子而承家，望夫形之空在。"

"睫"指眼瞼邊緣的細毛。《大詞典》"墮睫"條釋作"落淚"。所引
兩例均為宋代例，首例宋歐陽修《舟中望京邑》詩："揮手嵇琴空墮睫，
開樽魯酒不忘憂。"根據辭書引例的溯源原則和多樣性原則，當補引五代
墓誌。

23. 芳容

後晉某年《王君妻關氏墓誌》："門族方盛，室乃資賢。慶鍾於□，
德實自先。芳容宛美，麗質淑然。抱柔和氣，蘊懿範焉。"後晉天福五年
《張季宣妻李氏墓誌》："六親哀慟，九族淒涼。念阮氏之迷津，莫逢花
貌；想恒娥之奔月，杳隔芳容。所恨者，別鶴同悲，孤鸞易感。"後晉天
福八年《李章妻金氏墓誌》："蘭芬麗質，桂馥芳容。貞效恭姜，令譽早
聞於鄉黨；顏逾曹謝，德崇已振於州閭。"

《大詞典》"芳容"條釋作"美好的容顏、儀態"，首例引宋柳永
《玉蝴蝶》詞："選得芳容端麗，冠絕吳姬。"例證晚出。唐代墓誌已有用
例，《唐代墓誌彙編》大中〇九八《蕭公妻侯氏墓誌》："孰謂纓疾俄臨，
征醫莫効，去大中九年四月廿六日終於私第，享年廿四。吁哉！芳容先
亡，精魂乃遺。"

24. 風恙

吳大和七年《王仁遇墓誌》："豈意纔親蓮署，始賀芳春，俄爽節宣，
遽纏風恙。"後周廣順三年《羊蟾墓誌》："忽一日染風恙，悉命諸子付于
家法，決無遺事。"① 後周顯德元年《俞讓墓誌》："嗚呼！奈何久淹風

---

① 見章國慶《寧波歷代碑碣墓誌彙編》，上海古籍出版社 2012 年版，第 59 頁。

恙，壽終遐齡，尋乃録表奏聞。”

《大詞典》“風恙”條釋作“中醫學謂由感受風邪而引起的種種疾病”，引例為宋王禹偁《監察御史朱府君墓誌銘》：“公微得風恙，求判西京留臺，遂兼商稅事。”《宋史·李昌齡傳》：“丁外艱，起復奉朝請，以風恙求領小郡。”例證略晚且均為宋代例。唐代墓誌已有用例，《唐代墓誌彙編》大和〇一一《包陳墓誌》：“後君在雅州，為風恙所中，及扶持至城，遂有長史王傅之授。”《唐代墓誌彙編》咸通〇四四《鄭氏墓誌》：“泊食王畿禄，度周星，得風恙，醫砭禱覡無所不至，竟不能起，以咸通六年七月四日終於洛陽縣毓德里之世第。”

25. 佛諦

後梁開平四年《石彦辭墓誌》：“公以許國之暇，官守之餘，率以浮屠氏及玄元太一之法志於心腑間，每清朝朗夕，佛諦道念，恒河指喻，儼究於空王；真詁取徵，頗齊於羽客。”

《大詞典》“佛諦”條釋作“謂佛法的真諦”，首例引《剪燈餘話·武平靈怪録》：“遂共僧講論，辯若懸河，亹亹不休，深造佛諦。”《剪燈餘話》是明初的一部文言小說，《大詞典》引之甚晚，可補五代墓誌。

26. 工容

後梁龍德二年《崔柅妻李珩墓誌》：“夫人識稟柔婉，言行昭宣，逮乎工容，動遵典法。”後晉天福七年《吳藹妻李氏墓誌》：“夫人即長史之女也，挺生柔順，早著賢能，婉婉令儀，工容雅度，奉上以敬，撫幼以慈。”

《大詞典》“工容”條釋作“女工和容貌”，首例引《醒世恒言·張廷秀逃生救父》：“夫人朱氏，生育數胎，止留得一個女兒，年方一十九歲，工容賢德俱全。”《醒世恒言》是明代馮夢龍的作品，《大詞典》引之甚晚。“工容”作“女工和容貌”義，南北朝墓誌就有用例，《漢魏六朝碑刻校注》一〇〇六《東魏元融妃盧貴蘭墓誌》：“太妃承家之慶，自天生德，體韻閑和，心神明悟，言德兼修，工容備舉。”“工容”和“言德”對舉。《唐代墓誌彙編》大中一四一《王氏墓誌》：“夫人志恭儉，性明敏，溫惠謹敬，謙柔惠和，工容無謝于左嬪，德禮匪慚于衛女。”“工容”和“德禮”對舉。《唐代墓誌彙編續集》顯慶〇二八《孫弄珪墓誌》：“夫人派聯紫極，飛芳蕙圃。地分黃道，擢秀瓊田。言行端莊，工容婉淑。風彩宏瞻，神情鑒朗。”“工容”和“言行”對舉。另外，“工容”

一詞唐五代產生新義，可以指"婦女端莊柔順的儀態"。《唐代墓誌彙編
續集》顯慶〇一六《元萬子墓誌》："爰降外姻，來儀君子。年微笄齔，
質備工容。"

28. 鉤沉

後周顯德二年《趙鳳墓誌》："初童子及第，再修三傳，業仲尼之經、
丘明之傳，莫不研精覃思，索隱鉤沉。"

《大詞典》"鉤沈"條釋作"亦作'鉤沉'。謂搜集與發掘資料、義
理等。一些輯佚書常以'鉤沈'為書名，如《五經鉤沈》《古小說鉤沈》
等"，首例引清俞正燮《癸巳類稿·持素畢》："比類從容，尺寸本病，人
事治數，頗著其略，鉤沈拾遺，與鬼臾區積考十世，天元冊文，太古文
章，並奇作也。"甚晚，可補五代墓誌。

28. 官序

後梁開平三年《鄭璩墓誌》："次子廷憲，未有官序，夫人姑臧郡君
李氏，素彰五德，保奉三從。"

《大詞典》"官序"條釋作"官吏的等級次第"，首例引宋趙昇《朝
野類要·陞轉》："改官，謝恩，則換承務郎以上官序，謂之京官。"例證
略晚。唐代墓誌已見用例，《唐代墓誌彙編》開元二六三《楊執一墓誌》：
"官序初卑，德聲已盛，冕旒虛受，簪黻推敬。君子道興，佞臣所病，貞
石可轉，寒松本性。"《唐代墓誌彙編》大中〇九一《鄭氏合祔玄堂誌》：
"一女適姚氏。其官序名姓已具先府君舊誌，此不重載。"

29. 貫世

後唐天成元年《康贊美墓誌》："時年弱冠有一，娶平盧軍節度留後
范陽郡盧太保庭彥第三女，亦甲第名家，簪裾盛族，光榮貫世，休慶
誰同。"

《大詞典》"貫世"條釋作"冠世；蓋世"，首例引元楊暹《西遊記》
第十七出："孔夫子文章貫世，天下傳揚。"例證晚出。唐代墓誌已見用
例，《唐代墓誌彙編》天授〇四二《張敬之墓誌》："君諱敬之，字書睿，
功曹府君之第五子也。耿介不群，文藻貫世。"《唐代墓誌彙編續集》大
中〇七〇《宋再初墓誌》："小子可存，聰慧貫世，超異常倫，纔及七齡，
授薊州參軍，娶祖氏。"

30. 規條

後梁貞明七年《秦君墓誌》："泊精虔效用，躬事台幢，飲冰藥以滋

身，遠贈財而離己，州牆美洽，軍府飲承，處繁難不亂規條，論機事盡合籌計。”

《大詞典》“規條”條釋作“規章條文”，首例引《二刻拍案驚奇》卷十九：“衆人也有服的，也有不服的，誼譁鬨嚷起來，寄華發出規條，吩咐多要遵繩束，如不伏者，定加鞭笞。”《二刻拍案驚奇》是明代凌蒙初的擬話本小說集，《大詞典》引之甚晚，可補五代墓誌。

31. 桂籍

後周顯德元年《劉秘墓誌》：“鄴都七子，實謂重生；魯國四科，真同再出。未果策名桂籍，乃為郡主見知。”

《晉書·郤詵傳》：“武帝於東堂會送，問詵曰：‘卿自以為何如？’詵對曰：‘臣舉賢良對策，為天下第一，猶桂林之一枝，崑山之片玉。’”後因以“折桂”謂科舉及第。《大詞典》“桂籍”釋作“科舉登第人員的名籍”，首例引宋徐鉉《廬陵別朱觀先輩》詩：“桂籍知名有幾人，翻飛相續上青雲。”唐代傳世文獻有用例，李隆基《馬跑神泉》詩：“梨花寒食後，桂籍酒樽前。饑麝尋香柏，流鶯助晚弦。”

32. 洪波

後唐同光二年《王審知墓誌》：“王遙祝陰靈，立有玄感，一夕風雷暴作，霆電呈功，碎巨石於洪波，化安流於碧海，敕號甘棠港。”

《大詞典》“洪波”條義項1釋做“波濤，大波浪”，首例引《西遊記》第二二回：“真個也如飛似箭，不多時，身登彼岸，得脫洪波。”《西遊記》是明代吳承恩的作品，《大詞典》引之為例甚晚，碑刻文獻南北朝多有用例，《漢魏六朝碑刻校注》四七一《北魏鄭道昭觀海童詩刻石》：“山遊悅遙賞，觀滄眺白沙。洪波沉仙鵠，靈童飛玉車。”同時期傳世文獻亦見用例，《後漢書·酈炎傳》：“靈芝生河洲，動搖因洪波。蘭榮一何晚，嚴霜瘁其柯。”

33. 宦路

吳乾貞三年《尋陽長公主墓誌》：“鍾氏器重圭璋，材親廊廟，入仕纔趨於宦路，登龍必屨於朝廷，任洪州南昌縣主簿。”後晉天福七年《任景述墓誌》：“自茲宦路灰心，軍門減志，非雲霞不足以結賞，非山澤不足以論交，遂累貢讓辭，懇謀休解。”

《大詞典》“宦路”條釋作“猶宦途”，首例引明王世貞《吳興雜興》詩之五：“吳興故名都，宦路亦清幽。”甚晚。墓誌文獻唐代已見用例，

《唐代墓誌彙編》咸通一一一《李氏墓誌》："大中初，進士及第，再擢高科而亟翔宦路，風波前後，三十餘載。"傳世文獻南北朝已見用例，《魏書·高遵傳》："免喪，允為營宦路，得補樂浪王侍郎。遵感成益之恩，事允如諸父。"

34. 迴圖

後唐天成二年《任元頁墓誌》："府君諱元頁，字表則，故金紫光祿大夫、檢校刑部尚書、知鄭州榷稅迴圖茶鹽都院事、守別駕兼御史大夫、上柱國濤之長子也。"

"迴圖"一詞五代墓誌多見，《大詞典》"迴圖"條釋作"貿易，營運"，引兩個宋代墓誌，首例引宋范仲淹《答竊議》："我太祖嘗謂近臣曰：'安邊御眾須是得人心，優恤其家，厚其爵祿。多與公用錢及屬州課利，使之迴圖。特免稅算，聽其召募驍勇以為爪牙。苟財用豐盈，必能集事。'"例證晚出，再從墓誌多樣性的原則來看，當引五代墓誌。

35. 惠悟

後梁開平三年《高繼蟾墓誌》："侄男李七，女侄阿蘇，幼且惠悟，嬌姊在堂，哀泣繼夕，以其年九月廿二日大通葬於河南府河南縣平樂鄉朱陽里，禮也。"

《大詞典》"惠悟"條釋作"聰敏"，首例引宋樂史《楊太真外傳》："時劉晏以神童為秘書省正字，十歲，惠悟過人。"例證晚出。唐代墓誌已見用例，《唐代墓誌彙編》垂拱〇二九《陳沖墓誌》："婉矣夫人，明哉惠悟，令淑遝彰，言容有素。庶陵谷之不移，與天地而齊固。"

36. 惠黠

唐天祐十三年《張宗諫墓誌》："男三人：首曰十六，捧□緇門，未登戒品。次曰常住，曰僧住，並揚揚惠黠，犖犖通靈。"

《大詞典》"惠黠"條釋作"聰慧"，首例引《太平廣記》卷四五二引唐沈既濟《任氏傳》："崟乃悉假帷帳榻席之具，使家僮之惠黠者，隨以覘之。"《太平廣記》是宋代人編的一部類書，《大詞典》引之不妥。唐薛漁思《河東記·蕭洞玄》："貴郎官名慎微，一生自矜快樂，娶妻一年，生一男，端敏惠黠，略無倫比。"

37. 昏朦

後唐長興元年《李仁寶妻破丑氏墓誌》："於是選擇異地，修飾靈宮，蕃漢數千，銜哀追送，風雲於是失色，山嶽為之昏朦。固刊石以留名，則雕名而不朽。"

《大詞典》"昏朦"條義項 1 釋作"昏蒙，昏暗"。《大詞典》引兩個現當代例證，首例引郭沫若《卷耳集·邶風靜女》："天色已經昏朦了，她還沒有來。"甚晚，當引五代墓誌。

38. 縑箱

後晉開運三年《袁從章墓誌》："府君之德，恭儉溫良。心敬神佛，門集縑箱。性便詩酒，志好雲山。偃息物外，適樂人間。"

《大詞典》"縑箱"條釋作"存放書畫的箱子。亦指書畫"，引例為宋梅堯臣《答宋學士次道寄澄心堂紙百幅》詩："重贈吾报不敢拒，且置縑箱何所為。"宋梅堯臣《雷逸老以仿古石鼓文見遺因呈祭酒吳公》詩："老向太學鬢已蒼，樂子好古親縑箱。"所引兩個例證，均為宋梅堯臣文，有煩瑣之嫌且例證晚出。唐代墓誌已有用例，《唐代墓誌彙編》貞觀一七七《董柱墓誌》："自分封命氏，顯秩嘉聲，備在縑箱，可略言矣。是以直筆無運，載英聲于晉室；垂帷不倦，馳令聞于漢朝。"引申之，墓誌中"縑箱"多指書籍、史籍。

39. 僭稱

後周廣順二年《劉琪及妻楊氏合葬墓誌》："唐朝中否，梁室僭稱，開戰伐之場，塞貢舉之路。漢陽趙壹，爰□封吏之名；蠻府赫隆，遽就參軍之號。仕大名府，假戶曹掾。"

《大詞典》"僭稱"義項 1 釋作"猶言妄稱"，首例引明沈德符《野獲編補遺·科場·鄉試怪事》："又會試始有知貢舉官，豈鄉舉所得僭稱。"引之甚晚，漢代已有用例，《漢書·五行志》："先是魯、宋弒君，魯又成宋亂，易許田，亡事天子之心；楚僭稱王。後鄭岠王師，射桓王，又二君相篡。"

40. 僭位

後唐同光二年《王審知墓誌》："然後遵睿謀於全晉，誓復宗祧；除僭位於大梁，重明日月。"

《大詞典》"僭位"條釋作"越分竊據上位"，首例引宋沈作喆《寓簡》卷十："僞齊劉豫既僭位，大饗羣臣。"例證晚出，唐代已多有用例，《晉書·卞範之傳》："玄僭位，以範之為侍中，班劍二十人，進號後將軍，封臨汝縣公。"

41. 踐揚

後梁龍德三年《蕭符墓誌》："贊畫任重，飛翰功高。從於征伐，著此勤勞。履歷崇秩，踐揚大朝。"後晉天福二年《羅周敬墓誌》："美哉！出總藩宣，入居嚴衛，外則作疲民之藥石，内則為天子之爪牙，文武兩班，踐揚將遍。"

《大詞典》"踐揚"條釋作"亦作'踐敭'，揚歷，謂仕宦所經歷"，首例引宋王禹偁《謝除刑部郎中知制誥啟》："竊念某猥以腐儒，受知先帝，踐揚兩制，出處九年。"例證晚出。遼代墓誌也有用例，《遼代石刻文編·王安裔墓誌》："大安二年，改除澤州神山縣令。凡踐揚三任，每裁事疏通，流譽藹於時輩。"

42. 壃封

後晉開運二年《王廷胤墓誌》："公所臨劇鎮，最控遐邊。先為獫狁奔衝，青丘接援，虜劉我生聚，侵毀我壃封。"

"壃"是"疆"的俗字。《干祿字書》："壃疆，上通下正。"《大詞典》"疆封"條釋作"疆域；邊界"，首例引《前漢書平話》卷上："秦楚疆封，盡屬劉氏社稷。"《前漢書平話》為宋元話本。《大詞典》引之例證甚晚，可補五代墓誌。

43. 奬眷

後梁開平三年《高繼蟾墓誌》："廷玉夙叨奬眷，克熟馨香，喻以綴文，難周其善。"

《大詞典》"奬眷"條釋作"賞識眷顧"，首例引宋歐陽修《歸田錄》卷上："〔宋庠、宋祁〕自布衣時，名重天下，號為二宋。其為知制誥，仁宗驟加奬眷，便欲大用。"例證晚出，可補五代墓誌。

44. 捷音

後梁貞明六年《謝彥璋墓誌》："襄帷布政，露冕行春，方合人謠，復降宣命，領軍征討，繼慶捷音。"後晉天福八年《梁漢顒墓誌》："康延孝構逆漢中，窺謀蜀地，公承命攻討，專統貔貅，凶黨就擒，捷音屢奏。"

《大詞典》"捷音"條釋作"勝利的消息"，首例引金王若虛《送王士衡赴舉序》："捷音一報，凱歌言旋。"例證略晚，可補五代墓誌。遼代墓誌也有用例，《遼代石刻文續編·韓德威墓誌》："鑄柱標名，乃立征蠻之績；囊沙決勝，克彰破趙之功。捷音繼達於聖聰，寵澤遂行於賞典。統和六年，加開府儀同三司、同政事門下平章事。"

45. 眷姻

後周顯德二年《裴簡墓誌》："夫人晉氏，懿行穹崇，母儀芬馥。訓子克遵於軌範，成家顯著於規繩。取奉義深，鞠育情厚，惠合閭里，仁及眷姻。舉案方榮，鼓盆旋愴。”

《大詞典》“眷姻”條釋作“夫妻”，引例為元關漢卿《救風塵》第三折：“家業家私待你六親，肥馬輕裘待你一身，倒貼了奩房和你為眷姻。”元馬致遠《薦福碑》第四折：“倒招了個女嬌娃結眷姻，和你這老禪師為交契。”引兩個元代例且晚出。唐代墓誌已見用例，《唐代墓誌彙編》咸通○○八《申胤妻施氏墓誌》：“吳興夫人，懿恭一則。眷姻談美，僚友稱德，送終盈路兮悲複歎，孝嗣哀深兮淚雙滴。”

46. 睠注

後唐清泰三年《張季澄墓誌》：“公自列彤庭，累居環衛，克振令望，咸仰雄稜，明宗睠注彌深，嘉稱每切。”

“睠”在“回視、返顧”義位上，同“眷”。《大詞典》“眷注”條釋作“亦作‘睠注’。垂愛關注”，首例引宋王禹偁《送僕射相公赴西京》詩：“弼諧終在我，睠注更同誰。”例證略晚，可補五代墓誌。

47. 俊骨

後唐清泰四年《陰善雄墓誌》：“府君天生俊骨，受性英靈，治縣而恩威並行，才高而文武雙美。”

《大詞典》“俊骨”條釋作“高雅的氣質”，首例引明沈璟《義俠記·失霸》：“英姿俊骨誇身世，少年時方逞狂遊。閒繫青驄，醉偎紅袖，從來不把眉兒皺。”例證甚晚。隋代墓誌已見用例，《隋代墓誌銘彙考》一四六《段威暨妻劉妙容墓誌》：“考壽，滄州刺史。並宇量宏遠。氣節高邁，展志業于當年，樹風聲於沒後。而玉山珠澤，孕寶含珍，丹穴蘭池，奇毛俊骨。”

48. 凱還

後晉天福八年《梁漢顒墓誌》：“公申嚴法令，整肅軍戎，劍關險巇，閣道遼遠，彼眾守隘，我軍鼓行，如虎兕之奔，決蛛蝨之網，成都已定，王師凱還。”

《大詞典》“凱還”條釋作“猶凱旋。勝利歸來”，引例為宋曾鞏《軍功制三》：“夫軍賞之行速，則眾勸。是用進爾之秩以激士心，尚有不次之恩，以待凱還之喜。”孤証且略晚，遼代墓誌還有用例，《遼代石刻文續編·耶律宗福墓誌》：“王嚴貞將律，肅整戎械。熾烈火於飛蓬，覆太山於小卵。兵未血刃，一舉而克。凱還之聲，無翼而翥。”

49. 軻親

後周廣順元年《張鄴及妻劉氏合祔墓誌》："娶劉氏夫人，以明珠戒姿，清當代之閨風，禮婦人倫之軌則。斷機訓子，賢更勝於軻親。剪髮筵賓，義重過於陶母。"

《大詞典》"軻親"條釋作"指孟軻的母親"，首例引宋無名氏《應天長·慶新恩母》詞："況善斷機遷教，軻親實無異。"例證晚出，晉代已有用例，晉李翰《蒙求》："陵母伏劍，軻親斷機。齊后破環，謝女解圍。"墓誌文獻唐代有用例，《唐代墓誌彙編》大中一四一《王氏墓誌》："夫人自以府君捐背，四十餘年，以灰心蓬首之容，棄紈綺花鈿之飾，斷機訓子，剪髮奉賓，德容誠比於軻親，禮教實方于陶母。"

50. 懇求

唐天成二年《孔謙及妻劉氏王氏合葬墓誌》："德綸既失守，都指揮使行晦率全城軍民詣館澼，懇求為主。"

《大詞典》"懇求"條釋作"誠懇請求"，引例為宋何薳《春渚紀聞·鳳翔僧煨朱熔金》："後陳公知坡得之，懇求甚力。"例證略晚。唐代墓誌已有用例，《唐代墓誌彙編》元和〇三二《太白禪師塔銘》："年至十二，懇求出家，如哀者欲淚，不可遏也。"

51. 控扼

後唐天成三年《張居翰墓誌》："周歲，軍情再請監撫。於是燕王外營控扼，請公知軍府事，兼築羊馬城。"《況慶德墓誌》："後遷紫亭鎮將，數年而控扼南番。恒以廉潔奉公，累載討除北虜，重僉步卒元帥。"

《大詞典》"控扼"條釋作"控制"，首例引宋司馬光《張巡評》："攻城拔邑之衆，斬首捕虜之多，非功也。控扼天下之咽喉，蔽全天下之大半，使其國家定於已傾，存於既亡，斯可謂之功矣。"例證略晚。唐代墓誌已見用例，《唐代墓誌彙編》大中〇二六《張君墓誌》："曾祖庭光，少立朝班，勳名肅著，早列崇貴，功達金闕，名振朔易，太子佳之，又以北門控扼國之大要。興元年，拜上谷太守。"傳世文獻北魏已見用例，《水經注疏》卷三〇："又東逕梁城。會貞按：《通鑑》梁天監五年，昌義之與魏陳伯之戰於梁城，即此。胡《注》，晉太元中，僑立梁郡於淮南壽春界，故有梁城。又後周顯德四年，《注》淮水東逕梁城灘北，齊、梁控扼之地。又東二十五里至洛河口。"

52. 扣閽

後唐天成三年《張居翰墓誌》："於是戎帥抗表，連營扣閽。朝僉既俞，將校欣感。”

《大詞典》“扣閽”條釋作“叩擊宮門。吏民向朝廷有所陳述申訴”，兩個例證均為宋代例，首例引宋岳珂《桯史·周益公降官》：“屏居田野，不自循省，而誘致狂生，扣閽自薦，以覬召用。”例證略晚，可補五代墓誌。

53. 壺範

後梁開平四年《石彥辭墓誌》：“皇妣宋氏，追封廣平縣太君，訓擅擇鄰，戒思勝己，事吳未畢，遽煥於屏帷；相莒卻還，猶堅於紡績。嬪則壺範，綽有餘裕。”

“嬪則”和“壺範”同義連用，“嬪則”指為婦的準則。“壺”本指古時宮中道路，引申指內宮，亦泛指婦女居住的內室。《詩經·大雅·既醉》：“其類維何，室家之壺。”朱熹注：“壺，宮中之巷也。言深遠而嚴肅也。”《大詞典》“壺範”條釋作“婦女的儀範、典式”，首例引宋陸游《賀皇帝表》：“伏以聖人有作，追參堯、舜、禹之盛時；壺範增光，上配姜、任、姒之至德。”例證略晚。唐代墓誌已見用例，《唐代墓誌彙編》景雲〇二二《張法式墓誌》：“夫人體柔成性，含章內融，壺範有彰，威儀克著。”

54. 來暮

後唐清泰三年《戴思遠墓誌》：“天成初，授武定軍節度使，加食邑五百戶，民瘼盡去，政聲洽聞，布仁和而風滿東陽，彰感瑞而珠還合浦，下車之日則來暮興歌，罷郡之時則去思結恨。”

《後漢書·廉范傳》：“成都民物豐盛，邑宇逼側，舊制禁民夜作，以防火災，而更相隱蔽，燒者日屬。范乃毀削先令，但嚴使儲水而已。百姓為便，乃歌之曰：‘廉叔度，來何暮？不禁火，民安作。平生無襦今五絝。’”叔度，廉范字。後遂以“來暮”為稱頌地方官德政之辭。《大詞典》首例引唐王勃《上絳州上官司馬書》：“藩維克振，既參來暮之歌；邦國不空，自有康沂之相。”例證晚出。漢魏南北朝墓誌已不乏用例，《漢魏六朝碑刻校注》六八二《北魏元熙墓誌》：“吏憚其威，民懷其惠。雖廉叔來暮之謳，公沙神后之歌，未之多也。”《漢魏六朝碑刻校注》一二〇二《北齊封子繪墓誌》：“九年，遷鄭州諸軍事、鄭州刺史。所在樹政宣風，德音潛被。民歌來暮，物有去思。”《大詞典》例證晚出，可補南北朝墓誌。

55. 里巷

唐天祐十八年《孟弘敏及夫人李氏合葬墓誌》："俄為岱□之魂,已斷涉洹之夢,悲纏里巷,痛叢蘭之忽凋;涕結宗親,傷貞玉之斯折。"吳乾貞三年《劉君妻尋陽長公主楊氏墓誌》："諸子以情鍾陟屺,恨切茹荼,哀號而泣血崩心,踴擗而柴身骨立。吁嗟遏過,駭歎人倫。里巷為之輟舂,士民為之罷社。"

《大詞典》"里巷"條義項2釋作"指鄉鄰",首例引宋陸游《連歲小稔喜甚有作》詩:"社醅邀里巷,膰肉飯兒童。"例證晚出。南北朝以來墓誌就有用例,《漢魏六朝碑刻校注》一○五二《西魏韋隆夫人梁氏墓誌》:"何期福善空傳,輔仁斯缺。春秋六十有五,已去大統十年,五月十六日遇疾,薨於第。九宋蹕摽,里巷銜悲。"《隋代墓誌銘彙考》二六一《浩喆墓誌》:"既而風樹不停,荼蓼奄至,寢苫茹痛,攀栢嬰號。豈直里巷輟歌,致感鄰家罷臘。"

56. 靈方

後梁開平四年《石彥辭墓誌》:"而且常精藥訣,每集靈方,天外星辰,必通香火;鼎中龍席,實變丹砂。"

《大詞典》"靈方"條義項1釋作"猶仙方。神仙賞賜的藥餌",首例引《雲笈七籤》卷一○六:"頓受靈方,是將灰之質,蒙延續之年。"《雲笈七籤》為宋代類書,宋真宗天禧年間張君房編。《大詞典》引之為例略晚。《唐代墓誌彙編》天寶二五八《唐皇第五孫墓誌》:"勤修祕籙,克受靈方,歌八景之洞章,究三清之隱訣。"

57. 淩煙

後漢乾祐三年《李彝謹妻里氏墓誌》:"貂眼昭彰,盛公侯於甲第;蟬冠掩映,列朱紫以盈門。事光簡冊之書,名貴淩煙之閣。"

《大詞典》"淩煙"條釋作"淩煙閣的省稱",首例引宋葉適《晉元帝廟記》:"漢唐陋矣,其殊勳盛烈,亦紀官爵,圖形貌,有麒麟、雲臺、淩煙之目,誇其得意。"例證晚出。唐代墓誌已見用例,《唐代墓誌彙編》會昌○三三《蘇氏墓誌》:"是以弈葉朱輪,炳煥青史,抗節荒裔,圖形淩煙。"

58. 峻嶒

後唐天成四年《西方鄴墓誌》:"是時,公以良家子應慕,莊宗皇帝一睹峻嶒之貌,遽驚奇異之材,遂委雄師,日親龍馭。"

《大詞典》"崚嶒"條義項3釋作"比喻特出不凡"，首例引明溫璜《弟子問》："凡為文者，必有文章之骨，意象崚嶒。"引證甚晚。北魏墓誌已有用例，《漢魏六朝碑刻校注》七五八《北魏元瞻墓誌》："架羣輩而崚嶒，超流品而苕蒂。雖未符於兆夢，抑相合以魚水也。"

59. 龍袖

唐天祐十三年《王琮墓誌》："其塋東觀龍袖，勢欲騰空。西涉慈雲，古□不絕。南覩丹國，長子來迎。北倚嵐岑，隱隱而來覆。"

《大詞典》"龍袖"條釋作"指京城"，首例引元張國賓《合汗衫》第一折："俺本是鳳城中黎庶，端的做龍袖裏驕民。"顧肇倉注："鳳城、龍袖都是指京城。宋代，住在京都的人享受許多特殊待遇，被稱為'龍袖驕民'。"引證甚晚，可補五代墓誌。

60. 綸旨

後梁貞明六年《謝彥璋墓誌》："聖上以副軍情，復降綸旨，除授北面行營副招討使。"後晉天福六年《李仁福妻瀆氏墓誌》："一自榮登，高戶寵適。勳墉彩雲之五色，詔書頻來；仙鳳萬垂之重重，綸旨繼踵。"

《大詞典》"綸旨"條釋作"聖旨"，首例引宋張孝祥《浣溪沙》詞："細撚絲梢龍尾北，緩攜綸旨鳳池東。"例證晚出，可補。唐代墓誌已見用例，《唐代墓誌彙編》龍朔〇八六《傅交益墓誌》："忽降綸旨，咸令遷革。即以龍朔三年歲次癸亥十二月庚辰朔廿七日景午移殯于河南縣平樂鄉郝村西北二百步。"《唐代墓誌彙編續集》元和〇六二《董文蕚墓誌》："公捧綸旨，赴彼宣慰。於是陳設備儀，國禮方啟。不料犬獸之心，而臨事變革。公當此日，執正不回，中矢及戈，傷膚刻骨。"

61. 敏贍

後晉天福五年《梁瓌及妻王氏合葬墓誌》："芝藝實荒虛，才非敏贍。灰中藏火，曾無比畫之勤；沙裏淘金，粗有一專之苦。"

《大詞典》"敏贍"條義項2釋作"敏捷而豐富"，首例引《資治通鑒·漢獻帝建安二十二年》："植性機警，多藝能，才藻敏贍，操愛之。"例證略晚，唐代已有用例，《北齊書·源彪傳》："文宗以貴遊子弟昇朝列，才識敏贍，以幹局見知。然好遊詣貴要之門，故時論以為善於附會。"

62. 摩訶

後梁開平四年《石彥辭墓誌》："雖百其緒而迄無達者，具命斫他山之石，寫作誌狀；演摩訶之偈，礨為寶幢。告龜筮以求通，問牛眠而演慶。"

《大詞典》"摩訶"條義項1釋作"亦作'摩呵'。梵語譯音。有大、多、勝三義"，首例引《翻譯名義集·法寶衆名》："摩訶，此含三義，謂大、多、勝。"《翻譯名義集》南宋平江（治所在今江蘇蘇州）景德寺僧法雲編，凡七卷六十四篇，系將散見於各經論中的梵文名字分類解釋、編集而成。《大詞典》例證晚出，可引五代墓誌。

63. 曩歲

後晉天福五年《張季宣妻李氏墓誌》："太傅以曩歲故交，有金蘭不渝之分；先王以昔年際會，保松柏後凋之心。"

《大詞典》"曩歲"條釋作"往年"，首例引宋張師正《括異志》卷二："太常少卿陳公希亮，曩歲刺宿州廳事，後門常扃鑰。"例證晚出。遼代墓誌也有用例，《遼代石刻文編·聖宗皇帝哀冊》："夏國之羌渾述職，遐荒之烏舍來賓。惟彼中土，曩歲渝盟。自汴宋而親驅蛇豕，取并汾而來犯京城。絕信棄義，黷武窮兵。蓋先朝之積忿，須再駕以徂征。"

64. 牛眠

後梁開平四年《石彥辭墓誌》："雖百其緒而迄無違者，具命斫他山之石，寫作誌狀；演摩訶之偈，礨為寶幢。告龜筮以求通，問牛眠而演慶。"後唐同光二年《盧文亮墓誌》："公令弟文紀，守尚書兵部侍郎，友于孝敬，雖古有美□田荊之行，不可同日而語，今則龜筮式□，牛眠薦吉。"

《大詞典》"牛眠"條釋作"即牛眠地"。例引明吾邱瑞《運甓記·廬山會合》："問勳業從來有幾，始信牛眠臆果奇。"例證甚晚。唐代以來墓誌習見用例，《唐代墓誌彙編》開元二六九《王遊藝墓誌》："地指牛眠，有陶公而嗣世；封崇馬鬣，得夫子之遺風。"

65. 攀留

後梁貞明元年《賈邠墓誌》："公其次子也，幼有節操，累任宰字，兼為宋州郎官，百姓攀留，人皆欽仰。"後周顯德五年《馮暉墓誌》："天福有六辛丑歲，恩命改功臣，加檢校太傅。播美勤王，垂休蒞職，勳宸嚴之企望，集庶俗以攀留。"

《大詞典》"攀留"條義項1釋作"攀轅懇留。表示對去職官吏的眷戀"，首例引宋葉適《中奉大夫直龍圖閣司農卿林公墓誌銘》："滿秩，攀留空一城。"例證晚出。晉代已有用例，晉葛洪《抱朴子·遐覽》："余問先隨之弟子黃章，言鄭言嘗從豫章還，於掘溝浦中，連值大風。又聞前多劫賊，同侶攀留鄭君，以須後伴，人人皆以糧少，鄭君推米以邮諸人，己不復食，五十日亦不飢。"

66. 屏帷

後梁開平四年《石彥辭墓誌》："皇妣宋氏，追封廣平縣太君，訓擅擇鄰，戒思勝己，事吳未畢，遽煥於屏帷；相苣卻還，猶堅於紡績。"

《大詞典》"屏帷"條釋作"指內室"，首例引《資治通鑑·唐昭宗乾寧四年》："僕料猜防出於骨肉，嫌忌生於屏帷，持幹將而不敢授人，捧盟盤而何詞著誓！"《資治通鑑》是我國歷史上第一部編年體通史，由北宋名臣、史學家司馬光負責編纂，《資治通鑑》是宋代語料，《大詞典》引之略晚，可補唐五代墓誌。《唐代墓誌彙編續集》大中〇三一《韓堅墓誌》："何圖星之頻墮，落於屏帷，寶鏡雙沉，歿於冥路。"

67. 奇傑

後唐清泰三年《戴思遠墓誌》："公即贈司空府君之長子也，稟重厚之氣，負奇傑之才，忠孝兩全，鄙王陽之偏見；文武兼備，誚盧植之虛名。"

《大詞典》"奇傑"義項2釋作"猶傑出"，首例引明方孝孺《送李宗魯序》："臨海李宗魯年二十餘，奇傑有偉志。"引之甚晚，南北朝已有用例，《弘明集》卷十三："吁乎噫嘻奇傑之事。積籍眇漫焉可稱記。"墓誌文獻唐代多有用例，《唐代墓誌彙編續集》貞觀〇四一《王愕墓誌》："公闋興騰氣，豐隆降精。少稟奇傑之姿，早厲風霜之節。"

68. 牽羊

後晉開運二年《王廷胤墓誌》："去天福三年，遇范延光作孽於銅臺，君上付之以甲馬，充魏府行營中軍都指揮使兼貝州防禦使。權其銳旅，運以沉謀，不勞於築室返耕，俄示於牽羊輿櫬。"

"牽羊"一詞為用典。典出《史記·宋微子世家》："周武王伐紂克殷，微子乃持其祭器造於軍門，肉袒面縛，左牽羊，右把茅，膝行而前以告。於是武王及釋微子，復其位如故。"《大詞典》"牽羊"條釋作"後以'牽羊''牽羊肉袒''牽羊把茅'表示降服或用為降服的典故"，首例引《資治通鑑·後唐莊宗同光三年》："蜀主白衣、銜璧、牽羊，草繩繫首，百官衰絰、徒跣、輿櫬，號哭俟命。"《資治通鑑》為宋代司馬光的作品，例證晚出。《漢魏六朝碑刻校注》一三八一《北周宇文顯和墓誌》："乃以公為持節、衛將軍、都督東夏州諸軍事、東夏州刺史。白波、青犢之兵，銅馬、金繩之亂，莫不交臂屈膝，牽羊抱馬。"

69. 潛躍

後周顯德二年《石金俊及妻元氏合祔墓誌》："太守，府君第三子，素以勇敢忠義聞於時，當晉高祖潛躍之際，以宗屬授□騎右第三軍指揮使。"

《大詞典》"潛躍"條義項2釋作"謂帝王未登基之時"，首例引宋宋敏求《春明退朝錄》卷下："上自潛躍以來，多詳延故老，問以前代興廢之由，銘之於心，以為鑑戒。"例證晚出，南北朝時期就已有用例，《魏書·太祖紀》："太祖顯晦安危之中，屈伸潛躍之際，驅率遺黎，奮其靈武，克剪方難，遂啓中原，朝拱人神，顯登皇極。"

70. 牆進

後唐同光二年《王審知墓誌》："而三軍百姓牆進衙門，奉王遺令，請主軍府事，拒而號慟，泣血毀傷，不得已而從之。"

《大詞典》"牆進"條釋作"簇擁向前"，首例引宋蘇舜欽《上集賢文相書》："其勢相軋，内不自平，遂煽造詭説，上惑天聽，全臺牆進，取必於君。"例證略晚，可補五代墓誌。

71. 喬梓

後周顯德二年《蘇逢吉墓誌》："次二哥。次三哥。綽有才冠，聿修祖風，鳳雅鸑鳴，俱抱雲霄之勢；謙高卑下，無勞喬梓之規。"

《尚書傳》卷四："伯禽與康叔見周公，三見而三笞之。康叔有駭色，謂伯禽曰：'有商子者，賢人也。與子見之。'乃見商子而問焉。商子曰：'南山之陽有木焉，名喬。'二三子往觀之，見喬實高高然而上，反以告商子。商子曰：'喬者，父道也。南山之陰有木焉，名梓。'二三子復往觀焉，見梓實晉晉然而俯，反以告商子。商子曰：'梓者，子道也。'二三子明日見周公，入門而趨，登堂而跪。周公迎拂其首，勞而食之，曰：'爾安見君子乎？'"《大詞典》"喬梓"條釋作"比喻父子"，首例引明孫仁孺《東郭記·其妻妾不羞也》："一雙喬梓真奇怪，老爺扮得寒酸態，還添他賢公子妝著賽。"例證甚晚，可補五代墓誌。

72. 琴瑟

後梁龍德二年《崔杞妻李珩墓誌》："梁乾化三年癸酉，拜戶部侍郎，進封郡君。衣纓之盛，琴瑟之諧，咸期考祥，用叶偕老。"

《大詞典》"琴瑟"條義項 3 釋作"彈奏琴瑟。《詩經·周南·關雎》：'窈窕淑女，琴瑟友之。'後比喻夫婦間感情和諧。亦借指夫婦匹配"，首例引宋蘇軾《答求親啓》："許敦兄弟之好，永結琴瑟之歡。"例證晚出。南北朝墓誌多有用例，《漢魏六朝碑刻校注》四七三《北魏冠軍將軍妻劉氏墓誌》："桃夭有時，百輛于歸，年有十六，從婚將軍。三星照耀，琴瑟調咏，彼此唱和之情，于今安在哉！"《漢魏六朝碑刻校注》六六三《北魏元悅妃馮季華墓誌》："起家而居有千乘，貞淑而作合君子，敬等如賓，和同琴瑟。"

73. 勤績

吳大和七年《王仁遇墓誌》："至四年五月，以汝南周公統師蘇台，以公為之監撫。俾歸外寇，務委良能。公夙叶時機，頗彰勤績。"後晉開運三年《李仁寶墓誌》："故號王覩其節概，舉以才能，遂署職於軍門，頗彰勤績。"

《大詞典》"勤績"條釋作"勞績"，首例引宋蘇轍《論渠陽蠻事劄子》："臣竊見知潭州謝麟，屢經蠻事，頗有勤績，溪洞之間，伏其智勇。"例證略晚。墓誌文獻隋代已見用例，《隋代墓誌銘彙考》三八七《豆盧寔墓誌》："有敕許以便宜入朝，不須聞奏。特授儀同三司，以酬勤績。"傳世文獻南北朝時期就多有用例，《南齊書·劉善明傳》："善明忠誠夙亮，幹力兼宣，豫經夷嶮，勤績昭著。不幸殞喪，痛悼於懷。"《魏書·薛安都傳》："及六師南邁，朕欲超據新野，羣情皆異，真度獨與朕同。撫蠻寧夷，實有勤績，可增邑二百戶。"

74. 慶壽

後唐長興元年《李仁寶妻破丑氏墓誌》："可以千鍾慶壽，百禄宜家，冀隆晝載之榮，光顯朱門之貴。夫分虎竹，子掛龍韜，美譽之名，超今邁昔。"

《大詞典》"慶壽"條釋作"祝壽，慶祝誕辰"，首例引《宋史·高宗紀七》："（紹興）十九年，正月甲申朔，以皇太后年七十，帝詣慈寧殿行慶壽禮。"例證晚出。唐代墓誌已有用例，《唐代墓誌彙編續集》元和〇六一《梁氏夫人墓誌》："六姻化其雍睦，舉族咸師懿範。資服有度，叶於家配。方期五福攸歸，慶壽延永。"

75. 麴蘗

後周顯德元年《劉光贊墓誌》："自天成年至開運歲，安陽計兵食，白馬料軍儲，刑臺兼都察之權，洛汭總麴蘖之務，雖數歷脂膏任，而俱揚冰蘖名，聲光漸峻於強能，委寄轉資於難重。"

《大詞典》"麴蘖"條釋作"酒稅"，首例引《資治通鑑‧唐昭宗天復二年》："掌書記李襲吉獻議，略曰：'國富不在倉儲，兵強不由衆寡，人歸有德……至於率閭閻，定間架，增麴蘖，檢田疇，開國建邦，恐未為切。'"《資治通鑑》為宋代作品，《大詞典》例證略晚，可補五代墓誌。

76. 去

唐天祐十三年《王琮墓誌》："享年七十二，去光化二載四月七日歿於私第。"

《大詞典》"去"條義項 14 釋作"介詞。在"，首例引《京本通俗小說‧碾玉觀音》："去那左廊下，一個婦女，搖搖擺擺，從府堂裏出來。"《京本通俗小說》為宋代的話本小說集，《大詞典》引之略晚於五代墓誌。其實"去"作為介詞的用法，在《奏彈劉整》中就有用例，"孃去二月九日夜，失車欄、夾杖、龍牽，疑是整婢采音所偷。"① 可據補。

77. 勸諭

後晉天福八年《梁漢顒墓誌》："公親行勸諭，遍加招安，流亡者繦負而來，遊墮者戮力而作，以至餘糧棲畝，行旅讓衢。"

《大詞典》"勸諭"條釋作"勸勉曉喻"，引四個例證，首例引宋岳飛《奏襄陽府路差補職官措置事宜狀》："新復州軍全藉官員葺治，若不稍加恩數，深恐無以勸諭。"例證晚出。唐代墓誌已見用例，《唐代墓誌彙編續集》會昌〇二五《唐君墓誌》："雖遇軍城搔擾，人不安常，而孝節難移，空儀必舉，勸諭孝婦程氏、王氏，勗孝孫留注留德，戮力殯事。以其年乙丑歲八月十五日庚寅，殯於府城東二里平原，禮也。"

78. 融明

後唐天成三年《張居翰墓誌》："公內蘊融明，外韜清鑒。靜遵素履，動播香名。今則不錄鴻漸之由，顯標灼然之跡。"

《大詞典》"融明"條釋作"亦作'螎明'。融通明徹"。兩個例證均為宋代例，首例引宋蘇軾《初別子由》詩："我少知子由，天資和而清。好學老益堅，表裏漸融明。"例證晚出，當引五代墓誌例。遼代墓誌還有用例，《遼代石刻文編‧李知順墓誌》："噫！公訥言敏行，尚素黜華。歸

---

① 方一新、王雲路：《中古漢語讀本》，上海教育出版社 2006 年版，第 384 頁。

仰空門，欽崇佛事。外含淳古，內蘊融明。長者之德，君子之風，惟公之備矣！"

79. 柔毫

後唐同光二年《王審知夫人任內明墓誌》："承贊學愧縑緗，詞非藻麗。器能無取，謬登仲寶之蓮；寂寞為勞，不夢丘遲之錦。強披蕪淺，虔奉崇嚴，跪染柔毫，謹為銘曰。"

《大詞典》"柔毫"釋作"亦作'柔豪'。指毛筆"，首例引宋梁周翰《大宋新修商帝中宗廟碑銘序》："採舊史以披文，但瞻陳迹；染柔毫而叙事，終玷清芬。"例證晚出。唐代墓誌始見用例，《唐代墓誌彙編》開元三八二《張軫墓誌》："嗣子繟、紹等，風訓有紀，義方成素，其在哀疚，遠近傷之。嚴秋自衡閩，道由襄漢。撫稚孤以映咽，跂楊塚而遲回。清絮非馨，柔毫可奠，永惟陵谷，無愧丹青。"

80. 蹂踐

後周顯德元年《劉光贊墓誌》："有子一人，早任古城尉，晉祚既衰，鬼方恣盛，上國乃胡笳之地，中原為戎馬之郊。郡城有蹂踐之憂，士庶負塗炭之苦，乃陷塞外，莫遂生還。"

《大詞典》"蹂踐"條義項2釋作"侵擾；擾亂"，首例引宋蘇軾《答李琮書》："更番出兵，以蹂踐乞弟族帳，使春不得耕，秋不得穫。"例證晚出。"蹂踐"為同義複詞，本義為踩踏，後引申為踐踏、侵犯，這種用法唐代已有其例，《唐代墓誌彙編》開元四〇九《張休光墓誌》："憬彼東胡，獨阻聲教，蹂踐沙漠，蒸涌嚚氛，皇靈遠鑠，爰整其旅。"《唐代墓誌彙編續集》元和〇〇二《楊志廉墓誌》："幽涇古郡，迫近西戎，每夏麥方岐，秋稼垂穎，則蹂踐我封略，憑凌我邊人。"

81. 桑田

唐天祐十三年《王琮墓誌》："是時也，暄風蕭瑟，霞際玲瓏，瑞氣凝空，愁雲滿野，後恐年代超忽，桑田改移，故刊石為銘，以記千齡。"後晉天福八年《梁漢顒墓誌》："轜車既往，松邃長扃，想巨浸兮桑田，刻貞石而表紀。"

《大詞典》"桑田"條義項3釋作"指桑田滄海的相互變化"，首例引明楊珽《龍膏記·遊仙》："看人間幾變桑田，忙提覺柱下仙官，早喚醒繡戶嬋娟，休戀著舞鏡飛鸞。"例證甚晚。隋代墓誌多見用例，《隋代墓誌銘彙考》〇五八《韓邕墓誌》："恐山成塊阜，海變桑田，鐫石記工，乃為銘曰。"《隋代墓誌銘彙考》一〇一《韓景墓誌》:"恐海變桑田,谷移陵徙,若不雕金而鏤石,無以永播芳音。"

82. 失守

後唐天成二年《孔謙及妻劉氏王氏合葬墓誌》:"旬日,勒步騎數萬自太原至。德綸既失守,都指揮使行晦率全城軍民詣館,瀝懇求為主。"後周廣順二年《元圖墓誌》:"開平年初,秉符信郡,繕甲兵而待敵,通貿貨以請誠。逮乎群盜肆焚,隣封失守,有唇亡齒寒之顧,遂起家來投霸都。"①

《大詞典》"失守"條義項2釋作"特指防地失陷",首例引宋王安石《澶州》詩:"邊關一失守,北望皆胡騎。"例證晚出。"失守"的這種用法,隋唐墓誌就有用例,《隋代墓誌銘彙考》四〇五《蕭瑾誌》:"屬荊衡失守,遂爾棲遲。逮今上嗣業,光隆鼎祚,長秋肇建,正位後宮,以瑾近屬密親,乃加旌命,除滎陽郡新鄭令。"《唐代墓誌彙編》大和〇二一《盧昂墓誌》:"屬京洛失守,盜南侵逼,府君驅率郡豪,感激義武,教以戰陣,申其號令,且捍且守,隱如敵國。"

83. 史冊

後梁開平三年《高繼蟾墓誌》:"公諱繼蟾,字紹輝,其先雍人,始實姜姓,神農之裔,今為渤海郡繼將總戎,史冊鬱稱。"後晉天福二年《宋廷浩墓誌》:"既達天聽,須徇民心。乃降星車,重頒綸誥。贊殊功於史冊,紀美政於貞珉,再任石州刺史。"

《大詞典》"史冊"條釋作"史書",首例引宋蘇軾《謝張太保撰先人墓碣書》:"先朝載之史冊,今雖容有不知,後世決不可沒。"例證晚出。南北朝時期已有用例,《漢魏六朝碑刻校注》五七二《北魏穆亮妻尉氏墓誌》:"太妃,河南洛陽人也。層基與嵩嶠同高,懸源共滄流俱遠,故以載題史冊,不復詳述焉。"《文選·嵇叔夜〈養生論〉》:"則善惡書於史冊,毀譽流於千載;賞罰懸於天道,吉凶灼乎鬼神,固可畏也。"

84. 侍行

後晉天福二年《羅周敬墓誌》:"時梁乾化初,公之次兄方鎮南燕,公時年九歲,秦國夫人歸寧於兗州太師之宅,遂命侍行,至闕下。"後漢乾祐二年《張備墓誌》:"胤爰從幼歲,躬獲侍行,既道有汙隆,固辭無

---

① 章國慶:《寧波歷代碑碣墓誌彙編》,上海古籍出版社2012年版,第55—56頁。

枝葉。"

《大詞典》"侍行"條釋作"陪伴尊長出行，照應起居"，首例引宋蘇軾《與程正輔提刑書》之二："老兄到此……令子幾人侍行？"例證晚出。唐代墓誌已有用例，《唐代墓誌彙編》開成〇一一《李氏墓誌》："明年以舅司空公師淮南，夫人隨夫侍行，未周歲，有姑之喪，服紀哭踴之宜，無虧於孝道。"

85. 適道

唐天祐十三年《王琮墓誌》："君性惆仁慈，謙恭適道，每以不貪為寶，唯將知足為恒。"

《大詞典》"適道"條釋作"歸從道統"，首例引宋程顥《答橫渠張子厚先生書》："人之情各有所蔽，故不能適道。"例證晚出，"適道"一詞，在先秦就有用例，《論語·子罕》："子曰：'可與共學，未可與適道；可與適道，未可與立；可與立，未可與權。'"唐代墓誌也有用例，《唐代墓誌彙編》開元五三二《田仙寮墓誌》："適道遺德，達生忘年，年無彭殤，任化者仙。"

86. 戍卒

後周顯德二年《石金俊及妻元氏合祔墓誌》："凡至理所，屏強暴，恤孤悍，非常職不妄錄，非故罪不妄刑，暴客知禁，苛吏自循，戍卒忘歸，邊戎咸竦，故二郡之民不易俗而化。"

《大詞典》"戍卒"條釋作"戍守邊疆的士兵"，首例引宋蘇軾《策斷二》："今河西之戍卒，惟患其多，而莫之適用。"例證晚出。墓誌南北朝始有用例，《漢魏六朝碑刻校注》八一〇《北魏元彧墓誌》："俄居大理，兼掌治粟。自正光之末，覲虞互起，戍卒跋扈，搖蕩壃塞。我求操斧，聿捻元戎。屬天未悔禍，妖徒方熾，千城棄律，一繩縻維。"傳世文獻先秦已有用例，《墨子·迎敵祠》："客卒守主人，及其為守衛，主人亦守客卒。城中戍卒，其邑或以下寇，謹備之，數錄其署，同邑者，弗令共所守。"

87. 束書

後唐天成四年《西方鄴墓誌》："父再遇，挺生時傑，克守家風，屬以巨寇興妖，中原版蕩，謂儒雅安能濟國，非武藝不足進身。遂擲筆以束書，乃成功而立事，終於定州都指揮使。"

《大詞典》"束書"條義項2釋作"收起書籍。謂把書擱置一邊"，首例為宋蘇軾《李氏山房藏書記》："近歲市人，轉相摹刻，諸子百家之書，日傳萬紙……而後生科舉之士，皆束書不觀，游談無根，此又何也？"例證晚出。唐代墓誌已有用例，《唐代墓誌彙編》大和〇五〇《劉密墓誌》："乃奮然起曰：大丈夫得不以畫干天下而求富貴者耶？焉能久戚戚於斯而已！遂束書東遊濟漢，揖漢南節度使攀公澤。"唐代傳世文獻也有用例，《唐才子傳》卷一〇"江為"："乃詣金陵求舉，屢黜於有司。怏怏不能已，欲束書亡越，會同謀者上變，按得其狀，伏罪。"

88. 肆凶

南唐保大十四年《王繼勳墓誌》："維彼哲人，振振公族，矧復閩隸殘孽，乘釁肆凶。"

《大詞典》"肆凶"條釋作"逞凶"，引例為宋王栐《燕翼詒謀錄》卷二："世有惡少無賴之人，肆凶不逞，小則賭博，大則屠牛馬、銷銅錢，公行不忌。"孤証且晚出。隋唐墓誌已見用例，《隋代墓誌銘彙考》一二九《李椿墓誌》："曁吐谷渾放命蕃虜，肆凶方面，王赫斯怒，出車關右，乃從儲君，星言薄伐。"《唐代墓誌彙編》開元五一五《楊思勖墓誌》："中宗朝，李多祚以寵近肆凶，尋戈犯順，公奮劍斬之，逆徒霧散。"

89. 彈文

南唐保大十年《江文蔚墓誌》："故權右振竦，朝野喧騰，傳寫彈文，為之紙貴。人心既爾，天鑒亦回，前所劾者，或免或黜。"

《大詞典》"彈文"條釋作"文體名。彈劾官員過錯的奏疏"，首例引宋葉適《華文閣待制知廬州錢公墓誌銘》："有造遊士之獄者，索其楮中，得公彈文，檢御史所上，不差一字。"例證略晚。唐代墓誌已見用例，《唐代墓誌彙編續集》長安〇〇七《劉璿墓誌》："所作彈文詩筆等總卅餘卷，並注《金剛》《般若》及《老子》，並行於代。"

90. 陶令

後唐清泰三年《張季澄墓誌》："公堅辭貴位，唯事燕居。知止之時，比疏傅而何其壯也；遺榮之際，期陶令而不亦宜乎？四聰備熟乎前脩，仵齒屢思於延賞，欲縻好爵，終避優恩。"

《大詞典》"陶令"條釋作"指晉陶潛。陶潛曾任彭澤令，故稱"，首例引元趙孟頫《見章得一詩因次其韻》："無酒難供陶令飲，從人皆笑酈生狂。"例證晚出。唐代墓誌已有用例，《唐代墓誌彙編》開元一一〇《楊璡墓誌》："地雄奔駟，門息鬭蛇，公迺脩禮以耕之，陳義以種之，講學以耨之，播樂以安之，化未及幾，郡以為最。撫鄭君之風俗，政是用和；憶陶令之田園，欻歌歸去。”《唐代墓誌彙編》天寶二六一《寇因墓誌》：“高陽之後，公實無雙，讀書成癖，懷寶迷邦。阮公南巷，陶令北牕。”《唐代墓誌彙編續集》長安〇〇三《李義琳墓誌》：“虛室主白，願安陶令之居；金玉滿堂，無累九君之誡。”

91. 天麟

後唐天成四年《韓恭墓誌》：“彩鸞飛兮彩鳳去，天麟隱兮天驥藏。松桂忽殘於素雪，菊蘭已敗於寒霜。”後唐長興元年《李仁實妻破丑氏墓誌》：“夫人以元魏靈苗，孝文盛族，天麟表瑞，沼鳳騰芳，金枝繼踵於三台，玉葉姻聯於八座。”

《大詞典》“天麟”條釋作“天上的麒麟”，引例為宋梅堯臣《葉大卿挽辭》詩之三：“石馬天麟肖，松枝國棟成。”孤證且略晚，可補五代墓誌。

92. 殄平

後晉天福八年《梁漢顒墓誌》：“平夾寨，下金燕，鎮定會盟，魏博歸命，兩軍對壘，系日交兵，無一去不為前鋒，無一迴不為後殿。殄平大敵，宗社中興，各敍功勤，普行爵賞。”

《大詞典》“殄平”條釋作“消滅、平定，蕩平”，首例引《資治通鑒·唐昭宗乾寧二年》：“上復遣延王戒丕、丹王允諭克用，令且赦茂貞，併力討行諭，俟其殄平，當更與卿議之。”例證晚出，當補五代墓誌。

93. 痛割

後梁開平四年《裴筠墓誌》：“皇天不祐，降罰何多，痛割肝心，彼蒼莫訴。克以其年三月十二日合祔於蘭陵蕭氏之塋，禮也。”

《大詞典》“痛割”條釋作“痛如刀割。形容悲痛之至”，首例引宋曾鞏《與王介甫書》之三：“子進弟奄喪已易三時矣，悲苦何可以堪。二姪年可教者，近已隨老親到此，二尤小者，六舍弟尚且留在懷仁。視此痛割，何可以言。”例證略晚。“痛割”乃唐以來墓誌習語，《唐代墓誌彙編》龍朔〇三六《董氏墓誌》：“何期琬琰，先凋松竹。痛割心懷，悲纏胸臆。”《唐代墓誌彙編》貞元〇四五《馮氏墓誌》：“次子德逸、次子德遜、晏等，孤女適於劉氏，並號絕擗地，毀骨傷神，痛割於心，昊天何極。”《唐代墓誌彙編續集》開元〇九六《高木盧墓誌》：“惟見青松兮暮奄黃埃，痛割骨髓兮五內崩摧。”

94. 外宅

前蜀乾德五年《晉暉墓誌》："外宅長男彥球、外宅次男弘道、第一軍都虞侯康景紹、第二軍都虞侯單全德、先鋒兵馬使、充元隨都押衙、檢校尚書、左僕射王文晟等，並皆強幹，各效勞能。"

《大詞典》"外宅"條義項 2 釋作"指男子養於別宅而與之同居之婦"，首例引《水滸傳》第四回："虧殺了他，就與女兒做媒，結交此間一個大財主趙員外，養做外宅。"引證甚晚，當補五代墓誌。

95. 婉畫

後唐長興四年《張文寶墓誌》："卓爾賢良，生於我唐。凌霜節行，隱霧文章。婉畫賓幕，優遊鳳閣。"後周顯德二年《蘇逢吉墓誌》："次授許州、宋州二記室，轉省銜加朱綬，酬婉畫也。"

"婉畫"語本南朝宋謝瞻《張子房》詩："婉婉幄中畫，輝輝天業昌。"謂張良為劉邦運籌帷幄之中。《大詞典》"婉畫"條釋作"指幕僚輔助長官謀劃"。兩個例證均為宋代例，首例宋岳珂《桯史·大散論賞書》："且宜勉思婉畫，謹重話語，勿恤小利以敗大事。"例證晚出，可補五代墓誌。

96. 委注

後晉開運三年《李行恭及妻陳氏合祔墓誌》："府君冠年英傑，禮樂立身，名繫轅門，太原守職。仗自先皇委注，補充五院都頭。"

《大詞典》"委注"條釋作"信任；重用"，《大詞典》引三個例證，前兩例均為宋代例，首例引宋王禹偁《右衛上將軍贈侍中宋公神道碑奉敕撰》："以公知滄州軍州事。擁左馮之旌旆，臨滄水之封陲。委注方隆，威望愈重。"例證晚出。唐代墓誌已見用例，《唐代墓誌彙編續集》咸通〇六四《梁氏墓誌》："震源委注兮，繼皋陶之德風。世有軒冕兮，實治水之陰功。"

97. 未期

後晉天福七年《任景述墓誌》："公悉心罄慮，日有所陳，極力盡忠，言無虛發，留守仰其明敏，重以強能，乃奏授教練使，遷工部尚書。未期，又奏右廂馬步使，遷邢部尚書。"

《大詞典》"未期"條釋作"亦作'未朞'。不滿一周歲"，所引兩個例證均為宋代例，首例引宋曾鞏《次道子中書問歸期》詩："竊食東州歲未朞，蓬萊人問幾時歸。"《大詞典》例證晚出。傳世文獻三國時期已有用例，《三國志·魏書·楊阜傳》："帝愛女淑，未期而夭，帝痛之甚，追封平原公主，立廟洛陽，葬於南陵。"魏晉以來碑刻多有用例，《漢魏六朝碑刻校注》二〇一《西晉谷朗墓碑》："播渥惠以育物，垂仁恩以布化。蒞政未期，徵拜立忠都尉、尚書郎，靖密樞機，名冠眾僚。"《漢魏六朝碑刻校注》一二三七《北齊趙熾墓誌》："　剖符未期，惠績已著。履[仁]導德，政肅刑清。"

98. 文業

唐天祐十年《梁重立墓誌》："曾祖諱希幹，不仕，素為文業，曾苦鑽研，厭宜辭榮，閒居畢世。"

《大詞典》"文業"條釋作"文事"，首例引《宋史·太宗紀一》："帝由是工文業，多藝能。"例證晚出。唐代墓誌已見用例，《唐代墓誌彙編》開元三六八《姚重曒墓誌》："我府君敬前人之文業而避習於武，豈非不敢凌先乎？"《唐代墓誌彙編》大中〇〇三《盧踐言墓誌》："君諱踐言，字子中，少聰敏有操尚，長而攻文業學，連舉進士，不得志於有司，遂佐戎于東平府，從檢校吏部尚書薛元賞。"《唐代墓誌彙編續集》乾符〇一一《李汶墓誌》："其有行修於內，德積於中，守之以嚴恭本之□教，模範宗族，規矩戚藩，□任城之武藝，體陳思之文業。"

99. 蕪詞

後唐同光三年《張繼業墓誌》："於戲，前代有陵谷高深之歎，於是乎勒銘；先聖有東西南北之言，不可以不誌。敬嚴命輒述蕪詞，仰丹旐以酸辛，伏翠琘而嗚咽。"後晉天福五年《李氏墓誌》："熙載叨居瓜葛，早熟門牆，輒吐蕪詞，聊敘懿德，謹為銘云。"

《大詞典》"蕪詞"條釋作"蕪雜之詞。常用作對自己文章的謙稱"，首例引宋趙令時《商調蝶戀花》詞："奉勞歌伴，先定格調，後聽蕪詞。"例證晚出，唐代墓誌已有用例，《唐代墓誌彙編》中和〇一〇《戴氏墓誌》："既有陵谷之虞，見托為誌，且備熟懿行，難訴蕪詞。"

100. 顯仕

後唐清泰三年《戴思遠墓誌》："長男懷玉，早亡，銀青光祿大夫，檢校刑部尚書，雖登顯仕，不享遐齡，徒云其德象賢，終歎華而不實。"

《大詞典》"顯仕"條釋作"高官；顯宦"，首例引宋歐陽修《相州晝錦堂記》："自公少時，已擢高科，登顯仕，海內之士聞下風而望餘光者，蓋亦有年矣。"例證晚出。唐代墓誌已有用例，《唐代墓誌彙編》咸

通○七二《劉遵禮墓誌》："四年，授承務郎，常在禁闈，日奉宸扆，皆
貴遊之子弟，為顯仕之梯媒，清切無倫，親近少比，特加命服，仍領太
醫。"《唐代墓誌彙編續集》咸通○一一《王太真墓誌》："母夫人即皇神
策右軍兵馬使劉氏諱明女，內外令族，俱為顯仕。"

101. 顯族

後梁開平四年《羅隱墓誌》："昔者軒皇廣運，錫其族以疏封，光武
中興，策有勳而復姓。兩漢之後，三國以還，間出令人，實惟顯族。吞禽
叶夢，居章之位極泰山；拉虎輸忠，令望之功崇喬嶽。"

《大詞典》"顯族"條釋作"有聲望的世家大族"，首例引《金史·
耶律塗山傳》："耶律塗山系出遙輦氏，在遼世為顯族。"例證晚出。南北
朝墓誌就有用例，《漢魏六朝碑刻校注》六六七《北魏李超墓誌》："泱泱
顯族，斂蔓西垂，代襲清則，□炳羽儀。道妙之門，緒風屬斯。惟祖惟
考，倜儻瓌奇。"《唐代墓誌彙編》證聖○○四《申守墓誌》："嗟嗟烈
祖，載享其福，群書國史，揚名顯族。"

102. 餉軍

後梁貞明二年《牛存節墓誌》："嗚呼！公之大功，通於神明者則有
解大尉宗奭孟津之圍，歲荒糧絕，以金帛易乾葚以餉軍，遂破李罕之眾，
略地河北，以千三百人盡殺魏萬二千之卒。"

《大詞典》"餉軍"釋作"亦作'饟軍'。給軍隊發糧餉"，首例引宋
陸遊《老學庵筆記》卷六："饟軍日滋，賦斂愈繁。"例證略晚，可補五
代墓誌。

103. 蕭瑟

唐天祐十三年《王琮墓誌》："是時也，暄風蕭瑟，霞際玲瓏，瑞氣
凝空，愁雲滿野，後恐年代超忽，桑田改移，故刊石為銘，以記千齡。"

《大詞典》"蕭瑟"條義項1釋作"形容風吹樹木的聲音"，首例引宋
蘇軾《仙都山鹿》詩："長松千樹風蕭瑟，仙宮去人無咫尺。"例證晚出。
《漢魏六朝碑刻校注》六八九《北魏賈思伯墓誌》："蕭瑟松聲，蒼芒雲色。
將同萬古，丘陵誰識？"《漢魏六朝碑刻校注》九一四《北魏張滿墓誌》：
"先後幾何，古來非一。稅駕於此，松風蕭瑟。"《漢魏六朝碑刻校注》一三
八七《北周王鈞墓誌》："滄茫壟月，蕭瑟松風。空高玄壤，神識何沖。"

104. 謝庭

後唐同光元年《張紹墓誌》："孫女尚幼，煙昏藍岫，十城之美玉方

苗；日暖謝庭，九畹之幽蘭漸秀。"① 後唐同光二年《王審知夫人任內明墓誌》："夫人乃謝庭擢秀，獨鍾其慶，設帨之辰，異香充室，氤氳竟夕，親戚咸以為必興必貴。"

《大詞典》"謝庭"義項1釋作"謝安的門庭。喻指子弟優秀之家"，首例引宋張孝祥《鷓鴣天·為老母壽》詞："明年今日稱觴處，更有孫枝滿謝庭。"例證晚出。唐代墓誌已多有用例，《唐代墓誌彙編》垂拱〇二〇《張覽墓誌》："道既掩於謝庭，理方高於衛室。藏舟易往，隙駟難留。朗月馳輝，潘簟起七哀之詠；危橋迥度，雷匣成兩劍之歡。"《唐代墓誌彙編》天寶一〇五《源光乘墓誌》："比夫張氏金鉤，貂蟬溢于漢史；謝庭玉樹，詞賦被于江皋。"《唐代墓誌彙編續集》長安〇〇九《趙韋提墓誌》："凝情淑慎，稟質端嚴，蔡室聞弦，識流波之雅韻；謝庭飄絮，對飛雪之清譏。"

105. 釁端

後晉開運二年《王廷胤墓誌》："當安重榮將發釁端，在朝廷正懷猜議，思其鄰道，須托忠臣。"

《大詞典》"釁端"條釋作"猶爭端；事端"，首例引宋王讜《唐語林·政事下》："今者，（南詔）雖起釁端，未深為敵，宜化以禮誼。"例證晚出，可補五代墓誌。

106. 星霜

後周顯德二年《蘇逢吉墓誌》："尋改大名少尹，又授河東察判，檢校正郎，未改星霜，忽遘荼毒，即太師之大艱也。"

《大詞典》"星霜"條義項3釋作"星晨霜露。謂艱難辛苦"，首例引宋范仲淹《上執政書》："又使少歷星霜，不至驕惰。"例證略晚。遼代墓誌也有用例，《遼代石刻文編·張正嵩墓誌》："既纏豎禍，曷免釁端。墮豔難留，輕淪自返，春秋四十有八，葬於霅山之陽原，禮也。"

107. 興修

唐天祐十三年《孫彥思墓誌》："王庭選公為黃州制置使，分憂志切，奉國心專。版築城池，興修廨署，招安戶口，勸課農桑。"

《大詞典》"興修"釋作"動工修建"，首例引宋司馬光《涑水記聞》卷十一："今年以來，役作甚苦，又聞來春欲令興修永洛結公二城。"例

---

①　胡戟、榮新江：《大唐西市博物館藏墓誌》，北京大學出版社2012年版。

證略晚。

108. 省侍

後晉天福五年《王建立墓誌》："任衛州，徑申省侍，忽遭艱憂，乃成家之偉器也。"

《大詞典》"省侍"條釋作"探望，侍奉"，首例引宋蘇軾《與子安兄書》之一："拜違十八年，終未有省侍之期。歲行盡，但有懷仰。"例證略晚，南北朝時期已有用例，《殷芸小說》卷二："而當聖世，鸞鳳林棲，不翔乎太清，騏驥嶽遁，不步於郊莽，非所以寧八荒而慰六合也。不及省侍，展布腹心，略寫至言；相料翻然不猜其意。"

109. 役夢

後周顯德五年《馮暉墓誌》："五虎交馳，四蛇侵耗，懷三毒而役夢，走二豎以巡環，風樹增悲，壞梁興歎，弗能逭也，寔在茲乎?"

《大詞典》"役夢"條釋作"牽引夢魂"，引三個例證，均為宋代例，首例引宋柳永《征部樂》詞："道向我、轉眼厭厭，役夢勞魂苦相憶。"例證略晚。另外，從詞典引例的多樣性來看，同一時代的例證不宜重複引用，當引五代墓誌為宜。

110. 英標

後周顯德二年《田仁訓及妻王氏合祔墓誌》："長男，前平盧軍司馬延瓖，英標挺世，亭亭之阮竹千尋；俊乂光時，浩浩之黃波萬頃。天姿妙繪，神授奇功。"

《大詞典》"英標"條義項 1 釋作"英俊的風采"，首例引宋秦觀《賀京西運使啓》："英標特出，早膺神聖之知；劇任屢更，果見事功之立。"例證晚出。唐代墓誌已見用例，《唐代墓誌彙編》顯慶〇六九《王氏墓誌》："夫人姓王，太原人也，洪流泓邃，神峰淩構，靈根嶽峻，玄柯雲茂，英標挺業，泉鏡玉潤，於是代植明勝之高賢，蘭風應運而啟振矣。"

111. 英敏

後唐同光二年《王璠墓誌》："嗟呼！歲不我與，日月逝矣！白首俄急，皇壤何歸，既從筮於蓍龜，遂卜鄰於萬里。山移海竭，難回英敏之蹤；谷變陵遷，須勒貞珉之說。"

《大詞典》"英敏"條釋作"謂聰慧而有卓識"，首例引《資治通鑒·梁武帝普通五年》："崇貴戚重望，器識英敏。"《資治通鑒》是宋代司馬光的作品,《大詞典》例證晚出。唐代墓誌已有用例,《唐代墓誌彙編》貞觀一三九《康婆墓誌》:"君少而英敏,氣概不群,身長九尺,風骨疎朗,牆宇標峻,望之儼然。"

112. 迎駕

前蜀乾德五年《晉暉墓誌》:"值僖宗皇帝幸蜀,俄乃歸京,時擁五都銳師,來至三泉迎駕。"

《大詞典》"迎駕"條釋作"迎接天子車駕",首例引宋趙昇《朝野類要·故事》:"車駕出幸,經由在京去處,凡百司局務官吏僧道,在百步之内並迎駕。"例證晚出,南北朝時期已有用例,《魏書·爾朱榮傳》:"十三日,榮惑武衛將軍費穆之說,乃引迎駕百官於行宮西北,云欲祭天。"《漢魏六朝碑刻校注》一三四六《北周賀蘭祥墓誌》:"魏孝武入關,以迎駕功,封撫夷縣開國伯,即侍孝武。"

113. 右揆

吳大和七年《王仁遇墓誌》:"至六年,自右揆轉檢校司空。公形神魁偉,器量弘深。幾有征行,必兹監署。"後晉開運二年《閻弘祚墓誌》:"明宗初臨大位,方俟急賢,繇是覃德音下,綸詔征勳。後赴闕庭,纔面天顏,入參鑾殿,以公授東頭供奉官,兼加右揆。"

《大詞典》"右揆"條釋作"右丞相。揆,指宰相之位",首例引宋陳鵠《耆舊續聞》卷五:"周益公子充久在禁苑,及除右揆,李巘子山當制詞,中有'三毋'之戒,公力辭不拜命。"例證晚出。唐代墓誌已有用例,《唐代墓誌彙編》大和〇〇五《李鼎墓誌》:"高祖崇義,土襲舊封,官列右揆,河東道大總管,圖形陵煙閣[①]。"

114. 于飛

後唐同光三年《吳君妻曹氏墓誌》:"夫人纔過笄年,迥稟淑質,聰晤殊常,公遂娶焉。所謂鳳皇于飛,和鳴鏗鏘,叶懿氏之占也。"

"飛"乃"偕飛"義。"于",語助詞。《詩經·周南·葛覃》:"黃鳥于飛,集於灌木,其鳴喈喈。"鄭玄箋:"飛集藂木,興女有嫁於君子之道。"《大詞典》"于飛"條釋作"夫妻(或男女)同行或恩愛和合。"首例引元張可久《滿庭芳·春怨》曲:"清明近,于飛上墳,不由我不傷神。"例證晚出。唐代墓誌已不乏用例,《唐代墓誌彙編》永昌〇〇三

《明贍墓誌》："方冀雍雍鶼鳳，契比翼而于飛；矯矯乘龍，偶雙蛟而孕影。"《唐代墓誌彙編》開元五○○《鄭齊閔墓誌》："彼美哲人，國之彦兮；窈窕淑女，邦之媛兮。生存華屋，共于飛兮；歿居幽壤，同所歸兮。"

115. 贊導

後周顯德元年《劉彦融墓誌》："東宮得路，方施贊導之謀；北闕安居，兼遂養頤之性。無何，逝波難駐，落景易沉，針醫不救於膏肓，邦國遽嗟於殄瘁。"

《大詞典》"贊導"條義項2釋作"説明；輔導"，首例引宋王讜《唐語林·規箴》："憲公固英睿，初即位，得杜邠公贊導，及其成功，多邠公力也。"例證晚出。唐代墓誌已有用例，《唐代墓誌彙編續集》龍朔○—○《張興墓誌》："父才，隋揚州江都縣丞，輔弼風規，俗流清化，贊導名教，邑致歌謠。"

116. 皂纛

後唐同光二年《王審知墓誌》："玄甲輕車，受圯橋之秘略；紅旌皂纛，法金櫃之神書。"

《大詞典》"皂纛"條釋作"亦作'皁纛'。古代用黑色絲織物制的軍中大旗"。所引兩個例證均為宋代例，首例引宋高承《事物紀原·旗旌采章·皂纛》："《宋朝會要》曰：'皂纛本後魏纛頭之制，唐衛尉纛居其一，蓋旄頭之遺像。'"例證晚出。從詞典引例的多樣性原則來看，可補五代墓誌。

117. 戰壘

後唐同光二年《王審知墓誌》："以此廟略，除定邊陲。化戰壘為田疇，諭編甿於禮義。"

《大詞典》"戰壘"條釋作"戰爭中用以防守的堡壘"，首例引清查慎行《渡漳河》詩："天垂曠野名都壯，路入中原戰壘多。"例證甚晚，可補五代墓誌。

118. 章疏

後晉天福五年《王建立墓誌》："五年春，上郊祀禮畢，改元長興。以上黨名區，明皇舊地，令襄宸帳，是付鸞書，更峻大貂。元年，□崇掌武，堅陳章疏，因遂高閒。"

《大詞典》"章疏"條釋作"舊時臣下向君上進呈的言事文書"，引例為宋孔平仲《孔氏談苑・蘇軾以吟詩下吏》：“蘇軾以吟詩有譏訕，言事官章疏狎上，朝廷下御史臺差官追取。”宋朱弁《曲洧舊聞》卷一：“（内夫人）次見御懷中有文字，問曰：‘官家，是何文字？’帝曰：‘乃臺諫章疏也。’”所引兩個例證均為宋代例，有違辭書例證的多樣性原則。唐代以來墓誌有用例，《唐代墓誌彙編》大和○○四《廣宣律師墓誌》：“先是祖師定賓著章疏甚高，為學者所尚，而福先律儀，首冠天下矣。”《遼代石刻文續編・高嵩墓誌》：“皇太妃以侍從以來，歲月彌遠，遂具章疏，薦為表儀。”

119. 長立

後梁同光二年《左環墓誌》：“縣君以慈愛為志，撫念疚心，孀女外孫，並育於家，咸至長立。”後唐同光三年《吳君妻曹氏墓誌》：“光業爰在髫年，即蒙訓育，及至長立，尚難便以歸宗。蓋諸外甥幼年未任家事，豈唯骨肉戚兼，幼叨衣食之恩？”後唐天成三年《王言妻張氏墓誌》：“男有四人：長男名延福，早亡。次男名延美，次男名延壽，次男名延瓖，並乃長立，榮國榮家，文武兩全，忠孝雙美。”

《大詞典》“長立”條釋作“長大自立”，首例引宋葉適《安人張氏墓誌銘》：“晝出從先生，夜歸就膏火，親課其勤惰，率雞鳴乃得睡，既長立猶然。”例證晚出，可引五代墓誌。

120. 召對

後梁貞明二年《張濛墓誌》：“太祖因召對便殿，頒賜獎諭，至於再三，府君始以盡節許主，不貪其榮，固請不之所任。”

《大詞典》“召對”條釋作“君主召見臣下令其回答有關政事、經義等方面的問題”，首例引宋蘇轍《謝除中書舍人又表》：“一封朝奏，夕聞召對之音；衆口交攻，終致南遷之患。”例證晚出。南北朝以來文獻多有用例，《後漢書・楊震傳》：“尚書召對秉掾屬曰：‘公府外職，而奏劾近官，經典漢制有故事乎？’”《唐代墓誌彙編續集》大和○三八《柏元封墓誌》：“計未出，公使來京師。上召對以問之。”

121. 肇分

《孫思暢及妻劉氏趙氏合祔墓誌》：“若夫生事以禮，是往哲之宏規；死葬從儀，況前文之備紀。爰自肇分二氣，□啟三才，標□□□上玄，極四維於下土。”後晉天福八年《王行寶墓誌》：“夫二儀初啟，三才肇分，出姓之根基，序人倫之奇瓌，爰有王氏之姓，上望并州太原郡人也。”

《大詞典》"肇分"條釋作"始分"，首例引明楊柔勝《玉環記·皋逢簫玉》："蓋聞鴻濛未判，道在混沌；天地肇分，道在聖人。"例證晚出。唐代墓誌已見用例，《唐代墓誌彙編》貞元一三五《榮氏墓誌》："自肇分天地，則有生死之異途；寒暑運時，而迺事變胡測。"《唐代墓誌彙編》開成〇二九《虞氏墓誌》："自有虞君臨，肇分其氏，或派息大梁，江東遂著陳留、會稽二望，世禄名宦，皆諜在先誌。"

122. 針砭

後唐同光二年《王審知夫人任内明墓誌》："寒暑一侵，針砭周效，迎醫召覡，禱盡百神，歎命傷時，奄由二豎。"吳大和七年《王仁遇墓誌》："公自嬰微疹，將歷四秋。龜覡罕憑，針砭無療。"

"針砭"一詞，五代墓誌多見。《大詞典》"針砭"條釋作"亦作'鍼砭'。用砭石製成的石針。亦謂針灸治病"，引用了兩個宋代的例證，首例引宋蘇軾《休兵久矣而國益困》："不忍藥石之苦，針砭之傷，一旦流而入於骨髓，則愚恐其苦之不止於藥石，而傷之不止於針砭也。"例證晚出，可補五代墓誌。

123. 指喻

後梁開平四年《石彦辭墓誌》："公以許國之暇、官守之餘，率以浮屠氏及玄元太一之法志於心腑間，每清朝朗夕，佛諦道念。恒河指喻，儼究於空王；真諦取微，頗齊於羽客。"

《大詞典》"指喻"條釋作"指正告知"，首例引宋秦觀《與孫莘老學士簡》："詩文數篇，謾録呈左右，因風更乞指喻教育之賜，幸甚幸甚！"例證晚出。《唐代墓誌彙編》大中一三六《張氏墓誌》："航學微才劣，又在荒殘，欲述天高，且無指喻，輒附哀情，謹為銘曰。"

124. 中饋

後梁乾化三年《韓恭妻李氏墓誌》："嗚呼！夫榮妻貴，美冠當時。愛滿六姻，行兼四德，惽婉而思不逾閫，柔明而道克肥家，垂譽母儀，流芳中饋。"

《大詞典》"中饋"條義項3釋作"指妻室"，首例引宋張齊賢《洛陽搢紳舊聞記·張相夫人始否終泰》："及為中饋也，善治家，尤嚴整。"例證晚出，南北朝碑刻多有用例，《漢魏六朝碑刻校注》五一四《北魏元謐妃馮會墓誌》："方當比德偕老，執敬中饋，靈應虛期，遭茲逝隙，春秋廿二，薨於岐州。"《漢魏六朝碑刻校注》一二七六《北齊堯峻妻獨孤思男墓誌》：“事上能敬，接下惟慈，織紝□組之工，蘋藻中饋之禮，皆出衿抱，並為模則。”

125. 忠赤

後梁乾化三年《韓仲舉妻王氏墓誌》：“太祖以岐隴未平，公罄招討之計，遂以忠赤遇難，尋復官昭雪。”

《大詞典》“忠赤”條釋作“忠心赤膽”，首例舉金王若虛《論語辨惑四》：“仰以事君，必先罄盡忠赤，深結主知，而使上見信。”例證晚出。唐代墓誌已見用例，《唐代墓誌彙編》開元四一三《王景曜墓誌》：“天子知冶長之非罪，思樂羊之忠赤，特追復舊官。”傳世文獻晉代已有用例，晉習鑿齒《漢晉春秋》卷一：“雖傾倉覆庫，蔚剝民物，上下欣戴，莫敢告勞。何則推戀戀忠赤之情，盡家家肝腦之計，唇齒輔車，不相為賜。”

126. 走飛

後唐天成元年《康贊美墓誌》：“方當政理，旋降大禍，持孝節之匪虧，報劬勞之未泯，靈芝夕見，異鳥辰窺，志道不假於走飛，奇事自聞於天子。”

《大詞典》“走飛”條釋作“指走獸飛禽”，首例引明歸有光《太極在先天範圍之內》：“而言天地之變化者推之，未始為性情形體走飛草木也。”例證甚晚，可補五代墓誌。

127. 祖職

唐天祐十年《梁重立墓誌》：“梁氏門風祖職，此不備書，蓋以星朔既淹，子孫蕃衍，因官得地而居此焉。”

《大詞典》“祖職”條釋作“謂祖父或祖先所任的官職”，首例引元袁桷《武義將軍梁公神道碑》：“紹祖娶天水郡侯秦穩女，生子女各一人。曰成，襲祖職佩金符，娶大名府安撫使宋天祐女。”例證甚晚，可補五代墓誌。

128. 佐治

後周顯德三年《蕭處仁墓誌》：“嗣皇詔還，授魏府節度副使，皆御眾有術，舉職不疑，盡佐治之方，得貳車之體，雖居藩翰，尚屈才能。”

《大詞典》“佐治”條釋作“輔佐治理”，首例引《花月痕》第一回：“曾在秦王幕府佐治軍書。”《花月痕》又稱《花月痕全書》《花月因緣》《花月痕全傳》，共52回，眠鶴主人編次，棲霞居士評閱。眠鶴主人即魏秀仁（1819—1874），字子安，一字子敦，福建侯官人。《花月痕》為晚清作品，《大詞典》引之甚晚。碑刻文獻隋代有用例，《隋代墓誌銘彙考》四九一《宋永貴墓誌》："大業三年，改授慶州司馬，累遷朝散大夫，漢川贊治，贊邦佐治，自郡遷州，慈惠以撫細民，温恭而待國士。"傳世文獻漢代已有用例，《漢書·王莽傳》："今天下治平，風俗齊同，百蠻率服，皆陛下聖德所自躬親，太師光、太保舜等輔政佐治，群卿大夫莫不忠良，故能以五年之間至致此焉。"

第四節　補充可靠例證

　　例證是語文詞典中一個重要的組成部分。關於例證的重要性，董志翹曾經指出："書證（亦稱例句）是語文詞典的一個重要部分。如果説精當的釋義是骨骼，那麼合適的書證便是它的血肉。因為詞語的確切含義往往需通過書證中上下文語境的限制才能表達清楚。所以書證除了體現詞語的時代、出處及詞義的形成、發展、變化綫索外，還起着輔助解釋詞語的作用。"① 楊超曾經指出： "例證在詞典中的作用主要體現在四個方面：1. 證明釋義的準確性和可靠性。2. 説明語源及其流變。3. 補充釋義的不足。4. 説明用法。"② 王力曾經指出："法國《新小拉魯斯字典》（*Nouveau Petit Larousse*）的卷頭語云：'一部沒有例句的詞典只是一堆骷髏。'無論怎樣好的注釋，總不如舉例來得明白。"③ 呂叔湘曾經説："例句選擇得好，説明的話就可以簡單些，讀者能從例句上悟出道理（規律），説明的部分只要點一下就行了。反之，如果沒有很好的例句，説明部分使多大的勁也不容易讓讀者完全領悟。"④ 我國辭書編纂很早就重視例證的使用，最早的字典《説文解字》就引用了大量先秦著作的原文，從《玉篇》開始，後代辭書不斷地擴大引用例證的範圍，當代大型辭書的引證範圍幾乎涉及到了所有的文獻，而且對引證的選擇和使用格式也更加趨於科學、完備。對於詞典引用例證的數目，楊超指出："引證例證例句的多少不能一概而論，大型的、歷史性辭典引證可以多一點，小型的、現當代詞典引證

---

① 董志翹：《〈辭源〉（修訂本）書證芻議》，《辭書研究》1990 年第 4 期。
② 楊超：《簡明實用辭典學》，中國文史出版社 2006 年版，第 156—159 頁。
③ 王力：《理想的字典》，載《龍蟲並雕齋文集》，中華書局 1980 年版，第 358 頁。
④ 周長楫：《關聯詞研究的又一成果》，《辭書研究》1990 年第 1 期。

可以少一點。"① 遺憾的是，由於種種原因，《大詞典》的例證也存在着一些不足，有些條目沒有例證，有些條目只有一個例證，有些條目只徵引同時代例證，有些條目詞彙史發展環節不完整。因此，我們利用五代墓誌材料對那些例證有問題的條目進行了有益的補充，希望有助於《大詞典》的修訂和大型辭書的編纂。

1. 哀摧

後晉天福五年《梁瓖及妻王氏合葬墓誌》："三子皆泣淚成血，絕漿改容，親戚勉之曰：'毀不減性，謂無沒也。'遂漸抑哀摧，迨至服闋。"後晉天福七年《吳君妻李氏墓誌》："梧桐半枯，徒有哀摧之恨；蘭蓀不改，終全芬馥之名。"

"摧"古有"悲傷"之義，此不贅論。《大詞典》"哀摧"條義項1釋作"哀傷；悲痛"，引宋葉紹翁《四朝聞見錄·考異四》："遽罹禍變，彌劇哀摧。"為例，孤證②且晚出。南北朝以來墓誌就多有用例，《漢魏六朝碑刻校注》三一五《梁永陽王敬太妃王氏墓誌銘》："永陽太太妃，奄至薨逝，哀摧切割，不能自勝，使出敘哀。"《唐代墓誌彙編》開元五二七《樊氏墓誌》："嗣男前忠王府參軍延祚等，哀摧罔極，窀穸是營，即以其年歲次辛巳三月壬午朔廿一日壬寅合葬于先塋河南府河南縣河內村北原禮也。"《唐代墓誌彙編》元和一四三《曹琳墓誌》："長子忠義，次子宏慶，並皆職居禁園苫塊之中，形影相弔，哀摧杖策，泣血送終。""哀摧"為同義複詞，墓誌類似的詞語還有"摧慕""悲摧""傷摧"等。

2. 黯爾

後唐同光三年《李茂貞墓誌》："山河表誓，土宇旌賢。六親黯爾，九族潸然。嗚呼良輔，永閉松阡！"後唐長興元年《王延鈞妻劉華墓誌》："閩王慮乎桑田或變，岸谷斯遷，闐然而地下黃埃，黯爾而人間白日。"

《大詞典》"黯爾"條釋作"失色慘澹貌"，引晉陶潛《形影神·影答形》詩："此同既難常，黯爾俱時滅。"為例，孤證，唐代墓誌也有用例，《唐代墓誌彙編》元和一二二《憲超塔銘》："即於其年三月七日，於興國下莊淨室飛香，神顏不易，狀若平生，黯爾終矣。"

3. 八戒

南唐保大十二年《徐延佳墓誌》："府君外肅儒風，內皈釋氏，弘十

①　楊超：《簡明實用辭典學》，中國文史出版社 2006 年版，第 156—159 頁。
②　孤證是指詞典中釋義時使用的唯一例證。孤證條目釋義往往會存在疏漏和不足。

善，持八戒。"

《大詞典》"八戒"條釋作"即八關齋"，引例為唐白居易《白髮》詩："八戒夜持香火印，三光朝念《藥珠篇》。"孤證且晚出。漢魏以來碑刻多有用例，《漢魏六朝碑刻校注》一四〇八《北周掌恭敬佛經摩崖》："大目捷連，是吾親友，願興慈悲，□授我八戒。"

4. 百鍊

後梁貞明六年《儲德充墓誌》："府君即先考長子也，仙鶴高標，喦樫勁節，勝衣惠晤，轉舌能言，對日聰明，弱而不好弄。圮橋學劍，指百鍊而每憤不平；庠舍誦書，覽六經而唯思展禮。"後周廣順二年《武敏墓誌》："公則將軍之嗣子也，九戎律度，百鍊鋒錯，諧和真理世之音，剸割盡投虛之利。"

《大詞典》"百鍊"義項 2 釋作"寶刀名"，引晉崔豹《古今注·輿服》："吳大帝有寶刀三……一曰百鍊，二曰青犢，三曰漏影。"為例，孤證，可補五代墓誌。

5. 班寮

後唐清泰二年《商在吉墓誌》："又伏遇明宗皇帝思於勤舊，念及班寮，既垂雨露之恩，皆沐雲天之施。"

《大詞典》"班寮"條釋作"班僚"。即"朝臣、同朝之臣"之義，引例為《前漢書平話》卷下："三王入朝，聚集班寮文武。"《前漢書平話》為宋元話本之一，《大詞典》引例為孤證且晚出。唐代墓誌已見用例，《唐代墓誌彙編》咸亨〇七七《慕容知敬墓誌》："策名從政，振景升朝。式扃引□，藩局班寮。清風暢穆，雅問宣昭。"《唐代墓誌彙編》開元一一九《桓歸秦墓誌》："難勳績未倍，而班寮且逾，遷朝議郎行楚州司馬、上柱國。"

6. 班旋

南唐昇元六年《姚嗣駢墓誌》："既逾暮歲，爰值班旋。五年，歸於東都，戎職如故。"

《大詞典》"班旋"條釋作"猶班師"，引例為《新五代史·南唐世家·李景》："朕擅一百州之富庶，握三十萬之甲兵，農戰交修，士卒樂用，苟不能恢復內地，申畫邊疆，便議班旋，真同戲劇。"《新五代史》為宋歐陽修的作品，《大詞典》孤證且晚出，可補五代墓誌。

7. 半鏡

後唐同光二年《王璠墓誌》："值中原喪亂，四海沸騰，黃巾竊犯於京城，白馬專平於氛浸，英雄奮起，仕族吞聲。父子相認於七里，夫妻唯藏於半鏡。"

《大詞典》"半鏡"條釋作"半片破鏡。南朝陳太子舍人徐德言娶後主叔寶之妹樂昌公主，時陳政方亂，德言知不相保，乃破鏡與妻各執其半，約他年正月望日賣於都市，冀得相見。後果如願。見唐韋述《兩京新記》卷三"，引例為唐李商隱《代越公房妓嘲徐公主》詩："遽遣離琴怨，都由半鏡明。"孤證，可補唐五代墓誌。《唐代墓誌彙編續集》咸通〇九七《嚴氏墓誌》："嗚呼！鸞飛半鏡，鳳宿孤桐，天胡不仁，有如是苦。"

8. 葆蓋

後周顯德五年《馮暉墓誌》："葆蓋顯齠年之異，龍泉彰弱冠之奇。運偶搏牛，可鬥蒙輪之勇；時逢探虎，堪爭拔距之強。"

《大詞典》"葆蓋"條釋作"古代車子上用鳥羽裝飾的車蓋"，引例為清金農《登陽臺觀》詩："清齋朝盥入山行，倪忽松幢葆蓋迎。"孤證且甚晚，可補五代墓誌。

9. 崩摧

唐天祐十三年《王琮墓誌》："季子虔貞，號天叩地，擗踴崩摧，涙灑過高柴之泣血。"

《大詞典》"崩摧"條義項3釋作"猶言五內摧裂。形容哀痛之極"，引例為三國魏曹植《王仲宣誄》："翩翩孤嗣，號慟崩摧。"孤證。隋代以來墓誌多有用例，《隋代墓誌銘彙考》〇六一《陳遵誌》："兒女崩摧，親朋憶欷。行看仙鳥，時時來喚。"《唐代墓誌彙編》開元〇二七《紀茂重墓誌》："今子四人，六情分裂，五內崩摧，慟感神明，哀傷志性。猶恐風樹難靜，陵谷易遷。"

10. 弊訛

前蜀乾德五年《晉暉墓誌》："狂暴必煞，惇獨遂生。弊訛釐革，教化興行。為豐軍食，能勸農耕。風調雨順，國泰時清。"

《大詞典》"弊訛"條釋作"猶弊病"，引例為宋王讜《唐語林·夙慧》："開元初，上留心理道，革去弊訛。"孤證。"弊訛"當為五代宋時期新詞，傳世文獻還有用例，《大唐新語·友悌第十二》："卿孤潔獨行，有古人之風。自臨蜀川，弊訛頓易。覽卿前後執奏，何異破柱求奸。諸使之中，在卿為最。"

11. 稟秀

前蜀乾德五年《晉暉墓誌》："公婚隴西郡夫人李氏，即刑部尚書嵩之女也。傳芳天族，稟秀德門，贊帝師以賢明，處閨門以雍睦。"後唐長興四年《張文寶墓誌》："公弓冶傳榮，芝蘭稟秀，素蘊賢人之操，早為君子之儒。究典墳則學乃生知，論文章則才推天賦。白虹挺氣，涅之而不緇；上善澄心，撓之而不濁。"後漢乾祐三年《邢德昭墓誌》："有子三人：長曰仁鄞，任絳州垣縣簿。次曰仁寶，補孝挽郎。幼曰仁矩，齠年未仕。並龍鑾稟秀，珠玉擒華，克循孟子之規，藹耀臧孫之後。"

《大詞典》"稟秀"條釋作"天生秀麗"，引例為《舊唐書·后妃傳下·肅宗章敬皇后吳氏》："伏惟先太后圓精挺質，方祇稟秀。"孤証。"稟秀"當為隋唐新詞，隋代以來墓誌習見用例，《隋代墓誌銘彙考》〇〇七《李和墓誌》："公含璋天挺，稟秀篤生，蹈顏冉而為儔，躡韓彭而可輩，孝友絕人，誠亮有本。"《隋代墓誌銘彙考》一〇八《趙世模誌》："山川稟秀，辰象降零。家傳軒冕，門襲簪纓。"《唐代墓誌彙編》永徽一二二《沈士公墓誌》："君稟秀沖和，資淳象緯，風標早扇，歧嶷幼彰，軌度絕倫，實謂人中之傑。"

12. 卜課

唐天祐十三年《王琮墓誌》："孤子虔貞等扶靈啓柩，杖策九原，諧算青烏，龜叶卜課，於天祐十三年歲次丙子二月丙戌朔五日庚寅合祔於丹城北原二里，創買新塋，平原之禮也。"

《大詞典》"卜課"條釋作"即起課。占卜方法的一種。或用六壬課，或搖銅錢看正反，或掐指推算干支，以推斷吉凶"，引例為曹禺《北京人》第一幕："主人們有時在這裏作畫吟詩，有時在這裏讀經清談，有時在這裏卜神課。"孤証。《大詞典》用"卜神課"來作為"卜課"的例證，顯然欠妥，可補五代墓誌。

13. 蒼舒

後唐清泰元年《李重吉墓誌》："公少韞令問，夙欽奇表，含五行而挺秀，聞兩社以開祥。象載舟中，笑蒼舒之飾智；蟻封穴外，稽沛獻之成占。"

《大詞典》"蒼舒"條釋作"遠古傳說中人名。八愷之一"，引例為《左傳·文公十八年》："昔高陽氏有才子八人：蒼舒、隤敳、檮戭、大臨、尨降、庭堅、仲容、叔達。"孤証。南北朝墓誌就有用例，《漢魏六朝碑刻校注》四八四《北魏元顯儁墓誌》："昔蒼舒早善，叔度奇聲，亦何以加焉。"

14. 差愈

後晉開運二年《王廷胤墓誌》："公當任浮陽日，專出巡城，退還公署，覺氣疾□□□□□□□。主上遍宣醫治，莫能差愈。"

"差"乃"病除"之義。《方言》第三："差，愈也。南楚病瘉者謂之差。"《大詞典》"差愈"條釋作"病瘉"，引三國魏曹操《追稱丁幼陽令》："昔吾同縣有丁幼陽者，其人衣冠良士，又學問材器，吾愛之。後以憂恚得狂病，即差愈，往來故當共宿止。"為例，孤證，可補五代墓誌。

15. 朝策

後周顯德二年《蘇逢吉墓誌》："公先婚滎陽鄭氏，後婚太原武氏，封越國夫人，皆先公去世，從夫有秩，肥家著稱，魚軒適何於朝策，穠李俱悲於薤露。"

《大詞典》"朝策"條釋作"朝廷的策書"，引例為《三國志·魏志·陳思王植傳》："必效須臾之捷，以滅終身之愧，使名掛史筆，事列朝策。"孤證，可補五代墓誌。

16. 鴟夷

後唐清泰三年《戴思遠墓誌》："粵以鴟夷功大，泛扁舟而不迴；疏傅位尊，出東門而長往。"

《大詞典》"鴟夷"條義項2釋作"借指春秋吳伍員"，引明高啟《行路難》詩之二："鉤弋死雲陽，鴟夷棄江沙。"為例，孤證且甚晚。科學的漢語史研究，除了準確的釋義之外，還應該繼續追溯每個詞語的源頭。"鴟夷"一詞，唐代墓誌已見用例，《唐代墓誌彙編》永徽〇八二《朱師墓誌》："君則撫塵聰察，明明於善言，故能作政家風，小大依德。贏金耀彩，臭味羅哀之門；紅粟流京，羽儀鴟夷之室。"《唐代墓誌彙編》天寶〇六七《馬元禮墓誌》："別有無衣無褐，終宴且貧，睹襖長吁，過門大嚼，重揚雄之賦，能說鴟夷；鄙庾闡之文，虛捐玉盌者，曰有其人矣。"

17. 敕建

後唐同光二年《王審知墓誌》："天祐中，特敕建德政碑，立於府門西偏。"後唐同光二年《王審知墓誌》："其後，明庭以三代封崇隆盛，特

敕建私廟，下太常，定禮儀，降祭服，置神主，命星使賜於府西立
廟焉。”

　　《大詞典》“敕建”條釋作“猶敕造”，引例為蕭乾《栗子·矮簷》：
“白衣庵是一座明代敕建的古廟，自從康熙年間一位善人重修了一番後，
兩三百年便不曾有誰給添過一塊瓦片。”孤証且甚晚，可補五代墓誌。

　　18. 儔比

　　後晉天福五年《張季宣妻李氏墓誌》：“疊伸慶美，重敘姻聯，當時
而眾所推稱，追古而諒難儔比。含章穆穆，已光柔順之名；鳴鳳喈喈，克
叶賢和之德。”後晉開運二年《王廷胤墓誌》：“公以匡邦□社，□□事
君，雖舅犯夷吾，未可儔比，殊功善政，曷可備書。”後周顯德七年《盧
價墓誌》：“七年蒞司言之官，五任歷貳卿之秩；畢公洛郊之化方佐保釐，
四皓商山之歌俄從賓護。就閑請老，登為正卿，光於搢紳，罕其儔比。其
事蹟之華顯昭著，又可知也。”

　　《大詞典》“儔比”條釋作“謂可與相比者”，引例為唐司空曙《殘
鶯百囀歌各賦一物》：“乃知眾鳥非儔比，暮噪晨鳴倦人耳。”孤証。“儔
比”當為唐五代新詞，唐代墓誌習見用例，《唐代墓誌彙編》大中〇六八
《崔廷妻鄭氏墓誌》：“爾後大卿累遷官秩，夫人隨其位封邑，朝于興慶
宮，榮耀士林，亦難儔比。”《唐代墓誌彙編》乾符〇一三《李推賢墓
誌》：“自著休光，孰與儔比？鬱鬱佳城，滕公居此。”《唐代墓誌彙編續
集》開元一〇九《郭氏墓誌》：“惟德炳兮備都鄙，邕睦貞固兮難儔比。
羌若人兮婦之範，天不饒兮奄罹此。”

　　19. 籌幄

　　後晉天福八年《何德璘墓誌》：“公職列賓階，位親籌幄。沉機妙畫，
皆成有國之規；終論誠言，□□全家之道。”

　　《大詞典》“籌幄”釋作“猶籌帷”。引例為趙樸初《憶江南·五臺
山雜詠》詞：“欣窺籌幄想當年。”孤証且甚晚。遼代墓誌還有用例《遼
代石刻文編·張績墓誌》：“其先出自軒轅，代掌網羅，厥後氏焉。洎乎
分茅列土，翼子貽孫。首三傑而籌幄受封，逮七葉而珥貂迭貴。”

　　20. 俶擾

　　後梁貞明六年《儲德充墓誌》：“洎廣明初，中原版蕩，戎馬生郊，
袄巢犯闕，四海俶擾。於時翠華南幸，生聚流離。”

　　《大詞典》“俶擾”義項1釋作“開始擾亂”，引例為《書·胤征》：

"惟時羲和，顛覆厥德。沉亂於酒，畔官離次。俶擾天紀，遐棄厥司。"孔傳："俶，始；擾，亂。"孤證。唐代墓誌還有用例，《唐代墓誌彙編》開元二四二《宋莊墓誌》："頃以皇綱失御，靈珠見竊，天紀俶擾，姦雄方爭。"

21. 垂精

後晉天福五年《張季宣妻李氏墓誌》："桂魄垂精，瑤臺降靈。香芬羅幌，蓮對雲屏。"後晉天福六年《權君妻崔氏墓誌》："上天降氣，明月垂精。崔夫人稟，崔夫人生。有禮有法，私門和平。"

《大詞典》"垂精"條義項1釋作"發射光芒"，引例為《漢書·敘傳下》："炫炫上天，縣象著明，日月周輝，星辰垂精。"孤證。南北朝以來墓誌就多有用例，《漢魏六朝碑刻校注》六五六《北魏元緦妃李媛華墓誌》："惟斗垂精，惟樞播靈，比肩世秀，間出民英。"《唐代墓誌彙編》顯慶一〇五《莨夫人墓誌》："夫人洛霞慚映，桂魄垂精，沉寂蕭然，幽閑自得。年十有六，適於張氏。"

22. 淳直

南唐昇元六年《姚嗣駢墓誌》："府君嗣慶，稟性淳直，質氣倜儻，沉謀罕測，實自生知。"

《大詞典》"淳直"條釋作"敦厚直率"，引例為《敦煌變文集·伍子胥變文》："萬邦受命，性行淳直，議節忠貞，意若風雲，心如鐵石。"孤證。"淳直"當為唐五代新詞，唐代墓誌也有用例，《唐代墓誌彙編續集》廣明〇〇三《趙宷墓誌》："祖諱白絮，先曾入道，久隱蓬萊，食藥登仙，怡情樂道，性本淳直，量且仁寬，儒風不墜。"

23. 鶉首

後唐長興三年《孟知祥妻福慶長公主李氏墓誌》："於是法惟辯貴，禮重送終，虔祝蓍龜，卜安陵兆，考青烏之妙術，詢金馬之名崗，長亭追控於牛頭，列宿上分於鶉首。"

《大詞典》"鶉首"義項1釋作"星次名。指朱鳥七宿中的井宿和鬼宿"，引例為宋沈括《夢溪筆談·象數一》："天文家'朱鳥'，乃取象於鶉。故南方朱鳥七宿，曰鶉首、鶉火、鶉尾是也。"孤證且晚出。碑刻文獻南北朝以來墓誌多有用例，《漢魏六朝碑刻校注》六八六《北魏元纂墓誌》："以孝昌元年，歲在鶉首，十一月壬寅朔，廿日辛酉，窆於獻武王塋之側。"

24. 輟舂

吳乾貞三年《劉君妻尋陽長公主楊氏墓誌》："諸子以情鍾陟岵，恨切茹荼，哀號而泣血崩心，踴擗而柴身骨立。吁嗟遐邇，駭歎人倫。里巷為之輟舂，士民為之罷社。"後唐長興四年《張文寶墓誌》："方期登庸，因復朝宗。俄悲夢奠，咸痛輟舂。"後周顯德元年《安重遇墓誌》："哀聞洺水，尋興罷市之悲；信到圃田，即起輟舂之念。"

《大詞典》"輟舂"條釋作"古代舂築時，以歌相和，以杵聲相送，用以自勸。里中有喪，則舂築者不相杵。見漢賈誼《新書·春秋》《史記·商君列傳》。後以'輟舂'表示對死者的哀悼"，引例為南朝梁任昉《出郡傳舍哭范僕射》詩："已矣余何歎，輟舂哀國均。"孤証。"輟舂"乃墓誌習語，隋代以來墓誌常見，《隋代墓誌銘彙考》三二三《董穆墓誌》："宗親愴切，內外傷情。鄰友輟舂，舊泯罷市。"《唐代墓誌彙編》長安〇四七《張茂墓誌》："嗚呼！天不愁遺，殲我良哲，哀甚輟舂，嗟深大耋。"《遼代石刻文續編·耿崇美墓誌》："高位發歎，道路興嗟，里巷為之輟舂，時俗比之埋玉。是以皇情悼念，朝議悲傷。"

25. 慈懿

後周顯德二年《石金俊及妻元氏合祔墓誌》："僕不能文，但以昔年任蘭臺郎，求假適義州，獲昇堂拜太夫人，親慈懿之風，熟貞良之德。"

《大詞典》"慈懿"條釋作"猶慈善"，引例為明何景明《祭岳母文》："惟我岳母，慈懿為德，勤儉成家，既穫既食。"孤證且甚晚。遼代墓誌也有用例，《遼代石刻文編·興宗仁懿皇后哀冊》："矧以慈懿純裕，肅雍粹洋，聰明淑慎①，貞靜矜莊。"

26. 次男

後梁乾化二年《孫公瞻墓誌》："有子三人：長男知密，新婦王氏。次男防禦充副知客延祚，新婦許氏。次延福。"後唐天成三年《王言妻張氏墓誌》："男有四人：長男名延福，早亡。次男名延美，次男名延壽，次男名延瓌，並乃長立，榮國榮家，文武兩全，忠孝雙美。"

《大詞典》"次男"條釋作"次子"，引清梁章鉅《稱謂錄·次子》："隋《舍利塔銘》楊繼宗之次子稱次男。"為例，孤證且甚晚，可補五代墓誌。其實，漢魏六朝碑刻多有用例，此不贅。

---

① 淑慎，《全遼文》作"淑脊"，非。

27. 代襲

後唐長興三年《孟知祥妻福慶長公主李氏墓誌》："初，太祖代襲師壇，位尊侯伯，英姿偉量，惟孝與忠，居文公虎視之鄉，擁高祖龍潛之境。"後晉天福五年《郭彥瓊墓誌》："公乃門承勳閥，代襲弓裘，性抱貞純，情懷摭實，修於身而蘊於德，卓爾奇仁；□思恭而色思溫，儼然君子。"

《大詞典》"代襲"條釋作"謂子孫以先人功勳而承襲其官爵"，引宋王禹偁《擬長孫無忌讓代襲刺史表》："伏奉詔旨，許臣等子代襲刺史者，恩覃延世，代襲專城，命雖已行，事則非次，苟無言而冒寵，則後嗣以罹殃。"為例，孤證且晚出，六朝以來墓誌習見，可補。《漢魏六朝碑刻校注》四六〇《北魏司馬紹墓誌》："遙哉遠裔，緬矣鴻胄。承苻紹夏，作賓於周。貞明代襲，弈世宣流。"《唐代墓誌彙編》咸亨〇一〇《張軌墓誌》："門承慶業，代襲勳榮，爰備□圖，載彰家諜。"《唐代墓誌彙編》永隆〇〇八《李慎墓誌》："玉關飛將，德水仙舟，洛中人物，海外公侯。名流萬古，譽重千秋，門資纓紱，代襲箕裘。"

28. 蹈和

後梁貞明二年《張濛墓誌》："及冠，長於公理而祖仁本義，率禮蹈和，負濟物之材，多不羈之論。"後唐同光三年《張君妻蘇氏墓誌》："夫人即密邑君之長女也。儀範有聞，柔明稟粹。蘭芳玉潔，早慶於金閨；率禮蹈和、動循於形史。"

《大詞典》"蹈和"條釋作"遵循謙和之道"，引例為周立波《山鄉巨變》上四："左門楣上題著'履中'，右門楣上寫著'蹈和'。"孤証且甚晚。唐代墓誌多有用例，《唐代墓誌彙編》開元三三二《宋練墓誌》："夫人內則承家，閨言師訓，翠鬟笄總，玉珮施盤，象服是宜，素章增絢，習禮蹈和，明詩納順。"《唐代墓誌彙編》天寶一四一《崔氏墓誌》："夫人承懿範于景胄，秉柔芳以立身。待年有行，率禮而動，蹈和納順，中外穆如。"《唐代墓誌彙編》咸通〇四一《楊氏墓誌》："洎乎顯回天旨，恩拜御中，無錮寵妬媚之心，有蹈和納順之譽。德隆坤則，祚集靈祥，嘉夢屢兆于國香，甲觀亟延於皇胤。"

29. 蹈仁

後梁龍德二年《崔柅妻李珩墓誌》："清河公藏器蹈仁，含華挺秀，詩言禮立，自得先規，行古居今，寶光上地。"

《大詞典》"蹈仁"條釋作"遵循仁義之道"，引例為晉曹毗《晉江左宗廟歌·歌顯宗成皇帝》："邁德蹈仁，匪禮弗過。"孤證。南北朝墓誌就有用例，《漢魏六朝碑刻校注》一二四三《北齊薛懷儁妻皇甫豔墓誌》："曾祖避赫連之乱，徙居漢中。涇川黑水，並為冠族。大父秦州使君澄，蹈仁履義，名垂身後。"

30. 帝屬

後唐同光三年《李茂貞墓誌》："蓋彰保國之誠明，迴振匡君之義烈，編於帝屬，列彼儲闈。紀玉諜以騰芳，齒金枝而表慶。"

《大詞典》"帝屬"條釋作"猶皇族"，引例為《北史·魏遼西公意烈傳》："意烈性雄耿，自以帝屬，耻居跋下，遂陰結徒黨，將襲鄴。"孤証。唐代墓誌還有用例，《唐代墓誌彙編續集》大曆○○八《慕容皓墓誌》："自梁迄今，至公六代，代為帝屬所出，雖百氏九流，殊門異說，而地望顯赫，冠冒當時。"

31. 電光

後晉開運三年《袁從章墓誌》："悲喜同源，一世而喻如風燭；短長繫分，百年而不異電光。"

"電光"本來指閃電的光，閃電是稍縱即逝的，引申之，就指時間的短暫。《大詞典》"電光"條義項3釋作："比喻時間短暫。犹言一刹那。"引例為前蜀章莊《哭同舍崔員外》詩："却到同遊地，三年一電光。"孤証且晚出。隋代以來墓誌就多有用例，《隋代墓誌銘彙考》四三○《崔玉墓誌》："脆境無常，電光不住。不繼煩惚之因，同入涅槃之路。"《唐代墓誌彙編》垂拱○五七《呂行端墓誌》："豈謂石火不留，電光難駐，未秋風而落桂，方日夏而摧蘭。"

32. 電露

南唐昇元六年《姚嗣駢墓誌》："理家盡孝，許國懷忠。方堅勁節，將圖大功。忽膏肓兮搆疾，俄電露兮告終。"

《大詞典》"電露"條義項2釋作"喻短暫"。沒有例證。"電露"本指閃電和露水，由于二者瞬間即逝，墓誌中常常用來比喻生命的短暫。《唐代墓誌彙編》大曆○二二《法律禪師墓誌》："何期電露不留，忽隨逝水，奄從遷化，軫悼良深，賜其束帛，兼致齋祭。"

33. 頂謁

後梁乾化五年《惠光舍利塔銘》："大梁故墻西麗景門外北壁上，乾化三年春三月，長老惠光和尚建置禪院，至五年歲次乙亥三月庚辰朔十二日壬申遷化，十四日焚燒，得感應舍利，京都人衆皆頂謁。"

《大詞典》"頂謁"條釋作"頂禮謁見"，引例為唐白居易《與濟法師書》："昨者頂謁時，不以愚蒙，言及佛法，或未了者，許重討論。"孤証。唐代墓誌也有用例，《唐代墓誌彙編》乾元〇〇八《思道禪師墓誌》："次就有德，轉相師師，禪行法門，戒律經論，耳目聞見，紀之心胸。緇錫來求，簪裾欽仰，聽習者鶴林若市，頂謁者鹿苑如雲。"

34. 洞諳

後晉開運三年《袁從章墓誌》："府君之子，各明詩訓，偕曉義方，或勾務重難，洞諳錢穀，或□司密近，並熟衙儀，是謂令子令孫，有始有卒。"

《大詞典》"洞諳"條釋作"通曉；很熟悉"，引例為清陳康祺《郎潛紀聞》卷十二："湯尤說禮敦詩，洞諳韜畧。"孤証且甚晚，可補五代墓誌。

35. 端儼

後晉天福八年《梁漢顒墓誌》："公星辰稟慶，山嶽含貞，挺端儼之姿，受純和之氣，生而有異，見滿室之神光，幼而不群，絕同儕之戲豫。"

《大詞典》"端儼"條釋作"正直莊重"，引《宋書·顏延之傳》："方其克瞻，彌喪端儼；況遭非鄙，慮將醜折。"為例。《宋書》凡一〇〇卷，是有關南朝宋（公元四二〇年—四七九年）的紀傳體史書，作者是梁朝的沈約，他在齊永明五年（即公元四八七年）任太子家令兼著作郎，奉命編撰《宋書》。《大詞典》孤證，唐代墓誌還有用例，《唐代墓誌彙編》永徽〇三四《唐阿深墓誌》："夫人降婺女之星精，稟歸妹之淑氣，容範閑華，姿望端儼。質凝春露，行烈秋霜。母儀耀於閨闈，婦道光乎閭里。"

36. 敦淳

唐天祐十三年《張宗諫墓誌》："府君幼而令黠，長亦謙恭，孝敬敦淳，和叶忠信，勤劬生務，基業豐餘。"

《大詞典》"敦淳"條釋作"敦厚淳樸"，引例為南朝梁蕭統《宴闌思舊》詩："孝若信儒雅，稽古文敦淳。"孤證，可補五代墓誌。

37. 敦素

後唐天成二年《張積墓誌》："故朝議郎、前峽州司馬、柱國、清河郡公，挺志風雲，立身敦素，南金東箭，莫以齊衡；闕月穄松，難堪並駕。”後漢天會八年《石映墓誌》：“公志懷敦素，性守謙沖，不以榮顯□情，但欲優遊晦跡而已。”

《大詞典》“敦素”條釋作“敦厚素雅”，引例為明顧起綸《國雅品·士品三》：“張嘗與啟劄神交，詞多敦素，亦是恬雅人。”孤證且晚出。南北朝以來碑刻多有用例，《漢魏六朝碑刻校注》九五一《北魏李仲琁修孔廟碑》：“敦素翦華，興存癈絕，視民如傷，納之仁壽，體亡懷以幽詣，任萬物以為心。”《唐代墓誌彙編》元和〇四八《南氏墓誌》：“經履六行，表以敦素，中包貞正，奉親無間於人言，馭下有彰於泛愛。”

38. 恩煦

後晉某年《王君妻關氏墓誌》：“婚隴西郡李氏，郡夫人理家之要，布惠之餘，訓子義方，則卜鄰截髮；穆親和眷，則勾帛散金。至於廏養之徒僕，使之恩煦如冬日也。”

《大詞典》“恩煦”條釋作“猶恩澤”，引例為唐薛曜《舞馬篇》：“閶闔閒，玉臺側，承恩煦兮生光色。”孤証。唐代墓誌也有用例，《唐代墓誌彙編》顯慶一一一《王約墓誌》：“公清廉在盧，不獨美於慎知；恩煦庇人，豈直歌於來晚。是以價逸士林，名重邦彥。情田秀舉，瑩仁義於蘭蓀；心境清通，振貞順於松桂。”

39. 藩宣

後唐同光二年《王璠墓誌》：“公即累袖於藩宣，況洺沴傷殘，久罹兵革，坊肆悉成於瓦礫，宮闈盡變於荊榛。”後晉某年《王君妻關氏墓誌》：“玉殿承恩，貴戚光連於帝室；金門示寵，推誠位列於藩宣。虎節雖持，龍樓每覲，動政聲於二華，顯惠愛於三峯。”

《大詞典》“藩宣”條義項2釋作“用以指藩國、藩鎮”，引唐白居易《崔群可秘書監分司東都制》：“輔弼藩宣，不失其道。”為例，孤證，可補。《唐代墓誌彙編》長慶〇二七《崔琇墓誌》：“宜我大夫公膺靈河嵩，與時藩宣，克荷重慶，以昭先德，君子謂是言也信。”《遼代石刻文編·耿延毅妻耶律氏墓誌》：“國之柱石，人之衡鏡。得汜水之兵略，識常山之陣勢。執圭象魏，滿朝欽謇諤之風；杖鉞藩宣，闔境沐仁惠之化。不朽之績，紀於太常。”

40. 番昌

後唐清泰三年《戴思遠墓誌》：“于公積善，終開高大之門；畢萬成占，果啓番昌之胤。"

《大詞典》"番昌"條釋作"昌盛"，引例為《隸釋·漢白石神君碑》："子子孫孫，永永番昌。"孤證。漢代以來碑刻多有用例，《唐代墓誌彙編》元和〇一七《爨進墓誌》："君諱進，其先陝府夏縣人也。且盛德之胤，其必番昌，蓋磐根周邦，折葉茅土，俾侯利建，因封命氏，長源逾達，世降賢良。"

41. 坊肆

後唐同光二年《王璠墓誌》："公即累袖於藩宣，況洛汭傷殘，久罹兵革，坊肆悉成於瓦礫，宮闈盡變於荊榛。"

《大詞典》"坊肆"條釋作"猶市肆，商店。多指書坊"，引例為清平步青《霞外攟屑·斠書·雷司空著述》："予偶及司空各著，訪之豐城司空後人及省城坊肆，皆烏有。"孤證且甚晚，可補五代墓誌。

42. 芳馨

唐天祐十年《邢汧及夫人周氏合葬墓誌》："周文之子，啓國於邢。因封命氏，代播芳馨。降生於公，世敦清德。"後晉天福七年《周令武墓誌》："廷胤文里小儒，簪裾後進。師涓坐上，徒矜濮上之音；夫子門前，難問斐然之作。益以謳吟肄業，敢將紀頌為辭，聊吐芳馨，敢為銘曰。"

《大詞典》"芳馨"條義項 2 釋作"喻美好的名聲"，引清張大受《慕廬先生還朝》詩："出處古來雲變化，芳馨誰播史書中。"為例，孤證且甚晚，可補。唐代墓誌已見用例，《唐代墓誌彙編》大和〇九八《解少卿墓誌》："將語將默，外融內明。紀之千古，不絕芳馨。"《唐代墓誌彙編續集》大中〇一二《李元玠墓誌》："推忠信而求友，蘊謙和以待寶。穆穆宗親，恂恂鄉黨，芳馨遠播，孰不詠之。"

43. 風詠

後梁龍德二年《崔杞妻李珩墓誌》："承先祖，供祭祀，所以風詠也，具茲道者其有屬歟？"後周顯德四年《連思本墓誌》："禮行素高，垂謝家之風詠；訓儀清遠，揚孟母之芳猷。"

《大詞典》"風詠"條釋作"諷誦吟詠"，引例為清宗稷辰《姚適庵怡柯草堂詩賦鈔序》："自來賢侯良輔，哲士端人，其由心德而發攄乎善政者，每見之於風詠。"孤證且甚晚，可補五代墓誌。

44. 奉國

唐天祐十三年《孫彥思墓誌》："王庭選公為黃州制置使，分憂志切，奉國心專。版築城池，興修廨署，招安戶口，勸課農桑。"後唐清泰二年《商在吉墓誌》："又加檢校司空，敢不一心奉國，九□弘恩，惟堅冰蘖之心，上荷乾坤之造。"《馮暉墓誌》："邊庭肅静，寰海沸騰。彌堅奉國之心，固守全家之節。"

　　《大詞典》"奉國"條釋作"獻身為國"。僅引《北史·裴佗傳》："裴矩凡所陳奏，皆朕之成算，朕未發，矩輒以聞，自非奉國，孰能若是。"孤證。"奉國"一詞，隋代墓誌始見用例，《隋代墓誌銘彙考》一〇八《趙世模墓誌》："公遂被眾潰圍，擁入北狄。抱誠臣之節，豈松竹而喻其志；推奉國之操，非金石而方其心。"《唐代墓誌彙編》顯慶一〇〇《尉遲融墓誌》："事君盡禮，致欽明於堯舜；奉國忘身，保忠貞於鄧李。"《唐代墓誌彙編續集》武德〇〇四《趙意墓誌》："君推心奉國，夙夜虔恭，屈體思仁，心希靜亂。於是堂堂之誦，響徹於天庭；濟濟之風，令聞於朝野。"傳世文獻三國有用例，《三國志·吳書·孫權傳》："君生於擾攘之際，本有縱橫之志，降身奉國，以享茲祚。"

　　45. 鳳質

　　後晉天福五年《李寔及妻栗氏連氏馬氏合祔墓誌》："肅肅賢人，娥娥鳳質。花落妝臺，訓沉硯筆。"

　　《大詞典》"鳳質"義項1釋作"指人的美好品質"，引例為唐丘丹《奉酬韋使君送歸山》詩："涉海得驪珠，棲梧慚鳳質。"孤證。"鳳質"當為唐五代新詞，唐代墓誌還有用例，《唐代墓誌彙編》龍朔〇四七《桓萬基墓誌》："既而温玉抽英，虹氛掩連城之匣；仙筠擢潤，鳳質躪文林之班。"《唐代墓誌彙編續集》儀鳳〇〇六《俎威墓誌》："遐源遠望，實分彩於龍顏；素號開期，寔連輝於鳳質。"

　　46. 福輿

　　後晉天福七年《任景述墓誌》："公器局深沉，識度弘遠，幼稟義方之訓，長有老成之風，非禮勿言，作事可則。心算乃窮微盡數，福輿則抱智懷仁。"

　　《大詞典》"福輿"釋作"求福的車子。比喻美德善行"，引例為《北史·崔㘓傳》："夫恭儉，福之輿；傲侈，禍之機。乘福輿者浸以康休，蹈禍機者忽而傾覆。"孤證。《北史》是一部紀傳體史書，作者為初唐時期的李延壽，官至符璽郎。可補五代墓誌。

　　47. 婦儀

　　後唐同光三年《張君妻蘇氏墓誌》："養舅姑兮叶婦儀，育雅孺兮形母慈。”吳乾貞三年《劉君妻尋陽長公主楊氏墓誌》：“在内也，則班誡曹箴克修女範；配室也，則如賓舉案罔怠婦儀。”後周顯德五年《索萬進墓誌》：“公之夫人成氏，心同萬墨，志異絲蘿，孝以顯於婦儀，慈又彰於母愛。”

《大詞典》“婦儀”條釋作“謂婦女的容德規範”，引例為明高明《琵琶記·牛相教女》：“堪哀，萱室先摧。嘆婦儀姆訓，未曾諳解。”孤證且甚晚，南北朝墓誌就習見用例，《漢魏六朝碑刻校注》四七九《北魏李元姜墓誌》：“蕭穆婦儀，優柔靖默。女子有行，光家榮國。”《漢魏六朝碑刻校注》八三六《慕容氏墓誌》：“爰陶世緒，體茲坤德，功容擅于閨閫，婦儀盛於來嬪。”《隋代墓誌銘彙考》三八九《趙朗暨妻孫氏誌》：“君聘以千金，迎便百兩。女德幼志，婦儀長備。”

48. 感契

後梁貞明六年《謝彥璋墓誌》：“公始當朝見，大叶天心。雲龍符感契之徵，君臣顯際會之兆。”

《大詞典》“感契”條釋作“感激銘記”，引例為前蜀杜光庭《宣示解泰邊垂謝恩表》：“斯皆發於天意，感契人心，詳考嘉言，允歸聖德。”孤證。傳世文獻唐代已有用例，唐戴孚《廣異記·常夷》：“其紙墨皆故弊，常夷以感契殊深，歡異久之。”

49. 幹世

後唐清泰三年《戴思遠墓誌》：“次曰懷傑，將仕郎，前守河南府王屋縣主簿，並承家令器，幹世長才，自鍾風樹之憂，罔極蓼莪之痛。”

《大詞典》“幹世”條釋作“謂處理世事”，引例為《北史·裴矩傳》：“世父讓之謂曰：‘觀汝神識，足成才士，欲求宦達，當資幹世之務。’矩由是始留情世事。”孤證。隋代墓誌亦見用例，《隋代墓誌銘彙考》○五一《朱神達誌》：“才足幹世，學堪登仕。蹤橫五兵，折衝千里。”

50. 歌袴

前蜀乾德五年《晉暉墓誌》：“翌日，除授巴州，又次遷閬苑，但是問俗之處，則喧歌袴之謠。”

“歌袴”一詞語本《後漢書》，《後漢書·廉范傳》載：廉范字叔度，為蜀郡太守時，“成都民物豐盛，邑宇逼側，舊制禁民夜作，以防火災，而更相隱蔽，燒者日屬。范乃毀削先令，但嚴使儲水而已。百姓為便，乃歌之曰：'廉叔度，來何暮？不禁火，民安作。平生無襦今五絝。'"《大詞典》"歌絝"條釋作"後遂以"歌絝"為歌頌官吏德政之典"，引例為宋梅堯臣《送閣中孚郎中知磁州》詩："持麾邦寄重，歌絝民欣早。"孤證且晚出。《唐代墓誌彙編》麟德〇三八《權豹墓誌》："曾祖休，齊任河州刺史。敷他百城，軼廉公之歌絝；宣風千里，轥張子之謠岐。班暢六條，行信摽于郭馬；澤流十部，清潔洞于吳泉。"

51. 弓箕

唐天祐十八年《孟弘敏及夫人李氏合葬墓誌》："自周公華裔，魯國靈苗，枝葉相承，風神間出，弓箕不墜，英傑挺生，三皇五帝之時，公卿繼美；興亡戰伐之後，儒學傳家。"後周顯德二年《蘇逢吉墓誌》："爰當稚齒，鍾以外艱，嚴事宮師，肅承家法，既弓箕之克肖，遂羔雁以盈門。"

"弓箕"一詞語本《禮記·學記》："良冶之子。必學為裘；良弓之子，必學為箕。"孔穎達疏："善為弓之家，使角幹撓屈調和成弓，故其子弟亦觀其父兄世業，仍學取柳和軟，撓之成箕也。"《大詞典》"弓箕"條釋作"比喻父子世代相傳的事業"，引唐陸龜蒙《襲美先輩以龜蒙所獻五百言既蒙見和再抒鄙懷用伸酬謝》："少小不好弄，遂巡奉弓箕。"為例，孤證。

52. 構屯

南唐保大九年《陶敬宣墓誌》："考雅，武昌軍節度使，贈太師，楚惠公。雲雷構屯，龍虎冥會。橫珊戈而蕩寇，功冠一時；裂鶢尾以疏封，禮優萬戶。"

《大詞典》"構屯"條釋作"聚合"，《大詞典》無例證。唐五代傳世文獻也有用例，《舊唐書·玄宗紀》："朕承累聖之洪休，荷重光之積慶。昔因多難，內屬構屯，寶位深墜地之憂，神器有綴旒之懼。"《舊五代史·梁書》："史臣曰：夫雲雷構屯，龍蛇起陸，勢均者交鬥，力敗者先亡，故瑄、瑾、時溥之流，皆梁之吞噬，斯亦理之常也。"

53. 孤壘

後梁貞明二年《牛存節墓誌》："救高平郡之危也，稟命馳往，馬不暇秣，比及郡郊，叛卒舉火應寇，將陷孤壘，公詰旦而入，敵勢漸熾。"

《大詞典》"孤壘"條釋作"孤立的堡寨"，引例為宋陸遊《自興元赴官成都》詩："梁州在何處，飛蓬起孤壘。"宋王禹偁《賀收復益州表》："暫出偏師，果平孤壘。"宋柳永《竹馬子》詞："登孤壘荒涼，危亭曠望，靜臨煙渚。"三個例證均為宋代例，似乎宋代以外無例證，當引五代墓誌。

54. 冠族

後梁龍德二年《崔柅妻李珩墓誌》："夫人諱珩，字垂則，隴西成紀人也。門胄之來，甲於當代；史氏攸述，推為冠族。"

《大詞典》"冠族"條釋作"顯貴的豪門世族"，引《三國志·魏志·曹爽傳》"於是收爽、羲……範當等，皆伏誅，夷三族。"裴松之注引三國魏魚豢《魏略》："桓範字元則，世為冠族。"孤證，可補魏晉南北朝以來碑誌，《漢魏六朝碑刻校注》二四二《東晉張鎮墓誌》："太寧三年太歲在乙酉，侯年八十薨。世為冠族，仁德隆茂。"《新出魏晉南北朝墓誌疏證·薛懷儁妻皇甫豔墓誌》："夫人諱豔，本安定朝那人。曾祖避赫連之亂，徙居漢中。涇川黑水，並為冠族。"《唐代墓誌彙編》貞觀〇三四《賈通墓誌》："君諱通，字子照，洛州洛陽人也。因國受姓，世為冠族。"《唐代墓誌彙編續集》貞觀〇一六《徐純墓誌》："君諱純，字惇業，東海人也。隆周啟封，因國受氏，玉潤珠輝，世融冠族，樂則待詔，漢武與嚴賈而騰芳；幹乃陪宴，魏文共應劉而挺秀。"

55. 規章

唐天祐十三年《孫彥思墓誌》："謀深韓白，政比龔黃。赤心奉國，苦節勤王。修興廨署，版築城牆。懸魚譽遠，去獸名彰。志懷恭儉，節守溫良。凡為舉措，盡體規章。"

《大詞典》"規章"條釋作"規則章程"，引例為康濯《春種秋收·一同前進》："院子裏，富保和秀梅一邊吃飯，一邊小聲地吵吵著這個缺點那個缺點，還討論著該訂什麼制度什麼規章。"例證甚晚。唐代墓誌已習見用例，《唐代墓誌彙編》會昌〇五〇《王氏墓誌》："夫人則公之第三女也。禮範傳家，規章令肅，節行冰操，性情金堅。訓必明于班姜，誠必彰于曹孟，內循禮節，外絕浮奢。"《唐代墓誌彙編續集》大中〇七六《崔鍠墓誌》："有子三人：長曰重珍，次曰重慶，並懷仁孝，俱習禮經，動合規章，與物無競。次曰重建，幼而後異，運促先秋。"

56. 閨風

唐天祐十年《邢汴及夫人周氏合葬墓誌》："夫人汝南周氏，徽柔立性，令淑凝姿，閒則閨風，遠邁咸敬，不幸以天祐六年四月十八日遘疾，先公而殁焉。" 後唐長興二年《王素墓誌》: "幼從箴誡, 德鈐閨風。操質懷伏劍之名, 頡頏著斷機之美。"

《大詞典》"閨風" 條釋作 "指閨門的風操", 引例為唐王維《同盧拾遺韋給事東山別業二十韻》: "閨風首邦族, 庭訓延鄉村。" 孤證略晚。《隋代墓誌銘彙考》二一七《朱寶墓誌》: "樂陵盛族, 吳郡餘徽。閨風向化, 觀馬知歸。"《唐代墓誌彙編》永淳〇二六《杜芬墓誌》: "粵自笄歲, 作儷鼎門, 叶鳴鳳之宏謀, 酌雞初之雅訓。閨風遠被, 里閈欽承盥之規; 閫則口流, 邐邐仰齊眉之敬。"《唐代墓誌彙編續集》天寶〇四八《王氏墓誌》: "夫人躍頳鱗於清浦, 德合姜妻; 吟白雪於寒庭, 名同謝女。閨風若椒花之思, 室譽同荇菜之歌。"

57. 歸闕

後唐清泰元年《李重吉墓誌》: "歸闕賞其功, 除檢校尚書右僕射。明宗皇帝展祀圓丘, 詔公為整衣冠使, 燔紫盛典, 陪乘深榮, 親惟尚於可尸, 愛有隆於貽厥。" 後周顯德三年《袁彥進墓誌》: "二年五月日罷郡歸闕, 六月十七日朝參, 未及兩旬, 又委兵柄, 令於川界權任階州。" 後周顯德三年《蕭處仁墓誌》: "後除坊州刺史, 下車而政治, 不言而化成, 吏伏其清通, 民感其惠愛, 及奉詔歸闕, 將整行軒, 百姓遮留, 不得去者旬日。"

《大詞典》"歸闕" 條釋作 "歸回朝廷", 引例為唐于鵠《贈李太守》詩: "歸闕功成後, 隨車有野人。" 孤証略晚。南北朝以來碑刻習見用例,《漢魏六朝碑刻校注》二九六《宋曇龍顏碑》: "而君素懷慷慨, 志存遠御。萬里歸闕, 除散騎侍郎, 進無忻容, 退無慍色。忠誠簡於帝心, 芳風宣於天邑。"《漢魏六朝碑刻校注》八六八《北魏王悅及妻郭氏墓誌》: "父沮渠時東宮侍講, 以太延二年歸闕, 為第一客。並以風標峻整, 名高一時。"《唐代墓誌彙編》總章〇二〇《李爽墓》: "轞路山長, 鯤波海浚, 仁露貢雉, 化極還珠。恩詔遠臨, 馳傳歸闕。尋除滄州刺史。"

58. 含華

後梁龍德二年《崔柅妻李珩墓誌》: "清河公藏器蹈仁, 含華挺秀, 詩言禮立, 自得先規, 行古居今, 寶光上地。" 後唐清泰三年《戴思遠墓誌》: "方諧養素, 正樂含華。無何, 釁起蘖楦, 災生夢騭, 以清泰二年八月十七日薨於洛京惠和坊之私第。"

《大詞典》"含華" 條義項2釋作 "謂具有才華", 引宋王禹偁《慰公主薨表》："伏以某國公主，自天鍾秀，稟聖含華。"為例，孤證且晚出。南北朝以來墓誌多有用例，《漢魏六朝碑刻校注》四四五《北魏穆循墓誌》："瑋瑋夫子，皎皎時英。體道崇仁，實曰老成。含華玉震，耀彩金聲。"《隋代墓誌銘彙考》一六一《董美人墓誌》："美人體質閑華，天情婉嬺，恭以接上，順以承親。含華吐艷，龍章鳳彩，砌炳瑾瑜，庭芳蘭蕙。"《唐代墓誌彙編續集》儀鳳〇〇六《俎威墓誌》："稟秀生知，含華曜彩，襄帷蒞政，功濟四人。"

59. 含貞

後晉天福八年《梁漢顒墓誌》："公星辰稟慶，山岳含貞，挺端儼之姿，受純和之氣。生而有異，見滿室之神光；幼而不群，絕同儕之戲豫。"

《大詞典》"含貞"條義項1釋作"蘊藏貞德"，引例為明白悅《梅林精舍》詩："緬彼金閨彥，含貞結幽忱。"孤証且晚出。南北朝以來墓誌就有用例，《漢魏六朝碑刻校注》八四三《北魏楊順墓誌》："河華降靈，四葉聯聲。盛德必祀，若人挺生。是惟家寶，寔曰民英。基仁宅信，履義含貞。"《隋代墓誌銘彙考》一六八《李盛暨妻劉氏誌》："入秦卿相，出塞將軍。縱橫書記，宕軼風雲。伊人挺生，秀異含貞。殊明玉潤，松操蘭馨。"《唐代墓誌彙編》大和〇三三《楊珽墓誌》："夫人即内常侍公之長女也。坤靈毓質，蘭畹挺姿，性稟沖和，量懷溫雅。詩書贍曹家之奧，管弦精蔡氏之能，婉嬺含貞，宗族攸重，三星始見，百兩爰來。"

60. 寒耕

後唐同光二年《王審知夫人任内明墓誌》："忠孝撫俗，刑政無苛，仗豹韜龍節之權，坐雞樹鳳池之貴。寶鞭立指，創金甌石塹之嚴；鐵馬不嘶，勸熱耨寒耕之利。"

《大詞典》"寒耕"條釋作"冬耕"，引例為唐劉禹錫《賈客詞》："農夫何為者，辛苦事寒耕。"孤證，可補五代墓誌。傳世文獻也有用例，《舊唐書·鄭畋傳》："近歲螟蝗作害，旱暵延災，因令無賴之徒，遽起亂常之暴，雖加討逐，猶肆倡狂。草賊黃巢，奴僕下才，豺狼丑類。寒耕熱耨，不勵力於田疇；偷食靡衣，務偷生於剽奪。"

61. 蒿蘿

後梁開平四年《石彥辭墓誌》："輀車結軌，羈鞅所以追蹤；墻翣塞衢，蒿蘿由其疊響。自近代已來，士大夫之家葬禮庀事之備，稀有及此者。"

　　《大詞典》"蒿薤"條釋作"《蒿里》和《薤露》,古挽歌名。亦借指墓地",引例為明徐渭《問軍中之系於國用》詩:"甚者乏繼承,餒鬼滿蒿薤。"明徐渭《女狀元》第五出:"是箇西隣粉黛,來乳哺媳婦到初學拜,不想俺椿萱都歸蒿薤。"《大詞典》所引兩例,均為明代例,有違詞典例證的多樣性原則,可補《石彥辭墓誌》。另,"蒿薤"挽歌名義項沒有例證,可補唐代墓誌,《唐代墓誌彙編續集》景龍〇〇九《趙君墓誌》:"孰□疲揚,昔忝軒墀之職;桂劍傷林,遽悲蒿薤之歌。"

　　62. 好弄

　　後梁貞明六年《儲德充墓誌》:"府君即先考長子也,仙鶴高標,岊檉勁節,勝衣惠晤,轉舌能言,對日聰明,弱而不好弄。圯橋學劍,指百鍊而每憤不平;庠舍誦書,覽六經而唯思展禮。"後晉天福二年《羅周敬墓誌》:"公性不好弄,幼善屬文,嚴毅而至和,溫恭而難犯,言惟合道,動不違仁。"南唐保大九年《苗延祿墓誌》:"公即靜江之長子也,弱不好弄,壯而有立。"

　　《大詞典》"好弄"條釋作"愛好遊戲"。僅引《宋史·文苑傳五·黃伯思》:"自幼警敏,不好弄,日誦書千餘言。"一例,孤證且晚出。"好弄"一詞,語本《左傳·僖公九年》:"夷吾弱不好弄,能鬥不過,長亦不改,不知其他。"此後歷代文獻習見,《唐代墓誌彙編續集》貞觀〇三三《李紹墓誌》:"君幼則老成,弱不好弄,行立韶年,業隆冠歲,衿神爽悟,音韻閒雅,苞括群言,網羅眾藝,襲封隴西郡公。"也可作"幼不好弄",《漢魏六朝碑刻校注》七一三《北魏楊乾墓誌》:"公藉胄蘭根,抽芳岩岸,玉幹陵雲,金柯覆月。資性寬雅,識聽英逸,朗達發自天機,岐嶷彰於懷抱。幼不好弄,貧而樂道,內靜外融,慕崇中孝。"《隋代墓誌銘彙考》二三五《劉相暨妻鄒氏墓誌》:"幼不好弄,長有大成,明詩明樂,善書善經,尊師敬友,唯德是聽,遠追芳馥,邑境流馨。"也可作"少不好弄",《唐代墓誌彙編》開元二五九《鄭仁穎墓誌》:"君少不好弄,長嘗志學,達人仰止,君子器之。"以後單獨作"好弄",《唐代墓誌彙編》咸通〇九六《紇幹氏墓誌》:"夫人即浚長女。始生之夕,有紫光為瑞。逮及成童,不好弄,詩書不教而成誦在口,刀尺粗習而女工過人。"

　　63. 和門

　　後梁貞明二年《張濛墓誌》:"女一人,適太原王氏,亦和門令子也。”後唐清泰三年《戴思遠墓誌》：“旋乃委身戎事，効質和門，初繼領于偏師，後擢升于上將。”

“和門”本指軍營之門、畋獵時所築營壘之門。《文選·顏延之〈陽給事誄〉》：“金柝夜擊，和門晝扃。”李周翰注：“和門，軍門也。”《周禮·夏官·大司馬》“以旌為左右和之門”唐賈公彥疏：“田獵象戰伐，故其門曰和門也。”《大詞典》“和門”條義項2釋作“借指武將、軍人”，引例為宋范仲淹《又上呂相公書》：“三委文帥，一無武功，得不為和門之笑且議耶？”孤證且例證晚出。隋代以來墓誌多有用例，《隋代墓誌銘彙考》〇七一《楊乂暨妻武氏墓誌》：“奉將軍於幕下，拜元帥於和門。”《唐代墓誌彙編》萬歲通天〇三二《董西令墓誌》：“唐龍朔年，解褐任右衛兵曹參軍事。和門敘政，妙合韜鈐，中府須才，雅符推擇。”《唐代墓誌彙編續集》咸通一〇二《溫令綏墓誌》：“長曰景修，署節度要藉；幼而雅默，長習儒書，在於和門，夕惕若厲，知盛衰險易之道，識進退存亡之機。”

64. 幻世

後梁乾化四年《樂君妻徐氏墓誌》：“嗚呼！生也幻世，没兮歸人，聊紀馨香，用標年紀。”後晉天福八年《王行寶墓誌》：“府君諱行寶，心懷十善，性備五常。推六藝以兼明，叶二端之具顯。雖居幻世，深敬釋門，達水月之無堅，候風燈之不久。”

《大詞典》“幻世”條釋作“虛幻無常的塵世”。引例為唐白居易《想東遊五十韻》：“幻世春來夢，浮生水上漚。”孤證。“幻世”一詞，唐代墓誌已見用例，《唐代墓誌彙編》咸通〇八四《孫君墓誌》：“今也桑榆暮景，枝葉凋陰，衰瘵之中，視此孤貌，則攢悲萃苦，偷生於幻世者，得非重困於桎梏乎？”《唐代墓誌彙編》廣明〇〇六《孫幼實墓誌》：“府君幼以仁育，長以順傳，于公廉稱，在家孝聞，九族六姻，用期遠大，今之遭禍，得非以浮涯幻世，壽夭同途，歸全之義，冀彰令歿！”

65. 換鵝

後唐長興四年《王禹墓誌》：“府君神采雲融，形儀嶽立，守器乃百川赴海，懷仁如萬物迎春，筆妙換鵝，詞清吐鳳，綽有令譽，爵為嘉賢。”後唐清泰三年《張季澄墓誌》：“而又昆弟間各揚名稱，悉務矜持。逸少揮毫，俱有換鵝之跡；陳琳仰詠，孰侔飛兔之文。”

“換鵝”一詞語本《晉書》，《晉書·王羲之傳》：“又山陰有一道士，養好鵝，羲之往觀焉，意甚悅，固求市之。道士云：'為寫《道德經》，當舉羣相贈耳。'羲之欣然寫畢，籠鵝而歸。"《大詞典》"換鵝"條釋作"晉代書法家王羲之寫經換鵝的典故"，引宋陳與義《送張迪功赴南京掾》詩之二："看客休題鳳，將書莫換鵝。"為例，孤證且晚出，可補五代墓誌。

66. 皇庭

後唐天成四年《韓仲舉墓誌》："筆下鳳飛，匣中蘊靈。曳裾內署，結媾皇庭。行生枝葉，言作丹青。"後晉天福六年《李仁福妻瀆氏墓誌》："紫殿頌恩，皇庭降寵。寶軸金箋，帝恩殊重。"

《大詞典》"皇庭"條釋作"朝廷"，引例為南朝宋王韶之《燕射歌辭·宋四廂樂歌·食舉歌》："萬方畢來和，華裔充皇庭。"孤証。隋代墓誌亦有用例，《隋代墓誌銘彙考》一九〇《郝偉暨妻王氏墓誌》："君世載冠冕，受委皇庭。瓊根寶葉，勳銘鍾彝之鼎。"《隋代墓誌銘彙考》二七一《張忨暨妻東門氏誌》："方當垂纓主陛，參贊皇庭，豈悟運促道銷，少微遂犯。"

67. 灰骨

後唐同光四年《行鈞塔銘》："本寺門人等，依西國法茶毗之，薪盡火滅，收其灰骨，起塔於寺之東北隅，禮也。"

《大詞典》"灰骨"義項2釋作"骨灰"，引例為元杜仁傑《耍孩兒·喻情》套曲："楮樹下梯要摘梨，葬瓶中灰骨是箇不自由的鬼，穀地裏瓜兒單單的記着你。"孤証且晚出。遼代墓誌還有用例，《遼代石刻文編·陳萬墓誌》："統和貳拾柒年選定大通，合葬尊翁耶娘灰骨，於十一月三日遷殯後立。"

68. 渾同

後漢乾祐三年《李彝謹妻里氏墓誌》："蓋聞陰陽渾同，二儀之形因辨；玄黃判位，三才之道始彰。"

《大詞典》"渾同"條義項1釋作"混同、等同"，引例為明張煌言《游龍教寺》詩："素冠獨許黃冠伍，芳草渾同衰草愁。"孤證且晚出，可補五代墓誌。唐五代傳世文獻也有用例，《舊五代史·唐書·明宗紀》："朕以眇躬，獲承丕構，襲三百年之休運，繼二十聖之耿光。馭朽納隍，夕惕之心罔怠；法天師古，日躋之道惟勤。今則載戢干戈，渾同書軌，荷玄穹之眷祐，契兆庶之樂推。"《舊五代史·僭偽傳·王建附王衍》："臣

衍誠惶誠恐，伏惟皇帝陛下，嗣堯、舜之業，陳湯、武之師，廓定寰區，
削平凶逆，梯航垂集，文軌渾同。臣方議改圖，便期納款，遽聞王師致
討，實抱驚危。"

70. 基級

南唐昇元三年《祖貫墓誌》："子寬中而柔外，可語以至道也。儻家
品秩，如青紫基級，不可驟置，必以退節為首。退節則寡欲，寡欲則神
逸，神逸則無為無不為也。"

《大詞典》"基級"條釋作"基階"，引例為唐薛用弱《集異記補
編·李清》："至則陡絶一臺，基級極峻，而南向可以登陟。"孤証。唐代
墓誌還有用例，《唐代墓誌彙編》大中〇六〇《方氏合祔墓誌》："君在省
闥時，其儕多自喜其門地聲彩，借其官為基級，殊無意於事事。君獨謹嚴
以博閱，考正為績，他僚久而咸伏其實。"

70. 畿邑

後梁乾化四年《張荷墓誌》："季第價，名震甲科，位方驎校，寓寄
畿邑，聞問馳來，哀痛克申，乃營於殯，以來年正月十八日葬於河南府洛
陽縣平陰鄉陶村祔於蘇氏之塋，禮也。"後晉天福七年《吳藹妻李氏墓
誌》："頃自千牛備身，授秘省正字，次任畿邑，復拜憲臺，鴻將漸陸之
程，鵬俟摩霄之勢，比榮綵服，永養慈顏。"

《大詞典》"畿邑"條釋作"京城管轄的縣"，引例為《新唐書·柳
渾傳》："帝嘗親擇吏宰畿邑，而政有狀，召宰相語，皆賀帝得人，渾獨
不賀，曰：'此特京兆尹職耳。陛下當擇臣輩以輔聖德，臣當選京兆尹承
大化，尹當求令長親細事。代尹擇令，非陛下所宜。'"孤証。唐代墓誌
已有用例，《唐代墓誌彙編》久視〇一五《崔哲墓誌》："神州理劇，畿邑
鳴弦，郡中清理，轂下蕭然。方享崇秩，俄終大年，百齡共盡，已矣
歸全。"

71. 疾瘵

唐天祐十三年《張宗諫墓誌》："時沖炎澇，疾瘵縈纏，雖召秦醫，
難逃晉豎。"後唐長興元年《李仁寶妻破丑氏墓誌》："方隆家國，顯耀兒
孫。何縈疾瘵，醫藥無懲。"

《大詞典》"疾瘵"條釋作"廢疾，殘疾"，引清潘榮陛《帝京歲時
紀勝·赦孤》："廣寧門外普濟堂收養異孤貧疾瘵人，冬施粥饘，夏施冰
茶。"為證，孤證且晚出。唐代墓誌就有用例，《唐代墓誌彙編》貞元〇

七〇《陽濟墓誌》：“建中末，巨猾構釁，天子狩於梁祥，公久嬰疾瘵，事出不虞，與李昌夔等闕扞牧圉，為賊脅從，屢覘動靜，間道表聞，有詔嘉焉。”《唐代墓誌彙編》開成〇三四《周氏墓誌》：“暨乎年逾從心之歲，疾瘵縈身，醫無能為，藥將何理。”

72. 紀昌

後周顯德四年《太原夫人王氏墓誌》：“幼而有異，長乃多奇。效叔敖之斬蛇，別彰陰德；傳紀昌之射虱，迴有神功。”

《大詞典》“紀昌”條釋作“古代傳說中的善射者。學射於飛衛。嘗以氂懸虱於窗牖，引弓射之，貫虱之心而氂不斷。見《列子·湯問》”。《大詞典》沒有例證，可據五代墓誌補。

73. 甲第

後唐天成元年《康贊美墓誌》：“時年弱冠有一，娶平盧軍節度留後范陽郡盧太保庭彥第三女，亦甲第名家，簪裾盛族，光榮貫世，休慶誰同。”後漢乾祐三年《李彝謹妻里氏墓誌》：“自適王門，久榮昌運。曾祖皆聯于將相，伯叔咸列于土茅。貂眼昭彰，盛公侯於甲第；蟬冠掩映，列朱紫以盈門。”

《大詞典》“甲第”條義項 2 釋作“指豪門貴族”，引例為唐杜甫《醉時歌》：“甲第紛紛厭粱肉，廣文先生飯不足。”孤證且略晚，隋代墓誌始見用例。《隋代墓誌銘彙考》四四二《張波墓誌》：“直以舊族豪家，遷於洛邑，門鄰甲第，還嗤高蓋之憂；巷接旗亭，方知大隱之趣。”《唐代墓誌彙編》顯慶〇〇二《蕭善文墓誌》：“應秩華之縟禮，爰降公宮；開平陽之甲第，言歸柳氏。”《唐代墓誌彙編續集》永徽〇〇七《牛秀墓誌》：“遂得功宣帝載，契叶興王。分甲第於宣平，疏曲臺於上路。”

74. 牋簡

後梁貞明三年《吳存鍔墓誌》：“於時景福三載，是節度使陳相公鎮臨是府，賀江鎮劉太師聞公強幹，屢發牋簡，請公屬賀江。”

《大詞典》“牋簡”條釋作“文書”，引例為唐韋應物《送陸侍御還越》詩：“敬恭尊郡守，牋簡具州民。”孤證，可補五代墓誌。

75. 艱疚

後周顯德二年《石金俊及妻元氏合祔墓誌》：“太祖皇帝尚□嚴之理，厚乃瞻之恩，將被寵靈，遽丁艱疚。三年正月三日，太夫人薨於義州官舍，享年八十三。”

《大詞典》"艱疚"條釋作"謂喪親之痛"，引例為宋蘇軾《與馮祖仁書》之一："某慰疏言，伏承艱疚，退居久矣，日月逾邁，哀痛理極。"孤証且晚出。唐代墓誌已習見用例，《唐代墓誌彙編》開元〇七四《司馬懷素墓誌》："公在艱疚，骨立柴毀，殆不勝喪。服闋，授麟臺正字少監。"《唐代墓誌彙編》天寶一三八《裴氏墓誌》："公為再丁艱疚，因而成疾，間者十五歲，罷仕後疾愈，選授蒲州解縣丞。"

76. 交灑

前蜀天漢元年《王君妻李氏墓誌》："僕射撫棺長慟，淚血交灑，懼陵谷遷改，請為誌焉。"

《大詞典》"交灑"條釋作"一齊揮灑"，引《南史·黃回傳》："（王宜興）嘗舞刀楯，回使十餘人以水交灑不能著。"《南史》是合南朝宋、齊、梁、陳四代歷史為一編的紀傳體史著，由唐代李延壽編著。《大詞典》例證孤證。遼代墓誌也有用例，《遼代石刻文編·馬直溫妻張館墓誌》："每煙花融麗，星月清妍，未嘗不送目天涯，涕淚交灑。而相與會聚者，其不滿十數。"

77. 戒品

唐天祐十三年《張宗諫墓誌》："男三人：首曰十六，捧□緇門，未登戒品。"

《大詞典》"戒品"條釋作"佛教語。戒的品類"。《唐代墓誌彙編》開元二五三《方律師像塔之銘》："年廿一，沐神龍元年恩勅落髮，配住龍興寺，依止大德恪律師進受戒品。"《大詞典》沒有例證，可補唐五代墓誌。墓誌之外也有用例，《敦煌變文集新書·押座文三》："更願座中諸弟子，清淨身心戒品圓。"《藝文類聚》卷七十六引隋江總《香贊》："海岸相傳，香流大千。不吹自轉，將銷更燃。縈空雜霧，散迴飛煙。還符戒品，薰修福田。"

78. 屆路

後晉天福六年《權君妻崔氏墓誌》："於是告馬鬣之成功，望牛山而屆路。靈輀動軔，孰無臥轍之心；幽隧及泉，誰沒殉身之志。"

《大詞典》"屆路"條釋作"登程，上路"，引例為《北史·隋紀下·煬帝》："今宜授律啓行，分麾屆路，掩勃澥而雷震，及夫餘以電掃。"孤證。唐代墓誌就已見用例，《唐代墓誌彙編》垂拱〇一四《張倫墓誌》："靈輀屆路，丹旐啟途，工女寢機，舂人罷相，勒翠琬而書銘，冀英聲而不忘。”《唐代墓誌彙編續集》聖曆〇〇八《司空儉墓誌》：“繪轜屈路，臥轍難前。素蓋遵途，攀轅拒進。公之遺愛，尚有宿恩，生懷直道之風，歿感斜溪之賂。”

79. 九合

後梁貞明六年《謝彥璋墓誌》：“當太祖皇帝一匡九合，纂嗣瑤圖，寵降渥恩，委權師旅，被犀捉劎，每出先登，涉血屨腸，恒賈餘勇。”

《大詞典》“九合”條釋作“多次會盟”，引《論語・憲問》：“桓公九合諸侯，不以兵車，管仲之力也。”邢昺疏：“言九合者，《史記》云：兵車之會三，乘車之會六。《穀梁傳》云：衣裳之會十有一。”一說謂糾合。朱熹集注：“九，《春秋傳》作‘糾’，督也，古字通用。”《大詞典》為孤證。南北朝以來墓誌多有用例，《漢魏六朝碑刻校注》八三二《北魏元顥墓誌》：“肇自弱年，天機秀發，念存九合，志在三匡。蓋當見異何生，受託公祖者矣。”

80. 九天

後周顯德二年《趙鳳墓誌》：“公即長子也，學九天之法，讀百王之書，幼為神童，長為猛士，虎頭犀額，燕領虬髭，染翰則崩雲，揮戈則卻日。”

“九天”和“百王”同義對舉，為帝王義甚明。《大詞典》“九天”條義項4釋作“指帝王”。《大詞典》沒有例證。唐代墓誌已見用例，《唐代墓誌彙編續集》天寶〇四七《吳守忠墓誌》：“宦從資歷，歲逐恩深，朱紱忽降於九天，銀章遂超於等列。”《唐代墓誌彙編續集》大曆〇〇七《張獻誠墓誌》：“遂加儀同、檢校工部尚書，恩出九天，榮兼八座。”

81. 鈞樞

後唐長興四年《李德休墓誌》：“祖絳，皇任山南西道節度使，累贈中書令，在憲宗時，由翰苑秉鈞樞獻替，公忠時推第一。”

《大詞典》“鈞樞”條釋作“指國事重任”，引例為唐韓愈《示兒》詩：“凡此座中人，十九持鈞樞。”孤證。遼代墓誌也有用例，《遼代石刻文編・張儉墓誌》：“惟太師尚父政事令陳王，佐佑兩君，經綸二紀。聖宗朝更踐臺閣，秉持鈞樞。”

82. 俊達

後唐清泰三年《張季澄墓誌》：“公諱季澄，字德清，爰從丱歲，咸謂老成，齊王於保抱之中識俊達之性。洎乎七德俱備，四教克修，叔文不墜於風流，懷範必興於門祚，藹然休譽，丞踐崇資。"

《大詞典》"俊達"條釋作"俊逸通達"，引例為唐杜牧《上池州李使君書》："足下性俊達堅明，心正而氣和。"孤証。唐代墓誌已見用例，《唐代墓誌彙編》長壽〇三二《崔言墓誌》："君應物挺生，為代出，器局沉毅，風儀俊達，立言立德，有質有文，寒暑不易其心，盛衰寧改其操。"

83. 郡號

後唐天成三年《王言妻張氏墓誌》："清河淑女，琅琊□□。母榮郡號，夫作重臣。"後唐長興四年《毛璋妻李氏墓誌》："遂感鳳書褒德，絲詔覃恩，錫以官榮，加之郡號，乃封隴西郡夫人，以光懿行也。"

《大詞典》"郡號"條釋作"冠以郡名的縣君封號"，引例為金董解元《西廂記諸宮調》卷七："孤寒時節教俺且充個'張嫂'，甚富貴後教別人受郡號？"孤証且晚出。遼代墓誌也有用例，《張懿墓誌》："長曰圓哥，適劉泊大卿，榮有郡號。然而不以俗愛介懷，常覽釋教為務。焚柩而後，頗多戒珠。"[1]《遼代石刻文編·史洵直墓誌》："大安元年，封河間縣君。十年秋七月十有二日，嬰疾而逝，享壽六十二。乾統元年冬，遇恩追贈郡號。"

84. 郡牧

唐天祐十三年《孫彥思墓誌》："光繼前蹤，不墜往躅。或縮兵權，或為郡牧。"後周顯德二年《石金俊及妻元氏合祔墓誌》："狩獻夫人，繁茲令族。夫贈將軍，子為郡牧。八十三年，享斯豐福。"後周顯德五年《馮暉墓誌》："頻縮軍戎，累更郡牧，長蛇散而虧七縱，猛虎去而順六條。"

《大詞典》"郡牧"條釋作"郡守。郡的行政長官"，引例為舊題宋尤袤《全唐詩話·黃頗》："頗，宜春人，與肇（盧肇）同鄉，頗富而肇貧，同日遵路赴舉。郡牧餞頗離亭，肇駐騫十里以俟。"孤証。唐代墓誌多有用例，《唐代墓誌彙編》天寶〇六三《張肅珪墓誌》："曾祖英，定襄郡長史，外臺之要郡牧，侯伯是裨，子男所重。"《唐代墓誌彙編續集》大中〇一四《羅士則墓誌》："令弟晢，皇蓬州司馬，夙蘊儒風，追崇郡牧。"

---

[1]　田高、王利華、王玉亭：《遼代〈張懿墓誌〉補考》，《北方文物》2011 年第 3 期。

85. 闕月

後唐天成二年《張積墓誌》：“故朝議郎、前峽州司馬、柱國、清河郡公，挺志風雲，立身敦素，南金東箭，莫以齊衡；闕月穚松，難堪並駕。”

《大詞典》“闕月”條釋作“據《太平御覽》卷三九八引三國吳謝承《會稽先賢傳》載，闞澤十三歲時，夢見自己的名字懸在月中，後遂升進。後即以‘闕月’比喻人才名著稱於世”。引例為唐駱賓王《傷祝阿王明府》詩序：“乃當名懸闕月，德貫陳星。”孤證。唐代墓誌亦有用例，《唐代墓誌彙編》咸亨〇二五《段瑋墓誌》：“烈祖韶邁，顯考溫芳，陳星聚彩，闕月流光。”

86. 康安

後漢乾祐元年《潘庸及妻王氏合葬墓誌》：“長男□，幼成尊訓，無失和方，家道康安，身名不顯，娶焦氏女，姬姓也。”

《大詞典》“康安”條釋作“太平”，引例為唐劉餗《隋唐嘉話》卷上：“貞觀四載，天下康安，斷死刑至二十九人而已。”孤證。

87. 康逵

後周顯德二年《蘇逢吉墓誌》：“公賜金紫繒彩對衣，酬前勳也，其後以奸臣內構，醜虜復興，腥膻盈趙魏之郊，氈毛滿康逵之內。”

《大詞典》“康逵”條釋作“康莊大道”，引例為唐陸龜蒙《陋巷銘》：“魯國千乘，豈無康逵？傳載陋巷，以顏居之。”孤證且晚出。北魏墓誌已有用例，《漢魏六朝碑刻校注》九〇七《北魏崔鸜墓誌》：“君涉歷衆官，剗潭民譽。方履臺堦，緝袞闕，而与善希微，輔仁綿邈，逸步未移，康逵已盡。”

88. 考秩

後唐長興四年《王禹墓誌》：“故齊王於天祐八年尹正洛京，以表上聞，降即真命，兼錫銀章，奄丁母尤，不俟考秩。”

《大詞典》“考秩”條義項2釋作“指官吏的一屆任期”，引例為宋王讜《唐語林·政事上》：“本縣令李君奭有異政，考秩已滿，百姓借留。”孤證且晚出。《唐代墓誌彙編》垂拱〇一二《爾朱玄靖墓誌》：“考秩既終，式陪英選，釋褐授公江王府兵曹參軍事，天人長阪，繼蹤書記之賢；帝弟平臺，接武倦遊之客。”《唐代墓誌彙編續集》貞元〇六四《崔可準墓誌》：“君年五十二，考秩未終，不幸遇疾，以貞元辛巳歲六月二日，終於陶化里私第。”

89. 課誦

後唐長興元年《王延鈞妻劉華墓誌》：“其次蓮宮杏觀，魚梵洪鍾，焚修之會聯翩，課誦之聲響亮。”

《大詞典》“課誦”條釋作“課讀吟誦”，引例為金元好問《學東坡移居》詩之二：“誰謂我屋小，十口得安居。南榮坐諸郎，課誦所依於。”孤証且晚出。遼代墓誌有用例，《遼代石刻文續編·蕭闥墓誌》：“首飾然俗，心空若僧，惟課誦以為懷，非讌遊而是務。釋道之幽宗得趣，詩書之奧旨知微。”傳世文獻，唐代有用例，唐韓鄂《四時纂要·春令》“是月也，宜蔬齋，持戒課，誦經文，謂之三長月。”

90. 空土

後周廣順二年《馬從徽墓誌》：“未幾，加金紫，轉左揆，授左千牛衛大將軍，鍾家難解職，起復雲麾將軍，命秩空土，錫爵男服，食邑三百戶。”

《尚書·周官》：“司空掌邦土，居四民，時地利。”孔傳：“冬官卿主國空土。”《大詞典》“空土”條釋作“唐人因以‘空土’作司空的別稱”，引例為宋洪邁《容齋四筆·官稱別名》：“唐人好以他名標榜官稱……太尉為掌武，司徒為五教，司空為空土。”孤證且晚出，可補五代墓誌。

91. 坤德

後漢乾祐元年《楊敬千及夫人李氏合葬墓誌》：“乾象高廣，坤德下玄。日烏月兔，岱嶺逝川。”

《大詞典》“坤德”條義項1釋作“地德”，引例為漢李尤《漏刻銘》：“仰麗七曜，俯順坤德。”孤證，可補五代墓誌。墓誌中“乾象”和“坤德”對文，“坤德”之“地德”義甚明。

92. 壺奧

後周顯德二年《韓通妻董氏墓誌》：“夫積慶庭闈，騰芳壺奧，未簪笄珥，虔遵聖善之規；載詠鵲巢，獨擅肅雍之敬。”

《大詞典》“壺奧”條義項2釋作“壺闈，內宮。帝王后妃居住的地方”，引例為《續資治通鑒·南宋理宗景定四年》：“以其罪戾之餘，一旦復使之出入壺奧之中，給事宗廟之內，此其重干神人之怒，再基禍亂之源，上下皇惑，大小切齒。”孤証且晚出。這種用法唐代墓誌還有用例，

《唐代墓誌彙編》咸通〇四六《魏儔墓誌》："君娶中山張氏，簪纓茂族，蘊粹含章，承禮訓於閨闈，習威儀於壼奧。"

93. 朗夕

後梁開平四年《石彥辭墓誌》："先是，公以許國之暇，官守之餘，率以浮屠氏及玄元太一之法志於心腑間，每清朝朗夕，佛諦道念，恒河指喻，儼究於空王；真語取徵，頗齊於羽客。"

《大詞典》"朗夕"條釋作"明亮的月夜"，引《藝文類聚》卷十三引南朝宋謝靈運《武帝誄》："垂幕侍講，接筵飡理，脩曙朗夕，登臺泛沼。"為例。《藝文類聚》是唐代開國初年由高祖李淵下令編修的，歐陽詢擔任主編。《大詞典》為孤證，可補五代墓誌。

94. 磊浪

後唐天成四年《西方鄴墓誌》："鬚眉磊浪，將並轡於伏波；宇量弘深，更差肩於叔度。"

《大詞典》"磊浪"條釋作"雄偉貌"，引例為金董解元《西廂記諸宮調》卷一："甚嚴潔，甚磊浪，法堂裏擺列着諸天聖像。"凌景埏校注："磊浪，這裏是雄偉的意思。"孤證且晚出，可補五代墓誌。墓誌文獻之外亦有用例，《唐才子傳》卷四"王季友"："工詩，性磊浪不羈，愛奇務險，遠出常性之外。"

95. 連策

後唐天成三年《張居翰墓誌》："連策棣萼，皆從鑾輿。或將飛騎以陷堅，或帥勇夫以跳壘。"

《大詞典》"連策"條釋作"謂騎馬並行。策，馬鞭"，引例為唐司空曙《送曹三同猗遊山寺》詩："山蹋青蕪盡，涼秋古寺深。何時得連策，此夜更聞琴。"孤證。遼代墓誌還有用例，《遼代石刻文編·耶律慶嗣墓誌》："平亂定遠連策大功，絕域傾風，聲撼天下。"

96. 凌犯

後梁貞明二年《牛存節墓誌》："詔命翰林學士盧文度撰碑詞，以旌其墓。後以奸暴凌犯，毀其泉堂。"

《大詞典》"凌犯"條釋作"侵犯，欺壓"，引例為鐵郎《二十世紀之湖南》："歐洲百年前，以教皇凌犯各國，梅特涅之侵害同盟也，法蘭西、意大利遂為全歐之敵。"孤證且甚晚。唐代以來墓誌習見用例，《唐代墓誌彙編》大和〇一二《梁守謙墓誌》："洎敬宗嗣位，夏四月，小孽倡狂，凌犯帝座，公即日掃蕩，以靜皇居，忠憤昭彰，勳績廣茂。"《唐代墓誌彙編續集》大中○○一《張渾墓誌》："雖僚屬輩，靡不摧辱。唯公獨以禮節自防，終克凌犯。"《遼代石刻文續編・耶律元寧（安世）墓誌》："後以偽宋靡料不敵之勢，載舉無名之師，擾掠我邊疆，凌犯我都邑，景宗皇帝遂命諸將分禦彼徒。"

97. 令室

吳乾貞三年《劉君妻尋陽長公主楊氏墓誌》："助君子之宜家，實諸侯之令室，皆公主之賢達也。"後唐長興四年《毛璋妻李氏墓誌》："伏以擊鍾鼎食之榮，列嶽分茅之貴，必有令室潛扶正人，然後能保其家肥，荷其國寵。"後晉天福八年《劉敬瑭墓誌》："夫人曹氏，公之令室也，婉順淑質，婦道賢明。"

《大詞典》"令室"條釋作"猶賢妻"，引例為晉傅玄《和秋胡行》："秋胡納令室，三日宦他鄉；皎皎潔婦姿，冷冷守空房。"孤證。有隋以降墓誌多有用例，《隋代墓誌銘彙考》二七五《楊君妻李叔蘭誌》："丞相夫人，司隸令室。婦道內修，定策外弼。"《唐代墓誌彙編》元和○三九《孫娩墓誌》："夫人育之以慈和，師之以柔順，咸及成長，備尊令儀，皆作配賢良，而稱令室，蓋有以也。"

98. 流輸

後晉天福七年《任景述墓誌》："公轉粟流輸，弘濟艱難。眾議舉行，軍儲不爽。"

《大詞典》"流輸"條義項1釋作"猶轉運"，引漢鄒陽《上書吳王》："死者相隨，輦車相屬，轉粟流輸，千里不絕。"為例，孤證，可補五代墓誌。

99. 流慟

南唐保大十年《江文蔚墓誌》："凡我僚舊，均哀共戚。入黔婁之門閭，覽伯喈之經籍，睇落日以流慟，愬秋風而沾臆。企景行於高山，勒哀詞於樂石。"

《大詞典》"流慟"條釋作"悲痛地大哭"，引例為唐杜甫《哭台州鄭司戶蘇少監》詩："流慟嗟何及，銜冤有是夫。"孤証。隋代以來墓誌多有用例，《隋代墓誌銘彙考》一三九《崔大善墓誌》："君誕育未逾一旬，即傾坤蔭。鳩車竹馬之歲，卓爾不群。其後外氏贈衣，對之流慟，哀動內外，悲感傍人。"《唐代墓誌彙編》永徽○○四《樂達墓誌》："豈期福謙未驗，末命先鍾，凡所知聞，靡不流慟。君春秋六十有三，以永徽元年四月十八日奄辭人世，遂以其月廿九日窆於邙山之陽禮也。"

100. 龍攄

後唐同光二年《王審知墓誌》："然而龍攄虎變，真王者之行藏；燕頷虯須，乃將軍之氣貌。"

《大詞典》"龍攄"條義項 1 釋作"如龍之飛騰上天。謂帝王興起"，引例為《文選‧潘岳〈西征賦〉》："忽蛇變而龍攄，雄霸上而高驤。"李善注："《史記》曰：褚先生曰：'丈夫龍變。'"《大詞典》為孤證，可補五代墓誌。

101. 旅矢

後晉開運二年《李茂貞妻劉氏墓誌》："今鳳翔節度使秦王即夫人長子也，識瓌稟異，當璧符祥，世家濟美於九功，辰象降全於五事。彤弓旅矢以作翰，金璽龜綬以為王，其事君也盡忠，其事親也盡孝，翼翼勵承顏之道，兢兢慎唯疾之憂。"

《大詞典》"旅矢"條釋作"黑箭"，引例為晉潘勗《冊魏公九錫文》："是用錫君彤弓一、彤矢百、旅弓十、旅矢千。"孤証。遼代墓誌還有用例，《遼代石刻文續編‧韓德威墓誌》："王者居尊御極，求理臨朝，內則金冶泥甄，付陶鈞之任；外則彤弓旅矢，委征伐之權。自非蘊經文緯武之才，立謨禹相湯之業，曷膺厥位，得處斯榮。"

102. 渌酒

後周廣順元年《張鄴及妻劉氏合祔墓誌》："本擬同傾渌酒，共治朱弦，針砭無效，自終嫠禍。慟哭連朝，不忍悲嗟，難任哀痛，慶留後裔。"

《大詞典》"渌酒"條釋作"美酒。渌，同'醁'"，引例為清龔自珍《哭洞庭葉青原》詩："已看屋裏黃金盡，尚恐人前渌酒空。"孤證且甚晚。南北朝墓誌就有用例，《漢魏六朝碑刻校注》四九九《北魏元颺墓誌》："君高枕華軒之下，安情琴書之室。命賢友，賦篇章，引渌酒，奏清絃。追嵇阮以為儔，望異代而同侶。"《漢魏六朝碑刻校注》一二九五《北齊崔博墓誌》："良木既摧，哲人俄委，一辭蘭室，長歸蒿里。邦邑悲號，痛傷君子。芳餚徒設，渌酒空斟。"

103. 鷟鷟

後周顯德二年《石金俊及妻元氏合祔墓誌》："次美美，次喜喜，咸能稟嚴勵之訓，執孝敬之道，鳳跱鷺蹌，風流霞舉。"

《大詞典》"鷺蹌"條釋作"形容行走有節奏有威儀"，引例為遼宋復圭《馮從順墓誌銘序》："曳綬鷺蹌於兵旅，峩冠鶚立於紫闈。"孤證且晚出。《大詞典》編者注意到了寶貴的墓誌文獻，惜乎未作歷時考察。唐代墓誌已見用例，《唐代墓誌彙編》長壽〇一五《張道墓誌》："用廉平而訓俗，雊狇風琴；驅正直以調人，鷺蹌水鏡。遶而政成期月，秩滿四周，歸路指於襄陽，還途涉于江浦。"

104. 綸恩

後周顯德五年《馮暉墓誌》："丁未，直綸恩加檢校太師。邊庭肅靜，寰海沸騰。彌堅奉國之心，固守全家之節。"北漢天會五年《劉珣墓誌》："蒙惠宗皇帝□□泉躍，疊降綸恩，命總親軍，委以關鎮。"[1]

《大詞典》"綸恩"條釋作"皇帝的恩典。指詔書"，引例為明張居正《送梁鳴泉給諫冊封晉藩》詩："已欣勝覽馳千里，況捧綸恩出五雲。"孤證且晚出，可補五代墓誌。

105. 馬史

後晉天福五年《王建立墓誌》："志鵬叨承再命，聊述徽猷，比夫馬史麟經，以書萬一。"

《大詞典》"馬史"釋作"指司馬遷所著的《史記》"，引例為《隋書·經籍志一》："遠覽馬史班書，近觀王阮志錄，挹其風流體制，削其浮雜鄙俚。"孤證。《唐代墓誌彙編續集》天授〇一二《韓逢墓誌》："原夫丹雀開祥，承家冠七雄之彥；素鱗呈瑞，維城列四國之英。馬史鬱其芳猷，麟經騰其茂實。"

106. 慢公

後唐天成三年《張居翰墓誌》："人無苛政，歲有豐穰。汝宜恭守憲章，勿以慢公失職。"

《大詞典》"慢公"條釋作"怠忽公務"，引例為《元典章·台綱二·體察》："今後若有民戶逃亡，盜賊滋殖……其在任官員，坐視不治者，雖無私罪，當以慢公失職糾彈。"《大詞典》例證為孤證且甚晚，可補五代墓誌。

---

① 渠傳福：《太原五代墓誌釋考》，載《山西省考古學會論文集》（四），山西人民出版社2006年版。

107. 昴精

後唐天成四年《韓恭墓誌》："而今昌黎郡韓公，上稟昴精，下為人瑞，度如金玉，節若冰霜。才誇猿臂之才，相著龍章之相。"

《大詞典》"昴精"條釋作"昴宿的精靈。用以稱頌顯貴"，引例為清顧炎武《帝京篇》："毓德生維嶽，分猷降昴精。"孤証。南北朝墓誌就有用例，《漢魏六朝碑刻校注》一二六〇《北齊劉悅墓誌》："王昴精生德，嶽神蘊祉，珠廷上表，岐掌外通。及鞭馬而出幽并，束髮而遊燕薊，便以勇聞諸將，氣蓋雄兒。"

108. 門構

南唐昇元三年《包詠墓誌》："鉉兄弟少孤，長於舅氏。親承撫恤，勉以進修。門構不傾，君之力也。"後晉開運二年《閻弘祚墓誌》："公即太師第十子也，長自綺紈，蔭從門構。宛駒未習，難淹千里之程；穴羽纔生，便具九苞之彩。"

《大詞典》"門構"釋作"猶門宇"，引例為《新唐書·柳渾傳》："隋時舊第，惟田一族耳。討賊自有國計，豈容不肖子毀門構，徵一時倖，損風教哉！"孤證且晚出。唐代墓誌已見用例，《唐代墓誌彙編》顯慶一五九《許緒墓誌》："莊公盛矣，問高朝岫，武公猗歟，業昭門構。"《唐代墓誌彙編》聖曆〇一一《李氏墓誌》："黃神肇慶，玄老開宗，源流混漾，門構隆宗。"《唐代墓誌彙編》開元一七一《鮮于廉墓誌》："公考仁敏，高尚不仕。並光克門構，享乎積善；慶洽子孫，有稱用捨。不枉道存之致，無虧永錫之業。"

109. 縻職

後梁乾化五年《國礦墓誌》："時河南府創建佑國軍節，礦因茲縻職，後以寢疾身亡。"

《大詞典》"縻職"條釋作"被職務牽制束縛"，引唐元稹《夏陽縣令陸翰妻河南元氏墓誌銘》："舊疾暴加，不數日而奄作。陸君縻職他縣，至則無及矣。"孤證。唐代墓誌已多有用例，《唐代墓誌彙編》咸通〇一一《楊皓墓誌》："仲兄雖縻職戎府，常以違遠，不遑局署，凝寒烈暑，奔走道路間。"《唐代墓誌彙編續集》咸通〇一六《牛維直墓誌》："神武之始，振起厥能，貞明之光，敘進其位，縻職諸司，稍昇尚食，卑宮菲食，將貽後世。"

110. 名華

後梁開平四年《紀豐及妻牛氏合祔墓誌》："公即侍御之令子也。光承家範，顯煥門風，才略絶倫，名華出衆。元戎聞之，擢授俠馬副將。"

《大詞典》"名華"條釋作"名聲與榮華"。僅引唐孟郊《送超上人歸天臺》詩："遺身獨得身，笑我牽名華。"為例，孤證且晚出。南北朝以來墓誌多見用例，《漢魏六朝碑刻校注》八〇三《北魏丘哲墓誌》："皎皎之夫，陵雲自遠；灼灼三秀，漪漪嚚婉。行質名華，如榮若卷。"《唐代墓誌彙編續集》咸通一〇四《閻克積墓誌》："或秩崇早剌①，望重全才；或政負清規，而名華不殞；或蒐狩之備，藝過於人。"

111. 冥幽

唐天祐十三年《張宗諫墓誌》："二豎見逼，百味難瘳。寂然沉默，悄爾冥幽。青山戢戢，白水攸攸。"

"冥"多指陰間，"幽"指幽靈、靈魂。《大詞典》"冥幽"條釋作"指在陰間的靈魂"，引例為明孫奇逢《送費生南還》詩："若翁遺命令從遊，北地天南喜應求。聞所聞兮見所見，歸攜何物慰冥幽。"孤證且甚晚，可補唐五代墓誌。《唐代墓誌彙編續集》大曆〇三九《房衆墓誌》："藥餌無徵，性忽冥幽，命歸風燭，以其年六月廿七日歿於建春坊私舍，春秋五十有三。"

112. 銘鏤

後唐同光二年《王審知墓誌》："其代天理物，可以蓋天下也；守志化俗，可以仁天下也。豈鍾鼎盤盂之銘鏤，日月星辰之照臨，而能窮斯玄功正道者哉。"

《大詞典》"銘鏤"條義項1釋作"在器物上鐫刻文字或圖案"，引唐康駢《劇談錄·渾令公李西平燕朱泚雲梯》："二公勳績為首，寵錫茅土，銘鏤鍾鼎。"孤證，可補五代墓誌。

113. 女師

後梁乾化三年《韓恭妻李氏墓誌》："生是柔賢，推其懿德。道作女師，言為婦則。婉靖貞和，訓慈綱忒。"

《大詞典》"女師"條義項2釋作"女子的楷模"，引例為《梁書·皇后傳·太宗王皇后》："后幼而柔明淑德，叔父暕見之曰：'吾家女師也。'"孤證。《唐代墓誌彙編》龍朔〇六三《楊夫人墓誌》："粵自初笄，作嬪君子，六行兼美，女師之訓克彰；四教聿修，婦道之儀彌洽。"《唐

---

① 早剌當為半刺之訛。

代墓誌彙編》神功〇〇五《郭五墓誌》："夫人五陵望族，三輔豪家，四德昭宣，六行光備，鏡鑒圖史，敦悅詩書，爰逮有行，歸於君子，娣姒以為嬪則，宗黨稱曰女師。"《唐代墓誌彙編續集》開元五一六《劉敏墓誌》："淑順柔和，清雅閑素，可謂女師之南指，母範之北面也。"

114. 炰羔

後梁開平四年《穆君弘及妻張氏合祔墓誌》："此外，或命一二故人，生平親舊，以烹羊炰羔為伏臘之費，以弋林釣渚為朝夕之娛，琴酒相歡，歌詠自適。"

《大詞典》"炰羔"條釋作"烤乳羊肉"，引例為《漢書·楊惲傳》："田家作苦，歲時伏臘，亨羊炰羔，斗酒自勞。"顏師古注："炰，毛炙肉也，即今所謂燖也。"《大詞典》孤証。唐代傳世文獻還有用例，韓愈《晚秋郾城夜會聯句》："詼諧酒席展，慷慨戎裝著。斬馬祭旄纛，炰羔禮芒屩。"韋應物《長安道》："低鬟曳袖回春雪，聚黛一聲愁碧霄。山珍海錯棄藩籬，烹犢炰羔如折葵。"

115. 乞墅

後梁龍德二年《黃曉墓誌》："姊既孀，終養之以孝；稚仍長，竟訓之以慈。乞墅羊曇，登樓王粲，先生冥目無恨矣。平生著詩數千首，身後几硯樽俎之外無長物。"

《大詞典》"乞墅"條釋作"給予別墅"，語出《晉書·謝安傳》："安遂命駕出山墅，親朋畢集，方與玄圍棊賭別墅。安常棊劣於玄，是日玄懼，便為敵手而又不勝。安顧謂其甥羊曇曰'以墅乞汝。'"引例為唐李商隱《五言述德抒情詩》："過庭多令子，乞墅有名甥。"孤證，可補五代墓誌。

116. 起廢

後唐同光三年《張繼業墓誌》："無何，遘疾於理所。三陽莫辨，誰人興起廢之神；六合至寬，何處問回生之草。"

"起廢"一詞語本《史記·扁鵲倉公列傳》：春秋時，虢太子死。……扁鵲曰："若太子病，所謂'尸蹷'者也。"……乃使弟子子陽厲針砥石，以取外三陽五會。有閒，太子蘇。《大詞典》"起廢"條釋作"後因以'起廢'謂使死者復生"，引宋王禹偁《謝聖惠方表》："惠過反魂之藥，功深起廢之鍼。"為例，孤證且晚出，可補五代墓誌。

117. 泣淚

後晉天福五年《梁瓊及妻王氏合葬墓誌》："三子皆泣淚成血，絕漿改容，親戚勉之，日毀不減性，謂無沒也。"

《大詞典》"泣淚"條義項2釋作"流淚"，引《隸釋·漢綏民校尉熊君碑》："顧見農夫，泣淚路堝，皆懷悽愴。"為例。《隸釋》是宋代金石學著作，中國現存最早集錄漢、魏及西晉石刻文字的專著。《大詞典》孤證，可補。《唐代墓誌彙編》顯慶〇五八《支懷墓誌》："靈輀背洛，神旈歸邙，人悲泣淚，猨啼斷腸。松門慘惻，原野蒼芒，雲愁翠嶺，風悲白楊。"《唐代墓誌彙編》貞元〇六〇《蔣婉墓誌》："晉等承慈愛之重，蹈劬勞之切，仰天殞首，纏地割心，煞身不獲，泣淚唯血。"《唐代墓誌彙編》大中〇五八《劉自政墓誌》："季弟兩人：廣平、廣奇，並泣淚晨悲，傷手足之永斷；媚室擗栗，想孤魂兮獨往。"

118. 千齡

唐天祐十二年《張康墓誌》："府君性本柔和，家惟孝悌，冀千齡之永福，豈二豎之為災。享年五十，以天祐十二年三月十九日終於私第。"後晉天福六年《權君妻崔氏墓誌》："關雎纔可以同群，維鵲實欣於共處。祥鸞彩鳳，和鳴自保於千齡；瑞玉明珠，吉夢雅符於九子。"

《大詞典》"千齡"條義項2釋作"用作祝壽之語"，引例為《天雨花》第二十回："當時同到書房去，千齡壽麵用完成。"《天雨花》是明末清初彈詞作品，作者諸說不一。《大詞典》孤證且晚出。南北朝以來墓誌就多有用例，《漢魏六朝碑刻校注》三九三《北魏元誘妻馮氏墓誌》："長隧深陰，高松騷瑟。鐫石傳芳，千齡有述。"《漢魏六朝碑刻校注》一二一九《北齊刁翔墓誌》："日月虧戾，人事難停。泉宮永閟，一暝千齡。"

119. 謙明

後唐同光二年《王審知墓誌》："旋加守太傅，正處廟堂，三表堅辭，主恩俞允，昇福州為大都督府。別署官員，以寵其忠孝謙明者矣。"

《大詞典》"謙明"條釋作"猶謙光"，引宋王安石《答戚郎中書》："敢意謙明，首形緘問。"為例，孤證且晚出。隋代碑刻文獻已見用例，《全隋文·吳郡橫山頂舍利靈塔銘》："門雖望族，世載公卿，安仁樂智之心，無違終食，謙明惠厚之德，造次必存。"

120. 潛會

後周顯德二年《蘇逢吉墓誌》："時漢祚臨季，周室將基，諸侯潛會於商郊，君子夜謀於曹社。"

《大詞典》"潛會"條義項1釋作"秘密會見"，引例為《左傳·僖公二十四年》："晉侯潛會秦伯於王城。"孤證，可補五代墓誌。

《大詞典》"潛會"條義項 2 釋作"暗合"，引例為唐元稹《獨夜傷懷贈呈張侍御》詩："寡鶴連天叫，寒雛徹夜驚。祇應張侍御，潛會我心情。"孤証。唐代墓誌多有用例，《唐代墓誌彙編》開元○七一《韋頊墓誌》："夫人稟柔明之姿，承詩禮之訓，紃組不因於姆教，盥酳潛會於嬪則。"《唐代墓誌彙編》建中○○六《賈嬪墓誌》："夫人妙閑閨壼，明練威儀，婉娩潛會于徽容，工巧冥資於柔德。"《唐代墓誌彙編續集》貞元○一二《張氏墓誌》："其女儀婦順，母範姑□，皆率性自受，與禮潛會。共牢相敬，華髮若初。"

121. 強能

唐天祐十年《邢汴及妻周氏合葬墓誌》："公榮膺仕進，妙達公方，殊精夙夜之心，頗得強能之譽。"後晉天福七年《任景述墓誌》："公悉心罄慮，日有所陳，極力盡忠，言無虛發，留守仰其明敏，重以強能，乃奏授教練使，遷工部尚書。"

《大詞典》"強能"條釋作"亦作'彊能'。精明強幹"，引《後漢書·河閒王開傳》："順帝以侍御史吳郡沈景有強能稱，故擢為河閒相。"為例，孤證，可補五代墓誌。

122. 牆翣

後梁開平四年《石彥辭墓誌》："輀車結軫，羈鞅所以追蹤；牆翣塞衢，蒿薤由其疊響。"

《說文·羽部》："翣，棺飾也。天子八，諸侯六，大夫四，士二。下垂。"由此可見，翣是古代出殯時的棺飾。中國古代封建等級觀念甚嚴，身份不同，葬禮上翣的數量均有嚴格的規定。《大詞典》"牆翣"條釋作"棺飾，其形似扇"，引例為《後漢書·趙咨傳》："復重以牆翣之飾，表以旌銘之儀。"孤證，可補五代墓誌。

123. 喬山

後周顯德二年《蘇逢吉墓誌》："公雲龍叶契，君父情深，幾增梧野之悲，莫挽喬山之駕。嗣君紹統，錄以元臣，錫爰田井邑之封，旌送往事居之節。"

《大詞典》"喬山"條釋作"即橋山。黃帝葬地。在今陝西省境內"，引例為《陳書·沈炯傳》："臣聞喬山雖掩，鼎湖之靈可祠。"孤證，《陳書》由唐姚思廉奉命編修，成書在唐貞觀十年。其實，唐代墓誌就習見用例，《唐代墓誌彙編》顯慶〇二三《樂文義墓誌》："恐喬山弊日，周詩詠而成谷：巨海浮天，麻姑歡為桑野。"《唐代墓誌彙編》景雲〇一〇《張遊恪墓誌》："君諱遊恪，字環，清河郡人也。軒轅峻系，嶷若喬山，弧矢靈源，浩如溟海。佐韓事漢者，多衣冠禮樂焉。"

124. 竊犯

後唐同光二年《王璠墓誌》："值中原喪亂，四海沸騰，黃巾竊犯於京城，白馬專平於氛浸，英雄奮起，仕族吞聲。父子相認於七里，夫妻唯藏於半鏡。"

《大詞典》"竊犯"條釋作"猶侵犯"，引例為《宋書·索虜傳》："但彼和好以來，矢言每缺，侵軼之弊，屢違義舉，任情背畔，專肆暴略，豈唯竊犯王黎，乃害及行使。"《宋書》由南朝梁沈約撰，凡百卷。《大詞典》為孤證，可補五代墓誌。

125. 欽風

後唐長興元年《毛璋墓誌》："功歸第一，美譽無雙，百辟欽風，諸侯避位。"後周顯德二年《裴簡墓誌》："次婚衛氏，風姿顯著，質態難雙，賢和而鄰巷欽風，敦睦而婚親讚善。"後周顯德五年《馮暉墓誌》："雄藩戀德，鳳闕欽風，揚李牧之佳聲，振趙奢之美譽。"

《大詞典》"欽風"條釋作"謂敬慕其風俗教化"，引例為《晉書·赫連勃勃載記》："故偽秦以三世之資，喪魂於關隴；河源望旗而委質，北虜欽風而納款。"孤證。漢魏六朝墓誌就習見用例，《漢魏六朝碑刻校注》六二五《元譚妻司馬氏墓誌》："夫人女工婦德，聿脩無勌。年廿四，歸於元氏。二族欽風，兩門稱美。餘慶徒言。"《隋代墓誌銘彙考》一二五《李欽暨妻張氏墓誌》："君秉操端嚴，立身強直。郡將欽風，辟為郡中正，尋兼相州治中。"《唐代墓誌彙編》麟德〇三九《楊康墓誌》："既而齊眉比譽，鹺野儔規，列黨欽風，周親慕範。遽而芳摧秋鵁，水急春波，生也若浮，此焉運往。"

126. 勤效

後晉天福七年《周令武墓誌》："主上嘉其勤效，特示獎酬，轉檢校太傅，進封開國伯，加食邑二百戶。"後晉天福八年《何德璘墓誌》："公父賢母德，稟和氣而生。公性實溫恭，心能穩密，出身入仕，歷職授官，咸以器材，皆從勤效。"

《大詞典》"勤效"條釋作"勞績"，引例為宋范仲淹《答手詔條陳十事》：“（外任京朝官）往往到職之初，便該磨勘，一無勤效，例蒙遷改。”孤證且晚出。唐代墓誌已多有用例，《唐代墓誌彙編》貞觀一四四《張秀墓誌》：“君以奮武建功，募命遼□，習弦落雁，調矢吟猨，表其勤效之勞，授以爵賞之秩。”《唐代墓誌彙編》廣明〇〇五《張師儒墓誌》：“次子曰汾，見豸府從宦，而有出群之藝，主執奏章，頗立勤效，即有榮遷。”

127. 傾離

後唐清泰四年《陰善雄墓誌》：“忠良君子兮世不居，人生修短兮實亦有期。立功始終兮方當大用，天何不順兮致此傾離。”

《大詞典》“傾离”條釋作“亂離”，引例為晉陸機《吊魏武帝文序》：“豈不以資高明之質，而不免卑濁之累；居常安之勢，而終嬰傾離之患故乎！”孤證，可補五代墓誌。

128. 請援

後唐天成二年《孔謙及妻劉氏王氏合葬墓誌》：“魏人曹廷隱如河東，請援於莊宗。旬日，勒步騎數萬自太原至。”

《大詞典》“請援”條釋作“請求援助”，《大詞典》無例證，可補五代墓誌。傳世文獻，魏晉就有用例，《晉書·四夷傳·夫餘》：“明年，夫餘後王依羅遣詣龕，求率見人還復舊國，仍請援。”

129. 窮咽

後晉天福七年《任景述墓誌》：“嗣子繼崇，窮咽倚廬，號咷滅性，慮以遷其陵谷，懼以泯其聲塵，遂命以抽毫，俾紀之茂實。”

《大詞典》“窮咽”條釋作“悲泣”，引例為《文選·任昉〈上蕭太傅固辭奪禮啟〉》：“所守既無別理，窮咽豈及多喻。”呂延濟注：“窮咽，哀泣也。”孤證。唐代墓誌已見用例，《唐代墓誌彙編》天寶一七一《李華墓誌》：“才高命短，志無成兮。孀姜稚子，窮咽盈兮。”可補唐五代墓誌。

130. 曲軫

後晉天福四年《王化文墓誌》：“□秩將滿，須卜解龜，百姓請留，表聞天聽，述公之善政，舉公之葺綏，國家以赤子是憂，皇情曲軫，尋加俞允，旋□絲綸。”

《大詞典》“曲軫”條義項1釋作“猶曲垂”，引例為宋歐陽修《乞外任第三表》：“伏望皇帝陛下曲軫睿慈，俯哀愚款。”孤証且晚出，可補五代墓誌。

131. 趍參

前蜀乾德五年《晉暉墓誌》："太師功推第一，德播累朝，直氣凌雲，高情冠古。門館將吏，勳舊勤勞，或已居節鉞之榮，或尚在趍參之內。"

"趍"是"趨"的俗字。《碑別字新編》（397頁）"趨"字《魏王誦墓誌》、《隋薛寶興墓誌》分別作"趍"。《大詞典》"趨參"條釋作"趨謁參拜"，引宋梅堯臣《依韻和孫待制春日偶書》："陋巷自知當退縮，擁門誰解更趨參。"為例，孤證且晚出，可補五代墓誌。

132. 泉冥

唐天祐十三年《張宗諫墓誌》："次子敬習，始娶太原王氏，頃掩泉冥，繼迎邯鄲趙氏。"

"泉"指黃泉，多代指陰間，"冥"也指陰間，"泉冥"為同義複詞。《大詞典》"泉冥"條釋作"冥世，陰間"，引明李東陽《荷木坪二十韻》："安能耀泉冥，庶用表里宅。"為例，孤證且晚出。唐代墓誌始見用例，《唐代墓誌彙編》大和○○一《樂昇進墓誌》："昭昭氣宇，播於三城，道藝推洋，如天有星。好文有武，當時之英，累任軍職，無不欽名，玉葉是凋，魂歸泉冥。"

133. 痊瘳

吳大和七年《王仁遇墓誌》："而東海王猥陳奏議，蒙恩許就闕求醫。曾未痊瘳，又加授任。至五年仲夏月，詔授行光祿卿。"

《大詞典》"痊瘳"條釋作"病愈"，引例為清蒲松齡《聊齋志異·嬰寧》："但得痊瘳，成事在我。"孤證且甚晚，可補五代墓誌。

134. 權儀

後晉天福五年《郭彥瓊墓誌》："新婦司馬氏忽於天福三年七月十九日遘疾終於東京望仙坊僦居之第，尋殯於東京東北之權儀。"北漢天會五年《劉珣墓誌》："咸曰勿久權儀，早期安厝，即以天會五年十一月十二日扶護窆於晉陽縣桐圭鄉豐全里，敬置塋域，禮也。"①

《大詞典》"權儀"條釋作"变通的禮制"，引例為唐賈大隱《駁周悰立崇先七廟議》："今周悰別引浮議，廣述異文，直崇臨朝權儀，不依

---

① 　渠傳福：《太原五代墓誌釋考》，載《山西省考古學會論文集》（四），山西人民出版社2006年版。

國家常度。"孤證。唐代墓誌已有用例,《唐代墓誌彙編》開元四九六《趙氏墓記》:"府君舊銘文是兵部郎中嚴識玄所造,其文詞華麗,不可輒移,今□粗記葬年,雙安貞石,亦權儀也。"

135. 染疾

後晉天福五年《梁瓌及妻王氏合葬墓誌》:"列考諱慶,弱冠從軍,壯年陷敵,五兵未戢,方謀授柄之權;二豎皆藏,俄促下泉之魄。遽染疾而終。"

《大詞典》"染疾"條釋作"患病",引唐薛用弱《集異記補編·李楚賓》:"母嘗染疾,晝常無苦,至夜即發。"為例,孤證,可補。"染疾"一詞大概出現於隋代,《隋代墓誌銘彙考》三六一《宮人蕭氏墓誌》:"大業八年七月十九日,染疾纏痾,卒於別院。"《隋代墓誌銘彙考》三九七《郭寵墓誌》:"不謂四時有謝,五福無徵,染疾暫時,溘然風燭。春秋五十九,卒於軍伍。"《唐代墓誌彙編》天授〇一七《掌思明墓誌》:"忽以天授二年歲次辛卯四月壬寅朔九日庚辰,孝悌憂勤,因勞染疾,卒於私寓,嗚呼哀哉。"《唐代墓誌彙編續集》貞觀〇六八《燕明墓誌》:"春秋六十有四,染疾膏肓,醫藥不救,以貞觀廿三年八月十一日奄從風燭。"

136. 讓衢

後晉天福八年《梁漢顒墓誌》:"公親行勸諭,遍加招安,流亡者繦負而來,遊墮者戮力而作,以至餘糧棲畝,行旅讓衢。"

"衢"指大路、四通八達的道路。《大詞典》"讓衢"條釋作"讓路",引例為《文選·左思〈魏都賦〉》:"斑白不提,行旅讓衢。"張銑注:"言行客讓路。"孤證,可補五代墓誌。

137. 戎帥

後唐天成三年《張居翰墓誌》:"於是戎帥抗表,連營扣閽。朝僉既俞,將校欣感。"又"公與潞帥多方枝梧,百計抵禦。下防地道,傍備雲梯。眾無五千,糧唯半菽。士雖憔悴,不替壯心。皆戎帥推誠,公之盡力,僅之周歲,方遂解圍。"

《大詞典》"戎帥"條義項1釋作"軍隊的統帥",引例為唐韓愈《清邊郡王楊燕奇碑文》:"其父為之請於戎帥,遂率諸將校之子弟各一人,間道趨闕。"孤證。唐代墓誌已見用例,《唐代墓誌彙編》開成〇三八《張氏墓誌》:"兗海戎帥御史大夫張公日常,哀念其女生之心,又旋而且孀,乃助以俸金卅萬而成焉。"《唐代墓誌彙編》會昌〇四〇《李正卿墓誌》："左綿災，殍殣在野，公發倉庚加救藥，人賴而濟活。戎帥嘉之，兼署倅貳。"

138. 睿幄

後晉天福五年《王建立墓誌》："長繼榮，授金紫光祿大夫、檢校尚書、右僕射，行儀州刺史、充韓王衙內都指揮使。弼贊後庭，涵濡睿幄。"

"睿"古代常用為臣下對君王、后妃等所用的敬詞。如"睿文""睿圖"等。《大詞典》"睿幄"條釋作"指皇宮；朝廷"，引例為清黃六鴻《福惠全書·升遷·稟啓》："行當冠功閣而獨擅麒麟，入睿幄而永符羆虎。"孤證且甚晚，可補五代墓誌。

139. 塞虜

後唐清泰四年《陰善雄墓誌》："遂使發流星之劍，塞虜沉聲；張滿月之弓，邊烽息焰。"

《大詞典》"塞虜"條釋作"指塞外之敵"，引例為唐李白《塞下曲》之五："塞虜乘秋下，天兵出漢家。"孤證且晚出。北魏墓誌已有用例，《漢魏六朝碑刻校注》八一三《北魏元天穆墓誌》："于時塞虜叩關，山胡叛命，封豨寔繁，長蛇薦茁。"

140. 喪制

後唐同光三年《吳君妻曹氏墓誌》："次女婢婢，俟終喪制，求令器以從焉。"

《大詞典》"喪制"條義項2釋作"特指按禮制規定的居喪期限"，引例為《元典章新集·吏部·丁憂》："凡為人子，喪制之內有犯非違者，不拘官民宜其追問。"孤證且晚出。北魏碑刻就有用例，《漢魏六朝碑刻校注》八八九《北魏程哲碑》："雖宅兆□終，喪制禮畢，寧不啚跡山阿，刊石流咏者哉？"

141. 山芎

後唐天成三年《張居翰墓誌》："無何，三年春，河魚所攻，山芎無效，沉綿及夏，有加無瘳。"

《大詞典》"山芎"條釋作"中藥名"，引例為宋蘇軾《次韻孔毅父久旱已而甚雨》："山芎麥麴都不用，泥行露宿終無疾。"孤證且晚出，可補五代墓誌。

142. 神資

後梁開平四年《石彥辭墓誌》："昆弟皆神資秀爽，生知孝愛。毅也郇也，保家之道迭興；伯兮叔兮，吐哺之仁早著。"後唐天成四年《韓漢臣墓誌》："神資偉質，天與奇才。其宗既懿，其德不迴。玉壺瑩彩，水鏡無埃。"

《大詞典》"神資"條釋作"天資，稟賦"，引例為唐柳宗元《唐故特進贈開府儀同三司南府君睢陽廟碑》："時維南公，天與拳勇，神資機智，藝窮百中，豪出千人。"孤證。南北朝墓誌已見用例，《漢魏六朝碑刻校注》四九〇《北魏孫標墓誌》："公應山川之靈，資乾元之慶。義方持之成童，神懷毗以清邃，道範協於祚土。清判濁涇，日吐桑林。神資高美，風月交晞。"《漢魏六朝碑刻校注》五一〇《北魏楊熙僊墓誌》："君神資桀邁，風流獨遠，氣馘煙霞，心懷水月。"

143. 生務

唐天祐十三年《張宗諫墓誌》："府君幼而令點，長亦謙恭，孝敬敦淳，和叶忠信，勤劬生務，基業豐餘。"

《大詞典》"生務"條釋作"生計；生業"，引例為漢徐幹《中論·譴交》："凡民出入行止，會聚飲食，皆有其節，不得怠荒，以妨生務，以麗罪罰。"孤證，可補五代墓誌。

144. 盛儀

前蜀乾德五年《晉暉墓誌》："明廷三日為報朝參，同曲四鄰不違春相，禮寺徵於舊典，有司式舉於盛儀。"後唐長興三年《孟知祥妻福慶長公主李氏墓誌》："未笄而歸我令公焉。時也靈龜入兆，威鳳和鳴，衿肇當展於盛儀，秦晉乃洽於嘉禮。"

《大詞典》"盛儀"義項1釋作"隆重的儀式"，引例為明文徵明《賜長壽采縷》詩："重慚潦倒隨恩澤，還忝班行覿盛儀。"孤証且晚出。南北朝以來墓誌多有用例，《漢魏六朝碑刻校注》五三七《北魏元新成妃李氏墓誌》："九族稱其貞淑，邦黨敬其風華。於是鳲鳩延娉，玉帛盈門，就百兩之盛儀，居層櫟以作配。"《漢魏六朝碑刻校注》一〇五八《西魏李賢妻吳輝墓誌》："內外斯穆，人無閒焉。方冀亨萬石之遐福，終九十之盛儀，而與善無徵，淪芳盛日。"《唐代墓誌彙編》顯慶〇六五《丁貴娘墓誌》："夫人識標明朗，性履幽閑，光備盛儀，歸嬪君子，義均秦晉，時比潘陽。"

145. 聖私

後唐天成三年《張居翰墓誌》："鄙夫叨受聖私，謬忝監撫，慙無殊異，以竭臣誠。"

《大詞典》"聖私"條釋作"皇上的恩私"，引唐皇甫曾《送徐大夫赴南海》詩："舊國當分閫，天涯答聖私。"為例，孤證，可補五代墓誌。

146. 時教

後梁開平四年《石彥辭墓誌》："我梁開平二年，建國之初，庶務修明，群倫思舉，有便於時教者莫不來之。"

《大詞典》"時教"條義項2釋作"當時的教化"，引例為《史記·平津侯主父列傳》："壤長地進，至於霸王，時教使然也。"孤證。《漢魏六朝碑刻校注》一三六一《北周乙弗紹墓誌》："及遵周典，除秋官布憲大夫，掌禁刑奸，諒從時教，增邑五百戶，進爵為侯。"

147. 時義

後周廣順二年《馬從徽墓誌》："馬氏之先，時義大矣。策名趙國，方徵誕姓之基；胙土邯鄲，載驗承泉之始。"

《大詞典》"時義"條釋作"對時政的見解。舊時銓試官員項目之一"。《大詞典》沒有例證，可補五代墓誌。唐代墓誌就有用例，《唐代墓誌彙編續集》天寶〇一七《徐承嗣墓誌》："夏之喪，又得與先聖之所同間也。然稽之時義遠矣，且教訓存焉。"《唐代墓誌彙編續集》天寶〇八五《廉元泰墓誌》："君放蕩丘園，高尚不仕，許由之志可尚，嚴陵之操不屈。去危圖安，以全其道，儵然長往，蟬蛻於寰區之外，所以易稱遯之時義大矣哉！"

148. 識辨

後唐天成元年《康贊羨墓誌》："齠齔之歲，所翫尤殊，識辨之年，習業迥異，寶之可類於掌珠，命之必為於國礎。"

《大詞典》"識辨"條釋作"識別辨認"，引例為柳杞《好年勝景》四："對於自己的母親，孩子們有特別尖銳的識辨能力。"孤証且甚晚。唐代墓誌已見用例，《唐代墓誌彙編續集》貞元〇六九《源府君銘誌》："其□為政也，斷有剸犀之鋒，識辨回邪之詐，察物懲奸，公庭耿耿。"

149. 示諭

後唐天成三年《張居翰墓誌》："護軍命撫巡管徼，公一一示諭，遂致駱越怗然，五嶺梯貢。"

《大詞典》"示諭"條釋作"告知；曉示。常用於上對下或書劄中"，引《老殘遊記》第十七回："宮保只有派白太尊覆審的話，並沒有叫閣下回省的示諭，此案未了，斷不能走。"為例。《老殘遊記》作者是清末劉鶚，《老殘遊記》被魯迅先生評為晚清四大“譴責小說”之一。《大詞典》例證為孤證且甚晚，可補五代墓誌。

150. 叔度

後唐天成四年《西方鄴墓誌》：“公即都軍之第三子也，生而有異，幼而不群，桓溫之骨狀非凡，相如之氣概彌大。鬚眉磊浪，將並轡於伏波，宇量弘深，更差肩於叔度。”

“伏波”為漢將軍名號。西漢路博多、東漢馬援都受封為伏波將軍。叔度和伏波對舉，指漢黃憲的字。《大詞典》“叔度”條義項1釋作“漢黃憲字。叔度品學超群，尤以氣量廣遠著稱”，引例為康有為《贈陳鎮南編修兄》：“叔度自遠量，曼容（漢邴丹的字）善知足。”孤證且甚晚。南北朝墓誌已有用例，《漢魏六朝碑刻校注》四八四《北魏元顯儁墓誌》：“若乃載笑載言，則玄談雅質。出入翱翔，金聲璀璨。昔蒼舒早善，叔度奇聲，亦何以加焉。”

151. 殊庸

後唐清泰三年《戴思遠墓誌》：“粵以鷗夷功大，泛扁舟而不迴；疏傅位尊，出東門而長往。此乃明虧盈之道，知盛衰之源，生立殊庸，歿留懿範，其能繼之者，唯故少保戴公則其人也。”

《大詞典》“殊庸”條釋作“特出的功勞”，引例為唐司空圖《故鹽州防禦使王縱追述碑》：“外訓驍雄，內蘇疲瘵，殊庸既顯，善政亦聞。”孤證，可補。《唐代墓誌彙編》垂拱〇一二《爾朱玄靖墓誌》：“考其曾系，標盛德而割山河；稽諸遠葉，表殊庸而錫茅土。”《唐代墓誌彙編》長壽〇二三《張元墓誌》：“才超一割，百里聽其殊庸；心甚四知，兩造明其詭略。”《唐代墓誌彙編續集》寶曆〇〇四《李濟墓誌》：“以趙帥太師大變艱危，卻立東夏，撥正將亂，自□殊庸，禮加寵崇，許婚宗族。”

152. 霜明

後唐天成三年《張居翰墓誌》：“大父弘積，御苑判官、朝散郎、內府丞。高情檜聳，雅志霜明。長卿文詞，於斯流譽，釋之數奏，在我不忘。”後唐清泰元年《陰海晏墓誌》：“戒同下璧，鵝珠未比於奇公；操性霜明，該博研精於內外。”

《大詞典》“霜明”條義項2釋作“喻高潔”，引例為《南齊書·褚淵傳》：“劉領軍峻節霜明，臨危不顧。”孤證。《唐代墓誌彙編》咸亨〇九二《楊晟墓誌》："隋末釋褐建節尉。峻節霜明，為六軍之壯觀；奇謀川瀉，毓千里之神機。"

153. 私舍

後梁乾化二年《孫公瞻墓誌》："以乾化元年四月十三□南招賢坊之私舍，享年六十有五。"

《大詞典》"私舍"條釋作"私人住宅"，引例為清曾國藩《金陵楚軍水師昭忠祠記》："甚者如九洑洲之役，攻剿三四日，凋耗二千人，唱凱于公庭，飲泣于私舍。"孤證且甚晚。唐代墓誌已習見用例，《唐代墓誌彙編》顯慶〇二〇《程雄墓誌》："顧此人生，忽如流電，春秋五十有①，以貞觀廿二年六月五日殞於私舍。"《唐代墓誌彙編》開元三三三《李侯墓誌》："以開元十九年十一月八日癸丑卒於洛陽私舍，春秋七十有五。"

154. 遂良

後唐長興三年《孟知祥妻福慶長公主李氏墓誌》："當疇功之際，以遂良為先，蹔輟鴻鈞，遠安全蜀。"

《大詞典》"遂良"條釋作"薦舉賢良之士"，引例為《書·仲虺之誥》："佑賢輔德，顯忠遂良。"孔傳："賢則助之，德則輔之，忠則顯之，良則進之。"孤證。唐代墓誌已見用例，《唐代墓誌彙編》儀鳳〇二八《王文曉墓誌》："踐仁履孝，道契於生知，顯忠遂良，理非於外獎。"

155. 隼旆

後晉開運三年《李仁寶墓誌》："俄分符於屬郡，甚有佳聲。莫不洞曉魚鈐，深明萬陣，行驅隼旆，坐鎮雕陰。"

"隼"，鳥名，又名鶻，鷹類中最小者，飛速善襲，獵者多飼之，使助捕鳥兔。《易·解》："公用射隼於高墉之上，獲之，無不利。"孔穎達疏："隼者，貪殘之鳥，鸇鷂之屬。"《大詞典》"隼旆"條釋作"畫有隼鳥的旗幟。古時詩文中常用以為州郡長官之標誌"，引例為唐劉兼《芳春》詩："宦情歸興休相撓，隼旆漁舟總未厭。"孤證。唐代墓誌也有用例，《唐代墓誌彙編》顯慶一二七《紇干承基墓誌》："飛狐進討，揚隼旆以先登；白馬旋軍，挺霜戈而後殿。"

156. 譚笑

後周顯德五年《梁氏夫人墓誌》："場擊白駒，累非健美；霧藏玄豹，

---

① 此處疑有脫文。

竟得宴如。譚笑於秦，則仲連復出；偃息於魏，則幹木更生。頗揚上士之風，懸在後人之口，永光野史，勿墜家聲。"

《大詞典》"譚笑"條釋作"說笑"，引宋洪邁《容齋隨筆·唐詩戲語》："士人於棋酒間，好稱引戲語，以助譚笑。"為例，孤證且晚出，可補五代墓誌。《唐代墓誌彙編》中和〇〇一《楊氏墓誌》："魯連三辭，不□譚笑；萊子五彩，自悅晨昏。"

157. 帑

後梁開平四年《石彥辭墓誌》："吾廐有良馬而帑有兼金，罄進玉階，粗達臣節。"

《大詞典》"帑"條釋作"指藏金帛的府庫"，引例為《舊唐書·鄭繁傳》："罷郡，有錢千緡，寄州帑。後郡數陷，盜不犯鄭使君寄庫錢。"孤證。《唐代墓誌彙編》大中一二〇《孫景商墓誌》："公至未旬歲，而廩溢帑豐，編人溫飽。"

158. 天麟

後唐天成四年《韓恭墓誌》："嗚呼哀哉！皇家軫慟，侯室切傷。大樹摧兮碎色，長星落兮無光。彩鷟飛兮彩鳳去，天麟隱兮天驥藏。松桂忽殘於素雪，菊蘭已敗於寒霜。柏為阡兮蒿為里，泉有臺兮山有崗。"後唐長興元年《李仁寶妻破丑氏墓誌》："夫人以元魏靈苗，孝文盛族，天麟表瑞，沼鳳騰芳，金枝繼踵於三台，玉葉姻聯於八座。"

《大詞典》"天麟"條釋作"天上的麒麟"，引例為宋梅堯臣《葉大卿挽辭》詩之三："石馬天麟肖，松枝國棟成。"孤證且晚出。

159. 霆電

後唐同光二年《王審知墓誌》："王遙祝陰靈，立有玄感，一夕風雷暴作，霆電呈功，碎巨石於洪波，化安流於碧海，敕號甘棠港。"

《大詞典》"霆電"條釋作"疾雷閃電。喻威猛無比的力量"，引例為《漢書·武帝紀上》："取新壘其如拾芥，撲朱爵其猶掃塵。霆電外駭，省闥內傾。"《大詞典》出處有誤，此段話出自《梁書·武帝紀上》。《大詞典》為孤證，可補五代墓誌。

160. 通介

後周廣順二年《劉琪及妻楊氏合葬墓誌》："先府君即萊州之子也，百鍊不銷，千尋直上，清濁無撓，通介有常。以禮樂為身文，以經緯為己任，喜慍之色不見於容，是非之言不出於口。"

《大詞典》"通介"條釋作"通達耿介，有操守"，引例為蔡夢弼《杜工部草堂詩話》卷一引宋蘇軾詩："風流自有高人識，通介寧隨薄俗移。"孤証且略晚。唐代墓誌已見用例，《唐代墓誌彙編》調露〇二三《泉男生墓誌》："襟抱散朗，標置宏博，廣峻不疵於物議，通介無滯於時機。"《唐代墓誌彙編續集》大中〇七一《董唐之墓誌》："公之母弟唐清嘉遁丘園，優遊不仕，實里閈之通介也。"

161. 慟泣

後晉天福六年《李仁福妻瀆氏墓誌》："忽縈小疹，大夜雲歸。親屬慟泣，行路哀啼。"

《大詞典》"慟泣"條釋作"悲痛哭泣"。僅引《南齊書·高逸傳·顧歡》："歡早孤，每讀《詩》至'哀哀父母'，輒執書慟泣，學者由是廢《蓼莪篇》不復講。"孤證。南北朝墓誌始見用例，《漢魏六朝碑刻校注》一三八八《北周韋彪墓誌》："而昊天不吊，奄從化往，春秋五十有九，以武成二年薨於家。天子嗟悼，僚友慟泣。"《唐代墓誌彙編》開元一二一《楊君檀夫人墓誌》："嗣子太明等，興嗟感衆，慟泣傷人，控三孝以馳名，挹五常而取則。"《唐代墓誌彙編續集》咸通〇七〇《楊氏墓誌》："諸子追思北堂，相像遺蹤，號訴於天，慟泣過禮。"傳世文獻亦有用例，《魏書·文成元皇后李氏傳》："臨訣，每一稱兄弟，輒拊胸慟泣，遂薨。後諡曰元皇后，葬金陵，配饗太廟。"

162. 圖諜

唐天祐十三年《張宗諫墓誌》："府君諱宗諫，字仁讜，河內修武人也，其先寔軒轅之胤緒，涼主之遺苗。濟漢毗吳，恢梁翼晉，股肱帝業，柱石皇猷，將相公卿，備昭圖諜。"

《大詞典》"圖牒"條義項2釋作"亦作'圖諜'。猶譜牒"，引例為明宋濂《張氏譜圖序》："其遷江陰者，則不知始於何世，圖諜喪漫，不可鉤考。"孤證且晚出，可補。《唐代墓誌彙編》貞元〇二二《李氏墓誌》："夫人姓李氏，其先隴西成紀人也。三代已上，圖諜詳矣。"《唐代墓誌彙編續集》顯慶〇三八《陶後興墓誌》："晉則八翼登朝，絢清徽於圖諜；宋乃三芝遁侶，標素範於縑緗。"

163. 偉望

後唐同光二年《王審知墓誌》："娶博陵崔氏，封博陵郡夫人。明潔珪璋，禮恭蘋藻，實軒冕之清門，佩公王之偉望。"

《大詞典》“偉望”條釋作“很大的名望”，引例為唐黃滔《呈西川高相啓》：“相公嶽降宏才，神資偉望。”孤證。唐代墓誌已有用例，《唐代墓誌彙編》先天〇〇八《吉渾墓誌》：“故能偉望成構，大略清朝，列岳而郡國式瞻，佐時而社稷與在。”《唐代墓誌彙編》大和〇六八《李琮墓誌》：“曾祖欽，皇金紫光禄大夫、左金吾衛大將軍、贈太子太保，雄名偉望，迥冠古今。”

164. 魏丙

後唐同光三年《張繼業墓誌》：“粵有人傑，興於巨唐。挺生令子，同贊明王。名惟魏丙，化作龔黃。”

《大詞典》“魏丙”條釋作“漢相魏相和丙吉的並稱”，引例為宋蘇轍《司馬溫公挽詞》之三：“魏丙生前友，俱傳漢相名。”孤證且晚出。傳世文獻唐代有用例，唐盧僎《奉和李令扈從溫泉宮賜遊驪山韋侍郎別業》：“鄉入無何有，時還上古初。伊皋羞過狹，魏丙服粗疏。”

165. 文學

後梁乾化四年《張荷墓誌》：“洎隋計入貢，凡六上，登第於故致仕司空河東裴相國之門，旋調授京兆府文學。”

《大詞典》“文學”條義項9釋作“官名。漢代於州郡及王國置文學，或稱文學掾，或稱文學史，為後世教官所由來。三國魏武帝置太子文學，魏晉以後有文學從事。唐初於州縣置經學博士，德宗時改稱文學，宋以後廢之。晉及隋唐時，太子與諸王下亦置文學。明清廢”。《大詞典》無例證。碑刻文獻魏晉就有用例，《漢魏六朝碑刻校注》二三六《西晉王浚妻華芳墓誌》：“兄諱酆，字敬始，故豫章王文學、安鄉亭侯。”

166. 隙光

後漢乾祐二年《張備墓誌》：“天豈無知，仁惟積善。大限不留，隙光如電。”

《大詞典》“隙光”條釋作“時光；歲月”，引例為明李東陽《再用韻自述》之二：“悔送隙光飛過鳥，記栽堂樹小如椽。”孤証且晚出。唐代以來墓誌多有用例，《唐代墓誌彙編》乾封〇〇二《王延墓誌》：“何圖閱水不停，隙光難駐，春秋六十有六，以乾封元年歲次景寅正月戊辰朔十日丁丑卒于修善里第。”《唐代墓誌彙編》大和〇三〇《吳達墓誌》：“追隙光之莫及，痛風樹之不停，以其禮經有制，空垂志行之文；金石靡刊，埶紀陵之變。”《遼代石刻文續編·蕭氏夫人墓誌》：“歎電影之難停，恨隙光之易沒。”

167．隙駒

後梁貞明二年《張濛墓誌》：“逝水波長，隙駒塵速。嗚呼哲人，爰啓手足。”後晉天福四年《王化文墓誌》：“豈知遘以沉痾，遽歸長夜，隙駒莫駐，薤露俄悲。以景福元年歲次壬□二月二十四日終於滑州私第，享年五十有八。”後周廣順四年《索君妻張氏墓誌》：“嗟呼！妝臺之上，不逢鸞鏡之春；憁牖之中，空見隙駒之影。”

《大詞典》“隙駒”釋作“亦作‘隙駒’”，沒有例證。“隙駒”為墓誌習語，隋代以降墓誌常見，《隋代墓誌銘彙考》〇五三《劉俠墓誌》：“公明四見之榮，士無千里之任。歎隙駒易往，目鳥①難留，奄隨風燭，時年五十二矣。”《唐代墓誌彙編》貞觀一〇九《霍漢墓誌》：“但以詩酒娛懷，絃歌養性，每登邙山追警鸞之放曠，臨洛水想子晉之清虛，優哉遊哉，以斯卒歲。但隙駒易往，人世難淹，暮槿朝光，忽至於此。”《遼代石刻文續編·蕭旻墓誌》：“越明年八月二十二日啓耶律氏之塋合祔焉。嗚呼！隙駒掠影，海月泛光，遠日克盛，儀允臧②。”“隙駒”也有用例，《漢魏六朝碑刻校注》一一二〇《北齊報德像碑》：“空聞海竭，熟俟河清。隙駒易往，日烏難停。春冰始泮，水淥山清。秋風將肅，葉下霜明。”

168．轄司

後唐天成三年《張居翰墓誌》：“先聖知其畏慎，今上洞察愚衷，獲保首領，得殁於地。須寫將盡之懇，以感聖澤之隆。汝務主轄司，不謂不繁劇。”

《大詞典》“轄司”條釋作“指主管官吏”，引例為南朝梁任昉《答劉孝綽》詩：“直史兼褒貶，轄司專疾惡。”孤證，可補五代墓誌。

169．先德

後周顯德四年《太原夫人王氏墓誌》：“司空先德僕射河東喪逝，榆次墳塋，以兩地未通，無門合祔。”

《大詞典》“先德”義項3釋作“稱別人的父親為先德”，引例為宋孫

---

① “目鳥”當為“日烏”。

② 原書此句有脫文。

光憲①《北夢瑣言》卷三："唐劉舍人蛻，桐廬人，早以文學應進士舉，其先德戒之曰：'……吾若沒後，慎勿祭祀。'"孤證，可補五代墓誌。

170. 先府君

後周廣順二年《劉琪及妻楊氏合葬墓誌》："先府君諱琪，字潤之，先代沛國人，避亂徒家於鄴，今為大名府人焉。"

《大詞典》"先府君"條釋作"亡父的尊稱"，引例為宋蘇洵《送石昌言使北引》："憶與群兒戲先府君側。"孤證。其實，唐代墓誌中已不乏用例，《唐代墓誌彙編》開元二二一《□晉墓誌》："夫人少明惠柔順，居家以孝稱。既笄之後，繼室歸於我先府君。"《唐代墓誌彙編續集》萬歲通天〇〇四《王婉墓誌》："及先府君晚登隆貴，鬱為宰輔。夫人克享上榮，受封命。"

171. 仙苑

後梁乾化四年《樂君妻徐氏墓誌》："夫人稟嫣然之姿態，實仙苑之桃李，自和鳴鸞鳳，益顯令德，而又柔順孝敬以奉姑嬋，為六親庭闈之則，所謂神垂其祐，天愁其善。"

《大詞典》"仙苑"條釋作"仙宮；仙境"，引例為宋無名氏《洞仙歌》詞："又只恐東風破寒來，伴神女同歸，閬峰仙苑。"宋曾允元《水龍吟·春夢》詞："鸞珮相逢甚處，似當年劉郎仙苑。"《大詞典》所引兩個例證均為宋代例，實為無奈之舉，根據辭書引證的多樣性原則，可引五代墓誌例。

172. 銜疚

後周顯德二年《石金俊及妻元氏合祔墓誌》："三年正月三日，太夫人薨於義州官舍，享年八十三。太守茹荼銜疚，護喪歸洛，以顯德二年三月三日祔葬於先將軍司空之塋，禮也。"

《大詞典》"銜疚"條釋作"猶銜恤。為父母守喪"，引例為《晉書·李含傳》："銜疚諒闇，以終三年。"孤証。唐代墓誌已見用例，《唐代墓誌彙編》天寶二〇八《楊氏墓誌》："孤子仲容，銜疚茹痛，疑慕永懷，徒星行而志切，終路遠而莫逌，庶陵谷雖變，徽音不亡，用傳斯文，貽厥終古。"

---

① 孫光憲（901—968），字孟文，自號葆光子，陵州貴平（今屬四川仁壽縣東北）人，五代詞人。

173. 祥麟

後唐清泰三年《張季澄墓誌》："芝蘭玉樹，既顯瑞於堦庭；威鳳祥麟，佇來宜於表著。允契必復之兆，實彰餘慶之基，唯詠友于，罔分優劣。"南唐保大十四年《王繼勳墓誌》："公大昴炳靈，祥麟叶趾，弱齡襲爵，寅亮秉躬。"

《大詞典》"祥麟"條義項 1 釋作"指瑞獸麒麟"，引例為《宋史·樂志十》："儀鳳書良史，祥麟載雅歌。"孤証。遼代墓誌還有用例，《遼代石刻文續編·蕭興言墓誌》："嗚呼！祥麟瑞鳳，兆於一時，豈久住於世而已哉。果於大安三年六月十九日疾而薨，春秋五十有六。"

174. 詳閑

後唐清泰三年《張季澄墓誌》："詔徵授銀青光禄大夫、檢校左散騎常侍、右武威將軍同正兼御史大夫。敷奏詳閑，風神整肅，就列之榮罕比，起家之拜斯崇。"

《大詞典》"詳閑"條釋作"安詳閑雅。詳，通'祥'"，引例為《周書·皇后傳·宣帝楊皇后》："帝后昏暴滋甚，喜怒乖度。嘗譴后，欲加之罪。后進止詳閑，辭色不撓。"孤証。唐代墓誌亦見用例，《唐代墓誌彙編》開成〇一〇《董氏墓誌》："自笄年入居宮臺，容華綽約，儀則詳閑，執禮謙和，發言明媚，而又纖腰柔弱，舉趾嫣妍，飛燕自得於體輕，平陽雅稱其妙麗。"

175. 孝愛

後梁開平四年《石彥辭墓誌》："長子昌業，年十八，守左千牛衛備身；次子昌能，年十六，以齋郎調補，方在格限。昆弟皆神資秀爽，生知孝愛。"後唐天成二年《任元頁墓誌》："孝愛居家，懷橘有譽，信義於外，斷金立名。裹事卜宅，宮歹禮備。"

《大詞典》"孝愛"條釋作"孝敬愛重"，引例為《禮記·文王世子》："戰則守於公禰，孝愛之深也。"孤證，可補。《隋代墓誌銘彙考》三〇六《李椿妻劉琬華墓誌》："秀出柔儀，懋茲淑令，孝愛天真，溫恭率性。"《唐代墓誌彙編》顯慶〇〇九《韓智門墓誌》："加以幼抱忠貞，早稱孝愛，叶風雲之意氣，標水鏡之高明。"《唐代墓誌彙編續集》開成〇〇四《李君妻戴氏墓誌》："夫人生知孝愛，聰敏淑惠。執柔謙之德，而修敬讓之儀，雍容閨壼之中，彰表六姻之族。"

176. 心戒

後梁乾化二年《孫公瞻墓誌》："噫乎！能弘於物，必貽其美；能寬於量，須保其真。何子正之銘，用為心戒，故纖荏祐禰，以在茲焉，咸公之志度也。”

《大詞典》“心戒”條釋作“佛教語。指戒體。與‘戒相’相對”，引例為明文璧《〈南濠詩話〉序》：“余十六七時喜為詩，余友都君元敬實授之法，於時君有心戒，不事哦諷，而談評不廢。”孤證且晚出，可引五代墓誌。

177. 馨香

後梁開平三年《高繼蟾墓誌》：“廷玉鳳叨獎眷，克熟馨香，喻以綴文，難周其善。”後梁貞明七年《秦君墓誌》：“陶鑄偏垂雨露，衒班益仰馨香，而又近降絲綸，榮分符竹，爵祿已超於身世。”

《大詞典》“馨香”條義項6釋作“比喻可流傳後代的好名聲”，引例為清惜秋旅生《維新夢》：“男兒抱熱血，君子不偷生，光彩留今史，馨香貽後人。”孤證且甚晚。“馨香”乃墓誌習語，北魏墓誌已有用例，《漢魏六朝碑刻校注》六二一《北魏元仙墓誌》：“君稟三珠之叡氣，承八桂之餘風。馨香發於竹馬之年，令問播於紈綺之崴。”

178. 雄藩

後唐天成元年《康贊美墓誌》：“遂就加金紫，仍轉秋卿，雖麼職於雄藩，豈淹驥足，在聲光而已振，難息超騰。”後唐長興元年《毛璋墓誌》：“公爰自雄藩立節，橫海從軍，執信輸忠，捨逆從順，擁旗誓眾，持檄歸明。”後晉天福五年《孫思暢及妻劉氏趙氏合祔墓誌》：“或物按前行，器局不群。行藏迥異，處雄藩之上職；兼掌劇司，在英彥之高談。”

《大詞典》“雄藩”條釋作“地位重要、實力雄厚的藩鎮”，引例為《舊唐書·嚴綬傳》：“前後統臨三鎮，皆號雄藩。”孤證。唐代墓誌已見用例，《唐代墓誌彙編》開成〇〇二《王從政墓誌》：“曾祖諱冰，使持節諸軍事，守號州刺史，鎮居放剛，位列雄藩，弘化之美，信孚百城。”《唐代墓誌彙編續集》咸通〇六四《梁氏墓誌》：“夫人親兄曰播，曰揩，曰扶，或右職雄藩，或論兵禁衛，哀同氣之先零，軫高堂之甚痛。”

179. 雄節

後梁乾化三年《韓仲舉妻王氏墓誌》：“父重師，少負雄節，震拔群倫，稍起家，領戎職。樂孫武之兵書，預期必克；學李廣之弓矢，不的不飛。”

《大詞典》“雄節”條釋作“高尚的節操”，引例為晉夏侯湛《東方朔畫贊》："雄節邁倫，高氣蓋世。"孤證。唐代墓誌已有用例，《唐代墓誌彙編》長壽〇二二《楊順墓誌》："公瓌瑋博達，遠心曠度，高氣蓋代，雄節靡儔，早著聲名，少懷倜儻。"

180. 休馬

後唐天成二年《孫拙墓誌》："豈宜休馬之辰，復有殲良之歎。九原何作，多士增欷，追是芳猷，屬在明德。"

《大詞典》"休馬"條釋作"放馬。謂不打仗"，引例為《史記·留侯世家》："休馬華山之陽，示以無所為。今陛下能休馬無所用乎?"孤證。傳世文獻唐五代還有用例，唐韋莊《夏初與侯補闕江南有約同泛淮汴西赴行朝莊》："欲上隋堤舉步遲，隔雲烽燧叫非時。才聞破虜將休馬，又道征遼再出師。"

181. 血懇

後唐同光三年《吳君妻曹氏墓誌》："馮七有成，立期勝負荷之道，上興堂構，漸振宗門，免違顧後之言，可都似績之望，竊惟血懇，敢離卑心。"

《大詞典》"血懇"條釋作"極其誠摯的懇求"，引例為宋蘇舜欽《杜公謝官表》："兩貢露奏，乞回命書，遷降玉音，不諒血懇。"孤證且晚出，可補五代墓誌。

182. 巡備

後唐天成三年《張居翰墓誌》："曾大父處厚，威遠軍判官、承奉郎、內府令、賜緋魚袋。秉操不回，蒞職清簡，謹巡備於畿甸，分甘苦於連營。"

《大詞典》"巡備"條釋作"巡查警戒"，引例為《明史·職官志四》："其兵備、提學、撫民、巡海、清軍、驛傳、水利、屯田、招練、監軍，各專事置，併分員巡備京畿。"《明史》是清代官修的一部反映我國明朝歷史情況的紀傳體通史。《大詞典》例證為孤證且甚晚，可補五代墓誌。

183. 循階

後晉天福七年《任景述墓誌》："大丈夫仕不及二千石，安能老之將至，碌碌而循階乎?"

《大詞典》"循階"條釋作"謂官吏按資歷逐級晉升"。引例為《南史·儒林傳·伏暅》："(暅)自以名輩素在遠前，為吏俱稱廉白，遠累見擢，暄循階而已，意望不滿，多託疾居家。"《南史》由唐李延壽撰，《大詞典》例證為孤證，可補五代墓誌。

184. 雅契

後唐長興三年《孟知祥妻福慶長公主李氏墓誌》："長公主性稟天和，榮分聖緒，四德純茂，六行兼修，賢明雅契於典經，謙敬仍光於懿範。未筭而歸我令公焉。"後晉天福七年《周令武墓誌》："顧子通之敬婦，實亦宜然，周達前哲之謀猷，雅契古人之糟粕。"

《大詞典》"雅契"條義項1釋作"十分契合"，引例為唐楊炯《送并州旻上人詩》序："劉真長之遠致，雅契高風。"孤證。唐代墓誌也有用例，《唐代墓誌彙編》天寶○一七《田氏墓誌》："中年晤道，雅契玄關，常讀《維摩》《法華》，誦《金剛》《般若》，仙舟自超於法海，智刃久斷於魔軍。"

185. 雅譽

後唐清泰二年《商在吉墓誌》："兄司徒，天生異氣，神授英姿。芬芳而玉樹迎春，瑩澈而冰壺向曉，惟忠惟孝，光累代之徽猷；成允盛功，播四方之雅譽。"

《大詞典》"雅譽"條釋作"良好的聲望"，引例為《資治通鑑·宋文帝元嘉二十二年》："丈人之於本朝，不深於二主，人間雅譽，過於兩臣，讒夫側目，為日久矣。"《資治通鑑》由宋司馬光主持編寫。《大詞典》孤證且晚出，可補。《漢魏六朝碑刻校注》七五五《北魏元順墓誌》："公丕承顯烈，體茲上掾，清才雅譽，挺自黃中。"《隋代墓誌銘彙考》一一九《趙齡暨妻郭氏誌》："陽元識量，彥輔風猷，惟公具美，異此清流。既縻好爵，雅譽斯道，玄戈出將，絳節臨州。"《唐代墓誌彙編》永徽○七五《趙爽墓誌》："射策高第，釋褐東阿，撫翼丘園，翰飛河濟。暢清風於下邑，馳雅譽於天朝。"《唐代墓誌彙編續集》上元○○三《李三娘墓誌》："南陽材子，雅譽聞於兩京；西漢名臣，令問宣於三傑。"

186. 延休

後唐長興三年《孟知祥妻福慶長公主李氏墓誌》："靈龜入兆，威鳳和鳴，袗鞶當展於盛儀，秦晉乃洽於嘉禮。群仙奉職，百福延休，如賓之敬將崇，中饋之儀允穆。"

《大詞典》"延休"條釋作"長久的蔭庇"，引例為唐李邕《賀感夢聖祖表》："知億年之永託，沐萬代之延休。"孤證。唐代墓誌也有用例，

《唐代墓誌彙編》麟德〇二六《强偉墓誌》：“資洛食以延休，雄代京而顯□，風猷冠冕，可略言焉。”

187. 偃草

後唐同光三年《張繼業墓誌》：“今上奄有神器，纂嗣卒圖，朝萬國則疾若建瓴，集諸侯則勢同偃草，東漸西被，北走南馳。”

《大詞典》“偃草”條義項3釋作“比喻教令迅速下行”，引例為宋王禹偁《大閱賦》：“申軍令於偃草，揭靈旗於畫荊。”孤證且晚出。《漢魏六朝碑刻校注》——七六《北齊法懃禪師塔銘》：“懷方擬物，伺機情而卷舒；移耶獎正，駕風儀而偃草。”

188. 仰重

後唐長興三年《明惠大師塔銘》：“此乃聖主仰重，朝俗歸心，播十方而異香遠聞。”

《大詞典》“仰重”條義項1釋作“敬重”，引例為宋葉適《夫人王氏墓誌銘》：“而汝談、汝諨有異材，文藻蔚發，韓篇杜筆，高出於時，朝士咸仰重，不獨夫人之產多賢良，亦其家法素修，故致此爾。”孤証且晚出。《大詞典》難能可貴地注意到了墓誌文獻用例，可惜其晚出，唐代墓誌已常見用例，《唐代墓誌彙編》大中一五八《張審文墓誌》：“其節意也，冠絕古今。為親懿之所仰重，為交朋之所敬承。”《唐代墓誌彙編》咸通〇三二《李扶墓誌》：“及寓於此，二十余載，官僚親仁，閭里仰重。”《唐代墓誌彙編》廣明〇〇五《張師儒墓誌》：“懷敬姜之志，襲梁鴻之風，常以內循機箒之勤，外豐賓客之膳，親族仰重，四德不虧。”

189. 養理

後唐同光三年《張繼業墓誌》：“政有六條，資乎養理；武有七德，本於惠和。一則保生聚而贊憂勤，一則閱詩書而敦禮樂。”

《大詞典》“養理”條釋作“調養治理”。僅引唐代元稹《韋珩京兆府美原縣令制》：“今美原、藍田，皆吾甸內之邑，爾其為吾養理生息，以惠困窮，使天下長人之吏，知朕明用廉激貪之意焉。”孤證。傳世文獻也有用例，《太平經》卷八十六：“又凡民臣奴婢，皆得生於天，長於地，得見養理於帝王，以此三事為命。”

190. 移貫

後漢乾祐元年《夏光遜墓誌》：“公諱光遜，本先譙郡人，近祖徙家青丘，又移貫焉。”

《大詞典》"移貫"條釋作"改變原先籍貫"。例證引《金史·王賁傳》："其先自臨潢移貫宛平。"《金史》紀錄金朝史事的紀傳體史書，由元脫脫（1314—1355）主編，史書的年代一般以成書年代為準，《大詞典》例證為孤證且晚出。其實，唐代墓誌已經不乏用例，《唐代墓誌彙編》開成〇四七《夏侯氏墓誌》："夫人之先譙郡人，後移貫深州樂壽縣。"《唐代墓誌彙編續集》延載〇〇一《柳君墓誌》："近奉恩敕，從雍州移貫屬洛州洛陽縣。"

191. 貽孫

南唐保大九年《陶敬宣墓誌》："西京作相，開國侯於是貽孫；南國主盟，長沙公茲焉不朽。"

《大詞典》"貽孫"條釋作："《尚書·五子之歌》：'有典有則，貽厥子孫。'孔傳：'貽，遺也。言仁及後世。'後以'貽孫'指留傳給子孫後代"，引例為明孫仁孺《東郭記·而獨於富貴之中有私壟斷焉》："笑墦間早不留賢俊，卻壟上偏來混主人，這盜蹤東陵怎相遜，爾自輕身，吾非太峻，俺呵，壟斷上翼貽孫索吏隱。"孤證且晚出。北朝墓誌已見用例，《漢魏六朝碑刻校注》一二〇三《北齊薛廣墓誌》："自王官啟夏，秉王朝周。宋國出以齊盟，騰侯入而共長。承家命氏，儒默分流。謀子貽孫，珪璋相映。"

192. 翊輔

後晉天福七年《毛汶墓誌》："雖訓練之機繁，兼掌檄之無曠。匡持太府，數十載之筆陣文鋒；翊輔王門，幾千般之干天頌闋。因傳聲價，遂顯高名。"後晉天福八年《劉敬瑭墓誌》："翊輔洪鈞，聲華已聞。無傾祖德，不墜家勳。"

《大詞典》"翊輔"條釋作"輔佐"，引例為魯迅《中國小說史略》第二五篇："已而有鄺天龍者為亂，自署廣州王，其黨婁萬赤有異術，則翊輔之。"孤證且甚晚。唐代墓誌已多有用例，《唐代墓誌彙編》儀鳳〇一九《董力墓誌》："惟公族望，高才自然。翊輔紫宵之側，蒞職銅柱之前。"《唐代墓誌彙編》大中一四八《王公素墓誌》："骨鯁忠亮，蓋世貞姿，比肩衛霍，翊輔堯時。"

193. 翊佐

前蜀乾德五年《晉暉墓誌》："先皇帝親取梓潼，請充壕寨使，有功翊佐，料敵無疑，率先諸軍，再領武信。"後唐同光二年《王審知墓誌》：

"同光三年春，加扶天匡國翊佐功臣，食邑一萬五千戶，實封一千戶，而勁直之道，甲天下之藩服。"

《大詞典》"翊佐"條釋作"輔佐"，引例為明吾丘瑞《運甓記·諸賢渡江》："同期取旆常竹帛，翊佐聖明君。"孤證且晚出。唐代墓誌已見用例，《唐代墓誌彙編》開元〇七五《獨孤思行墓誌》："其先□□氏，自秦累分胤，代雄朔漠，魏運南徂，翊佐中土。"

194. 億祀

後唐同光三年《李茂貞墓誌》："遂致嚴祠堂於隴坻，樹碑篆於岐陽。播美千年，傳芳億祀。兵符相印秉義方者，何啻十人；皂蓋彤幨稟庭訓者，動逾百數。"

《大詞典》"億祀"條釋作"億年。祀，年"，引例為《宋史·樂志七》："龍德而隱，源流則長。宜乎億祀，侑享彌昌。"孤証且晚出。傳世文獻也有用例，元袁桷等《延祐四明志》卷十九："公尋而進秩，州民共思，願紀祠于碑，予忝躡高蹤，竊跡前事，敢不頌厥美，貽諸億祀。"《山西通志》卷一百九十二《冀國公贈太尉裴冕碑》："大廈梁崩，崇山玉折，領袖前古，綱維來哲，憧憧豐碑，耿耿鴻烈，永傳億祀，遺芳不滅。"

195. 應兆

吳乾貞三年《劉君妻尋陽長公主楊氏墓誌》："由是王恭鶴氅迥出品流，衛玠神仙果符僉議。蓋標奇於秤象，遂應兆於牽牛。潛膺坦腹之姿，妙契東床之選。"

《大詞典》"應兆"條釋作"應驗的徵兆"，引例為《紅樓夢》第七七回："就像孔子廟前的檜樹，墳前的蓍草，諸葛祠前的柏樹，岳武穆墳前的松樹……世亂，他就枯乾了；世治，他就茂盛了，凡千年枯了又生的幾次。這不是應兆麼？"孤證且甚晚。唐代墓誌多有用例，《唐代墓誌彙編》長壽〇〇七《周德墓誌》："漢文陽侯之餘胄，清河郡之近裔。昔渭川應兆，佐周武而建洪勳；姜水延宗，襲炎皇而明遠緒。"《唐代墓誌彙編續集》上元〇一四《張仁變墓誌》："屬拔茅賁谷，游蓮應兆，豈意黃鵠未吟於上苑，白駒已落於高春。春秋冊有六，終於洛陽殖業里之私第。"縱觀所有文獻用例，"應兆"均為述賓結構，《大詞典》釋義不確，應該解釋為"應驗徵兆"。

196. 寓泊

後漢乾祐二年《張備墓誌》："自罷任膠東，寓泊青社，旋屬虛危結礨，象魏陳師。閉在閶闠，不無憂憤，果當送款，遂出重圍。"

《大詞典》"寓泊"條釋作"寄住"，引例為明陳繼儒《珍珠船》卷一："雍熙中，君房寓泊盧山開光寺。"孤証。遼代墓誌還有用例，《遼代石刻文續編·蕭闥墓誌》："其年閏七月二十五日不幸終於寓泊之所，春秋二十有八。"《遼代石刻文編·鄧中舉墓誌》："興廟時，皇太后齒疾，工治不驗，因召入，遽以術止之。爾後出入扈徒，蔚有緩佗之能。至於寓泊塗舍，貧賤煢獨嬰疾恙者，皆陰治活之。"

197. 宛駒

後晉開運二年《閭弘祚墓誌》："公即太師第十子也，長自綺紈，蔭從門構。宛駒未習，難淹千里之程；穴羽纔生，便具九苞之彩。"

"宛駒"義同"宛馬"指西域大宛出產的良馬。《大詞典》"宛駒"條釋作"猶言千里駒。比喻英俊有為的少年"，引例為清孫枝蔚《淩蔚侯長郎八歲讀書日滿百行所詠》："宛駒馳萬里，竹馬笑羣嬰。"孤証且甚晚。唐代墓誌已見用例，《唐代墓誌彙編續集》開元一○七《佚名墓誌》："乃以君攝鴻臚少卿，出車于西安。流沙大荒，積石千里，秉漢節而不撓，指河源而一息。是夷徼請命，國威遐宣。宛駒來庭，昆璧在府。"

198. 駕序

後唐清泰三年《張季澄墓誌》："以凝式嘗游館闈，早熟徽猷，佩觿已覩於龍章，就列俄陪於駕序，緬懷眷待，固異等倫。"

《大詞典》"駕序"釋作"猶駕鷺行"，引例為宋王禹偁《賀皇太子箋》："某謬忝專城，嘗叨內署。正衙宣冊，陪駕序以無階，僻郡効官，拜龍樓而尚遠。"孤証，可補五代墓誌例。

199. 圓蓋

後唐天成元年《康贊美墓誌》："夫圓蓋澄清，兆乎陰晦；方輿曠遠，數有廢興。耀靈豈墜於輪環，望舒未銷乎圓缺，何可比於草木人倫之類乎？"

古代有天圓地方之傳說。《大詞典》"圓蓋"條義項2釋作"指天"，引例為唐李商隱《人欲》詩："人欲天從竟不疑，莫言圓蓋便無私。"孤證。遼代墓誌也有用例，《遼代石刻文編·李知順墓誌》："粵有高張圓蓋，厚載方輿。上則兩曜七星，以燭其時；下則五岳四瀆，以鎮其國。"

200. 宰屬

後梁開平四年《羅隱墓誌》："今府君世值唐衰，觀光二紀，宗伯不能第，宰屬不能官，豈有司之遺賢耶，豈府君之賦命耶？"

《大詞典》"宰屬"條釋作"宰相的屬員"，引例為宋吳开《優古堂詩話·劉子先》："公（章惇）得詩甚喜，即召為宰屬，遂遷戶部侍郎。"孤證且晚出，可補五代墓誌。

201. 齋壇

後梁開平四年《石彥辭墓誌》："且更期福祐，益保延長，淮陰之設齋壇，大漢之重推轂，將申報國，適用殿邦。"後漢乾祐元年《夏光遜墓誌》："方開宜社，待築齋壇，念公有翹楚之能，賞公以拔第之薦，潛思采廞，始奏銀章。"

《大詞典》"齋壇"條義項1釋作"古代帝王祭天地的場所"，引例為唐李賀《贈陳商》詩："風雪直齋壇，墨經貫銅綬。"孤證且晚出。《漢魏六朝碑刻校注》一三五六《北周王士良妻董榮暉墓誌》："自公餕鼎歸殷，齋壇謁漢，實得齊姜之酒，寧無二恥之言。"《唐代墓誌彙編》永徽一一五《韓懷墓誌》："三族分晉，六雄抗衡，龜組傅襲，琳琅挺生。龍淵表德，齋壇聞聲，慶貽後葉，代出宗英。"《唐代墓誌彙編》久視〇一六《馬神威墓誌》："粵若步三階於大象，上帝列星宮之職；懸二柄於中區，天子設齋壇之拜。"

202. 招討

後梁乾化三年《韓仲舉妻王氏墓誌》："太祖以岐隴未平，公罄招討之計，遂以忠赤遇難，尋復官昭雪。"

《大詞典》"招討"條義項1釋作"招撫征討"，引例為《新五代史·唐臣傳·西方鄴》："荊南高季興叛，明宗遣襄州節度使劉訓等招討，而以東川董璋為西南面招討使。"唐代墓誌已有用例，《唐代墓誌彙編續集》寶曆〇一〇《孫簡墓誌》："時屬五溪不率，王命奉詔招討，克有戎功，累贈司空。"

203. 真聲

後唐天成二年《孫拙墓誌》："以公藹有真聲且肖前烈，奏授監察御史。"

《大詞典》"真聲"條釋作"謂仙音"，引例為南朝梁陶弘景《真誥·運象篇三》："霄上有陛賢，空中有真聲。"孤證，可補五代墓誌。

204. 真俗

後唐同光四年《行鈞塔銘》："夫真如不變，假澄湛以彰名；俗諦有邊，因去來而立號。考真俗而雖異，詢性相而何殊。”

《大詞典》“真俗”條釋作“佛教語。因緣所生之事理曰俗，不生不滅之理性曰真。出世為真，入世曰俗，即出家在家之意”，引例為宋王安石《全椒張公有詩在北山西庵僧者墁之悵然有感》詩：“幽明永隔休炊黍，真俗相妨久絕弦。”孤証且晚出。南北朝以來碑刻多有用例，《漢魏六朝碑刻校注》九四八《北魏司馬興龍墓誌銘》：“於是德高遐邁，聲動真俗。朝廷聞風虛想，思與共治，乃起家拜魯陽太守。”《漢魏六朝碑刻校注》一二五七《北齊高殷妃李難勝墓誌》：“祖司空文簡公希宗，中庸上性，作範真俗。”《唐代墓誌彙編續集》貞觀〇四八《薛𧮫墓誌》：“夫體道觀妙，言象之所未宣；忘情懸解，筌蹄之所不系。故能隱顯真俗，出處朝野，而無□待之累者，斯可謂至人矣。”

205. 貞謹

唐天祐十年《梁重立墓誌》：“皇考諱重立，字顯英，性唯貞謹，言凜樞機，溫鑒而良彥取裁，博達而頊蒙受旨。”

《大詞典》“貞謹”條釋作“守正而恭謹”，引例為《北齊書·張耀傳》：“耀少而貞謹，頗曉吏職。”《北齊書》由唐李百藥撰。《大詞典》例證為孤證，可補五代墓誌。

206. 鎮臨

後梁貞明三年《吳存鍔墓誌》：“於時景福三載，是節度使陳相公鎮臨是府，賀江鎮劉太師聞公強幹，屢發牋簡，請公屬賀江。”後晉開運二年《王廷胤墓誌》：“曾祖宗，皇興元節度使、檢校司空、守金吾衛大將軍、充街使、贈太傅。術邁武侯，勇欺關羽，警蹕每聞於忠力，鎮臨恒著於詠思。”

《大詞典》“鎮臨”條釋作“猶鎮守”，引例為宋范仲淹《延州謝上表》：“竊以延水極邊，東夏雄屏，控黠虜之衝要，歷大臣之鎮臨。”孤證且晚出。遼代墓誌還有用例，《遼代石刻文編·耶律慶嗣墓誌》：“七授將鉞，三列公台。平亂定遠，廓清氛埃。鎮臨塞境，獷俗懷徠。”

207. 姪男

後梁開平三年《高繼蟾墓誌》：“姪男李七，女姪阿蘇，幼且惠悟，嬌姊在堂，哀泣繼夕，以其年九月廿二日大通葬於河南府河南縣平樂鄉朱陽里，禮也。”後梁乾化五年《國礦墓誌》：“姪男四人：長姪仁裕，次姪仁顥，次醜多，小姪禿哥。”

《大詞典》"姪男"條釋作"猶姪兒"。《大詞典》無例證。南北朝以來碑刻多有用例，《漢魏六朝碑刻校注》九二一《北魏南宗和尚塔銘》："姪男魏禮、魏景、魏祥。"《唐代墓誌彙編》大曆〇四五《崔昭墓誌》："與姪男右羽林軍飛騎嘉恩，爰卜吉日，以大曆十年歲次乙卯十月辛酉朔廿四日甲申啟諸舊域，收彼遺靈，同葬於屯留縣東北廿五里南崔蒙村東北一里平原，禮也。"

208. 中否

南唐昇元六年《姚嗣騈墓誌》："考諱崇，屬土運中否，天下□□□□□，唱義建號，遂參於武帳，仕吳，累遷官水土，旋遙授宿州刺史。"後周廣順二年《劉琪及妻楊氏合葬墓誌》："唐朝中否，梁室僭稱，開戰伐之場，塞貢舉之路。漢陽趙壹，爰□封吏之名；蠻府赫隆，遽就參軍之號。仕大名府，假戶曹掾。"南唐交泰元年《鍾君妻王氏墓誌》："自緱嶺肇基，晉陽錫壤，光靈繁祉，蔚為大宗。圭組簪纓，與世昇降，聖曆中否，我亦不彰。"

《大詞典》"中否"條釋作"中道衰落"，引例為宋胡仔《苕溪漁隱叢話前集·長短句》引無名氏《和東坡赤壁》："炎精中否，歎人材委靡，都無英物。"孤證且晚出，可補。《唐代墓誌彙編》貞元〇六九《田君墓誌》："長途未騁，天衢中否，徒欲臨川，翻悲逝水，埋骨幽壤，委骨窮廬。"《唐代墓誌彙編續集》元和〇〇二《楊公墓誌》："建中四祀，乾道中否。皇帝狩於奉天。公裹足赴難，致命於危。"《唐代墓誌彙編續集》大和〇二〇《何文哲墓誌》："帝運中否，陰謀竊發，句陳失守，乘輿播越。"

209. 中缺

後唐長興三年《孟知祥妻福慶長公主李氏墓誌》："洎太祖即世，莊宗紹興，天命中缺於咸秦，神器潛移於鞏洛，八紘鼎沸，四海塵昏，贊成一統之尊，光闡九重之貴。"

《大詞典》"中缺"條釋作"猶中斷"，引例為漢班固《東都賦》："往者王莽作逆，漢祚中缺。"孤證。唐代墓誌多有用例，《唐代墓誌彙編》開元三二七《楊無量壽墓誌》："屬唐祚中缺，宗族遷播，公謫南陬，敕降西掖，爰及外氏，命離夫人。"《唐代墓誌彙編》貞元一三九《元濟長墓誌》："伏以太夫人在堂，毀不敢滅，五年之內，四哭諸父，未一紀，天倫中缺，又三載，謫見于公。"

210. 忠勞

唐天祐十年《邢汴及夫人周氏合葬墓誌》："公自膺美命,累積忠勞,式茲防過之方,愈叶戒嚴之道。"

《大詞典》"忠勞"條釋作"忠誠勤勞",引例為宋曾鞏《殿前都指揮使制》:"朕擇材勇之士……非強毅忠勞,閱試惟舊,不在茲選,豈非重歟?"孤證且晚出。《唐代墓誌彙編續集》貞元〇六四《崔可準墓誌》:"誚有之日,怙危於寇境,濟務於官軍,兵食用饒,群才之力,不有昭獎,何勸忠勞。"《遼代石刻文編·韓橁墓誌》:"公亦仆地,至夕乃甦,其疾頓愈。議者謂公忠勞所感,神之祐也。"

211. 注委

後梁貞明六年《謝彥璋墓誌》:"遂至聖澤汪洋,宸恩注委。特加檢校太保、除河陽節度使。"

《大詞典》"注委"條釋作"器重信任",引例為《元史·張思明傳》:"卿向不負朕注委,故朕用哈散言,復起汝。"孤證且晚出。《元史》成書於明代,可補五代墓誌。

212. 滋蕃

後晉天福八年《梁漢顒墓誌》:"自成周歷炎漢,尊而為伯,褒以為侯,枝葉滋蕃,源流廣大,著七序以顯志,彰五臆而避榮,繼有嘉聲,尤難備載。"

《大詞典》"滋蕃"條釋作"滋生繁育",引例為宋歐陽修《彈琴效賈島體》詩:"鳥獸盡嚶鳴,草木亦滋蕃。"孤證且晚出,可補五代墓誌。

213. 族庖

後唐天成三年《張居翰墓誌》:"游刃不在於族庖,運斤合歸於匠伯。儻不分肯綮,重有圬墁,徒自貽譏,適堪取笑。陳誠疊讓,終是確乎,濡毫變牋,辭不獲已。"

《大詞典》"族庖"條釋作"眾庖",指一般的厨師。《莊子·養生主》:"族庖月更刀,折也。"郭慶藩集釋引崔譔曰:"族,眾也。"孤証,可補五代墓誌。

214. 尊養

後周顯德二年《張仁嗣及妻郭氏合葬墓誌》:"惟長子光振,哀煢在疚,孤藐成家,尊養繼親,負荷遺構,光是灼龜不利,槁葬於東京之西北隅。即以顯德二年閏九月二十九日遷神於洛都西北杜翟村,以汾陽郭氏祔之，禮也。"

《大詞典》"尊養"條釋作"尊奉侍養"，引例為《兒女英雄傳》第十七回："可惜我東人父子一片誠心，不知要怎生般把你家這位老太太安榮尊養，略盡他答報的心？"孤證且甚晚，可補五代墓誌。

第五節　糾正釋義不確

有人說"釋義"是"詞典的靈魂"。《大詞典》以考核精當，釋義準確，向來為學界所稱道。但是，仍然難免千慮一失。辭書編纂者往往囿於某詞固有義項的束縛，而忽視了它在新的語言環境下的發展變化。"儘管詞可能在意義上有各種變化，但是上下文給予該詞獨一無二的價值；儘管詞在人的記憶中積累了一切過去的表象，但是上下文使它擺脫了這些過去的表象而為它創造一個現在的價值。"①　"古漢語語詞詞典的釋義是否準確，也是和古漢語詞彙的研究是否深入密切相關的。"②　由於對詞義的研究不夠深入透徹、對墓誌文獻研究利用不足等原因，《大詞典》的諸多條目釋義存在着疏漏和不足，"特別是一些中古、近代詞語，有的'字面生澀而義晦'，有的'字面普通而義別'，因過去關注較少，現成材料不多，故容易致誤。《詞典》在中古、近代詞語釋義方面問題較多，原因蓋在此。"③　辭書編纂者由於主客觀條件的制約，沒有能夠重視墓誌這一寶貴的語料，是造成釋義疏誤的主要原因。下面，我們對《大詞典》釋義疏誤條目進行探討，詞語以音序排列，以便尋檢。

1. 哀慕

後唐同光三年《張君妻蘇氏墓誌》："長曰鐵哥，次曰劉奴，季曰嬌兒。并稟訓義方，修身家檢。丁是荼蓼，悉處苫廬，哀慕無時，煢煢在疚。"後周廣順二年《劉琪及妻楊氏合葬墓誌》："今則再營封樹，別卜丘墳，岡阜連延，川原平曠，敬從旅窆，遷祔新塋，送終之道無虧，而欲養之心何及，哀慕號泣，謹為銘曰。"

《大詞典》"哀慕"條釋作"謂因父母、君上之死而哀傷思慕"，不

---

① 王力：《龍蟲並雕齋文集》（第一冊），中華書局 1980 年版，第 334 頁。
② 蔣紹愚：《古漢語詞典的編纂和古漢語詞彙的研究》，《湖北大學學報》1989 年第 5 期。
③ 董志翹：《〈漢語大詞典〉閱讀散記》，《語言研究》1998 年第 2 期。

確。顯然，《大詞典》望文生義，將"慕"誤解為"思慕"。"慕"有"哀、悲"之義，《漢魏六朝碑刻校注》七〇九《北魏秦洪墓誌》："唯茲子孫，慕窀穸之長夜，悲泉堂之永閉，故刊石作頌，以揚芳緒。"其中"悲""慕"同義對舉。王雲路、方一新指出"崩慕""哀慕""悲慕"皆同義連文，為"悲痛、哀傷"之義①，二位所論甚是，此不贅述，可參。其實，"哀慕"為墓誌習語，《漢魏六朝碑刻校注》二三二《西晉張朗墓誌》："令終有淑，遺教顯融。孤弱吟摧，哀慕無窮。心劍噎，涕漣漣。刊石玄堂，銘我家風。靈遷潛逝，聲壽永宣。"《漢魏六朝碑刻校注》六九七《北魏李頤墓誌》："以孝昌二年丙午，三月朔，八日癸未，葬於昌邑西鄉之原。里人哀慕，遐方傷痛。"其中"哀慕"和"傷痛"相對成文，顯然為同義複詞。《唐代墓誌彙編》開元三五〇《王怡墓誌》："是歲夫人之薨于宣陽里，喪服同次，哀慕親睹，水漿不入於口，浹有旬日。"我們認為可以將"哀慕"解釋作"（因父母、君上之死而）悲痛哀傷"。墓誌文獻以"慕"為語素的同義複詞，還有"悲慕""摧慕""感慕""痛慕""惋慕"等，《大詞典》這些條目均存不足。

2. 頒宣

後晉天福二年《宋廷浩墓誌》："嗚呼！明珠忽碎，玉樹何摧；朝野痛心，親族隕涕。聖上歎其盡赤軫以全公，出中使以頒宣，錫金帛而吊問。"後晉開運二年《王廷胤墓誌》："自唐龍紀年，主上蒙塵錦水，返政玉京，諸侯之間，獨有盛績，特頒宣於鐵券，乃仗節於中山。"

《大詞典》"頒宣"條釋作"謂逐個賜予"，引例為宋宋祁《寒食》詩："黿署侍臣貪出沐，珉縻珠餡愧頒宣。"孤證、晚出且釋義不確。"頒"古有"發布、公布"義，《周禮·春官·大史》："正歲年以序事，頒之于官府及都鄙。""宣"亦有"發布、公布"義，《書·皋陶謨》："日宣三德，夙夜浚明有家。"孔傳："宣，布。"顯然，"頒宣"為同義複詞，唐五代文獻還有用例，《舊唐書·元行沖傳》："成畢上聞，太宗嘉賞，賚縑千匹，錄賜儲藩。將期頒宣，未有疏義。"《舊五代史·唐書·莊宗本紀》："朕比重懷來，厚加恩渥，看同骨肉，錫以姓名，兼分符竹之榮，疊被頒宣之渥。"《敦煌變文集新書》卷八："遂即官家出敕，頒宣天下，誰能識此二事，賜金千斤，封邑萬戶，官職任選。"

---

① 王雲路、方一新：《中古漢語語詞例釋》，吉林教育出版社1992年版，第283頁。

3. 奔襲

後梁開平三年《李派滕墓誌》："逾歲，狂盜奔襲，遇害於縣，年四十三歲。親朋嘆憤，其如命何？以開平三年□月□日權窆於鄅□鄉，禮也。"

《大詞典》"奔襲"義項2釋作"今指向距離較遠的敵人迅速進軍，攻其不備"。引例為孫犁《村落戰》："接到命令，跑步去奔襲城關。"傳世文獻還有用例，《晉書·載記第四·石勒》："使石季龍奔襲乞活王平於梁城，敗績而歸。又攻劉演於廩丘。支雄、逯明擊寧黑於東武陽，陷之，黑赴河而死，徙其眾萬餘於襄國。"《古史》卷十六："十二月，衛人歸衛姬，乃釋衛侯。初，齊烏餘以廩丘來奔襲衛羊角、魯高魚，取之。"綜合以上例證，不難發現《大詞典》釋義不確，實際上"奔襲"并沒有敵我之分、距離之遠近，就是"快速襲擊"而已。詞典釋義不應該摻入個人的主觀色彩。

4. 遍歷

後唐長興三年《李德休墓誌》："改京兆府渭南尉，拜監察御史，轉右補闕、殿中侍御史，稍遷侍御史勳，柱國。遍歷三院，高綴七人，動振清聲，靜修吉德。"

《大詞典》"遍歷"釋作"普遍遊歷"，引例為宋陸遊《舟中曉賦》詩："高檣健席從今始，遍歷三湘與五湖。"清戴名世《〈齊謳集〉自序》："自燕踰濟，遊於渤海之濱，遍歷齊魯之境。"郭沫若《海濤集·神泉》："隨著北伐軍由廣東出發，經過了八省的遍歷，現在又差不多孤影悄然地回到了廣東。"就《大詞典》的釋義和例證來看，兩者是吻合的。墓誌還有用例，《漢魏六朝碑刻校注》七九五《北魏元繼墓誌》："爰始弱冠，逮乎歲暮，遍歷尊顯，備盡榮寵。亟臨方鎮，累登連率，往來帷幄，頻煩司會，再居上將，七蹈臺階。"《遼代石刻文編·張建立墓誌》："遍歷諸難後，任榆州刺史兼番漢都提轄使。天顯五年十月十六日染疾卒於公府，春秋四十有七，權葬於宅外西地。"《遼代石刻文編·劉日泳墓誌》："受宣詔而遍歷州封，臨邊景而頒行通檢。御案攢畢，美爵仍遷。"綜合墓誌文獻不難看出，《大詞典》釋義過窄，"遍歷"乃"普遍經歷"之義，《大詞典》當據正。

5. 芳齡

後唐天成二年《張積墓誌》："而以天長地久，道阻人離，宜頌美於芳齡，冀鑴功於異代。"

《大詞典》"芳齡"條釋作"猶妙齡。稱女子青春之期"，首例引清代蔣士銓《桂林霜·家祭》："原配張氏……芳齡早逝，吉夢未符。"釋義不確且甚晚。"芳齡"指美好的年齡，但不一定指女子。唐代墓誌始見用例，《唐代墓誌彙編》武德〇〇一《蘇玉華墓誌》："諒豈有違，芳齡永逝，悼以長往，終天無期。"傳世文獻也有用例，明金木散人《鼓掌絕塵》第五回："公子芳齡秀異，獨步奇才，真道是天挺人豪。但不知曾完娶否?"《大明神宗顯皇帝實錄》卷之二百六十："皇長子芳齡及期，典禮未定，四海悵望，憤憤欲鳴，而雷為之不平與?"

6. 贈馬

後唐同光二年《王審知墓誌》："慶鍾奕世，代襲殊榮。因而禮葬，贈馬悲鳴。百身莫贖，萬古傷情。"

《大詞典》"贈馬"條收列有兩個義項："1. 贈與喪家送葬的馬。2. 指拉靈車的馬。""贈"是送人財物以助喪的意思，古人送人馬匹就是用來拉靈車的。"贈馬"一詞就是古人贈送的用以拉靈車的馬匹。由此，我們認為《大詞典》的兩個義項應該合併，可以徑釋為"贈與喪家拉靈車的馬"。《隋代墓誌銘彙考》一〇八《趙世模墓誌》："遠日有期，親徒俱集。悲斯贈馬，賓僚灑泣。"《唐代墓誌彙編》開元一九一《董神寶墓誌》："贈馬並彎，義賓接踵。草□春色，松貞煙隴。"

7. 拱衛

後梁開平四年《石彥辭墓誌》："景福癸亥，加檢校司空、守台州刺史，拱衛秩高，階序勢極。兩遷八座，鄭崇則嘯傲會府；一舉六條，寇恂則周旋河內。"後蜀廣政十四年《徐鐸墓誌》："公發跡鎮州，起於蜀，輔翼明主，親總軍戎，拱衛兩朝，五持郡印，被堅執銳，破敵摧凶，勳績勞能，備於外誌。"

《大詞典》"拱衛"條釋作"環繞；衛護"，引例為 1. 前蜀杜光庭《自到仙都山醮詞》："眾流迴環，嚴設龍蛇之府；羣峰拱衛，秀為真聖之都。" 2. 明沈德符《野獲編·畿輔·四輔城》："自大寧撤防，東勝失守，關隘彌近，拱衛宜嚴。" 3. 清薛福成《代李伯相議請試辦鐵路疏》："四方得拱衛之勢，國家有磐石之安。" 4. 楊朔《泰山極頂》："那拱衛在泰山膝蓋下的無數小饅頭，卻是徂徠山等許多著名的山嶺。"我們認為《大詞典》中"環繞"和"衛護"兩個義項應該分列，這兩個義項區別很大。

《大詞典》所引例證中例1、例4是環繞之義；例2、例3是衛護之義。墓誌中的"拱衛"也都是衛護之義。

　8. 吉期

　　後漢乾祐元年《潘庸及妻王氏合葬墓誌》："皇天渺渺，哀戚依依。遷奉思堆，然可興悲。神祲何在，良辰吉期。子孫八人，聊為墓誌。"

　　《大詞典》"吉期"條釋作"指婚期"，首例引《醒世恒言·大樹坡義虎送親》："吉期將到，梁大伯假說某日與兒子完婚，特迎取姐夫一家到家中去接親。"《大詞典》釋義過窄，其實，"吉期"并非僅指婚期，可統指"吉日"，即吉利的日子、好日子。唐代墓誌已見用例，《全唐文補遺·千唐誌齋新藏專輯·唐故宋州楚丘縣令張公（泚）墓誌銘并序》："以建中元年正月二日，終於長安旅舍，享年五十有四。扶護東歸，方俟吉期。以明年辛酉歲四月廿六甲寅日，葬公於洛陽縣清風鄉之原，禮也。"《遼代石刻文編·王澤妻李氏墓誌》："所悲者，夫榮兩省，年華不得偕其老；所痛者，子有雙珠，孝敬不得盡其養。永訣如賓之敬，難尋何恃之恩。自爾將俟吉期，權封平隧。"墓誌之外亦見用例，宋樓鑰《攻媿集》卷四十八"諸陵諸攢宮表文"："伏以上辛穀旦，大旅盛儀，爰推立極之功，克配感生之祖，遙瞻陵域，敢告吉期，事體至嚴，威靈斯鑒。"這裏顯然也是指葬期。詞典釋義必須具有概括性，它所解釋的應該是一種語言義，而不是言語義。"吉期"同義的還有"吉日""吉辰"等，《唐代墓誌彙編》永徽〇四九《秦建儀墓誌》："吉日晨興，凶儀夙引，丹旐啟路，素車移軫。"《唐代墓誌彙編》開元〇二五《楊越墓誌》："但九月不葬，悲戀違於禮經，三載思留，卜兆催於吉日。"

　9. 間代

　　前蜀乾德五年《晉暉墓誌》："太師辰象垂休，山河鍾秀，燕領有封侯之相，龍章真間代之儀。節挺松筠，才兼文武，加以蘊深沉之器度，抱倜儻之襟懷。"後唐清泰三年《張季澄墓誌》："襦袴洽行春之詠，機鈴參緹騎之崇，有惠化以臨人，有勳庸而許國，政以正立，功由公聞，實間代之英髦，挺一心於忠孝。"後周顯德五年《馮暉墓誌》："男於休，西陲襲慶，南陽孕靈，類董卓之儀形，愛謝玄之器度，經綸有智，通變多機，匪膺間代之才，曷處超倫之事。"

　　《大詞典》"間代"條義項1釋作"亦作'間代'。隔代"。墓誌中"間"非"隔"義，乃"更迭，交替"之義，於古有之。《書·益稷》：

"笙鏞以間，鳥獸蹌蹌。"孔傳："間，迭也。""間代"乃"累代、數代"之義，墓誌之外亦有用例，《舊唐書·段秀實傳》："秀實忠衛宗社，功配廟食，義風所激，千載凜然。間代勳力，須異等夷，宜賜綾絹五百疋，以度支物充。"宋李攸《宋朝事實》卷三："性直如繩，酌中如砥。孝悌於家，簡編信史。惟公之德，間代英靈。非義不理，庶務乃馨。"例證不僅提供詞語的出處，更重要是用來證明釋義的，故書證必須與釋義密合，否則張冠李戴，書證就失去了它證明釋義的作用，反過來講，釋義也就成了疏誤，會給讀者誤導。①

10. 哭廟

後唐清泰三年《戴思遠墓誌》："次曰思安，銀青光祿大夫、檢校戶部尚書，價高二驥，道邁八龍，在原方協於急難，哭廟豈勝於哀慟。"

《大詞典》"哭廟"條釋作"清代皇帝死後，地方官吏士紳到萬壽宮或廟宇等處哭奠，稱哭廟"，引例為清無名氏《辛丑紀聞》："薛爾張等六人，則與哭廟之舉者也。"按，清代各地道觀中，凡供奉皇帝萬歲牌的生祠稱萬壽宮。我們發現"哭廟"一詞唐詩中就有用例，唐杜甫《贈司空王公思禮》："巷有從公歌，野多青青麥。及夫哭廟後，復領太原役。"又《寄岳州賈司馬六丈、巴州嚴八使君兩閣老五十韻》："衣冠心慘愴，故老淚潺湲。哭廟悲風急，朝正霽景鮮。"從杜甫詩和五代墓誌來看，《大詞典》的釋義明顯存在着幾個錯誤：首先，"哭廟"一詞，並非出現在清代，如唐詩、五代墓誌就有用例；其次，"哭廟"的主體並非地方官吏士紳；其次，"哭廟"的對象也並非只是皇帝。我們可以作這樣解釋"古代在廟宇祠堂等處哭奠"。

11. 坤儀

南唐保大四年《王氏夫人墓誌》："母天水郡趙氏，令淑有聞，坤儀益秀。"後漢天會八年《石映墓誌》："夫人孫氏，凤稟坤儀，素傳內則，鼓琴瑟而有節，主蘋蘩而知禮。"

《大詞典》"坤儀"條義項3釋作"猶母儀。多以稱頌帝后，言為天下母親之表率"，引例為兩個宋代王安石文。宋王安石《慰太后表》："方正坤儀之位，上同乾施之仁。"宋王安石《賀冊貴妃表》："乃資婦德之良，俾貳坤儀之政。"例證略晚。其實，唐代墓誌就已有用例。《唐代墓

---

① 董志翹：《〈漢語大詞典〉閱讀散記》，《語言研究》1998 年第 2 期。

誌彙編》永徽〇八七《曹夫人墓誌》："夫人稟德坤儀，淑質純茂，閑門和雅，聲著鄉鄰，禮敘親賓，義隆姻屬。"《唐代墓誌彙編》總章〇二八《王令墓誌》："夫人隴西李氏，坤儀毓德，巽象含貞，體柔質而摘華，湛仙娥而亮彩。"同時期的遼代墓誌亦有用例，遼應曆九年《衛國王墓誌》："早勤女訓，素曉坤儀，家國咸謠，士庶共贊。"墓誌之外，亦有用例。《舊唐書·桓彥範傳》："宜令皇后無往正殿，干預外朝，專在中宮，聿修陰教，則坤儀式固，鼎命惟永。"從墓誌用例來看，坤儀所指均非帝后，《大詞典》謂"多以稱頌帝后"，釋義不確，當正之，且例證晚出。

12. 令範

唐天祐十八年《孟弘敏及夫人李氏合葬墓誌》："或居侯伯之間，或在帝王之位，綿分史籍，益振殊名，令範芳猷，此莫備載。"後唐長興四年《李德休墓誌》："考璋，皇宣、歙、池等州觀察使，累贈太保，克荷基構，鬱為藩籬，令範素風，以貽厥後。"

"令"字古有"善、美好"義，《詩經·小雅·角弓》："此令兄弟，綽綽有裕；不令兄弟，交相為瘉。"鄭玄箋："令，善也。"　"範"字古有"模範；榜樣"，漢揚雄《法言·學行》："師者，人之模範也。模不模，範不範，為不少矣。"　"令範"就是好的楷模，良好的典範。《大詞典》"令範"條釋作："1. 可為楷模的美德。2. 指良好的典範。"《大詞典》的兩個義項應該合併，不當分列。

13. 命偶

後梁貞明六年《謝彥璋墓誌》："豈期命偶災宮，天降其禍，春秋四十有五。"

《大詞典》"命偶"條義項1釋作"與好運為偶。謂命運好"，引例為隋薛道衡《高祖文皇帝頌》："臣輕生多幸，命偶興運，趨事紫宸，驅馳丹陛。"孤證。從謝彥璋墓誌不難看出《大詞典》的釋義有問題的，近代漢語中"偶"有"遇、逢"之義，前賢時修多有論述，此不贅論。"命偶"後連接什麼樣的詞并無定式。有連接好運詞彙的，《唐代墓誌彙編》貞觀一七五《周仲隱墓誌》："道能濟物，義足全生，俄為國器，鬱號人英。命偶昌期，才為世出，沉幾無累，懷謀委質。"《唐代墓誌彙編》天寶二二九《劉感墓誌》："靈鑒洞照，應雙知微，命偶聖君，職參都尉，又改昭武校尉，行左衛陝州曹陽府折衝，轉左領軍衛同州襄城府折衝。"《唐代墓誌彙編續集》貞觀〇六一《竇誕墓誌》："開館待賢，所招者三風之士；懸榻延友，□引者五龍之賓。命偶會昌，運鍾休泰。攀鱗附翼，襲紫傳龜。百寮之隱括，九流之師鏡。"也有連接惡運詞彙的，《隋代墓誌銘彙考》四五七《范安貴墓誌》："既而，沙漠遊魂，窺竊邊鄙，陰山候騎，時馳羽檄。公乃率敢勇，輕賫言邁，身先士卒，命偶凶危。馬革之志雖從，輪埋之悲無及。"《唐代墓誌彙編續集》天寶一○三《辯惠禪師神道誌銘》："方期弘長度門，永延壽福。豈圖命偶深疾，藥無良醫。以天寶十三載十二月廿二日，於延康里第跌坐正念，德音具存，椎磬焚香，超然乘化。"《大詞典》當根據墓誌文獻訂正該義項的釋義。

14. 內艱

後唐同光三年《張繼業墓誌》："俄丁郡夫人內艱，泣血嬰疾，居憂得禮，執喪有聞，士君子所稱言，孝道備矣。"後晉天福七年《史匡翰墓誌》："方司外禦，俄迫內艱，居喪爰疚於塊苦，有司不避於金革。"

《大詞典》"內艱"條釋作"舊時遭母喪稱'內艱'"，引例有三：1. 唐楊炯《原州百泉縣令李君神道碑》："君年十一，丁內艱。"2. 宋陸游《曾文清公墓誌銘》："公丁內艱，服除，主管內外宗室財用。"3. 清江藩《漢學師承記·王鳴盛》："尋丁內艱歸，遂不復出。"《大詞典》的疏誤有二："內艱"為名詞，明甚，《大詞典》的釋義顯然是動詞性的，非是。其實，《大詞典》是根據其引例而解釋的"丁內艱"，遭受義是動詞"丁"所賦予的，非"內艱"所固有，此其一；本條例證晚出，南北朝時已見用例，《大詞典》"丁內艱"條首例引《陳書·司馬暠傳》："［暠］年十二丁內艱。"可以作為佐證，此其二。

15. 攀號

後晉開運二年《王廷胤墓誌》："遂命紙筆作遺表，敘事纔終，奄然瞑目。時開運元年九月二十三日，薨於浮陽所任，享年五十有四。諸子攀號，郡邑悲慟，戎藩罷市，軍國輟朝。"

《大詞典》"攀號"條釋作"攀龍髯而哭。謂哀悼帝喪"。下引四個例證：《南史·梁紀下論》《陳書·後主紀》、唐劉禹錫《慰國哀表》、宋歐陽修《英宗皇帝靈駕發引祭文》。《大詞典》的釋義就其所引例證來看，是沒有問題的。但是上引五代墓誌中的"攀號"的對象卻不是帝王，據墓誌首題"晉滄州刺史王廷胤墓誌銘"記載，墓主王廷胤乃滄州刺史。南北朝至唐五代墓誌中，攀號的對象很多都是指尊長者或親友，《漢魏六朝碑刻校注》五三五《北魏刁遵墓誌》："攀號兮罔訴，摧裂兮崩聲。銘遺德兮心已糜，刊泉石兮慟深局。"《唐代墓誌彙編》貞觀〇八三《劉粲墓誌》："有長子元裕，攀號泣血，擗踴傷心，哀慕禮過，殆乎滅性。"《唐代墓誌彙編續集》咸亨〇一二《太妃燕氏墓誌》："絕陰陽之拘忌，申攀號於泉壤。"墓誌之外也有用例，《敦煌願文集·亡考妣範本等·亡考妣三周》："至孝等攀號靡及，雖叩地而無追；欲報何階，縱昊天而罔極。"《大詞典》釋作"哀悼帝喪"，不確。"攀號"，語本《史記·封禪書》。"攀號"一詞，最初是哀悼帝喪，後又擴大指尊長者及親友。因此，可以將攀號釋作"哀悼帝后、尊長者、親友等之喪"。

16. 偏露

後梁乾化四年《樂君妻徐氏墓誌》："夫人有一男光途，年幼沖。悲乎！偏露所不忍睹。嗚呼！生也幻世，沒兮歸人，聊紀馨香，用標年紀。"

《大詞典》"偏露"條釋作"謂父死。謂失去蔭庇保護"，引例為唐孟浩然《送莫甥兼諸昆弟從韓司馬入西軍》詩："平生早偏露，萬里更飄零。"孤證。《大詞典》釋義就其引用的例證而言，是沒有問題的。但是，在上引《樂君妻徐氏墓誌》中，敘述了這樣一個事實，即徐氏夫人去世了，兒子光途的年紀還小，人們不忍心看到孩子很小就失去母親。唐代墓誌中"偏露"指失去母親也多有用例，《唐代墓誌彙編》垂拱〇四七《崔柔儀墓誌》："自安仁之結恨，中路奄乖；以奉倩之傷神，前途詎幾。攜茲偏露，臨□泉壤。"《唐代墓誌彙編續集》大曆〇〇九《李夫人墓誌》："嗚呼！女纔二齡，痛其偏露，感今懷舊，撫存悼亡，惜高臺之正陰，悲玉樹之光落。"《唐代墓誌彙編續集》會昌〇三一《蔡氏夫人墓誌》："詎謂修短有涯，奄同電燭。宋君撤懸興悼，歎遺掛以增悲；至孝絕漿，痛偏露而泣血。"以上唐代墓誌均為失去母親。唐五代墓誌中"偏露"多指失去母親。因此，我們可以將"偏露"解釋為：喪失父親、喪失母親或喪失雙親。可見，辭書中孤證條目的釋義需要引起我們的高度重視。

17. 千夫

前蜀乾德五年《晉暉墓誌》："太師手提眾旅，職長千夫，應呼吸而風從，展輔佐以雲集。"後唐天成四年《西方鄴墓誌》："及平蕩妖蘖，以功補奉義指揮使、檢校尚書右僕射。撫士而千夫咸悅，蒞官而七德恒修。"後周顯德五年《趙瑩墓誌》："公素知都尉非千夫長，無萬人敵，有魏絳和戎之志，寡樊噲請行之言，必不能開八陣以摧兇，奮六奇而決勝，別舉良將，用滅匈奴。"①

《大詞典》"千夫"條義項2釋作"特指眾多的敵對者"，引例為毛澤東《在延安文藝座談會上的講話》五："魯迅的兩句詩，'橫眉冷對千夫指，俯首甘為孺子牛'，應該成為我們的座右銘。'千夫'在這裏就是說敵人，對於無論什麼兇惡的敵人我們決不屈服。"陳毅《讀時下雜文因憶魯迅為長歌誌感》詩："甘為孺子牛，敢與千夫對。"就《大詞典》引用的例證和釋義而言，二者是一致的。從五代墓誌用例來看，"千夫"均非敵對者，而是虛數，代指眾多的人，顯然"千夫"是沒有敵我之分的。同時《大詞典》例證甚晚，唐代墓誌已習見用例，《唐代墓誌彙編》天冊萬歲〇〇六《王思訥墓誌》："斬虜搴旗，寧止千夫之長；蒙輪拔戟，便當一隊之雄。"《唐代墓誌彙編》長安〇六九《張安墓誌》："父志，唐尚乘直長；文含春露，武烈秋霜，爭求一借之恩，競舉千夫之惠。"《唐代墓誌彙編》神龍〇〇四《安令節墓誌》："祖瞻，皇唐左衛潞川府左果毅；武人貞吉，智果為毅，或奇或正，知王帳之兵雄；千夫百夫，識金壇之卒勁。"《大詞典》根據兩個現當代文獻的例子將"千夫"解釋為"眾多的敵對者"顯然以偏概全，當據墓誌文獻正之。

18. 前對

後唐長興元年《毛璋墓誌》："府君以長興元年庚寅歲十一月七日葬於徽安門外十里之原杜澤村，左臨灃水，右控榆林，前對周畿，後闕王屋。"

《大詞典》"前對"條釋作"敵手，對手"，引例為《宋書‧武帝紀中》："爰初發跡，則奇謨冠古，電擊彊妖，則鋒無前對。"孤證。"鋒無前對"一語僅出現在《宋書》《南史》等相同題材的史書當中，將"前對"解釋為"敵手，對手"值得商榷。實際上"無對"是"無敵，沒有對手"的意思。從墓誌文獻來看，"前對"是"前面對著"的意思。唐代墓誌還有用例，《唐代墓誌彙編》貞觀一二一《尹貞墓誌》："前對蓮峰，冠紫微而獨秀；還瞻魏闕，干青雲而直上。"《唐代墓誌彙編續集》元和〇六六《雍氏墓誌》："鳳城之西餘十里，前對終峰北渭水。"

19. 情迷

後漢乾祐元年《楊敬千及妻李氏合葬墓誌》："公娶李氏女，封隴西

---

① 趙瑩墓誌見胡戟、榮新江主編《大唐西市博物館藏墓誌》，北京大學出版社2012年版。

郡君，自公薨棄，奉子居孀，日往月來，俄經數歲。而後噫噓□染，情迷夢奠之間；疾蕈縈纏，魂逐逝波之下。"

《大詞典》"情迷"釋作"迷於情愛"，引例為《紅樓夢》第一二〇回："但那寶玉既有如此的來歷，又何以情迷至此，復又豁悟如此?"孤證且甚晚。唐代墓誌也有用例，《唐代墓誌彙編》乾封〇五三《杜慶墓誌》："籯金戒志，拾紫期榮，方利賓庭，奄及丁罰。痛几筵之虛寂，悲陟屺之空瞻，意結情迷，終懷奉養。"綜合唐五代用例來看，將"情迷"解釋為"迷於情愛"顯然不確，《大詞典》解釋的是具體語境下的言語義，詞典釋義應該具有概括性，因此，應該將"情迷"解釋為"情感迷惑"。

20. 筲斗

後周顯德二年《蘇逢吉墓誌》："昭懿識昧土肝，學非肉譜，早依門館，俔彼生成，將筲斗之見聞，敘鼎鐘之勳業。"

《大詞典》"筲斗"條釋作"斗筲。指容量小的盛器。亦借指少量的糧食"，引例為唐沈佺期《傷王學士》詩："吾徒祿未厚，筲斗愧相貽。"孤證。"筲"是竹制的盛器，容積有異說，或一斗二升，或一斗，一說容五升。"斗"也是容器。"筲斗"為同義複詞，因此也可以倒言為"斗筲"，常常用來形容數量少，地位低，微不足道。蘇逢吉墓誌中"筲斗"用來修飾見聞，并非指糧食。沈佺期詩"筲斗"也并非指糧食，而是指俸祿。"斗筲"可以指才能，《舊唐書·劉祥道傳》："稽古之業，雖則難知，斗筲之材，何其易進?""斗筲"可以指職位，《舊唐書·崔信明傳》："昔申胥海畔漁者，尚能固其節，吾終不能屈身偽主，求斗筲之職。""斗筲"可以指錢財，《唐摭言》卷十"顧蒙"："甲辰淮浙荒亂，避地至廣州，人不能知，困於旅食，以至書《千字文》授於鄰俗，以換斗筲之資。"《大詞典》釋義不確，審矣，當正之。

21. 聖裔

前蜀天漢元年《王君妻李氏墓誌》："公則故通王太師之次子也，兩朝聖裔，榮冠當時，和順謙恭，顯然淑德，盡如賓之敬，立內則之□。"

《大詞典》"聖裔"條釋作"聖人的後代。常專指孔子的子孫"，引例為清姚鼐《贈孔撝約假歸序》："國家重德而尊師，加禮聖裔，典逾前代遠甚。"清蒲松齡《聊齋志異·嬌娜》："孔生雪笠，聖裔也。"魯迅《〈且介亭雜文二集〉後記》："《在現代中國的孔夫子》是在六月號的

《改造》雜誌上發表的，這時我們的‘聖裔’，正在東京拜他們的祖宗，興高采烈。"《大詞典》所引例證均為近現代例證，甚晚。《漢魏六朝碑刻校注》七五七《北魏元彝墓誌》："長瀾起乎霄漢，瓊光發自崐峰，倬弱水之聖裔，等豐收之隆緒。"《唐代墓誌彙編續集》永昌〇〇五《崔拏墓誌》："君諱拏，字季玉，武城人也。炎皇之聖裔，魏上黨郡守暉之後。"從墓誌用例來看，其"聖裔"就是指聖人的後代，與孔聖人無涉。

22. 齠齔

後唐天成元年《康贊美墓誌》："齠齔之歲，所玩尤殊，識辨之年，習業迴異，寶之可類於掌珠，命之必為於國礎。"

《大詞典》"齠齔"條釋作"亦作‘齠齓’。1. 垂髫換齒之時。指童年。齠，通‘髫’"。《集韻·蕭韻》："齠，毀齒也。"可見"齠"指兒童換齒，即脫去乳齒，長出恒齒。《說文新附》："髫，小兒垂結也。從髟，召聲。"可見"髫"指兒童下垂之髮髮。《說文·齒部》："齔，毀齒也。男八月生齒，八歲毀齒；女七月生齒，七歲毀齒。從齒，從匕。"可見"齔"指兒童換齒。即脫去乳齒，長出恒齒。《國語·鄭語》："府之童妾未既齔而遭之，既笄而孕，當宣王時而生。"韋昭注："毀齒曰齔。"我們認為"齠齔"和"髫齔"是兩個不同的詞語，不當言通假。"齠齔"為同義複詞，可以解釋為"兒童換齒，代指童年"。

23. 挺生

後梁乾化三年《韓恭妻李氏墓誌》："國有忠臣，挺生材傑。天授兵符，神傳將訣。不拔龍泉，平探虎穴。"唐天祐十八年《孟弘敏及夫人李氏合葬墓誌》："自周公華裔，魯國靈苗，枝葉相承，風神間出，弓箕不墜，英傑挺生，三皇五帝之時，公卿繼美，興亡戰伐之後，儒學傳家。"後唐同光三年《張繼業墓誌》："粵有人傑，興於巨唐。挺生令子，同贊明王。名惟魏丙，化作冀黃。"

《大詞典》"挺生"條釋作"挺拔生長。亦謂傑出"。《大詞典》將"挺生"解釋為"挺拔生長"，實屬於望文生訓。"挺生"其實就是"生長、出生"之義，"挺"亦"生"也，"挺""生"同義連文。《後漢書·楊賜傳》："故司空臨晉侯賜，華嶽所挺，九德純備，三葉宰相，輔國以忠。"李賢注："挺，生也。"在古漢語單音詞逐漸向雙音詞變化的過程中，有過一個重要的現象，即不少複音詞都經過了同義詞的臨時組合階段。在這些同義詞臨時組合的複音詞裏，雙音同義複詞居多，為人們所習見，但也有一些同義複詞，因不常見訓釋者往往有分訓誤釋現象，對這類同義複詞，我們應該引起注意。

24. 隙塵

後唐同光三年《張君妻蘇氏墓誌》："方保遐齡，遽終大數，邁美疹而經歲，餌良藥而不瘳。闇類隙塵，潛隨閱水。俄以同光三年夏五月二十三日歿於洛陽章善里之私第，享年五十。"

《大詞典》"隙塵"條收列有兩個義項："1. 指在透過隙縫的光柱中游動的塵埃。2. 比喻微不足道或稍縱即逝的事物。"稍作分析，不難發現義項 2 是義項 1 的直接引申。義項 1 引例為唐盧綸《棲岩寺隋文帝馬腦蓋歌》："一留寒殿殿將壞，唯有幽光通隙塵。義項 2 沒有例證。張君妻蘇氏墓誌中"隙塵"和"閱水"同義對文，兩者均稍縱即逝，墓誌正好可以作為義項 2 的例證之一。《大詞典》義項 2 應該分列為兩個義項，"微不足道"和"稍縱即逝"是義項"在透過隙縫的光柱中游動的塵埃"的不同的引申結果，將兩者合二為一不符合邏輯。

25. 叶吉

後唐同光三年《吳君妻曹氏墓誌》："日月難停，龜筮叶吉，啓厝將舉，佳城已開，哀痛銜酸，詞不述。"後周顯德元年《劉彥融墓誌》："時日告□，山川叶吉，厭龍崗之氣象，附鳳闕之基局。"後周顯德三年《李訶妻徐氏墓誌》："嗚呼！封樹告期，龜筮叶吉，以十月庚申十四日癸酉窆於吳縣胥鄉台尚書里闔閭城西，去祔五十餘里先祖塋之側，禮也。"

《大詞典》"叶吉"條釋作"和協吉祥"，引例為宋歐陽修《英宗皇帝靈駕發引祭文》："今者因山為陵，卜萬世而叶吉。"孤證。"叶吉"一詞墓誌常見，"龜筮叶吉"乃唐五代墓誌習語，古代葬禮規定葬前必卜，《唐代墓誌彙編》開元二六六《王思齊墓誌》："況龜筮叶吉，儀具悽涼，隔乎幽明，終彼天地，斯則愛敬之道著，哀戚之情深。"《唐代墓誌彙編》開成〇三八《王永妻張氏墓誌》："天乎天乎！與之人不與之壽，享年五十七，元和十二年六月七日，寢疾終於永樂坊官舍。時未叶吉，其年七月廿二曰，權厝于萬年縣藺村之原也。"《唐代墓誌彙編》開成〇四七《夏侯氏墓誌》："以其年十一月癸酉朔廿四日甲申，龜兆叶吉，葬于襄州鄧城縣支湖村之東崗禮也。"細繹墓誌用例，我們發現"叶吉"并非"和協吉祥"之義，而是"符合吉祥"的意思，從語法結構上來看，不應該是聯合關係，而是述賓關係。

26. 釁兆

後唐長興三年《高暉墓誌》："日落虞泉，宜有再中之分；川奔巨海，終無却返之由。貴賤雖殊，後先而已。繇是尼父顯夢楹之釁兆，曾生啓手足之孝思。"

《大詞典》"釁兆"釋作"猶徵兆。事情發生之前的跡象"。《宋書·謝晦傳》："陛下躬覽篇籍，研覈是非，釁兆之萌，宜應深察。"孤証。五代墓誌中"釁兆"用例孔子"夢奠"的典故，《禮記·檀弓上》載孔子將死，曰："予疇昔之夜，夢坐奠於兩楹之間……予殆將死也。"墓誌中"釁兆"實指"死亡的徵兆"。《大詞典》引用了《宋書》的例證，但失察上下文，有斷章取義之嫌。《宋書·謝晦傳》："陛下躬覽篇籍，研覈是非，釁兆之萌，宜應深察。臣竊懼王室小有皇甫之患，大有閻樂之禍，夙夜殷憂，若無首領。夫周道浸微，桓文稱伐，君側亂國，趙鞅入誅。況今凶禍滔天，辰極危逼，台輔孥戮，嶽牧傾陷。臣才非絳侯，安漢是職，人愧博陸，廁奉遺旨。國難既深，家痛亦竊。輒簡徒繕甲，軍次巴陵，蕭欣窘懾，望風奔迸。臣誠短劣，在國忘身，仰憑社稷之靈，俯厲義勇之氣，將長驅電掃，直入石頭，梟翦元兇，誅夷首惡，吊二公之冤魂，寫私門之禍痛。然後分歸司寇，甘赴鼎鑊，雖死之日，猶生之年。"只要讀完上下文，我們不難發現，《宋書》之"釁兆"也是"禍兆"。"釁"有"禍"義，二者連用，中古有"釁禍"一詞，此不贅舉例。有鑒於此，《大詞典》釋義過于寬泛，當正之。

27. 煦物

後周顯德二年《蘇逢吉墓誌》："淳風煦物兮陟春臺，讚揚皇靈兮重□來。"

《大詞典》"煦物"條釋作"養育萬物"，引例為唐裴度《蜀丞相諸葛武侯祠堂碑銘》："煦物如春，化人如神，勞而不怨，用之有倫。"孤証且釋義不確。墓誌文獻還有用例，《唐代墓誌彙編續集》咸通〇八五《張弼墓誌》："吁嗟府君，行滿鄉鄰，風煙不雜，煦物如春。"傳世文獻多有用例，《隋書·音樂志下》："陽光煦物，溫風先導。岩處載驚，膏田已冒。"《新唐書·劉蕡傳》："伏以聖策有思古先之治，念玄默之化，將欲通天地以濟俗，和陰陽以煦物，見陛下慮道之深也。"唐陽城《登石傘峰》："作鎮得良牧，撫戎慚匪仁。每觀龔黃化，煦物如陽春。"唐吳融《赴闕次留獻荊南成相公三十韻》："場廣盤球子，池閑引釣筒。禮賢金璧賤，煦物雪霜融。"細繹以上文獻用例，我們不難發現"煦物"並非"養育萬物"之義，"煦"有"暖"義，"煦物"當為"溫暖萬物"之義。《大詞典》釋義不確，當正之。

28. 巡環

後周顯德五年《馮暉墓誌》："五虎交馳，四蛇侵耗，懷三毒而役夢，走二豎以巡環，風樹增悲，壞梁興歎，弗能逭也，寔在茲乎？"

《大詞典》"巡環"條釋作"謂繞桌依次斟酒"，引例為唐元稹《台中鞠獄憶開元觀舊事呈損之兼贈周兄四十韻》："還招辛庾李，靜處杯巡環。"孤證。墓誌中的巡環就只是"環繞"之義，並非斟酒，屬于詞義的引申，《大詞典》當補收該義項。寒山《詩三百三首》："可畏輪回苦，往復似翻塵。蟻巡環未息，六道亂紛紛。"

29. 訓儀

後周顯德四年《連思本墓誌》："夫人馮氏，當代名家，門傳令望。淑德早彰於盛族，箴規夙著於蘭房。禮行素高，垂謝家之風詠；訓儀清遠，揚孟母之芳猷。不期疾染膏肓，秦醫無效。"

《大詞典》"訓儀"條釋作"庭訓和儀範"，引例為唐權德輿《唐故使持節郴州諸軍事權知郴州刺史賜緋魚袋李君墓誌銘序》："嗣子盧氏縣尉操、次子前明經掖、支子某等，皆以《孝經》而承訓義。"孤證。《大詞典》所引《李康伯墓誌》見於《權德輿詩文集》[1]，原文作"夫人范陽盧氏，宣城令炅之女，華緒令儀，執笲佐餕，先于君歿二十年矣。嗣子盧氏縣尉操、次子前明經掖、支子某等，皆以孝謹而承訓義。"原書注曰："'義'原作'儀'，據宋刻本、英華、唐文改。"作"儀"是，不煩改。"訓儀"一詞多用來指"母親對子女訓導的儀式"，唐代墓誌還有用例，《唐代墓誌彙編續集》開元二三五《董懷義墓誌》："夫人侯氏，左羽林軍郎將侯楚金之姊，霍國公、開府儀同三司、行殿中大監王毛仲之甥也。毓德華門，訓儀公室，雪態風姿之容貌，雅弦懿頌之妙才，弗可勝記。""訓儀"和"毓德"相對成文。《唐代墓誌彙編續集》開元一一八《趙弘慎墓誌》："粵若枝分族，早喜訓儀，晚奇文藻，芳音一振。為習藝館內教供奉。""訓儀"和"文藻"相對成文。《唐代墓誌彙編續集》天寶一〇一《閻力及妻王氏墓誌》："彼蒼不憖，喪我天徒，星落一沉，月傾無

---

① 郭廣偉點校：《權德輿詩文集》，上海古籍出版社2008年版，第413頁。

色。梁木先折，太山將頹。慈育訓儀，早遷班秩。朱輪榮曄，照曜長衢。”“訓儀”和“班秩”相對成文。五代《連思本墓誌》“訓儀”和“禮行”相對成文。細繹以上墓誌用例不難發現，“訓儀”當為偏正結構，指“訓導的儀式”。《大詞典》根據孤證將其解釋為聯合結構“庭訓和儀範”，不確，當據唐五代墓誌用例正之。

30. 雅志

後唐天成三年《張居翰墓誌》：“大父弘積，御苑判官、朝散郎、內府丞。高情檜莘，雅志霜明。長卿文詞，於斯流譽，釋之數奏，在我不忘。”

《大詞典》“雅志”條釋作“平素的意願”，引例為《三國志·魏志·高貴鄉公髦傳》：“關內侯王祥履仁秉義，雅志淳固。”宋蘇軾《八聲甘州·寄參寥子》詞：“約他年，東還海道，願謝公雅志莫相違。”明高啟《詠隱逸》之一：“子平謝累辟，雅志在隱居。”沈昌直《〈柳溪竹枝詞〉序》：“獨是予也不才，分湖故事，雅志搜羅。顧以年年奔走，百無一成。”我們認為“雅”訓為“平素”於古無據，“雅”當是高雅不俗，優美的意思，“雅志”可以解釋為“高雅不俗的志向”。

31. 晏如

後唐同光二年《王審知墓誌》：“乾符末，天下方擾，民人奔競。三龍以孝思遠略，決為端居，晏如也。”

《大詞典》“晏如”條釋作“安定；安寧；恬適”，引例為：1.《史記·司馬相如列傳》：“及臻厥成，天下晏如也。”2. 三國魏嵇康《幽憤詩》：“與世無營，神氣晏如。”3. 北齊顏之推《顏氏家訓·慕賢》：“內外清謐，朝野晏如。”4. 宋范仲淹《君以民為體賦》：“君惠則其民晏如。”5. 清沈欽圻《除夕書事》詩：“入夜四壁清，此心真晏如。”我們認為《大詞典》的義項當分列，義項 1 為“安定；安寧”，例 1、例 3、例 4 正使用這個義項。義項 2 為“恬適”。例 2、例 5 正使用這個義項。另外，《大詞典》的“晏然”條，他們的構詞方式相同，正分列為兩個義項：“1. 安寧；安定。2. 安適；安閒。”可以作為旁證。

32. 瘞玉

後漢乾祐三年《邢德昭墓誌》：“至孝等以窀穸將歸，慮高深易變，爰陳景行，俾誌貞珉。但夢乏祥禽，莫述生金之字；才虧幼婦，徒追瘞玉之心。”

《大詞典》"瘞玉埋香"條釋作："指埋葬已故的美女。亦省作'瘞玉'。"首例引明高啟《聽教坊舊妓郭芳卿弟子陳氏歌》："回頭樂事浮雲改，瘞玉埋香今幾載。"《大詞典》例證晚出且釋義不確。韓陳其《漢語借代義詞典》"瘞玉"條沿襲《大詞典》釋作"埋葬美女，美女如玉，因以玉表示美女"，亦誤。① 從上引五代墓誌來看，墓主邢德昭並非美女，乃是堂堂鬚眉。唐代墓誌中也有指男性的用例，《唐代墓誌彙編》垂拱〇四四《龐德威墓誌》："泉中瘞玉，地下埋金，荒郊引霧，寒隴凝陰。"《唐代墓誌彙編續集》垂拱〇〇二《譚德墓誌》："文昌佇懿，方接響於充庭；京兆收魂，遽摧芳於瘞玉。"均是其證。我們認為可以將"瘞玉"解釋為：埋葬有才德之人。

33. 災時

唐天祐十八年《孟弘敏及妻李氏合葬墓誌》："薤露難留，風燈莫住。玉碎珠沉，鸞歸鳳去。二豎災時，兩楹夢處。刊茲貞珉，芳音永固。"

《大詞典》"災時"條"災變的時間"，引例為《亢倉子·臣道》："天告災時，地生反物。"孤証。"災時"《冊府元龜·帝王部·封禪第二》："是載三月，西嶽祠廟災時，關中久旱。詔曰：自春以來，頗愆時雨，登封告禪，情所未遑，所封西嶽宜停。"《大詞典》根據孤証釋義不確，縱觀以上用例，應該將"災時"解釋為"災變的時候"。

34. 擇地

後唐同光二年《王璠墓誌》："以同光二年五月十七日遘疾終於洛陽彰善坊私第，享年八十一。以其年十一月二十六日擇地於河南縣平樂鄉朱陽里北邙之原，禮也。"後唐同光三年《李茂貞墓誌》："從龜長而擇地，法馬鬣以成墳，丹旐臨風，素帷戒路。"

《大詞典》"擇地"條義項1釋作："選擇處所。謂行動慎重。"引例為《韓詩外傳》卷一："任重道遠者，不擇地而息；家貧親老者，不擇官而仕。"《漢書·馮奉世馮參傳贊》："宜鄉侯參鞠躬履方，擇地而行，可謂淑人君子。"古人迷信，人去世下葬之前必請風水先生選擇吉地。"擇地"乃墓誌常語，南北朝以來墓誌習見，《唐代墓誌彙編》開元二一七《杜濟墓誌》："十三年七月四日，擇地邙山老君厝北從權殯也。"《唐代墓誌彙編》天寶〇三五《獨孤氏墓誌》："昔吳雄葬母，不擇地而塋；今季

---

① 韓陳其：《漢語借代義詞典》，廣東教育出版社 1995 年版，第 472 頁。

梁所封，有同於往日。”也可作“擇地形”，《漢魏六朝碑刻校注》四三三《北魏趙超宗墓誌》：“乃祖因宦，居於斯鄉，遂擇地形而措宅焉。”細繹墓誌文獻，我們發現“擇地”就是“選擇地方”，并沒有“行動慎重”的意思，這是上下文語境賦予的，詞典解釋的應該是語言義，而不是言語義。

35. 貞懿

後梁貞明三年《吳存鍔墓誌》：“負乎才器，匡正國邦，緬考史書，世濟貞懿，今於公而見之矣。”

《大詞典》“貞懿”條釋作“貞潔懿美。多指婦德”。《大詞典》所引三個例證中“貞懿”所指的對象均為婦女，其釋義似乎是正確的。其實，從歷代墓誌用例來看，“貞懿”一詞並非多指婦女，《唐代墓誌彙編》天授〇四二《張敬之墓誌》：“楊童不秀，顏子未實，妙跡參微，神機入室。嗟爾貞懿，才高漢佚，夢蛟翻紙，雕龍散筆。”《唐代墓誌彙編》開元〇一七《王基墓誌》：“君幼而柔嘉，夙懷耿介，雅尚貞懿，恬然虛白。”《唐代墓誌彙編續集》麟德〇一六《趙仁表墓誌》：“鑿驚夜舟，隙馳朝馴。一息無返，千齡長異。風懷緫帷，露淒泉閟。方鬱松檟，實標貞懿。”《唐代墓誌彙編續集》元和〇〇七《高行暉墓誌》：“惟公貞懿，慶祚斯至。克生元臣，承家守嗣。幹不庭方，激忠以義。制勝行權，全師用智。”傳世文獻亦多有用例，《北史·庾季才傳》：“子質，字行修。早有志尚，八歲誦梁元帝《玄覽》《言志》等十賦，拜童子郎。仕隋，累遷隴州司馬。大業初，授太史令。操履貞懿，立言忠鯁，每有災異，必指事面陳。”《舊五代史·世襲列傳·高季興傳》：“子保融嗣，位至荊南節度使、守太傅、中書令，封南平王。皇朝建隆元年秋卒。諡曰貞懿。”由此可見，“貞懿”一詞，並非多指婦女。

36. 知客

後梁貞明七年《秦君墓誌》：“子婿忠義軍隨使押衙，充內副知客周延英書。”後晉天福八年《梁漢顒墓誌》：“知客銀青光祿大夫、檢校工部尚書、兼御史大夫、上柱國王廷翰。同勾當元從押衙王虔、張實。”

“知客”一詞，唐代墓誌已見用例，《唐代墓誌彙編》會昌〇四九《冉氏墓誌》：“有子二人：長曰敬之，朝散大夫試楚州長史充功德使押衙兼知客；公幹多材，推選擢用。”《唐代墓誌彙編》大中〇五六《張季戎墓誌》：“公在留司之年，精於慎選，及檢勾之日，情靡徇私，又卻補討擊使。在位有恪勤之美，對楊懷禮則之能，又加副知客。"又"冬十月，太尉李公自荊楚拜留守，又加正押衙兼知客。"《大詞典》"知客"條收列三個義項："1. 佛寺中專管接待賓客的僧人。又稱典客、典賓。2. 舊時辦理婚喪喜慶等事專管接待賓客的人。又稱知賓。3. 舊時宮中女官名。"縱觀唐五代墓誌文獻用例，我們不難發現，其中"知客"均和佛寺無涉，又非婚喪喜慶無關，亦皆非女性。細繹墓誌文獻用例，"知客"應該是唐五代時期官名，具體為何種官職，有待作進一步的深入探討，暫時闕如。

37. 指蹤

前蜀乾德五年《晉暉墓誌》："直至再起鑾輿，不離扈從，充一百步外都斬斫使，悉委指蹤，千萬人中，獨司權握。"後周顯德二年歲《李行思及夫人宋氏墓誌》："小男延貞，並已趨庭受訓，問禮承顏。繼嗣無虧於指蹤，奉孝有聞於順則。"[①]

"指蹤"一詞唐代墓誌已見用例，《唐代墓誌彙編》貞觀〇八一《杜榮墓誌》："君扈從軍麾，承機領授，策無遺算，謀合指蹤，在職數年，頻登上第，於茲改選任蘇州吳縣丞。"《唐代墓誌彙編》咸亨〇五八《封泰墓誌》："狡兔不死，尚假指蹤之力；高鴻未落，猶資舉弋之功。"《唐代墓誌彙編續集》長安〇〇一《李頊墓誌》："曾城陷敵，強陣摧鋒，魯連飛箭，蕭何指蹤。廟堂獻捷，柱國疇庸，論功坐樹，養志長松。"《大詞典》"指蹤"條釋作："亦作'指縱'。1. 發蹤指示。比喻指揮謀劃。2. 比喻指揮。"結合唐五代墓誌文獻用例，細繹《大詞典》的釋義，我們認為《大詞典》的兩個義項解釋的是同一個意思，應該合併，可以解釋為"指示謀劃"。

語言的詞彙是發展變化的，辭書編纂者由於受到主客觀條件的限制，沒有能夠獲得某些寶貴的文獻資料，因此，在釋義的時候，難免以偏槩全，將詞的外延定得過窄，不符合語言實際。"詞義擴大的現象在漢語詞義的發展變化中十分普遍。古漢語許多詞的意義在發展中由特指變為泛指，由專名變為通名，都屬於這類情形。"[②] 在墓誌中，很多詞語都發生了泛化，辭書編纂必須加強對墓誌文獻的研究和利用。

---

①　胡戟、榮新江：《大唐西市博物館藏墓誌》，北京大學出版社 2012 年版，第 956 頁。

②　郭錫良：《古代漢語》（上冊），語文出版社 1992 年版，第 282 頁。

結　語

　　本書綜合運用文字學、詞彙學、訓詁學、語義學、詞典學、文獻學等方面的知識，對五代墓誌進行了全面的校理，對五代墓誌詞彙進行了系統研究。

　　首先，明確研究目標和任務。在具體分析和研究墓誌的起源、分期、名稱、內容和體例等基礎上，我們發現作為一種重要同時資料的墓誌正引起學界的極大關注，墓誌文獻在語言學、歷史學、文化學等方面都具有極大的研究價值。作為斷代墓誌研究重要組成部分的五代墓誌，處於近代漢語發展的源頭時期，具有很大的研究價值。加強對五代墓誌的研究，一方面將有助於補充五代史料的不足，加強對五代史的研究。另一方面有助於加強語言的斷代研究，為五代時期語言研究提供有益的參考資料，拓展近代漢語的研究領域。

　　其次，全面校理五代墓誌。在拙著《五代墓誌彙考》① 出版之前，學界沒有系統的五代墓誌集錄可資利用，為此，我們首先廣泛收集五代墓誌資料，對沒有錄文的五代墓誌拓片進行釋讀和抄錄，對散見於專著和期刊的五代墓誌錄文進行校讀和匡補。目前，我們共收集整理了五代墓誌 285方（其中《五代墓誌彙考》收錄 242 方），錄文字數在 50 萬字以上。由於以往的墓誌錄文多數由史學界的學者所整理，他們對文字、音韻、訓詁等措意不夠，因此，我們從標點誤施、俗字誤識、可識未識、訛文宜改、脫文宜補、衍文宜刪、倒文當乙、主觀妄改、妄下注語、不明典故等 10個方面對五代墓誌進行了全面的校理，共校理了現有五代墓誌錄文的疏誤300 多處。加強對五代墓誌文獻整理和研究將為其他時代墓誌的整理提供有益的參考資料，同時，也有助於其他古籍的整理。

---

　　① 周阿根：《五代墓誌彙考》，黃山書社 2012 年版。

　　最後，系統研究五代墓誌詞彙。在全面校理五代墓誌的基礎上，我們首次對五代墓誌的詞彙進行了系統的研究，具體研究分為兩步進行：

　　第一，系統研究五代墓誌特色詞彙。具體分析和研究 292 條五代墓誌的特色詞彙，其中年齡詞語 49 條、婚姻詞語 42 條、喪葬詞語 77 條、墓石詞語 54 條、任職詞語 45 條、後嗣義詞語 25 條。把這六類特色詞彙分別放到相應的語義場中進行分析和研究，重點運用語義學尤其是語義場的理論，結合語源學、人類文化學的研究成果，以語言研究為出發點，對五代墓誌的特色詞彙進行窮盡式的研究。這些特色詞彙包含了豐富的文化信息，對這些詞語進行準確的釋讀，有助於把握墓誌文獻的內涵，同時對辭書編纂也有重要的參考價值。五代墓誌特色詞彙一方面是對上古漢語的繼承，另一方面也體現了漢語發展的複音化趨勢，五代墓誌特色詞雖然有一定的單音節詞，但是還是以雙音節詞為主。五代墓誌詞彙的主要特點是運用委婉、借代、用典等手法來構詞，其中蘊含了豐富的文化信息。

　　第二，系統研究五代墓誌一般詞彙。我們從辭書編纂的角度，運用詞典學、訓詁學和漢語史的相關理論，以《大詞典》為參照，對五代墓誌一般詞彙進行了系統的研究。通過研究，我們對《大詞典》的近 470 個條目提出了修正意見，其中為《大詞典》補充漏收詞目 43 條、為《大詞典》補充漏收義項 46 項、為《大詞典》提前例證時間 128 條、為《大詞典》補充例證 214 例、糾正《大詞典》釋義疏誤 37 例。通過研究，我們發現以往大型辭書在編纂過程中，對墓誌文獻的利用是很不夠的，大型辭書的修訂必須加強對墓誌文獻的研究和利用。

　　通過五代墓誌 900 餘條詞語的考察、分析和研究，我們認為：墓誌文獻的整理是一件非常複雜的工程，需要綜合運用多學科的知識，稍有不慎，就會出現疏誤；墓誌詞彙研究發展前景廣闊，可以多角度、多層次地開展相關研究；墓誌文獻語言具有較強的時代特徵，其中既包含了大量的新詞新語，相關詞語可參本書"提前例證時間""補充漏收義項"等部分，又蘊含著大量的口語詞，"齒毀髮秀"之"秀"①、"大塋"等，這些寶貴資源均有待我們去深入挖掘。

　　但是，由於種種原因，我們在以下幾個方面還存在着一些不足：

　　1. 五代墓誌的考察面還有待進一步擴大。目前，我們只是對 285 方

---

　　① 　清朱駿聲《說文通訓定聲·需部》："今蘇俗老而禿頂曰秀頂。"

五代墓誌進行了考察，部分已經出土的墓誌，由於諸多的原因，以我個人的能力還沒有能夠看到，如福建漳州博物館的一方五代墓誌，收藏人不願意公布拓片。當然，出土的五代墓誌可能還有很多我所未能見到的，目前出土的五代墓誌應該在 300 方以上。

2. 墓誌文獻的歷時考察有待加強。我們目前立足五代墓誌語料，同時綜合考察歷代碑刻文獻。對于墓誌文獻的歷時考察，我們主要利用了《漢魏六朝碑刻校注》《新出南北朝墓誌疏證》《隋代墓誌銘彙考》《唐代墓誌彙編》《唐代墓誌彙編續集》《全遼文》《遼代石刻文編》《遼代石刻文續編》《遼代墓誌疏證》等，對于大型叢書《新中國出土墓誌》利用還很不夠，今後我們將繼續致力於墓誌文獻語言的歷時考察。

3. 我門系統考察了五代墓誌年齡義詞語、婚姻義詞語、喪葬義詞語、墓石義詞語、任職義詞語、後嗣義詞語共六大類，近 300 條。實際上，墓誌特色詞彙還可以進行更多層次的考察，如哀痛義詞語、疾病義詞語、史冊義詞語、贊譽義詞語等，這將是我們今後有待努力的方向之一。

4. 墓誌，作為出土文物，我們很難見到原拓片，更難見到原墓石。因此，我們只能借助於錄文集錄。由墓石到原拓，由原拓再到墓誌圖錄，我們所見到的拓片往往更加模糊不清，這無疑給我們的釋讀帶來了很大的障礙。例如後唐長興二年《王素墓誌》，其拓片見於《隋唐五代墓誌彙編》山西卷，這張拓片幾乎無法辨識，但是長治博物館藏拓片卻清晰可辨。

5. 我們對五代墓誌的詞語進行了詳細的描寫和分析，但是，限於學識和精力，部分詞語的研究還停留在平面的共時描寫階段，還缺乏深層的歷時解釋。"在語言研究中，描寫至為重要，科學、全面、細緻的描寫本身就是一種研究。然而，描寫并不是研究的全部，描寫并不等於解釋。"① 對於詞語這種解釋性工作，我們做得還很不夠，有待今後的進一步努力。

---

① 胡敕瑞：《〈論衡〉與東漢佛典詞語比較研究》，巴蜀書社 2002 年版，第 171 頁。

詞目索引

說明：

1. 該索引收錄本書訓釋的主要詞語，共計 760 條。

2. 詞目後數字為書中詞語出現的頁碼，同一詞目重複出現者均予以注明。

3. 詞目按首字之漢語拼音音序排列。首字聲韻調全同者，以次字音序排列，依此類推。

4. 本書第二章文獻校理部分也涉及了大量詞語，這些詞語均未編入。

參 考 文 獻

A

［法］A. J. 格雷馬斯：《結構語義學》（蔣梓華譯），百花文藝出版社
2001 年版。

B

北京圖書館金石組編：《北京圖書館藏中國歷代石刻拓本匯編》，中
州古籍出版社 1989 年版。

C

蔡忠霖：《敦煌漢文寫卷俗字及其現象》，文津出版社有限公司 2002
年版。

［日］禪文化研究所：《祖堂集》，影印海印寺本 1994 年版。

陳柏泉：《江西出土墓誌選編》，江西教育出版社 1991 年版。

陳尚君：《全唐文補編》，中華書局 2005 年版。

陳尚君：《舊五代史新輯會證》，復旦大學出版社 2005 年版。

陳五雲：《從新視角看漢字——俗文字學》，河南人民出版社 2000
年版。

陳小青：《北魏墓誌校讀劄記》，南京師範大學碩士學位論文，
2006 年。

陳中富：《干祿字書字類研究》，齊魯書社 2004 年版。

成都市博物館考古隊：《成都無縫鋼管廠發現五代後蜀墓》，《四川文
物》1991 年第 3 期。

成都市博物館考古隊：《五代後蜀孫漢韶墓》，《文物》1991 年第
5 期。

成都市文物管理處：《後蜀孟知祥墓與福慶長公主墓誌銘》，《文物》
1982 年第 3 期。

成都市文物管理處:《成都市東郊後蜀張虔釗墓》,《文物》1982 年第 3 期。

程存潔:《新發現的後梁吳存鍔墓誌考釋》,《文物》1994 年第 8 期。

程章燦:《墓誌銘的結構與名目》,《古籍整理研究學刊》1997 年第 6 期。

程章燦:《墓誌文體起源新論》,《學術研究》2005 年第 6 期。

D

鄧輝、白慶元:《內蒙古烏審旗發現的五代至北宋夏州拓拔部李氏家族墓誌銘考釋》,《唐研究》(第八卷),北京大學出版社 2002 年版。

(宋) 丁度編:《集韻》,上海古籍出版社 1985 年版。

(清) 董誥:《全唐文》,中華書局 1983 年版。

董壽平:《千唐誌齋藏誌》,文物出版社 1983 年版。

董志翹:《中古虛詞語法例釋》,吉林教育出版社 1994 年版。

董志翹:《訓詁類稿》,四川大學出版社 1999 年版。

董志翹:《中古文獻語言論集》,巴蜀書社 2000 年版。

董志翹:《〈入唐求法巡禮行記〉詞彙研究》,中國社會科學出版社 2000 年版。

董志翹:《〈觀世音應驗記三種〉俗字俗語零剳》,《蘇州教育學院學報》2002 年第 6 期。

董志翹:《中古近代漢語探微》,中華書局 2007 年版。

都興智、田立坤:《後晉石重貴石延煦墓誌銘考》,《文物》2004 年第 11 期。

(清) 段玉裁:《說文解字注》,上海古籍出版社 1984 年版。

F

方一新:《東漢魏晉南北朝史書詞語箋釋》,黃山書社 1997 年版。

方一新:《中古近代漢語詞彙學》,商務印書館 2010 年版。

方一新、王雲路:《中古漢語讀本》(修訂本),上海教育出版社 2006 年版。

福建省博物館:《五代閩國劉華墓發掘報告》,《文物》1975 年第 1 期。

福建省博物館:《唐末五代閩王王審知夫婦墓清理簡報》,《文物》1991 年第 5 期。

G

高守綱：《古漢語詞義通論》，語文出版社 1994 年版。

高小方：《中國語言文字學史料學》，南京大學出版社 2005 年版。

葛本儀：《漢語詞彙研究》，山東教育出版社 1985 年版。

（南朝梁）顧野王：《原本玉篇殘卷》，中華書局 1985 年版。

郭玉堂：《洛陽出土石刻時地記》，商務印書館 1941 年版。

國家圖書館善本金石組：《隋唐五代石刻文獻全編》，北京圖書館出版社 2003 年版。

H

韓陳其：《漢語借代義詞典》，廣東教育出版社 1995 年版。

韓明祥：《濟南歷代墓誌銘》，黃河出版社 2002 年版。

何亞南：《"三國志"和裴注句法專題研究》，南京師範大學出版社 2001 年版。

河北省文物研究所：《五代王處直墓》，文物出版社 1998 年版。

賀玉萍：《後周索萬進墓誌考釋》，《洛陽師範學院學報》2007 年第 6 期。

胡紅雯：《唐代墓誌文字校正舉例》，廈門大學碩士學位論文，2006 年。

胡明揚：《詞典學概論》，中國人民大學出版社 1982 年版。

黃征：《敦煌語言文字學研究》，甘肅教育出版社 2002 年版。

黃征：《敦煌俗字典》，上海教育出版社 2005 年版。

黃征、張涌泉：《敦煌變文校注》，中華書局 1997 年版。

J

江藍生：《魏晉南北朝小說詞語匯釋》，語文出版社 1988 年版。

蔣禮鴻：《中國俗文字學研究導言》，《杭州大學學報》1959 年第 3 期。

蔣禮鴻：《敦煌變文字義通釋》，上海古籍出版社 1981 年版。

蔣禮鴻：《敦煌文獻語言詞典》，杭州大學出版社 1994 年版。

蔣冀騁、吳福祥：《近代漢語綱要》，湖南教育出版社 1997 年版。

蔣紹愚：《古漢語詞典的編纂和古漢語詞彙的研究》，《湖北大學學報》1989 年第 5 期。

蔣紹愚：《古漢語詞彙綱要》，北京大學出版社 1989 年版。

蔣紹愚:《唐詩語言研究》,中州古籍出版社 1990 年版。

蔣紹愚:《近代漢語研究概要》,北京大學出版社 2005 年版。

﹝英﹞傑佛瑞·利奇:《語義學》(李瑞華譯),上海外語教育出版社 1987 年版。

金恩柱:《從唐代墓誌看唐代韻部系統的演變》,《古漢語研究》1999 年第 4 期。

金恩柱:《唐代墓誌銘的押韻及其研究方法》,《中山大學學報》1999 年第 4 期。

金其楨:《中國碑文化》,重慶出版社 2002 年版。

金小棟:《六朝墓誌中用典來表示未成年的詞語》,《樂山師範學院學報》2004 年第 6 期。

K

康蘭英:《榆林碑石》,三秦出版社 2003 年版。

孔仲溫:《玉篇俗字研究》,臺北學生書局 2000 年版。

L

﹝捷克﹞拉迪斯拉夫·茲古斯塔主編:《詞典學概論》,商務印書館 1983 年版。

冷玉龍、韋一心:《中華字海》,中華書局、中國友誼出版公司 1994 年版。

李崇智:《中國歷代年號考》,中華書局 2001 年版。

﹝韓﹞李圭甲:《高麗大藏經異體字典》,高麗大藏經研究所 2000 年版。

李開:《現代詞典學教程》,南京大學出版社 1990 年版。

李榮:《漢字問題》,商務印書館 1987 年版。

李獻奇、郭引強:《洛陽新獲墓誌》,文物出版社 1996 年版。

李運富:《漢字漢語論稿》,學苑出版社 2008 年版。

李運富:《漢字學新論》,北京師範大學出版社 2012 年版。

李之龍:《南唐姚嗣駢墓誌初考》,《東南文化》1995 年第 1 期。

劉復、李家瑞:《宋元以來俗字譜》,文字改革出版社 1957 年版。

劉堅:《近代漢語讀本》(修訂本),上海教育出版社 2005 年版。

劉連香:《後晉張繼昇墓誌考》,《河南科技大學學報》2004 年第 2 期。

劉中富：《干祿字書字類研究》，齊魯書社 2004 年版。

陸和九：《中國金石學講義》，北京圖書館出版社 2003 年版。

呂叔湘：《漢語語法論文集》，商務印書館 1984 年版。

呂叔湘：《近代漢語指代詞》，學林出版社 1985 年版。

［美］羅傑瑞：《漢語概說》（張惠英譯），語文出版社 1985 年版。

羅維明：《唐代墓誌詞語考釋》，《古漢語研究》1995 年第 4 期。

羅維明：《論唐代墓誌撰作特色及其研究價值》，《學術研究》1998 年第 7 期。

羅維明：《中古語詞拾詁》，《古漢語研究》2003 年第 3 期。

羅維明：《中古墓誌詞語研究》，暨南大學出版社 2003 年版。

羅維明：《論中古墓誌對辭書編撰的重要價值》，《語言科學》2004 年第 2 期。

羅新、葉煒：《新出魏晉南北朝墓誌疏証》，中華書局 2005 年版。

羅竹風主編：《漢語大詞典》，漢語大詞典出版社 1986—1993 年。

洛陽文物工作隊：《洛陽出土歷代墓誌輯繩》，中國社會科學出版社 1991 年版。

M

馬文彬：《五代前蜀李氏墓誌銘考釋》，《四川文物》2003 年第 3 期。

毛光漢：《唐代墓誌銘彙編附考》，臺北中央研究院歷史語言研究所專刊，1988—1994 年。

毛遠明：《〈漢魏南北朝墓誌彙編〉校理》，《漳州師範學院學報》2004 年第 3 期。

毛遠明：《漢魏六朝碑刻文獻語言研究的思考》，《南京師範大學文學院學報》2005 年第 1 期。

毛遠明：《從"息""媳"二字看形旁類化對詞義的影響》，《中國語文》2006 年第 4 期。

毛遠明：《碑刻文獻學通論》，中華書局 2009 年版。

毛遠明：《漢魏六朝碑刻異體字研究》，商務印書館 2012 年版。

N

牛致功：《唐代碑石與文化研究》，三秦出版社 2002 年版。

O

（宋）歐陽修：《新五代史》，中華書局 1974 年版。

歐昌俊、李海霞：《六朝唐五代石刻俗字研究》，巴蜀書社 2004 年版。

Q

錢玄：《校勘學》，江蘇古籍出版社 1986 年版。

錢宗武：《漢語論叢》，21 世紀中國國際網絡出版有限公司 2002 年版。

秦公：《碑別字新編》，文物出版社 1985 年版。

秦公、劉大新：《廣碑別字》，國際文化出版公司 1995 年版。

R

〔英〕R. H. 羅賓斯：《簡明語言學史》（許德寶等譯），中國社會科學出版社 1997 年版。

榮麗華：《1949—1989 四十年出土墓誌目錄》，中華書局 1993 年版。

（清）阮元校刻：《十三經注疏》，中華書局 1980 年版。

S

〔美〕薩丕爾：《語言論》，（陸卓元譯，陸志偉校訂），中華書局 1964 年版。

施安昌：《唐代正字學考》，《故宮博物院院刊》1982 年第 3 期。

施安昌：《從院藏拓本談武則天造字》，《故宮博物院院刊》1983 年第 4 期。

施安昌：《顏真卿書干祿字書》，紫禁城出版社 1992 年版。

施安昌：《善本碑帖論集》，紫禁城出版社 2002 年版。

（遼）釋行均：《龍龕手鏡》，中華書局 1985 年版。

四川省博物館文物工作隊：《四川彭山後蜀宋琳墓清理簡報》，《考古通訊》1958 年第 8 期。

四川省文物管理委員會：《前蜀晉暉墓清理簡報》，《考古》1983 年第 10 期。

隋唐五代墓誌彙編總編輯委員會：《隋唐五代墓誌彙編》天津古籍出版社 1992 年版。

〔瑞士〕索緒爾：《普通語言學教程》（高名凱譯），商務印書館 1980 年版。

T

〔日〕太田辰夫：《漢語史通考》（江藍生、白維國譯），重慶出版社

1991 年版。

　　［日］太田辰夫：《唐宋俗字譜》（《祖堂集》之部），日本汲古書院 1982 年版。

　　［日］太田辰夫《中國語歷史文法》（蔣紹愚、白維國譯），北京大學出版社 2004 年版。

　　譚偉：《〈祖堂集〉文獻語言研究》，巴蜀書社 2005 年版。

　　唐蘭：《古文字學導論》，齊魯書社 1981 年版。

　　唐蘭：《中國文字學》，上海古籍出版社 2001 年版。

　　W

　　汪維輝：《東漢—隋常用詞演變研究》，南京大學出版社 2000 年版。

　　（清）王昶：《金石萃編》，中國書店 1985 年版。

　　王鳳翔：《新見唐秦王李茂貞墓誌淺釋》，《文物春秋》2006 年第 6 期。

　　王宏理：《誌墓金石源流》，中國文史出版社 2002 年版。

　　王建榮：《後晉兵部尚書任景述墓誌考釋》，《文博》1998 年第 3 期。

　　王力：《漢語史稿》，中華書局 1980 年版。

　　王力：《龍蟲並雕齋文集》，中華書局 1980 年版。

　　（宋）王溥編：《五代會要》，中華書局 1998 年版。

　　王其褘等：《隋代墓誌銘彙考》，綫裝書局 2007 年版。

　　王盛婷：《漢魏六朝碑刻禮俗詞語研究》，西南師範大學碩士學位論文，2004 年。

　　王鍈：《唐宋筆記語詞匯釋》，中華書局 2001 年版。

　　王雲路：《漢魏六朝詩歌語言論稿》，陝西人民教育出版社 1997 年版。

　　王雲路：《百年中古漢語詞彙研究述略》，《浙江大學學報》2001 年第 4 期。

　　王雲路：《中古漢語詞彙史》，商務印書館 2010 年版。

　　王雲路、方一新：《中古漢語語詞例釋》，吉林教育出版社 1992 年版。

　　吳鋼、吳大敏：《唐碑俗字錄》，三秦出版社 2004 年版。

　　吳金華：《三國志校詁》，江蘇古籍出版社 1990 年版。

　　吳金華：《世說新語考釋》，安徽教育出版社 1994 年版。

吳金華：《三國志叢考》，上海古籍出版社 2000 年版。

吳煒：《揚州唐、五代墓誌概述》，《東南文化》1995 年第 4 期。

吳煒：《揚州近年發現的兩方五代墓誌》，《文物》1995 年第 7 期。

吳煒：《對李之龍〈南唐姚嗣駢墓誌初考〉一文的幾點補充》，《東南文化》1996 年第 3 期。

吳煒：《墓誌銘起源初探》，《東南文化》1999 年第 3 期。

X

咸陽市文物考古研究所：《五代馮暉墓》，重慶出版社 2001 年版。

〔日〕香阪順一：《白話詞彙研究》（江藍生、白維國譯），中華書局 1997 年版。

〔蘇聯〕謝‧葉‧雅洪托夫：《漢語史論集》（唐作藩、胡雙寶選編），北京大學出版社 1986 年版。

邢心田：《河南孟縣出土後周太原夫人王氏墓誌》，《文物世界》2002 年第 5 期。

徐鵬章等：《成都北郊站東鄉高暉墓清理簡報》，《考古通訊》1995 年第 6 期。

徐時儀：《古白話詞彙研究論稿》，上海教育出版社 2000 年版。

徐時儀：《一切經音義三種校本合刊》，上海古籍出版社 2009 年版。

徐時儀：《〈朱子語類〉詞彙研究》，上海古籍出版社 2013 年版。

徐中舒主編：《漢語大字典》（縮印本），四川辭書出版社、湖北辭書出版社 1992 年版。

徐自強、吳夢麟：《古代石刻通論》，紫禁城出版社 2003 年版。

徐自強：《北京圖書館藏墓誌拓片目錄》，中華書局 1990 年版。

許建平：《中古碑誌與大型辭書編纂》，《唐研究》（第三卷），北京大學出版社 1997 年版。

許建平：《〈漢語大詞典〉義項闕漏舉例》，《古漢語研究》1999 年第 3 期。

許建平：《碑誌釋詞》，《漢語史學報》（第二輯），上海教育出版社 2003 年版。

（東漢）許慎：《說文解字》，中華書局 1963 年版。

許威漢：《二十世紀的漢語詞彙學》，書海出版社 2000 年版。

（宋）薛居正：《舊五代史》，中華書局 1976 年版。

Y

楊超：《簡明實用辭典學》，中國文史出版社 2006 年版。

楊樹達：《積微居小學金石論叢》，中華書局 1983 年版。

楊偉立：《前蜀後蜀史》，四川省社會科學院出版社 1986 年版。

楊正業：《漢語大字典難字考》，四川辭書出版社 2004 年版。

楊作龍、趙水森：《洛陽新出土墓誌釋録》，北京圖書館出版社 2004 年版。

姚美玲：《〈李密墓誌銘〉録文輯校》，《古籍整理研究學刊》2003 年第 5 期。

姚美玲：《唐代墓誌俗字辨誤》，《語言研究》2007 年第 1 期。

姚美玲：《唐代墓誌詞彙研究》，華東師範大學出版社 2008 年版。

葉樹仁：《讀〈唐代墓誌彙編〉劄記》，《首都師範大學學報》2002 年第 4 期。

余扶危、張劍：《洛陽出土墓誌卒葬地資料彙編》，北京圖書館出版社 2002 年版。

袁賓：《禪宗著作詞語匯釋》，江蘇古籍出版社 1990 年版。

袁賓：《二十世紀的近代漢語研究》，書海出版社 2001 年版。

袁道俊：《唐代墓誌》，上海人民美術出版社 2003 年版。

袁曙光：《前蜀晉暉墓誌考釋》，《四川文物》1989 年第 6 期。

Z

曾良：《敦煌文獻字義通釋》，廈門大學出版社 2001 年版。

曾良：《俗字及古籍文字通例研究》，百花洲文藝出版社 2006 年版。

曾良：《隋唐出土墓誌文字研究及整理》，齊魯書社 2007 年版。

曾昭聰：《墓誌的語言學闡釋》，《中國圖書評論》2005 年第 4 期。

張拱貴：《漢語委婉語詞典》，北京語言文化大學出版社 1996 年版。

張建坤：《北魏墓誌銘用韻研究》，《廣東廣播電視大學學報》2007 年第 4 期。

張相：《詩詞曲語詞匯釋》，中華書局 1953 年版。

張永言：《詞彙學簡論》，華中工學院出版社 1982 年版。

張永言：《訓詁學簡論》，華中工學院出版社 1985 年版。

張永言：《語文學論集》（修訂本），語文出版社 1999 年版。

張涌泉：《敦煌俗字研究》，上海教育出版社 1996 年版。

張涌泉：《漢語俗字叢考》，中華書局 2000 年版。

張涌泉：《漢語俗字研究》（增訂本），商務印書館 2010 年版。

趙超：《墓誌溯源》，《文史》（第二十一輯），中華書局 1983 年版。

趙超：《漢魏南北朝墓誌彙編》，天津古籍出版社 1992 年版。

趙萬里：《漢魏南北朝墓誌集釋》，科學出版社 1956 年版。

趙洪章：《浦城發現南唐范韜墓誌銘》，《福建文博》1989 年第 1、2 期合刊。

趙君平：《邙洛碑志三百種》，中華書局 2004 年版。

趙陽陽：《洛陽出土北魏墓誌叢劄》，南京師範大學碩士學位論文，2007 年。

趙振華：《洛陽出土墓誌研究文集》，朝華出版社 2002 年版。

趙振華：《五代宋廷浩墓誌考》，《華夏考古》2003 年第 4 期。

中國文化遺産研究院、上海博物館：《新中國出土墓誌》（上海天津），文物出版社 2009 年版。

中國文物研究所、北京石刻藝術博物館：《新中國出土墓誌》（北京壹），文物出版社 2003 年版。

中國文物研究所、常熟博物館：《新中國出土墓誌》（江蘇壹常熟），文物出版社 2006 年版。

中國文物研究所、重慶市博物館：《新中國出土墓誌》（重慶），文物出版社 2002 年版。

中國文物研究所、河北省文物考古研究所：《新中國出土墓誌》（河北壹），文物出版社 2004 年版。

中國文物研究所、河南省文物考古研究所：《新中國出土墓誌》（河南壹），文物出版社 1994 年版。

中國文物研究所、河南省文物考古研究所：《新中國出土墓誌》（河南貳），文物出版社 2002 年版。

中國文物研究所、千唐誌齋博物館：《新中國出土墓誌》（河南叁千唐誌齋壹），文物出版社 2008 年版。

中國文物研究所、陝西省古籍整理辦公室：《新中國出土墓誌》（陝西壹），文物出版社 2000 年版。

中國文物研究所、陝西省古籍整理辦公室：《新中國出土墓誌》（陝西貳），文物出版社 2003 年版。

周阿根：《五代墓誌校點舉誤》，《古籍整理研究學刊》2007 年第 2 期。

周阿根：《從五代墓誌看大型辭書之不足》，《現代語文》2007 年第 12 期。

周阿根：《五代前蜀李氏墓誌銘再考》，《碑林集刊》（第十三輯），陝西人民美術出版社 2008 年版。

周阿根：《李茂貞墓誌錄文校補》，《文物春秋》2009 年第 3 期。

周阿根：《〈全唐文補編〉文字校勘舉隅》，《語言科學》2009 年第 5 期。

周阿根：《五代墓誌俗字考辨》，《學術界》2010 年第 9 期。

周阿根、夏定雲：《〈漢語大詞典〉始見例試補——以五代墓誌為例》，《語文知識》2010 年第 4 期。

周阿根：《墓石義詞彙研究和大型辭書編纂》，《寧夏大學學報》2011 年第 4 期。

周阿根：《五代墓誌詞語考釋》，《揚州大學學報》2011 年第 6 期。

周阿根：《從墓誌文獻看〈漢語大詞典〉例證之不足》，《洛陽理工學院學報》2012 年第 2 期。

周阿根：《墓誌文獻校理疏誤例說》，《學術界》2012 年第 4 期。

周阿根：《〈全唐文補遺〉文字校勘商兌》，《江海學刊》2012 年第 3 期。

周阿根：《五代墓誌彙考》，黃山書社 2012 年版。

周阿根：《〈舊五代史·薛貽矩傳〉校補》，《江海學刊》2013 年第 1 期。

周阿根：《薛貽矩墓誌錄文商補》，《學術界》2013 年第 2 期。

周阿根、孫琛琛：《〈漢語大詞典〉始見例商補》，《寧波大學學報》2013 年第 4 期。

周阿根：《墓誌死亡義詞語對辭書編纂的價值》，《勵耘語言學刊》2014 年第 1 期。

周阿根：《五代墓誌對〈漢語大詞典〉之補益》，《寧夏大學學報》2014 年第 4 期。

周紹良：《唐代墓誌彙編》，上海古籍出版社 1992 年版。

周紹良、趙超：《唐代墓誌彙編續集》，上海古籍出版社 2001 年版。

周偉洲：《陝北出土三方唐五代黨項拓拔氏墓誌考釋》，《民族研究》
2004 年第 6 期。

周裕興：《南京西善橋發現五代閩國王氏族人墓誌》，《考古》1999
年第 7 期。

後 記

俗語云“十年磨一劍”，從我接觸墓誌文獻開始算起，迄今亦正好十年。現在，拙著《五代墓誌詞彙研究》終于殺青面世，此時此刻，心中感慨良多。

本書系在我博士論文的基礎上修改增訂而成。2005 年我到南京師範大學攻讀漢語言文字學博士學位，2008 年完成博士學位論文《五代墓誌整理及詞彙研究》；2009 年我到上海師範大學中國語言文學博士後流動站從事研究工作，2012 年出版《五代墓誌彙考》，該書獲“2012 年度全國優秀古籍圖書獎二等獎”。

首先，我要感謝恩師董志翹先生，是董先生指引我走入了中古近代漢語研究的殿堂。從博士論文的選題、寫作、修改、定稿，每一個環節先生都給予了嚴謹而細緻的指導。南師博士畢業之後，董先生給予了我一如既往的關心和支持，不僅在學業上，而且在生活上先生均給予無微不至的幫助和關懷，書稿寫成之後，先生百忙之中欣然賜序，著實令人感激，先生偉大的人格魅力和深厚的學術涵養將永遠激勵我勇往直前！

其次，我要感謝我博士後導師上海師範大學徐時儀先生、碩士生導師西華師範大學楊超先生，他們在學術和生活上給了我極大的鼓勵和幫助，兩位先生嚴謹的治學態度、開闊的學術視野和深厚的學術底蘊使我受益匪淺！

再次，我要感謝南京師範大學黃征先生、何亞南先生，南京大學魯國堯先生、李開先生、高小方先生，浙江大學汪維輝先生、張涌泉先生，安徽大學黃德寬先生、楊軍先生、曾良先生，北京師範大學李運富先生，山東大學楊端志先生，西南大學毛遠明先生、上海辭書出版社徐祖友先生，湖南師範大學唐賢清先生、寧波大學周志鋒先生等，他們或認真評閱博士論文，或不辭勞苦蒞臨答辯會，或悉心指導課題研究，分別就相關論題提出了諸多中肯的意見和建議，充分體現了前輩學者對後學的關愛和支持。

　　最後，我要感謝我的家人。年邁的父親母親岳父岳母，均默默地支持我的科研工作，妻子夏定雲毅然挑起操持家務、培養孩子的重擔。感謝家人的支持和理解，他們的寬容和付出使得我能够潛心從事科學研究。

　　此外，在我搜集資料的過程中，我得到了許多學界師友的支持和關心，他們的無私幫助使得我能够順利地完成資料搜集整理工作；書稿完成之後，國家社科基金評審專家對書稿提出了諸多寶貴的意見和建議；本書出版得到了阜陽師範學院省級重點學科漢語言文字學學科建設經費的資助；中國社會科學出版社任明先生為本書的出版付出了辛勤的勞動。在此一并致以最誠摯的謝意！

周阿根

二〇一五年元月